Texte zur Philosophie- und Religionsgeschichte

Moses
Mendelssohn

Schriften über Religion
und Aufklärung

Herausgegeben und eingeleitet
von Martina Thom

Union Verlag Berlin

ISSN 0233-0997
ISBN 3-372-00075-7

1. Auflage
© 1989 by Union Verlag Berlin
Lizenz-Nr. 395/3965/89 · LSV 0116
Printed in the German Democratic Republic
Satz: Graphischer Betrieb Jütte, Leipzig
Druck und Bindearbeiten: Druckwerkstätten Stollberg
Buchgestaltung: Sieghard Hawemann, Werner Schulz
700 166 8
03600

Inhaltsverzeichnis

Einleitung

I. Äußere Umstände und Leben

Am 16. Oktober 1754 sandte der 25jährige Gotthold Ephraim Lessing an den Herausgeber der „Göttingischen Anzeigen von gelehrten Sachen", Johann David Michaelis, einen Brief, in dem er einen neugewonnenen Freund und Mitarbeiter schildert: „Er ist wirklich ein Jude, ein Mensch von etlichen zwanzig Jahren, welcher ohne alle Anweisung, in Sprachen, in der Mathematik, in der Weltweisheit, in der Poesie, eine große Stärke erlangt hat. Ich sehe ihn im voraus als eine Ehre seiner Nation an, wenn ihn anders seine eigne Glaubensgenossen zur Reife kommen lassen, die allezeit ein unglücklicher Verfolgungsgeist wider Leute seinesgleichen getrieben hat. Seine Redlichkeit und sein philosophischer Geist läßt mich ihn im voraus als einen zweiten Spinoza betrachten, dem zur völligen Gleichheit mit dem ersten nichts als seine Irrtümer fehlen werden."[1]

Diese überschwengliche Preisung galt dem gleichaltrigen Moses Mendelssohn, der Lessing in jenem Jahr von einem gemeinsamen Bekannten, dem Arzt Gumbertz, als ein guter Schachspieler empfohlen worden war und den er viel später, gegen Ende seines Lebens, Jacobi gegenüber als den unter seinen Freunden bezeichnen sollte, den er am höchsten schätzte.[2]

In diesem Brief klingt zugleich die Bewunderung an, daß es ein Jude war, welcher sich auf solcher Höhe geistiger Kultur bewegte. Lessing, der zu jener Zeit in seinem Schauspiel „Die Juden" einen Israeliten als Muster der Tugend darstellte, war sich sehr wohl der widrigen Umstände bewußt, unter denen damals ein Angehöriger dieser Nationalität sich den Anschluß an Bildung und Kultur der umgebenden Nation ·erkämpfen mußte. Das aufgezwungene und unter diesen Fesseln zum Teil auch selbst kultivierte Ghettodasein der Juden war im Preußen des „aufgeklärten" Monarchen Friedrich II. nicht weniger drückend als in anderen europäischen Staaten.

Moses Mendelssohn kam 1743, als Vierzehnjähriger, von seiner Geburtsstadt Dessau zu Fuß nach Berlin. In dieser etwa einhunderttausend Einwohner zählenden Stadt lebten zu diesem Zeitpunkt etwa zweitausend Juden unter entwürdigenden politischen und wirtschaftlichen Beschränkungen. Hier wie auch in anderen Staaten Europas wurde die Herabsetzung der Juden in ihrem bürgerlichen Status hauptsächlich aus dem Unterschied der Religion begründet, hatte aber freilich in erster Linie ökonomische und traditionelle Ursachen. Der Westfälische Frieden von 1648 hatte zwar das Toleranzprinzip für Katholiken, Lutheraner und Reformierte deklariert, nicht aber für Juden. Die Stellung der Fürstenhäuser zu den Juden wurde hauptsächlich unter dem Gesichtspunkt ihrer „Nützlichkeit" als Geldlieferanten, Finanzberater und Geschäftsleute bestimmt – ein Umstand, der zu einer Bevorzugung einer sehr kleinen Schicht von Juden und zu einer Vertiefung der Kluft zu dem politisch rechtlosen und sozial unbemittelten Hauptteil dieser Bevölkerungsgruppe führte. Eine sehr große Zahl von Juden genoß keinen staatlichen Schutz und kein Recht auf Ansässigkeit in den Städten. Viele Juden zogen als Betteljuden und fahrende Händler durchs Land.

Andererseits aber waren die Fürstenhäuser auf den Reichtum und das kaufmännische Geschick jener kleinen Schicht wohlhabender Juden angewiesen. Als Beispiel sei hier nur auf Joseph Oppenheimer (Jud Süß) verwiesen, der am Stuttgarter Hof als Finanzberater des Fürsten wirkte und den Intrigen der Hofleute zum Opfer fiel. In Preußen hatte, nachdem die Juden im 16. Jahrhundert aus Brandenburg vertrieben worden waren, der Kurfürst Friedrich Wilhelm aus ökonomischen Rücksichten versucht, reiche Juden für die Stärkung des Finanzwesens und des Handels zu gewinnen. So gewährte er vierzig bis fünfzig reichen jüdischen Familien, die aus Wien ausgewiesen werden sollten, Asyl. 1671 wurde in Berlin die jüdische Gemeinde gegründet. Beschränkungen waren auch diese Juden durch hohen Zoll und andere Maßnahmen ausgesetzt.

Der Enkel des Kurfürsten, Friedrich II., bevorzugte seinen „Münzjuden", Veitel Ephraim, welcher dem Königshaus Schmuck, Münzmetall, aber auch Kriegsmaterial zu liefern hatte. Insgesamt aber war die Politik Friedrichs II. judenfeindlich, der König sprach von dem „überhandgenommenen" und „unnützen" Judenvolk. Diese Haltung wurde besonders offensichtlich, als nach dem Friedensabkommen von 1744 zwischen Österreich und Preußen österreichische Gebiete mit einer großen Anzahl ansässiger Juden an Preußen gegeben wurden: Schlesien, Breslau, Zülz und Glogau. Die Juden hatten gehofft, eine aufgeklärtere, tolerantere Atmosphäre unter preußischer Regierung vorzufinden als unter der Herrschaft Maria Theresias, welche die unwürdigsten Schikanen erlassen hatte. So hatten sich Juden durch ein gelbes Mützenband kenntlich zu machen. Eheschließungen zwischen Juden und Christen waren verboten, sogar das Zusammenleben von Juden und Christen unter einem Dach. Im Jahre 1744, als Maria Theresia die Juden aus Böhmen vertreiben ließ, erließ Friedrich II. ein Dekret, wonach nur zwölf wohlhabende jüdische Familien in Breslau wohnen durften. Die übrigen wurden ausgewiesen und durften die Stadt nur zu Geschäftszwecken betreten. Dagegen war es Österreich, wo der erste größere Schritt zur bürgerlichen Gleichstellung der Juden getan wurde. Im Oktober 1781 erließ Maria Theresias Sohn und Nachfolger, Joseph II., das sogenannte Toleranzedikt. Die entwürdigende Bestimmung der Kenntlichmachung der Juden wurde abgeschafft, die Gewerbefreiheit erweitert (Juden durften Manufakturen gründen, das Schuster-, Schneider-, Maurer- und Zimmermannshandwerk betreiben), Schulen wurden gegründet, und es wurde erlaubt, christliche Bildungseinrichtungen zu besuchen. Dieses Toleranzpatent bevorzugte allerdings gleichzeitig diejenigen Juden durch Zuschreibung ziemlich erheblichen Landbesitzes, welche zum Christentum übertraten. „Großen Dank für alle Toleranz, wenn man dabey noch immer an *Glaubensvereinigung* arbeitet", schrieb deshalb Moses Mendelssohn an Homburg, als dieser ihm von den österreichischen Reformen berichtet hatte.[3]

Die Politik Friedrichs II. war vor allem auf einen Ausbau des sogenannten „käuflichen Schutzes" gerichtet, auf ein System, welches gegen hohe Zahlung vielen Juden ein Wohn- und

Schutzrecht in den Städten, auch in Berlin, sicherte. Im April 1750 erließ der König ein „Revidiertes General-Privilegium und Reglement vor die Judenschaft", welches für Berlin nur 152 jüdische Familien zuließ und die Juden in Abhängigkeit von Vermögen und wirtschaftlicher Bedeutung in Privilegierte und Nichtprivilegierte, insgesamt in sechs Gruppen, einteilte. Dieses „General-Privileg" bezeichnete übrigens Mirabeau, einer der Wortführer der Girondisten in der Französischen Revolution, als eines Kannibalen würdig.[4] Nach diesem Erlaß konnte sich die erste, kleinste Gruppe der Juden Freizügigkeit und Gewerbefreiheit erkaufen und erhielt das Bürgerrecht auch für die Kinder. Die zweite Gruppe durfte „geschützt" an einem zugewiesenen Ort leben und das Schutzrecht auf zwei Kinder vererben (aber in Abhängigkeit vom Vorhandensein eines bestimmten Vermögens). Die dritte Gruppe bestand aus „außerordentlichen" Schutzjuden, die nur auf eines der Familienmitglieder (Frau oder Kinder) das Schutzrecht übertragen durften. Hierzu gehörte Moses Mendelssohn, allerdings erst ab 1763, als er bereits zwanzig Jahre in Berlin lebte und ein angesehener Schriftsteller und geachteter „Weltweiser" war. Die tausend Taler für den Schutzbrief, der nur seine Person, nicht die Familie betraf, konnte er damals nicht zahlen. Sie wurden ihm auf gesonderten Antrag erlassen. Erst 1787 gewährte König Friedrich Wilhelm II. der Witwe und den sechs Kindern den Schutz „wegen der bekannten Verdienste Ihres Mannes und Vaters"[5].

Die ersten drei Gruppen privilegierter Juden mußten alle Judensteuern und Ausgaben tragen; die übrigen drei Gruppen bestanden aus den Beamten und Rabbinern der Gemeinde, aus „geduldeten" Juden, die mit einem der Schutzjuden verwandt oder deren Bedienstete waren. Der junge Moses, als er mit vierzehn Jahren nach Berlin kam, gehörte zunächst keiner der sechs Gruppen an, da er bei dem Oberrabbiner Fränkel nur Gelegenheitsarbeit als Thoraschreiber erhielt.

Die Unterdrückung der Juden, ihr vom Staat systematisch beföredertes Ghettodasein, führte zwangsläufig zu einer starken Selbstisolierung, welche – aus dem Selbsterhaltungs- und Selbstachtungsbestreben dieser nationalen Minderheit völlig erklärlich – für ihre Entwicklung und Bildung lange Zeit ein Hindernis war. Die jüdischen Gemeinden standen bei Aufsicht des Staates unter einer Selbstverwaltung, die weitgehend von orthodoxen Rabbinern ausgeübt wurde. Diese achteten unter dem Aspekt der Reinhaltung der traditionellen Religion und Sitten streng auf die Einordnung ihrer Gemeindeglieder in die geschriebenen und ungeschriebenen Gesetze des Ghettolebens. So war es nur erlaubt, jiddisch (eine Mischung aus Hebräisch und Mittelhochdeutsch) zu sprechen und hebräisch zu schreiben. Die Bildung der Kinder bestand seit frühester Kindheit fast ausschließlich in der Beschäftigung mit dem Talmud und seinen Auslegungen, und es war verpönt, Bücher in deutscher Sprache zu lesen. Begünstigt wurde diese kulturelle Isolierung durch den Umstand, daß viele Rabbiner aus ostpreußischen Gebieten berufen wurden, somit aus Gebieten, wo sie zu den mittel- und westeuropäischen Kulturentwicklungen kaum Zugang hatten. „Wer es wagte, richtiger deutsch zu sprechen, als polnische Juden es damals sprachen, galt für einen Ketzer. War es ein Kind, so ward es gezüchtigt; war es ein Erwachsener, so unterlag er Verfolgungen. Das Lesen eines deutschen Buches war nun vollends ein Frevel . . ."[6] Bann, Auferlegung von Bußen und Ausstoßung aus der jüdischen Gemeinde konnten die Folgen sein.

Diese Selbstisolierung verhinderte entscheidend den Anschluß der jüdischen Minderheit an das geistige Leben jener Zeit und trug dazu bei, die Emanzipation auch im Hinblick auf den bürgerlichen Status zu verbauen. Es ist Moses Mendelssohns großes Verdienst, daß er zur Assimilation der Juden in das geistige und zum Teil auch ins bürgerliche Leben durch sein Beispiel und sein Lebenswerk ganz entscheidend beigetragen hat.[7]

Mose ben Menachem[8] wurde am 6. September 1729 in Dessau als wahrscheinlich jüngstes von drei Kindern des Gemeindeschreibers und Lehrers der Primärschule Mendel Heimann bzw. Sofar – oder auch Sopher: Schreiber – (1687 bis 1766) und der Bela Rahel Sara (gest. 1756) geboren. In der hebräischen Biographie Mendelssohns von Jechiel Euckel heißt es: „Ihr aber hört, die Ihr die Wahrheit liebt: Thoraschreiber und Kinderlehrer war der Vater des Moscheh. Ihr wißt wohl, wie niedrig und verachtet dieser Beruf ist: nur wer Zuflucht vor Hungers Plagen sucht, ergreift ihn. Weder Ehre noch Reichtum blüht diesen Männern . . . Trotzdem hat dieser

Vater seinen Sohn erhalten, bis er die Heimat verließ; und schickte ihn nicht fort, bis er selbst danach verlangte."[9] Trotzdem hat dieser Vater seinen Sohn erhalten – diese Worte beziehen sich auf den für arme Juden typischen Umstand, daß ihre Söhne mit dreizehn Jahren, nach der jüdischen Einsegnung, für ihren eigenen Unterhalt, meist als handeltreibende Wanderjuden, sorgen mußten. Dieses Schicksal blieb Moses erspart. Von seiten seines Vaters erfuhr er eine sorgfältige Ausbildung in Hebräisch und im Bibel- und Pentateuchstudium. Die angestrengte Arbeit seit frühester Jugend brachte dem Jungen dauerhafte körperliche Schäden ein. Von Bedeutung wurde für den Knaben Moses, der bereits mit zehn Jahren eigene Gedichte verfaßte, der Unterricht bei dem Rabbiner der Dessauer Gemeinde, David Hirschel Fränkel, dessen Schule er seit dem dritten Lebensjahr besuchte. Dieser, selbst ein verhältnismäßig freisinniger Mann, machte ihn mit der Lehre des berühmten Philosophen und Arztes Maimonides, besonders mit dessen More Newochim (Wegweiser bzw. Führer für Verirrte) bekannt, weckte damit in dem Jungen das Interesse für Philosophie und erweiterte seinen Horizont über das sonst übliche und streng Vorgeschriebene hinaus. Der „Wegweiser" des Maimonides war von seiten der jüdischen Orthodoxie schon seit Jahrhunderten verpönt, enthielt er doch den Versuch, wissenschaftliche Begründungsverfahren auf der Basis aristotelischer Philosophie mit Offenbarungsreligion zu vereinbaren, ohne beides zu identifizieren. Der Vorrang lag dabei auf der rationalen Begründung. Moses Mendelssohn bezieht sich auch später noch, besonders bei seiner Interpretation der jüdischen Religion in der Auseinandersetzung mit Lavater im Jahre 1769, auf Maimonides als ideellen Anknüpfungspunkt für eine „natürliche Religion", für die gerade die jüdische prädestiniert sei: Wie Maimonides versteht Moses Mendelssohn später – vom Boden des Wolffschen Rationalismus ausgehend – das Judentum als mit rationalem Wissen und Aufklärung vereinbar. Auch das System des Maimonides enthält ja die Intention, „den Schwankenden den Weg zu zeigen, wie sie, ohne ihre Traditionen aufzugeben, im Sinne der Zeit wissenschaftlich gebildet sein konnten"[10].

1743 folgte der vierzehnjährige Mendelssohn dem als Oberlandesrabbiner nach Berlin berufenen verehrten Lehrer Fränkel.

Moses wollte nicht Händler werden, wie es die Eltern vor-
schlugen. Er wollte lernen.[11] Völlig mittellos kam er in die
Stadt. Fränkel verhalf ihm zu einer Unterkunft bei dem Juden
Hermann Bamberger, zu gelegentlichen Mittagstischen und
Schreibarbeiten. Die folgenden Jahre waren von anstrengen-
den intensiven und weitreichenden Studien unter bitterer Ent-
behrungen erfüllt. Moses wurde unter anderem von einem
polnischen Juden Israel Zamosc (Israel Moses Levi – etwa
1700–1772 –, einem „Ketzer", da er Wissenschaften betrieb)
in euklidischer Mathematik und Logik unterrichtet; die jüdischen Ärzte Dr. Aron Salomon Gumbertz (1723–1768 oder
1770) und Dr. Abraham Kisch (1725–1803) unterrichteten ihn
in englischer, französischer und lateinischer Sprache. Damals
las Moses den Cicero und die Werke John Lockes in lateinischer Sprache.

Moses Mendelssohn war ein schüchterner Mensch, zeigte
aber unter den Bedingungen, unter denen Juden damals lebten, Mut, Kühnheit und eine imponierende Ausdauer. Sein
Sohn Joseph schildert ihn später aus seinen Erinnerungen:
„Er war von kleiner Statur, verwachsen in den Schultern, die
einen starken Höcker bildeten; er stotterte oft im Sprechen.
Im Gegensatz zu dieser mißlichen Leibesgestalt war sein Kopf
sehr schön gebildet, und alle seine Gesichtszüge verkündeten
einen hohen Geist und ein herrliches Gemüth."[12] Ähnlich
enthusiastisch schildert Lavater Mendelssohns Züge in seiner
„Physiognomie".

Im ersten Jahrzehnt seines Aufenthalts in Berlin, besonders
als er 1750 durch eine Anstellung als Hauslehrer bei dem
jüdischen Seidenwarenfabrikanten Bernhard gesichertere
Lebensbedingungen fand, befaßte sich Moses Mendelssohn
mit der neuesten englischen, französischen und deutschen
Philosophie. Er las Descartes, Spinoza, Leibniz, Wolff und
Baumgarten, Locke, Shaftesbury und Hume, die Werke
Rousseaus und Alexander Popes Gedichte. Zunehmend prägte
sich seine eigene philosophische Position und Methode besonders unter dem Einfluß der Werke und der Schule Christian
Wolffs.

Das Jahr 1754 war für Moses Mendelssohn von besonderer
Bedeutung. In diesem Jahr wurde er Buchhalter bei Bernhard
und gewann somit eine solide Existenzgrundlage – vor allem

aber: er lernte Gotthold Ephraim Lessing kennen. Herder schildert diese Freundschaft in seinen „Charakterbildern", und zwar in dem Aufsatz „Gotthold Ephraim Lessing": „Das Glück führte ihm einen edeln Gehülfen zu, Moses Mendelssohn, zwei Männer, die sich . . . als philosophische Freunde schätzten und liebten. Man lese Mendelssohns Brief an Lessing hinter Rousseaus Abhandlung, man sehe die Achtung, mit der Lessing bei jeder Gelegenheit an Mendelssohn denket. Zwei solcher Menschen, am Geist hell und im Herzen rein, ohne politische Hindernisse und Nebenumstände, traten verbunden zu diesem Werk, das noch manche Zeit hin ‚das deutsche Journal' genannt werden sollte."[13]

Herder bezieht sich auf die „Briefe, die deutsche Literatur betreffend", die Mendelssohn, Nicolai und Lessing ab 1759 herausgaben; Lessing zog sich allerdings schon 1760 von der Redaktion zurück. Der Freundschaft mit Lessing verdankte Mendelssohn die lebhaftesten geistigen Anregungen. Dieser war es auch, der Mendelssohn auf Shaftesbury verwies und ihn auf den Gedanken brachte, in ähnlichem Stil „Philosophische Gespräche" zu verfassen. Lessing ließ diese Arbeit ohne Mendelssohns Wissen drucken und verhalf dem Freund zum Eingang in die publizistische Öffentlichkeit und in den Berliner Kreis der „Aufklärer" um Nicolai. 1755 verfaßten Lessing und Mendelssohn gemeinsam „Pope, ein Metaphysiker", und es erschienen Mendelssohns „Briefe über die Empfindungen". Ständig hat Lessing, auch nach seinem Weggang aus Berlin 1755, in einem lebhaften Briefwechsel mit Mendelssohn seine Gedanken zu literarischen und philosophischen Gegenständen ausgetauscht. „Sie sind mein Freund; ich will meine Gedanken an Ihnen geprüft, nicht gelobt haben. Ich sehe Ihren fernern Entwürfen mit dem Vergnügen entgegen, mit welchem man der Belehrung entgegensehen muß", schrieb er am 28. November 1756 an den Freund.[14]

Den Buchhändler Nicolai hatte Mendelssohn durch Lessing kennengelernt und sich mit ihm befreundet. Ab 1755 arbeitete er an dessen „Bibliothek der schönen Künste" maßgeblich (mit 21 Rezensionen und Artikeln in den ersten zwei Jahren) mit, deren erstes Heft wegen des Siebenjährigen Krieges erst im Mai 1757 erschien. 1755 wurde er Mitglied der neugegründeten, etwa hundert Gelehrte umfassenden geschlossenen Gesellschaft „Gelehrtes Kaffeehaus", in dem neben Nicolai und Gumbertz auch berühmte Akademiemitglieder und Gelehrte, so u. a. Euler, verkehrten. Für diese Gesellschaft verfaßte er 1756 seine Abhandlung „Über die Wahrscheinlichkeit". Über den Berliner Kreis der Aufklärer um Nicolai schrieb Heine treffend, daß sie gleichsam ein „Justemilieu zwischen Philosophie und Belletristik" bildeten. „Sie hatten kein bestimmtes System, sondern nur eine bestimmte Tendenz. Sie gleichen den englischen Moralisten in ihrem Stil und ihren letzten Gründen. Sie schreiben ohne wissenschaftlich strenge Form, und das sittliche Bewußtsein ist die einzige Quelle ihrer Erkenntnis. Ihre Tendenz ist ganz dieselbe, die wir bei den französischen Philanthropen finden. In der Religion sind sie Rationalisten. In der Politik sind sie Weltbürger. In der Moral sind sie Menschen, edle tugendhafte Menschen, streng gegen sich selbst, milde gegen andere. Was Talent betrifft, so mögen wohl Mendelssohn, Sulzer, Abbt, Moritz, Garve, Engel und Biester als die ausgezeichnetsten genannt werden."[15] Auf Heines anschließendes Urteil über Mendelssohn als „Sokrates" und Reformator des Judentums werden wir an geeigneter Stelle weiter eingehen – erinnern wir uns zunächst noch Goethes Eindruck von der Tendenz dieser Aufklärer, wie er sie in „Dichtung und Wahrheit" beschrieb: „Und nun fanden die Philosophen selbst sich genötigt, um popular zu sein, auch deutlich und faßlich zu schreiben. Mendelssohn, Garve traten auf und erregten allgemeine Teilnahme und Bewunderung. – Mit der Bildung der deutschen Sprache und des Stils in jedem Fache wuchs auch die Urteilsfähigkeit, und wir bewundern in jener Zeit Rezensionen von Werken über religiöse und sittliche Gegenstände sowie über ärztliche; wenn wir dagegen bemerken, daß die Beurteilungen von Gedichten, und was sich sonst auf schöne Literatur beziehen mag, wo nicht erbärmlich, doch wenigstens sehr schwach befunden werden. Dieses gilt sogar von den ‚Literaturbriefen‘ und von der ‚Allgemeinen Deutschen Bibliothek‘ wie von der ‚Bibliothek der schönen Wissenschaften‘."[16] Goethes negatives Urteil bezüglich letzterer Gegenstände – das übrigens auch Heine teilt – ist gewiß auch eingefärbt durch Nicolais Persiflage zu seinem „Werther"[17], aber im wesentlichen ist es zutreffend. Moses Mendelssohn allerdings hat sich zweifellos durch seine eigenen dichterischen Versuche, vor allem seine Übersetzungen des großen Hamlet-Monologs, des Plato und der Psalmen, als bedeutendes Sprachtalent erwiesen.

An der Vervollkommnung seiner sprachlichen, ästhetischen und umfassend geistigen Bildung arbeitete er zielstrebig neben seiner täglichen sechsstündigen Buchhaltertätigkeit. So erwarb er sich gründliche Kenntnisse in altgriechischer Sprache, las den Homer und den Plato im Original und beschäftigte sich auch mit Newtons „Principia philosophiae naturalis". 1760 befreundete er sich mit Thomas Abbt, der geschichtliche Studien für die „Literaturbriefe" schrieb und dessen Schriften „Vom Tode fürs Vaterland" (1761) und „Vom Verdienste" (1765) er hochschätzte.

Thomas Abbt besaß einen lebhaften historischen Sinn und beschäftigte sich als einer der ersten in jener Zeit intensiv mit geschichtstheoretischen Werken und ihren Methoden, während Moses Mendelssohn eingestand, als Mitglied einer Nation, welche selbst keine Geschichte habe, dieser Wissenschaft wenig Sinn abgewinnen zu können. „Was nur den Namen von Geschichte hat, Naturgeschichte, Erdgeschichte, Staatsgeschichte, gelehrte Geschichte, hat mir nie in den Kopf kommen wollen", schrieb er am 16. Februar 1765 an den Freund.[18] Abbts früher Tod 1766 war für ihn ein schwerer Schlag.

Das mangelnde Verständnis Mendelssohns für geschichtsphilosophische Überlegungen größeren Stils äußert sich deutlich in seinem „Sendschreiben an den Herrn Magister Lessing" über Rousseaus Diskurs über die Ungleichheit, den er 1756 in eigener Übersetzung herausbrachte. Es ist allerdings zu beachten, daß Mendelssohn dennoch ein guter Kenner geschichtlicher Ereignisse war und daß er in dem Maße, in dem er gezwungen wurde, sein Judentum und seine Nation Anwürfen gegenüber zu verteidigen, sich ein umfangreiches geschichtliches Material erarbeitete, welches in seine Werke einging. Dies geschah insbesondere ab 1769, seit der Kontroverse mit Lavater und in seinen Verteidigungsschriften für das Judentum, etwa der Vorrede zur Schrift von Manasseh Ben Israel (1782) und in „Jerusalem" (1783). Zu jener Zeit war Mendelssohn bereits ein weitberühmter Schriftsteller und „Weltweiser".

Seine Schrift „Über die Evidenz der metaphysischen Wissenschaften" (1763) erhielt von der Berliner Akademie vor der Kantschen Preisschrift den ersten Preis, wohl auch wegen der Geläufigkeit der von Wolffs Rationalismus gestützten Gedankengänge, die im Vergleich zu Kants neuartigen Überlegungen traditioneller waren. Sein „Phädon oder über die Unsterblichkeit der Seele" erschien 1767 in erster Auflage und wurde ein „Bestseller" aufgeklärter, populärphilosophischer Literatur. Nach dem Muster des Platonischen Dialogs geschrieben (die ersten Teile sind direkte Übersetzungen Platos), erörtert hier Mendelssohn das Problem der Unsterblichkeit der Seele und sucht die Unsterblichkeit auf rationalistischem Wege zu beweisen. Dieses Werk wirkte zweifellos auch wegen seines schönen Stils und der naiven Tugendhaftigkeit, die hier als Selbstbekenntnis Mendelssohns zum Ausdruck kommt. Moses Mendelssohn wurde seither von Freunden und Bekannten als „der weise Sokrates" bezeichnet. Das Werk erlebte kurz hintereinander mehrere Auflagen und wurde in viele europäische Sprachen übersetzt. Und dennoch – trotz seiner anerkannten Gelehrsamkeit und nunmehr internationalen Berühmtheit – wurde der 1771 von Sulzer eingebrachte Vorschlag, Mendelssohn in die Akademie aufzunehmen, nicht verwirklicht.

Mendelssohn verstand sich vornehmlich als Aufklärer und Philosoph und lebte selbst konsequent nach dem Toleranzgedanken seiner Zeit, wonach die Religionszugehörigkeit als Privatangelegenheit zu betrachten und zu respektieren und die Religiosität anderer Konfessionen zu achten sei. Um so befremdender mußte auf ihn das Ansinnen des Schweizer Theologen und späteren Begründers der „Physiognomie-Lehre" Johann Kaspar Lavater wirken, der sechs Jahre nach seiner persönlichen Bekanntschaft mit Mendelssohn 1763 in Berlin plötzlich mit einem Vorwort zu dem von ihm übersetzten Werk von Charles Bonnet (veröffentlicht unter dem Titel „Herrn Carl Bonnets, verschiedener Akademien Mitglied, philosophische Untersuchung der Beweise für das Christentum") an die Öffentlichkeit trat. Dort forderte er Mendelssohn vor der aufgeklärten geistigen Welt jener Zeit auf, entweder den angeblich so schlüssigen Beweisen des Bonnet für die Wahrhaftigkeit des Christentums eine Widerlegung entgegenzusetzen oder zu tun, was Sokrates getan hätte, wenn er diese Schrift als unwiderleglich gefunden hätte. Das war eine deutliche Aufforderung zum Glaubenswechsel! Die Antworten Mendelssohns in dem nun folgenden öffentlichen Disput, an dem seine Berliner Freunde lebhaften Anteil nahmen, entsprachen seiner Überzeugung von der Vereinbarkeit der Aufklärung einerseits und der jüdischen, als ihrem Kern nach „natürlichen Religion" andererseits. Mendelssohn verteidigte unter dem Namen der Religion seiner Väter einen aufgeklärten Deismus. Nicht nur aus traditionellen Rücksichten, sondern aus tiefer Überzeugung bekannte sich Mendelssohn zum Mosaismus, den er allerdings vom Ballast der traditionellen jüdischen Mystik befreit interpretierte. So kann man Heinrich Heines Auflösung des scheinbaren Widerspruchs zwischen Aufklärungsidee und Bekenntnis zum religiösen Judentum zustimmen: Moses Mendelssohn habe in seinem Lebenswerk letztlich „die Tradition verworfen", indem er den „jüdischen Katholizismus" stürzte; aber er selbst hielt sich an die mosaischen Zeremonialgesetze. „War es Feigheit oder Klugheit?" fragte Heine. „Ich glaube nicht." Vielmehr habe wohl Moses Mendelssohn in dem reinen Mosaismus eine Institution gesehen, „die dem Deismus gleichsam als letzte Verschanzung dienen konnte. Denn der Deismus war sein innerster Glaube und seine tiefste Überzeugung."[19] Dieser Mann, betont Heine, sei der Reformator der deutschen Israeliten gewesen; er stürzte das Ansehen des Talmudismus und begründete den reinen Mosaismus. Vergleichbar sei er für sein Volk mit dem Reformator Luther.[20]

Es war unter den historischen Umständen nicht nur verständlich, sondern auch außerordentlich verdienstvoll, daß Moses Mendelssohn nicht zum Christentum übertrat, um sich einige bürgerliche Freiheiten zu verschaffen. Er stellte sich bewußt nicht außerhalb der Gemeinschaft seines Volkes, sondern sah seine Wirkungsaufgabe in der aufklärerischen Mission gegenüber den Menschen seiner Nationalität, in ihrem Anschluß an die kulturelle Entwicklung der Zeit. Diese Position wurde von den toleranten bedeutenden Köpfen in Deutschland vollkommen akzeptiert und unterstützt. Entrüstet wandten sich viele berühmte Zeitgenossen gegen Lavaters Bekehrungsversuche, so Lessing in seinen Briefen und auch Immanuel

Kant. Goethe hat zu Lavaters Verhalten in „Dichtung und Wahrheit" Stellung genommen: „Ärgerlich war mir daher die heftige Zudringlichkeit eines so geist- als herzvollen Mannes, mit der er auf mich sowie auf Mendelssohn und andere losging und behauptete, man müsse entweder mit ihm ein Christ, ein Christ nach seiner Art werden, oder man müsse ihn zu sich herüberziehen ... Diese Forderung, so unmittelbar dem liberalen Weltsinn, zu dem ich mich nach und nach auch bekannte, entgegenstehend, tat auf mich nicht die beste Wirkung. Alle Bekehrungsversuche, wenn sie nicht gelingen, machen denjenigen, den man zum Proselyten ausersah, starr und verstockt, und dieses war um so mehr mein Fall, als Lavater zuletzt mit dem harten Dilemma hervortrat: ‚Entweder Christ oder Atheist!' Ich erklärte darauf, daß, wenn er mir mein Christentum nicht lassen wollte, wie ich es bisher gehegt hätte, so könnte ich mich auch wohl zum Atheismus entschließen, zumal da ich sähe, daß niemand recht wisse, was beides eigentlich heißen solle."[21]

Die Auseinandersetzung mit Lavater und auch die Ablehnung seiner Aufnahme in die Akademie durch den König, somit der Verlust der Hoffnung, als Akademiemitglied in materieller Sicherheit ungestört seinen wissenschaftlichen Arbeiten nachgehen zu können, trugen zum Ausbruch eines Nervenleidens bei. Sechs Jahre lang konnte Mendelssohn nur in bescheidenem Umfange, morgens von fünf bis neun Uhr, geistigen Tätigkeiten nachgehen.

Das Mendelssohnsche Haus in der Spandauer Straße 68, das der Philosoph seit seiner Heirat mit der Hamburger Kaufmannstochter Fromet Gugenheim 1762[22] bewohnte, war einer der ersten Salons der progressiven Intelligenz Berlins. Hier trafen sich Juden und Christen, so z. B. auch der Arzt Marcus Herz, Schüler und Freund Kants, zu angeregten Gesprächen. Seit dem Tode Isaak Bernhards 1768 leitete Mendelssohn gemeinsam mit dessen Witwe das Unternehmen. Später wurde er Teilhaber.

Moses Mendelssohn begann in den Jahren der Krankheit mit der Übersetzung der Bibel aus dem Hebräischen ins Deutsche. 1778 erschienen die ersten Teile der Übersetzung des Alten Testaments, der sogenannten Fünfbücher (Pentateuch), in hebräischen Buchstaben gedruckt, um den Juden das

Lesen zu erleichtern, und versehen mit einem hebräischen Kommentar eines Mitarbeiters von Moses, des polnischen Rabbiners Salomon Dubno (1738–1813). Diese Übersetzung entstand ursprünglich aus dem Bemühen Mendelssohns, seinen eigenen Kindern[23] einen deutschsprachigen, von entstellenden Auslegungen befreiten Text des Pentateuch bieten zu können. 1779 erschien die vollständige Übersetzung. Dieses Werk wurde vor allem von der jüdischen Jugend begeistert aufgenommen; schon aufgrund des Probedruckes trafen achthundert Bestellungen von Juden und Nichtjuden ein. Aber es kam auch zu ernsthaftem Widerstand orthodoxer Rabbiner, welche Mendelssohn diffamierten und sogar die Verbreitung seiner Übersetzung verboten (so in Hamburg und in Fürth).

In den siebziger Jahren unternahm Mendelssohn verschiedene Reisen, so 1773 mit materieller Unterstützung des Veitel Ephraim zur Kur in das Bad Pyrmont, 1776 nach Baruth und Dresden. 1777 reiste er nach Königsberg und traf hier mit Kant zusammen, mit dem er bereits seit über zehn Jahren im Briefwechsel stand. Er besuchte zwei Vorlesungen des Philosophen. Unter dem Eindruck dieses Besuches schrieb Kant an Marcus Herz: „Einen solchen Mann, von so sanfter Gemüthsart, guter Laune und hellem Kopfe in Königsberg zum beständigen und inniglichen Umgange zu haben, würde diejenige Nahrung der Seele seyn, deren ich hier so gänzlich entbehren muß . . ."[24]

Im gleichen Jahr besuchte er anläßlich einer Reise nach Hannover Lessing, den er in seinen glücklichsten Lebensumständen antraf. Aber bereits einen Monat später starben Lessings Frau und sein neugeborenes Kind; die Freunde sollten sich bis zu Lessings Tod 1787 nicht wiedersehen. In diesen letzten, kummervollen und schweren Lebensjahren schrieb Lessing seinen „Nathan". Daß der Gestalt dieses weisen, zutiefst menschlichen und toleranten Juden der Freund Moses Modell gestanden habe, trifft wohl cum grano salis zu, wenn man manche Charakterzüge wie Toleranz und Lauterkeit bedenkt. Allerdings ist Lessings „Nathan" in Religionsfragen freisinniger, und eher hat hier Lessing wohl seine eigene Freimütigkeit und sein Freidenkertum in dieser Gestalt ausgedrückt. Moses Mendelssohn schrieb nach Lessings Tod an dessen Bruder Karl: „Fontenelle sagt von Kopernikus: er machte sein neues System bekannt, und starb. Der Biograph Ihres Bruders wird mit eben dem Anstand sagen können: er schrieb *Nathan den Weisen*, und starb."[25]

Neben den vielfältigen schriftstellerischen Aktivitäten für seine jüdischen Mitbürger, so unter anderem der Herausgabe eines gemeinsam mit David Friedländer verfaßten Lesebuchs für jüdische Kinder in deutschen und lateinischen Buchstaben, muß Moses Mendelssohns praktisches Wirken hervorgehoben werden. 1781 wurde durch sein Anraten und mit materieller Unterstützung des reichen Münzunternehmers Daniel Itzig und unter Leitung von dessen Schwiegersohn David Friedländer die erste jüdische Freischule in Berlin gegründet, in der für arme jüdische Kinder kostenlos Unterricht erteilt wurde, und zwar unter anderem in Hebräisch, Deutsch, Französisch, Geographie und Buchführung. Die Bibel und der Talmud gehörten ebenfalls zu den Unterrichtsgegenständen. An der Schule unterrichteten auch Lehrer christlicher Konfession. Oftmals hat Moses Mendelssohn auch jüdischen Mitbürgern geholfen, wenn sie politischen Schikanen ausgesetzt waren.[26]

Die letzten Lebensjahre Moses Mendelssohns waren von intensiver Arbeit zur weiteren Begründung seiner aufklärerischen Position und ihrer Vereinbarkeit mit der jüdischen Religion bestimmt. Die populäre und zugleich rationalistisch-methodisch vorgetragene Begründung seiner Glaubensgrundsätze, seines Toleranzprinzips und sein Kampf um bürgerliche Gleichstellung der Juden traten deutlich in den Mittelpunkt seines Schaffens.

Im Frühjahr 1783 wurde er Ehrenmitglied der Berliner „Mittwochgesellschaft", die kurz vorher gegründet worden war. Für diesen Diskussionskreis entstand Mendelssohns Aufsatz „Über die Frage: Was heißt aufklären?", der am 26. Dezember 1783 vorgetragen wurde.[27] Im gleichen Jahr hatte Mendelssohn sein bedeutendstes Werk zur Judenfrage veröffentlicht: „Jerusalem oder über religiöse Macht und Judentum". Zwei Themen bearbeitete Moses Mendelssohn in diesem Buch, Themen, die ihn schon geraume Zeit systematischer beschäftigten: einmal die Ausdeutung der jüdischen Religion als „natürliche" und somit „vernünftige" Religion, zum anderen die Begründung einer notwendigen bürgerlichen Gleichstellung der Juden und in diesem Zusammenhang die

Beziehung des Staatswesens zu den Kirchen. Der letztere Problemkomplex war von ihm schon ausführlicher in der Vorrede zu der in seiner Übersetzung neu veröffentlichten Schrift des Amsterdamer Rabbiners Manasseh Ben Israel „Rettung der Juden" (1656) behandelt worden. Diese Neuherausgabe durch Mendelssohn erfolgte 1782. Damit unterstützte und verteidigte der Philosoph die von Christian Wilhelm Dohm, einem mit ihm befreundeten preußischen Kriegsrat und Historiker, verfaßte Schrift „Über die bürgerliche Gleichstellung der Juden" (1781–1783). Dohm hatte die völlige bürgerliche Eingliederung und Gewerbefreiheit der Juden gefordert. Auch vertrat er die Meinung, daß die jüdische Kirche den anderen Konfessionen gleichgestellt werden müsse und daß es Juden erlaubt sein müsse, in Staatsdienste zu treten.

Mendelssohns Werk „Jerusalem" erfuhr zwar nicht eine solch sensationelle Aufnahme wie der „Phädon", wurde aber von den progressiven Zeitgenossen wegen seiner mutigen politischen Positionen und lauteren Gesinnung hochgeschätzt. Kant schrieb an Mendelssohn: „Ich halte dieses Buch vor die Verkündigung einer großen, obzwar langsam bevorstehenden und fortrückenden Reform, die nicht allein Ihre Nation, sondern auch andere treffen wird."[28]

Wie wenig sich aber Mendelssohn – im Unterschied zu Kant – von tradierten Denkweisen trennen und Originalität erlangen konnte, zeigte sich nicht nur in der Religionsfrage, sondern auch auf philosophischem Gebiet. Er hat in seinen letzten Lebensjahren mit Intensität an der weiteren rationalen Begründung des Daseins Gottes im Wolffschen Stile gewirkt. Dies prägt sich besonders in der in Auseinandersetzung mit Leibniz' „Causa Dei" entstandenen Abhandlung „Sache Gottes oder die gerettete Vorsehung" aus, die aber aus Rücksichten auf das Toleranzprinzip von ihm nicht veröffentlicht wurde, enthielt sie doch eine Polemik gegen das Christentum. Die positive rationalistisch-methodische Beweisart für das Dasein Gottes findet sich auch in den 1785 veröffentlichten „Morgenstunden oder Vorlesungen über das Dasein Gottes", entstanden aus morgendlichen Vorlesungen und Gesprächen, die er zur Unterrichtung seines ältesten Sohnes, seines Schwiegersohns und eines jungen Freundes einige Jahre vorher täglich durchzuführen pflegte. Der eigentliche Grund der

Veröffentlichung der „Morgenstunden" war eine sich schon in Briefen anbahnende Kontroverse mit Friedrich Heinrich Jacobi (1743–1819) über „Lessings Charakter", d. h. dessen weltanschauliche Haltung, die dieser Jacobi gegenüber als spinozistisch bezeichnet hatte. Die „Morgenstunden" gehen auf diesen Streit um Lessings Haltung zu Spinoza und um seine Religionsauffassung nicht ein, wohl aber enthalten sie eine ausführliche Darlegung und Ablehnung der atheistischen Tendenz der spinozistischen Philosophie und fordern einen „geläuterten", mit den religiösen Prinzipien zu vereinbarenden Pantheismus. Fast gleichzeitig mit Mendelssohns Werk erschien Jacobis „Ueber die Lehre des Spinoza, in Briefen an den Herrn Moses Mendelssohn", in denen er sowohl seine Gespräche mit Lessing als auch den Briefwechsel um Lessings Spinozismus dem Publikum preisgab. Diese Schrift führte zu einem offenen Streit zwischen beiden Denkern, der die Öffentlichkeit sehr bewegte, ging es doch dabei nicht nur um die den Streit auslösende Frage nach Lessings Haltung zu Spinoza und zur Religion, sondern um eine Wiedererinnerung an den großen holländischen Denker und um die Ausdeutung seines Pantheismus unter den spezifischen geistigen Bedingungen im Deutschland des 18. Jahrhunderts. Wie sehr Spinoza vergessen und als „toter Hund" behandelt worden war, vermerkt mit bitterem Sarkasmus Hegel in seinen Vorlesungen zur Geschichte der Philosophie. Vor allem wirft er den Berliner Aufklärern vor, den Geist des Spinoza gar nicht begriffen zu haben: „. . . es zeigte sich im Verfolg des Streites, daß diejenigen, welche sich für Männer vom Fach hielten . . . wie Nicolai, Mendelssohn usf., nichts vom Spinozismus wußten . . ."[29] Es wird noch an späterer Stelle zu bewerten sein, inwieweit dieses harte Urteil zutrifft – aber zweifellos hat dieser Streit maßgeblich dazu beigetragen, daß nunmehr die Besinnung auf Spinoza und die Beschäftigung mit ihm intensiver wiederauflebte. Für Mendelssohn selbst hatte der Streit tragische Folgen. Er erregte sich über die angebliche Denunziation Lessings als Spinozisten und Atheisten maßlos, und als er seine Antwort auf Jacobis „Spinoza-Briefe", sein „Sendschreiben an die Freunde Lessings", am Silvesterabend zum Verleger brachte, verkühlte er sich und erkrankte schwer. Er starb am 4. Januar 1786.

Als Zeichen der großen Verehrung, die Mendelssohn aufgrund seines Wirkens für die Eingliederung der Juden in das bürgerliche Leben und ihren Anschluß an Kultur und Bildung jener Zeit genoß, seien nur zwei von vielen Zeugnissen erwähnt: Unter den Verehrern des Mendelssohn befand sich auch Mirabeau, der die politische Bedeutung des Werkes „Jerusalem" erkannte und seine Übersetzung in alle europäischen Sprachen empfahl. Seinem Wirken ist es mit zu verdanken, daß im September 1791 im Frankreich der Großen Revolution ein Gesetz zur völligen bürgerlichen Gleichstellung der Juden erlassen wurde. – Eine zweite Episode: 1788 wurde in Berlin Shakespeares „Kaufmann von Venedig" aufgeführt, ein Werk, in dem der jüdische Wucherer Shylock bekanntlich eine unrühmliche Rolle spielt. Um das Andenken Mendelssohns ehrenvoll zu wahren und die jüdischen Mitbürger nicht zu beleidigen, wurde vom Direktor des Königlichen National-Theaters, Karl Wilhelm Ramler (1725–1798), ein Prolog verfaßt und vom Darsteller des Shylock vorgetragen:

„Nun das kluge Berlin die Glaubensgenossen des weisen
Mendelssohn zu schätzen anfängt; nun wir bei diesem
Volke, dessen Propheten und erste Gesetze wir ehren,
Männer sehen, gleich groß in Wissenschaften und Künsten,
Wollen wir nun dies Volk durch Spott betrüben? Dem alten
Ungerechten Haß mehr Nahrung geben? Und Röte
Denen ins Antlitz jagen, die, menschenfreundlich gesinnet,
Gegen arme Christen und Juden gleich gütig sich zeigen?
Nein, das wollen wir nicht! Wir schildern auch biblische Christen,
Schildern mit Abscheu verfolgende Christen; wir tadeln der Klöster
Zwang und Grausamkeit an den eigenen Glaubensverwandten.
Unser Schauspiel zeigt das Lächerliche, das Laster
An dem entarteten Adel und an den Tyrannen der Erde,
Höhnet den schlechten Arzt, beschimpft die bestochenen Richter,
Straft den geizigen Diener des Altars. In ‚Nathan dem Weisen'
Spielen die Christen die schlechtere Rolle, im Kaufmann Venedigs
Tun es die Juden. Nur wen es jücket, der kratze sich, so sagt
Unser Hamlet; wir sagen: Wer heile Haut hat, der lache."[30]

II. Mendelssohns Werk – Aufklärung und Judentum

1. Mendelssohns Verständnis von Aufklärung und Kultivierung

Als die Berliner Mittwochgesellschaft 1783 die Diskussion zum
Thema „Was heißt aufklären?" eröffnete und mit dem Beitrag
von Moses Mendelssohn die Publikation von Vorträgen zu
diesem Thema in der Berlinischen Monatsschrift im September 1784 begann, war das Wort „Aufklärung" bereits in Gefahr, ein Modewort ohne genauer bestimmten Inhalt zu
werden.[31] Es war eine Verständigung des Berliner Aufklärerkreises über Aufgaben, Methoden und Wirkungsradius der
Aufklärung vonnöten. Moses Mendelssohns Beitrag „Über die
Frage: Was heißt aufklären?" ist deshalb ein wichtiges Dokument über das Aufklärungsverständnis jenes Kreises, welches
sich von der französischen Aufklärung, aber auch von Kants
Verständnis[32] unterscheidet.

In seinem Aufsatz differenzierte Mendelssohn im Sprachgebrauch zwischen Kultur und Aufklärung als zwei sich korrespondierenden Elementen einer harmonischen Bildung des
Menschen. Während Kultur mehr auf das Praktische gehe
(Handwerke, Künste, Geselligkeitsitten, Fertigkeiten, Fleiß
und Geschicklichkeiten), alles Betätigungs- und Verhaltensweisen, in denen sich der Mensch als Bürger erweise und Mitglied eines Standes sei, beträfe Aufklärung den *Vernunftgebrauch*, das heißt vernünftige Erkenntnis als *Selbst*erkenntnis der Menschen, ein Nachdenken über Dinge des menschlichen Lebens nach Maßgabe ihrer Wichtigkeit und ihres Einflusses auf die Bestimmung des Menschen. „Ich setze allezeit
die *Bestimmung des Menschen als Maß und Ziel aller Bestrebungen und Bemühungen*, als einen Punkt, worauf wir
unsere Augen richten müssen, wenn wir uns nicht verlieren
wollen."[33] Die Bestimmung des Menschen, so betont Mendelssohn auch in anderen Werken, ist ein tugendhaftes Leben in
Nachahmung Gottes[34] und somit Erlangung eines durch Tugend
gestützten Grades an Glückseligkeit. Es ist aber immer zugleich auch, da der Mensch als von Natur *gut* und *gesellig* vorausgesetzt wird, ein Gesellschaftsharmonie konstituierendes

Verhalten. Der in Gesellschaft lebende Mensch bedarf also der Aufklärung und der Kultivierung gleichermaßen. Aufklärung verhält sich zur Kultur wie Theorie zur Praxis, wie Erkenntnis zur Sittlichkeit.[35] Mendelssohn betont, daß aufgrund der ursprünglichen guten Natur und des gesunden Urteilsvermögens alle Menschen, unabhängig von Stand und Bildung, prinzipiell der Aufklärung zugänglich sind. Aufklärung ist auf allgemeine Volksbildung gerichtet und muß daher bis zu einem gewissen Grade auch populär in ihren Mitteln sein und die reale Lebenssituation der Menschen berücksichtigen. Sie ist notwendig zur Kultivierung, denn ohne Aufklärung ist Kultur nur Politur, Kultur im Äußerlichen. Äußerlicher Glanz und Geschliffenheit sind freilich nicht abwertend zu betrachten – nur bedürfen sie einer „innerlichen, gediegenen Echtheit"[36]. Da Aufklärung und Kultur also eine Einheit bilden sollten, ist zwischen Aufklärung der Menschen als Bürger und Aufklärung der Menschen als Menschen zu unterscheiden. Während unter ersterem Aspekt der Grad der Aufklärung vom Stand und Beruf der Menschen abhängig ist, betrifft die Aufklärung des Menschen als Menschen jeden, ohne Unterschied der Stände: Maß und Ziel ist die Bestimmung des Menschen. Offensichtlich ist in diesem Sinne Aufklärung einmal Verbreitung von Wissenschaft (Wissen über Gegenstände) und zum anderen Selbsterkenntnis der Menschen. Mendelssohn unterscheidet also Bürgeraufklärung von Menschenaufklärung, und er nennt diejenigen Staaten unglücklich, wo „die wesentlichen Bestimmungen des Menschen mit der wesentlichen des Bürgers nicht harmonieren", wo eine unentbehrliche Menschheitsaufklärung die Verfassung (eben weil sie dieser Bestimmung des Menschen widerspricht) in Gefahr bringe. „Hier lege die Philosophie die Hand auf den Mund! Die Notwendigkeit mag hier Gesetze verschreiben oder vielmehr die Fesseln schmieden, die der Menschheit anzulegen sind, um sie niederzubeugen und beständig unterm Drucke zu halten."[37]

In dieser Kritik solcher unmenschlichen politischen Zustände spricht sich das humane Anliegen der Mendelssohnschen Position aus. Aber er beklagt diesen Zustand eben nur, ohne Schlüsse zur Gesellschaftsveränderung zu ziehen. Zugleich nennt er einen Grund, welcher eine inhaltliche Beschränkung der Aufklärung erfordern kann. Nützliche und den

Menschen zierende Wahrheiten dürfen nur verbreitet werden, „ohne die ihm nun einmal beiwohnenden Grundsätze der Religion und Sittlichkeit niederzureißen"[38]. Hier solle man als tugendhafter Aufklärer mit Vorsicht und Behutsamkeit verfahren und lieber das Vorurteil dulden. Freilich sei damit die Grenzlinie zwischen Heuchelei, Aberglaube, Barbarei einerseits und einer behutsamen Aufklärung schwer zu ziehen – dies räumt er ein. Aber diese Grenzziehung sei immer wieder notwendig. Mendelssohn sieht also die Gefahr eines Mißbrauchs der Aufklärung, wie es auch einen Mißbrauch der Kultur gebe: während ersterer das moralische Gefühl schwäche und Irreligion und Anarchie erzeuge, habe der Mißbrauch der Kultur Üppigkeit, Weichlichkeit, Aberglaube und Sklaverei zur Folge. Die Befürchtung eines Mißbrauchs der Aufklärung ergibt sich wesentlich aus Mendelssohns Überzeugung, daß wahre Moralität nur durch wahre Religiosität gestützt werden könne und daß ein gar zu „sophistisch" argumentierender Verstand nicht nur in Atheismus, sondern damit auch in Zerstörung der Sittlichkeit einmünde. Auf diese Auffassung von Mendelssohn wird noch näher einzugehen sein.

Der Gedanke eines Mißbrauchs der Kultur dagegen verweist auf Mendelssohns frühe Beschäftigung mit Rousseau, die allerdings stets eine *kritische* war. Mendelssohn fügte seiner Übersetzung des Rousseauschen Diskurses über die Ungleichheit der Menschen ein „Sendschreiben an den Herrn Magister Lessing" (1756) bei, in dem er, sowie im nachfolgenden Briefwechsel mit Lessing, eine Auseinandersetzung mit Rousseaus Menschenauffassung führte. Obgleich er keine Beziehung zu dem geschichtsphilosophischen Gehalt dieser Abhandlung findet – ein Unterschied zu der verständnisvolleren Rousseau-Rezeption durch Immanuel Kant[39] –, spricht sich in dem Sendschreiben eine große Hochschätzung Rousseaus aus. Den misanthropischen Zug, den er in Rousseaus Diskurs zu erkennen glaubte, sieht er zugleich immer durch dessen tiefe Menschenliebe erschüttert, „mürrische Laune" bei der Charakteristik der Gesellschaft durch die „angeborene Liebe zur Geselligkeit" untergraben. Rousseau ist ihm exemplarisch für einen Denker, dessen skeptische und selbstquälerische Sophistik durch den jedem Menschen angeborenen Trieb zum Guten und zur Geselligkeit immer wieder erschüttert wird.

„Ein geheimer Trieb hat Rousseaus Wunsch wider seine eigene Lehre empöret . . .“[40] Denn, so Mendelssohn, der Mensch sei keineswegs nur in der Vereinzelung als Wilder glücklich, ja, er sei auch in diesem Zustand nicht vereinzelt, wie Rousseau unterstellt – er sei ein von Natur aus geselliges und zum Guten veranlagtes Wesen. Der Trieb zur Kultivierung ist dabei ebenfalls eine ganz natürliche Bedingung des Menschseins. Kultur ist keine Entfremdung der ursprünglichen Natur, sondern ihre Entfaltung. Güte, Vollkommenheit und Ordnung sind Neigungen des Menschen, sei er im wilden oder im gesitteten Zustand. Erst in der Gesellschaft entwickeln sich die menschlichen Kräfte. Rousseaus Haltung zum Fortschritt der Kultur wird als zutiefst pessimistisch abgelehnt; er übergehe im Gemälde der menschlichen Natur die vorteilhaftesten Züge und übe seinen Pinsel an ihrer Häßlichkeit. Dabei widerspreche sich Rousseau selbst, denn das Streben nach *perfectibilité* wird als ein zutiefst menschliches Streben von ihm anerkannt, auch für den Wilden, zumindest in seinen tierischen Fähigkeiten. Aber nach Mendelssohns Meinung verbaue sich Rousseau durch seine fehlerhafte Methode den Weg zum Verständnis dieser Eigenschaft, da er den *Naturzustand* als Maßstab der wahrhaft menschlichen Natur nimmt. Die menschliche Fähigkeit zeige sich viel mehr im Zustand der Kultur. Freilich habe die Gesellschaftsentwicklung auch Wollüstlinge hervorgebracht – aber auch einen Sokrates.

Zweifellos läßt sich Mendelssohn in seiner Rousseau-Interpretation durch dessen krasse Kultur- und Zivilisationskritik zu Fehlurteilen über den großen Dialektiker verleiten. Wie viele Zeitgenossen erfaßte er den wesentlichen Gehalt der Rousseauschen Geschichtskonzeption nicht, wonach die Menschheit im Sinne einer Negation der Negation eine Höherentwicklung durchläuft. Auch Mendelssohn deutet das „Zurück zur Natur“ (analog zu dem Spötter Voltaire[41]) als ein Zurück zum tierischen Zustand. Freilich lag aufgrund der Tendenz des Diskurses über die Ungleichheit und des ersten Diskurses über die Wissenschaften und Künste von Rousseau diese Schlußfolgerung nahe; erst mit dem „Gesellschaftsvertrag“ (1762 veröffentlicht) und dem „Émile“ (1762) wird Rousseaus Absicht unmißverständlich ausgedrückt.[42] Mendelssohn sieht allerdings zu Recht in der Vorrede des zweiten

Diskurses, „An die Republik Genf", eine (scheinbar der Aussage des Diskurses selbst widersprechende) Hochachtung der Kultur und Zivilisation. Auch erkennt er Rousseaus Absicht, die Laster der bestehenden Gesellschaft zu brandmarken und den Despotismus zu züchtigen, als berechtigt an, aber Rousseau schütte das Kind mit dem Bade aus: was als *Mangel* an Geselligkeit kritisiert werden müßte (Unterdrückung, Kriege etc.), mißdeute Rousseau als *Folge* der Geselligkeit.

Über die Vervollkommnungsfähigkeit der Menschen führte Mendelssohn einen brieflichen Meinungsaustausch mit Lessing. Während Mendelssohn die perfectibilité als qualitativ bestimmte Vollkommenheit (der Moralität etwa) deutete, betonte Lessing, daß perfectibilité in seinem Verständnis die bloße Anlage eines Dinges meine, sich seiner Natur gemäß vervollkommnen zu können.[43] Von Interesse ist für Lessing offensichtlich der *Prozeß* der Vervollkommnung in seinen Triebkräften gewesen, somit ein Ansatz zu einer historischen Methode der Betrachtung.

Viel später, in seinem Werk „Über die Erziehung des Menschengeschlechts" (1777/1780), hat Lessing den historisch-methodischen Gesichtspunkt voll entwickelt. Er faßt die Erziehung und Aufklärung der Menschen als stufenweisen Prozeß der Höherentwicklung des Menschengeschlechts auf und sieht in der Vervollkommnung nicht vorrangig ein Problem der Individualentwicklung und -bemühung wie Mendelssohn. Dabei geht es Lessing auch um eine historische Einordnung der Religionen als Ausdruck von Epochen der Entwicklung der Menschheit. Der Offenbarungsbegriff wird als Metapher für die Erziehung als *Selbst*erziehung und *Selbst*bestimmung der Gattung Mensch gedeutet, denn die Offenbarung enthalte nichts, was das Menschengeschlecht nicht aus sich selbst heraus haben könne. So durchläuft nach Lessings Vorstellung die Menschheit im wesentlichen drei Stufen: über das Judentum – als noch unzureichende Vorstellung von Gott als einem eifernden und gefürchteten Herrscher, aber auch als wichtige Stufe der Erlangung von Vernunft – zum Christentum – als Stufe der Fähigkeit, geoffenbarte Wahrheiten zu Vernunftwahrheiten auszubilden, d. h. das bisher Geglaubte durch Vernunfteinsichten zu prüfen –, und schließlich sei ein drittes Zeitalter zu erhoffen, das Zeitalter der Aufklärung „als der

Vollendung der Humanität", wo der Mensch das Gute um des
Guten willen tue, nicht etwa durch Belohnung oder Bestrafung
geleitet. Lessing stellt hier die Hypothese auf, daß das
Individuum diese Stufen vielleicht sogar in mehreren Leben
durchschreite, allerdings mit dem Tode den vorangehenden
Abschnitt vergessend.[44] Er erwägt also – wie viele Zeitgenossen
– die Möglichkeit der Palingenesis. Aber übergreifend in
seinem Denken ist die Idee eines Gattungsfortschrittes.

Diese Ausdeutung des Entwicklungsganges des Menschengeschlechts konnte Mendelssohn schon wegen der Unter-
ordnung der jüdischen Religion unter die christliche nicht
akzeptieren, verstand er doch seine Religion ihrem Wesen
nach als „natürliche", ewige Grundlage von wahrer Religiosität. Strikt lehnte er auch den Gedanken eines Fortschritts der
Gattung ab. Hatte er dieses auch Rousseau bewegende Problem
1756 in seinem „Sendschreiben" noch gar nicht explizit berührt, so argumentiert er 1783 in „Jerusalem" ausdrücklich
gegen Lessings Darstellung der Geschichte als eines stufenweisen Prozesses: Alle Völker der Erde seien – nach dem Begriff des Judentums – zur Glückseligkeit berufen; Gewicht und
Maß der Sittlichkeit bleiben in allen mannigfachen Epochen
dieselben. Er habe keinen Begriff von der Erziehung des
Menschengeschlechts wie Lessing unter dem Einfluß von „ich
weiß nicht welchem Geschichtsforscher"[45]. „Man stellet sich
das kollektive Ding, das menschliche Geschlecht, wie eine einzige Person vor und glaubt, die Vorsehung habe sie hieher
gleichsam in die Schule geschickt, um aus einem Kinde zum
Manne erzogen zu werden. Im Grunde ist das menschliche Geschlecht fast in allen Jahrhunderten, wenn die Metapher
gelten soll, Kind und Mann und Greis zugleich, nur an verschiedenen Orten und Weltengegenden."[46] Jeder gehe das
Leben hindurch seinen eigenen Weg, aber alle kommen auf
ihrer Reise weiter zu der Glückseligkeit, die ihnen beschieden
ist. Daß aber die ganze Menschheit in der Folge der Zeit
hienieden weiterrücken solle, scheine ihm nicht der Zweck der
Vorsehung. „Vielmehr sehen wir das Menschengeschlecht im
ganzen kleine Schwingungen machen, und es tat nie einige
Schritte vorwärts, ohne bald nachher, mit gedoppelter Geschwindigkeit, in seinen vorigen Stand zurückzugleiten . . .
Der Mensch gehet weiter; aber die Menschheit schwankt be-

ständig zwischen festgesetzten Schranken auf und nieder, behielt aber, im ganzen betrachtet, in allen Perioden der Zeit ungefähr dieselbe Stufe der Sittlichkeit, dasselbe Maß von Religion und Irreligion, von Tugend und Laster, von Glückseligkeit und Elend . . ."[47] Wie sehr Mendelssohn damit seiner eigenen erklärten Absicht eines gesellschaftswirksamen Fortschritts vermittels Aufklärung widerspricht, hat Immanuel Kant scharfsinnig vermerkt: „Das ist so recht der Stein des Sisyphus; und man nimmt auf diese Art, gleich dem Indier, die Erde für den Büßungsort für alte nicht mehr erinnerliche Sünden an."[48] Er sei anderer Meinung, nämlich der Überzeugung vom Fortrücken des menschlichen Geschlechts in Kultur und Moral. „. . . und der gute *Mendelssohn* muß doch auch darauf gerechnet haben, wenn er für Aufklärung und Wohlfahrt der Nation, zu welcher er gehörte, so eifrig bemüht war."[49]

In der Tat hat Moses Mendelssohn in Erwartung eines gesellschaftlichen Fortschritts in vielen seiner Publikationen mit viel Mut angesichts der damaligen politischen Zustände und speziell seiner Situation als Jude die Forderung nach bürgerlicher Gleichstellung seiner Nation erhoben. Beispiele davon geben vor allem die Vorrede zur Schrift von Manasseh Ben Israel und „Jerusalem". Mendelssohn tritt für die Durchsetzung gesellschaftlich-progressiver Zustände insbesondere in zwei Fragen ein: einmal in der Beziehung von Staat und Kirche bzw. Religion, zum anderen hinsichtlich der Ausschaltung weltlicher Befugnisse aus dem Kirchenrecht. So fordert er von der Staatsmacht die strikte Trennung von kirchlichen und staatlichen Angelegenheiten. Er hat aber – angesichts der überwiegend konservativen und orthodoxen Geistlichkeit in den jüdischen Gemeinden – auch den Mut, die Handhabung weltlicher Macht in den Händen der Kirchen, so des Bannrechts, dessen Anwendung stets auch bürgerliche Ächtungen nach sich zog, strikt abzulehnen. Während Mendelssohn in der Vorrede zu Manassehs Werk die bürgerliche Gleichstellung der Juden in diesem Zusammenhang als von potentieller ökonomischer Bedeutung für den Staat rechtfertigt, wird in „Jerusalem" daran anknüpfend eine gründliche und ausführliche Argumentationslinie auf der Grundlage der Idee der Gleichheit aller Menschen durchgeführt.

Ausgehend von einer Polemik gegen Thomas Hobbes' Auffassung, welcher die Staatsmacht vorrangig als Gewalt zur Er-
zwingung von Sittlichkeit sieht, um den Naturzustand des
Kampfes aller gegen alle zu überwinden, unterscheidet Mendelssohn politische Machtausübung von Recht und Sittlichkeit
(ähnlich wie auch Kant gegen Hobbes einwendet, daß Disziplinierung noch keine Moralisierung bedeute[50]). Die Förderung der Sittlichkeit durch den Staat ist nur mit behutsamen
Mitteln möglich, und Toleranz in Religionsdingen ist dabei eine
Grundbedingung, sollen wahre Religiosität sich entfalten und
Gewissenszwang und Heuchelei ausgeschaltet werden können.
Mendelssohn faßt den Staat als die Gemeinschaft von Menschen auf, soweit sie in ihren Handlungen in ein gegenseitiges
Verhältnis treten und in einem Vertragsverhältnis stehen.[51]
Durch den Gesellschaftsvertrag werden schwankende, unvollkommene Rechte der Menschen zu fixierten, vollkommenen;
die Menschen treten aus dem Wildheitszustand in einen ge-
sellschaftlich geregelten ein. Dies schränkt den Spielraum der
Menschen nicht ein, im Gegenteil, die Ausschaltung der
ursprünglichen Willkür führt letztlich zu einem erweiterten
Spielraum für die Entwicklung von Fähigkeiten und Bedürfnissen. Freilich nur in einem „guten Staat", wie er Mendelssohn vorschwebt – allerdings recht vage in der Vorstellung,
ohne genauere Bestimmung der Staatsform. Es werden aber
einige Prinzipien formuliert, die diesen guten Staat beherrschen und mittels derer er herrschen sollte: Einem guten Staate
gelingt es, durch Erziehung des Volkes so zu regieren, daß die
Menschen zu gemeinnützigen Handlungen motiviert werden.
Die Stärke eines solchen Staates beruht darin, daß er nicht nur
mit Gewalt erzwingt, sondern auf die Gesinnung der Bürger
bauen kann (etwa im Falle einer Verteidigung nach außen).
Ein guter Staat respektiert auch das Recht des Menschen auf
ein Eigentum, das er durch seine Fähigkeiten, seine praktische
Tat und Aneignung der Gesetze der Natur erworben, d. h. von
der ursprünglichen Gemeinschaft der Güter abgesondert hat.
Mendelssohn vertritt hier das bürgerliche Prinzip des „selbst-
erarbeiteten Eigentums", verbunden mit der Forderung, das
Überflüssige zum Besten der Nebenmenschen auf freiwilliger
Basis einzusetzen (eine aus dem Ghettoleben der jüdischen Be-
völkerung als selbstverständlich empfundene Maxime, mußten

doch die wohlhabenden Juden für ihre rechtloseren und
armen Glaubensgenossen sich mitverantwortlich zeigen).
Selbstverständlich ist für Mendelssohn das Toleranzprinzip
von größter Bedeutung für den „guten Staat". Alle Religionen
sind als gleichberechtigt zu behandeln; die Idee einer Glaubensvereinigung sei abzulehnen, da sie wieder eine *bestimmte* Religionsauffassung diktieren würde – eine durchaus
realistische Sicht Mendelssohns! Die Rolle der Kirche als eine
nur sittliche Gemeinschaft, die weder bürgerliche Machtbefug-
nisse noch Eigentum haben dürfe, bestehe einzig in Erziehung
und Überzeugung in sittlichen Dingen, und nur insofern ist sie
Verbündete des guten Staates. Sie leistet einem solchen Staate
den Beistand des Belehrens und des Trostes – sie vermag aber
einen Staat, der nur durch Gewalt erzwingt und sich selbst der
Aufgabe einer sittlichen Erziehung entzieht, nicht zu unterstützen. Er ist ja ihrem eigenen Wesen völlig fremd – denn die
Religion (als eine wahre Religion) kennt keine „toten Handlungen ohne Geist" und „ohne Gesinnung", wie es erzwungene
(oder bloß äußerlich-kulthafte) sind. Das Toleranzprinzip versucht Mendelssohn auch auf eine allerdings spezifische Weise
auf die Ehe anzuwenden; wechselt ein Ehepartner den Glauben, so werde ein Gewissenszwang auf den dem ursprünglichen Glauben treuen Partner ausgeübt, der sich vor allem bei
der Kindererziehung negativ auswirken kann. In solchem Falle
kann die Scheidung verlangt und die Erziehung der Kinder
nach den ursprünglichen Grundsätzen gesichert werden.

In diesen Passagen äußert sich allerdings, wie wenig frei-
sinnig Mendelssohn in Religionsfragen mitunter zu denken
wußte – aus seiner eigenen Erziehung und seinem Festhalten
an den Zeremonialgesetzen erklärlich! Eine wirkliche Toleranz
in dieser Frage wäre wohl auch kaum realisierbar gewesen,
wenn man die Strenge der jüdischen Zeremonialgesetze in
ihrer eingreifenden Bedeutung für das Privatleben bedenkt.

Prinzipiell ist Moses Mendelssohn jedoch gegen eine Einmischung vom Staat und auch von der Kirche in Gewissens-
dinge: „Weder Staat noch Kirche sind in Religionssachen befugte Richter; denn die Glieder der Gesellschaft haben ihnen
durch keinen Vertrag dieses Recht einräumen können."[52] Da
Glaubensüberzeugungen auf „Vernunfteinsichten" beruhen,
ist hier ein Diktat der Meinung auch gar nicht möglich.

Mendelssohn kennt nur zwei Ausnahmen, wo der Staat, der jede Religiosität, selbst den aufgeklärten Deismus, als Gesinnung der Menschen akzeptieren muß, das Recht hat, im Interesse der „allgemeinen Wohlfahrt" einzugreifen: gegen Fanatismus – aber auch gegen „Epikureismus" und „Atheisterei". Damit erhalten allerdings Mendelssohns Auffassungen über die Befugnisse des Staates selbst wieder eine Unbestimmtheit, die eine Einschränkung des Toleranzprinzips bedeutet, ohne seine Grenzen wirklich angeben zu können. Wir werden sehen, daß ihm als einem zutiefst religiösen Denker Aufklärung als mit Religiosität vereinbar ein Grundbedürfnis ist, einer aufgeklärten Religiosität freilich, welche nicht in äußerlichen Kulthandlungen, sondern in der Moralität der Menschen ihre Bestätigung findet. Aber es wird nicht die Religiosität von der Moral begründet, sondern die Moralität von der Religiosität abhängig gedacht. Dies erklärt, wie sehr er den Atheismus ablehnt. Andererseits ist aber die Religiosität eben nur dann gesichert und als eine natürliche zu entfalten, wenn sie auf Vernunfteinsichten und dem gesunden Empfinden des Menschenverstandes beruht. Damit tritt in Mendelssohns Werk die Frage nach den adäquaten Methoden der Aufklärung in den Mittelpunkt des Interesses. Durch die bewußte Ausklammerung einer geschichtsphilosophischen Leitidee, wonach „Aufklärung" als Gattungsprozeß gedeutet werden kann, wie besonders bei Immanuel Kant, der das Zeitalter der Aufklärung vom aufgeklärten Zeitalter unterscheidet[53], durch eine solche Ausklammerung des historischen Gattungsprozesses muß Mendelssohn jeden Fortschritt – so die Schaffung eines „guten Staates" oder „guten Gesellschaftsvertrags", die Durchsetzung von Toleranz oder das Fortschreiten der Bildung – letztlich als ein Werk von „Aufklärern" deuten, die durch ihr theoretisches Bemühen und ihre praktische Vorbildwirkung quasi „von außen" an die Gesellschaft herantreten und ihre partielle und zeitweilige Besserung bewirken. Die Konzentration auf die Methoden der Aufklärung und die Art, wie diese Methoden bestimmt werden, korrespondiert mit dieser Konzeption: es geht um „wissenschaftliche" (rationalistische) Demonstrationsmethoden bei der Darlegung von Wissen über Gegenstände – nicht etwa, wie bei Kant, um selbstkritische Prüfung der menschlichen Vernunft als Gattungsvermögen seinen Leistungen und Grenzen nach! Es geht um Popularität der Darlegung des Wissens – und es fehlt weitgehend die von Kant inaugurierte „tätige Seite" in der Betrachtung der Menschheitsgeschichte, wodurch ein bloßes „Aufklären" fragwürdig und der Gedanke der Praxis für die Vernunftentfaltung eingeführt wird. Es mag unbillig erscheinen, Mendelssohn mit Kant zu vergleichen, aber ein solcher Vergleich zeigt, wie sehr sie beide als Vertreter der gleichen Epoche doch Repräsentanten unterschiedlicher Reflexionsstufen der politischen und geistigen Zustände ihrer Zeit waren. Mendelssohn ist Aufklärer über Gegenstände, selbst dort, wo er Methoden untersucht – und insofern in Vorurteilen angesichts seiner eigenen Voraussetzungen befangen. Kant ist ausdrücklich nur in dem Sinne als *Vollender* der Aufklärung zu verstehen, als er Aufklärung als *Selbsterkenntnis* und -prüfung der Vernunft bestimmt; er ist *Überwinder* der Aufklärung, indem das Erlernen und Entfalten des Vernunftgebrauchs an die „tätige Seite" bindet.[54]

2. Methoden und Gegenstände der Aufklärung in Mendelssohns Hauptwerken

Die Mittel und Methoden einer effektiven Aufklärung sucht Mendelssohn auf zwei sich ergänzenden Wegen: einmal fordert er die streng wissenschaftliche Demonstration des Wissens über Gegenstände – zum anderen beruft er sich auf das Urteilsvermögen des „gesunden Menschenverstandes" als wichtiges Anknüpfungselement beim Publikum für die Bemühungen um das Aufklären. Im Alltagsdenken sind nach seiner interessanten Beobachtung schon für die wissenschaftliche Erkenntnis wichtige Erfahrungen der Menschen gespeichert, und zwar ausgeprägt in der Herausbildung eines differenzierten Sprachgebrauchs. Verwiesen sei hier auf seine Darlegung in „Jerusalem" im Zusammenhang mit der Frage, inwieweit Thomas Hobbes Recht und Pflicht, Macht und Verbindlichkeit des tugendhaften Handelns, staatliche Gewalt und Sittlichkeit identifiziert. Analog zu Kants Kritik der Identifikation von Disziplinierung und Moralisierung bei Hobbes stellt Mendelssohn die Frage: Bedürfen Pflichterfüllung (im sittlichen Bereich) und die Herstellung gesellschaftlicher Harmonie (im politischen Bereich) wirklich bloß der Macht, des äußeren Zwangs? Hobbes' Extremposition habe doch gerade den Anlaß gegeben, in der Folge *sprachlich* genauer differenzieren zu lernen zwischen Recht und Pflicht, physischem und sittlichem Vermögen, Macht und Verbindlichkeit, so daß für den gesunden Menschenverstand schon im Sprachgebrauch die Widerlegung des Hobbesschen Systems zu liegen scheine. Vor allem das Gespür für das Sittliche prägt sich nach Mendelssohns Auffassung in der differenzierten Sprache des Alltagsdenkens aus: „Dieses ist die Eigenschaft aller sittlichen Wahrheiten. Sobald sie ins Licht gesetzt sind, vereinigen sie sich so sehr mit der Sprache des Umgangs und verbinden sich mit den alltäglichen Begriffen der Menschen, daß sie dem gemeinen Menschenverstande einleuchten, und nunmehr wundern wir uns, wie man vormals auf einem so ebnen Wege habe straucheln können."[55] Freilich wird damit die wissenschaftliche Demonstration nicht überflüssig – sie erbringt erst die hinreichende Begründung der Vernunfteinsichten, aber sie kann und muß anknüpfen bzw. sich treffen mit den wesentlichen Alltagserkenntnissen. So ist „Popularität" für Mendelssohn nicht nur eine Geschicklichkeit in der Verständlichkeit der sprachlichen Gestaltung, sie ist vielmehr auch Berücksichtigung der Inhalte des „gemeinen Menschenverstandes". Die Bezeichnung Mendelssohns als „Popularphilosoph", die oftmals mit einem abwertenden Beigeschmack verwendet wird, ist mißverständlich, wenn man diese tiefere Bedeutung von „populär" nicht erfaßt.

Überlegungen in diese Richtung finden wir bereits in der „Evidenzschrift", wobei hier allerdings die Methode der wissenschaftlichen Demonstration aufgrund des akademischen, esoterischen Charakters dieser Schrift überwiegt. Mit dieser Preisschrift und dem bald darauf fertiggestellten „Phädon" werden zugleich auch die beiden Gegenstände ins Zentrum gerückt, um deren „Vernunfteinsicht" es Mendelssohn sein Leben lang wesentlich gehen sollte und die er als Hauptgegenstände der Aufklärung versteht, da ihre Annahme ihm die Fundamente der Sittlichkeit sind: das Dasein Gottes und die Unsterblichkeit der Seele.

In der Evidenzschrift verkündet Mendelssohn – entsprechend der Preisfrage der Akademie[56] – seine Absicht, Philosophie aus der Mißlichkeit herausführen zu wollen, daß ihre Lehrgebäude immer wieder umgestürzt werden und damit der Anschein großer Unbeständigkeit entstehe. Das Übertragen mathematischer Methoden auf die Philosophie hält er für unrichtig, denn Philosophie habe es mit einer Art von Evidenz zu tun, welche andere Methoden erfordert; genau genommen vereinigt sie zwei Methoden: die Gewißheit durch logische Schlußverfahren und Begriffszerglicderung, um auf die einfachsten Grundsätze zurückzuführen, und als zweites Element die Faßlichkeit, das Einleuchtende der Grundsätze für den gesunden Verstand.

In der wissenschaftlichen Methode folgt er ganz dem Vorgehen Christian Wolffs. Er identifiziert nämlich Denkgrund und Seinsgrund, davon ausgehend, daß das *logisch Denkbare* auch Beweiskraft für die *Existenz* des gedachten Gegenstandes enthält. Der Satz vom Widerspruch und der Satz vom zureichenden Grund werden als *logische* und *ontische* Prinzipien zugleich gewertet. Dies bezieht er allerdings – wie auch Wolff und seine Nachfolger! – nicht konsequent auf alle Gegenstände, nämlich nicht auf Naturwissenschaften, die es mit Erfahrbarem (sinnlich Gewissem) zu tun hätten. Die Existenz wird dort erst durch Erfahrung (als sinnliche Gewißheit bestimmt) bewiesen. In Berufung auf Bacon formuliert Mendelssohn, in diesen Wissenschaften lasse sich „schlechterdings kein Vorhandensein anders beweisen als durch die Sinne"[57].

Anders jedoch in der Weltweisheit: Hier legt er seine Glaubensüberzeugung zugrunde und behauptet sie als evident, da einer allgemeinen (allgemeingültigen) Vorstellung entsprechend: in der Weltweisheit gebe es zwei Wege, um zur Wirklichkeit zu gelangen, wenn es um die Gegenstände dieser Weisheit – Seele und Gott – gehe. Der erste Weg beruhe auf der persönlichen Erfahrbarkeit der Voraussetzung: Man legt einen Erfahrungsgrundsatz zugrunde, von dem man gewiß ist, daß er keine bloße Erscheinung sei – „Ich denke, also bin ich". Auf diesem Grundsatze müsse sich das ganze geschlossene Lehrgebäude aufführen lassen, ohne sich auf irgendein anderes Zeugnis der Sinne stützen zu müssen. Der zweite Weg sei außerordentlicher Art und *nur* in der Weltweisheit und auch dort nur hinsichtlich eines *einzigen* Gegenstandes gangbar. Dieser Weg wird geradezu suggestiv formuliert: „Man geht mit sichern Schritten aus dem Gebiete der Möglichkeit geraden Weges in das Reich der Würklichkeit, und zwar der allerhöchsten und vollkommensten Würklichkeit, die sich gedenken läßt . . . *Das notwendige Wesen ist möglich; das notwendige Wesen ist würklich.*"[58] Mendelssohn verwendet also den ontologischen Gottesbeweis des Descartes. Er betont dies auch: Beide Übergänge ins Wirkliche haben wir dem Descartes zu verdanken. Der Zweifel des Descartes wird als ein *methodischer* Zweifel gewertet, denn er diene letztlich dazu, den Skeptizismus, der von der Sinneswahrnehmung ausgehe, zu überwinden.

Wenn Mendelssohn im dritten Abschnitt der Evidenzschrift aus den im Gottesbegriff gedachten Vollkommenheiten auf die Unendlichkeit der Eigenschaften der Schöpfung schließt, so geht er immer von den im Bereich des Denkmöglichen gesetzten Prämissen aus, um von daher schließlich sogar die Welt als „beste aller Welten" zu begründen, und zwar hinsichtlich der Unermeßlichkeit und Vielfalt der Schöpfung. Diese Beweisart wird später sowohl in den „Morgenstunden" als auch in „Sache Gottes" wieder aufgegriffen – auf letzteres Werk werden wir noch wegen einer etwas anderen Akzentuierung dieser Problematik eingehen.

In der Evidenzschrift wird noch ein zweiter, „populärerer" Beweis erwähnt (der von Kant als „physiko-theologisch" bezeichnete, aber letztlich schlüssig auch auf den ontologischen zurückgeführte Beweis[59]): Das Dasein Gottes wird aus der Schönheit und Ordnung der Welt, der Gesetzmäßigkeit ihrer Bewegungen und der „Absicht" der Natur (dem „Endzwecke aller Begebenheiten") geschlossen. Wenn diese Beweisart auch nicht den gleichen Gewißheitsgrad des ontologischen enthalte, sei sie doch nicht einfach zu verwerfen, weil sie die praktische Energie des Glaubens befördere, zumal sie für den gesunden Menschenverstand von „größerer Beredungskraft" sei als die Demonstration; sie erwecke die Seele zu werktätigen Entschließungen. Nur hüte man sich, aus bisher unerklärten Naturbegebenheiten auf göttliche Wunder zu schließen, wie es oft die Heiden tun![60] Mendelssohn sieht in dieser Beweisart deshalb einen Nutzen, weil sie Sinnlichkeit und Gemüt des

Menschen zu bewegen vermag – es wird vom Naturerleben ausgegangen, von der subjektiven Erlebbarkeit des Göttlichen in der Schöpfung. Hierin trifft sich seine Argumentation mit jenem „geläuterten Pantheismus", den er später als eine Korrektur des an sich atheistischen Spinozismus anbieten wird: Zwar ist die Welt *Ausdruck* des göttlichen Prinzips, aber nicht Gott selbst; nicht im Sinne Spinozas sind Natur und Gott identisch zu denken.

Es ist allerdings geradezu erstaunlich, mit welchem Mangel an Problemempfindlichkeit Mendelssohn Denk- und Real-grund identifiziert und unterderhand seine Glaubensgrund-sätze, die er ja *beweisen* will, als unbewiesene Prämissen setzt. In dem Punkt wird er ständig von Kant[61] und später auch von Jacobi[62] kritisiert – allerdings mit unterschiedlichen Konsequenzen: Kant fordert Bewußtheit darüber, daß das Dasein Gottes nicht mit Verstandesgründen beweisbar oder auch widerlegbar ist, da der Gegenstand nicht erfahrbar ist – und auch aus moralischen Gründen wird das Dasein Gottes nur als höchstes Tugendideal aus subjektivem Bedürfnis *postuliert*, nicht bewiesen.[63] Jacobi hält das Dasein Gottes ebenfalls mit rationalistischen Methoden für unbeweisbar, ja, er sieht in solchen Versuchen ein (freilich unbewußtes) Einmünden in Fatalismus und Atheismus; aber er meint, daß in uns selbst der *Glaube als Gewißheit* der Existenz Gottes offenbart sei.[64] Jedoch beide Kritiker Mendelssohns und seiner rationalisti-schen Methode bezeichnen genau die Crux dieser Beweisart und solcher „Vernunfteinsichten".

Analog verfährt Mendelssohn mit seinen Beweisen für die Unsterblichkeit der Seele. Wie das Dasein Gottes ist auch die Unsterblichkeit der individuellen Seele eine Grundannahme der jüdischen Religion. In der jüdischen Religion und Philo-sophie des Mittelalters wird der Tod als Übergang zu einer neuen Lebensform gedeutet. So sieht Maimonides in der Schwächung des Körpers und im Nachlassen der Begierden im Alter einen Vorgang, in dem sich die Seele befreien und auf die wahre Erkenntnis und Glückseligkeit orientieren könne. An diese Tradition knüpft Mendelssohn an, indem er im „Phädon" der auf altorientalischer Mystik beruhenden Seelen-wanderungs-Hypothese Platos eine „moderne" Ausdeutung gibt. Überhaupt legt er dem Sokrates seine eigenen Auffassungen in den Mund und hält sich zunehmend nicht an den Plato-Dialog; dies wurde ihm schon von Zeitgenossen[65], aber auch in neueren Philosophiegeschichtsschreibungen[66] zur Last gelegt. Jedoch dieser Vorwurf ist unbillig – Mendelssohn will ja ausdrücklich keine wortgetreue Übersetzung, sondern eine eigenständige Ausdeutung des Plato-Dialogs geben. Er müsse deshalb seinen Sokrates fast wie einen Weltweisen des 18. Jahrhunderts sprechen lassen. „Ich wollte lieber einen Anachronismus begehen, als Gründe auslassen, die zur Überzeugung etwas beitragen können."[67] So wird der Polytheismus Platos durch Monotheismus ersetzt: „. . . die Götter (laßt mich jetzt sagen *Gott*, denn wen habe ich zu scheuen?)"[68]; die Ideen des Schönen und Guten ersetzt Mendelssohn durch „allerhöchste Güte" und „allerhöchste Weisheit"[69]. Anstelle der Anamnesis-(Wiedererinnerungs-)Lehre des Plato, wonach die Seele im diesseitigen Leben sich mühsam von den Sinnen befreit und sich in ihrem reinen Dasein der Ideenwelt wiedererinnert, setzt Mendelssohn die Erklärung der Anthropomorphismen in der Religionsvorstellung, die aus dem Einfluß der Sinne auf unsere unvollkommene Vorstellung des allerhöchsten Wesens erklärbar seien.[70] Diese „Modernisierung" der Begrifflichkeit verbindet sich aber in Mendelssohns „Phädon" mit einem hohen Einfühlungsvermögen für antike Denkweise, für das Gleichnishafte und Mythologische des Ausdrucks und die Schönheit der Sprache Platos. Alles dies erklärt auch den tiefen Eindruck dieses Werkes auf die Zeitgenossen.

Die Gestalt des Sokrates gewinnt für Mendelssohns Lebens- und Religionsauffassung selbst praktische Beweiskraft – ist der Mendelssohnsche Sokrates doch ein Muster an Tugend und Rechtschaffenheit, ein vorbildlicher Lehrer der Jugend und gesetzestreuer Polisbürger, zugleich selbst ein Wahrheitssuchender ohne Eitelkeit („Ich weiß, daß ich nichts weiß"), welcher Sophisterei und Aberglauben verachtet und verspottet. Aber – so Mendelssohns Selbstbekenntnis – er stellt sich nicht gegen die öffentliche Meinung, die Zeremonien und Religionsbräuche, wenn diese den Sitten nicht schaden, auch wenn er selbst dazu eine aufgeklärte Haltung innerlich einnimmt. Die esoterische Lehrmeinung muß also nicht zu einem exoterischen Gebrauch führen, und sie darf es auch mitunter nicht.

Die Überzeugung von der Unsterblichkeit der individuellen Seele ist das Grundmotiv des gesamten Werkes. So wird im ersten Dialog die Sinnlosigkeit, ja Unrechtmäßigkeit des Selbstmordes von dieser Überzeugung her begründet und zugleich die Furcht vor dem Tode zurückgewiesen: Der Mensch sei Eigentum Gottes und dürfe nicht das von Gott geschaffene Wunder der Harmonie von Körper und Seele aus eigenem Entschluß zerstören; aber ebensowenig schreckt der Tod den Sokrates, denn „ich weiß, daß mit dem Tode noch nicht alles für uns aus ist. Es folgt ein anderes Leben . . ."[71] Die Trennung von Körper und Seele bedeute sogar Befreiung und Konzentration auf wahre Weisheit.

Die Beweise für die Unsterblichkeit der Seele führt Mendelssohn auf zwei Ebenen: auf der wissenschaftlich-methodischen hinsichtlich der Beschaffenheit der Seele im Unterschied zur materiellen Natur und auf der Ebene ethisch-praktischer Erwägungen über die Bedeutung des Unsterblichkeitsgedankens für die Tugend der Menschen.

Wenden wir uns zunächst der erstgenannten Ebene zu: Sokrates erläutert seinen Schülern, daß in der Natur weder ein Dasein noch eine Vernichtung eines Dinges wirklich hervorgebracht würde, sondern nur mehr oder weniger allmähliche Übergänge und Veränderungen der Dinge in der Stetigkeit der Zeit erfolgen. Alle diese Veränderungen seien Glieder in einer ununterbrochenen Kette der Entwicklung eines Dinges, seines Überganges in eine andere Gestalt nach den Gesetzen der Stetigkeit. Das Naturgeschehen wird mechanistisch gedeutet – im Sinne der vorherrschenden Naturkonzeption des 18. Jahrhunderts unter Anknüpfung an Platos Abwertung des materiellen Daseins. Solche Natur, meint Mendelssohn, könne Schönheit, Ordnung, Harmonie nicht hervorbringen; daher könne auch die Seele kein Produkt der Natur sein. Im dritten Gespräch wird dann ausführlicher dargelegt, daß das geistige Prinzip oder die Seele durch Vorstellungskraft und Begriffe erst Schönheit und Ordnung in die Natur bringe, denn diese selbst sei zu keiner Vollkommenheit fähig; „leblos und ihres Daseins unbewußt" seien die Dinge. „Der Endzweck ihres Daseins ist vielmehr in dem lebenden und empfindenden Teile der Schöpfung zu suchen: das Leblose dient dem Lebendigen zu Werkzeugen der Empfindungen und gewährt ihm nicht nur sinnliches Gefühl von mannigfaltigen Dingen, sondern auch Begriffe von Schönheit, Ordnung, Ebenmaß, Mittel, Endzweck, Vollkommenheit . . ."[72]

Nicht zufällig erwähnt Mendelssohn in späteren Werken hinsichtlich des Körper-Seele-, Materie-Geist-Dualismus die Plotinsche Emanationsauffassung, wonach das Geistige sich dem Materiellen stufenweise mitteile – in dieses „emaniere". Auch im Anhang zur dritten Auflage wird ausdrücklich auf Plotin Bezug genommen; damit setzt Mendelssohn eine Denktradition fort, die in der jüdischen Philosophie von Philon eingeschlagen wurde, die über Plotin und Salomon ibn Gabriel führt und mit der Auffassung der Kabbala vom stufenweisen Emanieren des „Ensoph" korrespondiert.[73] Im Anhang zur dritten Auflage erläutert Mendelssohn seine Auffassung in diesem Sinne. Die neue Qualität des Zusammengesetzten der Teile, seine Harmonie und Ordnung, könne nicht schon aus der Zusammensetzung selbst fließen, sondern allein aus dem *Denken*, welches durch Vergleichung eine Vorstellung der Schönheit erzeuge. Hier folge er ganz dem Beweise des Plotin, der die Materie in ihrer Zusammensetzung als chaotisch auffaßt. Erst durch die Intelligibilität erhält sie Form. Platos Ideenlehre und vor allem auch Aristoteles' Stoff-Form-Dualismus gehen in diese Auffassung ein. Wenn Mendelssohn vom „Denken" als harmonieerzeugend spricht, so meint er nicht nur das Denken des einzelnen Menschen (seine Seele), sondern offensichtlich auch das „Denken schlechthin" als ein Attribut Gottes, denn es geht ihm um den Nachweis, daß die seelische Substanz der göttlichen verwandt ist und eine besondere Schöpfung Gottes, da prinzipiell in der gesamten Schöpfung die Körperlichkeit (die Natur) nicht aus sich heraus die Seele als ihr Produkt oder ihre Funktion erzeugen kann.

Ist die Seele aber etwas substantiell anderes als der Körper, weder dessen Produkt noch dessen Funktion, so kann sie sich nur in Beschäftigung mit sich selbst erkennen, und zwar um so klarer, wesenhafter, je mehr sie vom Körper unbeeinflußbar ist. Ihr Streben gehe schon hier nach Weisheit, Tugendhaftigkeit und Wahrheit. Es müsse daher angenommen werden, daß sie nach ihrer Befreiung aus dem Kerker des Körpers durch den Tod zu höheren Stufen der Erkenntnis und größerer Glückseligkeit gelange. *Wie* aber diese Zustände ohne Körperlichkeit beschaffen sein werden, darüber könne kein irdischer Mensch etwas wissen; aber *daß* es diese Zustände geben werde, sei gewiß. Die Tätigkeit der Seele bestehe in der Bildung und Zusammensetzung von Begriffen, also müsse sie diese Tätigkeit auch nach dem Tode ausüben können, denn nur so ist sie als wirkende und leidende begreifbar. Eine Seelenwanderungslehre im Sinne Platos oder im Sinne der Kabbala-Tradition vertritt Mendelssohn nicht. Er geht in seiner Hypothese nur so weit, den Fortbestand der individuellen Seele zu behaupten, denn so wie in der Körperwelt der Tod nichts Außernatürliches und keine absolute Vernichtung, sondern nur Zustandsveränderung sei, so auch in der Geisterwelt. Nichts entsteht aus nichts, und nichts vergeht in nichts! Erst recht gelte das für die Seele als höchste Schöpfung eines weisen und gütigen Gottes. Wie könne Gott die Absicht haben, dieses Wunderwerk zunichte zu machen![74] Diese Absicht zu unterstellen sei fast schon eine Gotteslästerung.

Die Personalität der ewig existenten Seele wird von Mendelssohn aus ihrer „Einfachheit" als nicht ausgedehnte oder zusammengesetzte Substanz begründet. Diese sei tätig, habe nämlich Vorstellungskraft und die Fähigkeit zur Synthese durch Begriffe. Selbst Begierde und Neigungen vermag sie zu vereinigen. Diese Substanz, läßt Mendelssohn seinen Sokrates beweisen, umfasse den *ganzen* Menschen, den Inbegriff aller Vorstellungen, Wünsche und Begierden. Resümee: Die Seele sei also von ganz anderer Beschaffenheit als die Körperwelt; und da sie einfach und nicht zusammengesetzt, also individuell ist, kann sie zwar an Kräften und Fähigkeiten ab- oder zunehmen, nicht aber wird ihre Personalität durch den Tod vernichtet. Wie sehr Mendelssohn mit dieser Beweisart konstruiert und spekuliert und das wirklich „Erfahrbare" überfliegt, hat Immanuel Kant in seiner Überarbeitung des Paralogismus-Abschnitts der „Kritik der reinen Vernunft" kritisiert. Er geht in der Zweitauflage dieses Werkes ausdrücklich und ausführlich auf den „Phädon" ein[75].

Einen zweiten Beweis für die Unsterblichkeit der Seele entwickelt Mendelssohn auf moralphilosophischer Ebene – und hier liegt sicher das Grundmotiv seiner theoretischen Bemühungen verborgen. Auf dieser Ebene erfolgt auch die Verflechtung mit der populären Betrachtungsweise, wie sie dem gesunden Verstand und Gemüt eines jeden Menschen als naturgemäß zugesprochen werden müsse. Besonders im zweiten Gespräch wird der ethische Beweis wortreich dargelegt: Ohne unsterbliche Seele habe der Mensch umsonst gelebt, ja selbst das Bestehen der gesamten Menschheit sei dann ein so gleichgültiger Vorgang wie das Leben der Tiere. Es widerspräche der Würde des Menschen und seiner Bestimmung zum Streben nach Tugend und einer dieser Bemühung entsprechenden Glückseligkeit, würde das Dasein der individuellen Seele ein nur endliches sein. Die Gewißheit eines ewigen Lebens ist also nach Mendelssohns tiefer Überzeugung die unentbehrliche Stütze der Tugend im Diesseits. Daraus ergeben sich der menschlichen Gesellschaft unverzichtbare Lehrbegriffe, welche Moral und gesellschaftliche Harmonie absichern, denn sonst würde der einzelne bedenkenlos seinen egoistischen Interessen leben. Da solche Lehrbegriffe *unentbehrlich* sind, seien sie auch *wahr*. Dies beträfe in erster Linie die Lehre von Gott und der Tugend (das heißt die Bestimmung des Menschen zur Tugend, zur Nachahmung Gottes).[76] „Das menschliche Geschlecht ist zur Geselligkeit, so wie jedes Glied zur Glückseligkeit, berufen", läßt Mendelssohn seinen Sokrates sagen. „Alles, was auf eine allgemeine, sichere und beständige Weise zu diesem Endzwecke führen kann, ist unstreitig von dem weisesten Urheber aller Dinge als Mittel gewählt und hervorgebracht worden."[77]

Mendelssohn ist überzeugt, daß diese Bestimmung des Menschen so tief in dessen Seele eingepflanzt ist, daß selbst der Gottlose ihr nie ganz zuwiderhandeln könne.[78] Der Mensch sei niemals ganz böse, aber: „Wie beklagenswert ist das Schicksal eines Sterblichen, der sich durch unglückliche Sophistereien um die tröstliche Erwartung einer Zukunft gebracht hat! ... Was ist der menschlichen Seele schrecklicher als die Zernichtung?"[79] Solche Sophisterei lehre die Überbewertung des eigenen Lebens gegenüber dem Wohle der Familie, des Vaterlandes, den Freunden; dies führe zur Verwirrung und Zerrüttung der sittlichen Welt. Mendelssohns Sokrates begründet auch die Berechtigung der Todesstrafe mit der Unsterblichkeit der Seele; man müsse sie auf sich nehmen, wenn sie Recht sei. Sie führe ja in ein anderes Leben. „Aber so könnten wir nicht denken, wenn das Leben uns alles wäre."[80] In diesem Zusammenhang deutet Mendelssohn die Strafe für ein Vergehen nicht – wie Plato mit der Darstellung des Hades – als *Vergeltung*, sondern als einen *Läuterungsvorgang* zum Erlangen einer höheren Qualität tugendhaften Daseins. In dieser Auffassung, die er später ganz ausdrücklich als ein Grundprinzip des reinen Wesens der jüdischen Religion behauptet, sieht er dann auch eine wichtige Differenz zur christlichen Lehre von der ewigen Verdammnis.

Die Begründung einer *natürlichen*, von Aberglaube, äußerlichem Kult und Mystik befreiten Religiosität, welche mit einer aufgeklärten Denkart übereinstimmt, auf Vernunfteinsichten beruht und den Menschen auf Tugendhaftigkeit orientiert, ist also das Hauptthema des „Phädon". Wenden wir uns einer weiteren Schaffensperiode zu, in der diese Problematik mit der Bestimmung seiner Stellung zu seiner eigenen Religion und zu andersartigen Konfessionen einhergeht.

3. Der reine Mosaismus –
   Wesenssubstanz „natürlicher" Religiosität

Über sein Verhältnis zur jüdischen Religions- und Philosophietradition, ihre Vereinbarungsmöglichkeit mit einer aufgeklärten Position und – in vorsichtiger, das Toleranzprinzip beachtender Form – über sein Verhältnis zum Christentum hat sich Moses Mendelssohn in der Öffentlichkeit besonders seit der Auseinandersetzung mit Lavater 1769 wiederholt geäußert; hiermit beginnt eine gewisse Schwerpunktverlagerung seines Schaffens. Aber beschäftigt hat ihn diese wichtige Frage seiner Selbstverständigung freilich schon lange. Im „Schreiben an den Herrn Diakonus Lavater zu Zürich" betont er, daß er von früher Jugend an Weltweisheit und schöne Wissenschaften übte, um in den entscheidenden Fragen der Religion gewappnet zu sein.[81] Zugleich mußte er im Rahmen der Duldung anderer Auffassungen seinen Standpunkt begründet einbringen, um sich gegen die Bekehrungsversuche eines Lavater, aber auch gegen so manche feindseligen und gehässigen Deutungen des Judentums zu verteidigen. Mendelssohn bekannte sich zur Religion seiner Väter, einer „so überstrengen und verachteten", als der wahren Religion, betonte aber sogleich, daß sie von schädlichen Menschensatzungen befreit werden müsse. Er suchte die wahre Substanz der jüdischen Religion aus der Mystik und erstarrten Dogmatik herauszuschälen. Vom *Wesentlichen* seiner Religion aber sei er so überzeugt, wie es Lavater oder Bonnet von der ihrigen seien.[82]

Dieses Wesentliche bestimmt er im Schreiben an Lavater und in nachfolgenden Werken (so in der Vorrede zu Manasseh Ben Israels Schrift, in „Jerusalem", in „Sache Gottes" und „Morgenstunden") immer wieder in Form einiger weniger, aber unverzichtbarer Grundsätze, „jenen Hauptgrundsätzen, in welchen alle Religionen übereinkommen und ohne welche die Glückseligkeit ein Traum und die Tugend selbst keine Tugend mehr ist"[83]. Diese Grundsätze der Mendelssohnschen Religionsauffassung umfassen in etwa folgende Gesichtspunkte und Überzeugungen:

Erstens: „Ohne Gott und Vorsehung und künftiges Leben ist Menschenliebe eine angeborene Schwachheit", da nämlich dann der Tor sich placke und der Kluge sich gütlich tue.[84] Dies sei die grundlegende Überzeugung jeder natürlichen Religion. Das Dasein eines extramundanen Gottes und die Unsterblichkeit der individuellen Seele zählt Mendelssohn damit zu den ersten Voraussetzungen für Tugend. Religion ist das Fundament der Sittlichkeit.

Zweitens: Religiosität gründet lediglich auf Vernunfteinsichten, nicht auf kirchliche Gewalt, und sie verpflichtet auch nicht auf die herrschenden Dogmen, auch wenn es eingestandenermaßen in der Geschichte der jüdischen Religion solche kritikwürdigen Praktiken gab und gibt, zum Beispiel das Bannrecht und die Festlegung auf eine bestimmte Glaubensausdeutung.

Drittens: Natürliche Religion ist daher auch keine geoffenbarte (von Gott in ihren *Glaubenssätzen* befohlene), sondern auf den gesunden Menschenverstand und Vernunfteinsicht gegründete und sich in einem tugendhaften Leben erweisende. Geoffenbart hat Gott lediglich göttliche Gesetze einer tugendhaften Lebensführung. Lehrmeinungen der Theologen seien keinesfalls als Offenbarungen zu bewerten. Die ewigen Wahrheiten lehre Gott nicht durch Laut oder Schriftzeichen, sondern „durch die Schöpfung selbst und ihre innerlichen Verhältnisse, die allen Menschen leserlich und verständlich sind"[85]. Deshalb bedürfe Gott auch keiner Wunder, die einen nur historischen Glauben (einen Glauben an einzelne Begebenheiten) bewirken sollen.

Viertens: Der Grundgedanke und Zweck natürlicher Religion ist somit die Anleitung zum sittlichen, tugendhaften Leben mit der Verheißung entsprechender Glückseligkeit. Auch die Strafe für böse Handlungen wird nur als Läuterungsmittel und Anregung zu weiteren Bemühungen um Tugend sinnvoll, nicht schlechthin als Vergeltung.

Fünftens: Eine ewige Verdammnis kann es daher nicht geben. Die Absicht der Vorsehung, eines milden, gütigen Gottes, ist nicht Strafe und Vergeltung. Daher galt Gott für das israelitische Volk nicht schlechthin als Schöpfer und Erhalter des Weltalls, sondern vorrangig als Schutzherr und Bundesfreund, Befreier, Stifter und Anführer, als König und Oberhaupt.[86]

Diese Grundsätze einer natürlichen Religion sieht Mendelssohn im Judentum als reinen, von widersprüchlichen Auslegungen und Praktiken gesäuberten Mosaismus repräsentiert. Keine Religion sei so sehr ihrem Wesen nach eine natürliche und auf Vernunftgründen beruhende. Sie sei nicht, wie die christliche, eine Offenbarungsreligion, sondern enthalte nur geoffenbarte Gesetze des tugendhaften Lebens. Gott selbst habe sich Moses auf dem Berge Sinai nicht *geoffenbart*, indem er verkündete: „Ich bin der Ewige, Dein Gott . . .", denn daß es Gott gebe, sei allgemeine Menschenreligion ohnehin. Er offenbarte ihm vielmehr die Gebote als Verordnungen eines rechten Lebens, als Geschichtswahrheiten, keine ewigen Religionswahrheiten! „Unter allen Vorschriften und Verordnungen des mosaischen Gesetzes lautet kein einziges: *Du sollst glauben oder nicht glauben*, sondern alle heißen: *Du sollst tun oder nicht tun!* Denn Glauben wird nicht befohlen; denn der nimmt keine andere Befehle an, als die nicht den Weg der Überzeugung zu ihm kommen. Alle Befehle des göttlichen Gesetzes sind an den Willen, an die Tatkraft der Menschen gerichtet."[87]

Diese Passage könnte man als den Kern der Mendelssohnschen Auffassung wahrer Religiosität bezeichnen; sie umschließt zugleich eine Humanitätskonzeption, wonach die

Menschen als tätige, verantwortliche und selbst zur Vernunfteinsicht in „ewige Wahrheiten" fähige bestimmt werden. Bewußt stützt sich Mendelssohn mit dieser Auffassung auf die
Einflüsse der Philosophie auf religiöses Bewußtsein und eine
dadurch nach seiner Überzeugung erfolgende Reinigung von
schlechten, erstarrten Traditionen. Besondere Bedeutung mißt
er dabei den moralphilosophischen Konzeptionen der Antike
(Sokrates, Stoa) bei und den philosophischen Traditionen
seiner eigenen Nation, so, wie schon erwähnt, den Lehren des
„Ensoph" und der Kabbalisten sowie den progressiven Traditionen, die insbesondere von Maimonides' Religions-, Men-
schen- und Weltdeutung ausgingen. In der jüdischen Kultur-
tradition sondert er Überlebtes, Überflüssiges und Mißbräuche
von den Zeremonialgesetzen, welche Hilfe und Übungen für
ein tugendhaftes Leben in der jüdischen Gemeinschaft sein
können. „Die große Maxime dieser Verfassung (der Zeremonialgesetze – M. Th.) scheinet gewesen zu sein: *Die Menschen müssen zu Handlungen getrieben und zum Nachdenken
nur veranlasset werden.*"[88]

Die Behauptung, daß sich die Juden in Mißachtung anderer
Völker als auserwähltes Volk betrachtet hätten, weist Mendelssohn als der eigentlichen Tradition und dem Volksbewußt-
sein nicht gemäß zurück, setzt sich dabei allerdings mit diesem
Argument über die historischen Tatsachen schnell hinweg,
denn der Gedanke vom Volke Israel als dem auserwählten
Volk Gottes war eine häufige Lehrmeinung. Ebenso wendet er
gegen Lavater ein, daß das jüdische Volk niemals die Absicht
gehabt habe, andere Völker zu bekehren, was sicher aufgrund
des spezifischen Schicksals dieser Nation zutrifft. Mendelssohn versteht dies aber in dem Sinne, daß eine natürliche
Religion der Bekehrungsversuche auch gar nicht bedürfe. Für
das Haus Jacobs gelte einzig der Rat: „Schicket Euch in die
Sitten und in die Verfassung des Landes, in welches Ihr versetzt seid; aber haltet auch standhaft bei der Religion Eurer
Väter. Traget beider Lasten, so gut Ihr könnt."[89]

Wie bereits erwähnt, lehnte Mendelssohn die Schaffung
einer Glaubensvereinigung ab, eine Idee, die schon seit dem
17. Jahrhundert eine zunehmende Rolle spielte (Leibniz vertrat sie unter anderen). Sie sei für die Völker weder notwendig
noch erstrebenswert, würde ihre Realisierung doch zweifellos

allzu schnell wieder in ein Diktat einer bestimmten Lehrmeinung und somit in Verschüttung des wahren Wesens der
Religiosität als Moralität ausarten. Toleranz ist ihm im Umgang mit Menschen anderer Konfessionen die einzig humane
Basis, eine Toleranz, von der er allerdings die „Ohngötterei"
als seiner Überzeugung nach stets der Moral zuwider ausdrücklich ausschließt.

Immanuel Kant hebt in seinem Brief an Mendelssohn vom
16. 8. 1783 dessen Freisinnigkeit in der Interpretation der
jüdischen als aufgeklärte Religion als beispielhaft hervor: „Sie
haben Ihre Religion mit einem solchen Grade an Gewissens-
freyheit zu vereinigen gewußt, die man ihr gar nicht zugetrauet
hätte und dergleichen sich keine andere rühmen kan. Sie
haben zugleich die Nothwendigkeit einer unbeschränkten Ge-
wissensfreyheit zu jeder Religion so gründlich und so hell vorgetragen, daß auch endlich die Kirche unserer Seits darauf
wird denken müssen, wie sie alles, was das Gewissen belästigen und drücken kan, von der ihrigen absondere, welches
endlich die Menschen in Ansehung der wesentlichen Religions-
puncte vereinigen muß . . ."[90]

Als ein Beispiel, wie Moses Mendelssohn die Grundthemen
seiner Religionsauffassung in Auseinandersetzung mit dem
Christentum – wie er es interpretiert – weiter verteidigt, sei
auf eine Schrift verwiesen, die in diesen Band nicht aufgenommen wurde: auf die 1784 verfaßte Abhandlung „Sache Gottes
oder die geoffenbarte Vorsehung". Diese Schrift war wegen
der Polemik mit dem Christentum nicht zur Veröffentlichung
gedacht; sie wurde erst nach seinem Tode in die gesammelten
„Philosophischen Schriften" aufgenommen. „Sache Gottes"
ist eine kritische Bearbeitung von Leibniz' „Causa Dei asserta
per iustitiam eius cum ceteris perfectionibus cunctis que actio-
nibus conciliatam", einer Abhandlung, die 1710 gemeinsam
mit der „Theodizee" in Amsterdam erschienen war.

In „Sache Gottes" wird in der üblichen rationalistischen
Manier des ontologischen Gottesbeweises das Dasein Gottes
aus seiner Größe (Macht und Weisheit), aber auch aus seiner
Güte (Gerechtigkeit, Heiligkeit) abgeleitet. Die *Güte* Gottes,
gibt Mendelssohn zu bedenken, sei mitunter weniger hervorgehoben worden, aber man habe Gottes Größe *und* Güte als
eine Einheit zu betrachten und gleichzusetzen. Die Güte Gottes

zeige sich in der Absicht bei seiner Schöpfung. Anschließend an das Theodizee-Thema bei Leibniz (– diese Welt als die beste aller Welten –) untersucht Mendelssohn diese göttliche Absicht, um in diesem Punkte seine Differenz zum Christentum und somit auch zu Leibniz zu verdeutlichen.

Zunächst schließt Mendelssohn wieder auf die bekannte Weise von der Möglichkeit der Dinge der Welt auf die Wirklichkeit Gottes als Schöpfer und geht dann zur Frage nach der göttlichen Absicht über. Gott habe die Welt als Reihe der Dinge nur nach einem einzigen Ratschluß in Wirklichkeit versetzt und dabei die Zufälligkeit der Dinge, ihre Unvollkommenheit, somit die Übel dieser Welt in diese Absicht einbeschlossen. Die Übel seien als notwendigerweise durch die Menschen zu Überwindendes zu betrachten, denn auch die Handlungen der Menschen unterliegen Gottes Ratschluß. Daß dies Mendelssohn nicht im Sinne einer göttlichen Lenkung der einzelnen Handlungen unter Ausschluß von Freiheit deutet, sondern im Sinne des allgemeinen Zwecks und Motivs der menschlichen Handlungsfähigkeit interpretiert, geht aus seiner Auffassung deutlich hervor. Die Menschen müssen sich nach eigner Entscheidungsfähigkeit in ihrem Tun als sittliche Wesen bewähren, wobei die Übel und Leiden dem Streben nach Glückseligkeit dienlich sein können: als Anreiz zum Ringen um Tugend und Mittel eines höheren Zwecks. Allerdings scheint die Einordnung des *Sittlich*-Bösen Mendelssohn Schwierigkeiten zu bereiten: Es dürfe nicht als Mittel des Guten interpretiert werden; es dürfe auch nicht aus der Annahme eines „grundbösen Wesens", welches die Menschen zum Fehltritt verleitet habe, abgeleitet werden – eine deutliche Polemik gegen die christliche Auffassung vom Teufel und vom Sündenfall. Man würde sonst – wie es das Christentum behaupte – den Schöpfer mit seinem Geschöpf in eine Art Zweikampf setzen.[91] Das Sittlich-Böse sei letztlich nur ein „Weniger" an Tugend, menschliche Unvollkommenheit in dieser im Ganzen besten aller Welten. Denn: Gott könne nur das Beste wollen und wählen. Dabei sei er aufgrund seiner Fülle an Weisheit bei diesem Ratschluß im höchsten Maße frei.[92] In dieser im einzelnen unvollkommenen, aber im Ganzen vollkommenen Schöpfung gehe nichts verloren, auch nichts an Güte und Tugenden; es wechseln nur die Formen.

Von dieser Prämisse ausgehend, polemisiert Mendelssohn gegen die christliche Lehre von der ewigen Verdammnis. Diese widerspreche der Güte Gottes und der Absicht und Qualität seiner Schöpfung. Wenn Leibniz meine, die meisten Menschen seien aufgrund ihrer Sünden zur Verdammnis bestimmt, so verkenne er den Ratschluß Gottes, wonach das Böse nur als „Mindervollkommenes" zu betrachten und kein Mensch als völlig böse oder völlig gut zu bewerten sei. Die jüdische Religion, so behauptet Mendelssohn im Sinne seines aufgeklärten Mosaismus, kenne die Lehre von der ewigen Verdammnis nicht. „Allein weder unsre Religion noch unsre Vernunft erkennet diese abenteuerliche Voraussetzung. Kein einziges Individuum, das der Glückseligkeit fähig ist, ist zur Verdammniß, kein Bürger in dem Staate Gottes zum ewigen Elende ausersehen. Jedes wandelt seinen Weg, jedes durchläuft seine Reihe von Bestimmungen und gelangt von Stufe zu Stufe zu dem Grade der Glückseligkeit, die ihm angemessen ist."[93] Entsprechend kritisiert er auch die Vergeltungsmoral: Nicht um Vergeltung mit Gleichem gehe es bei den Strafen, sondern um eine Form und Qualität der Strafe, welche bewirken kann, daß fernerhin nichts Böses geschehe.[94] Wie könne denn Gott nach dem Prinzip „Aug' um Auge, Zahn um Zahn" strafen! Diese alttestamentarische These wird für das reine Judentum von ihm nicht anerkannt.

Auch in dieser Schrift gilt die Unsterblichkeit der Seele als Garantie für menschliches Bemühen um Tugend und die Atheisterei als Vernichtung der Tugend. Diese Prämissen führten notwendig zur Ablehnung Spinozas, dem der Tod das Eingehen in die ewige göttliche Natur ist und der die Bindung der Moral an den Glauben an die Unsterblichkeit der individuellen Seele ablehnt.[95] Es sind also in erster Linie ethisch begründete Bedenken, welche Mendelssohn gegen Spinoza einnehmen. In der Deutung der jüdischen Religion als Gesetzesreligion scheint er zunächst Spinoza nahezustehen. Während aber Spinoza die jüdische Religion in seinem „Theologisch-Politischen Traktat" als ganz irdischen Moral- und Sittenkodex auffaßt, dessen geschichtliche Wandlungen mit historisch-kritischer und sprachanalytischer Methode analysiert werden, sind für Mendelssohn diese Gesetze letztlich göttlich offenbarte ewige Bestimmungen.

Mendelssohn schreitet den Rahmen einer aufgeklärten Religionsauffassung *nur* so weit aus, als sie den Deismus nicht in Frage stellt und die gesetzestreue Lebenspraxis, die Einhaltung der Zeremonialgesetze, nicht beeinträchtigt. Die Vernunfteinsichten beziehen sich auf die positive Begründung des Daseins eines extramundanen Gottes und der Unsterblichkeit der individuellen Seele, aber auch auf die freie Wahl der Menschen in moralischer Hinsicht. Aber freilich funktioniert dieser freie Wille in Mendelssohns Verständnis nur unter der Voraussetzung der religiösen Prämissen. Auch in dieser Beziehung, in „Religionsdingen", unterscheidet sich Mendelssohns Aufklärungsverständnis wesentlich von dem Kants. Letzterer vertritt eine weit radikalere Position, indem er den Vernunftglauben nicht an ein positives Wissen um Gott und Unsterblichkeit und schon gar nicht an eine bestimmte Konfession bindet. Bei Kant wird Moral nicht von der Religion, sondern – wie schon erwähnt – umgekehrt Religion von der Moral abhängig gedacht, nämlich als bloß subjektives moralisches Bedürfnis nach Religion, welches aber nicht Grund der Verbindlichkeit bei der Bestimmung des moralischen Motivs des Handelns sein dürfe. Da Kants Motiv des Philosophierens kein religiöses, nicht die Begründung eines Credo, sondern die Begründung menschlicher Freiheit als autonomer Selbstbestimmungsfähigkeit ist, kann er sich mit Mendelssohns Akzentuierung der Aufklärungsinhalte als religiöse Gegenstände und dessen Strapazieren der rationalistischen Demonstrationsmethode zum Zwecke positiver Beweisführung für das Dasein dieser Gegenstände nicht einverstanden erklären. Die Auseinandersetzung mit Mendelssohn als – in Kants Verständnis – Prototyp dogmatisierenden Philosophierens erfolgt daher auch verhältnismäßig permanent in dessen Schriften.[96]

Wie sehr Mendelssohn in den letzten Lebensjahren durch die Erstarrung seines philosophisch-methodischen Instrumentariums und seinen religiösen Eifer den Zugang zur weiteren sachlich-fruchtbaren Behandlung der damals wichtigen Weltanschauungsfragen verlor, zeigt der sogenannte Pantheismus-Streit mit Jacobi.

4. Kritik und „Läuterung" des Spinozismus
durch Mendelssohn

Die ablehnende Haltung gegenüber jeglichem Atheismus motiviert weitgehend Mendelssohns Position in dem von Jacobi
forcierten Streit um „Lessings Spinozismus". Mendelssohn hat
in seiner letzten Schrift „An die Freunde Lessings" – ausführlicher, wenn auch ohne Erwähnung der Auseinandersetzung
mit Jacobi, in den „Morgenstunden" – den toten Freund vom
Vorwurf des Spinozismus „reinigen" wollen. Dies führte
jedoch zu einer recht willkürlichen und eigenwilligen Interpretation der Philosophie Spinozas auf der Suche nach angeblich potentiell bei Spinoza enthaltenen Anknüpfungs-
elementen für eine solche Läuterung, das heißt zu einem
Hinbiegen des atheistischen Pantheismus in einen Deismus.
Zunehmend ging es in diesem Streit nicht mehr so sehr um
Lessings originale Position, die wohl auch schwerlich aus den
wenigen Bemerkungen gegenüber Jacobi rekonstruierbar ist[97],
als vielmehr um das Problem einer pantheistischen Welt-
sicht überhaupt und ihrer Konsequenz für den Glauben.
Das Aufgreifen des „Deus-sive-natura"-Prinzips des Spinoza,
welches einen extramundanen Gott ausschließt, geschah oftmals gerade von den prominentesten Zeitgenossen wie Herder
und Goethe, und auch Lessing hatte sich in dem Gespräch mit
Jacobi gegen den Personalismus der Gottesidee und für
Spinozas Prinzip ausgesprochen. Verbunden war diese Diskussion auch mit der Fragestellung, wie der freie Wille angesichts
der Determiniertheit des Naturgeschehens zu bestimmen sei.
Die Gegner des Spinoza warfen seinem System einen absoluten
Fatalismus vor.
  Wie sehr viel tiefer gerade Lessing die spinozistische Philosophie verstand als viele seiner Zeitgenossen – auch als
Mendelssohn –, ist an anderer Stelle nachgewiesen worden.[98]
  Der Spinozismus erfuhr in Deutschland in der zweiten
Hälfte des 18. Jahrhunderts, indem er zunehmend rezipiert
wurde, eine epochebedingte Umformung, ein Vorgang, der die
traditionelle deutsche Aufklärungsbewegung um Nicolai und
Mendelssohn in ihren erstarrten Auffassungen und Methoden
in ziemliche Hilflosigkeit versetzte. Daß Mendelssohns Versuch einer Läuterung des Pantheismus eher retrograd, auf

Erhaltung des alten Deismus gerichtet war und keineswegs mit der lebensfähigen dialektischen Fassung des pantheistischen Prinzips durch Herder oder Goethe im Gleichklang stand, kann hier nur angedeutet werden.

Festzuhalten ist zunächst, daß Jacobi das große Verdienst hat, aus welchem Motiv auch immer, die Diskussion um den Spinozismus sehr belebt zu haben, indem er das Gespräch mit Lessing aus dem Jahre 1780 ausführlich darlegte. Er schildert dieses Gespräch folgendermaßen: Er habe Lessing das noch unveröffentlichte „Prometheus"-Gedicht Goethes zu lesen gegeben und ihn um seinen Eindruck gefragt. Jacobi stellt Lessings Antwort so dar, als ob dieser selbst unvermittelt von diesem Gedicht auf den Spinozismus gekommen sei, eine nicht ganz plausible Rekonstruktion des Gesprächs, da Goethes Gedicht wohl die Selbstbestimmungsfähigkeit und Selbstwürde der Menschen gegenüber den Göttern feiert, aber nicht das Εν καί παν-Prinzip thematisiert.[99] In seinem Grundgehalt ist dieses Gespräch aber als ein authentisches Dokument zu betrachten. Lessing habe gesagt: „Der Gesichtspunct, aus welchem das Gedicht genommen ist, das ist mein eigener Gesichtspunct . . . Die orthodoxen Begriffe von der Gottheit sind nicht mehr für mich; ich kann sie alle nicht genießen. Εν καί παν! Ich weiß nichts anders. Dahin geht auch dieses Gedicht; und ich muß bekennen, es gefällt mir sehr."[100] Auf Jacobis Frage, da wäre er ja mit Spinoza ziemlich einverstanden, habe Lessing geantwortet: „Wenn ich mich nach jemand nennen soll, so weiß ich keinen andern." *Ich* (Jacobi – M. Th.): „Spinoza ist mir gut genug: aber doch ein schlechtes Heil, das wir in seinem Namen finden." *Lessing:* „Ja! Wenn Sie wollen! . . . Und doch . . . Wissen Sie etwas besseres? . . ."[101]

Am nächsten Tag habe Jacobi Lessing nochmals darauf angesprochen, denn er sei bestürzt gewesen, von Lessing keine Hilfe gegen Spinozismus und Pantheismus erhalten zu haben. *Lessing:* „Dann ist Ihnen nicht zu helfen. Werden Sie lieber ganz sein Freund. Es giebt keine andre Philosophie, als die des Spinoza."[102] Im weiteren Gespräch habe Jacobi Lessing davon zu überzeugen versucht, daß der Spinozismus aus dem uralten „a nihilo nihil fit" der philosophierenden Kabbalisten entstanden sei und daß er jeden Übergang des Unendlichen zum Endlichen, jede verständige persönliche Ursache der Welt verwerfe. Und schließlich: damit sei er Fatalist, da Freiheit des Willens in einem solchen determinierten Naturmechanismus nicht erklärbar sei. Jacobi behauptete für sich die Notwendigkeit eines „Salto mortale" in den Glauben.

Lessing, der Spinoza durchaus nicht als einen mechanizistisch denkenden Fatalisten verstand und der sowohl die dialektischen Beziehungen der spinozistischen Freiheit-Notwendigkeit-Konzeption als auch die Differenzierungen zwischen dem Denken als allgemeinem Attribut der Substanz und dem individuellen menschlichen Denken in Spinozas Philosophie begriffen hatte[103], antwortete Jacobi ziemlich trocken: „Ich merke, Sie hätten gern Ihren Willen frey. Ich begehre keinen freyen Willen . . ."[104], nämlich keine *absolute* Freiheit in Unabhängigkeit von der Einsicht in die Naturnotwendigkeiten. Angesichts des Unverständnisses seiner Zeitgenossen Spinoza gegenüber prägte Lessing in diesem Gespräche das sarkastische Wort, die Leute redeten über Spinoza „wie von einem toten Hunde". Auf Jacobis Beteuerung hin, Spinoza zu verehren, da sein System das schlüssigste vom Standpunkt der Philosophie sei, er aber gerade deshalb den Sprung in den Glauben für notwendig halte, bemerkte Lessing: „Auf Ehre, so müssen Sie ja, bey Ihrer Philosophie, aller Philosophie den Rücken kehren".[105] Jacobis Resümee dieses Gespräches lautet: *„Lessing glaubt keine von der Welt unterschiedene Ursache der Dinge; oder: Lessing ist ein Spinozist . . ."*[106]

Mendelssohn ist sich mit Jacobi zunächst in dem Punkte einig, daß die originale spinozistische Philosophie Atheismus sei, aber beide begründen dies auf unterschiedliche Weise, setzen in der Interpretation differenzierende Akzente und ziehen auch unterschiedliche Schlüsse. Wenden wir uns einigen Aspekten des Mendelssohnschen Verständnisses und seiner früheren Diskussionen mit Lessing über Spinoza zu. Denn über das Verhältnis zum Spinozismus hatte Mendelssohn mit Lessing schon viel früher Meinungsaustausch gepflegt. Bereits seine „Philosophischen Gespräche" aus dem Jahre 1756 berühren die Philosophie Spinozas in ihrem Verhältnis zu Leibniz, und zur gleichen Problematik gab es im Jahre 1763 zwischen Lessing und Mendelssohn einen Briefwechsel. In dieser Zeit seines Breslauer Aufenthaltes studierte Lessing intensiv Spinozas Philosophie. Von besonderem In-

teresse war für ihn schon seit geraumer Zeit das monistische
Prinzip dieser Philosophen. Er deutet dessen „Deus sive
natura" als die Einheit von Schaffen und Denken in Gott und
damit als Einheit von Schöpfer und Welt. Das göttliche Prinzip
bei Spinoza wird als innere Ursache aller Dinge und somit als
eins mit der Welt begriffen. Im Briefwechsel mit Mendelssohn
interessiert ein Problem besonders: ob nicht der Monismus
des Spinoza Denken und Körperwelt in einer solchen Weise
identifiziere, daß ihre jeweilige Spezifik und ihr Verhältnis
zueinander gar kein Rätsel mehr sei – ob es nicht Leibniz war,
der hierin erst wieder ein Problem sah und dies im Sinne einer
Zwei-Substanzen-Lehre löste, welche aber den Gedanken der
prästabilierten Harmonie einschließe.

Lessing bezieht sich in einem Brief vom 17. April 1763 an
Mendelssohn auf dessen „Philosophische Gespräche" und die
dortige Darstellung der Leibnizschen Philosophie, welche als
Fortsetzung des Spinozismus hinsichtlich des Gedankens einer
prästabilierten Harmonie gedeutet wird. Er, Lessing, müsse
sich wundern, „daß sich noch niemand Leibnizens gegen Sie
angenommen hat. – Sagen Sie mir, wenn Spinoza ausdrücklich
behauptet, daß Leib und Seele eins und ebendasselbe einzelne Ding sind, welches man sich nur bloß bald nach der
Eigenschaft des Denkens, bald unter der Ausdehnung vorstelle
(,Sittenlehre', T. II, § 126), was für eine Harmonie hat ihm
dabei einfallen können? Die größte, wird man sagen, welche
nur sein kann; nämlich die, welche das Ding mit sich selbst
hat . . . Leibniz will durch seine Harmonie das Rätsel der Vereinigung zweier so verschiedener Wesen, als Leib und Seele
sind, auflösen. Spinoza hingegen sieht nichts Verschiednes,
sieht also keine Vereinigung, sieht kein Rätsel, das aufzulösen
wäre."[107] Für Spinoza seien Gedanken und Begriffe in der
Seele so geordnet und verknüpft, wie auch die Beschaffenheit
des Leibes geordnet sei. Zwar scheine es einen Gleichklang
zwischen Leibniz' und Spinozas Ausdrucksweisen zu geben,
aber: „Spinoza denket dabei weiter nichts, als daß alles, was
aus der Natur Gottes, und der zufolge aus der Natur eines
einzelnen Dinges, formaliter folge, in selbiger auch objective,
nach ebender Ordnung und Verbindung, erfolgen muß. Nach
ihm stimmt die Folge und Verbindung der Begriffe in der
Seele bloß deswegen mit der Folge und Verbindung der Ver-

änderungen des Körpers überein, weil der Körper der Gegenstand der Seele ist; weil die Seele nichts als der denkende Körper und der Körper nichts als die sich ausdehnende Seele ist. Aber Leibniz?"[108] Lessing bewundert also einerseits das monistische Prinzip des Spinoza, wie es im Substanz-Begriff durchgeführt wird, andererseits aber hält er Leibniz' Ansatzpunkt auch für bedenkenswert, weil dessen Dualismus von Leib und Seele ein Problembewußtsein (ein „Rätsel") hinsichtlich der spezifischen Qualität von Körper und Seele und ihre dennoch erfolgende harmonische Zusammenwirkung ausspricht.

Für Mendelssohn ist das monistische Prinzip des Spinoza von geringerem Interesse, lehnt er doch einen solchen Standpunkt für sich selbst von vornherein ab. Er richtet sein Augenmerk auf die Attribute als parallele Welten, die sich qualitativ und als kausale Wirkungsketten voneinander unterscheiden. Im Antwortbrief vom Mai 1763 betont Mendelssohn, zwar sei für Spinoza die notwendige Substanz die einzige: „Hingegen leugnet Spinoza keineswegs, daß Ausdehnung und Denken zwey verschiedene attributa sind, und daß ein jedes attributum für sich selbst muß begriffen werden können, ohne den Begriff eines andern attributi zu involvieren . . . Es folgt hieraus, und mich dünkt, daß Spinoza dieses irgendwo ausdrücklich behauptet, daß sich keine Bewegung durch das Denken, und wiederum kein Denken durch die Bewegung begreifen lasse, sondern die Begriffe folgen aus Begriffen, die Bewegungen aus Bewegungen, doch so, daß sie harmonieren, d. h. in der Sprache des Spinoza, daß die Begriffe per modum cogitationis allezeit eben dasselbe ausdrücken, was die Bewegungen per modum extensionis ausdrücken. – Wenn also Spinoza gleich Leib und Seele für dieselbe Substanz, dasselbe individuum hält, so hält er sie gleichwohl nicht für dasselbe Ding, sondern, wie gesagt, für ganz verschiedene attributa, zwischen welchen gar wohl eine Harmonie Statt findet . . ."[109] Spinoza habe also die vorbestimmte Harmonie schon vor Leibniz behauptet.

In dieser Spinoza-Interpretation wird spürbar, daß es für Mendelssohn geradezu undenkbar ist, Körper und Seele im monistischen Sinne als Einheit aufzufassen. Die Akzentuierung der qualitativen Verschiedenheit und die Behauptung zweier paralleler Kausalketten von Ausdehnung und Denken spielt später auch in der Auseinandersetzung mit Jacobi eine Rolle. Auch in diesem Streit sieht Mendelssohn den Monismus des Spinoza als keineswegs konsequent durchgeführt an; auch hier legt er das Schwergewicht auf die angebliche Trennung von Körperwelt und Geisterwelt in der Attributenlehre, und er wertet dies als Möglichkeit des Anknüpfens für einen geläuterten Pantheismus. Allerdings wird das Verständnis der Mendelssohnschen Auffassung dadurch erschwert, daß er oft sehr fragmentarisch und polemisch, ohne ausreichend systematische Darlegung seines eigenen Standpunktes argumentiert.

Dabei hat Mendelssohn gegenüber Jacobi allerdings in dem Punkte recht, daß die Wurzel der spinozistischen Philosophie nicht die Emanationslehre der Kabbala ist. Das Ἐν καί πᾶν des Spinoza kennt weder einen personal gedachten Gott, noch ein separates geistiges Prinzip, welches sich in die materielle Welt stufenweise ergieße. Es ist die ausgedehnte und denkende Substanz zugleich, es ist Ein und Alles, Unendliches und Endliches in seiner unendlichen Mannigfaltigkeit zugleich. Mendelssohn meint nun, damit könne Spinoza die Entstehung des Endlichen aus dem Unendlichen wirklich nicht erklären.[110] Eine solche Entstehung aber lehrt gerade die Kabbala. Mit dieser Kritik am mangelnden Schöpfungsgedanken bei Spinoza legt Mendelssohn seinen eigenen religiös motivierten Maßstab an dessen Philosophie, welcher deren Prinzip widerspricht. Denn Spinoza ist keineswegs „nicht geschickt", „Schwierigkeiten dieser Art zu heben"[111], wie Mendelssohn behauptet, sondern das Deus-sive-natura-Prinzip schließt den Schöpfungsgedanken von vornherein aus. Die gleiche „Ungeschicklichkeit" sieht Mendelssohn auch in der angeblichen Halbheit bei Spinoza, einerseits Absicht und freien Willen in eine „bloß unbestimmte absichtslose Wahl des vollkommen Gleichgültigen" zu setzen, aber doch der Gottheit eine absichtslose Willkür abzusprechen und dem Willen die freie Wahl des Guten zuzugestehen.[112] Die wirkliche Differenzierung, welche Spinoza zwischen dem allgemeinen Attribut Denken (der Denkfähigkeit) und den Denk- und Entscheidungstätigkeiten des menschlichen Verstandes aufgrund von Einsicht in eine durchaus nicht fatalistisch interpretierte Notwendigkeit trifft, wird von Mendelssohn nicht sauber analysiert. Spinozas Philosophie wird nicht in ihrer ganzen Folgerichtigkeit dargestellt;

es werden vielmehr stets solche „Halbheiten" als Anknüpfungs-
punkte hervorgehoben, welche vorgeblich ·eine „Läuterung"
des Spinozismus zu einem mit freisinniger Religiosität ver-
einbarten Pantheismus zulassen, gehe man hier nur einen
Schritt weiter!

Schon in den „Morgenstunden" wird der Spinozismus mit
der Absicht einer Hinführung zu einem geläuterten Pantheismus Lessings interpretiert. Spinozas Pantheismus sei freilich
eine Identifikation des Weltalls, der Schöpfung, mit Gott, und
die Attribute Ausdehnung und Denken werden mit der
mannigfaltigen Welt der endlichen Körper und Seelen identifiziert. Für Spinoza sei Alles gleich Eins und Eins gleich Alles.
Dadurch unterscheidet er sich wesentlich von der aufgeklärten
Religion: „Alles ist Eins, sagt der Pantheist. Wir sagen: Gott
und die Welt; er: Gott ist auch die Welt. Das Unendliche,
sprechen wir, hat alles Endliche, Eins dieser Viele zur Würklichkeit gebracht; jener hingegen: das Unendliche umfasset
alles, es ist selber alles, ist *Eins* und zugleich *Alles.*"[113] Spinoza
differenziere nicht genau zwischen Materialem (Körperlichkeit) und Formalem (Bewegendes, Geistiges). Mendelssohn
beruft sich auf die Kritik von Christian Wolff an Spinoza in
dessen „Theologia naturalis". Hier wird ebenfalls bemängelt,
daß Spinoza Gott und Natur (natura naturans und natura
naturata − schaffende und geschaffene Natur) vermenge und
die Macht der Natur zur Macht Gottes mache.[114] Auch der
Fatalismus-Vorwurf findet sich dort, sowie der Vorwurf, daß
sich Spinoza durch seine Sophisterei der Gottesleugnung
nähere.

Mendelssohn behauptet − ähnlich wie im „Phädon" −, daß
das Formale oder die Geisterwelt als selbständige Welt die
körperlichen Dinge erst zu einem System verbinden würde; es
fehle aber dem Spinoza der Gedanke vom „notwendigen
Daseyn eines der Kraft nach unendlichen einzelnen Wesens"[115].
Hätte Spinoza in dieser Weise Schöpfer und Schöpfung ge-
schieden, so wäre der Zwist beizulegen: „Wir könnten ihn
umarmen und noch eine weite Strecke gemeinschaftlich fortgehen. Ja, wenn uns Spinoza alles dieses zugiebt; so wären wir
beynahe schon am Ziele."[116] Es wäre dies eben dann der geläuterte Pantheismus, den Lessing nach Mendelssohns Meinung angestrebt habe: Lessing dachte sich − so Mendelssohn −

den Pantheismus verfeinert, mit dem Emanationsprinzip der Alten in Übereinstimmung. Er habe versucht, auf diese Weise den Pantheismus mit dem Theismus zu verbinden. Damit aber handele es sich nur noch um einen Streit um Subtilitäten, *wie* man sich das Göttliche in seiner Ausstrahlung auf die Welt vorstelle; dann seien auch vom Standpunkt des geläuterten Pantheismus Religion und Moral geborgen. Die Differenz zu Lessing wird in diesem Zusammenhang als unerheblicher Wortstreit heruntergespielt: Ob der göttliche Gedanke „das Licht hat von sich wegblitzen, oder nur innerlich leuchten lassen? Ob es bloß Quelle geblieben, oder ob die Quelle sich in einem Strom ergossen habe?"[117] Dies führe zu bloßen Wortstreiten: „Thuet auf Worte Verzicht, und Weisheitsfreund, umarme Deinen Bruder!"[118]

Im Schreiben „An die Freunde Lessings" sieht sich nun Mendelssohn durch Jacobis Spinoza-Briefe veranlaßt, diesen „geläuterten" Pantheismus, der nicht seine Auffassung sei, aber wohl die Lessings, und der sich aber immerhin mit natürlicher Religion verbinden lasse, weiter zu begründen. Hier behauptet er nun sogar für den originalen Spinozismus selbst eine größere Nähe zum Judentum als natürlicher Religion als zum Christentum. Er hält Spinozas Philosophie mit dem orthodoxen Judentum jener Zeit und mit Religion und Sittlichkeit vereinbar, hätte sich Spinoza nicht selbst in seinen letzten Schriften vom Judentum losgesagt.[119] Mendelssohn meint hier offensichtlich eine pragmatische Vereinbarkeit innerhalb einer Lebenshaltung, wonach die Theorie in ihrer Konsequenz das eine, die Lebensführung nach den Gesetzen des Judentums das andere sei. Das mag angesichts seines sonstigen Eiferns gegen den Spinozismus verwundern; es spricht sich hier aber in gewisser Weise seine eigene Lebenshaltung aus, wonach er philosophische Spekulation und praktische Gesetzestreue gegenüber den Zeremonialgesetzen als gleichberechtigte Sphären praktisch vereinbaren will. Aber gleichzeitig sucht Mendelssohn auch hier nach solchen Gedankenelementen bei Spinoza, welche eine „Läuterung" ermöglichen sollen.

Das kommt in dem im Schreiben „An die Freunde Lessings" eingefügten früheren Aufsatz „Erinnerungen an Herrn Jacobi"[120] deutlich zum Ausdruck. Es betrifft dies einmal die Deutung der Beziehung von Unendlichem und Endlichem. Jacobi hatte behauptet, daß Spinoza das Unendliche als transzendentale Einheit des Endlichen fasse, die ohne die endlichen Dinge selbst keine Realität haben könne. Dagegen wendet Mendelssohn ein, daß ja wohl das Unendliche für Spinoza die wahre Realität, die Endlichkeiten aber den Status von modi hätten.[121] Beide haben in gewisser Beziehung recht, denn der Substanz ohne ihre Endlichkeiten kann keine Realität zugesprochen werden, und andererseits sind die Endlichkeiten nicht die Totalität, sondern ihre modi. In der unterschiedlichen Interpretation sprechen sich aber differenzierende Motive aus: Jacobi will die völlige Unvereinbarkeit des Spinozismus mit der Idee eines transzendenten göttlichen Prinzips betonen; Mendelssohn will zeigen, daß hier eine Differenzierung zwischen Substanz und modi ausgesprochen wird, die man zur Unterscheidung von Schöpfer und Welt läuternd ausbauen könne. Auf gleicher Ebene liegt der schon erwähnte Disput über die Frage, ob Spinoza das System der Endursachen, Freiheit und Absicht geleugnet habe (wie Jacobi meint) oder ob er nicht doch in seinem System den Endursachen und Absichten eine Funktion einräume. Mendelssohn betont gegen Jacobi letzteres, aber er sieht es als Inkonsequenz Spinozas, wenn auch als löblichen Versuch, Gottlosigkeit zu vermeiden. Er entrüstet sich über die „lästerliche" Unterstellung, Spinoza hätte die göttliche Absicht ganz geleugnet.[122]

Insgesamt hat Jacobi die atheistische Grundanlage und Folgerichtigkeit der spinozistischen Philosophie genauer erfaßt, wenn er auch eine weitgehend undialektische Erklärung der Auffassung Spinozas vom Naturgeschehen und vom Eingeordnetsein des Menschen in dieses Geschehen bietet. Mit sicherem Gespür hat er sich gegen einen Läuterungsversuch dieser Philosophie gegenüber gewandt. Für ihn ist der Spinozismus in seiner Originalität *der* folgerichtige, philosophisch begründete Atheismus, dessen „Läuterung" zu seiner Aufhebung führen würde. So deutet Jacobi die Beziehung von Substanz und Denken richtig, wenn er an Spinoza moniert, dieser begreife die Substanz als Quelle des Denkens und nicht umgekehrt.[123] Mendelssohns Einwand, daß dann „ein Sprung ins Leere" erfolge, denn man würde dann etwas denken, was dem Denken vorausgehe; so sei der allervollkommenste Verstand nicht denkbar[124] – dieser Einwand kann kein Argument gegen Jacobis Darstellung des spinozistischen Ausgangspunktes sein. Mendelssohn unterstellt hier wieder das idealistische Prinzip, daß die materielle Substanz nur als Geschöpf, nicht selbst als Schöpfer zu denken sei. Jacobi dagegen sieht ganz richtig: Die „Vergöttlichung" der Natur macht einen transzendenten, gar einen personal gedachten Gott in diesem System überflüssig. In seiner Gegenantwort „Wider Mendelssohns Beschuldigung" (1786) macht er daher geltend, daß jede Läuterung des Spinozismus zu einer „Umbildung", zu einem „verdorbenen" Spinozismus führe: „Der unsterbliche Bibliothekar Gotthold Ephraim *Lessing* wußte wohl, daß sich aus dem Spinozismus eben so wenig ein Pantheismus läutern läßt, als aus klarem Wasser trübes . . ."[125] Der Spinozismus ist ihm aber Höhepunkt und Inbegriff einer philosophischen Erklärung der Welt aus sich selbst heraus. In der zweiten Auflage seiner Spinoza-Briefe verweist er auf Giordano Bruno, als unmittelbaren Vorläufer, aus dessen Werk „De la causa, principio et uno" (Von der Ursache, dem Prinzip und dem Einen) er Auszüge beifügt: „Schwerlich kann man einen reineren und schöneren Umriß des *Pantheismus im weitesten Verstande* geben, als es Bruno zog."[126] Die Ideenverwandtschaft des Giordano Bruno erkennt er mit sicherem Sinn für diese Traditionslinie, und er meint deshalb, er halte es „in unsern Zeiten beynah für nothwendig", sich diese Systeme wieder deutlich zu machen, um genau den Punkt zu wissen, auf den es ankomme.[127]

Jacobi spricht also mit größter Hochachtung von diesen Systemen, deren Bedeutung er schärfer erkennt als Mendelssohn, aber er lehnt sie dennoch ab. Er hält sie für gefährlich. Angesichts ihrer Folgerichtigkeit einer atheistischen Welterklärung vermittels einer perfektionierten rationalistischen Methode, welche mit fast mathematischer Gewißheit operiere, gebe es nur eben jenen „Sprung in den Glauben", von dem er schon Lessing sprach. Daher sieht Jacobi auch in jeglichem Versuch, eine wissenschaftliche Demonstration des Daseins Gottes zu geben, ein vergebliches, ja letztlich den Glauben mit den Mitteln des Verstandes zerstörendes Unterfangen. Zusammengefaßt hat Jacobi seine Auffassung in einer Beilage zur zweiten Auflage der Spinoza-Briefe von 1786 in folgenden Thesen als „Inbegriff" seiner Darlegungen:

„I. Spinozismus ist Atheismus . . .

II. Die Cabbalistische *Philosophie* ist, als *Philosophie*, nichts anderes, als *unentwickelter*, oder neu *verworrener* Spinozismus.

III. Die Leibnitz-Wolfische Philosophie ist nicht minder fatalistisch, als die Spinozistische, und führt den unabläßigen Forscher zu den Grundsätzen der letzteren zurück.

IV. Jeder Weg der Demonstration geht in den Fatalismus aus."[128]

Damit bestreitet er genau den Effekt der von Mendelssohn bevorzugten Methode und ist bemüht, die direkte Verkehrung von dessen ursprünglicher Absicht nachzuweisen. „Lieber Mendelssohn", schrieb er schon früher als Antwort auf dessen „Erinnerungen an Herrn Jacobi", „wir alle werden im Glauben geboren, und müssen im Glauben bleiben, wie wir alle in Gesellschaft geboren werden, und in Gesellschaft bleiben müssen. Wie können wir nach Gewißheit streben, wenn uns Gewißheit nicht zum voraus schon bekannt ist . . . Die Ueberzeugung durch Beweise ist eine Gewißheit aus der zweiten Hand . . . Wenn nun jedes *Fürwahrhalten*, welches nicht aus Vernunftgründen entspringt, Glaube ist, so muß die Überzeugung aus Vernunftgründen selbst aus dem Glauben kommen, und ihre Kraft von ihm allein empfangen."[129] Sein Credo: „Geist meiner Religion ist also das: der Mensch wird, durch ein göttliches Leben, Gottes inne; und es giebt einen Frieden Gottes, welcher höher ist denn alle Vernunft; in ihm wohnt der Genuß und das Anschauen einer unbegreiflichen Liebe."[130]

Mendelssohn, im Grunde tief erregt, spottet darüber: Jacobi, bei allem Zugeständnis seiner lauteren Absicht, gehe offensichtlich darauf aus, seine Nebenmenschen, die sich in die Einöde der Spekulation verloren haben, auf den ebenen und sicheren Pfad des Glaubens zurückzuführen. Er halte alle Deterministen, Lessing, Leibniz, Wolff und alle übrigen metaphysischen Demonstranten, für Atheisten, Fatalisten und Spinozisten. Mendelssohn verteidigt seine Vorliebe für die Demonstration und begründet sie aus der Tradition, der er sich verpflichtet fühlt: aus dem Judentum, welches keine geoffenbarte Religion sei, wonach man einfach bestimmte Dogmen zu glauben habe, wo es vielmehr auf Vernunftgründe ankäme. Das Dasein und die Autorität Gottes als höchster Gesetzgeber sei keine Offenbarung, sondern eine in der Vernunft selbst aufsuchbare Wahrheit. Daher müsse, was dem gesunden Verstand plausibel, auch exakt durch Vernunft demonstrierbar sein. Denn die metaphysische Demonstration erweise die natürliche Religion als so apodiktisch gewiß „als irgendein Satz in der Größenlehre"[131]. Allerdings, der Glaube hänge davon allein nicht ab, jedoch es sei „völlig im Geiste Ihrer Religion, die Ihnen die Pflicht auferlegt, die Zweifel durch den Glauben niederzuschlagen. Der christliche Philosoph darf sich den Zeitvertreib machen, den Naturalisten zu necken . . . Meine Religion kennt keine Pflicht, dergleichen Zweifel anders als durch Vernunftgründe zu heben, befiehlt keinen Glauben an ewige Wahrheiten. Ich habe also einen Grund mehr, *Überzeugung* zu suchen."[132]

In Jacobis „Flucht in den Glauben" und Mendelssohns vergeblichem Bemühen, den Deismus und Rationalismus der bisherigen Aufklärungsphilosophie, insbesondere der Gruppe um Nicolai, zu bewahren, deutet sich die Auflösung dieser Bewegung und das Aufbrechen neuer geistiger Entwicklungen an. Schon Goethe und Herder, obgleich in menschlich-berührter Weise ihre Sympathie für Mendelssohn bekundend, deuteten den Pantheismus und Spinozismus als unvereinbar mit der Idee eines extramundanen Gottes, als die Einheit von Natur und göttlichem Prinzip beinhaltend, und stellten sich auf diesen Boden, ohne die Befürchtungen Jacobis um den Glauben und dessen Sprung in den Glauben zu akzeptieren. Als guter Kenner der spinozistischen Philosophie wurde Jacobi von ihnen aber anerkannt, und sie suchten seine Gesellschaft in der nun einsetzenden Spinoza-Diskussion, die zu einer erfreulichen Wiederbelebung dieser großen Philosophie führte.

Mit Jacobis Auffassung wird eine neue Richtung in der Diskussion um die Glaubensfrage eingeschlagen: Der Glaube wird auf die im Menschen sich ereignende Offenbarung Gottes, nicht auf Verstandeswissen, gegründet. Ein – allerdings inhaltlich andersartig ausgestalteter – Versuch, den Rationalismus zum Zwecke der Rettung des Glaubens aus dem Felde zu schlagen, findet sich parallel zu Jacobi bei Schleiermacher, der auf die Sittlichkeit und Vervollkommnungsfähigkeit des Menschen verweist, wobei er in seinem Naturverständnis auf Spinozas Pantheismus Bezug nimmt.

Vor allem Hegel hat auf die mit Jacobi eintretende neue Phase in der Ablösung der bisherigen Aufklärung und einer Wende in der Religionsauffassung aufmerksam gemacht. Jacobi habe den Glauben als *unmittelbares* Wissen von Gott, welches keines Beweises bedarf, festgesetzt. „Alles, was nun seit Jacobis Zeit von Philosophen, wie Fries, und Theologen über Gott geschrieben ist, beruht auf dieser Vorstellung vom unmittelbaren Wissen, intellektuellen Wissen; und man nennt dies auch *Offenbarung*, aber in einem anderen Sinn als Offenbarung in theologischer Bedeutung. Die Offenbarung als unmittelbares Wissen ist in uns selbst, während die Kirche die Offenbarung als ein Mitgeteiltes von außen nimmt."[133] Dies „unmittelbare Wissen" hat nach Hegels Auffassung den Mangel, daß es der philosophischen Erkenntnis, der Vernunft, entgegengesetzt und daß es ahistorisch, als bloß individuelles Wissen, nicht als historisches Ergebnis des Erkenntnisweges der Menschheit begriffen wird. Nicht die Wiederbelebung der rationalistischen Demonstrationsmethode – diese ist bloß „verstandesgemäß" und keine Vernunfterkenntnis! –, sondern eine historische Entfaltung des Erkennens als Selbstbewußt-sein über die vollzogene Geschichte und somit über den histo-rischen Gang des „Absoluten", des immanenten geistigen Prinzips, ist die adäquate Methode. Damit hat Hegel den Punkt fixiert – das Immanenz- und Totalitätsprinzip –, von dem aus er sowohl Mendelssohns als auch Jacobis Spinoza-Verständnis als unzureichend und Spinoza als seiner Philosophie geistes-verwandt versteht.

Kants Position dagegen ist eine ganz anders motivierte. Das ist auch angesichts der zunächst fast überschwenglichen Hoch-schätzung der Spinoza-Briefe Jacobis durch Kant zu bedenken. Jacobi selbst hat hierzu bemerkt, daß Kant von Spinoza nichts verstehe, da dieser den Spinozismus als Ausdruck des „teleo-logischen Weges zur Theologie", des physiko-theologischen Gottesbeweises, fehldeute, während Jacobi ja den Atheismus des Spinoza moniert.[134] Kant ging es bei seinen Bewertungen auch gar nicht in erster Linie um die Abweisung des Atheismus oder gar um die Behauptung eines positiven Glaubens, wie Jacobi, hatte er doch seinen Vernunftglauben auf das Primat der Moralität und der menschlichen Freiheit gegründet, als bloß subjektives Bedürfnis zur Beförderung der Pflichterfüllung behauptet und anstelle der positiven Gottesbeweise ausschließlich ein Postulat des Daseins Gottes und der Unsterblichkeit eingeräumt. In erster Linie ist es die rationalistische Demonstrationsmethode mit ihrem Einmünden in unerquickliche, unbewiesene Spekulationen, die Kant verabscheute. Bei aller Hochachtung vor Moses Mendelssohn, dessen Persönlichkeit und humanes Bestreben er würdigt, urteilt er über dessen Methode vernichtend. Das Werk des würdigen Mendelssohn sei in der Hauptsache ein Meisterstück der Täuschung unserer Vernunft, das letzte Vermächtnis und vollkommenste Produkt einer „dogmatisierenden Vernunft", ein „nie von seinem Werte verlierendes Denkmal der Scharfsinnigkeit eines Mannes", an dem eine Kritik der reinen Vernunft ein bleibendes Beispiel finde, ihre Grundsätze auf die Probe zu stellen und sie entweder zu bestätigen oder zu verwerfen.[135]

Doch wenn auch Kant und viele andere Zeitgenossen mit Mendelssohn nicht konform gingen – stets sprachen sie mit der größten Hochachtung von dem Manne, der für sie einer der bedeutendsten Aufklärer war und ohne dessen vielseitiges Wirken die Berliner Aufklärergruppe nicht die Substanz erhalten hätte, die sie in einer wichtigen Epoche der bürgerlich-progressiven Emanzipationsbewegung erlangte. Mendelssohn hat kein philosophisches System hinterlassen und keine Schule gegründet, aber er hat die weltanschaulichen Diskussionen um den Menschen und seine Bestimmung, um Sprache und Literatur, um Volksaufklärung und humanere politische Zustände um wichtige Nuancen bereichert.

Vor allem ist seine historische und soziale Bedeutung an der Schwelle der Emanzipationsbewegung der deutschen Juden und ihrer Assimilation in die Kultur jener Epoche herauszuheben. Seine Verbindung von Aufklärung, natürlicher (auf Moralität orientierter) Religiosität, Toleranz und praktischer Gesetzestreue zu den Bräuchen seiner Nationalität wirkte schon in seiner Zeit beispielhaft besonders auf die jüngere Generation von Juden, auch wenn viele unter den Bedingungen der ausbleibenden bürgerlichen Gleichstellung der Juden zum Christentum übertreten sollten, wie auch die meisten von Mendelssohns Kindern.[136] Mendelssohns sachliche Unterscheidung von aufgeklärter Geisteshaltung und jüdischer Konfession und Lebenspraxis als Privatangelegenheit der jüdischen

Minderheit, welche ihre bürgerliche Gleichstellung nicht behindere, eine Unterscheidung, welche in der realen Lebenspraxis die Vereinigung beider Seiten ermöglichte, wurde vor allem in der sogenannten jüdischen Neuorthodoxie in Mitteleuropa aufgegriffen.[137] In diesem Sinne hat Mendelssohn als Humanist, Aufklärer und Reformator für sein Volk eine geachtete und auch uns heute noch berührende Stellung in der Geschichte der deutschen Aufklärungsbewegung inne.

Editorische Bemerkungen

Diese Ausgabe soll über Moses Mendelssohns Beitrag zur religionsphilosophischen Debatte in der deutschen Aufklärung einen Überblick geben. Es sollen sein humanes Anliegen, sein Menschen- und Geschichtsverständnis, seine Auffassung von natürlicher Religion und Judentum sowie sein Bemühen um Verbindung von rationalistischer Demonstrationsmethode und Popularität verdeutlicht werden. Die ästhetischen und literaturkritischen Arbeiten konnten leider hier keine Berücksichtigung finden.

Die Texte wurden der historisch-kritischen Ausgabe von Moses Mendelssohns Gesammelten Schriften, Jubiläumsausgabe, Stuttgart / Bad Cannstatt 1972 ff., entnommen, und zwar jeweils die Erstauflagen der Werke ohne Berücksichtigung der von Mendelssohn selbst bei Neuauflagen vorgenommenen Veränderungen mancher Texte. Dem ausführlichen Anmerkungsapparat und den Einführungen der Herausgeber der Jubiläumsausgabe verdanke ich eine Fülle von Hinweisen zur Interpretation und zu den sachlichen Erläuterungen. Weitere wichtige Literatur wird aus den Anmerkungen zur Einleitung in diesem Band ersichtlich.

Die Texte Mendelssohns wurden vorsichtig in Orthographie und Zeichensetzung modernisiert, ohne den Lautstand zu verändern. Hervorhebungen durch Mendelssohn wurden beibehalten und durch Kursivdruck kenntlich gemacht. Die Textbearbeitung besorgte Herr Karlheinz Müller, Bautzen.

Martina Thom

Anmerkungen

[1] G. E. Lessing an J. D. Michaelis (16. Oktober 1754), in: Lessings Briefe in einem Band, Berlin und Weimar 1983, S. 28.

[2] Vgl. F. H. Jacobi, Ueber die Lehre des Spinoza, in Briefen an den Herrn Moses Mendelssohn, in: Die Hauptschriften zum Pantheismus-Streit zwischen Jacobi und Mendelssohn, herausgegeben und eingeleitet von Heinrich Scholz, Berlin 1916, S. 68.

[3] Moses Mendelssohn an Herz Homberg (4. Oktober 1782), in: Moses Mendelssohn: Gesammelte Schriften, Jubiläumsausgabe, Stuttgart / Bad Cannstatt 1972 ff., Bd. 13, S. 83 (im folgenden angegeben als: Jubiläumsausgabe, Bd. ...). – Herz Homberg (1749–1841) war von 1779 bis 1782 Hauslehrer der Kinder Mendelssohns.

[4] Vgl. H. Knobloch, Herr Moses in Berlin, Berlin 1972, S. 60–64. Dieses engagiert und kenntnisreich geschriebene Buch bietet eine lebendige Darstellung über die Situation der Juden, Leben und Persönlichkeit des Moses Mendelssohn und verdeutlicht die aktuelle Bedeutung der Beschäftigung mit diesem großen Aufklärer.

[5] Vgl. ebenda, S. 178.

[6] Moses Mendelssohn's Lebensgeschichte, Einleitung, in: Moses Mendelssohn, Gesammelte Schriften. Nach den Originaldrucken und Handschriften herausgegeben von G. B. Mendelssohn (Reprintdruck), Hildesheim 1972, Bd. I, S. 5.

[7] Vgl. H. und M. Simon, Geschichte der jüdischen Philosophie, Berlin 1984, S. 207–212. – H. J. Schoeps, Jüdisch-christliches Religionsgespräch in neunzehn Jahrhunderten, Frankfurt a. M. 1949, S. 94–105.

[8] Mendelssohns hebräischer Name; er selbst nannte sich in Berlin Moses Dessau; seine Freunde nannten ihn meist nur Moses. Als bekannt werdender Schriftsteller nannte er sich nach dem Vatersnamen: Moses Mendelssohn.

[9] Vgl. die deutsche Übersetzung bei: B. Badt-Strauß, Moses Mendelssohn, Der Mensch und das Werk, Berlin 1929, S. 4.

[10] H. und M. Simon, Geschichte der jüdischen Philosophie, a. a. O., S. 153. Über Maimonides und seine unmittelbare Wirkung siehe ebenda, S. 133–165.

[11] Vgl. H. Knobloch, Herr Moses in Berlin, a. a. O., S. 43 f.

[12] Moses Mendelssohn's Lebensgeschichte, a. a. O., S. 35 f. – Hier wird auch Lavaters Schilderung der Physiognomie Moses Mendelssohns zitiert.

[13] Herders Werke in fünf Bänden, Weimar 1957, Bd. 5, S. 254 f.

[14] Lessings Briefe in einem Band, a. a. O., S. 58 f.

[15] H. Heine, Zur Geschichte der Religion und Philosophie in Deutschland, Leipzig o. J., S. 143.

[16] Goethes Werke in zehn Bänden, Weimar 1958, Bd. 1, S. 298 f.

[17] Nicolai hatte 1775 eine Spottschrift auf Goethes „Die Leiden des jungen Werther" unter dem Titel „Die Freuden des jungen Werther" veröffentlicht, in der sich ein völliges Verkennen der sozialkritischen und emanzipatorischen Tendenzen des Goetheschen Werkes ausspricht. – Über die ästhetischen und literaturkritischen Diskussionen, an denen Moses Mendelssohn einen bedeutenden Anteil hatte, siehe: Aufklärung, Erläuterungen zur deutschen Literatur, hrsg. vom Kollektiv für Literaturgeschichte im Volkseigenen Verlag Volk und Wissen, Leitung: Dr. K. Böttcher, Berlin 1974.

[18] Jubiläumsausgabe, Bd. 12, S. 75.

[19] H. Heine, Zur Geschichte der Religion und Philosophie in Deutschland, a. a. O., S. 145 f.

[20] Ebenda, S. 144.

[21] Goethes Werk in zehn Bänden, a. a. O., Bd. 2, S. 176.

[22] Über die innige Beziehung zwischen Mose und Fromet siehe: M. Mendelssohn, Brautbriefe, Berlin 1836. – Siehe auch: H. Knobloch, Herr Moses in Berlin, a. a. O., S. 135–158.

[23] Der Ehe Mendelssohns entstammten zehn Kinder, von denen sechs den Vater überlebten: *Sara* (1763–1764); *Brendel* (1764–1839), in zweiter Ehe mit Friedrich Schlegel verheiratet und nach Übertritt zur christlichen Religion als Dorothea Schlegel durch ihre Schriftstellerei und ihren Salon im Kreise der Romantiker berühmt; *Hayyim* (1766, starb im Alter von sechs Wochen); *Recha* (1767–1831); *Mendel* Abraham (1769–1775); *Joseph* (1770–1848), Leiter des Bankhauses Mendelssohn, sein ältester Sohn Georg Benjamin, seit 1835 Professor für Geschichte in Bonn, gab 1843 Moses Mendelssohns gesammelte Schriften heraus; *Henriette* (1775–1835), leitete ein Mädchenpensionat und einen berühmten Salon in Paris, in dem u. a. Madame de Staël, die Brüder Humboldt und Schlegel sowie Chamisso verkehrten; *Abraham* (1770–1835), Bankier, Vater Felix Mendelssohn-Bartholdys; *Sisa* (1778, starb im gleichen Jahr); *Nathan* (1782–1852), Techniker, Instrumentenbauer, Mitbegründer der Politechnischen Gesellschaft in Berlin. – Nachfahren Moses Mendelssohns hatten bis in unser Jahrhundert hinein eine bedeutende Stellung als Bankiers, Künstler und Intellektuelle. U. a. zu nennen ist die Privatbank Mendelssohn und Co., die zur Zeit des Faschismus unterging.

[24] I. Kant an M. Herz (20. August 1777), in: Immanuel Kants gesammelte Schriften, hrsg. v. d. Königlich Preußischen Akademie, Berlin/Leipzig 1922, Bd. X, S. 211.

[25] M. Mendelssohn an K. G. Lessing (im Februar 1781), in: Jubiläumsausgabe, Bd. 13, S. 7.

[26] Siehe H. Knobloch, Herr Moses in Berlin, a. a. O., S. 266 f. – Vgl. auch Moses Mendelssohn's Lebensgeschichte, a. a. O.

[27] Vgl. zur Entstehung dieses Aufsatzes S. 517 dieser Ausgabe.

[28] I. Kant an M. Mendelssohn (16. August 1783), in: Immanuel Kants gesammelte Schriften, a. a. O., Bd. X, S. 347.

[29] G. W. F. Hegel, Vorlesungen über die Geschichte der Philosophie, Leipzig 1971, Bd. III, S. 466. – Es ist auf jeden Fall zu beachten, daß Hegels Bemerkung sich ausschließlich auf das Verhältnis des Moses Mendelssohn zu Spinoza bezieht – so wie auch die oft zitierte negative Bezeichnung, die Karl Marx am 27. Juni 1870 in einem Brief an L. Kugelmann schrieb: „Urtyp eines Seichbeutels." (Vgl. Karl Marx / Friedrich Engels: Werke, Bd. 32, S. 686.) Solche in konkreten Zusammenhängen geäußerten Wertungen sollten nachfolgende Philosophiegeschichtsschreibung niemals zur Etikettierung verleiten, war doch eine generalisierende Einschätzung der Bedeutung Mendelssohns auch gar nicht die Absicht von Hegel und Marx.

[30] Zitiert bei H. Knobloch, Herr Moses in Berlin, a. a. O., S. 275 f.

[31] Siehe W. Bahner, „Aufklärung" als Periodenbegriff der Ideologiegeschichte. Einige methodologische Überlegungen und Grundsätze, in: M. Buhr / W. Förster (Hrsg.), Aufklärung – Gesellschaft – Kritik. Studien zur Philosophie der Aufklärung (I), Berlin 1985, S. 11–47. – Zur Situation um 1783 siehe besonders S. 17–25.

[32] Die französische Aufklärung wird wesentlich durch ein naturalistisches Menschenbild, die innige Beziehung zu den Naturwissenschaften und zur beginnenden industriellen Entwicklung der Zeit bestimmt, während die Aufklärergruppe um Mendelssohn und Nicolai die menschliche Vernunft rationalistisch deutet, Vernunft und Moral zur Wesensbestimmung des Menschen

macht und zur Religion eine andere Haltung einnimmt: die atheistische Tendenz der meisten Vertreter der französischen Aufklärung wird nicht geteilt, sondern ein aufgeklärter Deismus vertreten, der mit dem Toleranzprinzip verbunden ist. Das liegt zweifellos an der unterschiedlichen Entwicklung vor allem auch im politischen Bereich: Frankreichs zentralisierter Absolutismus wurde vom Katholizismus gestützt, wodurch die Religion deutlich als Machtmittel genutzt und für progressive Bestrebungen Angriffspunkt wurde. Die Herausbildung und Duldung unterschiedlicher Konfessionen in dem zersplitterten Deutschland führte dazu, daß das Religionsproblem eher als Frage der Toleranz und einer mit allen Konfessionen zu vereinbarenden aufgeklärten Religiosität von seiten der bürgerlichen Emanzipationsbewegungen aufgeworfen wurde. Zu Kants Aufklärungsverständnis siehe S. 34 f. und S. 39 dieser Ausgabe. Der direkten, undifferenzierten Zuordnung Kants zur deutschen Aufklärung, wie sie Bahner vornimmt (vgl. „Aufklärung" als Periodenbegriff . . ., a. a. O., S. 20 f.), stimme ich nicht zu.

[33] S. 461 f. dieser Ausgabe.

[34] So u. a. im „Phädon". Vgl. ebenda, S. 274 f.

[35] Vgl. ebenda, S. 462.

[36] Ebenda.

[37] Ebenda, S. 463 f.

[38] Ebenda. – Kants Auffassung ist in dieser Frage radikaler. Wenn er auch eine gewisse Staatsräson in seinem Aufsatz „Beantwortung der Frage: Was ist Aufklärung?" akzeptiert, so doch beschränkt auf Staatsangestellte und Militärs sowie auf Kirchendiener bezüglich der Einhaltung der Kirchensatzungen. Diese dürfen, soweit sie in öffentlichen Diensten sind, nur einen „Privatgebrauch" von der Vernunft machen. Urteilen sie allerdings als Gelehrte (etwa der Militär als Militärtheoretiker), so ist ein *öffentlicher* Vernunftgebrauch nicht nur gestattet, sondern auch gefordert, erst recht für den Philosophen! Er darf in keinem Falle „die Hand auf den Mund legen"! Kant hat zur Zeit der Abfassung seines Aufklärungsaufsatzes den Mendelssohnschen Aufsatz nicht gekannt, aber die Abhandlung „Was heißt: Sich im Denken orientiren?" (1786) enthält dann eine direkte Auseinandersetzung mit Mendelssohn zu dieser Frage. Kant äußert sich dort u. a. zur Frage der Beschränkung der Denkfreiheit angesichts des bürgerlichen Zwanges. Bloße Denkfreiheit, ohne öffentlichen Gebrauch davon machen zu können, hält er für unzureichend und letztlich dem Vernunftgebrauch schädlich: „Allein wie viel, und mit welcher Richtigkeit würden wir wohl *denken*, wenn wir nicht gleichsam in Gemeinschaft mit andern, denen wir unsere und die uns ihre Gedanken mittheilen, dächten! Also kann man wohl sagen, daß diejenige äußere Gewalt, welche die Freiheit, seine Gedanken öffentlich *mitzutheilen*, den Menschen entreißt, ihnen auch die Freiheit zu denken nehme: das einzige Kleinod, das uns bei allen bürgerlichen Lasten noch übrig bleibt, und wodurch allein wider alle Übel dieses Zustandes noch Rath geschaffen werden kann." (I. Kant, Gesammelte Schriften, Berlin 1912, Bd. VIII, S. 144.) Auch in Religionsfragen ist eine Selbstbeschränkung des Vernunftgebrauchs nach Kant schon deshalb nicht notwendig, da er Moralität nicht an Religiosität bindet, sondern umgekehrt aus der Moralität die Religiosität als „bloß subjektives Bedürfnis" ableitet. Siehe dazu M. Thom, Einleitung in: Immanuel Kant, Schriften zur Religion, Berlin 1981, S. 37–48.

[39] Siehe M. Thom, Ideologie und Erkenntnistheorie. Untersuchung am Beispiel der Entstehung des Kritizismus und Transzendentalismus Immanuel Kants, Berlin 1980, S. 45–56 und S. 71–82.

[40] S. 79 f. dieser Ausgabe.

[41] Vgl. Voltaire an J.-J. Rousseau (30. August 1755): „Man bekommt Lust, auf allen vieren zu laufen, wenn man Ihr Buch liest. Da es jedoch mehr als sechzig Jahre her ist, daß ich mir das abgewöhnt habe, merke ich unglücklicherweise, daß es mir unmöglich ist, es mir wieder anzugewöhnen." – In: Voltaire, Korrespondenz aus den Jahren 1749 bis 1760, Leipzig 1978, S. 65.

[42] Vgl. M. Thom, Ideologie und Erkenntnistheorie . . ., a. a. O., S. 53 f.

[43] Vgl. G. E. Lessing an M. Mendelssohn (21. Januar 1756), in: Lessings Briefe in einem Band, a. a. O., S. 40 f.

[44] Vgl. G. E. Lessing, Erziehung des Menschengeschlechts, in: G. E. Lessings sämtliche Schriften, Leipzig 1897, Bd. 13, S. 416–436.

[45] S. 413 dieser Ausgabe.

[46] Ebenda, S. 414.

[47] Ebenda, S. 414 f.

[48] I. Kant, Über den Gemeinspruch: Das mag in der Theorie richtig sein, taugt aber nicht für die Praxis, in: Immanuel Kants gesammelte Schriften, a. a. O., Bd. VIII, S. 307 f. Kant ergreift Lessings Partei gegen Mendelssohns Ablehnung des Lessingschen Geschichtsoptimismus, indem er selbst den gesetzmäßigen Fortschritt der völkerrechtlichen Praxis behauptet, und zwar die Schaffung einer Föderation der Staaten zur Ausschaltung von Kriegen auf der Grundlage fortrückender Kultur der Staaten im Inneren.

[49] Ebenda, S. 309.

[50] Vgl. M. Thom, Ideologie und Erkenntnistheorie . . ., a. a. O., S. 81 f.

[51] Vgl. u. a. S. 357 und S. 376 dieser Ausgabe.

[52] Ebenda, S. 382.

[53] Vgl. I. Kant, Beantwortung der Frage: Was ist Aufklärung?, a. a. O., S. 40. – Siehe auch: Was heißt: Sich im Denken orientiren?, a. a. O., S. 147 (Fußnote).

[54] *„Aufklärung ist der Ausgang des Menschen aus seiner selbst verschuldeten Unmündigkeit. Unmündigkeit* ist das Unvermögen, sich seines Verstandes ohne Leitung anderer zu bedienen. *Selbstverschuldet* ist die Unmündigkeit, wenn die Ursache derselben nicht am Mangel des Verstandes, sondern der Entschließung und des Muthes liegt, sich seiner ohne Leitung eines andern zu bedienen. Sapere aude! Habe Muth, dich deines *eigenen* Verstandes zu bedienen! ist also der Wahlspruch der Aufklärung." (a. a. O., S. 35.) – Bei dieser oft als klassisch bezeichneten Definition der Aufklärung wird zweierlei mitunter übersehen: erstens, daß Kant mit seinem Ausgangspunkt einer kritischen Selbstprüfung der Vernunft als Voraussetzung einer Aufklärung über Gegenstände über die Aufklärungskonzeption der Berliner Mittwochgesellschaft grundsätzlich hinausgeht, und zweitens, daß er nicht das Individuum für seine Unmündigkeit verantwortlich macht, sondern die Macht der gesellschaftlichen Umstände durchaus sieht, die bewirken, daß es für den einzelnen schwer ist, „sich aus der ihm zur Natur gewordenen Unmündigkeit herauszuarbeiten" (a. a. O., S. 36). Aufklärung kann sich nur im Fortschritt der Gattung und über die Entfaltung von tätiger Auseinandersetzung mit den Übeln und dem Bösen in der Geschichte verwirklichen. – Siehe auch: Was heißt: Sich im Denken orientiren?, a. a. O., S. 146: „Selbstdenken heißt den obersten Probirstein der Wahrheit in sich selbst (d. i. in seiner eigenen Vernunft) suchen; und die Maxime, jederzeit selbst zu denken, ist die Aufklärung." – Siehe auch: M. Thom, Ideologie und Erkenntnistheorie . . ., a. a. O., S. 75 f.

[55] S. 355 dieser Ausgabe.

[56] Die Preisfrage der Berliner Akademie lautete: „Man will wissen: ob die Metaphysischen Wahrheiten überhaupt, und besonders die ersten Grundsätze

der Theologiae naturalis, und der Moral eben der deutlichen Beweise fähig sind, als die geometrischen Wahrheiten, und welches, wenn sie besagter Beweise nicht fähig sind, die eigentliche Natur der Gewissheit ist, zu was vor einem Grade man gemeldete Gewissheit bringen kann, und ob dieser Grad zur völligen Überzeugung zureichend ist?"

[57] S. 122 dieser Ausgabe.

[58] Ebenda, S. 132.

[59] Vgl. I. Kant, Kritik der reinen Vernunft. Zweite Abteilung. Die transzendentale Dialektik. Drittes Hauptstück: Das Ideal der reinen Vernunft. Sechster Abschnitt: Von der Unmöglichkeit eines physiko-theologischen Beweises, Leipzig 1971, S. 672–680.

[60] Vgl. S. 153 dieser Ausgabe.

[61] Vgl. I. Kant, Kritik der reinen Vernunft, a. a. O., u. a. S. 462b–478b (Kritik der rationalen Psychologie Mendelssohns); ebenso: Was heißt: Sich im Denken orientiren?, a. a. O., S. 133–147; Einige Bemerkungen zu Ludwig Heinrich Jacobi's Prüfung der Mendelssohnschen Morgenstunden, ebenda, S. 151–155.

[62] Vgl. S. 494 dieser Ausgabe.

[63] Vgl. I. Kant, Kritik der praktischen Vernunft, Leipzig 1983, S. 157: „Die Postulate sind nicht theoretische Dogmata, sondern Voraussetzungen in notwendig praktischer Rücksicht . . ." – Siehe ebenda, S. 157–173.

[64] Vgl. F. H. Jacobi, Ueber die Lehre des Spinoza, in Briefen an den Herrn Moses Mendelssohn, in: Die Hauptschriften zum Pantheismus-Streit, a. a. O., S. 176.

[65] Vgl. S. 175 dieser Ausgabe.

[66] Vgl. K. Fischer, Geschichte der neueren Philosophie, Heidelberg 1920, Bd. 3, S. 636 ff. – Mendelssohn mache den Sokrates zu einem gemütlichen Popularphilosophen.

[67] S. 175 dieser Ausgabe.

[68] Ebenda, S. 207.

[69] Vgl. ebenda, S. 214.

[70] Vgl. ebenda, S. 216 f.

[71] Ebenda, S. 211.

[72] Ebenda, S. 269.

[73] S. 526, Anmerkung 87. – Über Philons Fortbildung der jüdischen Philosophie durch Symbiose mit der griechischen und seinen Einfluß auf Plotin siehe: H. und M. Simon, Geschichte der jüdischen Philosophie, a. a. O., S. 34 f. – Zum weiteren Wirken der neuplatonischen Philosophie, u. a. auf Salomon ibn Gabirol siehe: S. 69–73 u. a. – Auf Plotin bezieht sich Mendelssohn auch in „Sache Gottes".

[74] Vgl. S. 276 dieser Ausgabe.

[75] Vgl. I. Kant, Kritik der reinen Vernunft. – Widerlegung des Mendelssohnschen Beweises der Beharrlichkeit der Seele, a. a. O., S. 442b–473b.

[76] Vgl. S. 241 f. dieser Ausgabe.

[77] Ebenda, S. 250.

[78] Vgl. ebenda, S. 267.

[79] Ebenda, S. 277.

[80] Ebenda, S. 281.

[81] Vgl. ebenda, S. 312.

[82] Vgl. ebenda, S. 314.

[83] Ebenda, S. 383.

[84] Ebenda.

[85] Ebenda, S. 411.

[86] Vgl. ebenda, S. 416. Vgl. auch S. 446. Hier faßt Mendelssohn in drei Punkten seine Auffassung von Religion und Judentum zusammen.

[87] Ebenda, S. 418.

[88] Ebenda, S. 437. – 1778 hatte Mendelssohn die Ritualgesetze der Juden im Auftrage der preußischen Regierung und mit Genehmigung des Oberrabbiners herausgegeben.

[89] S. 451 dieser Ausgabe.

[90] Immanuel Kants gesammelte Schriften, a. a. O., Bd. X, S. 347.

[91] Vgl. Sache Gottes, in: Jubiläumsausgabe, a. a. O., Bd. 3/2, S. 259 f.

[92] Vgl. ebenda, S. 225 ff.

[93] Ebenda, S. 240.

[94] Vgl. ebenda, S. 259 f.

[95] Vgl. Baruch Spinoza, Ethik, Leipzig 1972, S. 394 f. (V., 41. Lehrsatz): „Wenn wir auch nicht wüßten, daß unser Geist ewig ist, so würden wir doch die Frömmigkeit und Religion und überhaupt alles, was . . . zur Seelenstärke und zur Großmut gehört, für das Wichtigste halten." Die gewöhnliche Ansicht scheine eine andere zu sein, nämlich, daß das Wissen um Sterblichkeit zum Verlust der Tugend führe. „Mir kommt dies nicht minder widersinnig vor, als wenn jemand deshalb, weil er weiß, daß er seinen Leib nicht alle Ewigkeit mit guten Nahrungsmitteln erhalten kann, sich lieber mit Giften und tödlichen Stoffen sättigen wollte; oder weil er sieht, daß der Geist nicht ewig und unsterblich ist, lieber aberwitzig sein und ohne Vernunft leben will. Das ist so widersinnig, daß es kaum eine Erwähnung bedarf."

[96] Vgl. die Anmerkungen 38, 48, 61 und 75 zu dieser Einleitung.

[97] Über Lessings Spinoza-Rezeption siehe: D. Pätzold, Lessing und Spinoza. Zum Beginn des Pantheismus-Streits in der deutschen Literatur des 18. Jahrhunderts, in: M. Buhr / W. Förster (Hrsg.), Aufklärung – Gesellschaft – Kritik (I), Berlin 1985, S. 298–355.

[98] Siehe ebenda.

[99] Dies bemerkten schon Zeitgenossen. Vgl. dazu die Rezension zu den Spinoza-Briefen in der Jenaer Literaturzeitung vom 11. 2. 1786 (Nr. 36): „. . . so ists uns noch rätselhafter, wie er in diesen Versen gerade Spinozismus oder das Εν καί παν! finden konnte. Denn zu sagen, daß die Götter arm sind, daß sich der Mensch selbst rette, selbst helfe, daß die Götter nichts tun als schlafen, daß man sie nicht zu ehren brauche, dies alles heißt ja noch nicht, mit Spinoza übereinzustimmen." – Desgleichen in der Allgemeinen Deutschen Bibliothek, 68. Bd., 1786. – Goethe selbst erwähnt allerdings in „Dichtung und Wahrheit" sein Gedicht als auslösenden Faktor für die Diskussion um Spinoza: „Zu dieser seltsamen Komposition gehört als Monolog jenes Gedicht, das in der deutschen Literatur bedeutend geworden, weil, dadurch veranlaßt, Lessing über wichtige Punkte des Denkens und Empfindens sich gegen Jacobi erklärte. Es diente zum Zündkraut einer Explosion, welche die geheimsten Verhältnisse würdiger Männer aufdeckte und zur Sprache brachte: Verhältnisse, die, ihnen selbst unbewußt, in einer sonst höchst aufgeklärten Gesellschaft schlummerten. Der Riß war so gewaltsam, daß wir darüber, bei eintretenden Zufälligkeiten, einen unserer würdigsten Männer, Mendelssohn, verloren." (Goethes Werke in zehn Bänden, a. a. O., Bd. 2, S. 210 f.). – Zur unmittelbaren Wirkungsgeschichte des Streites siehe: H. Scholz, Einleitung in: Die Hauptschriften zum Pantheismus-Streit, a. a. O., S. LXXVIII–CXXVIII.

[100] F. H. Jacobi, Ueber die Lehre des Spinoza in Briefen an den Herrn Moses Mendelssohn, a. a. O., S. 77.

[101] Ebenda.

[102] Ebenda, S. 78.

[103] Vgl. D. Pätzold, Lessing und Spinoza . . ., a. a. O. – Zum Freiheits-problem bei Spinoza siehe: H. Seidel, Identität von Philosophie und Ethik, Ein-leitung zu: Baruch Spinoza, Ethik, a. a. O.

[104] F. H. Jacobi, Ueber die Lehre des Spinoza . . ., a. a. O., S. 83.

[105] Ebenda, S. 88.

[106] Ebenda, S. 102.

[107] Lessings Briefe in einem Band, a. a. O., S. 122.

[108] Ebenda, S. 123.

[109] Jubiläumsausgabe, Bd. 12/1, S. 11–12.

[110] Vgl. S. 490 dieser Ausgabe.

[111] Ebenda.

[112] Vgl. ebenda, S. 490–492.

[113] Moses Mendelssohn, Morgenstunden oder Vorlesungen über das Daseyn Gottes, in: Jubiläumsausgabe, Bd. 3/2, S. 121.

[114] C. Wolff, Theologia naturalis, Frankfurt 1736/37. – Deutsche Über-setzung von L. Schmidt, 1744, §§ 671–716.

[115] Moses Mendelssohn, Morgenstunden, a. a. O., S. 113.

[116] Ebenda, S. 113.

[117] Ebenda, S. 124.

[118] Ebenda.

[119] Vgl. S. 478 dieser Ausgabe.

[120] Vgl. S. 489–497 dieser Ausgabe. – Diese „Erinnerungen" sowie Jacobis Antwort vom April 1785 sind in das Sendschreiben aufgenommen worden.

[121] Vgl. ebenda, S. 489–491.

[122] Vgl. ebenda, S. 491 und S. 501–503.

[123] Vgl. ebenda, S. 494.

[124] Vgl. ebenda.

[125] F. H. Jacobi, Wider Mendelssohns Beschuldigungen betreffend die Briefe über die Lehre des Spinoza, in: Die Hauptschriften zum Pantheismus-Streit, a. a. O., S. XV f.

[126] F. H. Jacobi, Ueber die Lehre des Spinoza, a. a. O., S. 50.

[127] Vgl. ebenda.

[128] Ebenda, S. 173–178.

[129] Ebenda, S. 168 f.

[130] Ebenda, S. 170.

[131] S. 487 dieser Ausgabe.

[132] Ebenda, S. 495.

[133] G. W. F. Hegel, Vorlesungen über die Geschichte der Philosophie, a. a. O., Bd. III, S. 474. – Jakob Friedrich Fries (1773–1843) wird hier von Hegel deshalb als Fortsetzer der von Jacobi eingeschlagenen Richtung des Glaubens erwähnt, weil er – neben Wissen und Glauben – dem „reinen Ge-fühl" bzw. der „Ahndung" als religiöse Gemütsstimmung eine entscheidende Bedeutung beimißt.

[134] Siehe H. Scholz, Einleitung zu: Hauptschriften zum Pantheismus-Streit, a. a. O., S. LXIV. – Scholz verweist auf den Briefwechsel zwischen Jacobi und Hamann.

[135] I. Kant an C. C. Schütz (Ende November 1785), in: Immanuel Kants ge-sammelte Schriften, a. a. O., Bd. X, S. 428 f.

[136] Von Mendelssohns sechs ihn überlebenden Kindern traten nach seinem Tode vier zum Christentum über.

[137] Siehe H. und M. Simon, Geschichte der jüdischen Philosophie, a. a. O., S. 211–214, und die folgende Darstellung der Entwicklung im 19. Jahrhundert.

Sendschreiben an den Herrn Magister Lessing in Leipzig

Teurester Freund!

Zweierlei hatte ich Ihnen versprochen, bevor Sie Berlin verließen.[1] Ich wollte Rousseaus vortreffliche Schrift *Von dem Ursprunge der Ungleichheit unter den Menschen* verdeutschen und der Übersetzung meine Gedanken von der seltsamen Meinung dieses Weltweisen anhängen. Mein erstes Versprechen habe ich, so gut ich gekonnt, erfüllet, und die Arbeit hat mich sehr vergnüget, daß ich nicht selten gewünschet habe, der Verfasser hätte mit seiner göttlichen Beredsamkeit eine bessere Sache verteidiget. Sollte Rousseau, so dachte ich bei mir selbst, sollte dieser vortreffliche Kopf, aus kindischer Liebe zur Seltsamkeit, eine Meinung angenommen haben, die aller Sittlichkeit schnurstracks zuwiderzulaufen scheinet? Wie? Oder hat er geglaubet, ein größeres Wunder zu tun, wenn er uns, durch das hinreißende Feuer seiner Beredsamkeit, gleichsam wider unsern Willen, auf eine Seite lenket, die von aller menschlichen Denkungsart am meisten entfernet ist? Unmöglich! Die Sprache des Herzens, diese mächtige Bezauberin redlicher Geister, gibt sich in seinen Schriften durch allzu untrügliche Merkmale zu erkennen. Er muß wenigstens geglaubt haben, von seiner Meinung überzeuget zu sein. Er muß sich vielmehr vorgenommen haben, uns eine Wahrheit zu lehren, als die gefährlichen Schätze einer betrüglichen Beredsamkeit vor unsern Augen auszukramen, und seine Absicht muß eines gründlichen Weltweisen fähig gewesen sein. Aus Hochachtung für die Menschlichkeit will ich nimmermehr fürchten, daß es der Verstellung gelingen könnte, sich dieser aufrichtigen Sprache zu bemächtigen.

Ist aber Rousseau ein Menschenfreund, und redet er aus vermeinter Überzeugung, wie hat er sich überwinden können, uns aus dem süßen Schlafe der Zufriedenheit zu reißen, um uns eine unglückliche Wahrheit vorzulegen? Wie konnte er Verunglückten den Abgrund zeigen, darin sie unwissend stürzen, wenn er selbst gestehet, daß es nicht mehr Zeit sei, sie in Sicherheit zu setzen? Wir spielen uns jetzt mit den Ketten der

Sklaverei; wir fühlen ihr Gewicht nicht mehr. Wohl! Man lasse uns diese tröstliche Fühllosigkeit, wenn man die Fesseln, die uns binden, nicht zerschlagen kann. Rousseau sagt: der Stand der Wildheit sei der beglückteste unter allen; und wenn es einen besseren gibt: so halte die Unwissenheit und eine erwünschte Dummheit den Wilden zurück, mit dem gegenwärtigen unzufrieden zu sein. Man gebe ihm dieses zu; so verdammet er seine eigene Schrift. Auch wir waren beglückt, solange wir uns dafür gehalten haben, solange wir, mit jedem Fortgange in der Geselligkeit, einen Schritt näher zu unserer Glückseligkeit getan zu haben glaubeten. Unsere ursprüngliche und, wenn man will, beglückte Dummheit ist nunmehr gebrochen. Der Ziegel ist losgelassen. Die Sehnsucht, unsern Zustand vollkommener zu machen, ist in uns rege geworden. Warum will man uns verhindern, an der Besserung zu arbeiten, wenn das Verlangen darnach nicht mehr unterdrückt werden kann? Wir liegen in einem tiefen Schlafe versenket, das Haus gerät über uns in eine lichte Flamme, und unser Leben ist nicht mehr zu retten. Welcher Feind ist lieblos genug, uns in diesem Elende aufzuwecken?

Und wenn es auch wahr ist, daß Rousseau die große verstockte Welt kennet: und wenn er auch weiß, daß sie seine Schrift nur lesen wird, den wunderlichen Rousseau mit der Welt keifen zu hören, und daß Voltaires drolligte Einfälle sie eher zum Lachen als seine eigene bittere Wahrheit zur Traurigkeit bewegen wird; warum hat er nicht für den edlern Teil der Menschen, für seine Mitbrüder, die zärtern Geister, gesorget? Wußte er nicht, daß diese die lachende Welt mit Verachtung ansehen und ernsthaften Dingen ihre Wichtigkeit zu lassen wissen?

Ein solcher Unwille über den Schriftsteller bemeisterte sich meiner Seele bei den besten Stellen der Rousseauschen Abhandlung und vergällete das Vergnügen, das ich aus seiner vortrefflichen Beredsamkeit schöpfete. Bis ich die Augen auf die Zueignungsschrift an die Republik zu Genf, auf dieses Meisterstück der Wohlredenheit, geworfen hatte. Hier erblickte ich, was ich gewünschet hatte. Hier sahe ich den Sieg der natürlichen Denkungsart über alle menschenfeindliche Sophistereien. Rousseau schüttet hier sein unverstelltes Herz vor seinen Gönnern aus; er beschreibet das Land, das er sich zum

Vaterlande auserlesen haben würde, wenn es in seiner Macht
gestanden hätte, eines zu wählen. Man sollte glauben, er
würde sich wünschen, in der Wildnis geboren zu sein, unter
Tieren aufzuwachsen, seinen Vater niemals und seine Mutter
nur, solange er ihrer bedarf, zu erkennen. Man sollte glauben,
er wollte sich von den Früchten der ersten der besten Eiche
sättigen, aus der nächsten Quelle seinen Durst stillen und
unter ebendem Baume seine Ruhe suchen, der ihm seine Mahlzeit gereichet hat. Nein! Die angeborne Liebe zur Geselligkeit
hat die mürrische Laune in ihm unterdrücket. Er sehnet sich
nach einer Versammlung von Menschen. Er will die unaussprechlichen Süßigkeiten ihres Umgangs mit fröhlichem
Herzen genießen. Er will die Gesetze und ihre tugendhaften
Verweser verehren, seine Eltern auf den Händen tragen,
seinen Nächsten wie sich selbst lieben und mit ihm in der ver-
traulichsten Freundschaft leben. Er dinget sich nur Ruhe und
Freiheit dabei aus. Er will in dem freudigen Genusse der Liebe
und der Freundschaft nicht gestöret, er will in der Ausübung
der geselligen Pflichten nicht verhindert werden, und seine
ganze Seele ist Tugend und Menschenliebe. Ja, wenn er überdem noch weiter geht als Plato selbst und alle seine schwär-
merischen Wünsche in unserer Welt, in der Republik zu Genf
erfüllet zu sehen glaubet; was für ein Recht hat er, sich noch
über den Stand der Geselligkeit zu beklagen? Gibt es nur einen
einzigen Staat, in welchem sich ein wahrer Menschenfreund
geboren zu sein wünschen kann: so sind die Bemühungen gesegnet, die alle Völker der Erde angewendet haben, ihren Zustand zu verbessern. Bedarf die melancholische Verurteilung
unseres Schriftstellers einer bessern Widerlegung?

Rousseau gleichet einem erwachsenen Menschen, dem seine
Pflegemutter die Geschichte seiner Kindheit erzählet. Er höret
die Beschäftigungen seines spielenden Alters, er hört sogar die
losen Streiche, die er nicht selten den Bedienten gespielet hat,
mit Vergnügen und ist nicht ungeneigt, diesen Stand der Unschuld seinen männlichen Jahren vorzuziehen. Bald darauf
aber erblickt er sein eigenes Kind, ein ebenso unschuldiges
Mündel, und wünschet, es erwachsen zu sehen.

Hiermit wäre es zu unserer Beruhigung genug, die Liebe zur
Geselligkeit zu verteidigen. Allein unsere Wissensbegierde
fordert mehr. Ein geheimer Trieb hat Rousseaus Wunsch

wider seine eigene Lehre empöret –. Diese Erscheinung macht
der Menschlichkeit Ehre und verdienet unsere Achtsamkeit.
Wir müssen der Quelle hiervon nachspüren. Was hat diesen
Feind der Geselligkeit zu den Menschen zurückgezogen, in
dem Augenblicke selbst, da er am heftigsten wider sie auf-
gebracht zu sein schien?

Gönnen Sie mir ein wenig Aufmerksamkeit, teuerster
Lessing! Lassen Sie sich mit mir in jene spekulativischen Betrachtungen ein, die der Welt anfangen ein Gespötte zu
werden und die uns, solange wir beisammen waren, so
manche Stunden versüßt und über die vermeinten Beschwerlichkeiten dieses Lebens hinweggesetzt haben. Ich glaube in
dem Wesen unserer Seele, darin sich alle unsere Begierden
endlich auflösen lassen, den Grund gefunden zu haben, warum
sich alle Menschen für gesellige Tiere erkennen.

Der Wille ist eine Fähigkeit, die unsere Seele hat, nach gewissen Begriffen zu streben oder ihre ursprüngliche Kraft auf
beliebige Gegenstände zu lenken. Das Vergnügen bestimmet
diese Fähigkeit. Wir finden eine solche Lust an vollkommenen
Bildern, daß wir unser Augenmerk auf sie richten und uns so
lange an ihrer Vortrefflichkeit weiden, bis uns reizendere
Gegenstände von ihnen abziehen. Alle menschlichen Neigungen, alle seine Begierden und die verborgensten Triebe,
haben keine andere Macht auf seine Seele, als insoweit sie ihm
das Bild einer Güte, einer Vollkommenheit, einer Ordnung
vorstellen, und was sich hierauf nicht gründet, das kann weder
eines wilden noch eines gesitteten Menschen Seele zukommen.
Das Mitleiden selbst, dieses menschliche Gefühl, das Rousseau
dem Wilden noch läßt, nachdem er ihm alle übrigen geistigen
Fähigkeiten geraubet hat, ist keine ursprüngliche Neigung,
dafür er es angesehen hat. In uns lieget keine ausdrückliche
Bestimmung, an den Schwachheiten anderer Geschöpfe Mißvergnügen zu haben. Nein! Mitleiden gründet sich auf Liebe,
Liebe gründet sich auf die Lust an Harmonie und Ordnung. Wo
wir Vollkommenheiten erblicken, da wünschen wir sie wachsen zu sehen; und sobald sich ein Mangel bei ihnen äußert: so
entspinnet sich bei uns darüber eine Unlust, die wir Mitleiden
nennen. Nehmet also einen Wilden, raubet ihm alles Menschliche und lasset ihm nur das Mitleiden, das der Verfasser der
Fabel von den Bienen[2] den Menschen mit Widerwillen hat ein-

räumen müssen; so wird er zur Liebe aufgelegt sein, so wird die Lust an Vollkommenheiten ihn antreiben, sich in der Schöpfung umzusehen, um die Gegenstände seiner Neigung aufzusuchen. Wo will er sie herrlicher finden als in seinem Nebenmenschen? Ist der wilde Mensch selbst nicht, nach dem Gesitteten, das angemessenste Bild seines Schöpfers, das Muster der göttlichen Vollkommenheit? Tun wir die vorzügliche Neigung zu seinesgleichen hinzu, davon bei den wildesten Tieren nicht selten Spuren angetroffen werden: so haben wir einen sichern Grund zur Geselligkeit gelegt, und die Natur treibet den Wilden an, sich mit seinen Nebenmenschen zusammenzutun; denn sie hat einen Funken von Liebe in seine Seele gelegt, der bereit ist, auf ihren ersten Wink in eine Flamme aufzufahren. Kann ein Schluß bündiger sein als dieser? Ist der Wilde fähig – und dieses leugnet Rousseau nicht –, mit seinem Nebenmenschen Mitleiden zu haben, so muß er ihn lieben. Liebet er ihn, so wird er sich an seinen Vorzügen vergnügen, so wird er ungern von ihm weichen, das heißt, er wird gesellig sein.

Jedoch, was haben wir in der Gesellschaft gewonnen? Der Stand der Geselligkeit ist mit gewissen körperlichen Schwachheiten, mit gewissen lasterhaften Neigungen behaftet, davon der natürliche Mensch befreiet ist? Es kann sein. In dem gesitteten Leben entwickeln sich bei uns neue Kräfte und erlangen ihre Würklichkeit, da sie in dem Stande der Wildheit nicht mehr als möglich gewesen sind: Verlanget jemand einen Beweis hiervon, so suche er ihn in der Rousseauschen Abhandlung selbst. Er hat der Geselligkeit diesen Vorzug nicht streitig gemacht; allein er hielt ihn für schädlich. Eine jede Entwicklung unserer Kräfte ist eine Erweiterung unseres Daseins; denn je mehr Kräfte sich bei einem Dinge äußern, desto größer ist der Grad seiner Wirklichkeit. Wird nun unser Dasein erweitert, so kommen auch gewisse neue Schranken zum Vorscheine, die vorher noch mit der bloßen Fähigkeit in der Grundbildung gleichsam zusammengewickelt gelegen haben. Daher müssen notwendig neue Mängel, neue Schwachheiten entstehen, wenn wir unsern Zustand verbessern, wenn wir gesitteter werden. Soll uns dieses aber bewegen, die Verbesserung selbst zu unterlassen? Keinesweges! Mit unserm Dasein selbst, ja mit der Erschaffung der Welt sind gewisse

Mängel, gewisse Übel würklich geworden, die sonst ganz gewiß außen geblieben wären. Und dennoch hat Gott eine Welt, dennoch hat er Menschen würklich werden lassen. Es muß also unser Dasein (und kann Rousseau dieses in Zweifel ziehen?) immer noch mehr Gutes als Übles mit sich bringen. Es muß besser sein, daß wir samt unsern Mängeln vorhanden sind, als wenn unsere Erschaffung unterblieben wäre. Was nun von unserm Dasein selbst gilt, das gilt von einer jeden Erweiterung seiner Grenzen, das gilt von jeder Entwickelung unsrer Kräfte. Sie ist mit gewissen Schwachheiten verbunden. Die Natur eines eingeschränkten Wesens bringet es so mit sich. Allein das Gute, das dadurch erhalten wird, muß notwendig das wenige Übel überwiegen; sonst wären solche Geschöpfe, wie die Menschen sind, nimmermehr da gewesen. Man klage den Schöpfer an, oder man lasse den Menschen Gerechtigkeit widerfahren.

Wird es nun noch nötig sein, dem Rousseau in der Vergleichung, die er zwischen dem natürlichen und gesitteten Zustande anstellet, auf der Spur zu folgen und alle seine kleinen Fehltritte zu bemerken? Ich müßte eine weitläufigere Abhandlung schreiben als Rousseau selbst, wenn ich dieses ausführen wollte, weil mein Stoff ergiebiger und meine Feder ungeschickter ist. Wer im Denken geübt ist und das, was hier aus der Natur unserer Seele ist bewiesen worden, überlegt, wird leichthin erkennen, daß Rousseau in dem Gemälde der menschlichen Natur die vorteilhaftesten Züge übergehet und seinen Pinsel an ihrer Häßlichkeit übet. Wie wenig Nachdenken erfordert es, die Vergleichung im kleinen zu unserm Besten anzustellen!

Bewundern Sie, teuerster Freund, die Harmonie der Wahrheiten! Der geringste Keim der Menschlichkeit, das mitleidige Gefühl, das Rousseau dem Wilden eingestehen mußte, hat uns auf die Spur gebracht, ihn in alle seine Rechte wiederum einzusetzen und sich zügellos über den Stand der Tiere erheben zu lassen. Jedoch die allmächtige Kraft der Wahrheit hat unserm Widersacher ein mehreres abgedrungen. Rousseau kann sich nicht überwinden, dem natürlichen Menschen die Bemühung, sich vollkommener zu machen (la perfectibilité), abzustreiten. Oh! was für siegreiche Waffen hat er durch dieses Eingeständnis seinen Gegnern in die Hände gegeben! Der Wilde hat ein

Bestreben, sich vollkommener zu machen –. Worin soll sich dieses äußern? Irgend in der Bearbeitung der Fähigkeit, die Menschen auf ihren Fußtapfen trotz dem besten Spurhunde zu riechen oder die fernsten Gegenstände ohne Hülfe der Sehröhre zu entdecken? Es ist wahr, dieses sind würdige Vollkommenheiten des Körpers, die der Mensch, wenn es geschehen kann, nicht versäumen soll. Muß er ihnen aber einzig und allein nachhängen und in allen übrigen, vielleicht ungleich herrlichern Fähigkeiten niemals eine Fertigkeit zu erlangen trachten? Soll er seinen Körper warten, soll er sich gewöhnen, den Gipfel der Bäume ohne Leiter zu besteigen, den dicksten Ast ohne Beil abzubrechen und das stärkste Wild mit seinen Vorderfüßen zu erlegen? Und soll das Ohr für die angenehmste Melodie taub und der Geschmack für die köstlichsten und unschädlichsten Geschenke der Natur unempfindlich bleiben? Ja, was sage ich? Soll er diese tierischen Fähigkeiten auf den Gipfel der Vollkommenheit bringen und die Seele, diesen herrlichen Teil des Menschen, diese Blume der Schöpfung, in ihrer Knospe verwelken und niemals zum Aufbruche kommen lassen? Wer wird sich die Augen ausschlagen, um besser hören zu können? Wer wird weder sehen noch hören wollen, um mit mehrerer Empfindlichkeit zu fühlen? Oder ist die Seele für die Menschen ein allzu niedriger Gegenstand, als daß sie sich mit ihrer Wartung beschäftigen sollten? Ist es ihnen anständiger, nach der Geschicklichkeit eines Hundes oder nach der göttlichen Einsicht eines Leibnizes, eines Newtons zu streben? Welche von diesen beiden Fähigkeiten soll nachgeben?

Hat uns die Natur das Vermögen geschenket, uns vollkommener zu machen, so hat sie zugleich unserm Wesen gleichsam eingegraben, alle unsere Fähigkeiten in der vollständigsten Harmonie emporzuerheben. Wir sollen eine Art von weiser Regierung unter ihnen stattfinden lassen. Keine soll unterdrücket, keine soll vergessen werden, hingegen sollen wir auch keine unrechtmäßig auf den Thron setzen. Sie alle sind Abänderungen unsrer Vorstellungskraft, aber es findet doch eine Rangordnung unter ihnen statt, und wenn wir nicht alle auf einen gleichen Grad der Vollkommenheit erheben können, so sollen die wichtigsten vorangehen und diejenigen ihnen untergeordnet werden, an denen uns am wenigsten gelegen ist. Die Seele, unser *Ich*, unser Wesen, nimmt in der Harmonie den obersten Platz ein. Diese muß vornehmlich ausgebildet, gebessert und die Schranken ihres Daseins müssen, soviel wir können, erweitert werden. Was ist die von Natur uns eingepflanzte Sorge für *unsere* Erhaltung, wenn unser Augenmerk nicht dabei auf die Seele, auf *unser* wahres *Selbst* gerichtet sein soll? Die Verpflegung unsrer körperlichen Bedürfnisse, ohne welche wir in dieser Welt nicht fortdauern können, nehmen den zweiten Rang ein, und beinahe gehen sie mit jenen in gleichem Paare. Wenngleich unsere Seele nicht untergehen kann: wenn *wir* gleich ohne diesen Leib noch dasein werden, so sind wir dennoch bestimmt, die Reihe von Veränderungen, die uns in dieser Welt erwartet, durchzuwandern und nach tausend Vorbereitungen erst in ein Leben hervorzubrechen, das mit größern Herrlichkeiten ausgeschmücket ist.

Nach diesen sind die unschuldigen Vergnügen der Sinne die nächsten in der Ordnung. Die Musik, die Malerei, die köstlichsten Speisen und Getränke, wenn sie verdaulich sind, die herrlichen Werke der Natur und der Kunst, sind milde Geschenke unsers huldreichen Vaters, die sich wetteifernd bemühen, unsre Seele mit einer himmlischen Fröhlichkeit aufzuklären und ihre Kräfte, wenn sie ermüdet sind, anzufeuern, damit sie mit verdoppelter Emsigkeit an dem großen Zwecke der Schöpfung arbeiten könne. Endlich sollen wir diese Ergötzlichkeiten mit gewissen Leibesübungen abwechseln lassen. Wir sollen dafür sorgen, unsern körperlichen Gliedmaßen eine dauerhafte Härte zu verschaffen, damit sie nicht allzu zerbrechlich dem geringsten schmerzhaften Zufalle, ohne welchen keine Welt möglich gewesen ist, unterliegen mögen. Dieses ist gleichsam unsre letzte Pflicht, und Rousseau kehret die Beschaffenheit der menschlichen Natur um, wenn er sie oben ansetzet, wenn er sie für die einzige Obliegenheit hält, dazu die Menschen verbunden sind.

Habe ich deiner vergessen, göttliche Freundschaft! süße Erquickung der Geister, ohne welche uns Natur und Kunst mit allen ihren Herrlichkeiten in der äußersten Notdurft schmachten lassen? Verzeihen Sie, bester Freund, meiner Unachtsamkeit! Welch ein Unglück, wenn Sie hieraus die Folge zögen, daß ich der Freundschaft abgestorben sei! Jedoch Sie können dieses nicht. Mein empfindliches Herz ist Ihnen allzusehr bekannt, und Sie wissen, wie weit es dem Gefühle der Freundschaft offensteht. Sie haben allzuoft nicht ohne Vergnügen bemerkt, wieviel Macht ein freundschaftlicher Blick von Ihnen auf mein Gemüte gehabt hat, wie er vermögend gewesen ist, allen Gram aus meiner Brust zu verbannen und mein Gesicht plötzlich mit fröhlichen Mienen zu beziehen. Sollte Ihre kurze Abwesenheit mein Herz in einen Stein verwandelt haben? Nein, teuerster Lessing! Eben die allmächtige Kraft der Freundschaft hat mich in Verwirrung gesetzt. Ich konnte sie in keinen besondern Rang einschließen. Sie muß alle unsre Pflichten begleiten; sie muß ihnen allen die Hand bieten; sie muß sie verherrlichen. Ohne sie kann unsre Seele nicht gebessert werden, ohne sie ekelt uns Kost und Ruhe, und unser Gemüt bleibet für alle Fröhlichkeiten dieses Lebens verschlossen, wenn sie kein Freund mit uns teilet. Die wahre Liebe, in ihrem ganzen Umfange betrachtet, ist der *Bewegungsgrund*, das *Mittel* und der *Endzweck* aller Tugenden; und ehe mein Leben, wie das Leben eines Wilden, ohne Menschenliebe und Freundschaft dahinschleichen sollte, lieber lasse mich das Verhängnis – – –. „Jedoch mein Zeugnis beweiset nichts. Meine Neigungen können verderbt sein, und die Gewohnheit kann mich allzusehr von dem ursprünglichen Stande der Natur abgeführet haben. Vielleicht, und wie wahrscheinlich hat dieses Rousseau nicht gemacht, vielleicht hat der natürliche Mensch nur eine sehr unmerkliche Anlage zu allen diesen Trieben, deren Rangordnung wir hier festgesetzt haben und die sich erst in der Gesellschaft bei ihm hervortun. Die Sorge für seine Erhaltung erstrecket sich bloß auf die Notdurft seines Körpers. Dieser ist sein ganzes *Ich*. Kaum weiß der Tiermensch, daß er eine Seele hat. Die Besserung seiner selbst, die Freundschaft, die Lust an vollkommenen und schönen Bildern, die herrlichsten Werke der Natur und der Kunst sind ihm entweder unbekannt, oder sein Gefühl ist zu stumpf, an ihren Reizungen Gefallen zu finden. Da nun alle Weltweisen eingestehen, daß man den Menschen aus der Gesellschaft reißen und in seinem natürlichen Zustande betrachten müsse, wenn ein Recht der Natur auf sichern Fuß gestellet werden soll, so können sich die Maximen dieses Rechts unmöglich auf Fähigkeiten beziehen, die dem natürlichen Menschen nicht zukommen."

Dieses sind ungefähr die Gründe, darauf sich unser Schriftsteller am meisten berufet; und ebendiese Gründe glaube ich mit dem größten Rechte in Zweifel ziehen zu können. Rousseau selbst gibt mir eine Widerlegung an die Hand. Hat er nicht eingestanden, man könne nicht schließen, daß der Mensch von Natur auf Händen und Füßen daherzugehen bestimmet sei, wenn er gleich in seiner Kindheit zu schwach ist, sich aufrecht zu halten? Schloß er nicht vielmehr aus einigen Spuren, die er bei dem menschlichen Körper antraf, daß die männliche Festigkeit seiner Glieder dem Menschen einen andern Gang, eine andere Haltung seines Körpers vorschrieben als die Weichlichkeit seiner kindlichen Gliedmaßen? Man wende diese Schlüsse auf das menschliche Geschlecht an! Der Stand der Wildheit ist gleichsam das kindische Alter unseres Geschlechts. Die Kräfte sind schwach, die Fähigkeiten eingeschränkt und die ganze Natur des Menschen von der Natur der Tiere nur einen kleinen Schritt entfernt. Daher sind unsre Pflichten alsdenn zwischen sehr enge Grenzen eingeschlossen. Wie aber? Soll das männliche Alter dem menschlichen Geschlechte keine andren Obliegenheiten, keine andern Pflichten vorschreiben als diejenigen, zu welchen es in den Kinderjahren aufgelegt gewesen ist? Wie hat dieser Weltweise seiner eigenen Schlüsse so leicht vergessen können?

Wenn die Gelehrten zu allen Zeiten es für nötig erkannt haben, den Menschen in seinem natürlichen Zustande zu betrachten, um ein Recht der Natur auf sichere Gründe bauen zu können, so müssen sie es ganz anders genommen oder eine offenbare Ungereimtheit behauptet haben. Ich vermute das erstere. Sie werden den Menschen genommen haben, wie er jetzt ist, mit allen Kräften, mit welchen er sich ausgerüstet, und auf der Stufe der Vollkommenheit, auf die er sich nach langer Arbeit erhoben hat. Hätten sie ihm seine Fähigkeiten geraubet, so würden sie ihn zu dem Viehe heruntergesetzt haben, und das Recht der Natur, das auf solche Gründe gebauet wäre, würde sich eher für Tiere als für ihre Beherrscher, die Menschen, schicken. Allein sie haben den Menschen aus der Gesellschaft gerissen, das heißt, sie haben von allen Obliegenheiten abstrahieret, deren sich die Menschen zum Besten der Gesellschaft willkürlich unterzogen. Sie haben nur dasjenige betrachten wollen, was an und für sich selbst und ohne die Einwilligung aller Nationen rechtmäßig ist. Hierauf haben sie das Recht der Natur gegründet, welches also nichts anders sein kann als *die Gesetze der Gerechtigkeit, die aus unsrer wesentlichen Beschaffenheit herfließen und, wenn sich auch alle Völker der Erde dawider vereinigten, nicht verändert werden können.*

Wenn ein Maler in seinem Bilde die schicklichste Haltung des menschlichen Körpers treffen will, so muß er sich einen nackten Menschen in der vortrefflichsten Stellung einbilden: weil der bekleidete Mensch in einer ganz andern Form erscheinet, als die ihm von Natur zukömmt; er wird immer noch seinem Bilde nachher die erforderlichen Kleidungen umhängen können, ohne die natürliche Stellung zu verfehlen. Wenn er aber auf den unglücklichen Einfall geriete, seine Einbildungskraft zu Hülfe zu kommen, sich ein Kind, wie es ohne alle Kleider auf die Welt kömmt, zum Muster vorzustellen und sein männliches Bild nach dieser Idee zu schildern, so würde er ganz gewiß eine Mißgeburt zeichnen und sein Werk allen Kennern zum Gespötte aussetzen. Ebenso lächerlich verfährt der Weltweise, der, statt die zufälligen Einkleidungen der menschlichen Natur, die willkürlichen Obliegenheiten aus den Augen zu setzen, an den Stand der Wildheit zurückdenket, eine Zeit, da unser ganzes Wesen noch gleichsam in der Wiege gelegen hat, und wenn er sich einbildet, uns, die wir jetzt von einer bessern Natur sind, nach diesem ungleichen Urbilde am besten schildern zu können.

Hätte Rousseau, statt einer allgemeinen Verurteilung aller menschlichen Gesellschaften, nur wider gewisse verderbliche Staatsverfassungen geeifert: hätte er, mit dem Verfasser der *philosophischen und patriotischen Träume,*[3] die Schande der Verstellung, der Arglist, der Schmeichelei, der Unterdrückung und noch unzähliger andrer Laster aufgedecket, die mit diesen Staatsverfassungen verbunden sind: so würden alle rechtschaffenen Gemüter seine Ausführung mit ebensoviel Lob krönen als seinen Vortrag. Seine Betrachtungen und wohlgeratenen Vergleichungen zwischen dem Stande der Wildheit und der Sittlichkeit hätten ihm zu diesem Vorhaben vortreffliche Dienste leisten können. Wie reichlich wäre er für seine menschenfreundliche Bemühungen belohnet gewesen, wenn er durch den Donner seiner Beredsamkeit nur einen einzigen

Bösewicht geschrecket oder durch die Zauberkraft seiner Worte den mindesten Zug der Menschlichkeit bei ihm erreget, wenn er dem Leichtsinnigen eingeschärfet hätte, daß er sich durch seine lasterhaften Neigungen schändlich erniedrige, daß er sich noch unter die wilden Menschen heruntersetze und die Geselligkeit verwürke. Dieses ist der rechte Gebrauch, den er von seinen vortrefflichen Gedanken hätte machen können. Der Tugendhafte fühlet seinen Vorzug vor dem natürlichen Menschen so sehr, daß er die Vergleichung dieser beiden Stände nicht anstellen kann, ohne dabei zu gewinnen. Der Lasterhafte hingegen muß mit Schande bestehen. Man sollte ihm diesen Spiegel beständig vorhalten. Vielleicht, daß er seine Häßlichkeit eher erkennet, wenn er mit einem tierischen Geschöpfe verglichen wird. Wir wollen es versuchen, wir wollen den Wollüstling, den erträglichsten unter allen Nichtswürdigen, nehmen und ihn gegen den natürlichen Menschen halten! Wir wollen die Reihe der Bestimmungen, die wir oben mit zuverlässigem Grunde festgesetzt haben, wieder vornehmen und zusehen, wieweit es ein jedes von diesen Geschöpfen darin gebracht hat.

Die Vorzüge der Seele, der Gegenstand unserer vornehmsten Sorge, wird von beiden versäumet. Allein, mit welchem Unterscheide! Der Wilde kennet sie nicht. Seine Einsichten sind zu eingeschränket, und sein Verstand lieget gleichsam noch in der Blüte verstecket. Der Wollüstling aber kennet sie, sein Verstand ist reif, die Kräfte seines Geistes entwickelt. Allein er tut sich Zwang an, sie zu unterdrücken. So verkehrt ist wohl kein menschlicher Sinn, daß in ihm niemals die Begierde aufwallen sollte, seine Seele, wenn er ihre Vorzüge kennet, zu bessern. Aber ein verwöhntes Gemüte suchet diese Aufwallungen durch den Schlamm der Lüste niederzuschlagen, und öfters gelinget es ihm, zu seiner eigenen Schande, den Sieg davonzutragen.

Der Wilde hat kein Gefühl von der menschlichen Würde, von der wahren Sittlichkeit und von der allgemeinen Liebe zur Ordnung und Vollkommenheit. Der sinnliche Wollüstling erniedriget die menschliche Würde und kehret alle Sittlichkeit um, indem er den viehischen Genuß, diesen weichlichen Hausgötzen, auf den Altar erhebt und ihm alles Menschliche aufopfert.

Dem Wilden fehlet es ebensowenig an fröhlichen Augenblicken als dem Wollüstlinge. Das sinnliche Vergnügen bestehet in einer Reizung unsrer Nerven, in einer Beschäftigung unsrer Gefäße, die sie nicht ermüden. Die Sennadern eines wilden Körpers sind feste; sie können nicht leicht beweget, aber auch nicht leicht ermüdet werden. Der wollüstige Körper ist das Gegenteil hiervon; er kann leichter beschäftiget werden, seine Gefäße sind empfindlicher, und eine sehr geringe Würkung ist heftig genug, sie zu reizen. Hingegen kann er, aus ebendiesem Grunde, ungleich leichter ermüdet werden. Wo der Wilde Vergnügen empfindet, da fühlet der Wollüstling Schmerzen; und woran dieser sich belustiget, das läßt jenen in einer Fühllosigkeit, die von dem Schmerze ebensoweit absteht als vom Vergnügen.

Wenn sie aber beide den öfters unvermeidlichen Ungestümigkeiten der Natur ausgesetzt sind, alsdenn zeiget sich des Wilden Vorzug am deutlichsten. Der Bau seines Leibes ist so fest und so abgehärtet, daß er einen Zufall ohne Beschwerlichkeit erträgt, der stark genug ist, den weichen Ton eines Wollüstlings zu zerquetschen.

Nehmen wir die Vorzüge dieser entgegengesetzten Stände zusammen, so haben wir die Anlage zu einem Weisen, der das wahre Mittel hält und sich zu keiner Extremität verleiten läßt. Oh, was für vortreffliche Züge müssen aus dieser angenehmen Mischung entstehen! Sehet jenen ehrwürdigen Greis, die Zierde Athens und nach dem Ausspruche des Orakels den weisesten unter allen Griechen! Welch ein unvergleichlicher Kontrast von Härte und Fühlbarkeit! Aus seinem ganzen Betragen leuchtet ein feiner, aber unverzärtelter Geschmack hervor. Er hat das zärtlichste Gefühl, er kennet die Zauberkraft der Musik und der unschuldigen Dichtkunst, er zeiget in den Bildsäulen, die er verfertiget, soviel Genie als Geschmack. Und welcher Sterbliche hat die Vorzüge seiner Seele besser gekannt als er? Er ist ein empfindungsvoller Freund, ein liebreicher Bürger und der nützlichste, lehrreichste und anmutigste Gesellschafter von der Welt. Ihr kennet ihn aber nur halb, wenn euch nichts als diese Eigenschaften an ihm bekannt sind. Folget ihm in das blutige Schlachtfeld! Hier werdet ihr einen ganz andern Sokrates erblicken. Einen abgehärteten, einen unerschrockenen Kriegesmann, der, trutz dem rauhesten

Wilden, alle Beschwerlichkeiten des Krieges mutig erträgt: der mit bloßen Füßen das Eis berühret, wenn sich seine Gefährten mit Pelz und Rauchwerk umhüllen. Der niemals weichet und in der größten Gefahr mehr den sinkenden Xenophon auf den Schultern hinwegzutragen, als sein eigenes Leben in Sicherheit zu bringen, bedacht ist. Kurz! Der in der Tugend und in den unschuldigen Ergötzlichkeiten voller Zärtlichkeit, im Felde hart, gegen seine Verfolger liebreich und standhaft und, bei Annäherung eines gewaltsamen Todes, unerschrocken bleibet und seine Freunde noch aufmuntert. Hat die Geselligkeit einen Sokrates gezogen: warum sollte sie untauglich sein, uns mit mehr solchen göttlichen Exempeln zu segnen. Oh! Wenn kein Land dasjenige darbietet, was Rousseau in seinem Vaterlande zu finden wünschet, so wollte ich mich begnügen, in einem solchen geboren zu sein, wo ich Sokrates zum Muster und Lessing zum Freunde haben könnte!

Berlin, den 2ten Jenner 1756   Ich bin Ihr
                                                           beständiger Freund

NACHSCHRIFT

Noch zu einigen besondern Anmerkungen, auf welche ich bei der Übersetzung dieser Schrift hier und da gefallen bin, bitte ich mir Ihre Geduld aus. Es ist klar, daß Rousseau nichts anders als unsern Leib in Betrachtung gezogen hat, und da ihm dieser notwendig hat tierisch scheinen müssen, so hat er die irrige Folge nicht vermeiden können, auf welche man verleitet wird, sobald man in der Erklärung ein wesentliches Stück übersiehet. Alles, was Rousseau aus den Betrachtungen, die er über den viehischen Teil des Menschen angestellet hat, mit Grunde schließen kann, ist dieses: *Gott hat den menschlichen Leib so weislich gebauet, daß er, auch ohne Hülfe einer grübelnden Vernunft, entstehen, fortdauren und zunehmen kann.*

Ist aber dieses hinreichend, alle unsre wahre Bestimmung festzusetzen? Soll unser Leib dem Tode entgegenwachsen und die Seele, der eine Ewigkeit beschieden ist, ihren Raupenstand niemals verlassen? Wir sind bestimmt, von der einen Seite mit

dem Viehischen anzugrenzen; soll deswegen der obere Teil
der Stufe, auf welcher wir stehen, nicht an jene höhere Wesen
anstoßen, die das in Ansehung unserer, was wir in Vergleichung gegen die Tiere sind? Gesetzt, jene empfindliche
Pflanze, das Mittelding zwischen Tieren und Gewächsen,
könnte über ihren Zustand Betrachtungen anstellen; gesetzt,
sie hätte ihren vegetabilischen Bau untersuchet und gefunden,
daß sie auch ohne Empfindung wachsen und verwelken könne:
würde sie nicht mit ebendem Grunde alle Kräfte anwenden
müssen, die Empfindung zu unterdrücken, mit welcher uns
Rousseau die Vernunft verhaßt zu machen suchet. Es müssen
ihr notwendig gewisse Empfindungen, wenn es anders wahr
ist, daß sie Empfindungen hat, unangenehm sein, und sie
würde ihrer überhoben sein, wenn ihr von dem Schöpfer kein
Gefühl beschieden wäre. Soll sie sich also über ihren Zustand
beklagen? Soll sie das Schicksal der untern Pflanzen be-
neiden? Ich wollte, daß es unserm Verfasser gefiele, hierauf zu
antworten!

Jedoch er hat es mit einer sehr geringen Veränderung getan.
S. 130 gibt er uns zu bedenken, *ob der Mensch nicht seine
eigene Natur erniedrige, ob er sich nicht den Sklaven des
blinden Instinkts, den Tieren, gleich mache und den Urheber
seines Daseins beleidige, wenn er der edelsten Gabe des
Himmels absagt.* Oh, welchen Nachdruck haben diese Worte
in dem Munde eines Rousseau! Er sagt sie von der Freiheit;
aber wieviel natürlicher können sie auf den Gebrauch der Vernunft angewendet werden! Der Mensch, der der edelsten
Gabe des Himmels, der dem Gebrauche seiner Vernunft absagt, erniedriget seine eigene Natur, machet sich den Sklaven
des blinden Instinkts, den Tieren, gleich und beleidiget den
Urheber seines Daseins.

Je öfterer ich über diese Materie nachdenke: desto mehr
werde ich in meiner Vermutung bestärkt, daß die Absicht
unsers Verfassers niemals gewesen sei: die wahre Würde der
Menschlichkeit mit Füßen zu treten und das unvernünftige Tier
über sich selbst zu setzen. Er hat vielleicht nur die weise Vorsehung rechtfertigen wollen, daß sie es den wilden Menschen
an Fähigkeiten hat fehlen lassen, die ihm nicht den geringsten
Nutzen und vielleicht noch Schaden hätte bringen können. Er
hat vielleicht nur die menschenfeindliche Meinung jenes

englischen Weltweisen bestreiten wollen, der den natürlichen Menschen für boshaft, kriegerisch, raubsüchtig und der Hände seines Schöpfers unwürdig hält. Er hat vielleicht nur den Stolz einiger Irdischgesinnten züchtigen wollen, die das ganze gesittete Wesen in einige Bequemlichkeiten setzen, daran Menschen Jahrhunderte gearbeitet haben, und eine Verzärtlung, eine Weichlichkeit des Verhaltens, für die wahren Vorzüge der Menschlichkeit ausgeben. Ja, er mag nur die Absicht gehabt haben (und hiervon hat er seine Abhandlung betitelt), den wahren Ursprung der Ungleichheit unter den Menschen zu erklären, die Greuel einer despotischen Regierung mit gebührenden Farben zu schildern und auf gewisse Mißbräuche, die sich in unsere Staatsverfassung eingeschlichen haben, mit dem Finger zu zeigen. Und der Strom seiner Einbildungskraft hat ihn so sehr mit sich fortgerissen, daß er nicht selten über das vorgesetzte Ziel hinwegrennet und uns auf die Gedanken bringt, er habe mehr verheeren als anbauen wollen. Sowenig derjenige einen Dank verdienet, der unsere Empfindungen auf ewig stumpf machet, um uns von Zahnschmerzen zu befreien, ebensowenig kann uns der Rat gefallen, einiger Mißbräuche halber, die von aller Verbesserung unzertrennlich sind, das gesittete Leben zu verlassen und in die Wälder zurückzukehren.

Unser Schriftsteller nennt den Frieden, dessen sich die gesitteten Menschen zu genießen einbilden, eine elende Knechtschaft und streichet die Freiheit ungemein heraus, darin die Menschen in dem Stande der Natur leben – die Freiheit, darin ein tierisches Geschöpf lebet? – – welch ein ungeheurer Gedanke! Man weiß, daß dieses so oft ohne Bedeutung gebrauchte Wort in einem zweifachen Verstande genommen werden könne. Es bedeutet entweder *das Vermögen eines Geistes, nach überlegten Bewegungsgründen zu handeln.* Doch dieses kann Rousseau unmöglich einem Menschen im Stande der Natur zuschreiben. Er läßt ihm weder Erkenntnis noch Einsicht, weder deutliche Begriffe noch Überlegung, ohne welche man notwendig ein Sklave seines Instinkts bleiben muß. Er hat es also vermutlich in einem moralischen Sinne genommen, in welchem es die Seele der Römer und von jeher der Wunsch aller Republikaner gewesen ist. In diesem Verstande ist die Freiheit ein äußerlicher politischer Zustand,

darnach sich alle Vernünftigen sehnen und ohne welchen das
Leben dem allergeduldigsten Menschen kaum erträglich sein
kann (warum hat man doch diese Wahrheit nicht immer vor
Augen, daß dem geduldigsten Menschen ein Leben ohne Freiheit kaum erträglich sein kann!). Was haben aber hierin die
Pongos und Orang-Utans, wenn sie, wie der Verfasser vermutet, Menschen in dem Stande der Natur sein sollen, von den
gesitteten Europäern voraus? Irgend, daß sie unbestraft die
Neger überfallen und umbringen können? Auch wir besitzen
zu unserm Leidwesen dieses schädliche Vermögen, und
Rousseau stimmet hierin ein, daß dieses vielmehr eine Frech-
heit, eine ungebundene Gesetzlosigkeit zu nennen sei, die der
Freiheit schnurstracks entgegen ist. So wird ganz gewiß der
ungestörte Genuß der wilden Gewächse und der ruhige Schlaf
unter der ersten der besten Eiche der Stand der Freiheit sein,
den Rousseau uns so sehr empfiehlet. Wir wollen uns in allgemeinen Worten ausdrücken: *Die Freiheit ist ein Zustand,
darin wir von keinem äußerlichen Zwange abgehalten werden,
unsern wahren Bedürfnissen auf einer unschuldigen Weise ein
Genüge zu leisten.* Man weiß, daß die Befriedigung unsrer
wahren Bedürfnisse unsre Pflichten ausmachen. Wie wenig
aber ist dem natürlichen Menschen hiervon bekannt! Nahrung,
Ruhe und Beischlaf sind, nach Rousseaus Geständnisse, seine
einzigen Bedürfnisse, und auch diese befriediget er durch
einen blinden Trieb, ohne eine innerliche Überzeugung von
der Richtigkeit seiner Handlung (welch ein elendes Geschenk
ist Freiheit ohne Vernunft, ohne die innerliche Gewißheit von
der Richtigkeit unseres Wandels!); Freundschaft, Liebe,
Wohltätigkeit, Bearbeitung des Verstandes, Verbesserung des
Willens, die mildesten Geschenke des Himmels, sind über die
Sphäre eines natürlichen Menschen hinweg; und wir, die wir
uns bestreben können, den weiten Umfang unsrer Pflichten
kennenzulernen, die wir in keinem gesitteten Staate verhindert werden, sie alle auszuüben, die wir zugleich des erhabensten Vergnügens von der Richtigkeit unsrer Handlungen
genießen können, wir wären weniger frei als jene Sklaven des
blinden Instinkts! Oh, ich bin völlig überzeugt, der Augenblick
selbst, in welchem sich Rousseau über die Geselligkeit be-
schwert hat, war ihm angenehmer als ganze Jahre, die er als
Bewohner der Gebüsche zugebracht hätte!

Die Kriegsunruhen, die wirklich die größten Plagen des gesellschaftlichen Lebens sind, entstehen viel mehr aus dem Mangel der Geselligkeit als aus der Geselligkeit selbst. Solange ein jeder politischer Körper noch seine besondern Interessen hat, solange alles bei ihnen noch nach dem Gesetze des Stärkern gehet und die Gesetze des Völkerrechts weder Ansehen noch Nachdruck haben, so lange leben die Staaten gegeneinander noch in einem Stande der Natur. Daher reißen die vielfältigen Usurpationen, Gewalttätigkeiten und Unterdrückungen von allen Seiten her ein, und man suchet ihnen umsonst die Dämme der Gerechtigkeit entgegenzusetzen. Nicht alle Menschen sind aufgelegt, die Vernunft über die Leidenschaften zu erheben. Daher entstehen die großen Revolutionen, für welche wir keinen Augenblick sicher sind. Wenn sich aber die politischen Völker einst zusammentun werden, wenn sie das Eigentum im großen festsetzen, ihre Intressen vereinigen und die Stärkern anheischig machen werden, für die Sicherheit der Schwächern zu sorgen: alsdenn werden die Staaten ebenso sicher für Überfallung und Gewalttätigkeit sein, so sicher ein ruhiger Bürger in einer gesitteten Stadt sein Leben zubringen und seines Vermögens froh sein kann. Will man uns die Hoffnung zu diesem glücklichen Zeitpunkte versagen, so erhellet doch wenigstens daraus, daß man sich mehr über den Mangel der Geselligkeit als über die Geselligkeit zu beklagen habe.

Jene wüsten Zeiten sind nunmehr, Dank sei der weisen Vorsehung! vorüber, da sich ein Tyrann zum eigenmächtigen Herrn über unsre Handlungen aufgeworfen hat; wir können uns allethalben in dem Bezirke unsrer Pflicht einschließen und sie ausüben; wir haben, wenn wir nicht töricht furchtsam oder lasterhaft sein wollen, weder von unsern Oberherren noch von unsern Nebenmenschen so schreckliche Übel zu befürchten. Je mehr die Geselligkeit zunimmt, desto ruhiger werden wir in dem Besitze unseres Vermögens, desto friedsamer können wir jenem sanften Vergnügen nachgehen, das aus der Erfüllung unsrer Pflichten entspringet; und wer sich alsdenn noch nach Freiheit sehnet, der will einen Schatten umarmen, oder er will ungestraft lasterhaft sein.

Werden die sonderbaren Köpfe niemals aufhören, wenn sie nur eine einzige Wahrheit an das Licht gebracht haben, lieber

ganze seltsame Systeme aufzurichten, als diese Wahrheit
nacket vorzutragen? Mandevill hat gefunden, daß die weisen
Gesetzgeber ihren Schöpfer nachahmen und das unvermeidliche Übel in einem Staate zum Nutzen desselben anwenden
sollen, und er glaubt, gefunden zu haben, daß die Laster
ebenso nützlich wären als die Tugenden: er übertreibet diesen
Gedanken nur ein wenig, und er jagt Tausenden den Schrecken
oder den elenden Trost ein, er spräche dem Menschen alle
Tugenden ab. Hobbes hat bemerket, daß die Menschen im
Stande der Natur durch keine Gesetze irgend zu etwas verbunden wären und daß in solchem Falle ungemein viele
Irrungen entstehen müßten, weil die Menschen noch kein
Eigentum eingeführet, keine Güter ausgeteilet und keinen Vergleich unter sich getroffen hatten.[4] Diese Meinung brauchete
er nur ein einziges Mal nicht behutsam genug vorzutragen, um
das Ansehen zu gewinnen oder, um vielleicht sich selbst zu
bereden, daß er die innerliche Gesetzmäßigkeit der Handlungen auf einmal aufheben könnte. Rousseau hat gefunden,
daß sich die Natur gegen den Wilden nicht so ungütig bezeiget,
als man glaubet, daß sie es ihm niemals an Zufriedenheit und
Ruhe hat fehlen lassen und daß nichts stiller und friedsamer
sei als das menschliche Geschlecht im Stande der Natur. Und
er will erwiesen haben, daß ein Mensch, der noch halb ein
Vieh ist, glückseliger sei als alle gesitteten Bürger der Erde,
und daß wir besser täten, wenn wir uns weniger von dem
Viehe entfernten.

Ich glaube, eine Menge trübsinniger Enthusiasten hat den
Grund zu dieser wunderbaren Denkungsart gelegt. Sie haben
sich beflissen, diese Welt mit verhaßten Farben abzuschildern.
Sie haben sie einen Kerker, ein Jammertal genannt, um durch
deren Verdunkelung den Glanz einer herrlichen Zukunft desto
mehr in unsern Augen zu erheben. Allein worin wird meine
Glückseligkeit in jenem Leben bestehen? In Erkenntnis der
Wahrheit, in der Beschauung der göttlichen Werke, in der
Freude an ihrer Vortrefflichkeit? Wohlan! So soll sich meine
Zukunft schon in diesem Leben anfangen. Der Vorgeschmack,
den ich hienieden davon haben kann, machet mir die Welt zu
einem Paradiese.

Ist es wahr, wie unser Schriftsteller sagt, *daß ein jeder
gesitteter Mensch in seinem Herzen wünschet, erst Reich-*

*tümer, denn Untertanen, denn Sklaven zu haben und als-
denn alles um sich herum zu erwürgen, um allein Herr über
die Natur zu sein?* Ich würde mich entsetzen, wenn ich
glauben könnte, daß dieses mehr als eine übertriebene Figur
aus Rousseaus misanthropischer Beredsamkeit sein könnte.
Nein! Liebster Freund! Diese Aussicht ist für die geheimen
Wünsche des allerverstocktesten Tyrannen noch zu schrecklich, und sie soll der Wunsch eines jeden gesitteten Menschen
sein? Wie schwer läßt uns Rousseau hier seinen Unwillen
fühlen! Oder vielmehr, was sollen wir von ihm selbst für
eine Meinung hegen, wenn wir lieblos genug wären, ihn für
einen gesitteten Menschen nach seiner Beschreibung zu
halten?

Es soll einem Wilden leichter ankommen, glaubet unser
Schriftsteller (s. die 13. Anm.), sich in die Denkungsart zu versetzen, die zu einem gesitteten Leben erfordert wird: als einem
gesitteten Menschen, sich bis zu den Vergnügungen eines
Wilden herunterzulassen. Alle Bemühungen eines sittlichen
Menschen, saget er, haben entweder seine Bequemlichkeiten
oder das Ansehen, darin er bei seinem Nebenmenschen zu
stehen wünschet, zum Zwecke; da wir hingegen gar nicht begreifen können, was für ein Vergnügen ein Wilder fände, sich
beständig in einem Walde aufzuhalten oder in eine schlechte
Flöte zu blasen, ohne einen Laut herausbringen zu können. Ich
kann mit den beiden Endzwecken, die er allen unsern Bemühungen zum Ziel setzet, unmöglich zufrieden sein, wenn er
nicht alles sittliche Vergnügen von der Erfüllung unsrer Pflichten, von der Erkenntnis der Wahrheit, der Schönheit, der Ordnung, von der innern Überzeugung eines richtigen Wandels,
wenn er nicht alle diese Empfindungen, sage ich, sehr gezwungen auf das Ansehen, darin wir bei unsern Nebenmenschen zu stehen wünschen, abzielen lassen will. Wäre
aber dieses, so wird ein Wilder die Zierde aller gesitteten
Menschen sein müssen, wenn er sich alle diese seligen Empfindungen in ihrem ganzen Bezirke nur vorstellen will. Wir
dürfen aber nur unsre Kinder ansehen, die ihre Lust zu haben
scheinen, wenn sie in einer Pfütze plätschern, um uns das Vergnügen vorzustellen, das ein Wilder haben kann, wenn er in
eine schlechte Flöte bläset, ohne einen Ton herausbringen zu
können.

Je gröber unsre Sinnen sind und je eingeschränkter unser Verstand ist, desto untätiger ist unser Geist, und desto weniger Abwechslung müssen wir in unsern Ergötzlichkeiten haben. Wir würden uns für Langeweile den Tod wünschen, wenn wir keine andere Beschäftigung hätten, als in einem Sumpfe zu plätschern oder in eine schlechte Flöte zu blasen, ohne einen Ton herausbringen zu können. Es ist uns alles zu sehr einerlei in der Lebensart eines Tieres: wir sind wirksamer, wir wollen Mannigfaltigkeit in unsern Gedanken, Mannigfaltigkeit in allen unsern Verrichtungen haben. Ein Wilder hingegen muß seine Lebensgeister allzusehr anstrengen, seine Kräfte allzusehr ermüden, wenn er sich nach unsrer Lebensart bequemen will. Er suchet daher einen geringen Grad der Abwechslung, der sich für seine eingeschränkte Fähigkeit schicket; und alle unsre Bemühung, einen Wilden zu unsrer Lebensart zu gewöhnen, muß fruchtlos sein, wenn wir nicht eine Reihe von Vätern und Kindern allmählich die Stufe hinaufsteigen lassen, die wir in soviel Jahrhunderten durchreiset sind. Folget aber hieraus, daß wir schlechter geworden sind, oder ist es nicht vielmehr ein Beweis, daß sich unser Gefühl geadelt und unser Wesen um eine Stufe erhöhet hat?

Ich leugne nicht, daß gewisse schädliche Künste der Geselligkeit unbeschadet hätten wegbleiben mögen; ich leugne nicht, daß gewisse Mißbräuche in das gesellschaftliche Leben eingeschlichen sind, die ohne Nachteil abgeschafft werden können; allein man würde dem Herrn Rousseau Dank wissen, wenn er diese Mißbräuche ausfindig gemacht und diese schädlichen Künste angezeiget hätte, ohne die wahre Würde unseres Lebens, ohne die Geselligkeit anzufeinden. Seine Schrift würde, wenn er sie mit der ihm eigenen starken Beredsamkeit ausgeschmückt hätte, nicht weniger gefallen, aber unstreitig mehr Nutzen gehabt haben.

Ich könnte noch unzählig andre Stellen anführen, darin Rousseau entweder sich selbst widerspricht oder augenscheinlich seiner Misanthropie allzusehr nachhänget. Ich könnte unter andern zeigen, wie er dem Beweistume eines Locke in der 10. Anm. überaus schwache Gründe entgegensetzet; wie er die ungegründeten Klagen eines Vossius billiget, an welchen ein Gemüt, das nicht für eine sonderbare Lehre eingenommen ist, nimmermehr teilnehmen wird; allein ich fürchte mich, Ihre

Geduld zu mißbrauchen. Ich will mich daher begnügen, noch
über den Ursprung der Sprachen und über die Art, wie
Rousseau davon schließet, einige Anmerkungen hinzuzufügen.
Wir haben uns sehr oft von dieser schwierigen Materie unterhalten, und ich glaube, es wird Ihnen nicht unangenehm sein,
hier alles dasjenige geschrieben zu lesen, was wir in unsern
Unterredungen hierüber mündlich abgehandelt haben. Ich
werde mich nicht aufhalten, alle Schwierigkeiten zu wiederholen, die Rousseau findet, den Ursprung der Sprachen auf
eine natürliche Art zu erklären. Ich setze zum voraus, Sie
haben seine Abhandlung gelesen. Ich eile also zu meinen Anmerkungen. Jedoch, ich muß einige allgemeine Betrachtungen
vorausschicken.

Ein jeder, der auf seine eigene Empfindungen achthat, wird
bemerken, daß er nie einen Begriff haben könne, ohne natürlicherweise auf einen andern Begriff zu fallen, der mit diesem
am meisten verknüpft ist. Ich denke an einen Besuch, den ich
gestern abgestattet habe, und ich erinnere mich der ganzen
Gesellschaft, die allda zugegen gewesen ist, aller Reden, die
dort vorgefallen sind, aller Gemälde, mit welchen die Stube
ausgezieret war. Ich denke an das Schachspiel, und mir fällt
die Partie bei, die ich neulich von zween Fremden auf einem
Coffeehause habe spielen sehen. Von diesen falle ich auf ein
Gespräch, das daselbst von zween andern ist gehalten worden,
und endlich auf das lächerliche Betragen eines Franzosen, der
die Aufmerksamkeit der ganzen Gesellschaft auf sich zog. Man
siehet deutlich, daß alle diese Begriffe gewissermaßen miteinander verknüpft sind und daß die Seele nur vermittelst
dieser Verknüpfung von einem auf den andern fortgeht. Wie
vielerlei Arten von Verknüpfungen möglich sind, dadurch die
Seele in der Reihe ihrer Gedanken geleitet werden könne, ist
schwer zu bestimmen. Indessen ist gewiß, daß die Gegenstände dieser Begriffe vermittelst der Zeit (1), des Raums (2),
als Wirkung und Ursache (3) oder endlich durch eine gewisse
Ähnlichkeit, die sie miteinander haben (4), verbunden sein
können; wenn die Gegenstände aber in der Natur gar nicht
verknüpft sind, so brauchen wir die Begriffe davon nur in
unsern Gedanken entweder (5) zugleich oder unmittelbar aufeinander (6) gehabt zu haben, um sie eine lange Zeit hernach
miteinander verknüpft zu sehen. Ich will diese Verbindungs-

arten durch Beispiele erläutern. Ich setzte den Fuß in den Garten, darin ich Sie selten vergebens zu suchen pflegte, und den Augenblick stellt sich mir Ihre ganze Bildung lebhaft vor. Sie, mein Freund, sind mit dem Garten einst in Ansehung des Raums verbunden gewesen. Ich verfolge diesen Gedanken und verfalle auf die Nacht, die uns unvermerkt überfiel, als wir uns dort in jener Laube vergaßen. Dieses ist eine Verknüpfung in Ansehung der Zeit. Endlich gedenke ich an Sokrates Tod, davon wir uns damals unterhielten, und meine Gedanken führen mich auf seine Ankläger Anytus und Melitus, die von dieser betrübten Wirkung die Ursache gewesen sind. In allen diesen Exempeln sind die Gegenstände meiner Begriffe in der Natur verknüpft. Sie könnten es aber auch nur in meinen Gedanken sein; ja, sie dürfen nur ein wenig Ähnlichkeit miteinander haben, um mich von einem Begriffe auf den andern zu leiten. Sokrates Tod kann mich auf den ähnlichen Tod des Seneca[5] bringen. Dieser auf den Tyrannen Nero, auf das Trauerspiel Britannicus und endlich auf die Anmerkungen, die Sie einst über dieses Trauerspiel[6] gemacht haben.*

Diese Übergänge von einem Begriff auf den andern müssen auch bei einem Wilden stattfinden; denn wir treffen auch bei den Tieren die deutlichsten Spuren davon an. Aber er wird die Reihe nicht sehr lange fortsetzen können, er wird bei dem zweeten oder dritten Schritte von den Gegenständen aufgehalten oder gar zurückgezogen werden. Um eine solche Kette von einanderhangender Begriffen verfolgen zu können, wird ein Grad der Aufmerksamkeit erfordert, den man bei keinem Wilden voraussetzen kann.

Gesetzt nun, die natürlichen Menschen hätten sich ein wenig umgesehen, sie hätten in ihren Wäldern Schafe blöken, Hunde bellen, Vögel singen und das Meer brausen gehöret; sie hätten dieses so oft gehöret und die Gegenstände zugleich gesehen, daß die sichtbaren Bilder mit den Tönen in ihrer Seele eine

---

* Wenn man diesen Lehrsätzen gehörig nachdächte, so könnte man auf besondre Kunstgriffe geraten, unserm Gedächtnisse zu Hülfe zu kommen. Ich habe einen Menschen gekannt, der, wenn er sich alles genau erinnern wollte, was bei einer gewissen Gelegenheit vorgefallen ist, die Sprache, Mienen und Gebärden der redenden Personen nachahmte und alle ihre Worte laut zu wiederholen anfing. Durch diesen erneuerten lebhaften Eindruck erinnerte er sich der kleinsten Umstände so genau, daß sich alle darüber verwunderten, die seinen Kunstgriff anfangs verspotteten.

Art von Verbindung erlangt hätten; so werden sie niemals ein Schaf hinter sich blöken hören, ohne sich das Bild dieses Tieres in ihrer Einbildungskraft vorzustellen. Sie werden auch das Schaf niemals sehen können, ohne den Ton einigermaßen zu empfinden, der sich in ihrer Seele mit diesem Bilde vereiniget hat. Wenn es also einem Wilden einfiele, diesen Ton nachzuahmen (wozu die Tiere selbst nicht selten Lust bekommen), so wird ein andrer Wilde, der diesen nachgeahmten Ton von ungefähr hörete, sich das Bild vorstellen, das er mit diesem Tone zu verknüpfen gewohnt ist. Dieses ist der Ursprung der nachahmenden Töne. Setzet man gewisse natürliche Laute hinzu, dadurch ein jedes Tier gewisse Gemütsbewegungen auszudrücken pfleget, so haben wir den ersten Grundriß der Sprache, aber auch nichts mehr als einen schwachen Grundriß, der noch erstaunlich weit von der Sprache entfernt ist, dadurch wir in dem gesellschaftlichen Leben unsere Gedanken auszudrücken pflegen.

Wir wollen dieser ersten Anlage zu einer Sprache Jahrhunderte schenken, ehe sie sich hat festsetzen und gewissermaßen ausbreiten können. Man mag in einem ganzen Jahre nicht mehr gelernt haben, als einen einzigen Laut mehr nachzuahmen. Die Menschen, welche nach Rousseaus Geständnisse durch eine wundervolle Vermehrung (s. die Anm. c, S. 209) genötiget wurden, näher zusammenzukommen, mögen diese künstlichen Nachahmungen von ihren größten Genies durch die Länge der Zeit gelernt und einer dem andern mitgeteilet haben. Wir können der Jahre soviel annehmen, als nötig ist; genug, man hat gesehen, daß zu diesem ersten Schritte keine ausgebildete Vernunft, keine göttliche Eingebung, sondern nichts als eine Einbildungskraft und ein Vermögen, sich vollkommener zu machen, erfordert wird.

Die Anmerkung, wieviel Zeit zu der mindesten Veränderung und zu ihrem allmählichen Wachstume notwendig sei, dabei sich Rousseau so oft aufgehalten hat, scheinet mir überhaupt unerheblich. Man bedenke, durch wieviel erfindsame Hände unsre Hüte haben gehen, wievielmal sie nach Gellerts Beschreibung haben den Erben gelassen und von diesen verändert werden müssen, bevor sie dreispitzig aufgestützt und mit einem Knopfe haben verziert werden können. Allein ich glaube immer noch, daß es mit dieser herrlichen Erfindung etwas schneller hat zugehen können. Der erste, der sich einen Filz aufgesetzt hat, mag ihn vielleicht gleich schwarz gefärbt, mag ihn vielleicht gleich mit einem Knopfe versehen haben, um ihn nach Belieben herunterlassen oder aufschürzen zu können. Ebenalso gehet es mit allen Erfindungen. Die müßigen Tage der ersten Bewohner der Erde und die Menge der Menschen, die alle noch sehr wenig zu lernen hatten, können vielleicht den Fortgang einer Erfindung mehr befördert haben als Jahrhunderte, die uns zu jeder kleinen Verbesserung unentbehrlich scheinen.

Wir haben noch den Übergang von diesen bloß nachahmenden auf willkürliche Töne begreiflich zu machen. Wir müssen erklären, wodurch sich die Menschen, die vor der Erfindung der Sprachen weder Logik noch Sprachkunst haben konnten, wie sie sich haben einfallen lassen, die Gegenstände durch solche Töne anzudeuten, die mit den Gegenständen selbst gar nichts gemein haben. Ich werde mich abermals auf nichts anders als auf die Gesetze der Einbildungskraft zu beziehen haben: Das wirkliche oder nachgeahmte Blöken der Schafe rief nicht allein das Bild dieser Tiere in unser Gedächtnis zurück, sondern man dachte zugleich an die Wiese, darauf diese Schafe geweidet hatten, und an die Blumen, mit welchen diese Wiese häufig geschmückt war. Die erste Anlage der Sprache wird die Menschen vermutlich in den Stand gesetzt haben, einer etwas längern Reihe von Einbildungen nachzuhängen. Man ist also gewohnt worden, durch den nachahmenden Laut nicht nur das Tier, sondern die Wiese, die Blumen usw. anzudeuten, obgleich diese Gegenstände mit den nachgeahmten Lauten nicht das mindeste gemein hatten. Man brauchte alsdenn nur die mittleren Glieder, die Schafe und die Wiese wegzulassen, um bei Anhörung eines ursprünglich nachahmenden Tones an die Blumen zu gedenken, in Ansehung deren dieser Laut ein bloß willkürliches Zeichen genannt werden kann.

Ich will mich abermals bei der Länge der Zeit nicht aufhalten, die da hat verstreichen können, bevor dieses Spielwerk zu einer Sprache angewachsen ist. Man siehet wenigstens, daß alles natürlich hat zugehen können und daß wir nicht nötig haben, das höchste Wesen mit einer Erfindung zu belästigen, die uns nach Rousseaus Meinung so schädlich gewesen ist.

Auch ist es falsch, wenn Rousseau saget, man hätte anfangs einem jeden einzelnen Gegenstande einen besondern Namen gegeben, und wenn dieser Baum z. E. A genennt ward, so hätte man den andern schon B nennen müssen. Diese Art, die Gegenstände zu benennen, scheinet mir für Wilde allzu methodisch. Ich bilde mir ein, man hat z. B. einen Vogel auf einem Baum singen hören und hat diesen Ton angenommen, den Baum selbst dadurch anzudeuten: weil man vielleicht geglaubt haben mag, der Baum selbst habe diese Töne formieret. Nun haben sie unmöglich Scharfsinnigkeit genug besessen, zween Bäume auf einmal zu beobachten und sie voneinander zu unterscheiden (s. Anm. 11): sondern wenn sie diesen Baum verlassen und sich einem andern genähert hatten, so gedachten sie an keinen Unterscheid der Örter und der Umstände und hielten diesen Baum mit dem vorigen für einerlei. Sie werden also vermutlich auch von diesem Baume die Töne erwartet haben, die sie unter dem vorigen vernommen hatten: weil sie es gar nicht merketen, daß dieses ein anderer Baum und nicht der vorige sei, und folglich werden sie ihn durch ebendenselben Ton angedeutet haben.

Und überhaupt, alle Gegenstände von einerlei Art, die ihnen nach und nach unter die Augen gekommen sind, wurden von ihnen mit ebendemselben Namen belegt, nicht weil sie ihre Ähnlichkeit einsahen, sondern weil sie ihren Unterschied nicht bemerken konnten, weil sie auf die Verschiedenheit der Örter und der Umstände nicht achthatten und daher alle Gegenstände, die fast einerlei Eindruck auf ihre Sinne machten, für einen und ebendenselben Gegenstand ansehen mußten. Stelleten sich ihnen viele von einerlei Art auf einmal dar, so war ihnen dieses eine ganz neue Erscheinung. Es wird Überlegung dazu erfordert, wenn wir von einer Herde sagen sollen, sie sei eine Versammlung von Tieren. Wir müssen erst ein jedes einzeln betrachtet haben und denn wiederum zum Ganzen referieren, wenn wir davon überzeugt sein wollen. Einem Wilden hingegen mußten sich viele Schafe unter einem andern Bilde vorgestellet haben als ein einziges, und er wird ihnen zusammen auch einen ganz andern Namen beilegen.

Indem man also einem jeden sinnlichen Eindrucke, den viele einzelne Dinge miteinander gemein haben, eine Benennung gab, so entstunden die Hauptwörter. Nachdem man aber die

Örter und Umstände besser zu unterscheiden anfing, ward man auch gewisser Individualunterschiede inne, dadurch sich jedes einzelne Ding von allen andern seiner Art unterscheidet. Damals erfuhr man erst, daß die Eindrücke, die man zu verschiedenen Zeiten und an verschiedenen Örtern gehabt hat, nicht von ebendemselben, sondern von einem ähnlichen Gegenstande herrühreten. Man widmete einem jeden Individualunterschiede einen besondern Ton, und solchergestalt entstunden die Beiwörter. Ich überlasse es einem jeden, der Gelegenheit und Muße dazu hat, alle diese Vermutungen auch in Ansehung der Zeitwörter auszuführen. Besonders könnte ihm die dritte Art von Verbindung zwischen unsern Begriffen, die Verbindung der Wirkungen mit den Ursachen, den Grund dazu legen.

Man trifft in allen Sprachen noch die deutlichsten Merkmale an, daß sie anfangs aus lauter nachahmenden Tönen bestanden haben. Die nachdrücklichen Wörter, deren sich die Dichter mit Nutzen zu bedienen wissen, unterscheiden sich alle durch einen gewissen nachahmenden Klang, dadurch sie die Gegenstände überaus sinnlich bezeichnen. Man trifft in allen Sprachen eine ziemliche Anzahl von solchen Wörtern an. Indessen hat Dubos[7] gezeiget, daß sie in den Stammsprachen weit häufiger zu finden sind als in den abgeleiteten Sprachen, in welchen sie immer, durch die hinzukommende Kunst, einen Teil ihres Nachdruckes verlieren. Man sehe seine vortreffliche Vergleichung zwischen der lateinischen und französischen Dichtkunst, die aus diesem Grunde zum Besten der erstern hat ausfallen müssen, weil sie als eine weniger abgeleitete Sprache eine größere Anzahl von sinnlichen Wörtern aufzuweisen hat.

Abhandlung über die Evidenz
in metaphysischen Wissenschaften

Einleitung

Man macht der Weltweisheit gemeiniglich den Vorwurf[8], daß in ihren Lehren niemals eine sonderliche Überzeugung zu hoffen wäre, weil in jedem Jahrhunderte neue Lehrgebäude emporkommen, schimmern und wieder vergehen. Die Gedichte, die Reden, die historischen und kritischen Schriften, die Bildsäulen und übrigen Kunststücke der Alten werden noch in unsern Tagen als Meisterstücke bewundert und zum Teil noch mit größerm Nutzen studieret als die Natur selbst. Allein die philosophischen Schriften der vorigen Zeiten sind in unsern Tagen fast unbrauchbar geworden. Ihre berühmtesten Lehrgebäude enthalten zwar noch einige Materialien, die mit Nutzen angewendet werden können, allein wie man glaubt, lohnen sie die Mühe nicht, daß man ihrenthalben das zerfallene Gemäure durchsucht und den Schutt aufgräbt, mit welchem sie bedeckt sind. Man schließet hieraus, daß die Empfindung der Schönheit und Ordnung oder der Geschmack weit beständiger und zuverlässiger sei als die Vernunft oder die Überzeugung von philosophischen Wahrheiten. Denn hat sich der Geschmack seit dem Homer noch so erhalten, da unterdessen die Vernunft mit jedem Menschenalter ihre Gestalt verändert, so muß jener sicherer und weniger dem Zweifel unterworfen sein als diese.

Allein die Unbeständigkeit der philosophischen Lehrgebäude scheinet von einer Ursache herzurühren, die der Weltweisheit einesteils zum Vorteil gereichet. Daß wir so schwache Gründe, so wenig Bündiges und Zusammenhangendes in den Systemen der Alten finden, kömmt daher, weil die Vernunft seit der Zeit merkliche Progressen gemacht, weil wir durch die Bemühungen der Weltweisen der Wahrheit näher gekommen sind, die ersten Grundsätze der Natur besser einsehen und deutlicher auseinandersetzen gelernet haben. Die Naturlehre der Alten ist heutiges Tages noch weit unbrauchbarer als ihre Metaphysik, denn die Erkenntnis der Natur hat seit der Zeit einen weit merklichern Fortschritt gehabt als die Metaphysik.

Überhaupt, je höher eine Kunst oder Wissenschaft getrieben wird, desto weiter entfernet man sich von den ersten schwachen Versuchen, die zu den Zeiten des Erfinders vielleicht mehr Genie erfordert haben als die spätern Meisterstücke. Man wird mit dem Gegenstande immer vertrauter, die Begriffe klären sich auf, man erlanget tiefere Einsicht mit weniger Mühe, man siehet mit ganz andern Augen.

Hingegen ist man in den schönen Wissenschaften und Künsten noch immer da, wo man zu den Zeiten der alten Griechen gewesen, und vielleicht hat man seitdem noch einige Schritte zurück getan. Eine glückliche Nachahmung der Alten ist die höchste Vollkommenheit, nach welcher unsere Virtuosen ringen, und die glücklichste Nachahmung ist doch allezeit dem Muster nachzusetzen. Nach dem Urteile der Kenner hat noch kein Heldendichter den Homer, kein Redner den Demosthenes und kein Bildhauer Phidias völlig erreicht. Da wir also keine bessere Originalwerke haben, was Wunder, daß wir die Werke der Alten noch immer mit denselben Augen ansehen, mit welchen sie von ihren Zeitgenossen betrachtet wurden? In den dunkelen Zeiten war Aristoteles den Weltweisen noch weit mehr, als Homer den Dichtern ist. Seine Aussprüche wurden so lange für untrüglich gehalten, bis daß Cartes und Leibniz kamen und es ihm an Gründlichkeit und Deutlichkeit zuvortaten. Wenn die Neuern Heldengedichte hervorbringen werden, welche die Ilias so sehr an Schönheit übertreffen, als die Metaphysik des Cartes oder Leibniz die aristotelische an Gründlichkeit und Deutlichkeit übertrifft: so wird die Ilias vielleicht so unbrauchbar scheinen als die Philosophie des Aristoteles.

Mit der Mathematik hingegen hat es eine ganz eigene Beschaffenheit. Ob man gleich in derselben größere Progressen gemacht als in irgendeiner Wissenschaft, so haben deswegen die Werke der Alten noch nicht ganz ihren Nutzen verloren. Diesen Vorzug hat die Mathematik ihrer Untrüglichkeit zu verdanken. Ihre Evidenz ist so groß, daß man sich selten hat von der Wahrheit entfernen können. Man hat weniger gewußt, aber was man wußte, waren doch unleugbare Wahrheiten. Die Entdeckungen der Neuern haben die Grenzen der Wissenschaft unendlich erweitert, allein den kleinen Bezirk, den sie vorgefunden, ließen sie unverändert. Seine innere Verfassung war so gut, daß es unnötig war, die geringste Reform vorzunehmen.

Man hat es in unserm Jahrhundert versucht, die Anfangsgründe der Metaphysik durch untrügliche Beweise auf einen ebenso unveränderlichen Fuß zu setzen als die Anfangsgründe der Mathematik, und man weiß, wie groß die Hoffnung war, die man anfangs von dieser Bemühung schöpfte; allein der Erfolg hat gezeigt, wie schwer dieses ins Werk zu richten sei. Selbst diejenigen, welche die metaphysische Begriffe für überzeugend und unwiderlegbar halten, müssen doch endlich gestehen, daß man ihnen noch bisher die Evidenz der mathematischen Beweise nicht gegeben hat, sonst hätten sie unmöglich einen so vielfältigen Widerspruch finden können. Die Anfangsgründe der Mathematik überzeugen einen jeden, der Menschenverstand hat und es nur nicht an aller Aufmerksamkeit fehlen läßt. Man weiß aber, daß viele scharfsinnige Köpfe[9], die von ihren Fähigkeiten hinlängliche Proben abgelegt haben, gleichwohl die Anfangsgründe der Metaphysik verwerfen und keiner andern Wissenschaft als der Mathematik die Möglichkeit einer völligen Überzeugung zutrauen. Diese Gedanken scheinen eine erlauchte Akademie zu der Aufgabe veranlasset zu haben: ob die metaphysischen Wahrheiten überhaupt einer solchen Evidenz fähig sind als die mathematischen usw.

Zur Evidenz einer Wahrheit gehöret außer der Gewißheit auch noch die Faßlichkeit oder die Eigenschaft, daß ein jeder, der den Beweis nur einmal begriffen, sogleich von der Wahrheit völlig überzeugt und so beruhiget sein muß, daß er nicht die geringste Widersetzlichkeit bei sich verspüret, dieselbe anzunehmen. Die Anfangsgründe der Fluxionalrechnung[10] sind ebenso unleugbar als die geometrischen Wahrheiten, aber so einleuchtend, so faßlich sind sie nicht, daher kann man ihnen die Evidenz der geometrischen Wahrheiten nicht zuschreiben. Man siehet hieraus, daß die Aufgabe der Akademie auch im Bejahungsfalle zwo besondere Abteilungen habe. Man hat nämlich zu zeigen: 1. ob die metaphysischen Wahrheiten so unumstößlich dargetan werden können, und wenn dieses bejahet wird, 2. ob die Beweise derselben einer solchen Faßlichkeit fähig sind als die geometrischen Wahrheiten. Wird aber die erste Frage verneinet, so hat man auszumachen: 1. von welcher Beschaffenheit eigentlich ihre Gewißheit ist, 2. auf was für einen Grad man diese Gewißheit bringen kann und 3. ob dieser Grad zur völligen Überzeugung hinreichend ist.

Ich getraue mich zu behaupten, daß die metaphysischen Wahrheiten zwar derselben Gewißheit, aber nicht derselben Faßlichkeit fähig sind als die geometrischen Wahrheiten. Das heißt: Man kann die vornehmsten Wahrheiten der Metaphysik durch zusammenhangende Schlüsse bis auf solche Grundsätze zurückführen, die ihrer Natur nach ebenso unleugbar sind als die ersten Grund- und Heischesätze der Geometrie, aber man kann diese Kette von Schlüssen nicht so einleuchtend, nicht so faßlich machen als die geometrischen Wahrheiten. Dieses zu beweisen, werde ich die Natur der mathematischen und metaphysischen Wahrheiten jede besonders untersuchen und sie sodann miteinander vergleichen.

Erster Abschnitt

Von der Evidenz in den Anfangsgründen der Mathematik

Die Mathematik gründet ihre Gewißheit auf das allgemeine Axioma, daß nichts zugleich sein und nicht sein könne. Man beweiset in dieser Wissenschaft einen jeden Satz, wie z. B. A ist B, auf zweierlei Art. Denn entweder man entwickelt die Begriffe A und zeiget, A sei B, oder man entwickelt die Begriffe von B und folgert daraus, daß Nicht-B auch Nicht-A sein müsse. Beide Arten zu beweisen gründen sich also auf den Satz des Widerspruchs, und da der Gegenstand der Mathematik überhaupt die *Größe*, der Geometrie aber insbesondere die *Ausdehnung* ist, so kann man sagen, daß in der Mathematik überhaupt unsere Begriffe von der Größe, in der Geometrie insbesondere aber unsere Begriffe von der Ausdehnung entwickelt und auseinandergesetzt werden. In der Tat, da die Geometrie nichts mehr zum Grunde legt als den abgesonderten Begriff von der Ausdehnung und aus dieser einzigen Quelle alle ihre Folgen herleitet, und zwar dergestalt herleitet, daß man deutlich erkennet, alles, was in derselben behauptet wird, sei durch den Satz des Widerspruchs notwendig mit dem urbaren Begriffe der Ausdehnung verknüpft, so ist kein Zweifel, daß in dem Begriff von der Ausdehnung alle geometrische Wahrheiten *eingewickelt* anzutreffen sein müssen, die uns die Geometrie darin *entwickeln* lehrt. Denn was können die tiefsinnigsten Schlüsse anders tun, als einen Begriff zergliedern und dasjenige deutlich machen, was dunkel war? Was in dem Begriffe nicht anzutreffen ist, das können sie nicht hineinbringen, das läßt sich auch, wie leicht zu begreifen, durch den Satz des Widerspruchs nicht davon herleiten. In dem Begriffe der Ausdehnung liegt z. B. die innere Möglichkeit, daß ein Raum von dreien geraden Linien dergestalt eingeschränkt werde, daß zwo derselben einen rechten Winkel einschließen; denn aus dem Wesen der Ausdehnung ist zu begreifen, daß sie vielerlei Einschränkungen fähig sei und daß die angenommene Art der Einschränkung einer ihrer ebenen Flächen keinen Widerspruch enthalte. Wenn man nun in der Folge zeiget, daß der Begriff von dieser angenommenen Einschränkung oder von einem rechtwinklichten Dreiecke notwendig mit sich bringt, daß das Quadrat der Hypotenuse usw., so muß auch diese Wahrheit ursprünglich und implizite in dem ersten Begriffe der Ausdehnung anzutreffen gewesen sein, sonst hätte sie durch den Satz des Widerspruchs nimmermehr können davon hergeleitet werden. Die Idee der Ausdehnung ist unzertrennlich von der Idee der Möglichkeit einer solchen Einschränkung, wie vorhin ist angenommen worden, und die Einschränkung ist abermals notwendig mit dem Begriffe der Gleichheit bemeldeter Quadrate verknüpft; daher lag auch diese Wahrheit wie eingewickelt in dem ursprünglichen Begriffe von der Ausdehnung, allein sie entzog sich unserer Aufmerksamkeit und konnte nicht eher deutlich erkannt und unterschieden werden, bis wir durch die Zergliederung alle Teile dieses Begriffs entwickelt und auseinandergelegt haben. Die Analysis der Begriffe ist für den Verstand nichts mehr, als was das Vergrößerungsglas für das Gesicht ist. Es bringet nichts hervor, das in dem Gegenstande nicht anzutreffen sein sollte, sondern es erweitert die Teile des Gegenstandes und macht, daß unsere Sinne vieles unterscheiden können, das sie sonst nicht würden bemerkt haben. Nicht anders macht es die Analysis der Begriffe; sie macht die Teile und Glieder dieser Begriffe deutlich und kenntbar, die vorhin dunkel und unbemerkt waren, aber sie bringt in die Begriffe nichts herein, das vorhin nicht in denselben anzutreffen gewesen ist.

Plato[11] erzählet*, wie Sokrates einst von einem unwissenden Knaben durch geschicktes Fragen einen tiefsinnigen geometrischen Satz herausgelockt habe, und wenn man diese Unterredung liest, so muß man gestehen, daß der Versuch leicht zu wiederholen wäre, wenn der zu Unterrichtende nur geduldig genug ist, uns zu folgen und die vielfältigen Fragen, die wir tun müssen, mit einiger Aufmerksamkeit zu erwägen, bevor er bejahet oder verneinet. Denn ein mehreres hat er bei der ganzen Lektion nicht zu tun, als nach Beschaffenheit der Sache zu bejahen oder zu verneinen, und gleichwohl läßt ihn Sokrates alles selbst erfinden. Er setzet nichts mehr bei ihm voraus als den bloßen Begriff von Ausdehnung. Er entdeckt

---

* In Men.

ihm keine Wörtererklärung, keinen Grund- oder Heischesatz, sondern durch bloßes Fragen macht er ihn bald auf dieses, bald auf jenes Glied des zum Grunde gelegten Begriffs aufmerksam und läßt ihn nach und nach den geometrischen Satz samt der Demonstration erfinden. Es ist kein Zweifel, daß er es durch wiederholte Versuche mit der ganzen Mathematik nicht eben also hätte machen können, und man siehet hieraus, daß unsere Begriffe bis auf den letzten Faden, sozusagen, ablaufen, wenn ein Sokrates sich die Mühe nimmt, sie abzuwickeln. – Plato erzählet diese Begebenheit, um daraus zu schließen, daß unser Lernen nichts als ein Erinnern sei, indem Sokrates dem Knaben ja nichts Neues beigebracht und bloß durch Erregung seiner Aufmerksamkeit oder, wie es Plato nennet, *Erinnerungskraft* ihn tiefsinnige Wahrheiten gelehret hat. Dieses heißt in der Sprache der neuern Weltweisen: Durch das Lernen kommen keine neue Begriffe in die Seele, die vorhin nicht darin gewesen sein sollten. Denn die Schlüsse, und vornehmlich die mathematischen, sind nichts anders als Zergliederungen der sinnlichen Eindrücke oder der von denselben abgesonderten Begriffe; daher können sie das Dunkele deutlich machen und das Eingewickelte aufwickeln, aber schlechterdings der Seele nichts Neues beibringen. So liegt z. B. in dem sinnlichen Eindrucke der Ausdehnung der ganze Inbegriff der geometrischen Wahrheiten, die durch Schlüsse nur mehr ans Licht gezogen werden. Nun ist es aber wider die Vernunft, dem sinnlichen Eindrucke, als einer körperlichen Bewegung, die die Seele wahrnimmt, einen so großen Schatz von tiefsinnigen Wahrheiten zuzuschreiben; und wenn man auch dieses objektive zugeben wollte, so ist doch nicht zu begreifen, wie diese unendliche Menge von Begriffen der Seele auf einmal durch ein augenblickliches Anschauen eingetrichtert werden können. Diese Schwierigkeit zu heben, gerät Plato auf den seltsamen Einfall: Unsere Seele habe alles, was sie in diesem Leben erfährt, in einem andern Zustande vorher gelernet und gewußt, und die sinnlichen Eindrückungen wären nur die Anlässe oder die Gelegenheiten, bei welchen sich die Seele des Vergessenen wieder erinnert. Dieses kömmt mit einer gewissen mystischen Lehre der orientalischen Weisen überein, welche gleichfalls behaupten, die Seele habe vor diesem Leben die ganze Welt begriffen, beim Eintritte in dasselbe aber alles wieder vergessen.

So fremde diese Lehre in unsern Ohren klinget, so liegt in derselben doch einige Wahrheit. Die Neuern[12] haben sie auch in der Tat beibehalten und in ihr System gebracht, nur daß sie ihr das Mystische genommen, das ihr ein so widersinniges Ansehen gibt. Sie sagen, da die Vorstellungskraft das Wesen und die innerliche Möglichkeit der Seele ausmachet, so ist eine Seele, die vorhanden ist und schlechterdings keine Vorstellungen hat, ein offenbarer Widerspruch; denn eine Kraft kann sowenig ohne Wirkung sein, sowenig ein Dreieck vier Seiten haben kann.

Die Seele ist also beim Eintritt in dieses Leben keineswegs, wie die Aristoteliker wollen[13], mit einer glatten Tafel zu vergleichen, in welcher die Buchstaben erst eingegraben werden sollen, sondern sobald sie vorhanden ist, muß sie auch Vorstellungen haben, denn nichts anders heißt für eine Seele vorhanden sein. Diese Vorstellungen aber können von der Beschaffenheit der eingewickelten Begriffe sein, davon wir oben gesehen, daß sie allezeit in der Seele, ohne von ihr bemerkt zu werden, anzutreffen sein können. Denn da wir gesehen, daß die menschliche Seele keine Ausdehnung wahrnehmen kann, ohne sich implizite alle geometrischen Wahrheiten vorzustellen: so ist es leicht möglich, daß es einen Zustand der Seele geben könne, in welchem alle ihre Vorstellungen diese Beschaffenheit haben, daß sie von ihr selbst nicht erkannt werden, wie z. B. im Schlafe. Ein unendlicher Verstand, der sich die Seele eines Schlafenden vorstellet, muß in derselben notwendig Vorstellungen wahrnehmen, sonst würde sie nicht vorhanden sein; gleichwohl ist sie selbst ihrer sich alsdenn nicht bewußt und hat keine auseinandergewickelte oder deutliche Vorstellungen. Eine ähnliche Beschaffenheit mag es mit der Seele vor dem Eintritte in dieses Leben gehabt haben. Wenn sie anders vorhanden war, so hat ein unendlicher Verstand notwendig Vorstellungen in derselben wahrnehmen müssen, sie selbst aber kann sich vielleicht ihrer nicht eher bewußt gewesen sein, bis sich die Begriffe in diesem Leben durch Veranlassung der sinnlichen Eindrücke nach und nach entwickelt haben. Man siehet hier den Übergang zu den erhabenen Lehren der neuern Weltweisen[14], daß die Seele niemals aufhöre, sich implizite schlechterdings die ganze Welt, explizite aber nur die Welt nach der Lage ihres Körpers in derselben vorzustellen, daß die sinnlichen Eindrücke nur die Anlässe und Gelegenheiten seien, bei welchen die Vorstellungen der Seele sich entwickeln und wahrgenommen werden, und daß diese Entwickelung der Begriffe in der Seele mit der Entwickelung der Begebenheiten außer derselben vollkommen harmoniere. Jedoch diese Nebenbetrachtung hat mich schon zu weit von meinem Gegenstande abgeführet. Ich kehre zurück.

Die ganze Kraft der geometrischen Gewißheit beruhet also auf der notwendigen Verknüpfung der Begriffe. Man zergliedert nämlich den ursprünglichen Begriff von der Ausdehnung und zeigt, daß dieselbe mit gewissen davon abgeleiteten Folgen in einer unzertrennlichen Verbindung stehe und ohne dieselben einen offenbaren Widerspruch enthalte. Mit einem Worte, man zeigt, daß der ursprüngliche Begriff, den wir von der Ausdehnung haben, mit den davon abgeleiteten Begriffen und Folgerungen, objektive betrachtet, einerlei sei. Denn ob wir gleich eine Ausdehnung wahrnehmen können, ohne die geometrischen Wahrheiten zu denken, die mit derselben verknüpft sind, so erkennet man doch vermittelst einer richtigen Zergliederung der Begriffe, daß sie alle implizite in dem ursprünglichen Begriffe der Ausdehnung enthalten sind und also, objektive betrachtet, von derselben ohne Widerspruch nicht können getrennet werden.

Was hier von der Geometrie gezeiget worden, das gilt von der Mathematik überhaupt. Denn die Ausdehnung ist nichts anders als eine stetige Quantität, deren Teile nebeneinander anzutreffen sind. Wenn die Quantität nicht stetig ist oder nicht als stetig betrachtet wird, so wird die Wissenschaft derselben die Arithmetik genennet. Folgen die Teile derselben nicht neben-, sondern aufeinander, so entstehet die Ausmessung der Zeit, wiewohl man die Zeit, wenn sie ausgemessen werden soll, allezeit entweder durch Zahlen oder durch ausgedehnte Größen auszudrücken pflegt. Die Ursache hiervon wird sich in der Folge zeigen.

Wenn wir die Mathematik von dieser Seite betrachten, welch ein außerordentliches Licht zündet sie uns nicht in der von ihr so weit entfernt scheinenden Seelenlehre an! Welche Tiefe! Jeder gemeine sinnliche Eindruck trägt in seinem Schoße ein unermeßliches Meer von ewigen Wahrheiten.

Jeder Begriff verlieret sich vor unsern Augen in eine Unendlichkeit. Was für große Geister arbeiten seit undenklichen Zeiten an der Entwickelung des sinnlichen Begriffs von der Quantität, und immer entwölken sich ihren Augen neue Aussichten, ungesehene Fernen, die nur ein allsehendes Auge ganz umfasset. Und gleichwohl haben sie bisher den größten Teil ihrer Bemühungen einzig und allein auf die ausgedehnte Quantität eingeschränkt. Von der unausgedehnten Größe oder von derjenigen Quantität, deren Teile weder neben- noch aufeinanderfolgen, sondern ineinanderfallen, als nämlich von den Graden und ihren Ausmessungen, sind bisher nur einzelne dürftige Versuche zum Vorschein gekommen. Was man in den Werken der Neuern von der Ausmessung der Bewegungskräfte, der Geschwindigkeit, der Wärme, des Lichts usw. liest, ist kaum zu dieser Wissenschaft zu rechnen. Denn man hat sich bei der Ausmessung dieser besondern Arten der unausgedehnten Größen noch allezeit des Kunstgriffes bedienen müssen, sie durch Linien und Figuren auszudrücken, um sie dadurch in ausgedehnte Größen zu verwandeln, welches aber unnötig sein würde, wenn man die ersten Grundsätze der unausgedehnten Quantität deutlich auseinandergesetzt hätte. Diese allgemeinen Grundsätze müßten nicht nur auf die angeführten Arten der intensiven Größe, sondern auch auf den Wert der Dinge, auf ihre Möglichkeit, Würklichkeit, Vollkommenheit und Schönheit, auf den Grad der Wahrheit, Gewißheit, Deutlichkeit und innerer Würksamkeit unsers Erkenntnisses, auf die Güte moralischer Handlungen usw. angewendet werden können; denn alle diese Grade sind wahre Quantitäten und also einer Ausmessung und verhältnismäßigen Vergleichung fähig. Wie wenig aber noch von dieser wichtigen Theorie entdeckt worden, ist kaum nötig zu erinnern.

Indessen ist doch nicht zu leugnen, daß es eine solche Theorie geben müsse. Denn erstlich zeigt die tägliche Erfahrung, daß die Menschen mit der natürlichen gesunden Vernunft über die Grade der Dinge Urteile fällen, Vergleichungen anstellen und Verhältnisse einsehen, deren Richtigkeit durch die Erfahrung bestätiget wird. Es gibt also eine natürliche Mathematik der unausgedehnten Größen, und also muß es auch eine künstliche geben. Denn wenn die Gründe dieser natürlichen Wissenschaft deutlich auseinandergesetzt und auf allgemeine Begriffe zurückgeführet werden, so entstehet die verlangte künstliche Größenlehre. Ferner, da die unausgedehnten Größen mit den ausgedehnten in dem Hauptbegriffe der Quantität übereinkommen, aus dem besondern Begriffe der ausgedehnten Größen aber sich durch die Zergliederung eine ganze Reihe von Folgerungen ziehen läßt, die ein bündiges System ausmachen: so muß dieses auch in Absicht auf die unausgedehnten Größen geschehen können. Woran mag es also wohl liegen, daß man hierin noch nichts Erhebliches ausgerichtet hat? Ich glaube, die Schwierigkeiten, die man hier gefunden hat, lassen sich leicht anzeigen.

Zur Ausmessung einer Größe ist die deutliche Erkenntnis von ihren Schranken das notwendigste und fruchtbarste Erfindungsmittel. Eine Größe ohne Schranken ist unermeßlich, daher muß sich aus der Beschaffenheit der Schranken begreifen lassen, auf welche Weise eine Größe auszumessen ist. Man weiß, daß in der Mathematik alle Erfindungen auf der Kenntnis der Figuren oder der Schranken der Ausdehnung beruhen. Nun fallen die Teile der ausgedehnten Größe nebeneinander und lassen sich mit den Sinnen wohl voneinander unterscheiden (nämlich insoweit sie zur Quantität gehören, und ein mehreres ist auch hier nicht nötig); daher lassen sich auch die verschiedenen Teile der Schranken, d. i. die Flächen, Linien und Punkte (welche der stetigen Ausdehnung Grenzen setzen), mit den Sinnen unterscheiden, und indem wir sie einzeln betrachten und hernach in ihrer gehörigen Verbindung zusammennehmen: so erlangen wir einen deutlichen Begriff von der Figur. Diesen deutlichen Begriff zergliedern wir und erlangen Grundsätze und Heischesätze oder Lehrsätze und Aufgaben, nachdem die Folgen unmittelbar oder mittelbar mit der Grundidee verknüpft sind.

Hingegen fallen die Teile der unausgedehnten Größe ineinander und lassen sich durch die Sinne keineswegs voneinander unterscheiden. Daher auch ihre Schranken durch ein bloßes Überdenken nicht deutlich begriffen werden können. Es fällt also hier das fruchtbarste Erfindungsmittel weg, welches in der ausgedehnten Größenlehre so wichtige Dienste leistet, nämlich die Betrachtung der Figuren oder der Schranken der Ausdehnung, ohne welche man in der Mathematik keinen Schritt zu tun imstande ist. Will man endlich die Schranken

einer unausgedehnten Größe kennenlernen, so muß man auf
den Stoff der Größe oder auf die Qualität (denn diese liegt bei
einer jeden Quantität zum Grunde und macht den Stoff derselben aus) zurückgehen und die innern Merkmale derselben
deutlich auseinandersetzen lernen. Allein, wie schwer ist es
nicht, zu dieser abstrakten Einsicht zu gelangen! Ein Beispiel
wird diese Betrachtung ins Licht setzen. Gesetzt, wir wollten
den Grad der moralischen Vollkommenheit eines Charakters
deutlich kennenlernen. Zu diesem Endzwecke zu gelangen
und die Schwierigkeit der Unternehmung deutlicher zu fassen,
wollen wir unser Augenmerk beständig auf die gemeine Mathematik richten, um durch Hülfe der Reduktion[15] zu sehen,
welches Erfindungsmittel zu unserm Vorhaben etwas beitragen kann. Der Stoff der gemeinen Größenlehre ist die
stetige Ausdehnung, ihre verschiedene Merkmale sind Länge,
Breite und Dicke. Zwei derselben (oder die Fläche) sind die
Schranken des Körpers; ein einziges derselben (oder die
Linie) macht die Schranken der Fläche und endlich das Zeichen
der Abwesenheit aller derselben (oder der Punkt) die Schranken der Linie aus. Alle diese Merkmale können durch eine einfache Würkung der Seele, durch das bloße Überdenken unterschieden werden, und also ist es nicht schwer, sich von den
Schranken der ausgedehnten Größe einen deutlichen Begriff
zu machen. Von der angeführten unausgedehnten Größe ist
der Stoff die moralische Güte eines Charakters, die Merkmale
und Schranken dieses Stoffes fallen nicht in die Sinne und
müssen durch den Verstand herausgebracht werden. Ich muß
also auf die Erklärung der moralischen Güte zurückgehen.
Diese bestehet in der *Fertigkeit, seinen Pflichten, der Hindernisse ungeachtet und ohne sinnliche Anlockung, vollkommen
Gnüge zu leisten.* Dieses sind also die Merkmale dieser Quantität, und nunmehr lassen sich auch die Schranken einigermaßen bestimmen. Denn a) 1. je größer die Fertigkeit, 2. je
mehr und 3. wichtiger die Pflichten, 4. je mehr und 5. stärker
die Hindernisse und endlich b) je weniger und 6. schwächer
die sinnlichen Anlockungen, desto größer der Grad der moralischen Güte. Alle diese besondere Merkmale sind abermals
keine ursprüngliche Begriffe und müssen noch ferner zergliedert werden, und erst alsdenn können die unmittelbaren
Folgen oder die Axiomata und Postulata herausgebracht und

außer Zweifel gesetzt werden. Man hat nämlich vor allen Dingen noch die unausgedehnte Größe der Fertigkeit, die ausgedehnte und unausgedehnte Größe (nämlich die Menge und Wichtigkeit) der Pflichten, der Hindernisse und der sinnlichen Reizungen zu erwägen, bevor man festen Fuß fassen und zu einer richtigen Theorie den Grund legen kann. Wundert man sich noch, daß dieses so leicht nicht geschehen kann?

Ich habe hier einen besondern Fall zum Beispiel genommen; allein es hat mit der allgemeinen Betrachtung der unausgedehnten Größe noch weit größere Schwierigkeiten, denn die Merkmale einer Qualität überhaupt sind noch weit abstrakter und liegen in der Natur der Dinge noch tiefer verborgen als die Merkmale der moralischen Qualität insbesondere, die ich zum Beispiel angeführt habe. Ja, es gibt besondere Arten von unausgedehnten Größen, da der Faden der Entwickelung plötzlich abbricht und sich ohne einen Erfindungskunstgriff durchaus nicht weiterkommen läßt. Man bemerkt dieses bei allen Qualitäten sensibilibus außer der Ausdehnung, als z. B. Licht, Wärme, Farbe, Härte usw. Die Merkmale dieser sinnlichen Empfindungen lassen sich weder durch die Sinne noch durch den Verstand auseinandersetzen, und also können auch ihre Schranken auf diese Weise nicht deutlich erkannt werden. Man bedienet sich daher eines Erfindungskunstgriffes. Da die Ursachen allezeit den Würkungen angemessen sind, so nimmt man jene, wo sich diese nicht entwickeln lassen. Statt der Farben z. B. nimmt man die Beschaffenheit des Lichtstrahls, statt der Wärme die Menge und Geschwindigkeit der Feuerteilchen usw. und löset die Begriffe derselben, wo möglich, in ihre ersten Grundideen auf, um vermittelst der Ursachen die Würkungen abzumessen. Wer siehet aber nicht, wie weit alles dieses von dem leichten und ebenen Wege entfernet sei, auf welchem die Mathematik der ausgedehnten Größe dahergehet?

Ebendieselbe Schwierigkeit, sich von der unausgedehnten Größe und ihren Schranken richtige Begriffe zu machen, leget in den Weg zur mathematischen Erkenntnis der Qualitäten noch ein wichtiges Hindernis, das hier betrachtet zu werden verdienet. Dieses bestehet in der Art der Bezeichnung. Der Mathematiker bedarf der willkürlichen Zeichen nicht, denn er kann reelle und wesentliche Zeichen an ihrer Stelle setzen, die ihrer Natur und Verbindung nach mit der Natur und Verbindung der Gedanken übereinkommen. Die Geometrie und die Zahlen- sowohl als Buchstabenrechnung haben diesen Vorzug gemein, doch mit einigem Unterschiede. Die Geometrie hat in ihrer Bezeichnung gar nichts Willkürliches, denn ihre einfachen sowohl als zusammengesetzten Zeichen kommen mit den Gedanken überein. Die Linien sind wesentliches Zeichen der Begriffe, die wir von ihnen haben, und in den Figuren werden diese Linien auf ebendie Art und Weise zusammengesetzt, wie die Begriffe in unserer Seele zusammengesetzt werden. In der Zahl- und Buchstabenrechnung aber sind die einfachen Zeichen, nämlich die Zahlen, Buchstaben und Verbindungszeichen, bloß willkürlich. Allein in den zusammengesetzten Zeichen, als in den Formeln und Gleichungen, ist alles bestimmt, kommt alles genau mit den Gedanken überein.

Man hat also selbst in der Arithmetik nur wenige willkürliche Zeichen und einige Regeln der Verbindung derselben zu lernen, um die Sprache der Arithmetiker- und Algebraisten völlig zu verstehen. Denn außer diesen wenigen einfachen Zeichen und Verbindungsregeln wird nichts der Willkür überlassen, ist alles in den Formeln und Gleichungen so bestimmt wie in unsern Gedanken. In der Geometrie hat man zwar keine willkürliche Zeichen zu behalten, und ebendeswegen fällt die Geometrie den Anfängern fast leichter als die Rechenkunst; allein von einer andern Seite betrachtet, gereichet es dieser letzten Wissenschaft zum Vorteile, daß ihre einfachen Zeichen nicht wesentlich, sondern willkürlich sind. Man kann nämlich in der Geometrie nichts in abstracto bezeichnen, sondern die Zeichen stellen die Sachen immer in concreto vor. Denn da in dieser Wissenschaft auch die einfachen Zeichen wesentlich sind, so kann in einer geometrischen Bezeichnung nichts unbestimmt bleiben, und also ist es immer dieses Dreieck, dieser Zirkel, niemals ein Dreieck überhaupt oder eine Figur überhaupt. In der Buchstabenrechnung aber kann dasjenige unbestimmt bleiben in der Bezeichnung, was in dem allgemeinen Begriffe unbestimmt sein soll; daher ist es in dieser Wissenschaft leichter, zu allgemeinen Notionen zu gelangen, als in der Geometrie.

Hingegen ist in der Bezeichnung der unausgedehnten Größe noch alles willkürlich, indem die einzeln Merkmale derselben

schwer zu unterscheiden und ihre Verbindungsarten noch
schwerer zu bestimmen und auf allgemeine Regeln zurückzubringen sind. Daher ist vorderhand zur Ausmessung der
unausgedehnten Größe nichts bequemer als das Erfindungsmittel, sie durch ausgedehnte Größen zu bezeichnen, welches
in der Dynamik und andern dahin einschlagenden Wissenschaften zu geschehen pflegt. Denn dadurch genießt man die
Vorteile, die eine wesentliche und unwillkürliche Bezeichnung
zur Erfindung und Begreifung der Wahrheit an die Hand gibt.

Man hat gesehen, daß die Gewißheit der geometrischen
Wahrheiten sich nur auf die unveränderliche Identität eines
eingewickelten Begriffs mit denen abgeleiteten entwickelten
Begriffen stütze. Dieses ist der höchste Grad der Gewißheit,
der aber nur in der reinen theoretischen Mathematik stattfindet. Sobald wir von einer geometrischen Wahrheit in der
Ausübung Gebrauch machen, das heißt, sobald wir von bloßen
Möglichkeiten zu Würklichkeiten übergehen wollen, so muß
ein Erfahrungssatz zum Grunde gelegt werden, welcher aus-
sagt, daß diese oder jene Figur, Zahl usw. würklich vorhanden
sei. In dem ganzen Umfange der Mathematik findet sich kein
Beispiel, daß man aus bloß möglichen Begriffen auf die Würklichkeit ihres Gegenstandes sollte schließen können. Die Natur
der Quantität, als des Gegenstandes der Mathematik, widerspricht einem solchen Schlusse. Unsere Begriffe von der Quantität stehen mit andern Begriffen, aber mit keinen Würklichkeiten in einer notwendigen Verbindung. Da man aber dem
Zeugnisse der Sinne trauen und für unleugbar annehmen kann,
daß dieser oder jener Grundbegriff einen würklich vorhandenen Gegenstand habe, so müssen auch die Folgen notwendig vorhanden sein, die aus diesem Grundbegriffe gezogen
worden sind. Denn widersprechende Begriffe haben keinen
würklich vorhandenen Gegenstand. Ich betrachte z. B. eine
vorhandene Figur und bemerke, daß ich jede ihrer Seiten aus
einem Augpunkte betrachten kann, aus welchem sie ganz zu
verschwinden oder einem bloßen Punkte ähnlich zu sein
scheinet; hieraus schließe ich, es sei eine geradlinigte Figur,
und also kommen dieser vorhandenen Figur notwendig alle die
Eigenschaften zu, die von dem Begriffe einer geradlinigten
Figur unzertrennlich sind. Ich zähle ihre Seiten und werde gewahr, daß ihrer drei sind, daher ist diese Figur ein Dreieck,

und ich kann von derselben alles aussagen, was mit dem Be-
griffe eines Dreiecks verknüpfet ist. Ich komme zu den
Winkeln und bemerke, daß einer derselben seinem angrenzen-
den Winkel gleich sei usw. In allen diesen Fällen wird,
vermöge der notwendigen Verknüpfung der Begriffe, aus
Würklichkeiten auf Würklichkeiten, aus einem vorhandenen
Subjekte auf die Würklichkeit der von ihm unzertrennlichen
Prädikate geschlossen. Daß aber ein solches Subjekt vor-
handen sei, davon haben wir keine andere Gewißheit als das
Zeugnis der Sinne.

Durch diese Betrachtung entgehet der Mathematik gleichwohl nichts von ihrer Evidenz. Es wäre höchst ungereimt, von
ihrer Lehrart zu verlangen, daß sie durch die Zergliederung
eines bloß möglichen Begriffs das *Dasein* einer Quantität beweisen sollte, indem keine Quantität schlechterdings notwendig sein kann; ein jedes Ding aber, dessen Dasein aus
einer bloßen Möglichkeit geschlossen werden kann, ist notwendig vorhanden. Überhaupt hat nur die Metaphysik allein,
aber auch diese nur ein einziges Beispiel aufzuweisen, da von
einer bloßen Möglichkeit auf eine Würklichkeit geschlossen
werden kann. In jeder andern Wissenschaft aber, und also
auch in der Mathematik, läßt sich schlechterdings kein Vorhandensein anders beweisen als durch die Sinne.

Wie aber? Setzt man dadurch nicht wenigstens die praktische Mathematik den Angriffen der Zweifler und Idealisten
aus, die den Sinnen nicht trauen und alles, was wir vermittelst
derselben wahrnehmen, für bloße Erscheinungen halten? –
Keinesweges! Sie mögen dieses tun, so müssen sie doch gestehen, daß es in der allgemeinen Verblendung beständige und
auch veränderliche Erscheinungen gebe; ferner, daß gewisse
beständige Erscheinungen allezeit miteinander verknüpft sind,
dergestalt, daß man niemals eine derselben wahrnehmen
kann, ohne versichert zu sein, daß man aus dem gehörigen Gesichtspunkte auch die andere mit ihr verknüpfte Erscheinung
wahrnehmen müsse. Wenn mir eine Figur alle beständigen Erscheinungen eines Dreiecks darbietet und einer von ihren
Winkeln hat die beständige Erscheinung eines rechten Winkels,
so bin ich überzeugt, daß mir die beiden übrigen Winkel zusammen gleichfalls einem rechten Winkel zu gleichen beständig scheinen müssen. Um die wahre Existenz der Dinge

bekümmert sich der Mathematiker niemals. Er beweiset entweder den Zusammenhang der Ideen oder den Zusammenhang der Erscheinungen. Übrigens mag der Metaphysiker ausmachen, ob diese Erscheinungen einen äußern würklichen Gegenstand haben oder nicht. Dem Mathematiker kann es gleichviel gelten; seine Lehre kann durch die Entscheidung dieser unwichtigen Subtilität weder gewinnen noch verlieren.

Ich habe hier von beständigen und veränderlichen Erscheinungen geredet. Man erlaube mir eine kleine Ausschweifung, um diese Begriffe in ein helleres Licht zu setzen. Sie werden in der Folge dieser Abhandlung von keinem geringen Nutzen sein.

Sooft wir einen Gegenstand anders wahrnehmen, als er würklich ist, so sagen wir, es scheine uns nur so, und nennen unsere Vorstellung eine *Erscheinung* (Phaenomenon, apparentia). Ich betrachte z. B. einen Zirkel von der Seite und sehe ihn für eine Ellipsis an; ein Würfel zeigt sich mir in der Ferne wie eine Kugel; eine Pyramide wie ein Kegel; die Sonne erscheinet wie eine Fläche, der Mond wie ein feuriger Körper; ich lasse alle Farben des Regenbogens auf einem Orte so schnell aufeinanderfolgen, daß ich sie nicht unterscheiden kann, und erkenne nichts als die Vermischung derselben oder die weiße Farbe; ich lasse zwo, drei oder mehrere derselben so schnell aufeinanderfolgen und werde eine zusammengesetzte Farbe gewahr, die mit den einfachen, aus welchen sie bestehet, nichts gemein zu haben scheinet; den Gelbsüchtigen scheinen alle Gegenstände gelb, und gewissen Kranken schmecket alles bitter. Alle diese Vorstellungen werden Phänomena oder Erscheinungen genannt, denn man nimmt sie anders wahr, als sie äußerlich würklich vorhanden sind. Die Zweifler sagen: Vielleicht sind alle unsere sinnliche Begriffe nur solche Erscheinungen, ein solcher Sinnenbetrug; denn wir können ja nicht versichert sein, daß diese Gegenstände außer uns so beschaffen sind, wie wir sie vermittelst der Sinne wahrnehmen? Ich habe gesagt, die Mathematiker können dieses *vielleicht* gelten lassen, ohne von der Gewißheit ihrer Wissenschaft das mindeste zu vergeben, und ich will es beweisen. Ich glaube, es werde kein Vernünftiger in Abrede sein, daß es wenigstens zwo verschiedene Arten von Erscheinungen gebe, nämlich beständige und unbeständige. Jene haben ihren

Grund in der innern Beschaffenheit der menschlichen Sinne überhaupt, diese aber in gewissen äußern Zufälligkeiten. In den vorhin angeführten Beispielen liegt der Grund der Erscheinung nicht in den innern wesentlichen Beschaffenheiten unserer Sinne, sondern in dem unrechten Standorte, aus welchem wir die Gegenstände betrachten, in der Schnelligkeit, mit welcher die Gegenstände abwechseln, oder in der verderbten Beschaffenheit der Gliedmaßen und der Säfte. Dieses sind bloße Zufälligkeiten, und also können die Erscheinungen, die sie verursachen, zufällige oder unbeständige Erscheinungen genennet werden. Wenn aber, wie die Zweifler befürchten, alle qualitates sensibiles ohne Unterschied ein Sinnbetrug sein sollten, so müßte der Grund davon in den innern Bestimmungen der menschlichen Sinne anzutreffen sein. Wir müßten uns nämlich die sinnlichen Dinge deswegen so und nicht anders vorstellen, weil unsere Sinne so und nicht anders beschaffen sind. Diese Würkungen des Sinnenbetrugs verdienen also, beständige Erscheinungen genannt zu werden. Nun können die Mathematiker beweisen, daß diese beständige Erscheinungen in einer notwendigen Verknüpfung miteinander stehen, dergestalt, daß ich aus einer derselben auf die Anwesenheit der andern schließen kann. Wenn ich die beständige Erscheinung von einem Dreiecke vor mir habe, so kann ich auf die beständige Erscheinung aller Eigenschaften eines Dreiecks ungezweifelt schließen. Daher bleibt auch in dem System eines Zweiflers oder eines Idealisten nicht nur die reine theoretische, sondern auch die praktische und angewandte Mathematik in ihrem Werte und behält ihre unleugbare Gewißheit.

Zweiter Abschnitt
Von der Evidenz in den Anfangsgründen der Metaphysik

Die Mathematik ist eine Wissenschaft der Größen (quantitatum) und die Weltweisheit überhaupt eine Wissenschaft der Beschaffenheiten (qualitatum) der Dinge. Will man nicht eingestehen, daß die Weltweisheit das leiste, was von einer Wissenschaft gefordert wird, so setze man, die Weltweisheit ist *eine auf Vernunft gegründete Erkenntnis der Beschaffenheiten*. Ich werde in der Folge beweisen, daß diese auf Vernunft gegründete Erkenntnis eine Wissenschaft genennet zu werden verdiene. Allhier betrachte ich nur zuerst den charakteristischen Unterschied zwischen der Mathematik und Weltweisheit, der mit mehrerem in Licht gesetzet zu werden verdienet.

Unsere Seele erkennet an jedem Dinge verschiedene Merkmale und Unterscheidungszeichen, deren Inbegriff das Ding von allen Seiten völlig bestimmt und eine vollständige und ausführliche Erkenntnis desselben enthält. Daß zu diesem Inbegriffe der Unterscheidungszeichen sowohl innere als äußere Merkmale gehören, ist bekannt; allein ich rede hier nur von den innern. Diese können auf zweierlei Weise betrachtet werden: entweder insoweit sie schlechterdings diesem Dinge zukommen oder jenem nicht zukommen, und in dieser Betrachtung nennet man sie Qualitäten, oder man erwägt, ob sie einem Dinge *mehr* oder *weniger* zukommen, und nennt sie Quantitäten. In dieser Erklärung ist alles deutlich, nur die Worte *mehr* und *weniger* bedürfen noch einiger Erläuterung. Dieses sind Schranken der Qualitäten, dadurch sie von andern ihrer Art unterschieden werden. So kann ich z. B. Bewegung von Bewegung durch Geschwindigkeit und Masse unterscheiden, daher machen diese die Quantität der Bewegung aus. Ähnliche Figuren werden durch die Größe unterschieden, Licht von Licht durch Stärke und Lebhaftigkeit, und die Neigungen und Leidenschaften der Seele werden von andern ihrer Art durch den Grad der Heftigkeit erkannt und unterschieden. Alle diese Unterscheidungszeichen geben zu erkennen, ob die Qualität der Sache mehr oder weniger zukomme, und werden Quantitäten genannt. Man begreift hieraus, daß die Quantität, oder das Mehr und Weniger, zwar der Sache innerlich zukomme, aber nicht ohne Vergleichung mit einem andern Dinge begriffen werden könne; angesehen ich niemals das *Wieviel* erkennen kann, ohne den Gegenstand desselben entweder wie einen Teil mit seinem Ganzen oder wie ein Ganzes mit seinem Teile verglichen und gegeneinander gehalten zu haben. Ob aber ein Unterscheidungszeichen schlechterdings einem Dinge zukomme oder nicht zukomme, dazu gehöret weder Vergleichung noch Gegeneinanderhaltung, denn an der Sache selbst läßt sich dieses wahrnehmen und begreifen. So kann ich z. B. die Ausdehnung, das Berühren und Zusammenhängen, Würken und Leiden, das Vermögen zu erkennen, zu begehren und zu verabscheuen, die Zufälligkeit, Notwendigkeit, Möglichkeit usw. entweder schlechterdings betrachten, insoweit sie einem Dinge zukommen oder nicht zukommen, oder ich erwäge dieselben, insoweit sie diesem mehr und jenem weniger zukommen. Ich sage entweder, der Körper hat eine Ausdehnung, der Punkt keine, oder ich vergleiche Körper mit Körper und erwäge, wessen Ausdehnung größer oder kleiner sei. Tue ich jenes, so betrachte ich die Ausdehnung als Beschaffenheit, dieses, als Größe, und mit den übrigen Merkmalen hat es dieselbe Bewandtnis.

Man hat hierbei folgendes nicht aus der Acht zu lassen. Wenn wir im gemeinen Leben sowohl als in der Schule Qualitäten von Quantitäten unterscheiden: so geschiehet dieses bloß in unsern Gedanken, vermittelst der Absonderung; in der Sache selbst aber kann keine zufällige Beschaffenheit ohne Größe und ebensowenig eine Größe ohne Beschaffenheit würklich vorhanden sein. Dieses fließt aus der vorigen Betrachtung ganz natürlich. Ein jedes Merkmal, dessen *Wieviel* oder Quantität ich erwäge, ist an und für sich selbst eine Qualität; denn so wie es einem Dinge mehr oder weniger zukömmt und in dieser Betrachtung eine Quantität zu nennen ist: ebenalso kann es einem Dinge entweder zukommen oder nicht zukommen, in welcher Betrachtungsart es eine Beschaffenheit des Dinges ausmacht. So kann die Ausdehnung oder die Vielheit nicht nur größer oder kleiner sein (und in dieser Betrachtung als stetige und unstetige Größe angesehen werden), sondern auch überhaupt dem Körper und der Zahl zukommen, einem einzigen einfachen Wesen aber nicht zukommen, und folglich machen sie zugleich Beschaffenheiten der Dinge aus. Gleichergestalt haben die Figuren oder die Schranken der Ausdehnung nicht nur ihre Größen, sondern auch ihre Beschaffenheiten, welche zur deutlichen Erkenntnis der Quantitäten unentbehrlich sind, wie aus den Anfangsgründen der Geometrie erhellet. Es ist also einmal erwiesen, daß keine Quantität ohne Qualität vorhanden sein könne.

Es gibt aber auch keine zufällige oder endliche Beschaffenheit ohne Größe. Denn eine endliche Beschaffenheit hat Schranken, und zwar, wie leicht zu erweisen ist, Schranken, die anders sein können, als sie würklich sind. Sie können also der Beschaffenheit bald nähere, bald weitere Grenzen setzen, das heißt in der Sprache der Logik: Sie können von der Realität der Beschaffenheit mehr oder weniger aufheben, wodurch die Quantität oder der Grad der Beschaffenheit bestimmt wird. Daher hat eine jede endliche Qualität auch ihre Quantität.

Man erkennet durch diese Betrachtung die genaue Verwandtschaft und wechselsweise Verbindung der Weltweisheit und Mathematik. Denn da jene eine Wissenschaft der Qualitäten, diese aber der Quantitäten ist, so ist es eine Unmöglichkeit, in einer von diesen Wissenschaften ein Fremdling zu sein und in der andern ausführliche Begriffe zu haben, indem die Qualitäten und Quantitäten unzertrennlich verknüpft sind. Jedoch ist dieses vornehmlich von der Mathematik der unausgedehnten Größe zu verstehn, die ohne tiefe Einsichten in die Beschaffenheiten der Dinge nicht erfunden werden kann, und wiederum ihres Orts, wenn sie einst ans Licht kommen wird, die philosophische Erkenntnis unendlich befördern und erweitern muß. Die gemeine Mathematik hingegen hat es bloß mit der Ausdehnung und Vielheit zu tun, und die Begriffe von diesen beiden Quantitäten lassen sich, insoweit sie zu der Ausmessung der Qualitäten etwas beitragen, ohne sonderliche Schwierigkeit auseinandersetzen, also daß der Fortgang der Weltweisheit mit dem Fortgange der gemeinen Mathematik in keiner so unmittelbaren Verbindung stehet, daß sie sich gegenseitig Vorteile und Beförderungen zu versprechen hätten. Es verstehet sich, daß man deswegen den zufälligen Einfluß nicht leugnet, der der Mathematik in dem Fortgang der

Weltweisheit nicht abgesprochen werden kann, indem sie den Verstand aufheitert und durch anhaltende Übung gewöhnet, die zusammengesetzten Begriffe nach gewissen Regeln zu zergliedern.

So wie es eine reine theoretische Mathematik gibt, die keinen Erfahrungssatz, kein würkliches Dasein zum Grunde legt und bloß zeigt, wie die Begriffe von der Quantität zusammenhängen, ebenalso gibt es einen Teil der Weltweisheit, der, alle Würklichkeit beiseite gesetzt, bloß unsere Begriffe von den Qualitäten der Dinge entwickelt und ihren innern Zusammenhang einsehen lehrt. Alle unsere Begriffe sind wie die Samenkörner der Gewächse, die, so schlecht sie aussehen, dennoch voller innern Tugend sind und Wälder von Schönheit in ihrem Schoße verbergen. Wenn wir einen Begriff unfruchtbar nennen, so ist dieses nur vergleichungsweise zu verstehen, angesehen ein jeder Begriff an und für sich selbst mit unendlichen Wahrheiten in Verbindung stehet und durch die Zergliederung in andere Begriffe und Wahrheiten aufgelöset werden kann. Wer wollte es also leugnen, daß die Begriffe von den Qualitäten der Dinge untereinander und mit andern Erkenntnissen verknüpft sind und daß diese aus jenen durch unleugbare Folgerungen entwickelt und hergeleitet werden können? Wer wird z. B. in Abrede sein, daß folgende beide Sätze so gewiß als je ein Satz in der Geometrie demonstrieret werden können, nämlich daß der notwendigen Substanz die Gerechtigkeit im höchsten Grade, einer zufälligen aber nur in einem eingeschränkten Grade zukomme? Denn da die Gerechtigkeit eine weise Gütigkeit ist, so muß sie dem allerweisesten und dem allergütigsten Wesen im höchsten Grade zukommen. Nun besitzt das notwendige Wesen diese Eigenschaften usw. Der Obersatz ist eine unmittelbare Folge aus der Definition der Gerechtigkeit; der Untersatz hingegen folget aus der Notion eines notwendigen Wesens. Auf die nämliche Weise wird erwiesen, daß keiner zufälligen Substanz die Gerechtigkeit im höchsten Grade zukommen könne, und ebenalso lassen sich noch eine unendliche Menge von Wahrheiten so unleugbar dartun als die Anfangsgründe der Geometrie, maßen die Begriffe der Qualitäten ebensowohl aufgelöset und entwickelt werden können als die Begriffe der Quantität. Es gibt also einen reinen spekulativen Teil der Weltweisheit, in welchem, wie oben von der reinen Mathematik ist dargetan worden, einzig und allein auf die Verbindung der Begriffe und ihren Zusammenhang gesehen wird, und in diesem herrscht dieselbe Gewißheit als in der Geometrie.

Aber so faßlich können die Grundsätze dieser Wissenschaft nicht vorgetragen werden. Die Ursache hiervon ist nicht, wie man insgemein zu glauben pflegt, weil man in der Geometrie der Einbildungskraft durch die Vorbildung der Figuren zu Hülfe kömmt; denn diese würde in Ansehung der Arithmetik wegfallen; sondern es sind ihrer verschiedene, zu deren Anzeigung ich mir durch obige Betrachtungen den Weg gebahnet habe. Denn erstlich fehlet der Weltweisheit bis jetzo noch das Hülfsmittel der wesentlichen Zeichen. Alles ist in der Sprache der Weltweisen noch willkürlich. Die Worte und ihre Verbindungen führen nichts bei sich, was mit der Natur und Verbindung der Gedanken wesentlich übereinkäme. Daher häufen sich die Erklärungen bis ins Unendliche, und eine demonstrative ausgeführte Weltweisheit erlangt, dem ersten Anblicke nach, das Ansehen eines eitelen Wörterkrams. Denn da die Seele in der Bezeichnung nichts findet, wodurch sie ohne willkürliche Assoziation der Begriffe auf die Natur der bezeichneten Sache geführet würde, und daher ihre Aufmerksamkeit ohne Unterlaß auf die einmal festgesetzte willkürliche Verbindung der Zeichen mit den bezeichneten Sachen haften muß, so kann die geringste Achtlosigkeit ihr die Sache aus den Gedanken bringen und bloß die leeren Zeichen zurücklassen, in welchem Falle denn freilich der bündigste Weltweise bloß mit Worten zu spielen scheinen muß. In der Mathematik aber findet dieser Argwohn nicht statt, denn die wesentlichen Zeichen führen uns ohne sonderliche Anstrengung, sooft wir wollen, auf die dadurch bezeichneten Sachen zurück, und ihre Ordnung und Verbindung kömmt mit der Ordnung und Verbindung der Gedanken überein.

Erwägen wir ferner die Natur der Qualitäten, so zeigen sich noch größere Schwierigkeiten. Diese innere Merkmale der Dinge sind so genau miteinander verbunden, daß man keine derselben ohne hinlängliche Einsicht in die übrigen deutlich erklären kann. Wer in der Weltweisheit gänzlich ein Fremdling, der kann die allererste Erklärung nicht deutlich begreifen; denn wenn ich ihm etwa ein innerliches Merkmal A deutlich machen will, und er hat seine Begriffe von den übrigen Merkmalen B, C, usw., die mit diesem A in Verbindung stehen, nicht aufgeklärt, so wird allezeit noch einige Dunkelheit in seiner Seele zurückbleiben. Hieraus begreift man die Notwendigkeit, in der Weltweisheit bei jedem Fortschritte, den man tut, immer zu den Anfangsgründen zurückzukehren. Man tut diese Rückreise niemals ohne großen Nutzen, denn die philosophischen Begriffe werfen sich wechselweise Strahlen der Deutlichkeit zu, die man verfolgen muß. Daher kömmt es auch, daß die Weltweisen selbst, je weiter sie kommen, je mehr sie an den ersten Grunderklärungen zu verbessern finden und daher sich immer einander widerlegen, wenigstens sich einander zu widerlegen scheinen. Denn öfters war es bei dem ersten Weltweisen nur eine Unvorsichtigkeit im Ausdrucke, die sein Nachfolger durch das unaufhörliche Wiederkäuen der ersten Begriffe endlich hat wahrnehmen müssen. Saget einem Anfänger z. B., die Gerechtigkeit sei eine weislich verwaltete Gütigkeit, so wird er weder diese Erklärung begreifen noch die Notwendigkeit einsehen, warum sie so weit hergeholt werden muß. Er wird also anfangs mit der seichten Erklärung zufrieden sein, die Gerechtigkeit sei ein beständiger Wille, einem jeden das Seinige zukommen zu lassen. Wenn er einige Schritte weiter getan hat, so merkt er, daß durch die Worte *das Seinige* nicht das Eigentum verstanden werden kann, sondern überhaupt, wozu jemand ein Recht hat; er setzt also, die Gerechtigkeit sei ein beständiger Wille, einem jeden sein Recht zukommen zu lassen. Allein, noch siehet er nicht, auf welche Seelenfähigkeiten sich diese Tugend gründe. Er fähret also fort: Ein *Recht* ist eine Befugnis oder sittliches Vermögen, sich gewisser Dinge als Mittel zu seiner Glückseligkeit zu bedienen. Wer also die Gerechtigkeit ausübt, der läßt einen jeden sich der erlaubten Mittel zu seiner Glückseligkeit bedienen. Er will also, daß andere neben ihm glückselig sein sollen, aber nur durch erlaubte Mittel und in gehöriger Verhältnis, damit die Endabsicht, die Vollkommenheit des Ganzen, erhalten werde. Wer andere neben sich gerne glückselig siehet, der ist gütig; wer durch die besten Mittel den besten Endzweck zu erhalten sucht, der ist weise. Nunmehr haben sich die Begriffe aufgeheitert, und man siehet gar deutlich, daß die Gerechtigkeit, in ihre Elemente aufgelöset, nichts anders sei als eine mit Weisheit eingerichtete Gütigkeit. Hieraus aber folget auch, daß die Gerechtigkeit eine Realität sei und dem allerhöchsten Wesen in dem allerhöchsten Grade zukommen müsse, welches sich aus der vorigen Erklärung nicht beweisen ließ. Aber was für eine Menge von Erklärungen und willkürlichen Verbindungen der Worte mit den Begriffen gehören noch zu diesem Schlusse? Was für eine Arbeit, wenn alle diese Begriffe der Seele beständig gegenwärtig bleiben und sich niemals in den Schatten der Worte verlieren sollen? Zu diesen Beweisen gehören die Erklärungen von Weisheit, Gütigkeit, Realität, höchstem Grade und höchstem Wesen; zur Erklärung der Weisheit gehören ferner die Begriffe von Vollkommenheit, Mittel und Endzweck; zur Gütigkeit gehören die Begriffe von Glückseligkeit und von dem Begehrungsvermögen, ferner zur Realität –. Doch wozu nützt es, diese Zergliederung weiter fortzusetzen? Genug, daß man siehet, wie sehr die Qualitäten der Dinge ineinander verwebet sind, was für eine Menge von Erklärungen zu dem leichtesten philosophischen Schlusse erfordert werden und wie oft man diese Erklärungen umsetzen muß, wenn sie mit Nutzen angewandt werden sollen.

Und wenn der Weltweise alle diese Schwierigkeiten überstanden, so hat er gleichwohl nichts als gewisse Verwandtschaften der Begriffe entdeckt. Sodenn aber muß der wichtige Schritt ins Reich der Würklichkeiten geschehen. Er muß zeigen, daß der Gegenstand seiner Grundbegriffe, aus welchen er seine Wahrheiten gefolgert hat, würklich anzutreffen sei, damit er aus denselben auf das würkliche Dasein der Folgen schließen könne. Der Mathematiker, haben wir gesehen, kann diesen Schritt gar leicht tun. Er legt das Zeugnis der Sinne zum Grunde seines praktischen Lehrgebäudes und bekümmert sich nicht darum, ob die Sinne Wahrheiten oder bloße Erscheinungen aussagen. In beiden Fällen hat er seinen Endzweck erreicht. Dem Weltweisen aber liegt ob, das Zeugnis der innern und äußerlichen Sinne selbst vor seinem Richterstuhle zu fordern und das Wahre von dem Falschen, das Gewisse von dem Ungewissen zu unterscheiden; und wenn er auf das Zeugnis irgendeines Sinnes bauen will, so muß er vorher dessen Untrüglichkeit außer Zweifel setzen. Gesetzt, er habe erwiesen, daß die Materie nicht denken könne, nämlich er habe dargetan, daß unser Begriff vom Denken dem Begriffe von der

Materie schnurstracks widerspreche. Will er nun hieraus den Schluß ziehen, daß in uns ein einfaches Wesen wohne, das von unserm Leibe unterschieden ist und denkt, so muß er zeigen, daß unserm sichtbaren Körper der Begriff zukomme, den er von der Materie vorausgesetzt, und daß in uns etwas vorhanden sei, dem der Begriff des Denkens in dem Verstande zukomme, in welchem er es genommen. Wenn er unumstößlich gezeigt, daß ein notwendiges Wesen nicht vorhanden sein könne, ohne der Schöpfer und Erhalter aller Dinge außer ihm zu sein, so liegt ihm noch ob, zu beweisen, daß ein solches notwendiges Wesen vorhanden sei. Kurz, es ist dem Weltweisen nicht genug, wenn er, wie der Mathematiker, die notwendige Verbindung zwischen einem Subjekte und seinem Prädikate gezeigt; er muß noch überdem entweder das Dasein des Subjekts oder das Nichtsein des Prädikats außer Zweifel setzen, damit er in dem ersten Falle auf das Dasein des Prädikats, in dem andern auf das Nichtsein des Subjekts schließen könne; denn für die bloße Möglichkeit wissen wir dem Weltweisen keinen Dank, wenn er sie nicht würklich zu machen weiß. Es wird also von dem Weltweisen weit mehr gefordert als von dem Mathematiker. Dieser beweiset bloß die Möglichkeit einer Figur, und aus dieser Möglichkeit entwickelt er die Eigenschaften und Zufälligkeiten der Figur; der Weltweise hingegen soll das würkliche Dasein der Subjekte dartun, um auf die Folgen schließen zu können. Daß dadurch die Überzeugung schwerer gemacht und also die Evidenz verringert werde, ist leicht zu begreifen, indem nichts dem Verstande schwerer ankommen kann als der Übergang von den Begriffen zu den Würklichkeiten.

Man hat in der Weltweisheit zwei verschiedene Wege, auf welchen zu den Würklichkeiten zu gelangen ist. Nach einem derselben legt man zwar, wie in der praktischen Mathematik, einen Erfahrungsgrundsatz zum Grunde, aber einen solchen, davon wir gewiß sind, daß er keine bloße Erscheinung sei, ich meine die innerliche Überzeugung: *Ich denke*, worin, wie wir in der Folge sehen werden, kein Zweifel zu setzen ist, und daraus sich mit Gewißheit schließen läßt: *Also bin ich.* Auf diesen Grundsatz[16] muß sich das ganze philosophische Lehrgebäude aufführen lassen, ohne sich irgend auf ein anderes Zeugnis der äußern Sinne zu stützen. Denn was die Sinne von den äußern Dingen wahrnehmen, ist verdächtig; nur diese einzige innerliche Empfindung: *Ich denke*, hat das Vorrecht, daß man mit völliger Gewißheit von ihr sagen kann, sie sei keine bloße Erscheinung, sondern eine wahre Realität, wie ich solches in der Folge zeigen werde.

Der zweite Weg ist außerordentlich und ohne Exempel. Man gehet mit sichern Schritten aus dem Gebiete der Möglichkeit gerades Weges in das Reich der Würklichkeit, und zwar der allerhöchsten und vollkommensten Würklichkeit, die sich gedenken läßt. So wie in der Geometrie diese beiden Sätze: z. E. ein gleichseitiger Triangel hat gleich große Seiten; ein gleichseitiger Triangel hat gleich große Winkel, unzertrennlich verknüpft sind, ebenso fest und unauflöslich sind folgende Sätze miteinander verbunden: *Das notwendige Wesen ist möglich; das notwendige Wesen ist würklich.* Wenn ich also erweisen kann, daß das notwendige Wesen möglich ist, so habe ich auch seine Würklichkeit dargetan, und es ist bekannt, daß jenes sich beweisen läßt. Diese beiden Übergänge von dem Möglichen auf das Würkliche haben wir dem *Descartes* zu verdanken. Vor seiner Zeit war man gewohnt, auch in der Weltweisheit Erfahrungssätze zum Grunde zu legen, wodurch man den Skeptikern Blöße gab. In der Tat war der Dogmatiker sogleich aufs Haupt geschlagen, sobald ihm der Skeptiker das Zeugnis der Sinne in Zweifel zog und dadurch sein noch so bündiges System in das Land der Chimären verschickte. Was das seltsamste war, so wollte man damals in der Naturlehre a priori und in der Weltweisheit a posteriori schließen. Baco[17] zeigte, daß das Zeugnis der Sinne in der Naturlehre, und des Verstandes in der Weltweisheit, das gültigste sei, und Cartesius wagte es, sein Lehrgebäude von Gott auf dem Grunde der Zweifler selbst zu bauen. Man begreift aber gar leicht, daß alle diese Beweisarten ihre Schwierigkeiten haben und unmöglich so einleuchtend vorgetragen werden können, als zu wünschen wäre. Dieses sind also meines Erachtens die Ursachen, welche die philosophische Überzeugung so schwer machen und der Evidenz im Wege stehen. Doch sind dieses nur die Schwierigkeiten, die in der Sache selbst liegen; es gibt aber in Absicht auf das Subjekt, oder den von philosophischen Wahrheiten zu überzeugenden Menschen, einige wichtige Schwierigkeiten, die nicht zu übergehen sind.

Die Mathematik findet allezeit unparteiliche Gemüter, die den Ausgang einer Untersuchung mit der äußersten Gelassenheit abwarten. Sie verlieren und gewinnen nichts dabei, die Tangente eines Zirkels mag mit dem Durchmesser einen rechten oder einen andern Winkel machen; ihre ganze Lebensart kann die vorige bleiben, wenn sich auch alle Zirkelflächen verhalten wie die Quadrate ihrer Durchmesser; daher interessieren sie sich bloß für die Wahrheit, und die Mathematik hat keinen andern Feind als die Unwissenheit zu besiegen. Hingegen hat die Weltweisheit auch mit Vorurteilen zu kämpfen. Die Lehren derselben haben einen so unmittelbaren Einfluß in unsere Lebensart, Glückseligkeit und Meinungen, daß ein jeder zum voraus Partei ergreift und sich aus vorgefaßten Meinungen ein eigenes System bauet, das sich mit seinen Schwachheiten sehr gut verträgt. An diese Vorurteile gewöhnet sich endlich das menschliche Gemüt so lange, bis sie einen Teil seiner Glückseligkeit ausmachen. Hernach komme die Weltweisheit und vertreibe den Wahn aus dieser mächtigen Schanze. Sie findet nicht nur unwissende, sondern wider sich eingenommene Zuhörer, die nicht überzeuget sein wollen. Ihre Beweisgründe mögen noch so überzeugend, so einleuchtend sein; die Zauberei hat keine Gewalt, wenn sich die Gemüter nicht dazu anschicken wollen und vielmehr durch alle mögliche Gegenmittel dawider verwahren. Das tut zur Sache wenig, wenn man öfters einen flüchtigen Willen hat, der Wahrheit Gehör zu geben; es gehöret hartnäckige Geduld, Ergebung und Selbstverleugnung dazu, alle seine Vorurteile und Lieblingsgedanken durch das Feuer dieser Gottheit zu führen und mit trocknen männlichen Augen abzuwarten, ob sie in Rauch aufgehen oder in verklärter Schönheit wieder hervorkommen werden. Der größte Teil der Menschen gehet mit Wahn und Aberglauben zu Schiffe, des festen Vorsatzes, mit ihnen die Fahrt dieses Lebens zu beschließen. Man bewilliget der Stimme der Vernunft niemals ein Gehör, ohne sich von seinen Vorurteilen, wie Ulysses von den Reisegefährten, anbinden zu lassen und ihnen zum voraus den Befehl zu geben: Je beweglicher ich um meine Loslassung bitten werde, desto fester ziehet die Stricke zusammen, bis wir die Sirene aus den Augen werden verloren haben.

Da ein jeder in philosophischen Sachen Partei ergreift, so glaubt auch ein jeder das Recht zu haben, zu meistern und

Urteile zu fällen. Wer ist der Unwissende, der sich nicht in philosophischen Angelegenheiten für einen befugten Richter hält und sein richterliches Ansehen durch Machtsprüche zu unterstützen weiß? Die Hauptbegriffe, die in der Weltweisheit vorkommen, sind einem jeden im gemeinen Leben so oft vor Ohren gegangen, daß er mit ihnen vertraut genug zu sein glaubet. In der Mathematik hält jeder Unwissende sein Urteil zurück und erwartet den Ausspruch der Kenner. Ja, was sage ich, in der Mathematik? In jeder gemeinen Kunst, in jedem Handwerke wagt außer den Kunstverwandten niemand, ein Werk zu meistern und den Erfahrnen zu widersprechen. Aber in der Weltweisheit, in der Sittenlehre, in der Politik ist jedes Menschen Gesicht dreist genug, das Richteramt zu übernehmen. Jeder Tor mustert Systeme, beurteilet sittliche Handlungen und tadelt Regierungsformen. Was für eine Verwirrung muß aus dieser allgemeinen Anarchie entspringen.

Indessen ist es nicht zu leugnen, daß dieser Anarchie nicht gesteuret werden könne, ohne von der andern Seite den Despotismus mit allen seinen gefährlichen Folgen einbrechen zu sehen. In jeder Republik ist der Geist des Widerspruchs nicht nur eine notwendige Folge, sondern öfters auch eine heilsame Stütze der Freiheit und des allgemeinen Wohlstandes. Nicht jeder Republikaner hat die Fähigkeit, das Ruder zu führen oder dem Steuermann zu raten; aber die Freiheit will, daß jedermann seine Meinung sage, so ungereimt sie auch sei, damit sich niemand einkommen lasse, seinen Eigenwillen für weisen Ratschluß auszugeben und seinen Mitbürgern aufzudringen. Dieselbe Beschaffenheit hat es mit der philosophischen Freiheit. Da nicht jeder die Fähigkeit hat, die Lehrsätze der Weltweisen zu prüfen, so ist es besser, daß er seinen geringen Einsichten gemäß urteile, als daß er einen philosophischen Papst erkenne und blindlings nachgehe, wohin ihn jener führen will. Wer sich über diese Freiheit beklagt, der hegt despotische Absichten und ist ein gefährlicher Bürger in der Republik der Weltweisheit. Man kann aber dennoch daraus abnehmen, was für Hindernisse der philosophischen Evidenz im Wege stehen und woher es komme, daß die Gewißheit, die in den Anfangsgründen der Weltweisheit herrschet, noch keine allgemeine Überzeugung nach sich gezogen hat.

Dritter Abschnitt

Von der Evidenz in den Anfangsgründen der natürlichen Gottesgelahrtheit

Da ich hier die Absicht nicht habe, die Atheisten von dem Ungrunde ihrer Meinung zu überzeugen, sondern vor einer Gesellschaft von wahren Weltweisen die Gewißheit zu schätzen, mit welcher wir das Dasein Gottes und seine Eigenschaften aus der Vernunft erkennen, so kann ich mit gutem Grunde alle Beweisarten, die wir in dieser Wissenschaft haben, als bekannt voraussetzen und mich begnügen, allgemeine Betrachtungen über dieselben anzustellen. Man hat im vorhergehenden gesehen, daß alle unsere Begriffe unendlich fruchtbar sind, indem jeder eine Menge von Folgerungen enthält, die vermittelst unleugbarer Grundsätze davon abgeleitet und entwickelt werden können. Die Begriffe von Gott und seinen Eigenschaften sind noch von einer wunderbarern Kraft. Sie sind so inniglich miteinander verknüpft, daß man nur eine einzige Eigenschaft Gottes vorauszusetzen hat, um alles, was wir von dem Allerhöchsten zu erkennen imstande sind, davon herzuleiten. Eine einzige Kette von Schlüssen verbindet alle Vollkommenheiten dieses urbaren Wesens; seine Selbständigkeit, Unendlichkeit, Unermeßlichkeit, sein vollkommenster Wille, grenzenloser Verstand und uneingeschränkte Macht, seine Weisheit, Vorsehung, Gerechtigkeit, Heiligkeit usw. sind dergestalt wechselweise ineinander gegründet, daß jede von diesen Eigenschaften ohne alle übrigen einen Widerspruch enthalten würde. Es kann sein, daß sich aus gewissen Eigenschaften Gottes das übrige, was wir von ihm erkennen, leichter und faßlicher herleiten läßt, und da diese Faßlichkeit von den Einsichten abhängt, die bei dem zu überzeugenden Menschen vorausgesetzt werden, so gibt es auch verschiedene Methoden, diese Wahrheiten zu demonstrieren, die auf verschiedene Gemüter verschiedene Würkungen tun. In der Sache selbst aber ist hier kein Unterschied, und man mag voraussetzen, welche Eigenschaften man will, so kann man sich von den übrigen vergewissern. Setzet z. B. diese Worterklärung zum voraus: *Gott ist ein Wesen, das den vollkommensten*

Willen hat; der vollkommenste Wille setzet den vollkommensten Verstand zum voraus und erfordert die vollkommenste Macht. Sie bestehet ferner in der Zuneigung zu allem möglichen Guten und Abneigung von allem möglichen Bösen nach Maßgebung ihrer Güte oder Bösheit; hieraus folget die Gerechtigkeit, Gütigkeit und Weisheit. Da er alle diese Vollkommenheiten ohne Grenzen besitzt, so ist er unendlich und folglich einig. Da er den Grund seines Daseins in keinem endlichen Dinge haben kann, außer ihm aber kein unendliches Ding vorhanden sein kann, so hat er den Grund seines Daseins in sich selber, ist also selbständig und notwendig. Ferner, wenn endliche Dinge vorhanden sein sollen, so müssen sie den Grund in ihm haben; denn außer ihm gibt es kein notwendiges Wesen, das den Grund derselben enthalten könnte, und in einem zufälligen können sie nicht hinlänglich gegründet sein. Sollen sie also vorhanden sein, so muß er ihr freiwilliger Erhalter und Schöpfer sein. Er wird ferner – Doch wozu diese umständliche Ausführung, die man in jedem Compendio antrifft? Ich begnüge mich, folgende Anmerkung zu machen.

Diese Anfangsgründe der natürlichen Gottesgelahrtheit haben alle Gewißheit, und beinahe die Evidenz der geometrischen Wahrheiten, solange man auch hier wie in der Geometrie bei der Verknüpfung der Begriffe stehenbleibt und bloß ihre gegenseitige Verwandtschaft zeigt, ohne von den Begriffen auf Würklichkeiten zu schließen. Man siehet den Zusammenhang dieser Begriffe ein und nimmt wahr, daß man keinen derselben ohne alle übrige denken könne, und sobald man nachher durch Offenbarung oder Vernunftschluß von der Würklichkeit einer von diesen Eigenschaften überzeugt wird, so nehmen alle daraus hergeleitete Wahrheiten gleichfalls in dem Gebiete der Würklichkeit ihren Rang ein, so wie ich in der praktischen Geometrie aus der sinnlichen Empfindung eines Dreiecks auf das Dasein aller Eigenschaften schließe, die einem Dreieck zukommen.

Der Atheist, insoweit er noch von dem *Dasein* keiner von diesen Eigenschaften überzeugt ist, verhält sich in Absicht auf diese Theorie wie ein Idealist in Absicht auf die Geometrie. Dieser leugnet das Objekt der Geometrie, gestehet aber dennoch die Verbindung der Begriffe ein, die in der Geometrie gezeigt wird und die er, ohne sich zu widersprechen, nicht leugnen kann. Ebenalso kann jemand die Bündigkeit dieses Systems von Gott und seinen Eigenschaften einsehen und gestehen, aber das Objekt derselben leugnen, solange er nicht auch hiervon vollkommen überzeuget wird.

Bisher ging die Lehre von Gott mit den Anfangsgründen der Geometrie in gleichem Paare; hier aber ist der Punkt, wo sie voneinander abgehen und jene weit mehr leistet, als je von der Mathematik gefordert werden kann, nämlich die gründliche Überzeugung, daß das Objekt ihrer Wissenschaft würklich vorhanden sei. Die Mathematik begnüget sich, wie wir gesehen, an dem Geständnis der Idealisten, daß es wenigstens beständige Erscheinungen gebe, die an gewisse Regeln gebunden sind, und sie zeigt diese Regeln a priori. Der Weltweise aber muß den Grund seines Gebäudes tiefer legen, wenn es unerschüttert stehen soll, denn er muß ein wahres Vorhandensein der Dinge, nicht bloß die Verknüpfung der Begriffe, beweisen, und dieses ist in der Tat der schwierigste Knote, den er aufzulösen hat. Wir haben im vorigen Abschnitte von zweierlei Wegen geredet, auf welchen man in der Weltweisheit überhaupt von den Möglichkeiten zu den Würklichkeiten übergehet, und von der natürlichen Gottesgelahrtheit gilt das nämliche. Man schließet entweder von der Möglichkeit eines notwendigen Wesens auf dessen Würklichkeit oder aus dem unleugbaren Anschauungssatz: *Ich denke,* auf meine Würklichkeit und von dieser auf die Würklichkeit eines notwendigen Wesens, vermittelst des Satzes vom zureichenden Grunde. Die letzte Methode ist unstreitig die leichteste. Jener Schluß von der Möglichkeit auf die Würklichkeit hat zwar hier in unserm Falle, wo von der Möglichkeit des allerhöchsten Wesens die Rede ist, seine völlige Richtigkeit; da er aber der einzige in seiner Art ist und bei keiner andern Gelegenheit stattfindet, so ist er vielen unverständlich. Jedoch, vielleicht liegt die Schwierigkeit mehr in dem Vortrage als in der Sache selbst. Ich will suchen, dem Beweise eine leichtere Wendung zu geben.

Da das Dasein einer Sache überhaupt so schwer zu erklären ist, so lasset uns vom Nichtsein anfangen. Was nicht ist, muß entweder unmöglich oder bloß möglich sein. Im ersten Falle müssen sich seine innere Bestimmungen widersprechen, das heißt, dasselbe Prädikat von demselben Vorwurfe zugleich bejahen und verneinen; im letztern aber werden sie zwar keinen Widerspruch enthalten, es wird sich aber aus denselben nicht begreifen lassen, warum das Ding vielmehr sein als nicht sein soll. Eins wird mit dem wesentlichen Teile desselben sowohl bestehen können als das andere, aus welchem Grunde das Ding möglich genennet wird. Das Dasein eines solchen Dinges gehöret nicht zu seiner innern Möglichkeit, nicht zu seinem Wesen, auch nicht zu seinen Eigenschaften und ist daher eine bloße Zufälligkeit (modus), deren Würklichkeit nicht anders als aus einer andern Würklichkeit begriffen werden kann. Denn eine Zufälligkeit ist eine Bestimmung, die aus der bloßen Möglichkeit weder folget noch begriffen werden kann, deren Würklichkeit sich nicht anders als aus einer andern Würklichkeit erklären läßt. – Ein solches Dasein ist also abhängig, nicht selbständig. Dieses bedarf keines weitern Beweises. – Nun kann dem vollkommensten Wesen ein solches Dasein nicht zukommen, denn es würde seinem Wesen widersprechen, indem ein jeder einsiehet, daß ein unabhängiges Dasein eine größere Vollkommenheit sei als ein abhängiges; daher der Satz: Das allervollkommenste Wesen hat ein zufälliges Dasein, einen offenbaren Widerspruch enthält. – Das allervollkommenste Wesen ist also entweder würklich oder enthält einen Widerspruch. Denn bloß möglich kann es nicht sein, wie vorhin erwiesen worden; daher bleibt für dasselbe nichts weiter übrig als die Würklichkeit oder die Unmöglichkeit.

Soll der Begriff des allervollkommensten Wesens einen Widerspruch enthalten, so muß in den Bestimmungen, die demselben zukommen, etwas zugleich bejahet und verneinet werden. Jede Bestimmung ist entweder eine Realität oder ein Mangel. Jene bejahet, diese verneinet. Es findet also kein Widerspruch statt, außer wenn einer Sache nicht nur Realitäten, sondern auch Mängel und Einschränkungen zugeschrieben werden, und zwar insoweit ich ihr eine Realität und den ihr entgegengesetzten Mangel zuschreibe. Nun werden von dem allervollkommensten Wesen alle Realitäten bejahet, alle Mängel verneinet; daher kann in dem Begriffe desselben kein Widerspruch liegen. Wer da sagt, das allervollkommenste Wesen enthält einen Widerspruch, der widerspricht sich selber, indem das Subjekt alle Mängel verneinet, das Prädikat aber einige bejahet wissen will. Hält aber das allervollkommenste Wesen nichts Widersprechendes in seinem Begriffe, so muß es würklich vorhanden sein, wie aus dem vorigen erhellet.

Man kann sich von derselben Wahrheit auch auf eine andere Weise überzeugen. Man erinnere sich nur aus den Anfangsgründen der Metaphysik, daß eine Sache würklich vorhanden ist, sobald alles Bestimmliche an derselben in der Tat bestimmt, das heißt, sobald von jedem Begriff A, der, überhaupt genommen, dem Dinge sowohl zukommen als nicht zukommen kann, ausgemacht ist, ob er dem Dinge zukomme oder nicht zukomme. Hierin liegt der charakteristische Unterschied zwischen allgemeinen möglichen und einzelnen vorhandenen Begriffen. In jenem ist von vielen Bestimmlichkeiten weder das Ja noch das Nein ausgemacht, sondern unentschieden, und sie können auf die eine sowohl als auf die andere Weise bestimmt werden. Hingegen muß in einzelnen vorhandenen Dingen von allem, was bejahet oder verneinet werden kann, das Ja oder Nein ausgemacht und entschieden sein, und auch umgekehrt, wovon alles bis auf die entferntesten Relationen ausgemacht und entschieden ist, das ist würklich vorhanden. Was also nicht würklich ist, muß entweder *unbestimmbar* oder *unbestimmt* sein. Im ersten Falle enthält es einen Widerspruch und ist unmöglich. Im letztern Falle fehlet es an einem Grunde, woraus zu begreifen wäre, wie und warum es vielmehr so als anders bestimmt sein soll; das heißt, es fehlt an würkenden Ursachen, die das mögliche Ding hervorbringen sollen, denn nichts anders heißt eine würkende Ursache als dasjenige, wodurch ein mögliches Ding alle seine Bestimmungen erhält, die zum würklichen Dasein fehlten. – Nun kann das allervollkommenste Wesen von außen keine Bestimmung erhalten, wodurch es würklich werden sollte, daher ist es entweder kraft seines innern Wesens hinlänglich bestimmt oder unbestimmbar, das heißt, entweder notwendig vorhanden oder schlechterdings unmöglich. Man hat aus dem vorigen gesehen, daß es nicht unmöglich sein kann, daher ist es notwendig vorhanden.

Da die Erörterung des Bestimmten und Unbestimmten in der Weltweisheit von so ungemeinem Nutzen ist, so werde ich mich etwas länger dabei aufhalten. Ein jeder Satz ist entweder wahr oder falsch oder unbestimmt. Wahr ist er, wenn sich aus dem Subjekt entweder schlechterdings oder unter gewissen angenommenen Bedingungen verständlich erklären läßt, daß ihm das Prädikat zukomme. Läßt sich aber aus dem Subjekt entweder schlechterdings oder unter angenommenen Bedingungen dartun, daß ihm das zugeschriebene Prädikat nicht zukomme, so ist er falsch. Läßt sich keines von beiden dartun, so ist er unbestimmt. Ein unbestimmter Satz sagt also nur aus, daß einem gewissen Subjekt ein Prädikat sowohl zukommen als nicht zukommen könne; das heißt, daß weder die Bejahung noch die Verneinung des Prädikats dem Subjekte widerspricht. Wenn ein solcher unbestimmter Satz in einen bestimmten verwandelt werden soll, so müssen zu dem Subjekte solche Bedingungen hinzukommen oder das Subjekt muß unter solchen Umständen betrachtet werden, die entweder die Bejahung oder die Verneinung aufheben und dadurch einen von den entgegengesetzten Sätzen wahr, den andern falsch machen. Folgende Sätze z. B.: *Ein Körper ist ausgedehnet; ein Körper auf unserer Erde ist schwer* sind wahr; denn das erste Prädikat läßt sich schlechterdings aus dem Subjekt, das andere aus dem Subjekt unter der hinzugekommenen Bedingung, daß der Körper auf unserer Erde befindlich, unwiderlegbar dartun. Das Gegenteil von diesen Sätzen ist falsch. Hingegen ist folgender Satz: *Ein fester Körper steigt in einer flüssigen Materie in die Höhe*, unbestimmt, und er kann unter gewissen Bedingungen wahr, unter andern falsch sein. Diese Bedingungen sind, daß der feste Körper entweder schwerer oder leichter sei als die Masse der flüssigen Materie, die seinen Raum einnimmt. Sobald diese Bedingung hinzukommt, so wird der unbestimmte Satz in einen bestimmten verwandelt, und statt er vorhin entweder wahr oder falsch sein konnte, wird nunmehr ausgemacht, entweder daß er wahr oder daß er falsch sei.

Sooft etwas Bestimmliches bestimmt und also ein unbestimmter Satz in einen bestimmten verwandelt wird, so muß sich von dieser Bestimmung Grund angeben lassen. Das heißt, ich muß die Bedingung des Subjektes anführen können, aus welcher zu begreifen ist, wie der Satz nicht unausgemacht, ob wahr oder falsch, sondern ausgemacht und bestimmt, entweder wahr oder falsch, sei. Diese Bedingung und die daraus folgende Bestimmtheit des Satzes muß an und für sich selbst vorgestellt und begriffen werden können, gesetzt auch, daß menschliche Kräfte nicht hinreichen, sie einzusehen; denn hier ist die Rede nicht von dem, was dieses oder jenes Subjekt begreifen kann, sondern von dem, was an und für sich selbst begreiflich ist. Ein jeder aber wird gestehen, daß alles, was an und für sich selbst unbegreiflich ist, auch unmöglich sein müsse. Die ausführliche Erkenntnis dieser Bedingung und der daraus folgenden Bestimmtheit dieses Satzes nennt man *den zureichenden Grund*. Es hat also jede Bestimmung ihren zureichenden Grund, das heißt, eine jede Bestimmung setzt eine Bedingung des bestimmlichen Subjekts voraus, aus welcher sich begreifen läßt, warum es vielmehr so als anders bestimmt wird. Da nun an einem würklich vorhandenen Dinge, wie wir oben gesehen, nichts unausgemacht sein kann, sondern von allem, was ihm zukommen kann, bestimmt und ausgemacht sein muß, entweder daß es ihm zukomme oder daß es ihm nicht zukomme, so kann ich von jedem würklichen Dinge eine unendliche Menge von Sätzen formieren, die alle ihre bestimmte Wahrheit haben; die ihnen entgegenstehenden Sätze aber sind alle ausgemacht falsch. Von jedem dieser Sätze läßt sich ein zureichender Grund der bestimmten Wahrheit anführen, läßt sich nämlich begreifen, wie durch eine gewisse Bedingung des Subjekts ausgemacht werde, ob ihm das Prädikat zukomme oder nicht zukomme. Die ausführliche Erkenntnis aller dieser Bedingungen, aus deren Inbegriff die omnimoda determinatio individui fließt, heißt der zureichende Grund des Daseins einer Sache, ratio sufficiens existentiae, actualitatis entis.[19]

Man betrachte folgende Sätze: *Das notwendige Ding existieret; zufällige Dinge existieren*. Die Bedingungen, aus welchen sich alle zum Dasein eines notwendigen Wesens nötige Bestimmungen folgern lassen, liegen in dem Wesen desselben. Das Prädikat des ersten Satzes ist also schlechterdings in dem Subjekt gegründet; daher hat das notwendige Wesen den Grund seines Daseins in sich selbst. Hingegen sind zufällige Dinge vermöge ihres Wesens noch in vielen Stücken unbestimmt, und es müssen von außen zu dem Subjekt noch gewisse Bedingungen hinzukommen, bevor sich die durchgängige Bestimmung, die zu ihrer Würklichkeit erfordert wird, begreifen läßt. Diese Bedingungen sind die freiwillige Schöpfung und Erhaltung eines selbständigen Wesens, ohne welche die durchgängige Bestimmung eines zufälligen Dinges unmöglich zu begreifen und verständlich zu erklären ist; daher haben die zufälligen Dinge den Grund ihres Daseins in dem Willen eines notwendigen Wesens.

Dieser Satz des zureichenden Grundes gründet sich, wie man gesehen, allerdings auf den Satz des Widerspruchs. Es ist schlechterdings unmöglich, daß eine Bestimmung wahr und unbegreiflich sein sollte. Ein Satz, der wahr ist, muß sich entweder aus dem Wesen oder aus den Bedingungen des Subjekts erörtern lassen. Wenn beides nicht geschehen kann, so ist der Satz unbestimmt. Es ist also schlechterdings unmöglich und widersprechend, daß etwas ohne zureichenden Grund sollte bestimmt sein können. Daraus folgt aber keineswegs, daß alles, was durch einen zureichenden Grund bestimmt ist, auch schlechterdings notwendig sei. Das Dasein zufälliger Dinge ist nicht schlechterdings, sondern nur unter der Bedingung notwendig, daß sie Gott erschaffen und erhalten wolle. Das wahre Kennzeichen der absoluten und bedingten Notwendigkeit ist dieses: Wenn die Bedingungen des Subjekts, aus welchen das Prädikat gefolgert wird, das Dasein eines andern Subjekts voraussetzen, so ist der Satz hypothetisch notwendig; bedarf es aber des Daseins keines andern Subjekts, um aus den Bedingungen des vorhandenen Subjekts das Prädikat zu folgern, so ist der Satz schlechterdings notwendig. So ist das Dasein Gottes schlechterdings notwendig; denn der Satz: Gott ist vorhanden, setzt in den Bedingungen des Subjekts kein Dasein eines andern Subjekts voraus, um das Prädikat dadurch zu bestimmen. Hingegen setzt der Satz: Zufällige Dinge existieren, unter den Bedingungen des Subjekts, die den Satz wahr machen, das Dasein und sogar den Willen Gottes zum voraus; daher ist das Dasein der zufälligen Dinge nicht schlechterdings notwendig.

Aber wie? Ist dieser Satz des zureichenden Grundes allgemein, und leidet er in Ansehung der freiwilligen Entschließungen vernünftiger Wesen keine Ausnahme? Dieser Frage will ich eine andere entgegensetzen: Kann in Ansehung der freiwilligen Entschließungen vernünftiger Wesen etwas wahr und dennoch schlechterdings unbegreiflich sein? – Ist aber dieses unmöglich, so können auch alle Geisteskräfte nichts wahr machen, das unbegreiflich ist, nichts bestimmen, davon nicht wenigstens ein unendlicher Verstand Grund anzeigen könnte, warum es vielmehr so als anders bestimmt ist. Wenn sich also ein vernünftiges Wesen wozu entschließen, und zwar freiwillig entschließen soll, so muß, indem es sich entschließt, ein unendlicher Verstand aus einem innern Zustande erklären können, warum es sich vielmehr so als anders entschließt. – Also haben unsere freiwillige Entschließungen selbst ihre zukünftige Gewißheit? – Allerdings: und dieses ist nicht zu leugnen; denn wenn sie nicht objektive ihre ausgemachte Gewißheit hätten, so würde auch alle Wahrscheinlichkeit in Ansehung derselben verschwinden. Wenn in der Seele eines Tugendhaften nicht die ausgemachte Gewißheit läge, daß er sein Vaterland nicht mutwillig verraten wird, so wäre solches auch mit keinem Grunde der Wahrscheinlichkeit aus seinem Charakter zu schließen. Was subjektive wahrscheinlich ist, muß objektive seine ausgemachte Gewißheit haben. Da sich also aus dem Charakter eines Menschen verschiedenes mit Grunde vermuten läßt, so müssen unsere freiwillige Entschließungen allerdings ihre vorherbestimmte Gewißheit haben. Diese drei Sätze: 1. Ein Stein, der nicht unterstützt wird, fällt zu Boden; 2. was einen Eindruck in die Gliedmaßen meiner Sinne macht, das empfinde ich; 3. ich werde meinen Freund, solange mir meine Sinne bleiben, nicht verraten; diese drei Sätze, sage ich, sind alle voll unstreitiger Gewißheit, denn aus dem Subjekt läßt sich unter gewissen Bedingungen das Prädikat folgern und mit Zuverlässigkeit schließen. Aber diese Zuverlässigkeit selbst ist von verschiedener Natur; denn entweder gehöret zu den Bedingungen des Subjekts, die das Prädikat notwendig machen, unter andern auch eine lebendige Erkenntnis des Guten und Bösen oder nicht. Jene wird die moralische, diese aber die physikalische Notwendigkeit genennt. Daß ein Stein in freier Luft zu Boden falle, daß auf einen äußern Eindruck in die Gliedmaßen der Sinne eine Empfindung folge, diese Sätze lassen sich beweisen, ohne in dem Subjekt eine oder die andere Erkenntnis des Guten und Bösen vorauszusetzen, daher sind sie physikalisch gewiß. Daß ich aber meinen Freund nicht verraten würde, dieses setzt unter den Bedingungen des Subjekts vornehmlich dieses voraus, daß ich es nach meiner pragmatischen Erkenntnis vom Guten und Bösen notwendig gut finden muß, meinen Freund nicht zu verraten, und also enthält dieser Satz eine moralische Gewißheit oder Notwendigkeit. Eine Selbstbestimmung, die sich aus der Erkenntnis des Guten und Bösen erklären läßt, ist eine *willkürliche* und, wenn diese Erkenntnis deutlich ist, eine *freiwillige Entschließung*.

Es stehet in meiner Freiheit, ob ich die Augen auftun will oder nicht; wenn ich sie aber auftue, so stehet es nicht mehr bei mir, ob ich die sichtbaren Gegenstände sehen will oder nicht. – Diese Sätze erkläre ich folgendergestalt: Daß ich meine Augen auftue oder verschließe, läßt sich nicht anders verständlich erklären als aus der vorausgesetzten Bedingung, daß ich dieses oder jenes gut finde; diese Handlung setzt also gewisse praktische Begriffe des Guten und Bösen voraus und ist *willkürlich*, öfters auch freiwillig. Daß ich aber mit offenen Augen die sichtbaren Gegenstände sehe, dieser Satz setzt in den Bedingungen des Subjekts unmittelbar kein Gutfinden oder Nichtgutfinden, keine Erkenntnis des Guten und Bösen voraus; daher ist das Sehen der Gegenstände, wie jedermann gestehet, nicht unmittelbar willkürlich und um soviel weniger freiwillig. –

Ich sehe hier den Weg zu unendlichen Ausschweifungen vor mir. Eine fernere Untersuchung, was Freiheit und Zurechnung, Lob und Tadel, Belohnung und Strafe, Beleidigung und Genugtuung sei, könnte mir zu mancher nützlichen Anmerkung Gelegenheit geben. Da sie mich aber in ein Labyrinth verwickeln würde, aus welchem kein Ausgang ist, wenn man nicht alle seine Krümmungen durchwandelt, so würde ich allzuweit von meinem Ziele abkommen. Ich breche daher ab und kehre zu dem Satze des zureichenden Grundes zurück.

Dieser herrliche Grundsatz ist das Band, welches alle ersinnliche Wahrheiten verbindet. In dem Verstande Gottes ist alles *Wissenschaft*, hängen alle mögliche Wahrheiten so zusammen wie die Sätze einer geometrischen Demonstration. In unserm Verstande ist zwischen Möglichkeit und Würklichkeit allezeit eine entsetzliche Kluft, indem wir niemals alle mögliche Bestimmungen eines Dinges verständlich erklären können und daher das Dasein zufälliger Dinge nicht anders als aus der Erfahrung haben können. Ein unendlicher Verstand aber kann alle mögliche Bestimmungen würklicher Dinge auf das allerdeutlichste erklären und daher ihr Dasein, wenn ich vom

Unendlichen menschlich reden darf, a priori beweisen. Daher hängen in ihm, vermöge des Satzes vom zureichenden Grunde, die Möglichkeiten und Würklichkeiten auf das allergenaueste zusammen, und alle Wahrheiten machen ein einziges Ganze, eine einzige Wissenschaft, eine unendliche Demonstration aus, die der Allerhöchste mit einem Blicke übersiehet. Gesetzt, es könnte etwas ohne allen Grund vorhanden sein, so wäre das Dasein desselben eine Wahrheit, die mit keiner andern Wahrheit verknüpft ist, eine isolierte Insel im Reiche der Wahrheiten, zu welcher auf keinerlei Weise zu gelangen ist. Sie kann also auch kein Gegenstand des unendlichen Verstandes werden; denn wie die Eigenschaften Gottes auf das vollkommenste übereinstimmen, so harmonieren auch alle seine Einsichten und machen ein systematisches Ganze aus, in welchem sich eins aus allem und alles aus einem vernünftig erklären läßt. Keine abgesonderten Trümmer, keine Lücken finden in diesem unendlichen System Platz, gehören nicht zum Gegenstande der göttlichen Erkenntnis und sind schlechterdings unmöglich.

Diese erhabene Harmonie der Wahrheiten etwas deutlicher zu begreifen, erwäge man folgende Betrachtung. Eine jede Naturbegebenheit hat einen dreifachen Grund: Sie läßt sich einmal aus der göttlichen Macht begreifen, die sie aus dem Nichts hervorbringt, und ohne diesen Grund ist sie schlechterdings unmöglich. Sie hat aber auch ihren Grund in dem System der göttlichen Absichten, und auch dieses wird zu ihrem Dasein notwendig erfordert; denn Gott würde sie nicht hervorbringen wollen, wenn er sie nicht gut fände. Endlich läßt sich auch ihr Dasein aus den würkenden Ursachen in der Natur begreiflich machen, und diesen Grund kann sie allenfalls entbehren. Denn Gott kann, was seinen Absichten gemäß ist, durch ein Wunderwerk hervorbringen, dessen Dasein sich aus keinen causis secundariis verständlich erklären läßt. Die göttlichen Absichten harmonieren mit den Würkungen seiner Macht auf das allervollkommenste, denn er bringt nichts hervor, das nicht seinen Absichten gemäß ist, und es ist nichts seinen schlüßlichen Absichten gemäß, das er nicht hervorbringt. Aber auch das System der würkenden Ursachen, solange Gott den Lauf der Natur durch kein Wunderwerk unterbricht, harmonieret auf das allervollkommenste mit seinen Absichten. Sie bringen keine Realität hervor, die nicht seinen Absichten gemäß ist, und er hat sie dergestalt eingerichtet, daß sie seine endliche Absichten auf das allergenaueste erfüllen. Dieses streitet keinesweges mit der Zulassung des Bösen, wie solches bereits von andern weitläufig gezeiget worden ist.

Hieraus läßt sich mit wenigem entscheiden, in welchem Falle der Satz des zureichenden Grundes uns auf notwendige und in welchem Falle er uns auf hypothetische Wahrheiten leite. Manche Weltweisen haben sich in dieser Verwirrung nicht zu helfen gewußt und daher in der Anwendung dieses Grundsatzes unsägliche Schwierigkeiten zu finden geglaubt. Allein nach obigen Betrachtungen ist nichts leichter, als diese Fälle zu unterscheiden. Daß alles seinen Bestimmungsgrund haben müsse, ist eine schlechterdings notwendige Wahrheit. Sie leidet nicht die geringste Ausnahme und erstreckt sich sogar bis auf den Ratschluß Gottes, in welchem gleichfalls ohne Bewegungsgrund unmöglich etwas beschlossen werden kann. Was einen Bestimmungsgrund hat, kann notwendig und auch zufällig sein, nachdem dieser Bestimmungsgrund in einer bloßen Möglichkeit oder in einer Würklichkeit anzutreffen ist. Denn was sich aus einer bloßen Möglichkeit erklären läßt, das ist schlechterdings notwendig. Wessen Dasein aber nicht anders als aus einer angenommenen Würklichkeit begriffen werden kann, das ist abhängig und folglich zufällig. Das notwendige Wesen erfordert zu seinem Dasein nur einen einzigen Grund, und dieser liegt in seiner innern Möglichkeit. Die zufälligen und abhängigen Dinge erfordern einen dreifachen Grund: 1. eine unmittelbare würkende Unterursache, und diese ist nicht nur an sich selbst zufällig, sondern auch allenfalls entbehrlich; 2. eine mittelbare würkende Ursache, die aus dem Nichts hervorbringen und erhalten kann, diese ist unentbehrlich und wird also notwendig erfordert; sie macht aber gleichwohl das Dasein der zufälligen Dinge nicht notwendig; und endlich 3. eine Endursache, ohne welche das höchste Wesen keinen Bewegungsgrund gehabt haben kann, sie hervorzubringen. Auch diese wird schlechterdings notwendig erfordert, kann aber gleichwohl nichts schlechterdings notwendig machen.

Wir haben also zwei verschiedene Grundsätze, auf deren jeden ein Lehrgebäude der natürlichen Gottesgelahrtheit aufgeführet werden kann. Der erste ist: Was nicht vorhanden ist, muß entweder einen Widerspruch enthalten oder keinen Bestimmungsgrund haben, das heißt, nach unsern Erklärungen, entweder *unbestimmbar* oder *unbestimmt* sein. Das allerhöchste Wesen kann weder unbestimmbar noch unbestimmt sein, denn es enthält keinen Widerspruch, und was ihm zukommen kann, ist durch seine innere Möglichkeit notwendig bestimmt; daher ist das allerhöchste Wesen notwendig vorhanden.

Der zweite Grundsatz ist dieser: Zufällige Dinge müssen den Grund ihres Daseins mittelbar in einem notwendigen Wesen haben; ich bin ein zufälliges Ding, also usw. Der Untersatz ist aus zween Aussagungen zusammengesetzt: *Ich bin vorhanden, ich bin ein zufälliges Wesen.* Die Wahrheit dieser beiden Aussagungen, sagt Cartes, kann kein Skeptiker in Zweifel ziehen; denn wer zweifelt, ist vorhanden, und wer nicht alles gewiß weiß, der ist ein zufälliges Ding.

Überhaupt kann der Skeptiker wohl in Zweifel sein, ob die Dinge außer uns so sind, wie wir uns dieselben vorstellen, oder ob sie uns nur so scheinen. Daß wir sie uns aber vorstellen und daß sie uns so und nicht anders scheinen, darin findet kein Zweifel statt. Dieses ist also die unleugbarste Erfahrung, auf welche sich die Vernunft stützen kann, und sie muß unstreitig siegen, wenn sie ohne fernern Beistand der Sinne aus dieser einzigen Grunderfahrung alle ihre Waffen schmiedet.

Sie kann aber aus dieser Grunderfahrung noch eine wichtige Folge ziehen, die in der Lehre von Gott und seinen Eigenschaften von ungemeinem Nutzen ist. Wir wissen von den Eigenschaften der Dinge außer uns niemals mit überzeugender Gewißheit, ob sie Realitäten oder bloße Erscheinungen sind und im Grunde sich auf Negationen stützen; ja von einigen haben wir Grund zu glauben, daß es bloße Erscheinungen sind. Daher können wir keine von diesen Eigenschaften dem allerhöchsten Wesen zuschreiben, und einige müssen wir ihm schlechterdings absprechen. Von der letzten Gattung sind alle qualitates sensibiles, von welchen wir mit Grunde glauben, daß sie außer uns nicht so anzutreffen sind, wie sie uns vermöge unserer sinnlichen eingeschränkten Erkenntnis scheinen, und also keine Realitäten sind. Man kann diesen Schluß auch umkehren: Was dem allerhöchsten Wesen nicht zukömmt, das kann keine Realität sein, denn ihm kommen alle mögliche

Realitäten im höchsten Grade zu. Hieraus folget ganz natürlich, daß die Ausdehnung, Bewegung und Farbe bloße Erscheinungen und keine Realitäten sind; denn wären sie Realitäten,
so müßten sie dem allerhöchsten Wesen zugeschrieben werden.
Die Geschichte der Weltweisheit zeiget auch, daß verschiedene Weltweisen auf den Irrtum verfallen sind, dem allerhöchsten Wesen die vollkommenste Ausdehnung zuzueignen[20], und
einige haben sogar die vollkommenste Figur aufgesucht, die
ihm zugeschrieben werden könne. In der Tat ist diese Ungereimtheit nicht zu vermeiden, sobald man Figur und Ausdehnung für etwas Würkliches, für Realitäten, halten will. Die
letzte Zuflucht war zu einer unendlichen Ausdehnung, die man
dem höchsten Wesen mit Anstand zuschreiben zu können
glaubte. Allein die Ungereimtheiten und Widersprüche, die
auch aus dieser Hypothese folgen, nötigen uns, die Ausdehnung überhaupt von den Realitäten auszuschließen und sie
als ein bloßes Phänomenon anzusehen. Es gibt zwar Realitäten
in der Natur, auf welchen sich diese Erscheinung gründet;
allein diese sind nichts weniger als ausgedehnt, sondern einfach, und was an ihnen würklich ist, das kömmt dem höchsten
Wesen in der Tat in summo gradu zu. Aber die Erscheinungen,
die wir an denselben wahrnehmen, müssen dem allerhöchsten
Wesen schlechterdings abgesprochen werden, denn sie stützen
sich auf das Unvermögen unserer Erkenntnis und kommen den
Dingen nicht so zu, wie wir derselben wahrnehmen.

Aber welches sind denn die Eigenschaften der Dinge, von
welchen wir mit Gewißheit sagen können, daß sie würkliche
Realitäten sind? Keine andere als die Fähigkeiten unserer
Seele. Unser Erkenntnisvermögen z. B. kann unmöglich eine
Erscheinung sein. Denn eine Erscheinung ist nichts anders als
ein Begriff, dessen Beschaffenheit zum Teil aus dem Unvermögen unserer Erkenntnis erkläret werden muß. Es sind
zusammengesetzte Vorstellungen, die wir nicht auseinandersetzen können und daher anders wahrnehmen, als sie würklich
sind. Wir haben am Ende des ersten Abschnittes gesehen, daß
alle Phänomena ihren Grund haben in der angebornen oder
verderbten Beschaffenheit unserer Sinne, in dem Augpunkte,
aus welchem die Gegenstände betrachtet werden, in einem
falschen Urteile des sinnlichen Beurteilungsvermögens, mit
einem Worte, in den Einschränkungen unserer Vorstellungs-

kraft. Aber unsere Vorstellungskraft selber und alle verschiedene Fähigkeiten, die von derselben hergeleitet werden, können ihren Grund nicht in den Einschränkungen dieser Vorstellungskraft haben, sind also wahre Realitäten. Daher können wir dem allerhöchsten Wesen alle unsere Erkenntnisvermögen, wenn wir von den Mängeln und Unvollkommenheiten abstrahieren, die ihnen ankleben, mit Rechte zuschreiben und also in ihm die unergründliche Vernunft, Weisheit, Gerechtigkeit, Gütigkeit und Barmherzigkeit verehren.

Von der andern Seite wissen wir, daß die Erscheinungen, die wir von den körperlichen Dingen haben, sich auf gewisse Realitäten gründen müssen, die wir uns unrichtig vorstellen, denn von bloßen Negationen läßt sich kein Begriff bilden. Diese Realitäten können keine Ausdehnungen sein, denn die Ausdehnung selbst ist ein Phänomen. Sie sind also einfach. Aber was für Eigenschaften haben sie? *Leibniz* sagt, sie haben die Eigenschaften, die uns einzig und allein als Realitäten bekannt sind, *Vorstellungsvermögen;* und er glaubt erklären zu können, wie aus der Verwirrung dieser Realitäten die Erscheinungen entspringen, die wir von den Körpern haben. Es ist hier der Ort nicht, mich über diese Meinung zu erklären. Ich habe nur die an meine Materie angrenzenden Teile mit Außenlinien bezeichnen wollen. Eine umständlichere Beschreibung gehöret nicht zu meinem Vorhaben.

Ich habe bisher bloß von zwoen Beweisarten vom Dasein Gottes geredet und bewiesen, daß sie eine völlige demonstrative Überzeugungskraft haben. Meine Absicht ist aber keinesweges, deswegen auf alle übrige Beweisarten Verzicht zu tun, die von verschiedenen Weltweisen mit glücklichem Erfolge sind ausgeführet worden. Denn da die Lehre von Gott nicht nur überzeugen, sondern auch rühren, das Gemüt bewegen und zu einem dieser Lehre gemäßen Wandel antreiben soll, so ist es mit den bloß demonstrativen Beweisgründen nicht genug, sondern das Leben der Erkenntnis muß durch eine Menge von überführenden Gründen angefeuert werden. Die praktische Überzeugung gehet hierin von der bloß theoretischen ab. Diese begnügt sich mit der trockensten Demonstration, mit der bloß deutlichen Erkenntnis, jene aber erfordert nicht ausdrücklich Deutlichkeit und Gewißheit, sondern vornehmlich eine lebendige, würksame Erkenntnis, einen starken und lebhaften Eindruck in das Gemüt, dadurch wir angetrieben werden, unser Tun und Lassen dieser Erkenntnis gemäß einzurichten. Jede Wahrscheinlichkeit, jeder beredende Beweisgrund trägt zu diesem Leben der Erkenntnis etwas bei, hilft seine Energie vermehren, wie ich in dem letzten Abschnitte weitläuftiger auseinandersetzen werde. Daher muß kein Verehrer der Gottheit den mindesten Beweisgrund verwerfen, der nur einige Überredungskraft mit sich führet. − Man kann die Gründe, auf welchen diese andersweitige Beweisarten sich stützen, in folgende Hauptklassen einteilen: 1. die Schönheit und Ordnung in den sichtbaren Teilen der Schöpfung, sowohl in ganzen Weltsystemen und ihrem Zusammenhange als in einzelnen besondern Teilen auf unserer Erde, 2. die Schönheit und Ordnung in den Gesetzen der Bewegung und endlich 3. die unleugbaren Absichten in der Natur, in allgemeinen und besondern, in ordentlichen und außerordentlichen Naturbegebenheiten, dahin auch die Schicksale gewisser Staaten und sogar die Begebenheiten einzelner Personen zu rechnen sind. Denn auch aus diesen, wenn sie im ganzen betrachtet werden, leuchten öfters die weisesten Absichten hervor, die durch wunderbare Mittel erhalten worden sind.

Es ist nicht zu leugnen, daß diesen Beweisarten noch vieles zur demonstrativen Gewißheit fehlet. Was die Schönheit und Ordnung betrifft, nicht zu gedenken, daß erst dargetan werden muß, daß sie nicht notwendig, sondern zufällig sei: so kann man, wenn auch dieses geleistet wird, dennoch nichts mehr daraus folgern, als daß es eine weise und gütige Ursache dieser Ordnung und Schönheit gäbe, aber nicht, daß diese allweise und allgütige Ursache alles außer ihr aus dem Nichts hervorgebracht, erschaffen habe. Vielleicht hat Gott, wie einige von den Alten geträumet, ein Chaos vorgefunden, in welches er Ordnung und Schönheit hineingeleget hat. Vielleicht hat er der unordentlichen Bewegung, die in diesem Chaos anzutreffen gewesen, nur ordentliche und übereinstimmende Gesetze vorgeschrieben. Diese Einwürfe lassen sich widerlegen, das gestehe ich, aber nicht mit der siegenden Kraft, mit welcher man eine echte Demonstration verfechten kann.

Was die Absichten der Dinge betrifft, so können aus denselben nichts anders als höchstwahrscheinliche Schlüsse gezogen werden. Denn solange wir nicht von dem Dasein eines vernünftigen Wesens überzeugt sind, das auf diese oder jene Würkung sein Absehen gehabt, so können wir nur aus den Umständen *vermuten*, daß die Würkung wohl eine Absicht eines vernünftigen Wesens gewesen sein müsse; wenn nämlich viele besondere Ursachen zu wiederholten Malen auf ebendieselbe Weise zusammenkommen, eine Würkung hervorzubringen, die der Schicklichkeit gemäß ist und mit dem Ganzen übereinstimmt. Je mehr Ursachen, je öfter sie zusammenkommen und je schicklicher und der Vollkommenheit des Ganzen angemessener die Würkung ist, desto wahrscheinlicher ist die Vermutung, daß diese Würkung die Absicht eines vernünftigen Wesens gewesen sei. In unserm Falle steiget die Wahrscheinlichkeit auf einen sehr hohen Grad und kommt der Gewißheit nahe, aber völlig erreichen kann sie dieselbe niemals, solange wir weder alle Ursachen, sooft sie zusammenkommen, noch das richtige Verhältnis der Schicklichkeit einer einzigen Begebenheit zum Ganzen vollkommen deutlich einsehen können. Endlich kann auch aus den Absichten nur eine weise Anordnung und Einrichtung, nicht aber eine Schöpfung aus dem Nichts dargetan werden.

Indessen besitzen diese Beweistümer eine weit größere Beredungskraft als selbst die Demonstration. Sie machen durch ihre Lebhaftigkeit einen stärkern Eindruck in das Gemüt, erwecken die Seele zu werktätigen Entschließungen und bringen diejenige praktische Überzeugung hervor, die bei der Betrachtung der göttlichen Eigenschaften unsere vornehmste Absicht sein sollte. Die demonstrativen Beweistümer sind wie die Festungen, die ein Land wider feindliche Anfälle schützen, für friedliche Einwohner aber weder die bequemsten noch die anmutigsten Wohnplätze sind. Wer keinen Widersacher zu bestreiten, keine spitzfündige Zweifel zu besiegen hat, der findet in der Methode, aus der Schönheit Ordnung und aus den Absichten der Natur ihren Schöpfer zu erkennen, die süßeste Beruhigung, den erquickendsten Trost und dasjenige Feuer und Leben der Erkenntnis, das in das Begehrungsvermögen übergehet und Entschließungen veranlasset, die in Handlungen ausbrechen. Man lasse also einer jeden Erkenntnisart ihren Wert und verwerfe weder die allerstrengste Überzeugung, die von Spitzfindigkeiten strotzet, noch die allerfeurigste Über-

redung, und wenn sie auch nicht alle Ränke eines Wider-
sächers vereiteln könnte. Nun hüte man sich in der Betrachtung der göttlichen Eigenschaften für solche Gründe, die in gewisser Absicht der guten Sache schädlich sein können. Ich
meine die Beweise von dem Dasein eines höhern Wesens, die
sich wahrscheinlicherweise auf unsere Unwissenheit gründen
und bei einer genauern Erforschung und tiefern Einsicht in die
Würkungen der Natur verschwinden dürften. Sooft man aus
ordentlichen Naturbegebenheiten, deren Unterursachen man
nicht ergründen kann, auf die unmittelbare Würkung einer
höhern Macht schließet, so bauet man auf schwachen Grund;
denn wahrscheinlicherweise haben, außer den Wunderwerken,
alle Naturbegebenheiten auch ihre Unterursachen.

Die Heiden hatten das Unglück, daß ihre Religion auf
so schwachen Stützen ruhete. Jede außerordentliche Naturbegebenheit wollten ihre Priester der unmittelbaren Würkung
einer höhern Macht zuschreiben.* Nichts ist leichter und
bequemer, ein rauhes und ungebildetes Volk im Zaume zu
halten, als ein System von Religion, das uns ganz mit Gottheiten umgibt und im Rauschen eines jeden Wasserfalles, in
der Stimme des Donners oder des Sturmwindes, in allem, was
unsere Sinne rühret, die unmittelbare Würkung einer höhern
Macht erkennen lehret. Allein ein solches System konnte von
keiner langen Dauer sein. Sobald die Naturkunde und Weltweisheit emporkamen, sahe man auch Religionsspötter und
Gottesleugner entstehen, welche durch ihre Entdeckungen die
schwachen Gründe des Aberglaubens vereitelten und in der
Einbildung stunden, alle Religion, alle mögliche Beweisgründe
für das Dasein Gottes und seiner Eigenschaften umgestoßen zu
haben. Jeder Naturforscher mußte damals ein Gottesleugner
sein oder wenigstens dafür gehalten werden. Wie war es mit

---

* Ignoratio causarum conferre Deorum[1] cogit ad imperium res, et concedere
regnum: et quorum operum causas nulla ratione videre possunt, haec fieri
divino numine rentur.   Lucr. L. VI.

[1] *Ignoratio causarum conferre Deorum*: Vgl.: Lucretius Carus (96 v. u. Z.
bis 55 u. Z.): De rerum natura, L. VI. („Denn leider gebricht es an Einsicht in die verborgenen Gründe. So sind sie gezwungen, den Göttern Herrschaft über die Welt und Königsmacht zu verleihen: Denn in diesem Geschehen die Gründe zu fassen, ist ihnen rein unmöglich. So schreiben sie alles
der göttlichen Macht zu." – Lukrez: Über die Natur der Dinge. Übersetzt von
Hermann Diels, Berlin 1957, S. 213.)

dem Epikur? Er bemühete sich, alle Naturbegebenheiten aus mechanischen Gründen zu erklären, und befreiete die Götter von den mühsamen Arbeiten, die ihnen von den Priestern damaliger Zeit sind auferleget worden, wodurch er den herrschenden Aberglauben stürzte. Vortrefflich! wenn er nicht auf der andern Seite zu weit gegangen und den allerungereimtesten Unglauben einzuführen bemühet gewesen wäre. Allein die bekannten Beweise für das Dasein der Gottheit und ihre unmittelbare Würkungen waren nun einmal vernichtet, und der nächste Weg, der vor ihm offenstand, war, entweder beides oder wenigstens das letzte zu leugnen. In einem aufgeklärten Zeitpunkte würde Epikur wohl eingesehen haben, daß der Schluß nicht bindet: Alle Naturbegebenheiten haben ihre natürliche Ursachen, daher gibt es keine Vorsehung oder gar, wie einige wollen, keine Gottheit. – So groß ist der Einfluß des Zeitpunkts, in welchem wir leben, auf unsere Meinungen, und so nahe sind Aberglauben und Unglauben einander verwandt.

Vierter Abschnitt

Von der Evidenz in den Anfangsgründen der Sittenlehre

Bei einer jeden rechtschaffenen Handlung, die der Mensch unternimmt, macht er stillschweigend folgenden Vernunftschluß:

Wo die Eigenschaft A anzutreffen ist, da erfordert die Pflicht, B zu tun. Dieser vorkommende Fall hat die Eigenschaften A; also usw. Der Obersatz dieses Vernunftschlusses ist eine Maxime, eine allgemeine Lebensregel, welche wir zu einer andern Zeit angenommen und die bei Gelegenheit des gegenwärtigen Falles natürlicherweise in das Gedächtnis zurückkommen muß. Der Untersatz gründet sich auf eine genaue Beobachtung der gegenwärtigen Umstände und auf die Überzeugung, daß sie mit dem Vorwurfe des Obersatzes oder mit den erforderlichen Eigenschaften A völlig übereinkommen.

Man sondert auch hier, wie in der Mathematik, das Theoretische von dem Praktischen ab und teilet dadurch die Sittenlehre in zwei Teile, in die *lehrende* und *ausübende*. Jene trägt die allgemeinen Lebensregeln vor, die in besondern vorkommenden Fällen zu Obersätzen dienen, und diese lehrt die Anwendung und Ausübung der allgemeinen Grundsätze in einem vorkommenden Falle. Ich habe also zu untersuchen, wie weit sich in diesen Wissenschaften die Evidenz erstrecke und wie sie sich gegen die Evidenz in den Anfangsgründen der Geometrie verhalte. –

Daß man die allgemeinen Grundsätze der Sittenlehre mit geometrischer Strenge und Bündigkeit beweisen könne, ist nicht schwer zu beweisen. „Haben wir Menschen das Erkenntnisvermögen miteinander gemein", spricht *Marcus Aurelius*, „so haben wir auch als vernünftige Geschöpfe die *Vernunft* gemein. Ist dieses, so haben wir auch die Vernunftgründe gemein, die uns vorschreiben, was zu tun oder zu lassen ist, und folglich haben wir auch ein *gemeines Gesetz*."[21] Nichts ist meines Erachtens deutlicher und bündiger als dieser Schluß. Wenn verschiedene Dinge eine ähnliche Bestimmung haben, so müssen sie auch die Folgen gemein haben, die aus dieser Bestimmung fließen. Die Menschen besitzen eine gemeinschaftliche Beurteilungskraft, die in verschiedenen Vorwürfen nur dem Grade nach unterschieden ist; daher beruhen auch alle ihre Begriffe und Urteile vom Guten und Bösen auf demselben Grunde und weichen nur nach dem Grade ihrer Einsicht voneinander ab. Ist aber dieses, so gibt es auch allgemeine Grundregeln, nach welchen sie, was zu tun oder zu lassen sei, entscheiden sollten, und diese allgemeine Grundregeln sind die *Gesetze der Natur*.

Dieselbe Aussicht zeigt uns auch einen bequemen Weg, auf welchem wir zur Erkenntnis dieses allgemeinen Naturgesetzes gelangen können. Man betrachte nur das Tun und Lassen der Menschen, ihre verschiedene Neigungen und Leidenschaften, Ergötzungen und Beunruhigungen, man sondere dasjenige ab, worin sie alle endlich übereinkommen, diejenige Bestimmung, welche in dieser großen Mannigfaltigkeit allenthalben anzutreffen ist. Dieses summum bonum, quo tendimus omnes[22], auf welches alle Begierden und Wünsche der Menschen zuletzt abzielen, dieses ist die Richtschnur, die wir niemals aus den Augen lassen müssen, der Leitfaden, der uns durch das Labyrinth der menschlichen Handlungen sicher hindurchführen wird.

Was haben die tausendfachen Begierden und Wünsche, Leidenschaften und Neigungen der Menschen gemein? Dieses, daß sie alle auf die *Erhaltung oder Verbesserung unsers oder eines andern Geschöpfes, innern oder äußern Zustandes* abzielen. Selbst die allerlasterhaftesten Neigungen, die allerschändlichsten Begierden haben keinen andern Endzweck, nur daß sie Scheingüter an die Stelle der wahren Vorteile setzen oder die gehörige Proportion verfehlen, indem sie ihr eigensüchtiges Selbst einer jeden andern Absicht vorziehen oder ihren äußern Zustand auf Unkosten des innern zu verbessern suchen. Der Ehrgeizige und Gewinnsüchtige sind in keiner andern Absicht lasterhaft, als weil sie die Verbesserung ihres äußern Zustandes, ihrer Ehre oder ihres Vermögens, allen andern Absichten vorziehen und dieser schändlichen Begierde öfters Leib und Seele, Freunde und Vaterland aufopfern. Mit dem Wollüstigen hat es die nämliche Beschaffenheit. Er erteilet dem sinnlichen Vergnügen einen ungerechten Vorzug vor den Vollkommenheiten seiner Seele oder vor den Vorteilen seines äußern Zustandes. Es zielen also alle lasterhaften sowohl als tugendhaften Begierden der Menschen zuletzt einzig und allein auf die *wahre oder scheinbare Vollkommenheit* (Erhaltung und Verbesserung) *ihres oder ihrer Nebenmenschen innern oder äußern Zustandes.* Hieraus fließet die allgemeine praktische Maxime, das erste Gesetz der Natur: *Mache deinen und deines Nebenmenschen innern und äußern Zustand, in gehöriger Proportion, so vollkommen, als du kannst.* Hat man diese allgemeine Quelle gefunden, so kann man aus derselben die Pflichten gegen sich selbst, gegen seinen Nächsten und auch gegen Gott herleiten. Denn es ist gar leicht zu beweisen, daß die Beobachtung der Pflichten gegen Gott der nächste, sicherste, ja, was sage ich, der einzige Weg sei, unsere Seele vollkommener zu machen. Man siehet hier die Wege zu den besondern Abteilungen der praktischen Weltweisheit, die alle mit geometrischer Strenge aus diesem allgemeinen Naturgesetze demonstriert werden können.

Man kann dasselbe Naturgesetz aus der bloßen Erklärung eines freiwilligen Wesens a priori beweisen. Ein Wesen, das mit Freiheit begabt ist, kann aus verschiedenen Gegenständen oder Vorstellungen der Gegenstände wählen, was ihm gefällt. Der Grund dieses Wohlgefallens ist die Vollkommenheit, Schönheit und Ordnung, die es in dem vorzuziehenden Gegenstande wahrnimmt oder wahrzunehmen glaubt. Unter der Vollkommenheit begreife ich auch den Nutzen und das sinnliche Vergnügen, das uns der Gegenstand verspricht, denn beides gehöret zu den Vollkommenheiten unsers innern oder äußern Zustandes. – Die Betrachtung der Vollkommenheiten, Schönheit und Ordnung gewähret uns Lust, der Unvollkommenheit, Häßlichkeit und Unordnung aber Unlust; daher können Ordnung, Schönheit und Vollkommenheit Bewegungsgründe abgeben, dadurch ein freies Wesen in seiner Wahl bestimmt wird. Diese Bewegungsgründe legen dem freien Wesen keinen physischen Zwang auf, denn es wählet nach Wohlgefallen und aus innerer Würksamkeit; indessen aber führen sie eine moralische Notwendigkeit mit sich, vermöge welcher es dem freiern Geiste unmöglich fällt, an den Unvollkommenheiten, dem Häßlichen und Unordentlichen Wohlgefallen zu finden.

Eine Verbindlichkeit ist nichts anders als eine moralische Notwendigkeit zu handeln, d. i. etwas zu tun oder zu unterlassen. Denn da kein physischer Zwang bei einem freien Wesen stattfindet, so kann ich auf keine andere Weise verbunden werden, etwas zu wollen oder nicht zu wollen, als insoweit man mich durch Bewegungsgründe dazu veranlasset. Die Bewegungsgründe aber verursachen eine moralische Notwendigkeit; daher ist eine jede Verbindlichkeit eine moralische Notwendigkeit, etwas zu tun oder zu unterlassen. − Da nun ein jedes freie Wesen sittlich gezwungen ist, sich in seiner Wahl nach den triftigsten Bewegungsgründen zu bestimmen, so ist es auch verbunden, sich in seiner Wahl nach der Regel der Vollkommenheit, Schönheit und Ordnung zu richten, oder, welches ebensoviel ist, das freie Wesen ist verbunden, soviel Vollkommenheit, Schönheit und Ordnung in die Welt hervorzubringen, als ihm möglich ist. Hieraus folget unmittelbar die natürliche Verbindlichkeit oder das vorhin aus einem andern Grunde hergeleitete Naturgesetz: *Mache deinen und deines Nächsten innern und äußern Zustand, in gehöriger Proportion, so vollkommen, als du kannst.*

Von einer andern Seite läßt sich aus unumstößlichen Gründen dartun, daß dieses allgemeine Naturgesetz mit den Absichten Gottes übereinkomme und daß ich dem großen Endzwecke der Schöpfung gemäß lebe, ein Nachahmer der Gottheit werde, sooft ich ein Geschöpf, mich oder ein anderes, vollkommener mache. Sobald man annimmt, daß ein Gott, der nicht ohne die allerweisesten Absichten handeln kann, die Welt hervorgebracht, so läßt sich kein Satz im Euklides strenger beweisen als dieser, daß das angeführte Naturgesetz der Wille Gottes sein müsse. Kann das allerweiseste und gütigste Wesen eine andere Absicht haben als die Vollkommenheit der Geschöpfe? Kann es also etwas anders wollen, als daß wir unsere freie Handlungen dieser Absicht gemäß einrichten sollen? − Sowenig als die Tangente den Zirkel mehr als in einem Punkte berühren kann.

Bin ich aber verpflichtet, mich nach dem Willen meines Schöpfers zu bequemen? − Ja, antworten unsere Weltweisen. Gott ist der völlige Eigentumsherr alles dessen, so er aus dem Nichts hervorgebracht. Wir sind sein Eigentum, seine Knechte. Ihm kommt also das unwidersprechlichste Recht zu, uns Gesetze aufzuerlegen, vorzuschreiben, was ihm gefällt, und die Übertreter wie Rebellen zu strafen. Wir müssen gehorsamen, uns völlig ergeben, unsern Willen vor dem seinigen ganz zernichten. – Diese Antwort demütiget, aber paßt auf die Frage nicht. Von der Macht läßt sich so unmittelbar nicht auf das Recht schließen. Gott kann, im physischen Verstande, mit seinem Geschöpfe machen, was er will. Wie folgt hieraus, daß er es auch moralisch kann, daß es ihm erlaubt sei, daß er ein Recht dazu habe? Noch begreife ich nicht, woran diese Begriffe zusammenhängen. – Die Schöpfung ist sein Eigentum? – Nun ja doch! Hieraus kann weiter nichts geschlossen werden, als daß ein anderer, wenn er auch die Macht hätte, dennoch kein Recht haben würde, ihm vorzuschreiben, was für einen Gebrauch er von seiner Schöpfung machen will. Wo ist aber der mathematische Beweis, daß ihm selbst ein Recht, eine moralische Befugnis zukomme, mit seinem Eigentume zu machen, was er will? Was uns kein anderer verwehren kann, ist deswegen noch nicht erlaubt. Es kann mich niemand mit Recht verhindern, den Vogel zu würgen, der hier im Käfig singt; wäre es aber deswegen erlaubt?

Der kleine Schritt, der hier noch zu tun ist, bestehet aus folgendem Räsonnement. Man beweiset nämlich, daß Gott nichts anders wollen kann als das Beste und daß ein Recht nichts anders sei als ein sittliches Vermögen, das zu tun, was der Regel der Vollkommenheit gemäß ist. Nunmehr hängt der Schluß so bündig zusammen als immer ein geometrischer Beweis; wir sind Geschöpfe Gottes, also sein Eigentum. Sind wir sein Eigentum, so hat er das Recht, von unsern Kräften denjenigen Gebrauch zu machen, den er gut findet, denn was er gut findet, ist unstreitig das Beste. Er hat also das Recht, das sittliche Vermögen, uns Gesetze vorzuschreiben; denn die Gesetze, die er uns, seinem Eigentume, vorschreibt, sind der Regel der Vollkommenheit gemäß. Er hat ferner ein Recht, die Übertreter dieser Gesetze zu bestrafen, wenn diese Strafe selbst zur Vollkommenheit etwas beiträgt, usw.

Uns, dem Eigentume Gottes, liegt eine doppelte moralische Notwendigkeit (Verbindlichkeit) ob, uns dem Willen unsers Eigentumsherrn zu unterwerfen und seinen Gesetzen nachzuleben. Einmal, weil sie an und für sich die besten sind, indem sie Gott anders unmöglich vorschreiben kann. Wie aus diesem Begriffe eine Verbindlichkeit entspringe, ist bereits oben gezeigt worden. Zweitens geben uns die Strafen und Belohnungen, die Gott mit der Übertretung und Beobachtung seiner Gesetze verknüpft, Bewegungsgründe an die Hand, den Gehorsam für besser zu halten und uns daher seiner Regierung zu unterwerfen. Die Bewegungsgründe sind die einzigen Triebfedern, durch welche ein freiwilliges Wesen in Bewegung gesetzet werden kann, und der allerweiseste Gesetzgeber selbst hat keine andere Mittel, seine Gesetze einzuführen und verbindlich zu machen, als indem er Bewegungsgründe mit denselben verknüpft, die das freiwillige Wesen geneigt machen, sie anzunehmen. Daher kann uns nichts verbinden, die natürlichen oder göttlichen Gesetze anzunehmen, als ihre innere Vortrefflichkeit und die willkürliche Strafen und Belohnungen, die das allerhöchste Wesen zu unserm Besten mit denselben zu verknüpfen für gut gefunden hat.

Auf dieser Grundlage läßt sich das System der praktischen Weltweisheit ohne sonderliche Schwierigkeiten aufrichten. Unsere Handlungen sind gut oder böse, insoweit sie mit der Regel der Vollkommenheit oder, welches ebensoviel ist, mit den Absichten Gottes übereinstimmen oder nicht. Wir sind also verbunden, jene zu tun, diese zu unterlassen. – Die Tugend ist eine Fertigkeit zu guten und das Laster eine Fertigkeit zu bösen Handlungen. – Bestrebe dich der Tugend und fliehe das Laster! – Die Verbindlichkeit zu guten Handlungen gibt uns ein Recht auf die Mittel, ohne welche wir dieselben nicht ausführen können. Wenn alle andere Menschen auf dieselben Mittel ein gleiches Recht hätten, so würde sich das Gesetz der Natur widersprechen, wie *Cumberland*[23] deutlich auseinandergesetzt hat. Es hat also notwendig ein Vorrecht statt, und dieses Vorrecht läßt sich aus vernünftigen Gründen entscheiden. Diese vernünftigen Gründe, insoweit sie auf eine Menge einzelner Fälle angewendet werden können, machen die Gesetze des natürlichen Rechts aus, und der Inbegriff dieser Gesetze heißt das Naturrecht. Aus dem allgemeinen Naturgesetze ist zu erweisen, daß wir verbunden sind, diese Vorrechte zu erkennen und sie demjenigen zukommen zu lassen, dem sie gebühren. Wir sind daher zur natürlichen Gerechtigkeit verbunden, d. i. wir müssen einem jeden das Recht zukommen lassen, das ihm gebührt. Will man die Gerechtigkeit, wie oben angeführt worden, durch eine weislich eingerichtete Gütigkeit erklären, so läßt sich die Verbindlichkeit zu derselben auch aus andern Gründen dartun. Denn wir sind verbunden, unsern innern Zustand vollkommener zu machen und also *weise* und *gütig* zu sein.

Man siehet hier abermals ein Beispiel von der erstaunlichen Fruchtbarkeit unserer Begriffe. Aus der einzigen Erklärung eines freiwilligen Wesens läßt sich das ganze System unserer Pflichten, Rechte und Obliegenheiten entwickeln, alle unsere Neigungen, Begierden und Leidenschaften fließen aus dieser allgemeinen Quelle, und unser Tun und Lassen ist rechtschaffen, wenn es mit diesem Urbegriffe, wie eine geometrische Demonstration mit ihrer Voraussetzung, zusammenhängt. Aber man bewundere auch die vortreffliche Übereinstimmung der Wahrheiten! Wir haben drei verschiedene Maximen zum Grunde gelegt: *1. Erwäge, worin die Neigungen aller Menschen übereinstimmen. 2. Erkenne dich als ein freiwilliges Wesen. 3. Erkenne dich als das Eigentum Gottes,* und alle drei Grundmaximen führen auf die gemeinschaftliche Folge: *Mache dich und andere vollkommen.* Und so können noch unendlich viele Grunddefinitionen oder auch richtige Erfahrungen vorausgeschickt werden, die uns alle auf einem bald kürzern, bald längern Wege auf dasselbe Resultat hinführen. An dieser wundervollen Harmonie erkennet man die Wahrheit! Sie zeigt wie die Natur unendlich viele Aussichten, unendlich viele Gesichtspunkte, aber alle stimmen in das große Gemälde zusammen, unter welchem sich das Ganze darstellet. Dem allsehenden Auge ist die gesamte Natur *ein* Gemälde, der Inbegriff aller möglichen Erkenntnisse *eine* Wahrheit.

Die Begriffe der Moralphilosophie sind also fruchtbar und zusammenhängend genug zu einem theoretischen System, und wir können in dieser Theorie alle unsere besondere Pflichten, Rechte und Obliegenheiten aus einem einzigen allgemeinen Naturgesetze entwickeln. Die Gewißheit wird dieselbe sein, die man sich in den Anfangsgründen der Metaphysik zu versprechen hat. Ist die Weltweisheit überhaupt eine Wissenschaft von den Beschaffenheiten der Dinge überhaupt, so ist die Moralphilosophie insbesondere nichts anders als die *Wissenschaft der Beschaffenheiten eines freiwilligen Wesens,* insoweit es einen *freien Willen* hat. Die Freiheit aber ist, wie wir gesehen, ein fruchtbarer Begriff, dessen Entwickelung uns auf die Erkenntnis aller unserer Pflichten und Obliegenheiten führen kann; daher lassen sich die Lehren der theoretischen Moralphilosophie aus sichern Gründen unumstößlich dartun, und die Gewißheit, die in derselben herrscht, ist dieselbe, mit welcher sich in der Metaphysik die Beschaffenheiten der Dinge überhaupt entwickeln lassen. – Hingegen werden die Beweise in dieser Wissenschaft noch weit weniger einleuchtend, weniger faßlich sein können als in den Anfangsgründen der Metaphysik oder der natürlichen Gottesgelahrtheit. Außer den Schwierigkeiten, mit welchen, wie in den vorigen Abschnitten ist gezeiget worden, in einer jeden philosophischen Wissenschaft die völlige Überzeugung verknüpft sein muß, kömmt in Ansehung der Sittenlehre noch hinzu, daß diese Wissenschaft auf den Gründen der Metaphysik gebauet ist. Man muß die Lehre von Gott, der Welt und der Seele des Menschen wohl begriffen, man muß sich davon überzeugt haben, ehe man sich in der Moralphilosophie einiges Licht versprechen kann. Wie kann ich begreifen, was ich Gott, mir selbst und meinen Nächsten schuldig bin, wenn ich nicht von Gott, meinen Nächsten, mir selbst und von der moralischen Verbindung, in welcher ich als Geschöpf und Nebengeschöpf mit jenen stehe, wahre und richtige Begriffe habe? Da also die praktische Weltweisheit die Wahrheiten der Metaphysik zum Grunde leget, so ist leicht zu begreifen, daß die Evidenz in derselben noch weit schwerer zu erhalten sein muß.

Mit der ausübenden Sittenlehre verhält es sich wie mit allen andern praktischen Wissenschaften. Jeder praktische Vernunftschluß legt in dem Untersatze die Beschaffenheit eines gegenwärtigen Falls zum Grunde, die uns nicht anders als durch die Erfahrung bekannt werden kann; daher hängt die Wahrheit des Schlußsatzes, wenn der Obersatz auch seine mathematische Richtigkeit hat, dennoch von der Gewißheit der Erfahrung ab, durch welche der Untersatz außer Zweifel gesetzt wird. Und wenn die Erfahrung nicht Wahrheitsgründe genug enthält, uns von der Richtigkeit des Untersatzes vollkommen zu überzeugen, so wird der Schlußsatz dem schwächern Teil folgen und nicht mehr als wahrscheinlich sein können.

Mit der praktischen Sittenlehre hat es die nämliche Bewandtnis. Es müssen Erfahrungen zum Grunde gelegt werden, die nicht allezeit den erwünschten Grad der Gewißheit haben können. Jedoch sind bei dieser Gelegenheit folgende Betrachtungen nicht aus der Acht zu lassen. Es gibt allgemeine Naturgesetze, die unmittelbar aus der ersten Quelle fließen. Diese gehen mehr auf die Neigungen unsers Herzens als auf unsere äußerliche Handlungen. Sie schreiben uns vor, was wir lieben und wovon wir abgeneigt sein sollen, und überlassen es dem unterm Naturgesetz, unser Tun und Lassen einzurichten. Von dieser Beschaffenheit sind die allgemeinen Naturgesetze: Verehre den Schöpfer! Liebe die Tugend, fliehe das Laster! Beherrsche deine Leidenschaften, unterwerfe deine Begierden der Vernunft! Alle diese Vorschriften der Natur können in Ausübungsschlüsse verwandelt werden, die den höchsten Grad der Überzeugung mit sich führen. Ich bin ein vernünftiges Geschöpf; daher muß ich meinen Schöpfer verehren, die Tugend lieben, das Laster verabscheuen. Meine Begierden können mich von dem Wege der Glückseligkeit abführen, meine Leidenschaften können das Ziel überschreiten; daher muß ich sie der Herrschaft der Vernunft unterwerfen. Alle diese praktische Vernunftschlüsse können mit geometrischer Strenge bewiesen werden. Die Obersätze derselben sind von einer solchen Allgemeinheit, daß keine Ausnahme von denselben stattfindet. Ihre Ausübung kann keiner höhern Pflicht im Wege stehen, denn sie sind eigentlich die Quellen, aus welchen alle unsere Pflichten hergeleitet werden. Ich bin zu allen Zeiten und in allen möglichen Umständen verbunden, meinen Schöpfer zu verehren, die Tugend zu lieben usw., und kein Vorfall in der Welt kann mich von dieser Obliegenheit befreien. – Die Untersätze dieser Vernunftschlüsse gründen sich auf die Erfahrungen eines innern Sinnes, die ihre Überzeugung mit sich führen. Ich bin ein vernünftiges Geschöpf; ich sehne mich nach der Glückseligkeit; meine Begierden und Leidenschaften können, sich selbst überlassen, mich unglückselig machen; alle diese Sätze gründen sich zwar zuletzt auf Erfahrungen, allein auf Erfahrungen, die keinem Zweifel Raum lassen, die so untrüglich sind als die bündigsten Vernunftschlüsse.

Steigt man aber zu den abgeleiteten Naturgesetzen herunter, die uns in besondern Fällen vorschreiben, was wir tun und lassen sollen, so nimmt die Untrüglichkeit in der Ausübung allmählich ab und steigt durch alle Stufen der Wahrscheinlichkeit bis zur Zweifelhaftigkeit nieder. Denn erstlich hängt die Beschaffenheit des gegenwärtigen Falls allhier von Erfahrungen ab, die selten Wahrheitsgründe genug enthalten. Die moralische Güte einer Handlung, der Wert oder Unwert unseres Tuns und Lassens, hängt nicht nur von unzähligen begleitenden Umständen und Zufälligkeiten, sondern auch von den Folgen und Würkungen dieser Handlungen ab, die unmöglich mit Gewißheit vorhergesehen werden können. Der mindeste unverhoffte Zufall kann alle unsere Hoffnungen vereiteln und den besten Vorsatz von den allerschädlichsten Würkungen sein lassen. Ein Umstand, den wir nicht bemerkt haben – und wie selten sind wir imstande, alle Umstände genau zu erwägen! –, kann der Beschaffenheit des gegenwärtigen Falles eine ganz andere Gestalt geben. Nur ein allsehendes Auge kann die Ursachen, Folgen, Verhältnisse und Zufälligkeiten einer würklichen Begebenheit mit der vollkommensten Gewißheit einsehen. Sterbliche müssen sich in diesem Falle der Führung einer blöden Wahrscheinlichkeit überlassen. Ferner können dem Obersatz oder den allgemeinen Lebensregeln, welche in vorkommenden Fällen zur Ausübung gebracht werden sollen, zuweilen höhere Pflichten im Wege stehen, in welchem Falle ihre Verbindlichkeit aufhört. Wir sind verbunden, nicht das Gute, sondern das Beste zu tun, und ein abgeleitetes Naturgesetz, das einem höhern Naturgesetze im Wege stehet, muß demselben weichen. Dieser Streit der höhern und niedern Pflichten ist desto mehr zu besorgen, je besonderer die Lebensregel ist, welche den Obersatz unseres praktischen Schlusses ausmacht, und er kann durch Umstände veranlasset werden, die der schärfsten Aufmerksamkeit entwischen. Die löblichste Handlung, das verdienstlichste Werk kann zur Sünde werden, wenn wir zu ebender Zeit eine höhere Pflicht versäumen, deren Verbindlichkeit wichtiger ist. Denn eine jede äußere Handlung schließt, indem sie geschiehet, alle übrigen Handlungen aus, die zu gleicher Zeit hätten geschehen können, und jedes Gesetz, das uns etwas zu tun befiehlt, muß unter der Bedingung verstanden werden, wenn zu ebender Zeit unsere Pflicht nichts Wichtigeres von uns heischt, das dadurch versäumt wird. Welcher Sterbliche kann sich rühmen, mit Gewißheit einzusehen, was Gelegenheit, Zeit und Umständen nach die beste Handlung sei, die er ausführen kann? In solchen Fällen die Gewißheit abwarten heißt ewig unschlüssig dastehen, niemals zur Ausübung kommen wollen. Ja, öfters ist die Gelegenheit so dringend, der Zeitpunkt so entscheidend, daß uns nicht einmal Zeit gelassen wird, die Gründe der Wahrscheinlichkeit nach deutlichen Begriffen abzuwägen. Das *Gewissen* und ein glücklicher *Wahrheitssinn* (bon sens), wenn man mir dieses Wort erlauben will, müssen in den meisten Angelegenheiten die Stelle der Vernunft vertreten, wo uns nicht die Gelegenheit den kahlen Nacken zuwenden soll, bevor wir sie ergreifen. Das *Gewissen* ist eine *Fertigkeit, das Gute vom Bösen,* und der *Wahrheitssinn* eine *Fertigkeit, das Wahre vom Falschen durch undeutliche Schlüsse richtig zu unterscheiden.* Sie sind in ihrem Bezirke das, was der Geschmack in dem Gebiete des Schönen und Häßlichen ist. Ein geübter Geschmack findet in einem Nu, was die langsame Kritik nur nach und nach ins Licht setzet. Ebensoschnell entscheidet das Gewissen, beurteilet der Wahrheitssinn, was die Vernunft nicht ohne mühsames Nachdenken in deutliche Schlüsse auflöset.

Dieses innere Gefühl, diese Empfindung des Guten und Bösen, Wahren und Falschen, würkt nach unveränderlichen Regeln, nach richtigen Grundsätzen, aber nach Grundsätzen, die durch anhaltende Übung unserm Temperamente einverleibt, bei uns gleichsam in Saft und Blut verwandelt worden sind. Ob sie gleich auf undeutliche Erkenntnis und öfters auf bloße Wahrscheinlichkeiten gegründet sind, so ist ihre Würkungskraft auf das Begehrungsvermögen dennoch weit feuriger und lebhafter als die Würkungskraft der deutlichsten Vernunftschlüsse, die ohne Fertigkeit überzeugen, aber nicht rühren, unterrichten, aber das Gemüt nicht bewegen. – Dieses in einiges Licht zu setzen, erlaube man mir, den Unterschied zwischen der praktischen und theoretischen Überzeugung, dessen ich am Ende des vorigen Abschnittes Erwähnung getan, genauer zu betrachten.

Wir geben einem Satze *Beifall,* sobald wir die Wahrheitsgründe desselben einsehen. Je näher diese Wahrheitsgründe einer völligen Demonstration kommen und je deutlicher wir dieselben erkennen, desto zuverlässiger ist unser *Beifall.* Endlich, wenn wir den Beweis eines Satzes so deutlich einsehen, daß wir die Wahrheit desselben nicht mehr in Zweifel ziehen können, so sind wir *völlig überzeugt.* – Dieses ist der theoretische Beifall, die Überzeugung des *Verstandes.*

Das *Gemüt* oder der Inbegriff unserer Begehrungsvermögen erkennet eine Art von Beifall, der von jenem weit unterschieden ist und *praktischer Beifall* genennt zu werden verdient. Wer von einer Wahrheit überzeugt ist, der kann sie zu ebender Zeit unmöglich in Zweifel ziehen; allein man kann von einer Verbindlichkeit theoretisch überzeugt sein und ihr dennoch zuwiderhandeln. Ja, *Cartes* scheint sogar nicht ohne Grund zu behaupten: Raro peccatur defectu *theoreticae* cognitionis officii sui, sed defectu *practicae*, hoc est, defectu firmi habitus assentiendi officio suo.[24]

Nicht alle demonstrative Wahrheiten würken gleich stark in unser Begehrungsvermögen. Manche überzeugen den Verstand, ohne das Gemüt zu bewegen, gewähren deutliche Erkenntnis, aber ohne Kraft, Leben und Würksamkeit, dahingegen andere Wahrheiten mit weniger Gewißheit das Gemüt mehr bewegen und eine würksame und lebendige Erkenntnis hervorbringen, die in das Begehrungsvermögen übergehen und zu werktätigen Entschließungen antreiben. Die Ursache hiervon ist bekannt. Wir Menschen besitzen außer der Vernunft auch Sinne und Einbildungskraft, Neigungen und Leidenschaften, die in der Bestimmung unsers Tuns und Lassens von äußerster Wichtigkeit sind. Das Urteil unsrer Vernunft kömmt nicht allezeit mit dem Urteile unserer niedern Seelenkräfte überein, und wenn sie miteinander streiten, so müssen sie notwendig eines des andern Würksamkeit in den Willen schwächen. Nur alsdenn wird der Beifall einer Wahrheit praktisch, wenn die Vernunftgründe die niedern Seelenkräfte entweder besiegen oder gar mit zu ihrem Vorteile einnehmen. In dem letztern Falle muß das Gemüt, wie leicht zu begreifen ist, weit entschlossener sein; denn alsdenn stimmen Vernunft und Einbildungskraft, Geist und Herz zusammen, uns zu Handlungen anzutreiben; allein auch in jenem Falle, wenn nämlich die Vernunftgründe alle Gegenvorstellungen der Einbildungskraft unterdrücken, wird die Erkenntnis lebendig und bricht in Handlungen aus.

Die Ethik gibt uns Mittel an die Hand, wodurch die Übereinstimmung der niedern Seelenkräfte mit der Vernunft zu erhalten ist. Man kann diese Mittel auf folgende vier Haupt-

stücke zurückbringen. 1. *Die Häufung der Bewegungsgründe.*
Viele überredende Gründe können mehr Gewicht haben, das
Herz leichter bewegen als ein einziger überzeugender Bewegungsgrund, und wenn sie mit diesem vereinigt werden, so
erzeugen sie die glückliche Übereinstimmung des Herzens mit
dem Verstande, die eine Quelle der süßesten Zufriedenheit ist.
Der Mathematiker begnügt sich mit einem einzigen Beweise,
denn er hat nur den Verstand zu überführen und einen bloß
spekulativen Beifall zu erzwingen. Der Redner hingegen häuft
Gründe auf Gründe, bestürmt das Gemüt von allen Seiten und
suchet sich eines jeden wahrscheinlichen Grundes zu seinem
Vorteile zu bedienen; denn er will das Herz bewegen, das
Begehrungsvermögen einnehmen, und muß nicht nur auf den
Verstand, sondern auf Sinne und Einbildungskraft zugleich
würken. – 2. *Die Übung.* Je öfter wir gewisse Gründe überdenken, je mehr wir aus denselben Bewegungsgründe zu
unsern Handlungen hernehmen, desto lebhafter ist der Eindruck, den sie in dem Gemüte hinterlassen, und desto leichter
können sie auch die niedern Seelenkräfte einnehmen. Wenn
diese Übung so lange fortgesetzt wird, bis uns die Handlung
leicht wird, so sagen wir, wir haben eine Fertigkeit erlangt,
etwas zu tun. Gewohnheit und Übung regieren eigenmächtig in
unserm Herzen, und man kann durch Hülfe derselben die
widerspenstigen Neigungen besiegen, die hartnäckigsten Leidenschaften unter das Joch der Vernunft bringen oder vielmehr, man kann durch Hülfe derselben Neigungen und Leidenschaften erzeugen, die mit den Vorschriften der Vernunft
einen und denselben Endzweck haben. – 3. *Die angenehme
Empfindung.* Wenn die Vernunftgründe von Schönheit und
Anmut unterstützt werden, so wird die Einbildungskraft leicht
zur Übereinstimmung gereizt. Die Vollkommenheit ist die
Triebfeder der Vernunft und die angenehme Empfindung die
Lockspeise der Einbildungskraft. Hierauf gründet sich der
Nutzen der schönen Künste und Wissenschaften in der Sittenlehre. Die Vernunftgründe überzeugen den Verstand von der
Vortrefflichkeit der Tugend, und die schönen Künste er-
zwingen den Beifall der Einbildungskraft. Jene machen sie ver-
ehrungswert, diese angenehm. Jene zeigen den Weg zur
Glückseligkeit, und diese bestreuen ihn mit Blumen. Wie groß
ist der Virtuose in den Augen des Weltweisen, wenn er seiner

Bestimmung treu bleibt und der Tugend würklich die Vorteile verschafft, die sie sich von ihm versprechen kann! – 4. Endlich ist das vierte Hauptmittel, die Einbildungskraft mit der Vernunft in Übereinstimmung zu bringen, die *anschauende Erkenntnis*, wenn man nämlich die allgemeinen Vernunftgründe durch Beispiele gleichsam in sinnliche Begriffe verwandelt. In jeder Theorie dienet das Exempel nur zur Erläuterung und wird überflüssig, sobald wir den allgemeinen Lehrsatz deutlich begreifen; aber in der Ausübung hat das Beispiel allezeit größern Nutzen als die Maxime. Es hat einen stärkern Einfluß in den Beifall des Gemüts, weil es die Sinne rühret, die Einbildungskraft erschüttert. – Hierauf gründet sich der Nutzen der Geschichte und der Äsopischen Fabel in der Sittenlehre.

Man siehet nunmehr, was dazu gehört, wenn die Grundsätze der praktischen Sittenlehre in unser Tun und Lassen die gehörige Würkung tun und eine dauerhafte und unveränderliche Bereitwilligkeit zur Tugend zuwege bringen sollen. Sie müssen durch *Beispiele* belebt, von der Gewalt der *angenehmen Empfindung* unterstützt, durch die *Übung* in beständiger Würksamkeit erhalten und endlich in *Fertigkeit* verwandelt werden. Alsdenn entstehet die *Überzeugung des Herzens*, die in der Sittenlehre unser vornehmster Endzweck ist. Der Geist mag immer nur wahrscheinliche Beweise vor sich sehen, ja, er mag diese Wahrscheinlichkeit selbst nicht einmal deutlich zergliedert, nur mit dem Wahrheitssinn begriffen haben: Dieses hindert nicht allezeit das Leben des Erkenntnisses. Die Sinne können gleichwohl lebhaft gerühret, die Einbildungskraft entzündet und das Gemüt durch Gewohnheit, Beispiel, Anmut usw. zu dem standhaftesten und unveränderlichsten Beifall gezwungen werden, woraus eine süßere Beruhigung und Zufriedenheit entspringt als aus der kalten Überzeugung des Geistes.

Diese Betrachtungen haben keineswegs die Absicht, den Nutzen der demonstrativen Sittenlehre in Zweifel zu ziehen. Es gilt vielmehr auch hier, was am Ende des vorigen Abschnitts in Ansehung der Lehre von Gott und seinen Eigenschaften erinnert worden ist. Eine jede Erkenntnisart hat ihren Wert. Wo Zweifel zu heben, Widersächer zu bestreiten, theoretische Feinde der Tugend zu beschämen sind, da bleibt kein ander Mittel, als zu den strengsten Beweisen seine Zuflucht zu nehmen. Ja, manches glückliche Genie besitzet Feuer und Stärke des Geistes genug, das System sittlicher Wahrheiten mit allen ihren feinen Verbindungen deutlich und lebhaft im Zusammenhange zu schauen, um von der göttlichen Harmonie derselben entzückt zu werden. In einer solchen Verfassung erlangt die trockenste Erkenntnis Geist und Leben, werden ohne Hülfe der vorhin erwähnten Mittel Sinne und Einbildungskraft bis zur Höhe der Vernunft entzückt und alle Fähigkeiten der Seele zur Tugendliebe beseelt. Wer einer so erhabenen Begeisterung fähig ist, kann unter Anführung der strengesten Vernunft Herr über seine Neigungen werden, den wilden Sturm der Leidenschaften nach dem Winke der Weisheit regieren und zwischen Herz und Geist die holdseligste Eintracht stiften, die weder Furcht noch Hoffnung, weder Schmerz noch Wollust zu stören vermag. – Allein wie gering ist die Anzahl der Sterblichen, die eines so göttlichen Enthusiasmus fähig sind! Wer bei sich merkt, daß die spekulativen Gründe sein Herz ungerühret, seine Einbildungskraft unbegeistert lassen, der vermeide alle dornigte Subtilitäten und suche sein Herz durch die vorhin beschriebene Überredungsmittel zur Einstimmung zu locken. Und überhaupt erhellet aus diesen Betrachtungen, daß zur praktischen Überführung die mathematische Gewißheit nicht notwendig erfordert werde und die bloße Wahrscheinlichkeit öfters feuriger und lebhafter in das Gemüt würke als spekulative Vernunftschlüsse. Der Fall trifft zu, sooft die wahrscheinliche Erkenntnis von den Mitteln unterstützt wird, die das Herz zur Einstimmung nötigen.

Dieses sind meine Gedanken von der Evidenz in den verschiedenen Teilen der metaphysischen Wissenschaften. Ich war anfangs willens, von der äußerlichen Lehrart in einem besondern Abschnitte zu handeln. Einige Weltweise haben den Grund der vorzüglichen Evidenz, die man in den Anfangsgründen der Mathematik antrifft, einzig und allein in die mathematische Methode setzen wollen. Sie haben sich daher die Hoffnung gemacht, durch Einführung derselben Lehrart in den philosophischen Wissenschaften auch dieselbe Evidenz zu erhalten. Man weiß, wie wenig der Erfolg dieser Hoffnung entsprochen hat. Es erhellet aber auch aus meinen obigen Betrachtungen, wie ungegründet die Voraussetzung an sich selbst sei, daß man den Vorzug der Mathematik einzig und allein in der Lehrart zu suchen habe. Ich habe also in bemeldeten Abschnitte dieses weitläufiger ausführen und den Nutzen der mathematischen Methode richtiger bestimmen wollen. Da aber die Methode zur innern Überzeugung nicht notwendig erfordert wird und die Anwendung der mathematischen Lehrart insbesondere sich durch den Mißbrauch beinahe lächerlich gemacht hat, so will ich meine Abhandlung nicht ohne Not vergrößern.

Phädon
oder
über die Unsterblichkeit
der Seele
in drei Gesprächen

Vorrede

Folgende Gespräche des Sokrates mit seinen Freunden, über die Unsterblichkeit der Seele, sollten meinem Freunde *Abbt*[25] gewidmet werden. Er war es, der mich aufgemuntert hatte, diese vor einigen Jahren angefangene und weggelegte Arbeit wieder vorzunehmen. Als er noch zu *Rinteln* Professor war, gab er mir, in einem von seinen freundschaftlichen Briefen, seine Gedanken über *Spaldings Bestimmung des Menschen* zu erkennen. Aus unserm Briefwechsel über diese Materie sind die kleinen Aufsätze entstanden, die in dem neunzehnten Teil der Literaturbriefe, unter dem Titel: *Zweifel und Orakul, die Bestimmung des Menschen betreffend*, vorkommen. Ich hatte das Glück, über einige der wichtigsten Punkte meines Freundes Einstimmung zu erhalten, ob ich ihm gleich nicht in allem Genüge leisten konnte. Mit der Offenherzigkeit eines wahren Freundes goß er die geheimsten Empfindungen seiner Seele, sein ganzes Herz in meinen Busen aus. Seine philosophischen Betrachtungen erhielten durch die sanften Empfindungen des guten Herzens einen eignen Schwung, wodurch sie die Liebe zur Wahrheit in der kältesten Brust würden entzündet haben, und seine Zweifel selbst unterließen niemals neue Aussichten zu entdecken und die Wahrheit in ein helleres Licht zu setzen. Unserer Abrede gemäß, sollte ich folgende Gespräche ausarbeiten und darin die vornehmsten Lehrsätze, worin wir übereinkamen, auseinandersetzen; und diese sollten in der Folge zur Grundlage unseres Briefwechsels dienen.

Allein es hat der Vorsehung gefallen, dieses aufblühende Genie vor der Zeit der Erde zu entziehen. Kurz und rühmlich war die Laufbahn, die er hienieden vollendet hat. Sein Werk *vom Verdienst* wird den Deutschen ein unvergeßliches Denkmal seiner eigenen Verdienste bleiben: mit seinen Jahren verglichen, verdienet dieses Werk die Bewunderung der Nachkommenschaft. Was für Früchte konnte man nicht von einem Baume hoffen, dessen Blüte so vortrefflich war. Er hatte noch andre Werke unter der Feder, die an Vollkommenheit, wie er an Erfahrenheit und Kräften des Geistes, zugenommen haben würden. Alle diese schönen Hoffnungen sind dahin! Deutschland verliert an ihm einen trefflichen Schriftsteller, die Menschlichkeit einen liebreichen Weisen, dessen Gefühl so edel als sein Verstand aufgeheitert war, seine Freunde den zärtlichsten Freund und ich einen Gefährten auf dem Wege zur Wahrheit, der mich vor Fehltritten warnete. –

Nach dem Beispiel des Plato habe ich den Sokrates in seinen letzten Stunden die Gründe für die Unsterblichkeit der menschlichen Seele seinen Schülern vortragen lassen. Das Gespräch des griechischen Schriftstellers, das den Namen *Phädon* führet, hat eine Menge ungemeiner Schönheiten, die, zum Besten der Lehre von der Unsterblichkeit, genutzt zu werden verdieneten. Ich habe mir die Einkleidung, Anordnung und Beredsamkeit desselben zunutze gemacht und nur die metaphysischen Beweistümer nach dem Geschmacke unserer Zeit einzurichten gesucht. In dem *ersten Gespräche* konnte ich mich etwas näher an mein Muster halten. Verschiedene Beweisgründe desselben schienen nur einer geringen Veränderung des Zuschnitts und andere einer Entwickelung aus ihren ersten Gründen zu bedürfen, um die Überzeugungskraft zu erlangen, die ein neuerer Leser in dem Gespräche des Plato vermisset. Die lange und heftige Deklamation wider den menschlichen Körper und seine Bedürfnisse, die Plato mehr in dem Geiste des Pythagoras[26], als seines Lehrers, geschrieben zu haben scheinet, mußte, nach unsern bessern Begriffen von dem Werte dieses göttlichen Geschöpfes, sehr gemildert werden; und dennoch wird sie den Ohren manches jetzigen Lesers fremde klingen. Ich gestehe es, daß ich bloß der siegenden Beredsamkeit des Plato zu Gefallen diese Stelle beibehalten habe.

In der Folge sahe ich mich genötiget, den Plato völlig zu verlassen. Seine Beweise für die Immaterialität der Seele scheinen, uns wenigstens, so seichte und grillenhaft, daß sie kaum eine ernsthafte Widerlegung verdienen. Ob dieses von unserer bessern Einsicht in die Weltweisheit oder von unserer schlechten Einsicht in die philosophische Sprache der Alten herrühret, vermag ich nicht zu entscheiden. Ich habe in dem *zweiten Gespräche* einen Beweis für die Immaterialität der Seele gewählet, den die Schüler des Plato gegeben und einige neuere

Weltweisen von ihnen angenommen. Er schien mir nicht nur überzeugend, sondern auch am bequemsten nach der Sokratischen Methode vorgetragen zu werden.

In dem *dritten Gespräche* mußte ich völlig zu den Neuern meine Zuflucht nehmen und meinen Sokrates fast wie einen Weltweisen aus dem achtzehnten Jahrhundert sprechen lassen. Ich wollte lieber einen Anachronismus begehen, als Gründe auslassen, die zur Überzeugung etwas beitragen können.

Auf solche Weise ist folgendes Mittelding zwischen einer Übersetzung und eigenen Ausarbeitung entstanden. Ob ich auch etwas Neues habe oder nur das so oft Gesagte anders vorbringe, mögen andere entscheiden. Es ist schwer, in einer Materie, über welche soviel große Köpfe nachgedacht haben, durchgehends neu zu sein, und es ist lächerlich, es affektieren zu wollen. Wenn ich hätte Schriftsteller anführen mögen, so wären die Namen *Plotinus, Cartes, Leibniz, Wolff, Baumgarten, Reimarus* u. a. oft vorgekommen. Vielleicht wäre dem Leser auch alsdann deutlicher in die Augen gefallen, was ich von dem Meinigen hinzugetan habe. Allein dem bloßen Liebhaber ist es gleichgültig, ob er einen Beweisgrund diesem oder jenem zu verdanken hat; und der Gelehrte weiß das Mein und Dein in so wichtigen Materien doch wohl zu unterscheiden. Ich bitte gleichwohl meine Leser, auf die Gründe, die ich von der Harmonie der moralischen Wahrheiten und insbesondere von dem System unserer Rechte und Obliegenheiten herhole, aufmerksam zu sein. Ich erinnere mich nicht, sie bei irgendeinem Schriftsteller gelesen zu haben, und sie scheinen mir für denjenigen, der in die Grundsätze einstimmet, überzeugend zu sein. Die Art des Vortrags hat mich genötiget, sie als bloße Überredungsgründe anzubringen: ich halte sie aber für fähig, nach der Schärfe der strengsten Logik ausgeführet zu werden.

Den *Charakter des Sokrates* habe ich für dienlich erachtet, vorauszuschicken, um bei meinen Lesern das Andenken des Weltweisen aufzufrischen, der in den Gesprächen die Hauptperson ausmachet. *Coopers Life of Socrates*[27] hat mir dabei zum Leitfaden gedienet, jedoch sind auch die Quellen zu Rate gezogen worden.

Leben und Charakter des Sokrates

Charakter des Sokrates

Sokrates, Sohn des Bildhauers *Sophroniskus* und der Hebamme *Phänareta*, der weiseste und tugendhafteste unter den Griechen, ward in dem vierten Jahre der siebenundsiebzigsten Olympiade zu Athen, in der *alopecischen* Zunft daselbst geboren. Der Vater hielt ihn in seiner Jugend zur Bildhauerkunst an, in welcher er keine geringen Progressen gemacht haben muß, wenn die *bekleideten Grazien*, die auf der Mauer zu Athen hinter der Bildsäule der Minerva standen, wie verschiedene versichern, von seiner Arbeit gewesen. Zeiten, in welchen ein Phidias, Zeuxis und Myron lebten, können keiner mittelmäßigen Arbeit eine so wichtige Stelle eingeräumt haben.

Etwa in seinem dreißigsten Jahre, als sein Vater längst tot war und er, ohne sonderliche Neigung, aber aus Not, die Bildhauerkunst noch immer trieb, lernte ihn *Krito*, ein vornehmer Athenienser, kennen, bemerkte seine erhabenen Talente und urteilte, daß er dem menschlichen Geschlechte durch sein Nachdenken weit nützlicher werden könnte als durch seine Handarbeit. Er nahm ihn aus der Schule der Kunst und brachte ihn zu den Weisen der damaligen Zeit, um ihm Schönheiten einer höhern Ordnung zur Betrachtung und Nachahmung vorhalten zu lassen. Lehret die Kunst, das Leben im Leblosen nachzuahmen, den Stein dem Menschen ähnlich zu machen, so suchet die Weisheit hingegen, das Unendliche im Endlichen nachzuahmen, die Seele des Menschen jener ursprünglichen *Schönheit* und *Vollkommenheit* so nahe zu bringen, als es in diesem Leben möglich ist. Sokrates genoß den Unterricht und den Umgang der berühmtesten Leute in allen Wissenschaften und Künsten, von welchen seine Schüler den *Archelaus*, *Anaxagoras*, *Prodikus*, *Evenus*, *Isimachus*, *Theodorus* und andere nennen.

Krito versahe ihn mit den Notwendigkeiten des Lebens, und Sokrates legte sich anfangs mit vielem Fleiße auf die *Natur-*

lehre, die zur damaligen Zeit sehr im Schwange war. Er merkte aber gar bald, daß es Zeit sei, die Wahrheit von Betrachtung der *Natur* auf die Betrachtung des *Menschen* zurückzuführen. Dieses ist der Weg, den die Weltweisheit allezeit nehmen sollte. Sie muß mit Untersuchung der äußerlichen Gegenstände anfangen, aber bei jedem Schritte, den sie tut, einen Blick auf den Menschen zurückwerfen, auf dessen wahre Glückseligkeit alle ihre Bemühungen abzielen sollten. Wenn die Bewegung der Planeten, das Wesen der himmlischen Körper, die Natur der Elemente usw. nicht wenigstens mittelbar einen Einfluß in unsre Glückseligkeit haben: so ist der Mensch gar nicht bestimmt, sie zu untersuchen. *Sokrates war der erste*, wie Cicero sagt, *der die Philosophie vom Himmel heruntergerufen, in die Städte eingesetzt, in die Wohnungen der Menschen geführt und über ihr Tun und Lassen Betrachtungen anzustellen genötiget hat.* Indessen ging er, wie überhaupt die Neuerungsstifter zu tun pflegen, auf der andern Seite etwas zu weit und sprach zuweilen von den erhabensten Wissenschaften mit einer Art von Geringschätzung, die dem weisen Beurteiler der Dinge nicht geziemet.

Damals stand in Griechenland, wie zu allen Zeiten bei dem Pöbel, die Art von Gelehrten in großem Ansehen, die sich bemühen, eingewurzelte Vorurteile und verjährten Aberglauben durch allerhand Scheingründe und Spitzfindigkeiten zu begünstigen. Sie gaben sich den Ehrennamen *Sophisten*, den ihre Aufführung in einen Ekelnamen verwandelte. Sie besorgten die Erziehung der Jugend und unterrichteten auf öffentlichen Schulen sowohl als in Privathäusern, in Künsten, Wissenschaften, Sittenlehre und Religion, mit allgemeinem Beifalle. Sie wußten, daß in demokratischen Regierungsverfassungen die Beredsamkeit über alles geschätzt wird, daß ein freier Mann gerne von Politik schwatzen höret und daß die Wissensbegierde schaler Köpfe am liebsten durch Märchen befriediget sein will: daher unterließen sie niemals, in ihrem Vortrage gleißende Beredsamkeit, falsche Politik und ungereimte Fabeln so künstlich durcheinanderzuflechten, daß das Volk sie mit Verwunderung anhörte und mit Verschwendung belohnte. Mit der Priesterschaft standen sie in gutem Vernehmen; denn sie hatten beiderseits die weise Maxime: *leben und leben lassen*. Wenn die Tyrannei der Heuchler den freien Geist der Menschen nicht länger unter dem Joche halten konnte: so waren jene Scheinfreunde der Wahrheit bestellt, ihn auf falsche Wege zu verleiten, die natürlichen Begriffe durcheinander zu werfen und allen Unterschied zwischen Wahrheit und Irrtum, Recht und Unrecht, Gutem und Bösem, durch blendende Trugschlüsse aufzuheben. In der Theorie war ihr Hauptgrundsatz: *Man kann alles beweisen und alles widerlegen*, und in der Ausübung: *Man muß von der Torheit anderer, und seiner eigenen Überlegenheit, soviel Vorteil ziehen, als man nur kann*. Diese letztere Maxime hielten sie zwar, wie leicht zu erachten, vor dem Volke geheim und vertrauten dieselbe nur ihren Lieblingen, die an ihrem Gewerbe teilnehmen sollten; allein die Moral, die sie öffentlich lehrten, war nichtsdestoweniger für das Herz der Menschen ebenso verderblich als ihre Politik für die Rechte, Freiheit und Glückseligkeit des menschlichen Geschlechts.

Da sie listig genug waren, das herrschende Religionssystem mit ihrem Interesse zu verwickeln: so gehörte nicht nur Entschlossenheit und Heldenmut dazu, ihren Betrügereien Einhalt zu tun, sondern ein wahrer Tugendfreund durfte es ohne die behutsamste Vorsichtigkeit nicht wagen. Es ist kein Religionssystem so verderbt, das nicht wenigstens einigen Pflichten der Menschheit eine gewisse Heiligung gibt, die der Menschenfreund verehren und der Sittenverbesserer, wann er nicht seiner eigenen Absicht zuwiderhandeln will, unangetastet lassen muß. Von Zweifel in Religionssachen zur Leichtsinnigkeit, von Vernachlässigung des *äußerlichen* Gottesdienstes zur Geringschätzung *alles* Gottesdienstes überhaupt, pflegt der Übergang sehr leicht zu sein, besonders für Gemüter, die nicht unter der Herrschaft der Vernunft stehn, sondern von Geiz, Ehrsucht oder Wollust regieret werden. Die Priester des Aberglaubens verlassen sich nur allzusehr auf diesen Hinterhalt und nehmen zu demselben, wie zu einem unverletzlichen Heiligtum, ihre Zuflucht, sooft ein Angriff auf sie geschiehet.

Solche Schwierigkeiten und Hindernisse standen dem Sokrates im Wege, als er den großen Entschluß faßte, Tugend und Weisheit unter seinen Nebenmenschen zu verbreiten. Er hatte, von der einen Seite, seine eigenen Vorurteile der Erziehung zu besiegen, die Unwissenheit anderer zu beleuchten, Sophisterei zu bestreiten, Bosheit, Neid, Verleumdung und Beschimpfung von Seiten seiner Gegner auszuhalten, Armut zu ertragen, festgesetzte Macht zu bekämpfen und, was das schwerste war, die finstern Schrecknisse des Aberglaubens zu vereiteln. Von der andern Seite waren die schwachen Gemüter seiner Mitbürger zu schonen, Ärgernisse zu vermeiden und der gute Einfluß, den selbst die albernste Religion auf die Sitten der Einfältigen hat, nicht zu verscherzen. Alle diese Schwierigkeiten überstand er mit der Weisheit eines wahren Philosophen, mit der Geduld eines Heiligen, mit der uneigennützigen Tugend eines Menschenfreundes, mit der Entschlossenheit eines Helden, auf Unkosten und mit Verlust aller weltlichen Güter und Vergnügungen. Gesundheit, Macht, Bequemlichkeit, Leumund, Ruhe und zuletzt das Leben selbst gab er auf die liebreichste Weise für das Wohl seiner Nebenmenschen hin. So mächtig wirkte in ihm die Liebe zur Tugend und Rechtschaffenheit und die Unverletzlichkeit der Pflichten gegen den *Schöpfer* und *Erhalter* der Dinge, den er durch das reine Licht der Vernunft auf die lebendigste Art erkannte.

Diese höheren Aussichten des Weltbürgers hielten ihn indessen nicht ab, die gemeineren Pflichten gegen sein Vaterland zu erfüllen. In seinem sechsunddreißigsten Jahre tat er Kriegesdienste wider die *Potidäer*, die Einwohner einer Stadt in Thrazien, die sich wider ihre Tributherrn, die Athenienser, empört hatten. Allhier versäumete er die Gelegenheit nicht, seinen Körper wider alle Beschwerlichkeiten des Krieges und Rauhigkeit der Jahreszeit abzuhärten und seine Seele in Unerschrockenheit und Verachtung der Gefahr zu üben. Er trug, durch die allgemeine Einstimmung seiner Mitwerber selbst, den Preis der Tapferkeit davon, überließ aber denselben dem *Alcibiades*, den er liebte und hierdurch aufmuntern wollte, solche Ehrenbezeigungen von seinem Vaterlande künftighin durch eigene Taten zu verdienen. Kurz vorher hatte er ihm in einem Gefechte das Leben gerettet. Man belagerte die Stadt *Potidäa* in der strengsten Kälte. Andere verwahrten sich wider den Frost, er blieb bei seiner gewöhnlichen Kleidung und ging mit bloßen Füßen über das Eis. Die Pest wütete in dem Lager und in Athen selbst. Es ist fast nicht zu glauben, was *Diogenes Laertius* und *Aelian* versichern: *Sokrates* soll der einzige gewesen sein, den sie gar nicht angegriffen. Ohne aus diesem Umstande, der ein bloßer Zufall hat sein können, etwas zu schließen, kann man überhaupt mit Gewißheit sagen, daß er von einer starken und dauerhaften Leibesbeschaffenheit gewesen und solche durch Mäßigkeit, Übung und Entfernung von aller Weichlichkeit so zu erhalten gewußt hat, daß er wider alle Zufälle und Beschwerlichkeit des Lebens abgehärtet war. Gleichwohl hat er auch im Felde nicht unterlassen, seine Seelenkräfte nicht nur zu üben, sondern äußerst anzustrengen. Man sah ihn zuweilen vierundzwanzig Stunden auf eben der Stelle, mit unverwandten Blicken, in Gedanken vertieft stehn, *als wenn der Geist von seinem Körper abwesend wäre*, sagt Aulus Gellius. Man kann nicht leugnen, daß diese Entzückungen eine Anlage zur Schwärmerei gewesen, und man findet in seinem Leben mehrere Spuren, daß er nicht völlig davon befreiet gewesen. Indessen war es eine unschädliche Schwärmerei, die weder Hochmut noch Menschenhaß zum Grunde hatte und die in der Verfassung, in welcher er sich befand, ihm sehr nützlich gewesen sein mag. Die gemeinen Kräfte der Natur reichen vielleicht nicht hin, den Menschen zu so großen Gedanken und standhaften Entschließungen zu erheben.

Nach geendigtem Feldzuge kehrte er in seine Vaterstadt zurück und fing an, mit Nachdruck Sophisterei und Aberglauben zu bekämpfen und seine Mitbürger in Tugend und Weisheit zu unterrichten. Auf öffentlichen Straßen, Spaziergängen, in Bädern, Privathäusern, Werkstätten der Künstler, wo er nur Menschen fand, die er bessern zu können glaubte, da hielt er sie an, ließ sich mit ihnen in Gespräche ein*, erklärte ihnen, was recht und unrecht, gut und böse, heilig und unheilig sei, unterhielt sie von der Vorsehung und Regierung Gottes, von den Mitteln ihm zu gefallen, von der Glückseligkeit des Menschen, von den Pflichten eines Bürgers, eines Hausvaters, eines Ehemannes usw. Alles dieses niemals in dem aufdringen-

---

* Mit dem Xenophon wurde er auf folgende Weise bekannt. Er begegnete ihm in einem engen Durchgange. Der schöne und bescheidene Anstand des jungen Menschen gefiel ihm so wohl, daß er ihm den Stock vorhielt und ihn nicht weitergehn lassen wollte. Jüngling! sprach er, weißt du, wo die Bedürfnisse des Lebens zu bekommen sind? – O ja! antwortete Xenophon. – Weißt du aber auch, wo Tugend und Rechtschaffenheit zu erhalten ist? – Der junge Mann stutzte und sah ihn an. – So folge mir, fuhr Sokrates fort, ich will es dir zeigen. Er folgte ihm, ward sein treuster Schüler, und man weiß, wieviel er ihm zu verdanken gehabt. (bei Diogenes Laertius, II, 48)

den Ton eines Lehrers, sondern als Freund, der die Wahrheit selbst erst mit uns suchen will. Er wußte es aber durch die einfältigsten Kinderfragen so einzuleiten, daß man von Frage zu Frage, ohne sonderliche Anstrengung, ihm folgen konnte, ganz unvermerkt aber sich am Ziele sah und die Wahrheit nicht gelernet, sondern selbst erfunden zu haben glaubte. Ich ahme hierin meiner Mutter nach, pflegte er im Scherze zu sagen: Sie gebieret selbst nicht mehr, aber sie besitzet Kunstgriffe, wodurch sie andern ihre Geburten zur Welt bringen hilft. Auf eine ähnliche Weise versehe ich bei meinen Freunden das Amt eines Geburtshelfers. Ich frage und forsche so lange, bis die verborgene Frucht ihres Verstandes ans Licht kömmt.

Diese Methode, die Wahrheit zu erfragen, war auch die glücklichste, die Sophisten zu widerlegen. Wenn es zu einem ausführlichen Vortrage kam, so war ihnen nicht beizukommen. Denn da standen ihnen soviel Ausschweifungen, soviel Märchen, soviel Scheingründe und soviel rednerische Figuren zu Gebote, daß die Zuhörer verblendet wurden und überzeugt zu sein glaubten. Ein allgemeines Händeklatschen pflegte ihnen selten zu entstehen. Und man stelle sich den triumphierenden Blick vor, mit welchem solche *Lehrer* alsdann auf ihre *Schüler*, oder wohl gar *Widersacher*, herabsahen. Was tat *Sokrates* bei einer solchen Gelegenheit? Er klatschte mit, wagte aber einige gar leichte, von der Sache etwas entfernte Fragen, die der hochgelehrte Mann für albern hielt und aus Mitleiden beantwortete. Nach und nach schlich er sich der Sache näher, immer mit Fragen und immer, indem er seinem Gegner die Gelegenheit abschnitt, in anhaltende Reden auszuschweifen. Dadurch wurden sie genötigt, die Begriffe deutlich auseinanderzusetzen, richtige Erklärungen gelten und aus ihren falschen Voraussetzungen ungereimte Folgerungen ziehen zu lassen. Zuletzt sahen sie sich so in die Enge getrieben, daß sie ungeduldig wurden. Er aber ward es niemals, sondern ertrug ihre Unart selbst mit der größten Gelassenheit, fuhr fort, die Begriffe zu entwickeln, bis endlich die Ungereimtheiten, die aus den Grundsätzen der Sophisten folgten, dem einfältigsten Zuhörer handgreiflich wurden. Auf solche Weise wurden sie ihren eignen Schülern zum Gelächter.

In Ansehung der Religion scheint er folgende Maxime vor Augen gehabt zu haben. Jede falsche Lehre oder Meinung, die offenbar zur Unsittlichkeit führet und also der Glückseligkeit des menschlichen Geschlechts entgegen ist, wurde von ihm auf keinerlei Weise verschont, sondern öffentlich, im Beisein der Heuchler, Sophisten und des gemeinen Volks, bestritten, lächerlich gemacht und in ihren ungereimten und abscheulichen Folgen gezeigt. Von dieser Art waren die Lehren der Fabeldichter von den Schwachheiten, Ungerechtigkeiten, schändlichen Begierden und Leidenschaften, die sie ihren Göttern zuschrieben. Über dergleichen Sätze sowie über unrichtige Begriffe von der Vorsehung und Regierung Gottes, auch über die Belohnung des Guten und die Bestrafung des Bösen war er niemals zurückhaltend, niemals, selbst zum Scheine nicht, zweifelhaft, sondern allezeit entschlossen, die Sache der Wahrheit mit der größten Unerschrockenheit zu verfechten und, wie der Erfolg gezeigt, sein Bekenntnis mit dem Tode zu versiegeln. Eine Lehre aber, die bloß theoretisch falsch und den Sitten so großen Schaden nicht bringen konnte, als von einer Neuerung zu befürchten war, ließ er unangefochten, bekannte sich vielmehr öffentlich zu der herrschenden Meinung, beobachtete die darauf gegründeten Zeremonien und Religionsgebräuche, vermied hingegen alle Gelegenheit zu einer entscheidenden Erklärung; und wann ihr nicht auszuweichen war, so hatte er eine Zuflucht in Bereitschaft, die ihm niemals entstehen konnte: er schützte *seine Unwissenheit* vor.

Hierunter begünstigte ihn vorzüglich die Methode zu lehren, die er, wie wir gesehen, aus andern Absichten gewählt hatte. Denn da er seine Lehren niemals mit dem Hochmute eines alleswissenden Mannes ankündigte, da er vielmehr nichts selbst behauptete, sondern allezeit die Wahrheit durch Fragen von seinen Zuhörern herauszulocken suchte: so war ihm erlaubt, das nicht zu wissen, was er nicht wissen konnte oder durfte. Die Eitelkeit, auf alle Fragen eine Antwort zu wissen, hat so manchen großen Geist verführt, Dinge zu behaupten, die er in dem Munde eins andern getadelt haben würde. *Sokrates* war von dieser Eitelkeit weit entfernt. Von Dingen, die über seinen Horizont waren, gestand er mit der naivesten Freimütigkeit: *Dieses weiß ich nicht*; und wann er merkte, daß ihm Fallen gelegt wurden und gewisse Geständnisse abgelockt werden wollten, so zog er sich aus dem Spiele und sagte:

Nichts weiß ich! Das Orakel zu Delphi erklärte ihn für den weisesten unter allen Sterblichen. „Wißt ihr", sprach *Sokrates,* „warum Apollo mich für den größten Weisen auf Erden hält? Weil andere mehrenteils etwas zu wissen glauben, was sie nicht wissen. Ich aber sehe wohl ein und gestehe, daß alles, was ich weiß, darauf hinausläuft, *daß ich nichts weiß.*"

Der Ruhm des Sokrates verbreitete sich in ganz Griechenland, und es kamen die angesehensten und gelehrtesten Männer von allen Gegenden zu ihm, um seines freundschaftlichen Umgangs und Unterrichts zu genießen. Die Begierde, ihn zu hören, war unter seinen Freunden so groß, daß mancher sein Leben wagte, um nur täglich bei ihm zu sein. Die Athenienser hatten bei Lebensstrafe verboten, daß sich kein Megarenser auf ihrem Gebiete betreten lassen sollte. *Euklides von Megara,* ein Freund und Schüler des *Sokrates,* ließ sich dadurch nicht abhalten, seinen Lehrer zu besuchen. Des Nachts ging er, in bunte Weiberkleider gehüllt, von Megara nach Athen, und des Morgens, ehe es Tag war, ging er wieder seine zwanzigtausend Schritte zurück nach Hause. Bei dem allen lebte *Sokrates* in der äußersten Armut und Dürftigkeit und wollte sich nichts für seinen Unterricht bezahlen lassen, obgleich die Athenienser so lehrbegierig waren, daß sie sich's große Summen würden haben kosten lassen, wann er auf Belohnung gedrungen hätte. Die Sophisten wußten von dieser Bereitwilligkeit schon bessern Gebrauch zu machen.

Es muß ihm desto mehr Überwindung gekostet haben, diese Dürftigkeit zu ertragen, da seine Frau, die berüchtigte *Xanthippe,* eben nicht die genügsamste Hausfrau gewesen und er auch für Kinder zu sorgen gehabt, die ihre Verpflegung von seiner Hand erwarteten. Es ist zwar noch nicht ausgemacht, daß die Xanthippe von so böser Gemütsart gewesen, als man gemeiniglich glaubet. Die Märchen, die zu ihrer Beschimpfung bekannt sind, rühren von spätern Schriftstellern her, die sie nur vom Hörensagen haben konnten. Plato und Xenophon, die am besten davon unterrichtet sein mußten, scheinen sie als eine mittelmäßige Frau gekannt zu haben, von der sich weder viel Gutes noch viel Böses sagen läßt. Ja, man wird in folgendem Gespräche nach dem Plato finden, daß sie an dem letzten Tage des Sokrates mit ihrem Kinde bei ihm im Kerker gewesen und sich außerordentlich über seinen Tod betrübt hat. Alles, was man sonst bei diesen glaubwürdigsten Schriftstellern zu ihrem Nachteile findet, ist etwa eine Stelle in dem Tischgespräche *Xenophons*, wo jemand den Sokrates fragt, warum er sich eine Frau genommen, die so wenig umgänglich wäre? – worauf dieser in seinem gewöhnlichen Tone antwortet: „Wer mit Pferden umgehen lernen will, der wählet sich zu seiner Übung kein geduldiges Lasttier, sondern ein mutiges Roß, das schwer zu bändigen ist. Ich, der ich mit Menschen umgehen lernen will, habe mir aus ebender Ursache eine Hausfrau gewählt, die unverträglich ist, um die verschiedene Laune der Menschen desto besser ertragen zu lernen." An einer andern Stelle läßt ebendieser Schriftsteller den Sohn des Sokrates, den *Lamproklus*, sich gegen seinen Vater über die harte Begegnung, mürrische Gemütsart und unerträgliche Laune seiner Mutter beschweren. Allein aus der Antwort des Sokrates erhellet, zu ihrem Lobe, daß sie, bei ihrem zänkischen Gemüte, die Pflichten einer Hausmutter gleichwohl sorgfältig beobachtet und ihre Kinder geliebt und gehörig verpflegt hat. Dieses Zeugnis ihres Ehemannes widerlegt offenbar alle schimpfliche Histörchen, die man auf ihre Unkosten ersonnen und wodurch man sie der Nachwelt als ein Beispiel eines bösen Weibes aufgestellt hat. Man kann mit gutem Grunde glauben, daß Sokrates seine Kunst, mit Menschen umzugehen, an seiner Ehegenossin nicht vergebens geübt hat; daß er vielmehr durch unermüdete Geduld, Gefälligkeit, Sanftmut und durch seine unwiderstehlichen Ermahnungen die Härte ihres Temperaments überwunden, ihre Liebe gewonnen und sie dergestalt gebessert haben wird, daß sie aus einem unverträglichen Weibe eine gute Hausmutter und, wie ihre Aufführung vor seinem Ende ausweiset, eine zärtliche Ehefrau geworden. Dem sei indessen, wie ihm wolle, so müssen ihm seine häuslichen Umstände die Armut weit beschwerlicher gemacht haben, da er nicht sich allein, sondern einer ganzen Familie, und vielleicht einer unzufriedenen und über seine strenge Genügsamkeit sich beklagenden Familie, von seinem Tun und Lassen Rechenschaft zu geben hatte. Niemand war besser von den Pflichten eines Hausvaters unterrichtet als Sokrates. Er wußte wohl, daß ihm obliege, so viel zu erwerben und anzuschaffen, als zum ehrlichen Auskommen für seine Familie nötig sei, und er hat diese natürliche Pflicht seinen Freunden sehr oft eingeschärft. Allein was ihn selbst betraf, so stand ihm eine höhere Pflicht im Wege, die ihn verhinderte, jener Genüge zu leisten. Das Verderbnis der Zeiten, da alles des feilen Gewinnstes halber geschahe, und insbesondere die niederträchtige Habsucht der Sophisten, die ihre verderblichen Lehren um bares Geld verkauften und die schändlichsten Mittel anwendeten, sich auf Unkosten des betrogenen Volks zu bereichern: diese legten ihm die Verbindlichkeit auf, ihnen die äußerste Uneigennützigkeit entgegenzusetzen, damit seine reinen und unbefleckten Absichten keiner üblen Auslegung fähig sein möchten. Er wollte lieber darben und, wenn ihn der Mangel zu sehr drückte, von Almosen leben, als durch sein Beispiel den schmutzigen Geldgeiz dieser falschen Weisheitslehrer nur einigermaßen rechtfertigen.

Er unterbrach diese wohltätigen Beschäftigungen und zog abermals freiwillig mit zu Felde wider die Böotier. Die Athenienser verloren eine Schlacht bei *Delium* und wurden aufs Haupt geschlagen. *Sokrates* zeigte seine Tapferkeit sowohl im Treffen als auf dem Rückzuge. „Hätte jedermann seine Pflicht so getan wie *Sokrates*", spricht der Feldherr *Laches* beim *Plato*, „so wäre der Tag gewiß nicht unglücklich für uns gewesen." Als alles floh, ging er auch zurück, aber Schritt vor Schritt und indem er sich öfters umkehrte, um einem Feinde, der ihm etwa auf den Hals käme, Widerstand zu tun. Er fand den *Xenophon*, der vom Pferde gefallen und verwundet war, unterwegs liegend, nahm ihn auf seine Schulter und brachte ihn in Sicherheit.

Die Priester, Sophisten, Redner und andre, die dergleichen feile Künste trieben, Leute, denen Sokrates ein Dorn im Auge sein mußte, machten sich desselben Abwesenheit zu Nutz und suchten die Gemüter wider ihn aufzubringen. Bei seiner Zurückkunft fand er eine geschlossene Partei, der kein Mittel, ihm zu schaden, zu niederträchtig war. Sie mieteten, wie man zu glauben Ursach hat, den Komödienschreiber *Aristophanes*, daß er durch ein Possenspiel, das man damals Komödie nannte, den *Sokrates* verhaßt und lächerlich zu machen suchte, um das gemeine Volk teils auszuholen, teils vorzubereiten, und wann der Streich gelänge, ein mehreres zu wagen. Diese Fratze führte den Namen *Die Wolken*. *Sokrates* war die Hauptperson, und die Figur, die diese Rolle machte, gab sich Mühe, ihn nach dem Leben zu konterfeien. Kleidung, Gang, Gebärde, Stimme, alles äffte er natürlich nach. Das Stück selbst hat sich, zur Ehre des verfolgten Weltweisen, bis auf unsre Zeiten erhalten. Man kann sich kaum etwas Ungezogeners gedenken.

Sokrates pflegte sonst niemals das Theater zu besuchen, außer wann die Stücke des *Euripides* (daran er selbst, wie einige wollen, Anteil gehabt) aufgeführt wurden. Den Tag, da dieses Pasquill aufgeführt werden sollte, ging er gleichwohl hinein. Er hörte, daß viele Fremde, die zugegen waren, sich erkundigten, wer dieser *Sokrates* im Original sei, der auf der Bühne so gehöhnt werde? Er trat mitten im Schauspiel hervor und blieb, bis ans Ende des Stücks, auf einer Stelle stehn, wo ihn jedermann sehen und mit der Kopie vergleichen konnte. Dieser Streich war für den Dichter und seine Komödie tödlich. Die possenhaftesten Einfälle taten keine Wirkung mehr, denn das Ansehn des *Sokrates* erregte Hochachtung und eine Art von Erstaunen über seine Unerschrockenheit. Auch fand das Stück keinen Beifall. Der Dichter veränderte es und brachte es das folgende Jahr wieder auf die Bühne, aber mit ebenso schlechtem Erfolge. Die Feinde des Weltweisen sahen sich genötiget, die vorgehabte Verfolgung bis auf eine günstigere Zeit zu verschieben.

Kaum war der Krieg mit den Böotiern geendiget, so mußten die Athenienser schon ein neues Heer anwerben, um dem Lakedaimonischen Feldherrn *Brasidas* Einhalt zu tun, der in Thrazien verschiedene Städte, und unter andern die wichtige Stadt *Amphipolis*, ihrer Herrschaft entzogen hatte. *Sokrates* ließ sich die Gefahr, in die ihn seine letzte Abwesenheit gesetzt, nicht abhalten, dem Vaterlande abermals zu dienen. Dieses war das letztemal, daß er seine Vaterstadt verlassen hatte. Nach der Zeit kam er, bis an sein Ende, nicht aus dem Gebiete der Athenienser und unterließ niemals, der Jugend, die ihn suchte, seinen freundschaftlichen Umgang zu gönnen und ihr durch Lehren und gutes Exempel die Liebe zur Tugend einzuflößen. Wie er aber überall ein großer Freund und Liebhaber der Schönheit war, so schien er in der Wahl seiner Freunde auch auf körperliche Schönheit zu sehen. Ein schöner Körper, pflegte er zu sagen, verspricht eine schöne Seele, und wenn sie der Erwartung nicht zusagt, so muß sie verwahrlost worden sein. Daher er sich denn viele Mühe gab, das Inwendige dieser Personen mit ihrem wohlgebildeten Äußerlichen übereinstimmend zu machen. Niemand aber war ihm so angelegen als *Alcibiades*, ein junger Mensch von ungemeiner Schönheit und von großen Talenten, der hochfahrend, mutig, leichtsinnig und überaus feuriges Temperaments war. Diesen verfolgte er unermüdet, ließ sich bei allen Gelegenheiten mit ihm in Unterredung ein, um ihn durch freundschaftliche Ermahnungen und liebreiche Verweise von den Ausschweifungen des Ehrgeizes und der Wollust, wozu er von Natur sehr geneigt war, abzuhalten. *Plato* läßt ihn bei dieser Gelegenheit öfters Ausdrücke brauchen, die beinahe verliebt scheinen: daher man in spätern Zeiten Gelegenheit genommen, den *Sokrates* eines sträflichen Umgangs mit jungen Leuten zu beschuldigen. Allein die Feinde des *Sokrates* selbst, *Aristophanes* in der Komödie und *Melitus* in seiner Anklage, tun hiervon nicht die geringste Erwähnung. *Melitus* beschuldigt ihn zwar, daß er die Jugend verderbe, allein, wie aus der Antwort des *Sokrates* gar deutlich erhellet, ging dieses auf die Gesetze der Religion und der Politik, gegen welche er die Jugend gleichgültig gemacht haben sollte. Gesetzt auch, die damalige Verderbnis der Sitten wäre so weit gegangen, daß man dieses widernatürliche Laster beinahe für natürlich gehalten, so hätten seine Feinde dennoch diesen Umstand nicht ganz verschwiegen, wenn es nicht offenbar unmöglich gewesen wäre, das Muster der Keuschheit und Enthaltsamkeit einer so viehischen Geilheit zu beschuldigen. Man lese die strengen Vorwürfe, die er dem *Kritias* und *Kritobulus* machet; man lese das Zeugnis, das ihm der mutwillige, halbberauschte *Alcibiades* in Platons Tischgespräche gibt. Das Stillschweigen der Feinde und Verleumder und das positive Zeugnis seiner Freunde vom Gegenteil lassen keinen Zweifel zurück, daß die Beschuldigung ungegründet und eine strafbare Verleumdung sei. Die Ausdrücke des *Plato*, so fremde sie auch in unsern Ohren klingen, beweisen weiter nichts, als daß diese unnatürliche Galanterie damals die Modesprache gewesen, wie etwa der ernsthafteste Mann in unsern Zeiten sich nicht entbrechen würde, wenn er an ein Frauenzimmer schreibt, wie verliebt zu tun.

Über den Genius, den er zu besitzen vorgab und der ihn, wie er sagte, allzeit abhielt, wenn er etwas Schädliches unternehmen wollte, sind die Meinungen der Gelehrten geteilt. Einige glauben, Sokrates habe sich hierin eine kleine Erdichtung erlaubt, um bei dem abergläubischen Volk Gehör zu finden; allein dieses scheint mit seiner gewöhnlichen Aufrichtigkeit zu streiten. Andre verstehen unter diesem Genius ein geschärftes Gefühl vom Guten und Bösen, eine durch Nachdenken, durch lange Erfahrung und anhaltende Übung zum Instinkt gewordene moralische Beurteilungskraft, vermöge welcher er jede freie Handlung nach ihren mutmaßlichen Folgen und Wirkungen prüfen und beurteilen konnte, ohne sich selbst von seinem Urteil Rechenschaft geben zu können. Man findet aber beim Xenophon sowohl als Plato verschiedene Vorfälle, wo dieser Geist dem Sokrates Dinge vorhergesagt, die sich aus keiner natürlichen Kraft der Seele erklären lassen. Vielleicht sind diese von seinen Schülern aus guter Meinung hinzugesetzt worden; vielleicht auch hatte Sokrates, der, wie wir gesehen, zu Entzückungen aufgelegt war, selbst Schwachheit oder schwärmende Einbildungskraft genug, dieses lebhafte moralische Gefühl, das er nicht zu erklären wußte, in einen *vertraulichen Geist* umzuschaffen und ihm hernach auch diejenigen Ahndungen zuzuschreiben, die aus ganz andern Quellen entspringen. Muß denn ein vortrefflicher Mann notwendig von allen Schwachheiten und Vorurteilen frei sein? In unsern Tagen ist es kein Verdienst mehr, Geistererscheinungen zu verspotten. Vielleicht hat zu den Zeiten des Sokrates eine Anstrengung des Genies dazugehört, die er nützlicher angewendet hat. Er war ohnedem gewohnt, jeden Aberglauben zu dulden, der nicht unmittelbar zur Unsittlichkeit führen konnte, wie bereits oben erinnert worden.

Die Glückseligkeit des menschlichen Geschlechts war sein einziges Studium. Sobald ein Vorurteil oder Aberglaube zur offenbaren Gewalttätigkeit, Kränkung der menschlichen Rechte, Verderbnis der Sitten usw. Anlaß gab: so konnte ihn nichts in der Welt abhalten, aller Drohung und Verfolgung zum Trotze, sich dawider zu erklären. Es war unter den Griechen ein hergebrachter Aberglaube, daß die Schatten der unbegrabenen Toten am Ufer des Styx hundert Jahre rastlos herumirren müßten, bevor sie herübergelassen würden. Dieser Wahn mag dem rohen Volk von dem ersten Stifter der Gesellschaft aus löblichen Absichten beigebracht worden sein.

Indessen hat er zu den Zeiten des Sokrates, durch einen schändlichen Mißbrauch, manchen wackern Patrioten das Leben gekostet. Die Athenienser hatten bei den Arginusinischen Inseln über die Lakedaimonier einen vollkommenen Sieg erhalten. Die Befehlshaber der siegenden Flotte wurden aber durch einen Sturm abgehalten, ihre Toten zu begraben. Bei ihrer Rückkunft nach Athen wurden sie, auf die undankbarste Weise, dieser Unterlassung halben öffentlich angeklagt. Sokrates hatte denselben Tag den Vorsitz in dem Senat der *Prytanen*, welche die öffentlichen Angelegenheiten zu besorgen hatten. Die Bosheit einiger Mächtigen im Reiche, die Heuchelei der Priester und die Niederträchtigkeit feiler Redner und Demagogen hatten sich vereinigt, den blinden Eifer des Volkes wider diese Beschützer des Staats aufzubringen. Das Volk drang mit Ungestüm auf ihre Verdammung. Ein Teil des Senats war selbst von diesem pöbelhaften Wahne betört; und der Überrest hatte nicht Mut genug, sich der allgemeinen Raserei zu widersetzen. Alles willigte darein, diese unglücklichen Patrioten zum Tode zu verurteilen. Nur Sokrates allein hatte die Herzhaftigkeit, ihre Unschuld zu verteidigen. Er verachtete die Drohungen der Mächtigen und die Wut des aufgebrachten Pöbels, stand ganz allein auf der Seite der verfolgten Unschuld und wollte lieber das Ärgste über sich ergehen lassen, als in eine so heillose Ungerechtigkeit willigen. Wiewohl alle seine Bemühungen zu ihrem Besten dennoch fruchtlos abliefen. Er hatte den Verdruß, zu sehen, daß der blinde Eifer die Oberhand erhielt und daß die Republik sich selbst die Schmach antat, ihre tapfersten Beschützer einem übelverstandenen Vorurteil aufzuopfern. Das Jahr darauf wurden die Athenienser von den Lakedaimoniern auf das Haupt geschlagen, ihre Flotte zugrunde gerichtet, ihre Hauptstadt belagert und dergestalt aufs Äußerste gebracht, daß sie sich den Siegern auf Gnade und Ungnade ergeben mußte. Es ist sehr wahrscheinlich, daß der Mangel an erfahrenen Anführern auf Seiten der Athenienser an dieser Niederlage nicht wenig schuld gewesen.

Lysander, der Feldherr der Lakedaimonier, der die Stadt eingenommen hatte, begünstigte eine in derselben entstandene Empörung, verwandelte die demokratische Regierungsform in eine Oligarchie und setzte einen Rat von dreißig Männern, die unter dem Namen der dreißig Tyrannen bekannt sind. Die grausamsten Feinde hätten in der Stadt so nicht wüten können, als diese Ungeheuer gewütet haben. Unter dem Vorwande, Staatsverbrechen und Meuterei zu bestrafen, wurden die rechtschaffensten Leute im Staat ihres Lebens oder ihres Vermögens beraubt. Plündern, rauben, verbannen, diesen öffentlich, jenen meuchelmörderisch hinrichten lassen, waren Taten, mit welchen sie ihre Regierung bezeichneten. Wie mußte das Herz des *Sokrates* bluten, den *Kritias*, der vormals sein Schüler war, an der Spitze dieser Scheusale zu sehen! Ja, dieser *Kritias*, sein vormaliger Freund und Zuhörer, zeigte sich nunmehr als seinen offenbaren Feind und suchte Gelegenheit, ihn zu verfolgen. Der weise Mann hatte ihm einst seine viehische und widernatürliche Geilheit mit harten Worten verwiesen, und seit der Zeit trug ihm der Unmensch einen heimlichen Groll nach, der jetzo auszubrechen Gelegenheit suchte.

Als er und Charikles zu Gesetzgebern ernennt wurden, führten sie, um eine Ursach an dem Sokrates zu finden, das Gesetz ein, daß niemand in der Redekunst unterrichten sollte. Sie erfuhren darauf, daß sich Sokrates mit Worten wider sie vergangen und verschiedentlich habe verlauten lassen, es wäre zwar wunderbar, wenn Hirten die ihnen anvertraute Herde kleiner und magerer machten und dennoch nicht für schlechte Hirten wollten gehalten sein; aber weit wunderbarer wäre es, wenn die Vorsteher eines Staates die Bürger weniger und schlechter machten und dennoch nicht schlechte Vorsteher sein wollten. Sie ließen ihn kommen, zeigten ihm das Gesetz und verboten ihm, mit jungen Leuten sich in Unterredung einzulassen. „Ist es erlaubt", versetzte Sokrates, „eines und das andere zu fragen, das mir in diesem Verbote nicht deutlich genug ist?" – „O ja!" antwortete man. – „Ich bin bereit", erwiderte er, „dem Gesetze zu folgen und befürchte nur aus Unwissenheit dawider zu verstoßen: ich bitte daher um eine deutlichere Erklärung, ob ihr unter der Redekunst eine Kunst recht zu reden oder unrecht zu reden versteht? Ist jenes: so muß ich mich enthalten, jemanden zu sagen, wie er recht reden soll; ist aber dieses: so werde ich niemand unterweisen, wie er unrecht reden soll."

Charikles entrüstete sich und sprach: „Wenn du dieses nicht verstehest, so haben wir dir es faßlicher gemacht und

schlechterdings verboten, mit jungen Leuten zu reden." –
„Damit ich aber auch hierin wisse, wie ich mich zu verhalten
habe", sprach Sokrates: „so bestimmt mir die Zeit, wie lange
ihr die Menschen für junge Leute haltet?" „Solange sie nicht
im Rate sitzen können", antwortete Charikles, „das ist,
solange sie nicht zu reifem Verstande gekommen sind, nämlich
bis zu dreißig Jahren."

„Wenn ich aber etwas kaufen will", erwiderte Sokrates,
„das ein junger Mensch unter dreißig Jahren zu verkaufen hat,
soll ich nicht fragen, wie teuer?" „Dieses ist dir nicht verboten", sprach Charikles, „aber du fragst manchmal Dinge,
die du gar wohl weißt: solcher Fragen enthalte dich ferner!" –
„Und antworten?" sprach Sokrates weiter. „Wenn ein junger
Mensch mich fragt, wo Charikles oder Kritias wohne, darf ich
ihm hierauf antworten?" – „Ja, ja", sprach Kritias, „aber enthalte dich der abgenutzten Beispiele und Gleichnisse von
Riemenschneidern, Zimmerleuten und Schmieden." „Vermutlich", erwiderte Sokrates, „auch der Begriffe, die ich durch
diese Beispiele zu erläutern pflege, von der Gerechtigkeit,
Heiligkeit, Frömmigkeit, usw.?" „Ganz recht!" antwortete
Charikles, „und vor allen Dingen auch der Viehhirten. Merke
dir das! oder ich befürchte, du wirst auch die Herde kleiner
machen."

Sokrates achtete ihre Drohungen so wenig als ihr un-
gereimtes Gesetz, das sie, der gesunden Vernunft und dem
Gesetz der Natur schnurstracks zuwider, keine Befugnis gehabt einzuführen. Er setzte seine Bemühungen zum Besten der
Tugend und Gerechtigkeit mit dem unermüdetesten Eifer fort,
und die Tyrannen unterstunden sich gleichwohl nicht, ihm so
gerade auf den Leib zu kommen. Sie suchten Umwege und
wollten ihn mit in ihre Ungerechtigkeiten verwickeln: trugen
ihm daher nebst vier andern Bürgern auf, den *Leon* von
Salamin nach Athen zu bringen, um ihn hinrichten zu lassen.
Die andern übernahmen den Auftrag; Sokrates aber erklärte
sich, daß er niemals zu einer ungerechten Sache die Hände
bieten werde. „So willst du denn", sprach Charikles, „Freiheit
haben zu reden, was du willst, und gar nichts dafür leiden?"
„Alles mögliche Übel", antwortete er, *„will ich dafür leiden,
nur das nicht, jemanden Unrecht zu tun."* Charikles schwieg,
und die übrigen sahen sich einander an. Diese Freiheiten

würden dem Sokrates am Ende dennoch das Leben gekostet haben, wenn nicht das Volk, der Grausamkeit dieser Tyrannen müde, einen Aufstand erregt, ihre vornehmsten Anführer umgebracht und die übrigen aus der Stadt hinausgejagt hätte.

Unter der wiederhergestellten demokratischen Regierung fanden die alten Feinde des Sokrates, die Sophisten, Priester und Redner, die längst erwünschte Gelegenheit, ihn mit besserm Glück zu verfolgen und endlich gar aus dem Wege zu räumen. *Anytus, Melitus* und *Lykon* sind die drei zu ihrer Schmach unvergeßliche Namen derer, die sich zur Ausführung dieses schändlichen Vorhabens haben brauchen lassen. Sie brachten die Verleumdung unter das Volk: Sokrates habe dem Kritias die Grundsätze der Tyrannei beigebracht, die er neulich mit so unerhörter Grausamkeit ausgeübt hätte. Wer die Leichtgläubigkeit und Unbeständigkeit des Pöbels kennt, wird sich nicht verwundern, daß die Athenienser einer so offenbaren Falschheit Gehör gegeben, obgleich jedermann wußte, was zwischen dem Sokrates und den Tyrannen vorgefallen. Einige Jahre vorher hatte Alcibiades, der große Talente, aber einen sehr wilden Charakter hatte, in Gesellschaft andrer mutwilligen Jünglinge die Bildsäule des Merkurs zerschlagen, die Eleusinischen Geheimnisse öffentlich verspottet und wegen dieses Übermuts aus seiner Vaterstadt entweichen müssen. Anjetzo wurde diese Geschichte wieder rege gemacht und von den Feinden des Sokrates ausgestreut, er habe dem jungen Menschen die Verachtung der Religion beigebracht. Nichts war den Lehren und der Aufführung des Sokrates mehr zuwider als ein solcher Frevel. Den öffentlichen Gottesdienst, so abergläubisch er auch sein mochte, hat er allezeit in Ehren gehalten; und was die Eleusinischen Geheimnisse betrifft, so riet er allen seinen Freunden, sich in denselben einweihen zu lassen, ob er gleich selbst seine Ursachen haben mochte, es nicht zu tun. Man hat sehr guten Grund zu glauben, daß die größern Geheimnisse zu Eleusis nichts anders waren als die Lehren der wahren natürlichen Religion und eine vernünftige Auslegung der Fabeln. Wenn Sokrates sich weigerte, die Einweihung anzunehmen, so geschah es wahrscheinlicherweise, um die Freiheit zu behalten, diese Geheimnisse ungestraft ausbreiten zu dürfen, die ihm die Priester durch die Einweihung zu entziehen suchten.

Als die Verleumder das Volk durch dergleichen boshafte Ausstreuungen genugsam vorbereitet zu haben glaubten, brachte *Melitus* eine förmliche Anklage wider den Sokrates an die Obrigkeit der Stadt, welche alsofort dem Volk davon Nachricht gab. Das Gericht der Heliäa wurde zusammenberufen und die gewöhnliche Anzahl der Bürger durch das Los bestimmt, die den Angeklagten richten sollten. Die Anklage war: *Sokrates handelt wider die Gesetze, indem er 1. die Götter der Stadt nicht verehrt und eine neue Gottheit einführen will und 2. die Jugend verderbet, der er eine Verachtung alles dessen, was heilig ist, beibringet. Seine Strafe sei der Tod.*

Seine Freunde brachten ihm wohlausgearbeitete Reden zu seiner Verteidigung. „Sie sind sehr schön", sprach er, „aber für mich alten Mann schicken sich dergleichen Künste nicht." „Willst du nicht selbst etwas zu deiner Verteidigung aufsetzen?" fragten sie ihn. „Die beste Verteidigung, die ich machen kann", antwortete er, „ist, daß ich in meinem Leben niemanden Unrecht getan. Ich habe zu verschiedenen Malen angefangen, auf eine Schutzrede zu denken, bin aber allemal von Gott daran verhindert worden. Vielleicht ist es sein Wille, daß ich in diesen Jahren, bevor das hinfällige und einer Krankheit ähnliche Alter kömmt, eines leichtern Todes sterben und weder meinen Freunden noch mir selbst zur Last werden soll." In diesen Worten hat jemand vor einiger Zeit den Beweis finden wollen, daß Sokrates feigherzig gewesen und die Unbequemlichkeiten des Alters mehr als den Tod gefürchtet habe. Es gehöret nicht wenig Herzhaftigkeit dazu, dem Leser so was einbilden zu wollen!

An dem zu dieser Untersuchung öffentlich anberaumten Tage erschienen Melitus, Anytus und Lyko, der erste für die Dichter, der zweite für das Volk und der letzte für die Redner, bestiegen einer nach dem andern den Rednerstuhl und hielten die giftigsten und verleumderischsten Reden wider den Sokrates. Er betrat nach ihnen den Platz, ohne zu zittern oder zu zagen, ohne, nach der damaligen Gewohnheit auf Gerichtsstuben, seine Richter durch einen jämmerlichen Anblick zum Mitleiden bewegen zu wollen, sondern mit dem gesetzten und zuversichtlichen Wesen, das seiner Weisheit anständig war. Er hielt eine zwar ungekünstelte und unvorbereitete, aber männliche und sehr nachdrückliche Rede, in welcher er alle

Verleumdungen und boshaften Gerüchte, die man zu seinem Nachteil ausgestreut, ohne Bitterkeit widerlegte, seine Ankläger beschämte und in ihren eigenen Beschuldigungen Widersprüche und Ungereimtheiten zeigte. Seinen Richtern begegnete er zwar mit der erforderlichen Ehrerbietigkeit, sprach aber in seinem so festen und seines Vorzugs sich bewußten Tone, daß seine Rede öfters durch unzufriedenes Murmeln unterbrochen ward. Er beschloß mit folgenden Worten:

„Werdet nicht ungehalten, Athenienser! daß ich, wider die Gewohnheit der Verklagten, nicht in Tränen zu euch rede oder meine Kinder, Verwandten und Freunde in einem kläglichen Aufzuge erscheinen lasse, um euch zum Mitleiden zu bewegen. Nicht aus Hochmut oder Trotz habe ich dieses unterlassen, sondern weil ich es für unanständig halte, einen Richter anzuflehen und ihn anders als durch die Rechtmäßigkeit der Sache einnehmen zu wollen. Der Richter hat sich durch einen Eid verpflichtet, nach Gesetz und Billigkeit zu urteilen und sein Mitleiden sowenig als seinen Zorn den Ausspruch tun zu lassen. Wir Angeklagten handeln also wider Recht und Billigkeit, wenn wir euch durch unsre Klagen eidbrüchig zu machen suchen, und wider die Achtung, die wir euch schuldig sind, wenn wir euch fähig halten, es zu werden. Ich will auf keinerlei Weise meine Errettung solchen Mitteln zu verdanken haben, die weder recht noch billig, noch gottesfürchtig sind; vornehmlich da ich vom *Melitus* soeben der Gottlosigkeit beschuldigt worden bin. Wenn ich durch mein Flehen euch meineidig zu machen suchete, so wäre dieses der überzeugendste Beweis, daß ich keine Götter glaube; mithin würde mich diese Verteidigung selbst der Atheisterei überführen. Aber nein! Ich bin mehr als alle meine Ankläger von dem Dasein Gottes überzeugt und ergebe mich daher Gott und euch, mich nach Wahrheit zu richten und über mich zu verhängen, was ihr sowohl für euch als für mich für das Beste haltet."

Die Richter waren höchst unzufrieden über dieses gesetzte und unerschütterte Wesen und unterbrachen den Plato, der nach ihm hervortrat und zu reden begonn. „Ob ich schon der jüngste bin, Athenienser!" fing Plato an, „von denen, welche diesen Ort hinaufgestiegen –" „*Heruntergestiegen*", riefen sie ihm zu und ließen ihn seine Rede nicht fortsetzen. Sokrates wurde durch die Mehrheit von dreiunddreißig Stimmen für schuldig erkannt.

Es war die Gewohnheit zu Athen, daß die Verurteilten sich selbst eine gewisse Strafe, Geldbuße, Gefängnis oder Verbannung auflegen mußten, um dadurch die Billigkeit des Urteils zu bekräftigen oder vielmehr ihre Verbrechen einzugestehen. Sokrates sollte wählen; aber er wollte auf keinerlei Weise gegen sich selbst so ungerecht sein, sich für schuldig zu erkennen.

„Wenn ich frei sagen soll, was ich verdient zu haben glaube, so wisset, Athenienser! ich glaube, durch die Dienste, die ich der Republik geleistet, wohl wert zu sein, daß man mich auf öffentliche Kosten im *Prytaneum* unterhalte." Auf Zureden seiner Freunde verstand er sich gleichwohl zu einer kleinen Geldbuße, wollte aber nicht zugeben, daß sie unter sich eine größere Summe zusammenschießen sollten.

Die Richter beratschlagten sich, welche Strafe sie ihm zuerkennen sollten, und die Bosheit seiner Feinde brachte es dahin, daß er zum Tode verurteilt wurde: „Ihr seid mit eurem Urteil sehr voreilig gewesen, Athenienser!" sprach Sokrates, „und habt dadurch den Verleumdern dieser Stadt Stoff gegeben, euch vorzuwerfen, daß ihr den weisen Sokrates ums Leben gebracht; denn sie werden mich weise nennen, wenn ich es schon nicht bin, um euch desto mehr tadeln zu können. Ihr hättet nicht lange warten dürfen, so wäre ich, ohne euer Zutun, gestorben. Ihr sehet, wie nahe ich schon dem Tode bin.* Euch meine ich hiermit, die ihr mir den Tod zuerkannt habet! Glaubet ihr etwa, Männer von Athen! daß es mir an Worten gefehlt, euch einzunehmen und zu überreden, wenn ich der Meinung gewesen wäre, man müßte alles tun und alles sprechen, um ein günstiges Urteil zu erhalten? Gewißlich nicht! Wenn ich unterliege, so ist es nicht aus Mangel an Worten und Vorstellungen, sondern aus Mangel an Unverschämtheit und Niederträchtigkeit, euch solche Dinge hören zu lassen, die euch angenehm zu vernehmen, aber einem rechtschaffenen Manne unanständig sind zu sagen. Heulen, schreien und andere solche kriechende Überredungsmittel, die ihr an andern gewohnt seid, sind meiner höchst un-

---

* Er war damals 70 Jahre alt.

würdig. Ich hatte mir gleich anfangs vorgenommen, lieber das Leben zu verlieren, als es auf eine unedle Weise zu retten. Denn ich halte dafür, daß weder ich noch ein andrer mehr berechtigt sei, vor Gericht *alles* zu tun, um dem Tode zu entfliehen, als im Kriege. Wie oft hat ein Mann nicht in einem Gefechte Gelegenheit, sein Leben zu erretten, wenn er die Waffen von sich werfen und denjenigen, der ihm nachsetzt, um Gnade bitten will. Und so gibt es im menschlichen Leben viele Vorfälle, wo der Tod gar wohl vermieden werden kann, wenn man nur unverschämt genug ist, *alles* zu tun und zu sagen, was dazu erfordert wird. Dem Tode zu entfliehen, Männer von Athen! ist so schwer nicht, aber der Schande zu entkommen, ist weit schwerer: denn sie ist schneller als der Tod. Daher kömmt es auch, daß ich langsamer, alter Mann von dem langsamsten ergriffen worden, da hingegen meine Ankläger, die ganz munter und lebhaft sind, von der sehr *schnellen Schande* eingeholt worden sind. Ich gehe zum Tode, zu welchem ihr mich verurteilt habet, und sie zur Schmach und Unehre, zu welcher sie von der Wahrheit und Gerechtigkeit verdammt werden. Ich bin mit dem Urteilsspruche zufrieden, vermutlich sie auch: mithin gehen die Sachen recht, wie sie sollten, und ich für mein Teil finde die Wege des Schicksals auch hierin gerecht und verehrungswert."

Nachdem er hierauf den Richtern, die ihn verurteilt, freimütig, aber ohne Galle, einige Wahrheiten gesagt, wendete er sich zu denjenigen, die für seine Lossprechung gestimmet hatten, und unterhielt sie mit einer Art von Betrachtung über Leben, Tod und Unsterblichkeit, die damals ziemlich der Fassungskraft des gemeinen Volks angemessen gewesen sein mag. Als er aber mit seinen Schülern und vertrauten Freunden allein war, ließ er sich über ebendiese Materie mit mehrerer Gründlichkeit heraus: daher wir unsre Leser, die in folgenden Gesprächen mit den reifern Gedanken dieses Weltweisen unterhalten werden sollen, mit jener exoterischen Philosophie billig verschonen.

Man führte ihn ins Gefängnis, das, wie Seneca sagt, durch die Gegenwart dieses Mannes seine Schmach verlor, indem das kein Kerker sein kann, wo ein Sokrates ist. Unterwegs begegneten ihm einige von seinen Schülern, die über dasjenige, was ihm widerfahren, ganz untröstlich waren. „Warum weinet Ihr?" fragte sie der Weise. „Hat mich die Natur nicht gleich bei meiner Geburt zum Tode verurteilt? Wenn mich der Tod einem wahren und ersprießlichen Gute entrissen, so hätte ich und diejenigen, die mich lieben, Ursache, mein Schicksal zu bedauern. Da ich aber hienieden nichts als Jammer und Elend zurücklasse: so sollten mir meine Freunde zu meiner Reise vielmehr Glück wünschen."

Apollodorus, der als ein sehr gutherziger Mensch, aber etwas schwacher Kopf beschrieben wird, konnte sich gar nicht zufrieden geben, daß sein Lehrer und Freund so *unschuldig* sterben müßte. *„Guter Apollodorus!"* sprach Sokrates lächelnd, indem er ihm die Hand auf den Kopf legte, *„würdest du es lieber sehen, wenn ich schuldig sterben müßte?"* –

Was übrigens im Gefängnisse und in den letzten Stunden des sterbenden Sokrates vorgegangen, wird der Leser in folgenden Gesprächen erfahren. Nur ist noch eine Unterredung mit dem Krito nicht aus der Acht zu lassen, aus welcher Plato ein besonderes Gespräch gemacht hat. Einige Tage vor der Hinrichtung des Sokrates kam Krito vor Anbruch des Tages zu ihm ins Gefängnis, fand ihn in süßem Schlafe und setzte sich leise neben sein Bett, um ihn nicht zu stören. Als Sokrates erwachte, fragte er ihn: „Warum so früh heute, Freund Krito?" Dieser meldete ihm, er hätte Nachricht, daß den nächsten Tag das Todesurteil vollzogen werden sollte. „Wenn es der Wille Gottes ist", antwortete Sokrates mit seiner gewöhnlichen Gelassenheit, „so sei es! Indessen glaube ich nicht, daß es morgen vor sich gehen werde. Ich hatte soeben, als du zu mir kamst, einen angenehmen Traum. Mir erschien ein Frauenzimmer von ungemeiner Schönheit, in einem langen weißen Gewande, rief mich beim Namen und sprach: *„In drei Tagen wirst du in dein fruchtbares Phthia anlangen."* Eine feine Anspielung! wodurch er zu verstehen gab, daß er sich nach jenem Leben, wie beim Homer der erzürnte Achilles sich aus dem Lager weg, und nach *Phthia*, seinem Vaterlande, sehnete. Krito aber, der ganz andre Absichten hatte, entdeckte seinem Freunde, daß er die Wache bestochen und alles Nötige vorgekehrt hätte, ihn bei nächtlicher Weile aus dem Gefängnisse zu entführen, und daß es nunmehr nur auf ihn ankäme, ob er einem schimpflichen Tode entkommen wollte. Er suchte ihn auch durch die wichtigsten Vorstellungen zu überführen, daß

dieses seine Pflicht und Schuldigkeit sei. Da er seine Liebe für
sein Vaterland kannte: so stellte er ihm vor, wie er verbunden
wäre zu verhüten, daß die Athenienser nicht unschuldiges Blut
vergössen; er führte überdem an, daß er's um seiner Freunde
willen tun müßte, die, außer dem Schmerz über seinen Verlust, auch der schmählichen Nachrede würden ausgesetzt
bleiben, daß sie seine Befreiung vernachlässiget. Endlich
unterließ er auch nicht, ihm ein bewegliches Bild von dem
Unglück seiner hülflosen Kinder vorzuhalten, die alsdann
seines väterlichen Unterrichts, Beispiels und Schutzes beraubt
würden. Hierauf antwortete Sokrates: „Mein lieber Krito!
Deine freundschaftliche Vorsorge ist löblich und daher mit
Dank anzunehmen, wenn sie sich mit der gesunden Vernunft
verträgt. Ist sie aber derselben zuwider, so haben wir uns um
soviel mehr dafür zu hüten. Wir sollten daher erst in Überlegung nehmen, ob dein Vorschlag gerecht und mit der Vernunft übereinstimmig sei oder nicht. Ich habe mich allzeit gewöhnt, mich zu nichts bereden zu lassen, als was ich, nach reif-
licher Überlegung, für das Beste gehalten, und ich sehe keinen
Grund, warum ich von meinen bisherigen Lebensregeln anjetzo
abwiche, ob ich gleich in der Verfassung bin, in welcher du
mich siehest: sie erscheinen mir noch immer in ebendem
Lichte, und daher kann ich nicht anders, als sie immer noch
wertschätzen und verehren.“ Nachdem er seine falschen Bewegungsgründe widerlegt und ihm gezeigt, was ein vernünftiger Mann den Gesetzen und dem Vaterland schuldig sei, fährt
er fort: „Wenn ich jetzt im Begriffe wäre, davonzulaufen, und
die Republik samt ihren Gesetzen erschienen, um mich zu
fragen: Sprich, *Sokrates*! was bist du Willens zu tun? Be-
denkst du nicht, daß dieses uns, den Gesetzen und dem gesamten Staate, soviel an dir liegt, den Untergang bereiten
heißt! Oder glaubest du, daß ein Staat Bestand habe und nicht
notwendig zerrüttet werden müsse, in welchem die Gerichts-
urteile keine Kraft haben und von jeder Privatperson vereitelt
werden können? Was kann ich hierauf antworten, mein
Werter? — Etwa, daß mir Unrecht geschehen und ich das
Urteil nicht verdiene, das wider mich gesprochen worden?
Soll ich dieses antworten?“ — *Krito:* „Beim Jupiter! ja,
o *Sokrates*!“ — *Sokrates:* „Wenn aber die Gesetze erwiderten:
Wie, *Sokrates*, hast du dich gegen uns nicht anheischig ge-

macht, alle Rechtssprüche der Republik zu genehmigen? – Ich würde über diesen Antrag stutzen; allein sie würden fortfahren: Laß dich dieses nicht befremden, *Sokrates*! sondern antworte nur; du bist ja sonst ein Freund von Fragen und Antworten; sag an, was mißfällt dir an uns und an der Republik, daß du uns zugrunde richten willst? Mißfallen dir etwa die Gesetze der Ehe, durch welche dein Vater deine Mutter geheiratet und dich zur Welt gebracht; mißfallen dir diese? – Keineswegs! würde ich antworten. – So mißbilligest du etwa unsre Weise, die Kinder zu erziehen und zu unterrichten? Ist die Einrichtung nicht löblich, die wir zu diesem Behufe gemacht und die deinen Vater veranlaßt hat, dich in der Musik und Gymnastik unterrichten zu lassen? – Sehr löblich! müßte ich antworten. – Du gestehest also, daß du uns deine Geburt, deine Auferziehung und deine Unterweisung zu verdanken hast, und folglich können wir dich sowohl als jeden von deinen Vorfahren als unsern Sohn und Untergebenen betrachten. Ist dem aber also, so fragen wir: Kömmt dir mit uns ein gleiches Recht zu? Und bist du befugt, uns alles, was wir dir tun, mit gleicher Münze zu bezahlen? Du wirst dir kein gleiches Recht mit deinem Vater anmaßen, kein gleiches Recht mit deinem Gebieter, wenn du einen hast: sie alles, was du von ihnen leidest, wiederempfinden zu lassen, dich mit Worten oder Taten wider sie zu vergehen, wenn sie dir etwas zu nahe treten; und mit dem Vaterlande und mit den Gesetzen willst du gleiches Recht haben? Gegen uns willst du dich für befugt halten, sobald wir etwas wider dich beschlossen, dich wider uns aufzulehnen? den Gesetzen, dem Vaterlande, soviel bei dir steht, den Untergang anzurichten? Und du glaubst rechtschaffen zu handeln? Du, der du dich im Ernste der Tugend befleißigen willst? Steht es so um deine Weisheit, daß du nicht einmal einsiehest, daß Vater und Mutter und Vorfahren lange nicht so ehrwürdig, nicht so hoch zu schätzen, nicht so heilig sind, bei den Göttern sowohl als bei allen Menschen, die bei Verstande sind, in keinem solchen Ansehen stehen als das Vaterland? Sie fahren in diesem Tone fort und setzen endlich hinzu: Bedenke, *Sokrates*! ob du nicht unbillig gegen uns verfährst? Wir haben dich gezeugt, erzogen und unterrichtet; wir haben dich und jeden atheniensischen Bürger, soviel bei uns gestanden, aller Wohltaten teilhaftig gemacht, die das gesellschaftliche Leben gewähren kann; und gleichwohl haben wir dir und jedwedem, der sich zu Athen niedergelassen, die Erlaubnis gegeben, wenn ihm unsre Staatsverfassung, nach einer hinlänglichen Prüfung, nicht ansteht, mit den Seinigen davonzugehen und sich, wohin er will, zu begeben. Die Tore von Athen stehen einem jeden offen, dem es in der Stadt nicht gefällt, und er kann das Seinige ungehindert mitnehmen. Wer aber gesehen, wie es bei uns zugehet und wie wir Recht und Gerechtigkeit handhaben, und dennoch bei uns geblieben, der ist stillschweigend einen Vertrag eingegangen, sich alles gefallen zu lassen, was wir ihm befehlen; und wenn er ungehorsam ist, so begehet er eine dreifache Ungerechtigkeit. Er ist ungehorsam gegen seine Eltern, ungehorsam gegen seine Zucht- und Lehrmeister, und er übertritt den Vertrag, den er mit uns eingegangen ist. Liebster Freund Krito! Diese Reden glaube ich zu hören, wie die Korybanten sich einbilden, den Ton der Flöten zu hören, und die Stimme klinget so stark in meinen Ohren, daß ich nichts anders darüber vernehmen kann." Krito ging weg, überzeugt, aber unwillig, daß die Vernunft seinen Vorschlag gemißbilliget hatte.

Phädon oder über die Unsterblichkeit der Seele

Erstes Gespräch

ECHEKRATES, PHÄDON, APOLLODORUS, SOKRATES,
CEBES, KRITO, SIMMIAS

ECHEKRATES
Warst du selbst, mein *Phädon*! denselben Tag beim Sokrates,
als er im Kerker den Gift zu sich nahm, oder hat es dir jemand
erzählet?
PHÄDON
Ich selbst, Echekrates! war da.
ECHEKRATES
Was sprach der Mann vor seinem Tode? Wie starb er? Wenn
mir doch jemand alles umständlich erzählen wollte! Die
Phliasischen Bürger kommen itzt selten nach Athen, und auch
von daher ist schon lange kein Gast zu uns gekommen, der uns
dergleichen Nachrichten hätte überbringen können. Soviel
haben wir vernommen: Sokrates hat Gift getrunken und ist ge-
storben, nicht den geringsten Umstand mehr.
PHÄDON
Nichts von seiner Verurteilung?
ECHEKRATES
O ja! Das hat uns jemand erzählet. Wir verwunderten uns
noch, daß man ihn, nachdem er bereits verurteilet gewesen,
noch so lange hat leben lassen. Wie kam dieses, Phädon?
PHÄDON
Ganz von ungefähr, *Echekrates*. Es traf sich eben, daß das
Schiff, welches die Athenienser jährlich nach *Delos* zu schicken
pflegen, den Tag vor seiner Verurteilung bekränzt wurde.
ECHEKRATES
Und dieses Schiff . . .
PHÄDON
. . . soll, wie die Athenienser sagen, dasselbe Fahrzeug sein, in
welchem einst *Theseus* die sieben Paar Kinder unbeschädigt
nach Kreta hin und wieder zurückgebracht hatte. Die Stadt
soll, wie man hinzusetzt, dem Apollo damals das Gelübde ge-

tan haben, ihm jährlich in diesem Schiffe stattliche Geschenke nach *Delos* zu schicken, wenn diese anders ohne Schaden zurückkommen würden; und seit der Zeit hat man dem Gotte noch immer Wort gehalten. Wenn das heilige Schiff[28] abgehen soll, so behänget der Priester des Apollo das Hinterteil desselben mit Kränzen, und sofort nimmt die Feier der *Theorie* ihren Anfang. Dieses Fest dauert so lange, bis das Schiff zu Delos angelangt und von da wieder zurückgekommen ist, binnen welcher Zeit die Stadt gereiniget wird und nach dem Gesetze niemand öffentlich hingerichtet werden darf. Wenn das Schiff von widrigen Winden aufgehalten wird, so können die Verurteilten hiedurch lange Frist gewinnen.

Der Zufall fügte es, wie ich schon vorhin gesagt, daß die Bekränzung des Schiffes einen Tag vorher geschahe, ehe Sokrates verurteilet worden; und darum verstrich eine so geraume Zeit zwischen seiner Verurteilung und seinem Tode.

ECHEKRATES

Aber den letzten Tag, *Phädon*! Wie ging es da? Was hat er gesprochen? Was hat er getan? Welche Freunde waren in der Todesstunde bei ihm? Oder wollten die Archonten niemanden zu ihm lassen? Und verschied er, ohne einen Freund um sich zu haben?

PHÄDON

Keineswegs! Es waren ihrer viele zugegen.

ECHEKRATES

Halten dich keine Geschäfte ab, Phädon, so erzähle mir, was sich dabei zugetragen. Ich bin sehr begierig, alle Umstände von dieser wichtigen Begebenheit zu erfahren.

PHÄDON

Und ich ebenso willig, sie dir zu berichten. Ich habe niemals Geschäfte, sooft ich mich vom Sokrates unterhalten kann. Was ist angenehmer, als sich dieses Mannes zu erinnern, von ihm zu reden oder reden zu hören?

ECHEKRATES

Deine Zuhörer, *Phädon*, sind der nämlichen Gesinnung. Erzähle also alles, so genau und so umständlich, als es dir möglich ist.

PHÄDON

Ich war zugegen, Freund! aber mir war wunderbar zu Mute. Ich fühlte kein Mitleiden, kein solches Beklemmen, als wir zu

empfinden pflegen, wenn ein Freund in unsern Armen er-
blasset. Der Mann schien mir glückselig, beneidenswert,
Echekrates! so sanft, so ruhig war sein Betragen in der Todesstunde, so gelassen waren seine letzten Worte. Sein Tun
dünkte mich nicht wie eines Menschen, der vor seiner Zeit zu
den Schatten des Orkus hinunterwandelt, sondern wie eines
Unsterblichen, der versichert ist, da, wo er hinkömmt, so
glückselig zu sein, als je einer gewesen. Wie konnte ich also die
bangen Empfindungen haben, mit welchen der Anblick eines
gemeinen Sterbenden unser Gemüt zu verwunden pflegt?
Gleichwohl hatten die philosophischen Unterredungen unsers
Lehrers damals die reine Wollust nicht, die wir an ihnen gewohnt waren. Wir empfanden eine seltsame, nie gefühlte
Mischung von Lust und Bitterkeit; denn das Vergnügen ward
beständig von der nagenden Empfindung unterbrochen: *„Bald
werden wir ihn auf ewig verlieren."*

Wir Anwesenden befanden uns alle in diesem sonderbaren
Gemütszustande, und die entgegengesetzten Wirkungen desselben zeigten sich gar bald ebenso sonderbar auf unsern Ge-
sichtern. Man sah uns jetzt lachen, jetzt Tränen vergießen, und
öfters zeigte sich ein Lächeln um die Lippen und heiße Zähren
in den Augen. Jedoch übertraf *Apollodorus* hierinnen uns alle.
Du kennest ihn und sein empfindliches Wesen.

ECHEKRATES
Wie sollte ich ihn nicht kennen?

PHÄDON
Dieser machte die seltsamsten Bewegungen. Er empfand alles
weit feuriger, war entzückt, wenn wir lächelten, und wo uns
die Augen wie betauet waren, da schwamm er in Zähren. Wir
wurden durch ihn fast mehr gerührt als durch den Anblick
unsers sterbenden Freundes.

ECHEKRATES
Wer waren denn die Anwesenden alle?

PHÄDON
Von den hiesigen Stadtleuten: *Apollodorus, Kritobulus* und
sein Vater *Krito, Hermogenes, Epigenes, Aeschines, Antisthe-
nes, Ktesippus, Menexenus* und noch einige andere. *Plato,*
glaube ich, war krank.

ECHEKRATES
Waren auch Fremde da?

PHÄDON

Ja! Aus Theben: *Simmias, Cebes* und *Phädondes*, und aus Megara: *Euklides* und *Terpsion*.

ECHEKRATES

Wie? Waren denn *Aristippus* und *Kleombrotus* nicht da?

PHÄDON

O nein! Diese sollen sich damals zu Aegine aufgehalten haben.

ECHEKRATES

Sonst war also niemand dabei?

PHÄDON

Ich weiß mich auf keinen mehr zu besinnen.

ECHEKRATES

Nun, mein Lieber! Was für Unterredungen sind dabei vor-gefallen?

PHÄDON

Ich werde dir alles vom Anfange bis zum Ende erzählen.

Wir waren gewohnt, solange *Sokrates* im Gefängnisse saß, ihn täglich zu besuchen. Wir pflegten zu diesem Ende in der Gerichtsstube zusammenzukommen, in welcher das Urteil über ihn gesprochen worden (denn diese ist sehr nahe am Ge-fängnisse), und allda uns so lange mit Gesprächen zu unter-halten, bis die Kerkertüre aufgetan ward, welches denn nicht sehr früh zu geschehen pflegt. Sobald diese aufging, begaben wir uns zum Sokrates und brachten mehrenteils den ganzen Tag bei ihm zu. Den letzten Morgen fanden wir uns früher als gewöhnlich ein, denn wir erfuhren abends vorher, als wir nach Hause gingen, daß das Schiff von *Delos* angekommen sei, und beschlossen, das letztemal uns so früh als möglich einzustellen.

Als wir zusammen waren, kam uns der Schließer, der die Kerkertüre zu öffnen pflegte, entgegen, bat uns, zu verziehen und nicht hineinzugehen, bis er rufen würde. Denn die eilf Männer[29], sprach er, nehmen itzt dem Sokrates die Fessel ab und melden ihm, daß er heute sterben müsse. Nicht lange hernach kam er, uns zu rufen. Als wir hineingingen, fanden wir den soeben losgebundenen Sokrates auf dem Bette liegen. Xanthippe, du kennst sie, saß neben ihm in stiller Betrübnis und hielt ihr Kind auf dem Schoße. Als sie uns erblickte, fing sie an, nach Weiberart überlaut zu jammern: *Ach! Sokrates! du siehest heute deine Freunde und ihr sehet heute den Sokrates zum letzten Male!* und ein Strom von Tränen folgte

auf diese Worte. Sokrates wandte sich zum *Krito* und sprach:
Freund, laß sie nach Hause bringen. –

Kritons Bedienten führten sie hinweg: sie ging und heulete
und zerschlug sich jämmerlich die Brust. Wir standen wie be-
täubt. Endlich richtete sich Sokrates im Bett auf, krümmte das
Bein, das vorhin gefesselt war, und indem er die Wunden mit
der Hand rieb, sprach er: O meine Freunde! welch ein selt-
sames Ding scheinet das zu sein, was man Vergnügen nennet!
Wie wunderbar! Dem ersten Anblicke nach ist es den Schmerzen entgegengesetzt, indem kein Mensch zu gleicher Zeit aus
einer Sache Schmerz und Vergnügen schöpfen kann; und dennoch kann niemand eine von diesen Empfindungen haben,
ohne unmittelbar darauf die entgegengesetzte zu fühlen, als
wenn sie an beiden Enden aneinander befestigt wären. Hätte
Äsopus dieses bemerkt, fuhr er fort, so hätte er vielleicht
folgende Fabel erdichtet. „Die Götter wollten die streitenden
Empfindungen miteinander vereinigen; als aber dieses sich
nicht tun ließ, knüpften sie zwischen ihnen ein festes Band;
und seit der Zeit folgen sie sich einander beständig auf dem
Fuße nach.“ So ergehet es mir auch itzt. Die Fessel hatten mir
Schmerzen verursacht, und itzt, da sie hinweg sind, folgt die
angenehme Empfindung nach.

Beim Jupiter! ergriff *Cebes* das Wort, gut, daß du mich erinnerst, Sokrates! Du sollst, wie man sagt, hier im Gefängnisse
einige Gedichte verfertiget, nämlich Äsopische Fabeln poetisch
ausgeführet[30], und eine Hymne an den *Apollo* aufgesetzet
haben. Nun fragen mich viele, und vornehmlich der Dichter
Evenus, was dich hier auf die Gedanken gebracht, Gedichte zu
verfertigen, da du doch solches vorher niemals getan? Soll ich
dem *Evenus* Bescheid geben, wenn er mich wieder fragt (und
fragen wird er gewiß): so sage mir, was ich ihm antworten
soll?

Sage ihm, o Cebes, erwiderte *Sokrates*, nichts als die Wahrheit: daß ich diese Gedichte keineswegs in der Absicht verfertiget, ihm in der Dichtkunst den Rang abzulaufen; denn ich
weiß, wie schwer dieses ist; sondern bloß um eines Traumes
willen, dem ich mir vorgenommen in allen möglichen Be-
deutungen nachzuleben und daher auch in dieser Art von
Musik, in der Dichtkunst, meine Kräfte zu versuchen. Die
Sache verhält sich aber folgendergestalt. Ich hatte in ver-

gangenen Zeiten sehr oft einen Traum, der mir unter vielerlei Gestalten erschien, aber immer ebendenselben Befehl gab: *Sokrates! Befleißige dich der Musik und übe sie aus!* Bisher hielt ich diese Ermahnung bloß für eine Aufmunterung und Anfrischung, wie man sie den Wettläufern nachzurufen pflegt. Der Traum, dachte ich, will mir nichts Neues zu tun befehlen; denn die Weltweisheit ist ja die vortrefflichste Musik, und dieser habe ich mich stets beflissen; er will also bloß meinen Eifer, meine Liebe zur Weisheit anfeuern, damit sie nicht erkalte. Nunmehr aber, nachdem das Urteil über mich gesprochen worden und das Fest des *Apollo* meinen Tod eine Zeitlang aufgeschoben, kam mir der Gedanke ein, ob man mir nicht vielleicht der gemeinen Musik obzuliegen befohlen, und ich hatte Muße genug, diesen Gedanken nicht fruchtlos verschwinden zu lassen. Ich machte den Anfang mit einem Lobgesang auf den Gott, dessen Fest damals gefeiert ward. Allein mir fiel nachher bei, daß, wer Poet sein will, Erdichtungen, aber nicht Vernunftsätze behandeln müsse, daß aber ein Lobgesang keine Erdichtungen enthielte. Da ich nun selbst keine Gabe zu dichten besitze, so bediente ich mich anderer Leute Erfindungen und brachte einige Fabeln des *Äsops*, die mir zuerst vor die Hand kamen, in Verse. – Dieses kannst du, mein *Cebes*, dem Evenus antworten. Entbiete ihm auch meinen Gruß, und wenn er weise ist, so mag er mir bald folgen. Ich werde, allem Ansehen nach, auf Befehl der Athenienser noch heute abreisen.

Und dieses wünschest du dem *Evenus*? fragte *Simmias*. Ich kenne diesen Mann sehr gut, und soviel ich von ihm urteilen kann, dürfte er dir für diesen Wunsch schlechten Dank wissen.

Wie? versetzte jener, ist denn *Evenus* kein Weltweiser?

Mich dünkt, ja, sprach *Simmias*.

Nun, so wird er mir gewiß gerne folgen, erwiderte *Sokrates*, er und jedermann, der diesen Namen verdienet. Er wird zwar nicht selbst Hand an sich legen; denn dieses ist unerlaubt, wie einem jeden bekannt ist. – Indem er dieses sagte, ließ er beide Füße vom Bette auf die Erde herab, um in dieser Stellung die Unterredung fortzusetzen.

Cebes fragte: Wie ist dieses zu verstehn, *Sokrates*? Es ist nicht erlaubt, sagst du, sich selbst zu entleiben, und dennoch soll jeder Weltweise einem Sterbenden gerne nachfolgen?

Wie? *Cebes*, sprach *Sokrates*: Du und Simmias, ihr habet beide den Weltweisen *Philolaus* gehört, hat er euch denn niemals hiervon etwas gesagt?

Nichts Ausführliches, mein *Sokrates*!

Nun gut! Ich habe verschiedenes von der Sache gehöret und will euch solches gerne mitteilen. Mich dünkt, wer reisen will, habe Ursach, sich nach der Beschaffenheit des Landes, dahin er zu kommen gedenkt, wohl zu erkundigen, um sich einen richtigen Begriff davon zu machen. Diese Unterredung ist also meinen jetzigen Umständen angemessen, und was könnte man auch den heutigen Tag bis Sonnenuntergang Wichtigeres vornehmen?

Wodurch beweiset man, fragte *Cebes*, daß der Selbstmord unerlaubt sei? *Philolaus* und andere Lehrer haben mir zwar vielfältig eingeschärft, daß er verboten sei, aber mehr hat mir niemand davon beigebracht.

Wohlan! So mache dich gefaßt, itzt ein mehreres davon zu erfahren. Was meinest du, Cebes! Ich behaupte, daß der Selbstmord schlechterdings in allen möglichen Fällen unerlaubt sei. Wir wissen, es gibt Leute, für welche es besser wäre, gestorben zu sein, als zu leben. Nun dürfte es dich befremden, daß die Heiligkeit der Sitten auch von diesen Unglücklichen fordern sollte, sich nicht selbst wohlzutun, sondern eine andere wohltätige Hand abzuwarten.

Das mag eine Stimme vom Jupiter erklären! antwortete *Cebes* lächelnd.

Und gleichwohl ist es so schwer nicht, diese anscheinende Ungereimtheit durch Gründe zu tilgen. Was man in den Geheimnissen zu sagen pflegt, *daß wir Menschen hienieden wie die Schildwachen ausgestellt wären und also unsere Posten nicht verlassen dürften, bis wir abgelöset würden*, scheinet mir etwas zu hoch und unbegreiflich. Allein ich habe einige Vernunftgründe, die nicht schwer zu fassen sind. Ich glaube als ausgemacht voraussetzen zu können, die Götter (laßt mich jetzt sagen *Gott*, denn wen habe ich zu scheuen?), *Gott ist unser Eigentumsherr, wir sein Eigentum, und seine Vorsehung besorgt unser Bestes*. Sind diese Sätze nicht deutlich?

Sehr deutlich, sprach *Cebes*.

Ein Leibeigener, der unter der Vorsorge eines gütigen Herrn stehet, handelt sträflich, wenn er sich den Absichten desselben widersetzt. Nicht?

Allerdings!

Vielleicht, wenn ein Funken von Rechtschaffenheit in seinem Busen glimmet, muß es ihm eine wahre Freude sein, die Wünsche seines Gebieters durch sich erfüllet zu sehen, und um soviel mehr, wenn er von der Gesinnung seines Herrn überzeugt ist, daß sein eigenes Bestes an diesen Wünschen teilnimmt.

Unvergleichlich! mein *Sokrates*.

Aber wie? *Cebes*, als Gott den künstlichen Bau des menschlichen Leibes gewirkt und ein vernünftiges Wesen hineingesetzt, hatte er da böse oder gute Absichten?

Ohne Zweifel gute..

Denn er müßte sein Wesen, die selbständige Güte, verleugnen, wenn er mit seinem Tun und Lassen böse Absichten verknüpfen könnte; und was ist ein Gott, der sein Wesen verleugnen kann?

Ein Unding, *Sokrates*, ein fabelhafter Gott, dem das leichtgläubige Volk wandelbare Gestalten andichtet. Ich erinnere mich der Gründe gar wohl, mit welchen du bei einer andern Gelegenheit diesen lästerlichen Irrtum bestritten.

Derselbe Gott, *Cebes*, der den Leib gebauet, hat ihn auch mit Kräften ausgerüstet, die ihn stärken, erhalten und vor dem allzufrühen Untergang bewahren. Wollen wir auch diesen Erhaltungskräften höchst gütige Absichten zum Ziele setzen?

Wie könnten wir anders?

Als treugesinnte Leibeigenen also muß es uns eine heilige Pflicht sein, die Absichten unsers Eigentumsherrn zu ihrer Reife gedeihen zu lassen, sie nicht gewaltsamerweise in ihrem Laufe zu hemmen, sondern vielmehr alle unsere freiwilligen Handlungen mit denselben auf das vollkommenste übereinstimmen zu lassen.

Darum habe ich gesagt, mein lieber *Cebes*, daß die Weltweisheit die vortrefflichste Musik sei, denn sie lehret uns, unsere Gedanken und Handlungen so einzurichten, daß sie, soviel uns möglich ist, mit den Absichten des allerhöchsten Eigentumsherrn vollkommen übereinstimmen. Ist nun die Musik eine Wissenschaft, das Schwache mit dem Starken, das Rauhe mit dem Sanften und das Unangenehme mit dem Angenehmen in eine Harmonie zu bringen: so kann gewiß keine Musik herrlicher und vortrefflicher sein als die Weltweisheit, die uns lehret, nicht nur unsere Gedanken und Handlungen unter sich, sondern auch die Handlungen des Endlichen mit den Absichten des Unendlichen und die Gedanken des Erdbewohners mit den Gedanken des Allwissenden in eine große und wundervolle Harmonie zu stimmen. – O *Cebes*! und der verwegene Sterbliche sollte sich erdreisten, diese entzückende Harmonie zu zerstören?

Er würde den Abscheu der Götter und Menschen verdienen, mein lieber *Sokrates*!

Sage mir aber auch dieses, mein Trauter! Sind die Kräfte der Natur nicht Diener der Gottheit, die ihre Befehle vollstrecken?

Allerdings!

Sie sind also auch Wahrsager, die uns den Willen und die Absichten der Gottheit weit richtiger verkündigen als die Eingeweide der Schlachtopfer; denn das ist unstreitig ein Ratschluß des Allerhöchsten, wohin die von ihm erschaffene Kräfte abzielen. Nicht?

Wer kann dieses leugnen?

Solange uns also diese Wahrsager andeuten, daß die Erhaltung unsers Lebens zu den Absichten Gottes gehöre, sind wir verpflichtet, unsere freien Handlungen denselben gemäß einzurichten, und haben weder Fug noch Recht, den Erhaltungskräften unserer Natur Gewalt anzutun und die Diener der obersten Weisheit in ihrer Verrichtung zu stören. Diese Schuldigkeit liegt uns so lange ob, bis Gott uns durch ebendieselben Wahrsager den ausdrücklichen Befehl zuschickt, dieses Leben zu verlassen, so wie er ihn heute mir zugeschickt hat.

Ich bin völlig überzeugt, sprach *Cebes*. Allein nunmehr begreife ich um soviel weniger, mein lieber *Sokrates*, wie du vorhin hast sagen können, ein jeder Weltweiser müsse einem Sterbenden gerne folgen wollen. Ist dieses wahr, was du itzt behauptest, daß wir ein Eigentum Gottes sind und daß derselbe unser Bestes besorge: so scheinet jener Satz ungereimt. Wie? Soll ein vernünftiger Mann sich nicht betrüben, wenn er die Dienste eines Oberherrn verlassen muß, der sein bester und gütigster Versorger ist? Und wenn er auch hoffen könnte, durch den Tod frei und sein eigener Herr zu werden: wie kann der unverständige Mündel sich schmeicheln, unter seiner eigenen Anführung besser zu stehen als unter der Anführung des allerweisesten Vormundes? Ich sollte meinen, es sei vielmehr ein großer Unverstand, wenn man sich durchaus in Freiheit setzen und auch den besten Oberherrn nicht über sich leiden will. Wer Vernunft besitzt, wird sich allezeit mit Vergnügen der Aufsicht eines andern unterwerfen, dem er bessere Einsichten zutrauet als sich selbst. Ich würde also gerade das Gegenteil von deiner Meinung herausbringen. Der Weise, würde ich sagen, müsse sich betrüben, der Tor aber freuen, wenn er sterben soll.

Sokrates hörete ihm aufmerksam zu und schien sich an seiner Scharfsinnigkeit zu ergetzen. Sodann kehrete er sich zu uns und sprach: *Cebes* kann schon einem zu schaffen machen, der wider ihn etwas behaupten will. Er hat beständig Ausflüchte.

Allein dieses Mal, sprach *Simmias*, scheinet *Cebes* nicht Unrecht zu haben, mein lieber *Sokrates*! In der Tat, wodurch kann ein Weiser bewogen werden, sich ohne Mißvergnügen der gütigen Vorsorge des allerweisesten Aufsehers zu entziehen? – Und wo mir recht ist, *Sokrates*, so zielet *Cebes* mit seinen Einwürfen eigentlich wider deine itzige Aufführung, der du so gelassen, so willig, nicht nur uns alle verlässest, denen dein Tod so schmerzlich fällt, sondern dich auch der Aufsicht und Vorsorge eines solchen Beherrschers entäußerst, den du uns als das weiseste und gütigste Wesen zu verehren gelehret hast.

So? sprach *Sokrates*, man hat mich angeklaget, wie ich höre? Ich werde mich also wohl förmlich verteidigen müssen?

Allerdings, sprach *Simmias*.

Gut! versetzte *Sokrates*: Ich will mich bemühen, meine jetzige Schutzrede besser einzurichten als die, welche ich vor meinen Richtern gehalten habe.

Höre, *Simmias*, und du, *Cebes*! Hätte ich nicht Hoffnung, da, wo ich hinkomme, erstlich immer noch unter demselben gütigsten Versorger zu stehen und zweitens die Seelen der Verstorbenen anzutreffen, deren Umgang aller Freundschaft hienieden vorzuziehen ist: so wäre es freilich eine Torheit, den Tod so wenig zu achten und ihm willig in die Arme zu rennen.

So aber habe ich die allertröstlichsten Hoffnungen, daß mir beides nicht entstehen wird. Das letztere zwar getraue ich mir nicht mit aller Gewißheit zu behaupten; aber daß die Vorsehung Gottes auch da noch über mich walten werde, dieses, Freunde! behaupte ich so zuversichtlich, so gewiß, als ich in meinem Leben etwas behauptet habe. Darum betrübt es mich auch nicht, daß ich verscheiden soll; denn ich weiß, daß mit dem Tode noch nicht alles für uns aus ist. Es folgt ein anderes Leben, und zwar ein solches, das, wie die alte Sage versichert, für Tugendhafte weit glückseliger sein wird als für Lasterhafte.

Wie da? sprach Simmias, mein lieber Sokrates! Willst du diese heilsame Versicherung im Innersten deiner Seele verschlossen mitnehmen? oder auch uns eine Lehre gönnen, die soviel Tröstliches hat? Es ist billig, seinen Freunden ein so herrliches Gut mitzuteilen, und wenn du uns von deiner Meinung überzeugest, so ist auch deine Schutzrede fertig.

Ich will es versuchen, versetzte er. Doch laß uns erst den *Kriton* hören, der schon lange etwas sagen zu wollen scheinet.

Ich? Nichts, mein Lieber, erwiderte Kriton. – Der Mann hier, der dir den Gift bringen soll, läßt mir keine Ruhe: ich soll dich bitten, nicht so viel zu reden. Man erhitzt sich so sehr, spricht er, und dann wirkt der Trank so gut nicht. Er hätte schon öfters einen zweiten oder dritten Gifttrunk bereiten müssen, für Leute, die sich das Reden nicht hätten verwehren lassen.

Laß ihn, im Namen der Götter! sprach Sokrates, hingehen und sein Amt versehen. Er halte den zweiten Gifttrunk bereit, oder den dritten, wenn er meinet. –

Diese Antwort hatte ich mir vermutet, sprach Kriton; allein der Mensch will nicht ablassen. –

O laß ihn! versetzte Sokrates. Ich habe hier meinen Richtern Rechenschaft zu geben, warum ein Mensch, der in der Liebe zur Weisheit grau geworden, in den letzten Stunden fröhlichen Muts sein müsse, indem er sich nach dem Tode die größte Seligkeit zu versprechen hat. Mit welchem Grunde, *Simmias und Cebes*! ich dieses behaupte, will ich zu erklären suchen –

Das wissen vielleicht die wenigsten, meine Freunde! daß, wer sich der Liebe zur Weisheit wahrhaftig ergeben, seine ganze Lebenszeit dazu anwendet, mit dem Tode vertrauter zu werden, sterben zu lernen. Ist aber dieses: welch eine Ungereimtheit wäre es nicht, in seinem ganzen Leben alle Wünsche, alle Bemühungen nach einem einzigen Ziele zu lenken und sich doch zu betrüben, wenn das längst erwünschte Ziel endlich erreicht wird?

Simmias lachte. Beim Jupiter! sprach er, *Sokrates*! ich muß lachen, sowenig ich auch dazu aufgelegt bin. Was du hier sagst, dürfte das Volk nicht so sehr befremden, als du meinest. Die Athenienser insbesondere könnten dir sagen: wie es ihnen sehr wohl bekannt sei, daß die Weltweisen gelernet hätten, gerne zu sterben; und sie ließen sie darum auch wirklich sterben, weil sie wohl wüßten, wornach sie sich sehneten.

Ich würde ihnen alles einräumen, Simmias! nur das nicht, daß sie es einsehen. Sie wissen nicht, was der Tod ist, davon ich rede, und inwieweit ihn die Weltweisen verdienen. Doch was gehen uns jene an? Ich rede itzt mit meinen Freunden.

Ist der Tod nicht etwas, das sich beschreiben und erklären läßt?

Freilich! versetzte *Simmias*.

Ist er aber etwas anders als eine Trennung des Leibes und der Seele? – Sterben nämlich heißt dies nicht, wenn die Seele den Leib und der Leib die Seele dergestalt verläßt, daß sie keine Gemeinschaft untereinander mehr haben und jeder für sich bleibet? Oder weißt du deutlicher anzuzeigen, was der Tod sei?

Nein! mein Lieber.

Überlege einmal, Freund, ob es dir auch so vorkömmt wie mir. Was meinest du? Wird der wahre Liebhaber der Weisheit den sogenannten Wollüsten nachhängen und nach köstlichen Speisen und Getränken so sonderlich streben?

Nichts weniger, antwortete Simmias.

Wird er der Liebe ergeben sein?

Ebensowenig!

Und in Ansehung der übrigen Leibesbequemlichkeiten? Wird er in seinen Kleidern z. B. auf Pracht und Üppigkeit sehen, oder wird er sich mit dem Notwendigen begnügen und das Überflüssige nicht achten?

Was man entbehren kann, sprach jener, macht dem Weisen keine Sorgen.

Wollen wir nicht überhaupt sagen, fuhr *Sokrates* fort, der Weltweise suchet sich aller unnötigen Leibessorgen zu entschlagen, um mit mehrerer Achtsamkeit der Seele warten zu können?

Warum nicht!

Er unterscheidet sich also schon hierin von den übrigen Menschen, daß er sein Gemüt nicht ganz von den Leibesangelegenheiten fesseln läßt, sondern seine Seele zum Teil der Gemeinschaft des Leibes zu entwöhnen sucht?

Es scheint so.

Der größte Haufe der Menschen, o *Simmias*! wird dir sagen, daß der nicht zu leben verdiene, wer die Annehmlichkeiten des Lebens nicht genießen will. Das nennen sie, sich nach dem Tode sehnen, wenn man dem sinnlichen Wohlleben absagt und sich aller fleischlichen Wollust enthält.

Dies ist die Wahrheit, *Sokrates*!

Ich gehe weiter. Hindert der Körper nicht öfters den Weisheitliebenden im Nachdenken, und wird er sich sonderlichen Fortgang in der Weisheit versprechen können, wenn er sich nicht von den sinnlichen Gegenständen zu erheben gelernet hat? – Ich erkläre mich – Die Eindrücke des Gesichts und des Gehörs sind, so, wie sie uns von den Gegenständen zugeschickt werden, bloß einzelne Empfindungen, noch keine Wahrheiten; denn diese müssen erst durch allgemeine Vernunftgründe aus ihnen gezogen werden. Nicht?

Allerdings!

Auch als einzelnen Empfindungen ist ihnen nicht völlig zu trauen, und die Dichter singen mit Recht: Die Sinne täuschen und begreifen nichts deutlich. Was wir hören und sehen, ist voller Verwirrung und Dunkelheit. Können uns aber diese beiden Sinne keine deutlichen Einsichten gewähren: so wird der übrigen weit dunklern Sinnen gar nicht zu gedenken sein.

Freilich nicht.

Wie muß es nun die Seele anfangen, wenn sie zur Wahrheit gelangen will? Wo sie sich auf die Sinne verläßt, so ist sie betrogen.

Richtig!

Sie muß also nachdenken, urteilen, schließen, erfinden, um durch diese Mittel, soviel möglich, in das wahre Wesen der Dinge einzudringen.

Ja!

Aber wann geht das Nachdenken am besten vonstatten? Mich dünkt, wenn wir uns gleichsam nicht fühlen, wenn weder Gesicht noch Gehör, weder angenehme noch unangenehme

Empfindungen uns an uns selbst erinnern. Alsdann ziehet die Seele ihre Aufmerksamkeit von dem Körper ab, verläßt, soviel sie kann, seine Gesellschaft, um in sich versammelt nicht den Sinnenschein, sondern das Wesen, nicht die Eindrücke, wie sie uns zugeführet werden, sondern das, was sie Wahres enthalten, zu betrachten.

Richtig!

Abermals eine Gelegenheit, bei welcher die Seele des Weisen den Leib zu meiden und sich, soviel sie kann, von ihm zu entfernen suchen muß.

Allem Ansehen nach!

Um die Sache noch deutlicher zu machen: Ist das Wort *allerhöchste Vollkommenheit* ein bloßer Begriff, oder bedeutet es ein wirkliches Wesen, das außer uns vorhanden ist?

Freilich ein wirkliches, außer uns vorhandenes, schrankenloses Wesen, dem das Dasein vorzugsweise zukommen muß, mein *Sokrates!*

Und die allerhöchste Güte, und die allerhöchste Weisheit? Sind diese auch etwas Wirkliches?

Beim Jupiter! ja! Es sind unzertrennliche Eigenschaften des allervollkommensten Wesens, ohne welche jenes nicht da sein kann.

Wer hat uns aber dieses Wesen kennen gelehret? Mit den Augen des Leibes haben wir es doch nie gesehen?

Gewiß nicht!

Wir haben es auch nicht gehört, nicht gefühlt; kein äußerlicher Sinn hat uns je einen Begriff von Weisheit, Güte, Vollkommenheit, Schönheit, Denkungsvermögen usw. zugeführet, und dennoch wissen wir, daß diese Dinge außer uns wirklich sind, in dem allerhöchsten Grade wirklich sind. Kann uns niemand erklären, wie wir auf diese Begriffe gekommen sind?

Simmias sprach: Die Stimme Jupiters, mein lieber *Sokrates!* Ich werde mich abermals auf dieselbe berufen.

Wie? meine Freunde! Wenn wir in jenem Zimmer eine vortreffliche Flötenstimme höreten, würden wir nicht hinlaufen, den Flötenspieler zu kennen, der unser Ohr so sehr zu entzücken weiß?

Vielleicht jetzo nicht, lächelte *Simmias*, da wir hier die vortrefflichste Musik hören.

Wenn wir ein Gemälde betrachten, fuhr *Sokrates* fort, so wünschen wir, die Meisterhand zu kennen, die es verfertiget hat. Nun liegt in uns selbst das allervortrefflichste Bild, das Götteraugen und Menschenaugen jemals gesehen, das Bild der allerhöchsten Vollkommenheit, Güte, Weisheit, Schönheit usw., und wir haben uns noch nie nach dem Maler erkundigt, der diese Bilder hineingezeichnet?

Cebes erwiderte: Ich erinnere mich, einst vom *Philolaus* eine Erklärung gehöret zu haben, die der Sache vielleicht Genüge tut.

Will *Cebes* seine Freunde, versetzte *Sokrates*, nicht an dieser Hinterlassenschaft des glückseligen *Philolaus* teilnehmen lassen?

Wenn diese, sprach *Cebes*, die Erklärung nicht lieber von einem *Sokrates* hören möchten. Doch es sei! – Alle unkörperlichen Begriffe, sprach *Philolaus*, hat die Seele nicht von den äußern Sinnen, sondern durch sich selbst erlangt, indem sie ihre eigenen Wirkungen beobachtet und dadurch ihr eigenes Wesen und ihre Eigenschaften kennenlernt. – Dieses deutlicher zu machen, habe ich ihn oft eine Erdichtung hinzusetzen hören: Laßt uns vom Homer, pflegte er zu sagen, die beiden Tonnen entlehnen, die in dem Vorsaale Jupiters liegen[31], aber zugleich uns die Freiheit ausbitten, sie nicht mit Glück und Unglück, sondern die zur Rechten mit wahren Wesen und die zur Linken mit Mangel und Unwesen anzufüllen. – Sooft die Allmacht Jupiters einen Geist hervorbringen will, so schöpft er aus diesen beiden Tonnen, wirft einen Blick auf das ewige Schicksal und bereitet, nach dessen Maßgebung, eine Mischung von Wesen und Mangel, welche die völlige Grundanlage des künftigen Geistes enthält. Daher findet sich zwischen allen Arten von geistigen Wesen eine verwundernswürdige Ähnlichkeit; denn sie sind alle aus eben den Tonnen geschöpft und nur an der Mischung unterschieden. Wenn also unsere Seele, welche gleichfalls nichts anders ist als eine solche Mischung von Wesen und Mangel, sich selbst beobachtet, so erlanget sie einen Begriff von dem Wesen der Geister und ihren Schranken, von Vermögen und Unvermögen, Vollkommenheit und Unvollkommenheit, von Verstand, Weisheit, Kraft, Absicht, Schönheit, Gerechtigkeit und tausend andern körperlichen Dingen, über welche sie die äußeren Sinne in der tiefsten Unwissenheit lassen würden.

Wie unvergleichlich! versetzte *Sokrates*. Siehe, *Cebes*! Du besitzest einen solchen Schatz und wolltest mich sterben lassen, ohne mir denselben einmal zu zeigen! – Doch laß sehen, wie wir ihn noch vor dem Tode genießen wollen. *Philolaus* sagte also: Die Seele erkennet ihre Nebengeister, indem sie sich selbst beobachtet. Nicht?

Ja!

Und sie erlanget Begriffe von unkörperlichen Dingen, indem sie ihre eigenen Fähigkeiten auseinander setzt und jeder, um sie deutlicher unterscheiden zu können, einen besondern Namen gibt?

Allerdings.

Wenn sie aber ein höheres Wesen, als sie selbst ist, einen Dämon z. B., sich denken will, wer wird ihr die Begriffe dazu hergeben?

Cebes schwieg, und *Sokrates* fuhr fort: Habe ich die Meinung des *Philolaus* anders recht begriffen, so kann sich die Seele zwar niemals von einem höhern Wesen, als sie selbst ist, oder nur von einer höhern Fähigkeit, als sie selbst besitzet, einen der Sache gemäßen Begriff machen; allein sie kann gar wohl überhaupt die Möglichkeit eines Dinges begreifen, dem mehr Wesen und weniger Mängel zuteile worden als ihr selbst, das heißt, welches vollkommener ist als sie; oder hast du es vielleicht vom *Philolaus* anders gehört?

Nein!

Und von dem allerhöchsten Wesen, von der allerhöchsten Vollkommenheit hat sie auch nicht mehr als diesen Schimmer einer Vorstellung. Sie kann das Wesen desselben nicht in seinem ganzen Umfange begreifen; aber sie denkt ihr eigenes Wesen, das, was sie Wahres, Gutes und Vollkommenes hat, trennet es in Gedanken von dem Mangel und Unwesen, mit welchem es in ihr vermischt ist, und gerät dadurch auf den Begriff eines Dinges, das lauter Wesen, lauter Wahrheit, lauter Güte und Vollkommenheit ist. –

Apollodorus, der bisher alle Worte des *Sokrates* leise nachgesprochen hatte, geriet hier in Entzückung und wiederholte laut: *Das lauter Wesen, lauter Wahrheit, lauter Güte, lauter Vollkommenheit ist.*

Und *Sokrates* fuhr fort: Sehet ihr, meine Freunde! wie weit sich der Weisheitliebende von den Sinnen und ihren Gegenständen entfernen muß, wenn er das begreifen will, was zu begreifen wahre Glückseligkeit ist, das allerhöchste und vollkommenste Wesen? In dieser Gedankenjagd muß er Augen und Ohren verschließen, Schmerz und Sinnenlust ferne von seiner Achtsamkeit sein lassen und, wenn es möglich wäre, seines Leibes ganz vergessen, um desto einsamer sich ganz auf seine Seelenvermögen und ihre innere Wirksamkeit einzuschränken.

Der Leib ist seinem Verstande bei dieser Untersuchung nicht nur ein unnützlicher, sondern auch ein beschwerlicher Gesellschafter: denn jetzt sucht er weder Farbe noch Größe, weder Töne noch Bewegung, sondern ein Ding, das alle möglichen Farben, Größen, Töne und Bewegungen und, was noch weit mehr ist, alle möglichen Geister sich aufs deutlichste vorstellet und in allen ersinnlichen Ordnungen hervorbringen kann. Welch ein unbehilflicher Gefährte ist der Körper auf dieser Reise?

Wie erhaben! rief *Simmias*, aber auch wie wahr!

Die wahren Weltweisen, sprach *Sokrates*, die diese Gründe in Erwägung ziehen, können nicht anders, als diese Meinung hegen und einer zum andern sprechen: Siehe! Hier ist ein Irrweg, der uns immer vom Ziele weiter weg führet und alle unsere Hoffnungen vereitelt. Wir sind versichert, daß die Erkenntnis der Wahrheit unser einziger Wunsch sei. Aber solange wir uns hier auf Erden mit dem Leibe schleppen, solange unsere Seele noch mit dieser irdischen Seuche behaftet ist, können wir uns unmöglich schmeicheln, diesen Wunsch ganz erfüllt zu sehen. Wir sollen die Wahrheit suchen. Leider! läßt uns der Körper wenig Muße zu dieser wichtigen Unternehmung. Heute fordert sein Unterhalt unsere ganze Sorge, morgen fechten ihn Krankheiten an, die uns abermals stören, sodann folgen andere Leibesangelegenheiten, Liebe, Furcht, Begierden, Wünsche, Grillen und Torheiten, die uns unaufhörlich zerstreuen, die unsere Sinne von einer Eitelkeit zur andern locken und uns nach dem wahren Gegenstande unserer Wünsche, nach der Weisheit, vergebens schmachten lassen. Wer erregt Krieg, Aufruhr, Streit und Uneinigkeit unter den Menschen? Wer anders als der Körper und seine unersättlichen Begierden? Denn die Habsucht ist die Mutter aller Unruhen, und unsere Seele würde niemals nach eigentümlichen Gütern geizen, wenn sie nicht für die hungrigen Begierden ihres Leibes zu sorgen hätte. Solchergestalt sind wir die meiste Zeit beschäftiget und haben selten Muße zur Weltweisheit. Endlich erzielet man auch irgendeine müßige Stunde und macht sich bereit, die Wahrheit zu umarmen: so stehet uns abermals dieser Störer unsrer Glückseligkeit, der Leib, im Wege und bietet uns seine Schatten statt der Wahrheit an. Die Sinne halten uns, wider unsern Dank, ihre Scheinbilder vor und erfüllen die Seele mit Verwirrung, Dunkelheit, Trägheit und Aberwitz: und sie soll in diesem allgemeinen Aufruhr gründlich nachdenken und die Wahrheit erreichen? Unmöglich! Wir müssen also die seligen Augenblicke abwarten, in welchen Stille von außen und Ruhe von innen uns das Glück verschafft, den Leib völlig aus der Acht zu schlagen und mit den Augen des Geistes nach der Wahrheit hinzusehen. Aber wie selten und wie kurz sind auch diese seligen Augenblicke! –

Wir sehen ja deutlich, daß wir das Ziel unserer Wünsche, die Weisheit, nicht eher erreichen werden als nach unserm Tode; beim Leben ist keine Hoffnung dazu. Denn kann anders die Seele, solange sie im Leibe wohnet, die Wahrheit nicht deutlich erkennen, so müssen wir eines von beiden setzen: entweder, wir werden sie niemals erkennen, oder, wir werden sie nach unserm Tode erkennen, weil die Seele alsdann den Leib verläßt und vermutlich in dem Fortgange zur Weisheit weit weniger aufgehalten wird. Wollen wir uns aber in diesem Leben zu jener seligen Erkenntnis vorbereiten, so müssen wir unterdessen dem Leibe nicht mehr gewähren, als was die Notwendigkeit erfordert; wir müssen uns seiner Begierden und Lüste enthalten und uns, sooft als möglich, im Nachdenken üben, bis es dem Allerhöchsten gefallen wird, uns in Freiheit zu setzen. Alsdann können wir hoffen, von den Torheiten des Leibes befreit, die Quelle der Wahrheit, das allerhöchste und vollkommenste Wesen, mit lautern und heiligen Sinnen zu beschauen, indem wir vielleicht andere neben uns ebenderselben Glückseligkeit genießen sehen. Einem Unheiligen aber ist es nicht erlaubet, die Heiligkeit selbst anzurühren. – Diese Sprache, mein lieber *Simmias*! dürfen die wahren Wissensbegierigen untereinander führen, wenn sie sich von ihren Angelegenheiten besprechen, und diese Meinung müssen sie auch hegen, wie ich glaube; oder dünkt es dich anders?

Nicht anders, mein *Sokrates*!

Wenn aber dem also ist, mein Lieber! hat ein solcher, der mir heute nachfolget, nicht große Hoffnung, da, wo wir hinkommen, besser als irgendwo das zu erlangen, wornach er im gegenwärtigen Leben so sehr gerungen?

Allerdings!

Ich kann also meine Reise heute mit guter Hoffnung antreten, und jeder Wahrheitsliebender mit mir, wenn er bedenkt, daß ihm ohne Reinigung und Vorbereitung kein freier Zutritt zu den Geheimnissen der Weisheit verstattet wird.

Dieses kann nicht geleugnet werden, sprach *Simmias*.

Diese Reinigung aber ist nichts anders als die Entfernung der Seele von dem Sinnlichen und anhaltende Übung, über das Wesen und die Eigenschaften der Seele selbst Betrachtungen anzustellen, ohne sich darin etwas, das nicht die Seele ist, irren zu lassen; mit einem Worte, die Bemühung, sowohl in diesem als in dem zukünftigen Leben die Seele von den Fesseln des Leibes zu befreien, damit sie ungehindert sich selbst betrachten und dadurch zur Erkenntnis der Wahrheit gelangen möge.

Allerdings!

Die Trennung des Leibes von der Seele nennet man den Tod.

Freilich.

Die wahren Liebhaber der Weisheit wenden also alle ersinnliche Mühe an, sich dem Tode, soviel sie können, zu nähern, sterben zu lernen. Nicht?

Es scheinet so.

Wäre es nun aber nicht höchst ungereimt, wenn ein Mensch, der in seinem ganzen Leben nichts gelernet als die Kunst zu sterben, wenn ein solcher, sage ich, zuletzt sich betrüben wollte, da er den Tod sich nahen sieht; und wäre es nicht lächerlich?

Unstreitig.

Also, *Simmias*, muß den wahren Weltweisen der Tod niemals schrecklich, sondern allezeit willkommen sein. – Die Gesellschaft des Leibes ist ihnen bei allen Gelegenheiten beschwerlich; denn wofern sie den wahren Endzweck ihres Daseins erfüllen wollen, so müssen sie suchen, die Seele vom Leibe zu trennen und gleichsam in sich selbst zu versammeln. Der Tod ist diese Trennung, die längst gewünschte Befreiung von der Gesellschaft des Leibes. Welche Ungereimtheit also, bei Herannahung desselben zu zittern, sich zu betrüben! Getrost und fröhlich vielmehr müssen wir dahin reisen, wo wir Hoffnung haben, unsere Liebe zu umarmen, ich meine die Weisheit, und des überlästigen Gefährten loszuwerden, der uns so viel Kummer verursacht hat. Wie? Gemeine und unwissende Leute, denen der Tod ihre Gebieterinnen, ihre Weiber oder ihre Kinder geraubt, wünschen in ihrer Betrübnis nichts sehnlicher, als die Oberwelt verlassen und zu dem Gegenstande ihrer Liebe, oder ihrer Begierden, hinabsteigen zu können: und diese, die gewisse Hoffnung haben, ihre Liebe nirgend in solchem Glanze zu erblicken als in jenem Leben, diese sind voller Angst? Diese beben und treten nicht vielmehr mit Freuden die Reise an? O nein! mein Lieber! nichts ist ungereimter als ein Weltweiser, der den Tod fürchtet.

Beim Jupiter! ganz vortrefflich, rief *Simmias*.

Zittern und voller Angst sein, wenn der Tod winkt, kann dieses nicht für ein untrügliches Kennzeichen genommen werden, daß man nicht die Weisheit, sondern den Leib, das Vermögen, die Ehre oder alle drei zusammen liebet?

Ganz untrüglich.

Wem geziemet die Tugend, die wir Mannhaftigkeit nennen, mehr als den Weltweisen?

Niemanden!

Und die Mäßigkeit, diese Tugend, die in der Fertigkeit bestehet, seine Begierden zu bezähmen und in seinem Tun und Lassen eingezogen und sittsam zu sein, wird sie nicht vornehmlich bei dem zu suchen sein, der seinen Leib nicht achtet und bloß in der Weltweisheit lebt und webt?

Notwendig, sprach er.

Aller übrigen Menschen Mannhaftigkeit und Mäßigkeit wird dir ungereimt scheinen, wenn du sie näher betrachtest.

Wieso? mein *Sokrates*!

Du weißt, versetzte er, daß die mehresten Menschen den Tod für ein sehr großes Übel halten.

Richtig, sprach er.

Wenn also diese sogenannten tapfern und mannhaften Leute unerschrocken sterben, so geschiehet es bloß aus Furcht eines noch größern Übels.

Nicht anders.

Also sind alle Mannhaften, außer den Weltweisen, bloß aus Furcht unerschrocken. Ist aber eine Unerschrockenheit aus Furcht nicht höchst ungereimt?

Dieses ist nicht zu leugnen.

Mit der Mäßigkeit hat es dieselbe Beschaffenheit. Aus Unmäßigkeit leben sie mäßig und enthaltsam. Man sollte dieses für unmöglich halten, und dennoch trifft es bei dieser unvernünftigen Mäßigkeit völlig ein. Sie enthalten sich gewisser Wollüste, um andere, nach welchen sie gieriger sind, desto ungestörter genießen zu können. Sie werden Herren über jene, weil sie von diesen Knechte sind. Frage sie, sie werden dir freilich sagen, sich von seinen Begierden beherrschen zu lassen, sei Unmäßigkeit; allein sie selbst haben die Herrschaft über gewisse Begierden nicht anders erlangt als durch die Sklaverei gegen andere, die noch ausgelassener sind. Heißet nun dieses nicht gewissermaßen aus Unmäßigkeit enthaltsam sein?

Allem Ansehen nach.

O mein teurer *Simmias*! Wollust gegen Wollust, Schmerz gegen Schmerz und Furcht gegen Furcht vertauschen, gleichsam, wie Münze, für ein großes Stück viele kleine einwechseln: dies ist nicht der Weg zur wahren Tugend. Die einzige Münze, die gültig ist und für welche man alles andere hingeben muß, ist die Weisheit. Mit dieser schafft man sich alle übrigen Tugenden an: Tapferkeit, Mäßigkeit und Gerechtigkeit. Überhaupt bei der Weisheit ist wahre Tugend, wahre Herrschaft über die Begierden, über die Verabscheuungen und über alle Leidenschaften; ohne Weisheit aber erlanget man nichts als einen Tausch der Leidenschaften gegen eine leidige Schattentugend, die dem Laster Sklavendienste tun muß und an sich selbst nichts Gesundes und Wahres mit sich führet. Die wahre Tugend ist eine Heiligung der Sitten, eine Reinigung des Herzens, kein Tausch der Begierden. Gerechtigkeit, Mäßigkeit, Mannhaftigkeit, Weisheit sind kein Tausch der Laster gegeneinander. Unsere Vorfahren, welche die *Teleten* oder die *vollkommenen Versöhnungsfeste* gestiftet, müssen allem Ansehen nach sehr weise Männer gewesen sein: denn sie haben durch diese Rätsel zu verstehen geben wollen, daß, wer unversöhnt und ungeheiliget die Oberwelt verläßt, die härteste Strafe auszustehen habe, der Geläuterte und Versöhnte aber nach seinem Tode unter den Göttern wohnen werde. Die mit diesen Versöhnungsgeheimnissen umgehen, pflegen zu sagen: *Es gibt viele Thyrsusträger, aber wenig Begeisterte;* und meines Erachtens verstehet man unter den Begeisterten diejenigen, die sich der wahren Weisheit gewidmet. Ich habe in meinem Leben nichts gespart, sondern unablässig gestrebt, einer von diesen Begeisterten zu sein; ob mein Bemühen fruchtlos gewesen oder inwieweit mir mein Vorhaben gelungen, werde ich da, wo ich hinkomme, am besten erfahren, und so Gott will, in kurzer Zeit. –

Dieses ist meine Verteidigung, *Simmias* und *Cebes*! warum ich meine besten Freunde hienieden ohne Betrübnis verlasse und bei Herannahung der Todesstunde so wenig zittere. Ich glaube, allda bessere Freunde und ein besseres Leben zu finden, als ich hier zurücklasse, sowenig auch dieses beim gemeinen Haufen Glauben finden wird.

Hat nun meine jetzige Schutzrede bessern Eingang gefunden als jene, die ich vor den Richtern der Stadt gehalten, so bin ich vollkommen vergnügt.

Sokrates hatte ausgeredet, und *Cebes* ergriff das Wort: Es ist wahr, *Sokrates*! du hast dich vollkommen gerechtfertiget; allein, was du von der Seele behauptest, muß vielen unglaublich scheinen; denn sie halten insgemein dafür, die Seele sei nirgend mehr anzutreffen, sobald sie den Körper verlassen, sondern werde, gleich nach dem Tode des Menschen, aufgelöset und zernichtet. Sie steige, wie ein Hauch oder wie ein feiner Dampf, aus dem Körper in die obere Luft, allwo sie vergehe und völlig aufhöre zu sein. Könnte es ausgemacht werden, daß die Seele für sich bestehen kann und nicht notwendig mit diesem Leibe verbunden sein muß: so hätten die Hoffnungen, die du dir machest, eine nicht geringe Wahrscheinlichkeit; denn sobald es mit uns nach dem Tode besser werden kann: so hat der Tugendhafte auch gegründete Hoffnungen, daß es mit ihm wirklich besser werden wird. Allein die Möglichkeit selbst ist schwer zu begreifen, daß die Seele nach dem Tode noch denken, daß sie noch Willen und Verstandeskräfte haben soll; dieses also, mein *Sokrates*, erfordert noch einigen Beweis.

Du hast recht, *Cebes*! versetzte *Sokrates*. Allein, was ist zu tun? Wollen wir etwa überlegen, ob wir einen Beweis finden können oder nicht?

Ich bin sehr neugierig, sprach *Cebes*, deine Gedanken hierüber zu vernehmen.

Wenigstens kann derjenige, erwiderte *Sokrates*, der unsere Unterredung höret, und wenn er auch ein Komödienschreiber wäre, mir nicht vorwerfen, ich beschäftige mich mit Grillen, die weder nützlich noch erheblich sind. Die Untersuchung, die wir itzt anstellen wollen, ist vielmehr so wichtig, daß uns jeder Dichter gern erlauben wird, um den Beistand einer Gottheit zu flehen, bevor wir zum Werke schreiten. – Er schwieg und saß eine Zeitlang wie in Gedanken vertieft; sodann sprach er: Doch, meine Freunde! mit lauterm Herzen die Wahrheit suchen, ist die würdigste Anbetung der einzigen Gottheit, die uns Beistand leisten kann. Zur Sache also! Der Tod, o *Cebes*! ist eine natürliche Veränderung des menschlichen Zustandes, und wir wollen itzt untersuchen, was bei dieser Veränderung sowohl mit dem Leibe des Menschen als mit seiner Seele vorgehet. Nicht?

Richtig!

Sollte es nicht ratsam sein, erst überhaupt zu erforschen, was eine natürliche Veränderung ist und wie die Natur ihre Veränderungen nicht nur in Ansehung des Menschen, sondern auch in Ansehung der Tiere, Pflanzen und leblosen Dinge hervorzubringen pflegt? Mich dünkt, wir werden auf diese Weise näher zu unserm Endzwecke kommen.

Der Einfall scheinet nicht unglücklich, versetzte *Cebes*; wir müssen also fürs erste eine Erklärung suchen, was *Veränderung* sei.

Mich dünkt, sprach *Sokrates*, wir sagen, ein Ding habe sich verändert, wenn unter zwoen entgegengesetzten Bestimmungen, die ihm zukommen können, die eine aufhöret und die andere anfängt, wirklich zu sein. Z. B. schön und häßlich, gerecht und ungerecht, gut und böse, Tag und Nacht, schlafen und wachen, sind dieses nicht entgegengesetzte Bestimmungen, die bei einer und ebenderselben Sache möglich sind?

Ja!

Wenn eine Rose welkt und ihre schöne Gestalt verlieret: sagen wir alsdann nicht, sie habe sich verändert?

Allerdings!

Und wenn ein ungerechter Mann seine Lebensart verändern will, muß er nicht eine entgegengesetzte annehmen und gerecht werden?

Wie anders?

Auch umgekehrt, wenn durch eine Veränderung etwas entstehen soll, so muß vorhin das Widerspiel davon dagewesen sein. So wird es Tag, nachdem es vorhin Nacht gewesen, und hinwiederum Nacht, nachdem es vorhin Tag gewesen; ein Ding wird schön, groß, schwer, ansehnlich usw., nachdem es vorhin häßlich, klein, leicht, unansehnlich gewesen ist. Nicht?

Ja!

Eine Veränderung heißt also überhaupt nichts anders als die Abwechselung der entgegengesetzten Bestimmungen, die an einem Dinge möglich sind. Wollen wir es bei dieser Erklärung bewenden lassen? *Cebes* scheinet noch unentschlossen –

Eine Kleinigkeit, mein lieber *Sokrates*! Das Wort *entgegengesetzte* macht mir einiges Bedenken. Ich sollte nicht glauben, daß schnurstracks entgegengesetzte Zustände unmittelbar aufeinander folgen könnten.

Richtig! versetzte *Sokrates*. Wir sehen auch, daß die Natur in allen ihren Veränderungen einen Mittelzustand zu finden weiß, der ihr gleichsam zum Übergange dienet, von einem Zustande auf den entgegengesetzten zu kommen. Die Nacht folgt z. B. auf den Tag, vermittelst der Abenddämmerung, so wie der Tag auf die Nacht, vermittelst der Morgendämmerung. Nicht?

Freilich.

Das Große wird klein, vermittelst der Abnahme, und das Kleine hinwiederum groß, vermittelst des Anwachsens.

Richtig.

Wenn wir auch in gewissen Fällen diesem Übergange keinen besondern Namen gegeben: so ist doch nicht zu zweifeln, daß er wirklich vorhanden sein müsse, wenn ein Zustand natürlicherweise mit seinem Widerspiel abwechseln soll: denn muß nicht eine Veränderung, die natürlich sein soll, durch die Kräfte, die in die Natur gelegt sind, hervorgebracht werden?

Wie könnte sie sonst natürlich heißen?

Diese Kräfte aber sind stets wirksam, stets lebendig: denn wenn sie nur einen Augenblick entschliefen, so würde sie nichts als die Allmacht zur Tätigkeit aufwecken können. Was aber nur die Allmacht tun kann, wollen wir dieses natürlich nennen?

Wie könnten wir? sprach *Cebes*.

Was die natürlichen Kräfte also itzt hervorbringen, mein Lieber! daran haben sie schon von jeher gearbeitet; denn sie waren niemals müßig, nur daß ihre Wirkung erst nach und nach sichtbar geworden. Die Kraft der Natur z. B., die die Tageszeiten verändert, arbeitet schon itzt daran, nach einiger Zeit die Nacht auf den Horizont zu führen, aber sie nimmt ihren Weg durch Mittag und Abend, welches die Übergänge sind von der Geburt des Tages bis auf seinen Tod.

Richtig.

Im Schlafe selbst arbeiten die Lebenskräfte schon an der künftigen Erwachung, so wie sie im wachenden Zustande den künftigen Schlaf vorbereiten.

Dieses ist nicht zu leugnen.

Und überhaupt, wenn ein Zustand natürlicherweise auf sein Widerspiel erfolgen soll, wie solches bei allen natürlichen Veränderungen geschiehet: so müssen die stets wirksamen Kräfte der Natur schon vorher an dieser Veränderung gearbeitet und den vorhergehenden Zustand gleichsam mit dem zukünftigen beschwängert haben. Folgt nicht hieraus, daß die Natur alle mittlern Zustände mitnehmen muß, wenn sie einen Zustand mit seinem Widerspiel ablösen will?

Ganz unleugbar.

Überlege es wohl, mein Freund! damit hernach kein Zweifel entstehe, ob nicht anfangs zuviel nachgegeben worden. Wir erfordern zu jeder natürlichen Veränderung dreierlei: einen vorhergehenden Zustand des Dinges, das verändert werden soll; einen darauffolgenden, der jenem entgegengesetzt ist; und einen Übergang oder die zwischen beiden liegenden Zustände, die der Natur von einem auf den andern gleichsam den Weg bahnen. Wird dieses zugegeben?

Ja, ja! rief *Cebes*. Ich sehe nicht ab, wie ich an dieser Wahrheit sollte zweifeln können?

Laß sehen, erwiderte *Sokrates*, ob dir folgendes ebenso unleugbar scheinen wird? Mich dünkt, *alles Veränderliche könne keinen Augenblick unverändert bleiben*; sondern, indem die Zeit ohne zu ruhen forteilet und das Künftige beständig zu dem Vergangenen zurücksendet, so verwandelt sie auch zugleich alles Veränderliche und zeigt es jeden Augenblick unter einer neuen Gestalt. Bist du nicht auch dieser Meinung, *Cebes*?

Sie ist wenigstens wahrscheinlich.

Mir scheinet sie unwidersprechlich. Denn alles Veränderliche, wenn es eine Wirklichkeit und kein bloßer Begriff ist, muß eine Kraft haben, etwas zu tun, und ein Geschicke, etwas zu leiden. Nun mag es tun oder leiden, so wird etwas an ihm anders, als es vorhin gewesen; und da die Kräfte der Natur niemals in Ruhe sind: was könnte den Strom der Vergänglichkeit nur einen Augenblick in seinem Laufe hemmen?

Itzt bin ich überzeugt.

Das tut der Wahrheit keinen Eintrag, daß uns gewisse Dinge oft eine Zeitlang unverändert scheinen; denn scheinet uns doch auch eine Flamme ebendieselbe, und dennoch ist sie nichts anders als ein Feuerstrom, der aus dem brennenden Körper ohne Unterlaß emporsteigt und unsichtbar wird. Die Farben kommen unsern Augen öfters wie unverändert vor, und gleichwohl wechselt beständig neues Sonnenlicht mit dem vorigen ab. Wenn wir aber die Wahrheit suchen, so müssen wir die Dinge nach der Wirklichkeit, nicht aber nach dem Sinnenschein beurteilen.

Beim Jupiter! versetzte *Cebes*, diese Wahrheit verschafft uns eine neue Aussicht in die Natur der Dinge, die uns in Erstaunen setzt. Meine Freunde! fuhr er fort, indem er sich zu uns wandte, was für wichtige Dinge wird uns *Sokrates* nicht entdecken, wenn er die Anwendung hiervon auf die Seele machen wird!

Ich habe noch einen einzigen Satz vorauszuschicken, versetzte *Sokrates*, ehe ich auf diese Anwendung komme. Das Veränderliche, haben wir eingestanden, kann keinen Augenblick unverändert bleiben; sondern so, wie die vergangene Zeit älter wird, so wächst auch die aneinanderhängende Reihe der Abänderungen, die dagewesen sind. Nun überlege, *Cebes*! findet man in der Zeit zween Augenblicke, die sich einander die nächsten sind?

Noch begreife ich nicht, sprach *Cebes*, was du sagen willst. –

Ein Beispiel wird dir meine Gedanken deutlicher machen. Indem ich das Wort *Cebes* ausspreche, folgen hier nicht zwo Silben aufeinander, zwischen welchen keine dritte anzutreffen ist?

Richtig!

Diese beiden Silben also sind sich einander die nächsten.

Richtig!

Aber in dem Begriffe, den wir mit dem Worte verbinden, gibt es hier auch zwei Stücke, die sich einander die nächsten sind?

Mich dünkt, nein!

Und mit Recht; denn die Teile dieses Begriffs sind unzertrennlich und machen ein stetiges Ganzes aus; da hingegen die Silben zertrennlich sind und in einer unstetigen Reihe aufeinanderfolgen.

Dieses ist vollkommen deutlich.

Ich frage also von der Zeit: Ist sie mit dem ausgesprochenen Worte oder mit dem Begriffe zu vergleichen? Folgen ihre Augenblicke in einer stetigen oder unstetigen Ordnung aufeinander?

In einer stetigen, erwiderte *Cebes*.

Freilich, versetzte *Simmias*; denn durch die Folge unserer Begriffe erkennen wir ja die Zeit; wie ist es also möglich, daß die Natur der Folge in der Zeit und in den Begriffen nicht einerlei sein sollte?

Es gibt also keine zwei Augenblicke, die sich einander die nächsten sind?

Nein, sprach *Cebes*.

Und da die Veränderungen mit der Zeit in gleichen Schritten fortgehen, auch nicht zwo Zustände, die sich einander die nächsten sind?

Es scheinet also.

Unsern Sinnen kömmt es freilich so vor, als wenn die Veränderungen ruckweise geschähen; allein in der Wirklichkeit ist die Folge der Veränderungen stetig; und man mag zween Zustände so dicht aneinandersetzen, als man will: so gibt es immer noch einen Übergang dazwischen, der sie miteinander verbindet, der der Natur von einem auf den andern gleichsam den Weg zeigt.

Ich begreife dieses alles sehr wohl, sprach *Cebes*.

Meine Freunde! rief *Sokrates*, itzt ist es Zeit, uns unserm Vorhaben zu nähern. Wir haben Gründe gesammelt, die für unsere Ewigkeit streiten sollen, und ich verspreche mir einen gewissen Sieg. Wollen wir aber nicht, nach Gewohnheit der Feldherren, ehe wir zum Treffen kommen, unsere Macht noch einmal übersehen, um ihre Stärke und Schwäche desto genauer kennenzulernen?

Apollodorus bat sehr um eine kurze Wiederholung.

Die Sätze, sprach *Sokrates*, deren Richtigkeit wir nicht mehr in Zweifel ziehen, sind diese:

1. Zu einer jeden natürlichen Veränderung wird dreierlei erfordert:
   1. Ein Zustand eines veränderlichen Dinges, der aufhören,
   2. ein anderer, der seine Stelle vertreten soll, und
   3. die mittlern Zustände oder der Übergang, damit die Veränderung nicht plötzlich, sondern allmählich geschehe.
2. Was veränderlich ist, bleibet keinen Augenblick, ohne wirklich verändert zu werden.
3. Die Folge der Zeit gehet in einem fort, und es gibt keine zween Augenblicke, die sich einander die nächsten sind.
4. Die Folge der Veränderungen kommt mit der Folge der Zeit überein und ist ebenfalls so stetig, so unzertrennlich, daß man keine Zustände angeben kann, die sich einander die nächsten wären oder zwischen welchen nicht ein Übergang stattfinden sollte. Sind wir nicht über diese Punkte einig worden?

Ja, sprach *Cebes*.

Leben und Tod, mein lieber *Cebes*, versetzte *Sokrates*, sind entgegengesetzte Zustände: nicht?

Freilich!

Und das Sterben der Übergang vom Leben zum Tode?

Freilich!

Diese große Veränderung trifft vermutlich die Seele sowohl als den Leib; denn beide Wesen standen in diesem Leben in der genauesten Verbindung.

Allem Ansehen nach.

Was mit dem Leibe nach dieser wichtigen Begebenheit vorgehet, kann uns die Beobachtung lehren; denn das Ausgedehnte bleibt unsern Sinnen gegenwärtig: aber wie, wo und was die Seele nach diesem Leben sein wird, muß bloß durch die Vernunft ausgemacht werden; denn die Seele hat durch den Tod das Mittel verloren, den menschlichen Sinnen gegenwärtig zu sein.

Richtig!

Wollen wir nicht, mein Teurester! erst das Sichtbare durch alle seine Veränderungen verfolgen und hernach, wo möglich, das Unsichtbare mit dem Sichtbaren vergleichen?

Das scheint der beste Weg, den wir einschlagen können, erwiderte *Cebes*.

In jedem tierischen Leibe, *Cebes*! gehen beständig Trennungen und Zusammensetzungen vor, die zum Teil auf die Erhaltung, zum Teil aber auf den Untergang der großen Maschine abzielen. Tod und Leben fangen bei der Geburt des Tieres schon an, gleichsam miteinander zu ringen.

Dies zeigt die tägliche Erfahrung.

Wie nennen wir den Zustand, fragte *Sokrates*, in welchem die tierischen Veränderungen mehr auf die Erhaltung als auf den Untergang des Leibes abzielen? Nennen wir ihn nicht die *Gesundheit*?

Wie anders?

Hingegen werden die tierischen Veränderungen, welche die Auflösung der großen Maschine verursachen, durch Krankheiten vermehret, oder auch durch das Alter, welches die natürlichste Krankheit genannt werden kann.

Richtig!

Das Verderben nimmt durch unmerkliche Grade allmählich zu. Endlich zerfällt das Gebäude und löset sich in seine kleinsten Teile auf. Aber was geschieht? Hören diese Teile auf, Veränderungen zu leiden? Gehen sie ganz verloren?

Es scheinet nicht, versetzte *Cebes*.

Unmöglich, mein Wertester! erwiderte *Sokrates*, wenn das wahr ist, worüber wir einig geworden: denn gibt es wohl ein Mittel zwischen Sein und Nichtsein?

Keineswegs.

Sein und Nichtsein wären also zween Zustände, die unmittelbar aufeinanderfolgen, die sich einander die nächsten sein müßten: wir haben aber gesehen, daß die Natur keine solche Veränderungen, die plötzlich und ohne Übergang geschehen, hervorbringen kann. Erinnerst du dich wohl noch dieses Satzes?

Sehr wohl, sprach *Cebes*.

Also kann die Natur weder ein Dasein noch eine Zernichtung hervorbringen?

Richtig!

Daher gehet bei der Auflösung des tierischen Leibes nichts verloren. Die zerfallenen Teile fahren fort zu sein, zu wirken, zu leiden, zusammengesetzt und getrennt zu werden, bis sie sich durch unendliche Übergänge in Teile eines andern Zusammengesetzten verwandeln. Manches wird Staub, manches wird zur Feuchtigkeit, dieses steigt in die Luft, jenes geht in eine Pflanze über, wandelt von der Pflanze in ein lebendiges Tier und verläßt das Tier, um einem Wurme zur Nahrung zu dienen. Ist dieses nicht der Erfahrung gemäß?

Vollkommen, mein *Sokrates*! antworteten *Cebes* und *Simmias* zugleich.

Wir sehen also, meine Freunde! daß Tod und Leben, insoweit sie den Leib angehen, in der Natur nicht so getrennt sind, als sie unsern Sinnen scheinen. Sie sind Glieder einer stetigen Reihe von Veränderungen, die durch stufenweise Übergänge miteinander auf das genaueste verbunden sind. Es gibt keinen Augenblick, da man, nach aller Strenge, sagen könnte: *Itzt stirbt das Tier*, sowenig man, nach aller Strenge, sagen kann: *Itzt ward es krank*, oder *itzt ward es wieder gesund.* Freilich müssen die Veränderungen unsern Sinnen wie getrennt scheinen, da sie uns nicht eher als nach einer geraumen Zwischenzeit merkbar werden; aber genug, wir wissen, daß sie es in der Tat nicht sein können.

Ich besinne mich itzt auf ein Beispiel, das diesen Satz erläutern wird. Unsere Augen, die auf einen gewissen Erdstrich eingeschränkt sind, unterscheiden gar deutlich Morgen, Mittag, Abend und Mitternacht, und es ist uns, als wenn diese Zeitpunkte von den übrigen getrennt und abgesondert wären. Wer aber den ganzen Erdboden betrachtet, erkennet gar deutlich, daß die Umwälzungen von Tag und Nacht stetig aneinanderhangen und also jeder Augenblick der Zeit Morgen und Abend, Mittag und Mitternacht zugleich sei.

Homer hat nur, als Dichter, die Freiheit, seiner Götter Verrichtungen nach den Tageszeiten einzuteilen: als ob jemanden, der nicht in einen engen Bezirk auf dem Erdboden eingeschränkt ist, die Tageszeiten noch wirklich getrennte Epochen wären und es nicht vielmehr zu jeder Zeit sowohl Morgen als Abend wäre. Es ist den Dichtern erlaubt, dieses anzunehmen; allein der Wahrheit zufolge müßte Aurora mit ihren Rosenfingern beständig die Tore des Himmels offenhalten und ihren gelben Mantel unaufhörlich von einem Orte zum andern schleppen, so wie die Götter, wenn sie nur des Nachts schlafen wollen, gar nicht oder beständig schlafen müssen. –

So lassen sich auch, im Ganzen betrachtet, die Tage der Woche nicht unterscheiden; denn das Stetige und Aneinanderhängende läßt sich nur in der Einbildung, und nach den Vorspiegelungen der Sinne, in bestimmte und abgesonderte Teile zertrennen; der Verstand aber siehet gar wohl, daß man da nicht stehenbleiben muß, wo keine wirkliche Abteilung ist. Ist dieses deutlich, meine Freunde?

Gar sehr, erwiderte *Simmias*. –

Mit dem Leben und Tode der Tiere und Pflanzen verhält es sich gleichfalls nicht anders. In der Folge von Veränderungen, die dasselbe Ding erlitten, fängt sich, nach dem Urteile unserer Sinne, da eine Epoche an, wo uns das Ding merklich als Pflanze oder als Tier in die Sinne gefallen, und dieses nennen wir das Aufkeimen der Pflanze und die Geburt des Tieres. Den zweiten Zeitpunkt, da, wo sich die tierischen oder pflanzlichen Bewegungen unsern Sinnen entziehen, nennen wir den Tod; und den dritten, wann endlich die tierischen oder pflanzigten Formen verschwinden und unscheinbar werden, nennen wir den Untergang, die Verwesung des Tieres oder der Pflanze. In der Natur aber sind alle diese Veränderungen Glieder einer ununterbrochenen Kette, allmähliche Auswickelungen und Einwickelungen desselben Dinges, das sich in unzählige Gestalten einhüllet und entkleidet. Ist hieran noch irgendein Zweifel?

Es scheinet nicht, versetzte *Cebes*.

Wenn wir sagen, fuhr *Sokrates* fort, die Seele stirbt, so müssen wir eines von beiden setzen: Entweder alle ihre Kräfte und Vermögen, ihre Wirkungen und Leiden hören plötzlich auf, sie verschwindet gleichsam in einem Nu; oder sie leidet, wie der Leib, allmähliche Verwandelungen, unzählige Umkleidungen, die in einer stetigen Reihe fortgehen, und in dieser Reihe gibt es eine Epoche, wo sie keine menschliche Seele mehr, sondern etwas anders geworden ist, so wie der Leib, nach unzähligen Veränderungen, aufhöret, ein menschlicher Leib zu sein, und Staub, Luft, Pflanze oder auch ein Teil eines andern Tieres wird. Gibt es einen dritten Fall, wie die Seele sterben kann, einen Fall mehr als *plötzlich* oder *allmählich*?

Nein, erwiderte *Cebes*. Diese Einteilung erschöpft die Möglichkeit ganz.

Gut, sprach *Sokrates*. Die also noch zweifeln, ob die Seele nicht sterblich sein könnte, mögen wählen, ob sie besorgen, sie möchte plötzlich verschwinden oder nach und nach dasjenige aufhören zu sein, was sie war. Will *Cebes* nicht ihre Stelle vertreten und diese Wahl über sich nehmen?

Die Frage ist, ob jene die Wahl ihres Sachwalters würden gelten lassen. Mein Rat wäre, wir überlegten beide Fälle; denn wenn sie auf meine Wahl Verzicht täten und sich anders erklären sollten: so dürfte morgen niemand mehr da sein, der sie widerlegen kann.

Mein lieber *Cebes*! versetzte *Sokrates*, Griechenland ist ein weitläuftiges Reich, und auch unter den Barbaren muß es viele geben, denen diese Untersuchung am Herzen liegt. – Doch es sei! laßt uns beide Fälle untersuchen. Der erste war: *Vielleicht vergehet die Seele plötzlich, verschwindet in einem Nu.* An und für sich ist diese Todesart möglich. Kann sie aber von der Natur hervorgebracht werden?

Keinesweges: wenn das wahr ist, was wir vorhin zugegeben, daß die Natur keine Zernichtung hervorbringen könne.

Und haben wir dieses nicht mit Recht zugegeben? fragte *Sokrates*. Zwischen *Sein* und *Nichtsein* ist eine entsetzliche Kluft, die von der allmählich wirkenden Natur der Dinge nicht übersprungen werden kann.

Ganz recht, versetzte *Cebes*. Wie aber, wenn sie von einer übernatürlichen Macht, von einer Gottheit, zernichtet würde?

O mein Teurester! rief *Sokrates* aus, wie glücklich, wie wohl versorgt sind wir, wenn wir nichts als die *unmittelbare* Hand des einzigen Wundertäters zu fürchten haben! Was wir besorgten, war, ob die Natur unserer Seele nicht an und für sich selbst sterblich sei, und diese Besorgnis suchen wir durch Gründe zu vereiteln; ob aber Gott, der allgütige Schöpfer und Erhalter der Dinge, sie durch ein Wunderwerk zernichten werde? – Nein, *Cebes*, laß uns lieber befürchten, die Sonne würde uns in Eis verwandeln, ehe wir von der selbständigen Güte eine grundböse Handlung, *die Zernichtung durch ein Wunderwerk*, befürchten wollen.

Ich bedachte es nicht, sprach *Cebes*, daß mein Einwurf beinahe eine Lästerung sei.

Die eine Todesart, die plötzliche Zernichtung, schreckt uns also nicht mehr, fuhr *Sokrates* fort; denn sie ist in der Natur unmöglich. Doch überlegt auch folgendes, meine Freunde. Gesetzt, sie wäre nicht unmöglich, so ist die Frage: wann? zu welcher Zeit soll unsere Seele verschwinden? Vermutlich zu der Zeit, da der Körper ihrer nicht mehr bedarf, in dem Augenblicke des Todes?

Allem Ansehen nach.

Nun haben wir aber gesehen, daß es keinen bestimmten Augenblick gibt, da man sagen kann, *itzt* stirbt das Tier. Die Auflösung der tierischen Maschine hat schon lange vorher ihren Anfang genommen, ehe noch ihre Wirkungen sichtbar geworden sind; denn es fehlet niemals an solchen tierischen Bewegungen, die der Erhaltung des Ganzen zuwider sind; nur daß sie nach und nach zunehmen, bis endlich alle Bewegungen der Teile nicht mehr zu einem einzigen Endzwecke harmonieren, sodann eine jede ihren besondern Endzweck angenommen hat: und alsdann ist die Maschine aufgelöset. Dieses geschiehet so allmählich, in einer so stetigen Ordnung, daß jeder Zustand eine gemeinschaftliche Grenze des vorhergehenden und nachfolgenden Zustandes, eine Wirkung des vorhergehenden und eine Ursache des nachfolgenden Zustandes zu nennen ist. Haben wir dieses nicht eingestanden?

Richtig!

Wenn also der Tod des Körpers auch der Tod der Seele sein soll: so muß es auch keinen Augenblick geben, da man sagen kann, *itzt* verschwindet die Seele, sondern nach und nach, wie die Bewegungen in den Teilen der Maschine aufhören zu einem einzigen Endzwecke zu harmonieren, muß die Seele auch an Kraft und innerer Wirksamkeit abnehmen. Scheinet es dir nicht also, mein *Cebes*?

Vollkommen!

Aber siehe! welche wunderbare Wendung unsere Untersuchung genommen hat! Sie scheinet sich, wie ein Kunstwerk meines Eltervaters Dädalus, durch ein inneres Triebwerk von ihrer vorigen Stelle weggerollt zu haben.

Wieso?

Wir haben angenommen, unsere Gegner besorgten, die Seele würde plötzlich zernichtet werden, und wollten zusehen, ob diese Furcht gegründet sei oder nicht. Wir haben darauf untersucht, in welchem Augenblicke sie zernichtet werden möchte; und diese Untersuchung selbst brachte uns auf das

Widerspiel der Voraussetzung, daß sie nämlich nicht plötzlich vernichtet werde, sondern allmählich an innerer Kraft und Wirksamkeit abnehme.

Desto besser, antwortete *Cebes*. So hat sich jene angenommene Meinung gleichsam selbst widerlegt.

Wir haben also nur noch dieses zu untersuchen, ob die inneren Kräfte der Seele nicht so allmählich vergehen können, wie sich die Teile der Maschine trennen.

Richtig!

Lasset uns diese getreuen Gefährten, Leib und Seele, die auch den Tod miteinander gemein haben sollen, auf ihrer Reise verfolgen, um zu sehen, wo sie zuletzt bleiben. Solange der Körper gesund ist, solange die mehresten Bewegungen der Maschine auf die Erhaltung des Ganzen abzielen, die Werkzeuge der Empfindung auch ihre gehörige Beschaffenheit haben, so besitzt auch die Seele ihre völlige Kraft, empfindet, denkt, liebet, verabscheuet, begreifet und will. Nicht?

Unstreitig!

Der Leib wird krank. Es äußert sich eine sichtbare Mißhelligkeit zwischen den Bewegungen, die in der Maschine vorgehen, indem ihrer viele nicht mehr zur Erhaltung des Ganzen harmonieren, sondern ganz besondere und streitende Endzwecke haben. Und die Seele?

Wie die Erfahrung lehret, wird sie indessen schwächer, empfindet unordentlich, denkt falsch und handelt öfters wider ihren Dank.

Gut! Ich fahre fort. Der Leib stirbt: das heißt, alle Bewegungen scheinen nunmehr nicht mehr auf das Leben und die Erhaltung des Ganzen abzuzielen; aber innerlich mögen wohl noch einige schwache Lebensbewegungen vorgehen, die der Seele noch einige dunkele Vorstellungen verschaffen; auf diese muß sich also die Kraft der Seele solange einschränken. Nicht?

Allerdings!

Die Verwesung folgt. Die Teile, die bisher einen gemeinschaftlichen Endzweck gehabt, eine einzige Maschine ausgemacht haben, bekommen itzt ganz verschiedene Endzwecke, werden zu mannigfaltigen Teilen ganz verschiedener Maschinen. Und die Seele, mein *Cebes*? Wo wollen wir die lassen? Ihre Maschine ist verweset. Die Teile, die noch von derselben übrig sind, sind nicht mehr *ihre* und machen auch kein Ganzes aus, das beseelt werden könnte. Hier sind keine Gliedmaßen der Sinne, keine Werkzeuge des Gefühls mehr, durch deren Vermittelung sie irgend zu einer Empfindung gelangen könnte. Soll also alles in ihr öde sein? Sollen alle ihre Empfindungen, ihre Einbildungen, ihre Begierden und Verabscheuungen, Neigungen und Leidenschaften verschwunden sein und nicht die geringste Spur hinterlassen haben?

Unmöglich, sprach *Cebes*. Was wäre dieses anders als eine völlige Zernichtung, und keine Zernichtung, haben wir gesehen, stehet in dem Vermögen der Natur.

Was ist also für Rat, meine Freunde? Untergehen kann die Seele in Ewigkeit nicht; denn der letzte Schritt, man mag ihn noch so weit hinausschieben, wäre immer noch vom Dasein zum Nichts ein Sprung, der weder in dem Wesen eines einzelnen Dinges noch in dem ganzen Zusammenhange gegründet sein kann. Sie wird also fortdauern, ewig vorhanden sein. Soll sie vorhanden sein, so muß sie wirken und leiden; soll sie wirken und leiden, so muß sie Begriffe haben: denn empfinden, denken und wollen sind die einzigen Wirkungen und Leiden, die einer Seele zukommen können. Die Begriffe nehmen allezeit ihren Anfang von einer sinnlichen Empfindung, und wo sollen sinnliche Empfindungen herkommen, wenn keine Werkzeuge, keine Gliedmaßen der Sinne vorhanden sind?

Nichts scheinet richtiger, sprach *Cebes*, als diese Folge von Schlüssen, und gleichwohl leitet sie zu einem offenen Widerspruch.

Eines von beiden, fuhr *Sokrates* fort: Entweder die Seele muß vernichtet werden, oder sie muß nach der Verwesung des Leibes noch Begriffe haben. Man ist sehr geneigt, diese beiden Fälle für unmöglich zu halten, und gleichwohl muß einer davon wirklich sein? Laß sehen, ob wir aus diesem Labyrinthe keinen Ausgang finden können! Von der einen Seite kann unser Geist natürlicherweise nicht vernichtet werden. Worauf gründet sich diese Unmöglichkeit? – Seid unverdrossen, Freunde! mir durch dornichte Gänge zu folgen: sie führen uns auf eine der herrlichsten Gegenden, die das Gemüt der Menschen jemals ergetzt hat. Antwortet mir! Hat uns nicht ein richtiger Begriff von Kraft und natürlicher Veränderung auf die Folge geleitet, daß die Natur keine Vernichtung wirken könne?

Richtig!

Von dieser Seite ist also schlechterdings kein Ausgang zu hoffen, und wir müssen umkehren. Die Seele kann nicht vergehen, sie muß nach dem Tode fortdauern, wirken, leiden, Begriffe haben. Hier stehet uns die Unmöglichkeit im Wege, daß unser Geist ohne sinnliche Eindrücke Begriffe haben soll: aber wer leistet für diese Unmöglichkeit die Gewähr? Ist es nicht bloß die Erfahrung, daß wir hier in diesem Leben niemals ohne sinnliche Eindrücke haben denken können?

Nichts anders.

Was für Grund haben wir aber, diese Erfahrung über die Grenzen dieses Lebens auszudehnen und der Natur schlechterdings die Möglichkeit abzusprechen, die Seele, ohne diesen gegliederten Leib, denken zu lassen? Was meinst du, Simmias? Würden wir einen Menschen nicht höchst lächerlich finden, der die Mauern von Athen niemals verlassen hätte und aus seiner eigenen Erfahrung schließen wollte, daß keine andere Regierungsform als die demokratische möglich wäre?

Nichts wäre ungereimter.

Wenn ein Kind im Mutterleibe denken könnte, würde es wohl zu bereden sein, daß es dereinst, von seiner Wurzel abgelöset, in freier Luft das erquickende Licht der Sonne genießen werde? Würde es nicht vielmehr aus seinen jetzigen Umständen die Unmöglichkeit eines solchen Zustandes beweisen zu können glauben?

Allem Ansehen nach.

Und wir Blödsinnigen, denken wir etwa vernünftiger, wenn wir, in dieses Leben eingekerkert, durch unsere Erfahrungen ausmachen wollen, was der Natur auch nach diesem Leben möglich sei? – Ein einziger Blick in die unerschöpfliche Mannigfaltigkeit der Natur kann uns von dem Ungrunde solcher Schlüsse überführen. Wie dürftig, wie schwach würde sie sein, wenn ihr Vermögen nicht weiter reichete als unsere Erfahrung!

Freilich!

Wir können also mit gutem Grunde diese Erfahrung verwerfen, indem wir ihr die ausgemachte Unmöglichkeit entgegengesetzt, daß unser Geist untergehen sollte. Homer läßt seinen Held mit Recht ausrufen: *Fürwahr! auch in den Häusern des Orkus webt noch die Seele, wiewohl kein Leich-*

nam dahin kömmt.[32] Die Begriffe, die uns Homer von dem Orkus und von den Schatten, die hinunterwandeln, machet, scheinen zwar nicht überall mit der Wahrheit übereinzukommen; aber dieses ist gewiß, meine Geliebten! unser Geist siegt über Tod und Verwesung, läßt den Leichnam zurück, um hienieden in tausend veränderten Gestalten die Absichten des Allerhöchsten zu erfüllen, er aber erhebt sich über den Staub und fähret fort, nach andern *natürlichen*, aber *überirdischen* Gesetzen die Werke des Schöpfers zu beschauen und Gedanken von der Kraft des Unendlichen zu hegen. Erwäget aber dieses, meine Freunde! wenn unsere Seele nach dem Tode ihres Leichnams noch lebet und denkt, wird sie nicht auch alsdann, so wie in diesem Leben, nach der Glückseligkeit streben?

Wahrscheinlich dünkt mich's, sprach *Simmias*; allein ich traue meiner Vermutung nicht mehr und wünschte, deine Gründe zu hören.

Meine Gründe sind diese, versetzte *Sokrates*: Wenn die Seele denkt, so müssen in ihr Begriffe mit Begriffen abwechseln, so muß sie diese Begriffe gerne, jene ungerne haben wollen, das heißt, einen Willen haben; hat sie aber einen Willen, wohin kann dieser anders zielen als nach dem höchsten Grade des Wohlseins, nach der Glückseligkeit?

Dieses war allen deutlich.

Aber wie? fuhr *Sokrates* fort: Das Wohlsein eines Geistes, der nicht mehr für die Bedürfnisse seines Leibes zu sorgen hat, worin bestehet dieses? Speise und Trank, Liebe und Wollust kann ihm nicht mehr behagen; was in diesem Leben Gefühl, Gaumen, Augen und Ohren ergetzt, ist allda seiner Achtung unwürdig; kaum daß ihm noch eine schwache, vielleicht reuvolle Erinnerung von den Wollüsten bleibet, die er in Gesellschaft seines Leibes genossen. Wird er wohl nach diesen sonderlich streben?

So wenig als ein Taubgeborener nach einer schönen Musik, sprach *Simmias*.

Wird etwa ein großes Vergnügen das Ziel seiner Wünsche sein?

Wie könnte dieses in einem Zustande möglich sein, wo, allem Ansehen nach, keine Eigentum besessen, kein Gut genossen werden kann?

Die Ehrbegierde ist zwar eine Leidenschaft, die, dem Ansehen nach, dem abgeschiedenen Geiste noch bleiben kann; denn sie scheinet wenig von den Leibesbedürfnissen abzuhängen: allein, worin kann der körperlose Geist den Vorzug setzen, der ihm Ehre bringen soll? Gewiß nicht in Macht, nicht in Reichtum, auch nicht in den Adel der Geburt: denn alle diese Torheiten läßt er mit seinem Körper auf der Erde zurück.

Freilich!

Es bleibet ihm also nichts als Weisheit, Tugendliebe und Erkenntnis der Wahrheit, was ihm einen Vorzug geben und über seine Nebengeschöpfe erheben könnte. Außer dieser edlen Ehrbegierde ergötzen ihn noch die geistigen, angenehmen Empfindungen, die die Seele auch auf Erden ohne ihren Körper geneußt, Schönheit, Ordnung, Ebenmaß, Vollkommenheit. Diese Empfindungen sind der Natur eines Geistes so anerschaffen, daß sie ihn niemals verlassen können. Wer also auf Erden für seine Seele Sorge getragen hat, wer sie sich in Weisheit, Tugend und Empfindung der wahren Schönheit hat üben lassen, der hat die größten Hoffnungen, auch nach dem Tode in diesen Übungen fortzufahren und von Stufe zu Stufe sich dem erhabensten Urwesen zu nähern, welches die Quelle aller Weisheit, der Inbegriff aller Vollkommenheiten und vorzugsweise die Schönheit selbst ist. Erinnert euch, meine Freunde, jener entzückten Augenblicke, die ihr genossen, sooft eure Seele, von einer geistigen Schönheit hingerissen, den Leib samt seinen Bedürfnissen vergaß und sich ganz der himmlischen Empfindung überließ. Welcher Schauer! welche Begeisterung! Nichts als die nähere Gegenwart einer Gottheit kann diese erhabenen Entzückungen in uns erregen. Auch ist in der Tat jeder Begriff einer geistigen Schönheit ein Blick in das Wesen der Gottheit; denn das Schöne, Ordentliche und Vollkommene, das wir wahrnehmen, ist ein schwacher Abdruck dessen, der die selbständige Schönheit, Ordnung und Vollkommenheit ist. Ich erinnere mich, diese Sätze bei einer andern Gelegenheit deutlich genug auseinandergesetzt zu haben, und will gegenwärtig nur diese Folge daraus ziehen: Wenn es wahr ist, daß nach diesem Leben Weisheit und Tugend unsern Ehrgeiz und das Bestreben nach geistiger Schönheit, Ordnung und Vollkommenheit unsere Begierden ausmachen: so wird unser fortdauerndes Dasein nichts als ein

ununterbrochenes Anschauen der Gottheit sein, ein himm-
lisches Ergetzen, das, sowenig wir jetzo davon begreifen, den
edlen Schweiß des Tugendhaften mit unendlichem Wucher belohnt. Was sind alle Mühseligkeiten dieses Lebens gegen eine
solche Ewigkeit! Was ist Armut, Verachtung und der schmäh-
lichste Tod, wenn wir uns dadurch zu einer solchen Glückseligkeit vorbereiten können! Nein, meine Freunde! wer sich eines
rechtschaffenen Wandels bewußt ist, kann sich unmöglich betrüben, indem er die Reise zu dieser Seligkeit antritt. Nur wer
in seinem Leben Götter und Menschen beleidiget, wer sich in
viehischer Wollust herumgewälzt oder der vergötterten Ehre
Menschenopfer geschlachtet und an andrer Elend sein Ergetzen gefunden, der mag an der Schwelle des Todes zittern,
indem er keinen Blick in das Vergangene ohne Reue, keinen in
die Zukunft ohne Furcht tun kann. Da ich aber, Dank sei der
Gottheit! mir keine von diesen Vorwürfen zu machen habe, da
ich in meinem ganzen Leben die Wahrheit mit Eifer gesucht
und die Tugend über alles geliebt habe: so freue ich mich, die
Stimme der Gottheit zu hören, die mich von hinnen ruft, um in
jenem Lichte zu genießen, wornach ich in dieser Finsternis gestrebt habe. Ihr aber, meine Freunde! überlegt wohl die
Gründe meiner Hoffnungen, und wenn sie euch überzeugen, so
segnet meine Reise und lebet so, daß euch der Tod dereinst ab-
rufe, nicht mit Gewalt von hinnen schleppe. Vielleicht führet
uns die Gottheit dereinst in verklärter Freundschaft einander
in die Arme. Oh, mit welchem Entzücken würden wir uns alsdann des heutigen Tages erinnern!

Ende des ersten Gesprächs.

Zweites Gespräch

Unser Lehrer hatte ausgeredet und ging, wie in Gedanken vertieft, im Zimmer auf und nieder; wir saßen alle und schwiegen
und dachten der Sache nach. Nur *Cebes* und *Simmias* sprachen
leise miteinander. *Sokrates* sahe sich um, und fragte: Warum
so leise? meine Freunde! Sollen wir nicht erfahren, was an
den vorgebrachten Vernunftgründen zu verbessern sei? Ich
weiß wohl, daß ihnen zur völligen Deutlichkeit noch verschie-

denes fehlet. Wenn ihr euch also jetzo von andern Dingen unterhaltet, so mag es gut sein; redet ihr aber von der Materie, die wir vorhaben, so entdecket uns immer eure Einwürfe und Zweifel, damit wir sie gemeinschaftlich untersuchen und entweder heben oder selbst mit zweifeln mögen.

Simmias sprach: Ich muß dir gestehen, *Sokrates*! daß wir beide Einwürfe zu machen haben und uns schon lange einer den andern antreiben, sie vorzubringen, weil beide gerne deine Widerlegung hören möchten, ein jeder aber sich scheuet, dir bei jetziger Widerwärtigkeit beschwerlich zu fallen.

Als *Sokrates* dieses hörete, lächelte er und sprach: Ei! wie schwer, o *Simmias*! werde ich andere Menschen bereden können, daß ich meine Umstände für so mißlich nicht halte, da ihr mir es noch immer nicht glauben könnet und besorget, ich möchte jetzt unmutiger und verdrießlicher sein, als ich vormals gewesen bin. Man saget von den Schwänen, daß sie, nahe an ihrem Ende, lieblicher singen als in ihrem ganzen Leben. Wenn diese Vögel, wie es heißt, dem Apoll geheiliget sind, so würde ich sagen, daß ihr Gott sie in der Todesstunde einen Vorgeschmack von der Seligkeit jenes Lebens empfinden läßt und daß sie sich an diesem Gefühl ergetzen und singen.[33] Mit mir verhält es sich ebenso. Ich bin ein Priester dieses Gottes: und in Wahrheit! er hat meiner Seele ein ahnendes Gefühl von der Seligkeit nach dem Tode eingeprägt, das allen Unmut vertreibt und mich, nahe an meinem Tode, weit heiterer sein läßt als in meinem ganzen Leben. Eröffnet mir also ohne Bedenken eure Zweifel und Einwürfe. Fraget, was ihr zu fragen habt, solange es die eilf Männer noch erlauben. –

Gut! erwiderte *Simmias*, ich werde also den Anfang machen, und *Cebes* mag folgen. Ich habe nur noch eine einzige Erinnerung vorauszuschicken: Wenn ich Zweifel wider die Unsterblichkeit der Seele errege, so geschieht es nicht wider die Wahrheit dieser göttlichen Lehre, sondern wider ihre vernunftmäßige Erweislichkeit, oder vielmehr wider den Weg, welchen du, o *Sokrates*! gewählt hast, uns durch die Vernunft davon zu überzeugen. Im übrigen nehme ich diese trostvolle Lehre von ganzem Herzen nicht nur so an, wie du sie uns vorgetragen, sondern so, wie sie uns von den ältesten Weisen ist überliefert worden, einige Verfälschungen ausgenommen, die von den Dichtern und Fabelerfindern hinzugetan worden sind. Wo unsere Seele keinen Grund der Gewißheit findet, da trauet sie sich den beruhigenden Meinungen wie Fahrzeugen auf dem bodenlosen Meere an, die sie bei heiterm Himmel sicher durch die Wellen dieses Lebens hindurchführen. Ich fühle es, daß ich der Lehre von der Unsterblichkeit sowie von dem Gerichte Gottes nach diesem Tode nicht widersprechen kann, ohne unendliche Schwierigkeiten sich erheben zu sehen, ohne alles, was ich je für wahr und gut gehalten, erschüttert zu sehen. Ist unsere Seele sterblich, so ist unsere Vernunft ein Traum, den uns Jupiter geschickt hat, uns Elende zu hintergehen; so fehlet der Tugend aller Glanz, der sie in unsern Augen göttlich macht; so ist das Schöne und Erhabene, das Sittliche sowohl als das Physische, kein Abdruck göttlicher Vollkommenheiten (denn nichts Vergängliches kann den schwächsten Strahl göttlicher Vollkommenheit fassen); so sind wir, wie das Vieh, hieher gesetzt worden, Futter zu suchen und zu sterben; so wird es in wenigen Tagen gleichviel sein, ob ich eine Zierde oder Schande der Schöpfung gewesen, ob ich mich bemühet, die Anzahl der Glückseligen oder der Elenden zu vermehren; so hat der verworfenste Sterbliche sogar die Macht, sich der Herrschaft Gottes zu entziehen, und ein Dolch kann das Band auflösen, welches den Menschen mit Gott verbindet. Ist unser Geist vergänglich, so haben die weisesten Gesetzgeber und Stifter der menschlichen Gesellschaften uns oder sich selbst betrogen; so hat das gesamte menschliche Geschlecht sich gleichsam verabredet, eine Unwahrheit zu hegen und die Betrüger zu verehren, die solche erdacht haben; so ist ein Staat freier, denkender Wesen nicht mehr als eine Herde vernunft-loses Viehes, und der Mensch – ich entsetze mich, ihn in dieser Niedrigkeit zu betrachten! und der Mensch, der Hoffnung zur Unsterblichkeit beraubt, ist das elendeste Tier auf Erden, das zu seinem Unglücke über seinen Zustand nachdenken, den Tod fürchten und verzweifeln muß. Nicht der allgütige Gott, der sich an der Glückseligkeit seiner Geschöpfe ergetzt, ein schadenfrohes Wesen müßte ihn mit Vorzügen begabt haben, die ihn nur bejammernswerter machen. Ich weiß nicht, welche beklemmende Angst sich meiner Seele bemeistert, wenn ich mich an die Stelle der Elenden setze, die eine Vernichtung fürchten. Die bittere Erinnerung des Todes muß alle ihre

Freuden vergällen. Wenn sie der Freundschaft genießen, wenn sie die Wahrheit erkennen, wenn sie die Tugend ausüben, wenn sie den Schöpfer verehren, wenn sie über Schönheit und Vollkommenheit in Entzückung geraten wollen: so steiget der schreckliche Gedanke der Zernichtung, wie ein Gespenst, in ihrer Seele empor und stürzt sie in Verzweiflung. Ein Hauch, der ausbleibt, ein Pulsschlag, der stillstehet, beraubt sie aller dieser Herrlichkeiten: das Gott verehrende Wesen wird Staub. Ich danke den Göttern, daß sie mich von dieser Furcht befreiet, die alle Wollüste meines Lebens mit Skorpionenstichen unterbrechen würde. Meine Begriffe von der Gottheit, von der Tugend, von der Würde des Menschen und von dem Verhältnisse, in welchem er mit Gott stehet, lassen mir keinen Zweifel mehr über seine Bestimmung. Die Hoffnung eines zukünftigen Lebens löset alle diese Schwierigkeiten auf und bringet die Wahrheiten, von welchen wir auf so mancherlei Weise überzeuget sind, wieder in Harmonie. Sie rechtfertiget die Gottheit, setzet die Tugend in ihren Adel ein, gibt der Schönheit ihren Glanz, der Wollust ihre Reizung, versüßet das Elend und macht selbst die Plagen dieses Lebens in unsern Augen verehrenswert: indem wir alle Begebenheiten hienieden mit den unendlichen Reihen von Folgen vergleichen, die durch dieselben veranlasset werden. Eine Lehre, die mit so vielen bekannten und ausgemachten Wahrheiten in Harmonie stehet und durch welche wir so ungezwungen eine Menge von Schwierigkeiten gehoben sehen, findet uns sehr geneigt, sie anzunehmen, bedarf beinahe keines fernern Beweises. Denn wenngleich von diesen Gründen, einzeln genommen, vielleicht keiner den höchsten Grad der Gewißheit mit sich führet: so überzeugen sie uns doch, zusammengenommen, mit einer so siegenden Gewalt, daß sie uns völlig beruhigen und alle unsere Zweifel aus dem Felde schlagen. Allein, mein lieber *Sokrates*! die Schwierigkeit ist, alle diese Gründe, sooft wir es wünschen, mit der gehörigen Lebhaftigkeit gegenwärtig zu haben, um ihre Harmonie mit Einleuchtung zu überschauen. Wir sind zu allen Zeiten und in allen Umständen dieses Lebens ihres Beistandes benötiget; aber nicht alle Zeiten, nicht alle Umstände dieses Lebens vergönnen uns die Ruhe und Besonnenheit der Seele, uns aller dieser Gründe lebhaft zu erinnern und die Kraft der Wahrheit zu fühlen, die ihrem Zusammenhange eingeflochten ist. Sooft wir uns einen Teil derselben entweder gar nicht oder nicht mit der erforderlichen Lebhaftigkeit vorstellen, so verlieret die Wahrheit von ihrer Stärke, und unsere Seelenruhe ist in Gefahr. Wenn aber jener Weg, den du, o *Sokrates*! einschlägst, uns durch eine einfache Reihe von unumstößlichen Gründen zur Wahrheit führet: so können wir hoffen, uns des Beweistums zu versichern und zu allen Zeiten zu erinnern. Eine Kette deutlicher Schlüsse läßt sich leichter in die Gedanken zurückbringen als jene Übereinstimmung der Wahrheiten, die gewissermaßen ihre eigene Gemütsbeschaffenheit erfordert. Aus dieser Ursache trage ich keine Bedenken, dir alle die Zweifel entgegenzusetzen, die der entschlossenste Leugner der Unsterblichkeit vorbringen könnte. Wo ich dich recht verstanden habe, so war dein Beweis etwa folgender: Seele und Körper stehen in der genauesten Verbindung; dieser wird allmählich in seine Teile aufgelöset, jene muß entweder vernichtet werden oder Vorstellungen haben. Durch natürliche Kräfte kann nichts zernichtet werden: daher kann unsere Seele, natürlicherweise, niemals aufhören, Begriffe zu haben. Wie aber, mein lieber *Sokrates*! wenn ich durch ähnliche Gründe bewiese, daß die Harmonie fortdauern müsse, wenn man auch die Leier zerbräche, oder daß die Symmetrie eines Gebäudes noch vorhanden sein müsse, wenn auch alle Steine voneinandergerissen und zu Staub zermalmet werden sollten? Die Harmonie sowohl als die Symmetrie, würde ich sagen, ist etwas: nicht? Man würde mir dieses nicht leugnen; jene stehet mit der Leier und diese mit dem Gebäude in genauer Verbindung: auch dieses müßte man zugeben. Vergleichet die Leier oder das Gebäude mit dem Körper und die Harmonie oder Symmetrie mit der Seele: so haben wir erwiesen, daß das Saitenspiel länger dauern müsse als die Saiten, das Ebenmaß länger als das Gebäude. Nun ist dieses in Absicht auf die Harmonie und Symmetrie höchst ungereimt; denn da sie die Art und Weise der Zusammensetzung andeuten: so können sie nicht länger dauern als die Zusammensetzung selbst.

Ein Gleiches läßt sich von der Gesundheit behaupten: Sie ist eine Eigenschaft des gegliederten Körpers und nirgends anders anzutreffen, als wo die Verrichtungen dieser Glieder zur Erhaltung des Ganzen abzielen; sie ist eine Eigenschaft des Zusammengesetzten und verschwindet, wenn das Zusammengesetzte in seine Teile aufgelöset wird. Mit dem Leben hat es wahrscheinlicherweise eine ähnliche Bewandtnis. Das Leben einer Pflanze höret auf, sobald die Bewegungen in den Teilen derselben zur Auflösung des Ganzen abzielen. Das Tier hat vor der Pflanze die Gliedmaßen der Sinne und die Empfindung, und endlich der Mensch die Vernunft voraus. Vielleicht ist diese Empfindung in den Tieren, und selbst die Vernunft des Menschen, nichts als Eigenschaften des Zusammengesetzten, so wie Leben, Gesundheit, Harmonie, usw., die ihrer Natur und Beschaffenheit nach nicht länger dauren können als die Zusammensetzungen, von denen sie unzertrennlich sind. Reichet die Kunst des Baues hin, Pflanzen und Tieren Leben und Gesundheit zu geben, so kann eine höhere Kunst vielleicht dem Tiere Empfindung und dem Menschen Vernunft verleihen. Wir Blödsinnigen begreifen jenes so wenig als dieses. Des geringsten Blättchens kunstreiche Bildung übersteigt alle menschliche Vernunft, enthält Geheimnisse, die des Fleißes und der Scharfsinnigkeit unserer spätesten Nachkommen noch spotten werden: und wir wollen vorschreiben, was durch die Organisation erhalten werden kann und was nicht? Wollen wir der Allmacht oder der Weisheit des Schöpfers Grenzen setzen? Eines von beiden, dächte ich, müssen wir notwendig, wenn unsere Nichtigkeit entscheiden soll, daß die Kunst des Allmächtigen selbst kein Vermögen zu empfinden und zu denken durch die Bildung der feinsten Materie hervorbringen könne.

Du siehst, mein lieber *Sokrates*! was deinen Schülern zur völligen unwankenden Überzeugung noch fehlt. Ist die Seele beim Leben etwas, das der Allmächtige außer dem Körper und seiner Bildung geschaffen und mit ihm verbunden hat: so hat es seine Richtigkeit, daß die Seele auch nach dem Tode fortdauren und Vorstellungen haben müsse; allein wer leistet für jenes die Gewähr? Die Erfahrung scheinet vielmehr das Gegenteil auszusagen. Das Vermögen zu denken wird gebildet mit dem Körper, wächst mit demselben und leidet mit demselben ähnliche Veränderungen. Jede Krankheit in dem Körper wird von Schwäche, Zerrüttung oder Unvermögen in der Seele begleitet. Vornehmlich stehen die Verrichtungen des Gehirns und der Eingeweide in so genauer Verbindung mit der

Wirksamkeit des Denkungsvermögens, daß man sehr geneigt ist, beide aus *einer* Quelle herzuleiten und also das Unsichtbare durch das Sichtbare zu erklären; so, wie man Licht und Wärme einer einzigen Ursache zuschreibt, weil sie in ihren Veränderungen so sehr übereinstimmen.

Simmias schwieg, und *Cebes* ergriff das Wort. Unser Freund *Simmias*, sprach er, scheinet nur das sicher besitzen zu wollen, was ihm versprochen worden, ich aber, mein lieber *Sokrates*! möchte gern mehr haben, als du uns zugesagt. Wenn deine Beweise auch wider alle Einwürfe geschützet werden, so folget doch nichts mehr aus denselben, als daß unsere Seele nach dem Hintritt unsers Körpers fortdauret und Vorstellungen hat; aber wie fortdauret? vielleicht so, wie sie im Schwindel, in einer Ohnmacht oder im Schlafe fortdauret. Die Seele des Schlafenden muß nicht ganz ohne Begriffe sein; die Gegenstände umher müssen durch schwächere Eindrücke auf seine Sinne wirken und in seiner Seele wenigstens schwache Empfindungen erregen, sonst werden stärkere und stärkere Eindrücke ihn nicht aufwecken können. Aber was sind dieses für Begriffe? Ein dunkles Gefühl ohne Bewußtsein, ohne Erinnerung, ein vernunftloser Zustand, in welchem wir uns des Vergangenen nicht erinnern und dessen wir uns auch in Zukunft nie wieder besinnen. Sollte nun unsere Seele mit der Trennung von dem Leibe in einer Art von Schlaf oder Hinbrüten versinken und nie wieder aufwachen, was hätten wir durch ihre Fortdauer gewonnen? Ein vernunftloses Dasein ist von der Unsterblichkeit, die du hoffest, noch weiter entfernt als die Glückseligkeit der Tiere von der Glückseligkeit eines Gott erkennenden Geistes. Wenn das, was ihm nach dem Tode widerfähret, uns angehen und schon hienieden Furcht oder Hoffnung in uns erregen soll: so müssen wir selbst, die wir uns allhier unser bewußt sind, noch in jenem Leben dieses Selbstgefühl behalten und uns des Gegenwärtigen erinnern können. Wir müssen das, was wir sein werden, mit dem, was wir jetzt sind, vergleichen und darüber urteilen können. Ja, wo ich dich recht verstanden, mein lieber *Sokrates*! so erwartest du nach dem Tode ein besseres Leben, eine größere Erleuchtung des Verstandes, edlere und erhabnere Bewegungen des Herzens, als dem beglücktesten Sterblichen auf Erden zuteile worden: Worauf gründet sich diese schmeichelnde Hoffnung? Der

Mangel alles Bewußtseins ist für unsere Seele ein nicht un-
möglicher Zustand: hievon überzeugt uns die tägliche Erfahrung. Wie, wenn ein solcher nach dem Tode in Ewigkeit
fortdauren sollte?

Zwar hast du uns vorhin gezeigt, daß alles Veränderliche
unaufhörlich verändert werden müsse, und aus dieser Lehre
leuchtet ein Strahl der Hoffnung, daß meine Besorgnis ungegründet sei. Denn, wenn die Reihe der Veränderungen, die
unserer Seele bevorstehen, ins Unendliche fortgehen, so ist
höchst wahrscheinlich, daß sie nicht bestimmt sei, in Ewigkeit
fortzusinken und von ihrer göttlichen Schönheit immer mehr
und mehr zu verlieren, sondern daß sie sich, wenigstens mit
der Zeit, auch erheben und die Stufe wieder einnehmen
werde, auf welcher sie vormals in der Schöpfung gestanden,
nämlich eine Betrachterin der Werke Gottes zu sein. Und
mehr als einen hohen Grad der Wahrscheinlichkeit braucht es
nicht, uns in der Vermutung zu bestärken, daß dem Tugendhaften ein besseres Leben bevorstehet. Indessen, mein lieber
Sokrates! wünsche ich auch diesen Punkt von dir berühret zu
sehen, weil ich weiß, daß alle Worte, die du heute sprichst,
sich tief in meine Seele eingraben und von unauslöschlichem
Andenken sein werden.

Wir hörten alle aufmerksam zu, und wie wir uns nachher gestanden, nicht ohne Unwillen, daß man uns eine Lehre zweifelhaft und ungewiß machte, von welcher wir so sehr überzeugt
zu sein glaubten. Nicht nur diese Lehre, sondern alles, was
wir wußten und glaubten, schien uns damals ungewiß und
schwankend zu werden, da wir sahen, daß entweder wir die
Gabe nicht besitzen, Wahrheit vom Irrtum zu unterscheiden,
oder daß sie an und für sich selbst nicht zu unterscheiden sein
müßten.

ECHEKRATES

Mich wundert dieses auf keinerlei Weise, mein lieber *Phädon*!
daß ihr so dachtet: mir selbst ward, indem ich dir zuhörte,
nicht anders zumute. Die Gründe des *Sokrates* hatten mich
völlig überführt, und ich schien versichert, daß ich sie niemals
würde in Zweifel ziehen können; allein des *Simmias* Einwurf
macht mich wieder zweifelhaft, und ich erinnere mich, daß ich
vormals ebender Meinung gewesen, daß die Kraft zu denken
eine Eigenschaft des Zusammengesetzten sein und ihren

Grund in einer feinen Organisation oder Harmonie der Teile haben könne. Aber sage mir, lieber *Phädon*, wie hat *Sokrates* diese Einwürfe aufgenommen? Ward er so verdrießlich darüber als ihr, oder begegnete er ihnen mit seiner gewöhnlichen Sanftmut? Und hat seine Antwort euch Gnüge getan oder nicht? Ich möchte dieses alles gern so umständlich als möglich von dir vernehmen.

PHÄDON

Habe ich den *Sokrates* jemals bewundert, mein lieber *Echekrates*! so war es gewiß bei dieser Gelegenheit. Daß er eine Widerlegung in Bereitschaft hatte, ist eben nichts Unerwartetes von ihm. Was mir bewundernswürdig schien, war erstlich die Gütigkeit, Freundlichkeit und Sanftmut, womit er das Vernünfteln dieser jungen Leute aufgenommen; sodann, wie schnell er gemerkt, was für Eindrücke die Einwürfe auf uns gemacht, wie er uns zu Hülfe eilete, wie er uns gleichsam von der Flucht zurückrief, zur Gegenwehr aufmunterte und selbst zum Streite anführte.

ECHEKRATES

Wie war dieses?

PHÄDON

Das will ich dir erzählen. Ich saß ihm zur Rechten, neben dem Bette, auf einem niedrigen Sessel, er aber etwas höher als ich. Er ergriff mein Haupt und streichelte mir die Haare, die in den Nacken herunterhangen; wie er denn gewohnt war, zuweilen mit meinen Locken zu spielen: Morgen, sprach er, *Phädon*! dürftest du wohl diese Locken auf das Grab eines Freundes streuen. Allem Ansehen nach, erwiderte ich. Oh, tue es nicht, versetzte er. Warum denn das? fragte ich. Noch heute, fuhr er fort, müssen wir beide unser Haar abschneiden, wenn unser schönes Lehrgebäude so dahinstirbt und wir nicht imstande sind, es wieder aufzuwecken. Und wenn ich an deiner Stelle wäre, und man hätte mir eine solche Lehre zugrunde gerichtet: so würde ich, wie jener Argiver, ein Gelübde tun, nicht eher mein Haupthaar wieder wachsen zu lassen, bis ich des *Simmias* und *Cebes* Gegengründe besiegt hätte. Man pflegt zu sagen, sprach ich: *Herkules selbst richtet wider zween nichts aus.* So rufe denn, weil es noch helle ist, mich, deinen Jolaus, zu Hülfe, versetzte er. Gut! sprach ich, ich will dich zu Hülfe rufen; aber nicht wie Herkules seinen Jolaus[34], sondern wie

Jolaus den Herkules. Das tut nichts zur Sache, erwiderte er.
Vor allen Dingen müssen wir uns vor einem gewissen Fehltritt
in acht nehmen. Vor welchem? fragte ich. Daß wir nicht
Vernunfthasser werden, sprach er, so wie gewisse Leute *Men-
schenhasser* werden. Kein größeres Unglück könnte uns widerfahren als dieser Vernunfthaß. Indessen entstehet der Vernunfthaß und der Menschenhaß auf eine ähnliche Weise.
Dieser entstehet insgemein, wenn man anfangs ein blindes
Vertrauen in jemanden setzet und ihn in allen Stücken für
einen getreuen, aufrichtigen und rechtschaffenen Menschen
hält, sodann aber erfähret, daß er weder aufrichtig noch rechtschaffen sei, besonders wenn uns dieses zu wiederholten
Malen und sogar in Ansehung derer begegnet, die wir für
unsere besten und vertrautesten Freunde gehalten. Alsdann
wird man mißvergnügt, wirft seinen Haß auf alle Menschen
ohne Unterschied und trauet niemanden mehr die mindeste
Rechtschaffenheit zu. Hast du nicht bemerkt, daß es also zu
gehen pflegt? Sehr oft, antwortete ich. Ist dieses aber nicht
schändlich? und heißt es nicht, ohne die geringste Einsicht in
die menschliche Natur von der menschlichen Gesellschaft
Nutzen haben wollen? Wer nicht ganz ohne Nachdenken ist,
findet hierin gar leicht die Mittelstraße, die in der Tat auch die
Wahrheit für sich hat. Der vollkommen guten oder bösen Menschen sind nur sehr wenige. Die mehresten halten ungefähr
das Mittel zwischen beiden Grenzen. – Wie sagst du? fragte
ich. – So wie etwa, sprach er, in Ansehung des Größten und
Kleinsten oder der übrigen Eigenschaften. Was ist seltner als
ein Mensch, Hund oder anderes Geschöpf, das sehr groß oder
sehr klein, sehr schnell oder sehr langsam, außerordentlich
schön, häßlich, schwarz, weiß usw. sei? Und hast du nicht
auch bemerkt, daß in allen diesen Dingen das Äußerste an
beiden Seiten wenig und selten, das Mittelmäßige hingegen am
allerhäufigsten angetroffen wird? Mich dünkt es, sprach ich.
Meinest du nicht, versetzte er, wenn auf die äußerste Nichts-
würdigkeit ein Preis gesetzt würde, daß sehr wenige Menschen
denselben verdienen würden? Wahrscheinlicherweise, antwortete ich. Höchstwahrscheinlicherweise, fuhr er fort. Jedoch
in diesem Punkte findet sich zwischen der Vernunft und
zwischen dem menschlichen Geschlechte viel mehr eine Unähnlichkeit als eine Ähnlichkeit: und ich bin durch deine

Fragen auf diesen Abweg verleitet worden. Die Ähnlichkeit ist aber alsdann zu sehen, wann jemand, ohne gehörige Untersuchung und ohne Einsicht in die Natur der menschlichen Vernunft, irgendeinen Schluß für wahr und bindig hält und kurz darauf ihn wiederum unwahr zu finden glaubt, er möchte es nun an und für sich selbst sein oder nicht: – vornehmlich wenn dieses, so wie vorhin in Ansehung der Freundschaft, sich öfters zugetragen. Alsdann ergehet es ihm wie jenen berüchtigten Tausendkünstlern, die so lange, was man nur will, verfechten und widerlegen, bis sie sich einbilden, die Weisesten unter den Sterblichen, ja die einzigen zu sein, die da wahrgenommen, daß die Vernunft, so wie alle übrigen Dinge auf Erden, nichts Sicheres und Zuverlässiges habe, sondern daß alles, wie auf dem Euripus, im Meerstrudel auf und nieder schwanke und keinen Augenblick an seiner vorigen Stelle bleibe. Es ist wahr, sagte ich. Wie aber, mein lieber *Phädon*, fuhr er fort: gesetzt, die Wahrheit sei an und für sich nicht nur zuverlässig und unveränderlich, sondern auch dem Menschen nicht ganz unbegreiflich: und es ließe sich jemand von dergleichen Vorspiegelungen von Gründen und Gegengründen, die sich einander aufheben, dahin verleiten, daß er nicht sich und seiner Unfähigkeit die Schuld gäbe, sondern aus Unwillen sie lieber der Vernunft selbst zur Last legte und die übrige Zeit seines Lebens alle Vernunftgründe hassete und verabscheuete, alle Wahrheit und alle Erkenntnis ferne von sich sein ließe: wäre das Unglück dieses Menschen nicht bejammernswert? Beim Jupiter! antwortete ich, sehr bejammernswert. Wir müssen also fürs erste diesen Irrtum zu vermeiden und uns zu überzeugen suchen, daß nicht die Wahrheit selbst ungewiß und schwankend, sondern unser Verstand öfters zu schwach sei, dieselbe festzuhalten und sich ihrer zu bemeistern; daher wir unsere Kräfte und unsern Mut verdoppeln und immer neue Angriffe wagen müssen. Wir alle sind dazu verpflichtet, meine Freunde! Ihr des bevorstehenden Lebens und ich des Todes halber; ja, ich habe sogar einen Bewegungsgrund dazu, der ziemlich nach gemeiner, unwissenden Leute Denkungsart, mehr rechtsüchtig als wahrheitliebend scheinen dürfte. Wenn diese etwas Zweifelhaftes zu untersuchen haben, so bekümmern sie sich wenig, wie die Sache an sich selber beschaffen sei, wenn sie nur Recht und ihre Meinungen von den

Anwesenden Beifall erhalten. Ich werde von diesen Leuten nur in *einem* Punkte unterschieden sein. Denn daß ich die Anwesenden von meiner Meinung überführe, ist bei mir nur eine Nebenabsicht; meine vornehmste Sorge gehet dahin, mich selbst zu bereden, daß sie der Wahrheit gemäß sei, weil ich gar zu großen Vorteil dabei finde. Denn siehe, liebster Freund! ich mache folgenden Schluß: Ist die Lehre, die ich vortrage, gegründet, so tue ich wohl, daß ich mich davon überzeuge; ist aber den Verstorbenen keine Hoffnung mehr übrig, so gewinne ich wenigstens dieses, daß ich meinen Freunden noch vor meinem Tode nicht durch Klagen beschwerlich falle. Ich ergetze mich zuweilen an dem Gedanken, daß alles, was dem gesamten menschlichen Geschlechte wahren Trost und Vorteil bringen würde, wenn es wahr wäre, schon deswegen sehr viel Wahrscheinlichkeit für sich habe, daß es wahr sei. Wenn die Zweifelsüchtigen wider die Lehre von Gott und der Tugend vorwenden, sie sei eine bloße politische Erfindung, die zum Besten der menschlichen Gesellschaft erdacht worden: so möchte ich ihnen allezeit zurufen: Oh, meine Freunde! erdenket einen Lehrbegriff, welcher der menschlichen Gesellschaft so unentbehrlich ist, und ich wette, daß er wahr sei. Das menschliche Geschlecht ist zur Geselligkeit, so wie jedes Glied zur Glückseligkeit, berufen. Alles, was auf eine allgemeine, sichere und beständige Weise zu diesem Endzwecke führen kann, ist unstreitig von dem weisesten Urheber aller Dinge als ein Mittel gewählt und hervorgebracht worden. Diese schmeichelhafte Vorstellungen haben ungemein viel Tröstliches und zeigen uns das Verhältnis zwischen dem Schöpfer und dem Menschen in dem erquickendsten Lichte: daher ich nichts so sehr wünsche, als mich von der Wahrheit derselben zu überzeugen. Jedoch, es wäre nicht gut, wenn meine Unwissenheit hierüber noch lange dauern sollte. Nein! ich werde bald davon befreiet werden. – In dieser Verfassung, *Simmias* und *Cebes*! wende ich mich zu euren Einwürfen. Ihr, meine Freunde! wenn ihr meinem Rate folgen wollet, so sehet mehr auf die Wahrheit als auf den *Sokrates*. Findet ihr, daß ich der Wahrheit getreu bleibe, so gebt mir Beifall; wo nicht, so widersetzt euch ohne die geringste Nachsicht: damit ich nicht, aus gar zu guter Meinung, euch und mich selbst hintergehe und wie eine Biene, die ihren Stachel zurückläßt, von euch scheide. –

Wohlan, meine Freunde! merket auf und erinnert mich, wo
ich etwas von euren Gründen auslassen oder unrichtig vortragen würde. *Simmias* räumet ein, daß unser Denkungsvermögen entweder für sich geschaffen sein oder durch die Zusammensetzung und Bildung des Körpers hervorgebracht
werden muß: Nicht? – Richtig! – In dem ersten Falle, wenn die
Seele nämlich als ein für sich geschaffenes unkörperliches
Ding zu betrachten, billiget er ferner die Reihe von Vernunftschlüssen, durch welche wir bewiesen, daß sie nicht mit dem
Körper aufhören, durchaus nicht anders vergehen könne als
durch den allmächtigen Wink ihres Urhebers. Wird dieses
noch zugegeben, oder stehet unter euch jemand noch an? –
Wir stimmten alle willig ein. – Und daß dieser allgütige
Urheber kein Werk seiner Hände jemals zernichte: soviel ich
mich erinnere, hat auch hieran niemand gezweifelt. – Niemand.
– Aber dieses befürchtet *Simmias*: Vielleicht ist unser Vermögen zu empfinden und zu denken kein für sich erschaffenes
Wesen, sondern, wie die Harmonie, wie die Gesundheit oder
wie das Leben der Pflanzen und der Tiere, die Eigenschaft eines
künstlich gebildeten Körpers. War es nicht dieses, was du be-
sorgtest? – Ebendieses, mein *Sokrates*! – Wir wollen sehen,
sprach er, ob dasjenige, was wir von unserer Seele wissen und,
sooft wir wollen, erfahren können, nicht deine Besorgnis unmöglich machet. Was geschiehet bei der künstlichsten Bildung
oder Zusammensetzung der Dinge? Werden da nicht gewisse
Dinge näher zusammengebracht, die vorhin voneinander entfernet waren? – Allerdings! – Sie sind vorhin mit andern in
Verbindung gewesen, und nunmehr werden sie unter sich verbunden und machen die Bestandteile des Ganzen aus, das wir
ein *Zusammengesetztes* nennen. – Gut! – Durch diese Verbindung der Teile entstehet erstlich in der Art und Weise, wie
diese Bestandteile nebeneinander sind, eine gewisse Ordnung,
die mehr oder weniger vollkommen ist. – Richtig! – Sodann
werden auch die Kräfte und Wirksamkeiten der Bestandteile
durch die Zusammensetzung mehr oder weniger verwandelt,
nachdem sie durch Wirkung und Gegenwirkung bald gehemmet, bald befördert und bald in ihrer Richtung verändert
werden. Nicht? – Es scheinet. – Der Urheber einer solchen
Zusammensetzung siehet bald einzig und allein auf das Neben-
einandersein der Teile: z. B. bei der Wohlgereimtheit und dem

Ebenmaß in der Baukunst, wo nichts als diese Ordnung des Nebeneinanderseienden in Betrachtung kömmt; bald hingegen gehet seine Absicht auf die veränderte Wirksamkeit der Bestandteile und die daraus erfolgte Kraft des Zusammengesetzten, wie bei einigen Triebwerken und Maschinen; ja, es gibt dergleichen, wo man deutlich siehet, daß der Künstler sein Absehen auf beides, auf die Ordnung der Teile und auf die Abänderung ihrer Wirksamkeit, zugleich gerichtet hat. – Der menschliche Künstler, sprach *Simmias*, vielleicht etwas selten, aber der Urheber der Natur scheinet diese Absichten allezeit auf das allervollkommenste verbunden zu haben. – Vortrefflich, versetzte *Sokrates*, jedoch ich verfolge diese Nebenbetrachtung nicht weiter. Sage mir nur dieses, mein *Simmias*! kann durch die Zusammensetzung eine Kraft im Ganzen entstehen, die nicht in der Wirksamkeit der Bestandteile ihren Grund hat? – Wie meinst du, mein *Sokrates*? – Wenn alle Teile der Materie ohne Wirkung und Widerstand in einer toten Ruhe nebeneinander lägen, würde die künstlichste Ordnung und Versetzung derselben im Ganzen irgendeine Bewegung, einen Widerstand, überhaupt eine Kraft hervorbringen können? – Es scheinet nicht, antwortete *Simmias*, aus unwirksamen Teilen kann wohl kein wirksames Ganzes zusammengesetzt werden. – Gut! sprach er, wir können diesen Grundsatz also annehmen. Allein wir bemerken gleichwohl, daß in dem Ganzen Übereinstimmung und Ebenmaß angetroffen werden kann, obgleich jeder Bestandteil für sich weder Harmonie noch Ebenmaß hat. Wie gehet dieses zu? Kein einzelner Laut ist harmonisch: und gleichwohl machen viele zusammen eine Harmonie aus. Ein wohlgeordnetes Gebäude kann aus Steinen bestehen, die weder Ebenmaß noch Regelmäßigkeit haben. Warum kann ich hier aus unharmonischen Teilen ein harmonisches Ganzes, aus regellosen Teilen ein höchst regelmäßiges Ganzes zusammensetzen? – Oh! dieser Unterschied ist handgreiflich, versetzte *Simmias*, Ebenmaß, Harmonie, Regelmäßigkeit, Ordnung usw. können ohne Mannigfaltigkeit nicht gedacht werden: denn sie bedeuten das Verhältnis verschiedener Eindrücke, wie sie sich uns, zusammengenommen und in Vergleichung gegeneinander, darstellen. Es gehört also zu diesen Begriffen ein Zusammennehmen, eine Vergleichung mannigfaltiger Eindrücke, die zusammen ein Ganzes ausmachen, und sie können daher den einzelnen Teilen unmöglich zukommen. – Fahre fort, mein lieber *Simmias*! rief *Sokrates* mit einem innern Wohlgefallen über die Scharfsinnigkeit seines Freundes, sage uns auch dieses: Wenn jeder einzelne Laut nicht einen Eindruck in das Gehör machen sollte, würde aus vielen wohl eine Harmonie entstehen können? – Unmöglich! – So auch mit dem Eben-maße: Jeder Teil muß in das Auge wirken, wenn aus vielen das, was wir Ebenmaß nennen, entstehen soll. – Notwendiger-weise. – Wir sehen also auch hier, daß im Ganzen keine Wirk-samkeit entstehen kann, wovon der Grund nicht in den Be-standteilen anzutreffen, und daß alles übrige, was aus den Eigenschaften der Elemente und Bestandteile nicht fließt, wie die Ordnung, Symmetrie usw., einzig und allein in der Art der Zusammensetzung zu suchen sei. Sind wir von diesem Satze überzeugt, meine Freunde? – Vollkommen. – Es kömmt also bei jeder, auch der allerkünstlichsten Zusammensetzung der Dinge, zweierlei zu betrachten vor: erstlich die Folge und Ord-nung der Bestandteile in der Zeit oder im Raum, sodann die Verbindung der ursprünglichen Kräfte und die Art und Weise, wie sie sich im Zusammengesetzten äußern. Durch die An-ordnung und Lage der Teile werden zwar die Wirkungen der einfachen Kräfte eingeschränkt, bestimmt und abgeändert, aber niemals kann durch die Zusammensetzung eine Kraft oder Wirksamkeit erhalten werden, deren Ursprung nicht in den Grundteilen zu suchen ist. Ich verweile mich hier ein wenig bei diesen subtilen Grundbetrachtungen, meine Freunde! wie ein Wettläufer, der zu verschiedenen Malen ansetzt, um alsdann mit vermehrtem Triebe fortzueilen, sich um das Ziel herumzuschwenken und, wenn ihm die Götter Glück und Ruhm beschieden, den Sieg davonzutragen. Erwäge es mit mir, mein lieber *Simmias*! wenn unser Vermögen zu empfinden und zu denken kein für sich erschaffenes Wesen, sondern eine Eigenschaft des Zusammengesetzten sein soll: muß es nicht entweder, wie Harmonie und Ebenmaß, aus einer gewissen Lage und Ordnung der Teile erfolgen oder, wie die Kraft des Zusammengesetzten, seinen Ursprung in der Wirksamkeit der Bestandteile haben? – Allerdings, da, wie wir gesehen, kein Drittes sich gedenken läßt. – In Ansehung der Harmonie haben wir gesehen, daß z. B. jeder einzelne Laut nichts Harmonisches hat und die Übereinstimmung bloß in Gegeneinanderhaltung und Vergleichung verschiedener Laute bestehe: Nicht? – Richtig! – Eine gleiche Bewandtnis hat es mit der Symmetrie und Regelmäßigkeit eines Gebäudes: sie bestehet in der Zusammenfassung und Vergleichung vieler einzelnen unregelmäßigen Teile. Dieses ist nicht zu leugnen. Aber diese Vergleichung und Gegeneinanderhaltung, ist sie wohl etwas anders als die Wirkung des Denkungsvermögens? und wird sie, außer dem denkenden Wesen, irgendwo in der Natur anzutreffen sein? – *Simmias* wußte nicht, was er hierauf antworten sollte. – In der undenkenden Natur, fuhr *Sokrates* fort, folgen einzelne Laute, einzelne Steine auf- und nebeneinander. Wo ist hier Harmonie, Symmetrie oder Regelmäßigkeit? Wenn kein denkendes Wesen hinzukömmt, das die mannigfaltigen Teile zusammennimmt, gegeneinanderhält und in dieser Vergleichung eine Übereinstimmung wahrnimmt, so weiß ich sie nirgend zu finden; oder weißt du, mein lieber *Simmias*! in der seelenlosen Natur ihre Spur aufzusuchen? – Ich muß mein Unvermögen bekennen, war seine Antwort, ob ich gleich merke, wohin dieses abzielet. – Eine glückliche Vorbedeutung! rief *Sokrates*, wenn dem Gegner selbst seine Niederlage ahndet. Antworte mir indessen unverdrossen, mein Freund! denn du hast keinen geringen Teil an dem Siege, den wir über dich selbst zu erhalten hoffen: Kann der Ursprung einer Sache aus ihren eignen Wirkungen erkläret werden? – Auf keinerlei Weise. – Ordnung, Ebenmaß, Harmonie, Regelmäßigkeit, überhaupt alle Verhältnisse, die ein Zusammennehmen und Gegeneinanderhalten des Mannigfaltigen erfordern, sind Wirkungen des Denkungsvermögens. Ohne Hinzutun des denkenden Wesens, ohne Vergleichung und Gegeneinanderhaltung der mannigfaltigen Teile ist das regelmäßigste Gebäude ein bloßer Sandhaufen und die Stimme der Nachtigall nicht harmonischer als das Ächzen der Nachteule. Ja, ohne diese Wirkung gibt es in der Natur kein Ganzes, das aus vielen außereinander seienden Teilen bestehet; denn diese Teile haben ein jedes sein eignes Dasein, und sie müssen gegeneinandergehalten, verglichen und in Verbindung betrachtet werden, wenn sie ein Ganzes ausmachen sollen. Das denkende Vermögen, und dieses allein in der ganzen Natur, ist fähig, durch eine innerliche Tätigkeit Vergleichungen, Verbindungen und Gegeneinanderhaltung wirklich zu machen: daher der Ursprung alles Zusammengesetzten, der Zahlen, Größen, Symmetrie, Harmonie usw., insoweit sie ein Vergleichen und Gegeneinanderhalten erfordern, einzig und allein in dem denkenden Vermögen zu suchen sein muß. Und da dieses zugegeben wird, so kann ja dieses Denkungsvermögen selbst, diese Ursache aller Vergleichung und Gegeneinanderhaltung, unmöglich aus diesen ihren eigenen Verrichtungen entspringen, unmöglich in einem Verhältnis, Harmonie, Symmetrie, unmöglich in einem Ganzen bestehen, das aus außereinanderseienden Teilen zusammengesetzt ist: denn alle diese Dinge setzen die Wirkungen und Verrichtungen des denkenden Wesens voraus und können nicht anders als durch dieselben wirklich werden. – Dieses ist sehr deutlich, versetzte *Simmias*. – Da ein jedes Ganzes, das aus Teilen, die außereinander sind, bestehet, ein Zusammennehmen und Vergleichen dieser Teile zum voraus setzet, dieses Zusammennehmen und Vergleichen aber die Verrichtung eines Vorstellungsvermögens sein muß: so kann ich den Ursprung dieses Vorstellungsvermögens selbst nicht in ein Ganzes setzen, das aus solchen auseinanderseienden Teilen bestehet, ohne eine Sache durch ihre eigenen Verrichtungen entstehen zu lassen. Und eine solche Ungereimtheit haben die Fabeldichter selbst, soviel ich weiß, noch niemals gewagt. Niemand hat noch den Ursprung einer Flöte in das Zusammenstimmen ihrer Töne oder den Ursprung des Sonnenlichts in den Regenbogen gesetzt. – Wie ich vermerke, mein lieber *Sokrates*! ist nunmehro auch der Überrest unsers Zweifels dahin. – Er verdienet indessen besonders erwogen zu werden, erwiderte jener, wenn ich anders durch diese dornigten Untersuchungen eure Geduld nicht ermüde. – Wage es immer, Freund! rief ihm *Kriton* zu, auch die Geduld dieser auf die Probe zu setzen. Du hast der meinigen wenigstens nicht geschonet, als ich heute früh auf die Ausführung eines Vorschlages drang – – Nichts von einer Sache, fiel ihm *Sokrates* in das Wort, die nunmehr ihre zuverlässige Richtigkeit hat. Wir haben hier Dinge zu untersuchen, die noch dem Zweifel unterworfen zu sein scheinen. Zwar dieses nicht mehr, daß unser Vermögen zu empfinden und zu denken in der Lage, Bildung, Ordnung und Harmonie der körperlichen Bestandteile zu suchen sein sollte: dieses haben wir, ohne weder der Allmacht noch der Weisheit Gottes zu nahe zu treten, als unmöglich verworfen. Aber vielleicht ist dieses denkende Vermögen eine von den Tätigkeiten des Zusammengesetzten, die von der Lage und Bildung der Teile wesentlich unterschieden und dennoch nirgend anders als im Zusammengesetzten anzutreffen sind? Ist dieses nicht der einzige Überrest des Zweifels, den wir bestreiten? mein werter *Simmias*! – Richtig! – Wir wollen also diesen Fall setzen, fuhr *Sokrates* fort, und annehmen, unsere Seele sei eine *Wirksamkeit* des Zusammengesetzten. Wir haben gefunden, daß alle Wirksamkeiten des Zusammengesetzten aus den Kräften der Bestandteile fließen müssen: werden also, nach unserer Voraussetzung, die Bestandteile unsers Körpers nicht Kräfte haben müssen, aus denen im Zusammengesetzten das Vermögen zu denken resultieret? – Allerdings! – Aber die Kräfte dieser Bestandteile, von welcher Natur und Beschaffenheit wollen wir sie annehmen? sollen sie der denkenden Tätigkeit ähnlich oder unähnlich sein? – Diese Frage begreife ich nicht recht, war *Simmias* Antwort. – Eine einzelne Silbe, sprach *Sokrates*, hat mit der ganzen Rede dieses gemein, daß sie vernehmlich ist; aber die ganze Rede hat einen Verstand, die Silbe keinen: Nicht? – Richtig! – Indem also nur jede Silbe ein zwar vernehmliches, aber verstandleeres Gefühl erregt, so entspringet aus ihrem Inbegriffe dennoch ein verständiger Sinn, der auf unsere Seele wirkt. Allhier resultieret die Wirksamkeit des Ganzen aus den Kräften der Teile, die ihnen unähnlich sind. – Dieses läßt sich begreifen. – In Ansehung der Harmonie, Ordnung und Schönheit haben wir ein Gleiches wahrgenommen. Das Wohlgefallen, das sie in der Seele wirken, entspringet aus den Eindrücken der Bestandteile, deren jeder weder Wohlgefallen noch Mißfallen erregen kann. – Gut! – Abermals ein Beispiel, daß die Tätigkeit des Ganzen aus Kräften der Bestandteile, die ihnen unähnlich sind, entspringen könne. – Ich gebe es zu. – Ich weiß nicht, ob ich nicht vielleicht zu weit gehe, mein Freund! aber ich stelle mir vor, alle Tätigkeiten körperlicher Dinge können aus solchen Kräften des Urstoffs entspringen, die ihnen ganz unähnlich sind. Die Farbe z. B. kann vielleicht in solche Eindrücke aufgelöset werden, die nichts Gefärbtes haben, und die Bewegung selbst entspringet vielleicht aus ursprünglichen Kräften, die nichts weniger als Bewegung sind. – Dieses würde

einen Beweis erfordern, sprach *Simmias*. – Es ist aber vorjetzt
nicht nötig, daß wir uns hierbei aufhalten, sprach jener, es ist
genug, daß ich durch Beispiele erläutert, was ich unter den
Worten verstehe: die Wirksamkeit des Ganzen könne aus
Kräften der Bestandteile, die ihnen unähnlich sind, entspringen. Ist dieses nunmehro deutlich? – Vollkommen! –
Nach unsrer Voraussetzung also würden die Kräfte der Bestandteile entweder selbst Vorstellungskräfte und also der
Kraft des Ganzen, die aus ihnen entspringen soll, ähnlich oder
von einer ganz andern Beschaffenheit und daher unähnlich
sein. Gibt es ein Drittes? – Unmöglich! – Antworte mir aber
auch auf dieses, mein Lieber! Wenn aus einfachen Kräften
eine von ihnen verschiedene Kraft im Zusammengesetzten entspringen soll, wo kann diese Verschiedenheit anzutreffen
sein? Außer dem denkenden Wesen sind die Kräfte des
Ganzen nichts anders als die einzelnen Kräfte der einfachen
Bestandteile, wie sie sich durch Wirkungen und Gegen-
wirkungen einander abändern und einschränken. Von dieser
Seite findet also die Unähnlichkeit nicht statt, und wir müssen
abermals unsere Zuflucht zu dem denkenden Wesen nehmen,
das die Kräfte in Verbindung und zusammengenommen sich
anders vorstellet, als sie dieselben einzeln und ohne Verbindung denken würde. Ein Beispiel hievon siehet man, außer
der Harmonie, auch an den Farben. Bringet zwei verschiedene
Farben in einen so kleinen Raum zusammen, daß sie das Auge
nicht unterscheiden kann: so werden sie in der Natur noch
immer getrennet und isoliert bleiben; aber unsere Empfindung
wird sich gleichwohl aus derselben eine dritte zusammensetzen, die mit jenen nichts gemein hat. Eine ähnliche Beschaffenheit hat es mit dem Geschmack und, wo ich nicht irre, mit
allen unsern Fühlungen und Empfindungen überhaupt. Sie
können durch die Zusammensetzung und Verbindung zwar an
und für sich nicht anders werden, als sie einzeln sind, wohl
aber dem denkenden Wesen, das sie nicht deutlich auseinandersetzen kann, anders scheinen, als sie ohne Verbindung scheinen würden. – Dieses kann zugegeben werden,
sprach *Simmias*. – Kann also das denkende Wesen seinen
Ursprung in einfachen Kräften haben, die nicht denkend sind?
– Unmöglich! da wir vorhin gesehen, daß das Vermögen zu
denken in keinem Ganzen, das aus vielen bestehet, seinen

Ursprung haben könne. – Ganz recht! erwiderte *Sokrates*: Das Zusammennehmen der einfachen Kräfte, aus welchen eine unähnliche Kraft des Zusammengesetzten entspringen soll, setzet ein denkendes Wesen zum voraus, dem sie in Verbindung anders scheinen, als sie sind; daher kann aus diesem Zusammennehmen, aus dieser Verbindung unmöglich das denkende Wesen entspringen. Wenn also das Empfinden und Denken, mit einem Worte, das Vorstellen eine Kraft des Zusammengesetzten sein soll: müssen die Kräfte der Bestandteile nicht der Kraft des Ganzen ähnlich und folglich gleichfalls Vorstellungskräfte sein? – Wie wäre es anders möglich, nachdem es kein Drittes geben kann? – Und die Teile dieser Bestandteile, so weit nur immer die Teilbarkeit reichen kann, müssen diese nicht auch dergleichen Vorstellungstätigkeiten haben? – Unstreitig! da jeder Bestandteil wieder ein Ganzes ist, das aus kleinern Teilen bestehet, und unsre Vernunftschlüsse so lange fortgesetzt werden können, bis wir auf Grundteile kommen, die einfach sind und nicht aus vielen bestehen. – Sage mir, mein lieber *Simmias*! finden wir nicht in unsrer Seele eine fast unendliche Menge von Begriffen, Erkenntnissen, Neigungen, Leidenschaften, die uns unaufhörlich beschäftigen? – Allerdings! – Wo wären diese in den Teilen anzutreffen? Entweder zerstreuet, einige in diesem, andere in jenem, ohne jemals wiederholt zu werden; oder es gibt wenigstens ein einziges unter ihnen, das alle diese Erkenntnisse, Begierden und Abneigungen, soviel ihrer in unsrer Seele anzutreffen, vereiniget und in sich fasset. – Notwendig eines von beiden, gab *Simmias* zur Antwort, und wie mich dünkt, dürfte der erste Fall unmöglich sein: denn alle Vorstellungen und Neigungen unsers Geistes sind so innerlich verknüpft und vereiniget, daß sie notwendig auch irgendwo unzertrennt zugegen sein müssen. – Du eilst mir mit starken Schritten entgegen, mein lieber *Simmias*! Wir würden weder uns erinnern noch überlegen, noch vergleichen, noch denken können, ja, wir würden nicht einmal die Person sein, die wir vor einem Augenblick gewesen, wenn unsere Begriffe unter vielen verteilet und nicht irgendwo zusammen in ihrer genauesten Verbindung anzutreffen wären. Wir müssen also wenigstens eine Substanz annehmen, die alle Begriffe der Bestandteile vereiniget, und diese Substanz, wird sie aus Teilen zusammengesetzt sein können? – Unmöglich, sonst brauchen wir wieder ein Zusammennehmen und Gegeneinanderhalten, damit aus den Teilen ein Ganzes werde, und wir kommen wiederum dahin, wo wir ausgegangen sind. – Sie wird also einfach sein? – Notwendig. – Auch unausgedehnt? denn das Ausgedehnte ist teilbar und das Teilbare nicht einfach. – Richtig! – Es gibt also in unserm Körper wenigstens eine einzige Substanz, die nicht ausgedehnt, nicht zusammengesetzt, sondern einfach ist, eine Vorstellungskraft hat und alle unsere Begriffe, Begierden und Neigungen in sich vereiniget. Was hindert uns, diese Substanz Seele zu nennen? – Es ist gleichviel, vortrefflicher Freund! erwiderte *Simmias*, welchen Namen wir ihr geben, genug daß mein Einwurf bei ihr nicht stattfindet und alle deine Vernunftschlüsse, die du für die Unvergänglichkeit des denkenden Wesens vorgebracht, nunmehr unumstößlich sind. – Lasset uns noch dieses in Erwägung ziehen, versetzte jener: Wenn viele dergleichen Substanzen in einem menschlichen Körper zusammen wären, ja, wenn wir alle Grundelemente unsers Körpers für Substanzen von dieser Natur halten wollten, würden meine Vernunftgründe für die Unvergänglichkeit dadurch etwas von ihrer Bindigkeit verlieren? Oder würde uns eine solche Voraussetzung nicht vielmehr nötigen, statt *eines* unvergänglichen Geistes viele zu gestatten und also mehr einzuräumen, als wir zu unserm Vorhaben verlangten? Denn eine jede von diesen Substanzen würde, wie wir vorhin gesehen, den ganzen Inbegriff aller Vorstellungen, Wünsche und Begierden des ganzen Menschen in sich fassen, und also, was den Umfang der Erkenntnis betrifft, würde ihre Kraft nicht eingeschränkter sein können als die Kraft des Ganzen. – Unmöglich eingeschränkter. – Und wie an Deutlichkeit, Wahrheit, Gewißheit und Leben der Erkenntnis? Setze viele verworrene, mangelhafte und schwankende Begriffe nebeneinander, wird dadurch ein aufgeklärter, vollständiger und bestimmter Begriff hervorgebracht? – Es scheinet nicht. – Wo nicht ein Geist hinzukömmt, der sie vergleichet und durch Nachdenken und Überlegen sich eine vollkommnere Erkenntnis aus derselben selbst bildet: so hören sie in Ewigkeit nicht auf, viele verworrene, mangelhafte und schwankende Begriffe zu sein. – Richtig! – Die Bestandteile des Menschen würden also Vorstellungen haben müssen, die ebenso deutlich, ebenso wahr, ebenso vollkommen sind als die Vorstellungen des Ganzen; denn aus weniger deutlichen, weniger wahren usw. läßt sich keiner durch Zusammensetzen herausbringen, der einen größern Grad von diesen Vollkommenheiten haben sollte. – Dieses ist nicht zu leugnen. – Heißt aber dieses nicht, statt *eines* vernünftigen Geistes, den wir in jeden menschlichen Körper setzen wollten, ganz ohne Not eine unzählige Menge derselben annehmen? – Freilich! – Und diese Menge der denkenden Substanzen selbst wird sich wahrscheinlicherweise an Vollkommenheit einander nicht gleich sein; denn dergleichen unnütze Vervielfältigungen finden in diesem wohlgeordneten Weltall nicht statt. – Die allerhöchste Vollkommenheit ihres Schöpfers, antwortete *Simmias*, läßt uns dieses mit Zuverlässigkeit schließen. – Also wird eine unter den denkenden Substanzen, die wir in den menschlichen Körper gesetzt, die vollkommenste unter ihnen sein und folglich die deutlichsten und aufgeklärtesten Begriffe haben: Nicht? – Notwendigerweise! – Diese einfache Substanz, die unausgedehnt ist, Vorstellungsvermögen besitzt, die vollkommenste unter den denkenden Substanzen ist, die in mir wohnen, und alle Begriffe, deren ich mir bewußt bin, in ebender Deutlichkeit, Wahrheit, Gewißheit usw. in sich fasset, ist dieses nicht meine Seele? – Nichts anders, mein teurer *Sokrates*! – Mein lieber *Simmias*! nunmehr ist es Zeit, einen Blick hinter uns auf den Weg zu werfen, den wir zurückgelegt. Wir haben vorausgesetzt, das Denkungsvermögen sei eine Eigenschaft des Zusammengesetzten, und, wie wunderbar! aus dieser Voraussetzung selbst bringen wir durch eine Reihe von Vernunftschlüssen den schnurstracks entgegengesetzten Satz heraus, daß nämlich das Empfinden und Denken notwendig Eigenschaften des Einfachen und nicht Zusammengesetzten sein müßten: Ist dieses nicht ein hinlänglicher Beweis, daß jene Voraussetzung unmöglich, sich selbst widersprechend und also zu verwerfen sei? – Niemand kann dieses in Zweifel ziehen. – Ausdehnung und Bewegung, fuhr *Sokrates* fort, in diese Grundbegriffe läßt sich, wie wir gesehen, alles auflösen, was dem Zusammengesetzten zukommen kann; die Ausdehnung ist der Stoff und die Bewegung die Quelle, aus welchen die Veränderungen entspringen. Beide zeigen sich in der Zusammensetzung unter tausend mannigfaltigen Gestalten und stellen in der körperlichen Natur die unendliche Reihe wundervoller Bildungen dar, vom kleinsten Sonnenstäublein bis zu jener Herrlichkeit der himmlischen Sphären, die von den Dichtern für den Sitz der Götter gehalten werden. Alle kommen darin überein, daß ihr Stoff Ausdehnung und ihre Wirksamkeit Bewegung ist. Aber Wahrnehmen, Vergleichen, Schließen, Begehren, Wollen, Lust und Unlust empfinden erfordern eine von Ausdehnung und Bewegung ganz verschiedene Bestandheit, einen andern Grundstoff, andere Quellen der Veränderungen. In einem einfachen Grundwesen muß hier vieles vorgestellet, das Außereinanderseiende zusammen begriffen, das Mannigfaltige gegeneinander gehalten und das Verschiedene in Vergleichung gebracht werden. Was in dem weiten Raum der Körperwelt zerstreuet ist, dränget sich hier, ein Ganzes auszumachen, wie in einem Punkt zusammen, und was nicht mehr ist, wird in dem gegenwärtigen Augenblick mit dem, was noch werden soll, in Vergleichung gebracht. Allhier erkenne ich weder Ausdehnung noch Farbe, weder Ruhe noch Bewegung, weder Raum noch Zeit, sondern ein innerlich wirksames Wesen, das Ausdehnung und Farbe, Ruhe und Bewegung, Raum und Zeit sich vorstellet, verbindet, trennet, vergleichet, wählet und noch tausend anderer Beschaffenheiten fähig ist, die mit Ausdehnung und Bewegung nicht die mindeste Gemeinschaft haben. Lust und Unlust, Begierden und Verabscheuungen, Hoffnung und Furcht, Glückseligkeit und Elend sind keine Ortveränderungen kleiner Erdstäublein. Bescheidenheit, Menschenliebe, Wohlwollen, das Entzücken der Freundschaft und das hohe Gefühl der Gottesfurcht sind etwas mehr als die Wallungen des Geblüts und das Schlagen der Pulsadern, von welchen sie begleitet zu werden pflegen. Dinge von so verschiedener Art, mein lieber *Simmias*! von so verschiedenen Eigenschaften können, ohne die äußerste Unachtsamkeit, nicht miteinander verwechselt werden. – Ich bin völlig befriediget, war *Simmias* Antwort. – Noch eine kleine Anmerkung, versetzte jener, bevor ich mich zu dir wende, mein *Cebes*! Das erste, was wir von dem Körper und seinen Eigenschaften wissen, ist es etwas mehr als die Art und Weise, wie er sich unsern Sinnen darstellet? –

Etwas deutlicher, mein lieber *Sokrates*! – Ausdehnung und Bewegung sind Vorstellungen des denkenden Wesens von dem, was außer ihm wirklich ist: Nicht? – Zugegeben! – Wir mögen die zuverlässigsten Gründe haben, versichert zu sein, daß die Dinge außer uns nicht anders sind, als sie uns ohne Hindernis erscheinen: Gehet nicht aber diesem ohngeachtet allezeit die Vorstellung selbst voran, und die Versicherung, daß ihr Gegenstand wirklich ist, folget nachher? – Wie ist es anders möglich, versetzte *Simmias*, da wir vom Dasein der Dinge außer uns nicht anders als durch ihre Eindrücke benachrichtiget werden können? – In der Reihe unserer Erkenntnis gehet also allezeit das denkende Wesen voran, und das ausgedehnte Wesen folget; wir erfahren zuerst, daß Begriffe, und folglich ein begreifendes Wesen, wirklich sein, und von ihnen schließen wir auf das wirkliche Dasein des Körpers und seine Eigenschaften. Wir können uns von dieser Wahrheit auch dadurch überzeugen, weil der Körper, wie wir vorhin gesehen, ohne Verrichtung des denkenden Wesens kein Ganzes ausmachen und die Bewegung selbst, ohne Zusammenhalten des Vergangenen mit dem Gegenwärtigen, keine Bewegung sein würde. Wir mögen die Sache also betrachten, von welcher Seite wir wollen, so stößt uns allezeit die Seele mit ihren Verrichtungen zuerst auf, und sodann folget der Körper mit seinen Veränderungen. Das Begreifende gehet allezeit vor dem bloß Begreiflichen her. – Dieser Begriff scheinet fruchtbar, meine Freunde, sprach *Cebes*. – Wir können die ganze Kette von Wesen, fuhr *Sokrates* fort, vom Unendlichen an bis auf das kleinste Stäublein in drei Glieder einteilen. Das erste Glied begreift, kann aber von andern nicht begriffen werden: Dieses ist der Einzige, dessen Vollkommenheit alle endlichen Begriffe übersteigt. Die erschaffenen Geister und Seelen machen das zweite Glied: Diese begreifen und können von andern begriffen werden. Die Körperwelt ist das letzte Glied, die nur von andern begriffen werden, aber nicht begreifen kann. Die Gegenstände dieses letzten Gliedes sind, sowohl in der Reihe unserer Erkenntnis als im Dasein selbst, außer uns, allezeit die hintersten in der Ordnung, indem sie allezeit die Wirklichkeit eines begreifenden Wesens voraussetzen: Wollen wir dieses einräumen? – Wir können nicht anders, sprach *Simmias*, nachdem das vorige alles hat zugegeben werden müssen. – Und gleichwohl, fuhr *Sokrates* fort, nimmt die Meinung der Menschen mehrenteils den Rückweg von dieser Ordnung. Das erste, davon wir versichert zu sein glauben, ist der Körper und seine Veränderungen; diese bemeistern sich so sehr aller unserer Sinne, daß wir eine Zeitlang das materielle Dasein für das einzige und alles übrige für Eigenschaften desselben halten. – Mich freuet es, sprach *Simmias*, daß du selbst, wie du nicht undeutlich zu verstehen gibst, diesen verkehrten Weg gegangen bist. – Allerdings, mein Lieber! versetzte *Sokrates*. Die ersten Meinungen aller Sterblichen sind sich einander ähnlich. Dieses ist die Reede, von welcher sie insgesamt ihre Fahrt antreten. Sie irren, die Wahrheit suchend, auf dem Meere der Meinungen auf und nieder, bis ihnen Vernunft und Nachdenken, die Kinder Jupiters, in die Segel leuchten und eine glückliche Anlandung verkündigen. Vernunft und Nachdenken führen unsern Geist von den sinnlichen Eindrücken der Körperwelt zurück in seine Heimat, in das Reich der denkenden Wesen, vorerst zu seinesgleichen, zu erschaffenen Wesen, die, ihrer Endlichkeit halber, auch von andern gedacht und deutlich begriffen werden können. Von diesen erheben sie ihn zu jener Urquelle des Denkenden und Gedenkbaren, zu jenem alles begreifenden, aber allen unbegreiflichen Wesen, von dem wir, zu unserm Troste, so viel wissen, daß alles, was in der Körperwelt und in der Geisterwelt gut, schön und vollkommen ist, von ihm seine Wirklichkeit hat und durch seine Allmacht erhalten wird. Mehr braucht es nicht zu unserer Beruhigung, zu unserer Glückseligkeit in diesem und in jenem Leben, als von dieser Wahrheit überzeugt, gerührt und in dem Innersten unsers Herzens ganz durchdrungen zu sein.

Ende des zweiten Gesprächs.

Drittes Gespräch

Nach einigem Stillschweigen wendete sich *Sokrates* zum *Cebes* und sprach: Mein lieber *Cebes*! seitdem du von dem Wesen der Unsterblichen richtigere Begriffe erlangt hast, was dünkt dich von den Fabellehrern, die öfters einen Gott auf die Verdienste eines Sterblichen neidisch und wider denselben bloß aus Mißgunst feindlich gesinnt sein lassen? – Du weißt es,

Sokrates, was wir von dergleichen Lehrern und ihren Erdichtungen zu halten gelernt haben. – Haß und Neid, diese
niederträchtigen Leidenschaften, die die menschliche Natur so
sehr entehren, müssen der göttlichen Heiligkeit schnurstracks
widersprechen. – Ich bin hievon überzeugt. – Du glaubst also
nunmehr zuverlässig und ohne die geringste Bedenklichkeit,
daß du, wir und alle unsere Nebenmenschen von jenem
allerheiligsten Wesen, das uns hervorgebracht, nicht beneidet,
nicht gehaßt, nicht verfolgt, sondern auf das zärtlichste geliebt
werden? – Richtig! – In dieser festen Überzeugung kann dir
niemals die mindeste Furcht anwandeln, daß der Allerhöchste
dich zur ewigen Qual berufen und, schuldig oder unschuldig,
unaufhörlich würde elend sein lassen? – Niemals, niemals!
rief *Apollodorus*, an den die Frage doch gar nicht gerichtet gewesen, und *Cebes* begnügte sich einzustimmen. – Wir wollen
diesen Satz, fuhr *Sokrates* fort, *daß uns Gott nicht zum ewigen
Elende bestimmt*, zum Maßstabe für die Gewißheit unserer Erkenntnis annehmen, sooft von zukünftigen Dingen die Rede ist,
die einzig und allein von dem Willen des Allerhöchsten abhängen. Aus der Natur und den Eigenschaften erschaffener
Dinge läßt sich in diesem Falle nichts mit Gewißheit schließen:
denn aus diesen folgen nur diejenigen Sätze, die an und für sich
unveränderlich sind und also von der Erkenntnis des Allerhöchsten, nicht von seinem Gutfinden, abhängen. Zu den göttlichen Vollkommenheiten müssen wir uns in dergleichen
Untersuchungen wenden und zu erforschen suchen, was mit
denselben übereinstimmt und was ihnen widerspricht. Wovon
wir überzeugt sind, daß es denselben nicht gemäß sei, das
können wir verwerfen und für so unmöglich halten, als wenn
es mit der Natur und dem Wesen des untersuchten Dinges
selbst stritte. Eine ähnliche Frage ist die, mein *Cebes*! die wir
auf Veranlassung deines Entwurfs nunmehr zu untersuchen
haben. Du räumest es ein, mein Freund, daß die Seele ein einfaches Wesen sei, das ohne den Körper seine eigne Bestandheit hat: Nicht? – Richtig! – Du gibst ferner zu, daß sie unvergänglich sei? – Hievon bin ich überzeugt. – So weit, fuhr
Sokrates fort, haben uns unsere Begriffe von der Natur der
Ausdehnung und der Vorstellung geführet. Aber nunmehro
entstehen Zweifel über das zukünftige Schicksal des menschlichen Geistes, das insoweit einzig und allein von dem Willen

und von dem Gutfinden des Allerhöchsten abhängt. Wird er den Geist des Menschen in einem wachenden Zustande, des Gegenwärtigen und des Vergangenen wohl bewußt, in Ewigkeit fortdauern lassen? oder hat er denselben bestimmt, mit dem Hintritt seines Körpers in einen dem Schlaf ähnlichen Zustand zu versinken und niemals zu erwachen? War es dieses nicht, was dir noch ungewiß schien? – Ebendieses, mein Sokrates. – Daß eine gänzliche Beraubung alles Bewußtseins, aller Besinnung, wenigstens auf eine kurze Zeit, nicht unmöglich sei, lehret Schlaf, Ohnmacht, Schwindel, Entzücken und tausend andere Erfahrungen. Zwar ist die Seele, in allen diesen Fällen, noch an ihren Körper gefesselt und muß sich nach der Beschaffenheit des Gehirns richten, das ihr in allen diesen Schwachheiten nichts als unmerkliche, leicht verlöschliche Züge darbeut. Hievon ist kein Schluß auf den Zustand unserer Seele nach ihrer Scheidung von dem Körper zu ziehen, weil alsdann die Gemeinschaft zwischen diesen verschiedenen Wesen aufgehoben wird, der Körper aufhört, das Werkzeug der Seele zu sein, und die Seele ganz andern Gesetzen folgen muß, als die ihr hienieden vorgeschrieben sind. Indessen ist es genug für unsere Ungewißheit, daß ein völliger Mangel des Bewußtseins der Natur eines Geistes nicht widerspricht; denn wenn dieses ist, so scheinet unsere Furcht nicht ganz ungegründet. – Aber wenn wir von diesem fürchterlichen Zweifel befreiet zu sein wünschen, können wir etwas mehr verlangen als die Vergewisserung, daß unsere Besorgnis den Absichten Gottes zuwiderlaufe und von demselben ebensowenig als das ewige Elend seiner Geschöpfe hat beliebt werden können? – Freilich, war *Cebes'* Antwort, wenn wir nicht eine Überzeugung verlangen, die der Natur der untersuchten Sache zuwiderläuft. Als ich dir meine Zweifel vorbrachte, mein teurer Freund! habe ich selbst einige aus den Absichten des Schöpfers entlehnte Gründe angezeigt, die dein Lehrgebäude höchst wahrscheinlich machen: ich wünsche sie aber aus deinem Munde zu empfangen, und meine Freunde wünschen es mit mir. – Ich versuche es, sprach *Sokrates*, ob ich euch Gnüge leisten kann. Antworte mir, mein *Cebes*! wenn du befürchtest, mit dem Tode auf ewig alles Bewußtsein deiner selbst, alles Gefühl deines Daseins zu verlieren, besorgest du etwa, daß dieses Schicksal dem gesamten menschlichen Geschlechte oder nur einem Teil desselben bevorstehe? Werden wir alle von dem Tode hingerafft und, in der Sprache der Dichter zu reden, von ihm in die Arme seines ältern Bruders, des ewigen Schlafes, getragen? oder sind einige von den Erd-bewohnern bestimmt, von jener himmlischen Aurora zur Un-sterblichkeit aufgeweckt zu werden? Sobald wir einräumen, daß einem Teil des menschlichen Geschlechts die wahre Un-sterblichkeit beschieden ist: so zweifelt *Cebes* wohl nicht einen Augenblick, daß diese Seligkeit den Gerechten, den Freunden der Götter und Menschen vorbehalten sei? – Nein, mein *Sokrates*! Die Götter teilen den ewigen Tod so ungerecht nicht aus als die Athenienser den zeitlichen. Ich bin überdem der Meinung, daß in dem weisesten Plane der Schöpfung ähnliche Wesen auch ähnliche Bestimmungen haben und mit-hin dem gesamten menschlichen Geschlechte nach diesem Leben ein ähnliches Schicksal bevorstehen müsse. Entweder sie erwachen alle zu einem neuen Bewußtsein; und alsdann können Anitus und Melitus selbst wohl nicht zweifeln, daß der unterdrückten Unschuld ein besseres Schicksal erwarte als ihrer Verfolger; oder sie endigen alle mit diesem Leben ihre Bestimmung und kehren in den Zustand zurück, aus welchem sie bei der Geburt gezogen worden; ihre Rollen reichen nicht weiter als auf die Bühne dieses Lebens: am Ende treten die Schauspieler ab und werden wieder das, was sie in dem ge-meinen Leben sonst gewesen. Ich entsehe mich, mein teurer Freund! diese Gedanken weiter zu verfolgen; denn ich merke, daß sie mich auf offenbare Ungereimtheiten führen. – Das tut nichts, *Cebes*! antwortete jener: Wir müssen auch für die sorgen, welche nicht so leicht bei einer ungereimten Folgerung schamrot werden. Ähnliche Wesen, hast du behauptet, mein Werter! müßten in dem weisesten Plane der Schöpfung ähnliche Bestimmungen haben? – Ja! – Alle erschaffene Wesen, die denken und wollen, sind einander ähnlich? – Allerdings! – Wenn auch dieses richtiger, wahrer, voll-kommener denkt, mehr Gegenstände umfassen kann als jenes: so gibt es doch keine Grenzlinie, die sie in verschiedene Klassen trennet, sondern sie erheben sich in unmerkliche Stufen übereinander und machen ein einziges Geschlecht aus: Nicht? – Dieses muß zugegeben werden. – Und wenn es über uns noch höhere Geister gibt, die sich einander an unmerk-

lichen Graden der Vollkommenheit übertreffen und dem unendlichen Geiste allmählich nähern, gehören sie nicht alle,
soviel ihrer erschaffen sind, zu einem einzigen Geschlechte? –
Richtig! – Wie ihre Eigenschaften nicht wesentlich unterschieden sind, sondern nur dem Grade nach, wie in einer
stetigen Reihe, sich allmählich erheben: so müssen auch ihre
Bestimmungen sich im wesentlichen ähnlich, nur in unmerk-
lichen Graden voneinander unterschieden sein. Denn in dem
großen Plane der Schöpfung ist doch nichts willkürlich? Es
harmonieren doch die Bestimmungen der Wesen mit ihren
Vollkommenheiten auf das genaueste? – Ohne Zweifel! –
O! meine Freunde! die Frage, die wir hier untersuchen, fängt
an, in dem großen Plane der Schöpfung von unendlicher Wichtigkeit zu werden. Nicht das menschliche Geschlecht allein,
die Entscheidung gehet das gesamte Reich der denkenden
Wesen an. Sind sie zur wahren Unsterblichkeit, zur ewigen
Fortdauer ihres Bewußtseins und deutlichen Selbstgefühls bestimmt, oder hören diese Wohltaten des Schöpfers nach einem
kurzen Genusse wieder auf und machen einer ewigen Ver-
gessenheit Platz? In dem Ratschlusse des Allerhöchsten muß,
wie wir gesehen, die Frage in dieser Allgemeinheit entschieden
worden sein: Werden wir nicht, bei unserer Untersuchung, sie
auch in diesem allgemeinen Lichte zu betrachten haben? –
Wie es scheinet. – Aber je allgemeiner der Gegenstand wird,
fuhr *Sokrates* fort, desto ungereimter wird unsere Besorgnis.
Alle endlichen Geister haben anerschaffene Fähigkeiten, die
sie durch Übung entwickeln und vollkommener machen. Der
Mensch bearbeitet sein angebornes Vermögen zu empfinden
und zu denken mit einer erstaunenswerten Geschwindigkeit.
Mit jeder Empfindung strömet ihm eine Menge von Erkenntnissen zu, die der menschlichen Zunge unaussprechlich sind;
und wenn er die Empfindungen gegeneinanderhält, wenn er
vergleichet, urteilet, schließt, wählt, verwirft, so vervielfältiget
er diese Menge ins Unendliche. Zu gleicher Zeit entfaltet eine
unaufhörliche Geschäftigkeit die ihm angebornen Fähigkeiten
des Geistes und bildet in ihm Witz, Verstand, Vernunft, Erfindungskraft, Empfindung des Schönen und Guten, Großmut,
Menschenliebe, Geselligkeit, und wie die Vollkommenheiten
alle heißen, die noch kein Sterblicher auf Erden hat unterlassen können zu erwerben. Laß es sein, daß wir manche

Menschen dumm, töricht, gefühllos, niederträchtig und grausam schelten: vergleichungsweise können diese Benennungen
zuweilen Grund haben; aber noch hat kein Dummkopf gelebt,
der nicht einige Merkmale des Verstandes von sich gegeben,
und noch kein Tyrann, in dessen Busen nicht noch ein Funken
von Menschenliebe geglimmt hätte. Wir erwerben alle dieselben Vollkommenheiten, und der Unterschied bestehet nur
in dem *Mehr* und *Weniger*; wir erwerben sie alle, sage ich,
meine Freunde! denn auch dem Gottlosesten ist es nie gelungen, seiner Bestimmung schnurstracks zuwiderzuhandeln.
Er sträube, er widersetze sich mit der größten Hartnäckigkeit:
so wird sein Widerstreben selbst einen angebornen Trieb zum
Grunde haben, der ursprünglich gut und bloß durch unrechte
Anwendung verdorben sein wird. Diese fehlerhafte Anwendung
macht den Menschen unvollkommen und elend; allein die Ausübung des ursprünglich guten Triebes befördert gleichwohl,
wider seinen Dank und Willen, den Endzweck seines Daseins.
Auf solche Weise, meine Freunde! hat noch kein Mensch in
dem wohltätigen Umgange mit seinen Nebenmenschen gelebt,
der nicht den Erdboden vollkommener verlassen, als er ihn betreten hat. Mit der gesamten Reihe der denkenden Wesen hat
es die nämliche Beschaffenheit: Solange sie mit Selbstgefühl
empfinden, denken, wollen, begehren, verabscheuen, so
bilden sie die ihnen anerschaffenen Fähigkeiten immer mehr
aus; je länger sie geschäftig sind, desto wirksamer werden ihre
Kräfte, desto fertiger, schneller, unaufhaltsamer werden ihre
Wirkungen, desto fähiger werden sie, in der Beschauung des
wahren Schönen und Vollkommenen ihre Seligkeit zu finden.
Und wie? meine Freunde! alle diese erworbenen, göttlichen
Vollkommenheiten fahren dahin, wie leichter Schaum auf dem
Wasser, wie ein Pfeil durch die Luft fliegt, und lassen keine
Spuren hinter sich, daß sie jemals dagewesen sind? Das
kleinste Sonnenstäublein kann in der Natur der Dinge, ohne
wundertätige Zernichtung, nicht verlorengehen: und diese
Herrlichkeiten sollen auf ewig verschwinden? sollen in Ab-
sicht auf die Wesen, von welchen sie besessen worden, ohne
Folgen, ohne Nutzen, so anzusehen sein, als wenn sie ihm
niemals zugehöret hätten? Was für Begriffe von dem Plane der
Schöpfung setzet diese Meinung voraus! In diesem allerweisesten Plane ist das Gute von unendlichem Nutzen, jede

Vollkommenheit von unaufhörlichen Folgen: doch nur die Vollkommenheit der einfachen, sich selbst fühlenden Wesen, denen im eigentlichen Verstande eine wirkliche Vollkommenheit zugeschrieben werden kann; diejenige hingegen, welche wir in zusammengesetzten Dingen wahrnehmen, ist vergänglich und wandelbar wie die Dinge selbst, denen sie zukömmt. Um dieses deutlicher zu machen, meine Freunde! müssen wir den Unterschied zwischen dem Einfachen und dem Zusammengesetzten abermals in Erwägung ziehen. Ohne Beziehung auf das Einfache, auf denkende Wesen, haben wir gesehen, kann dem Zusammengesetzten weder Schönheit, Ordnung, Übereinstimmung noch Vollkommenheit zugeschrieben, ja, sie können ohne diese Beziehung nicht einmal zusammengenommen werden, um Ganze auszumachen. Auch sind sie in dem großen Entwurfe dieses Weltalls nicht um ihrer selbst willen hervorgebracht worden: denn sie sind leblos und ihres Daseins unbewußt, auch an und für sich keiner Vollkommenheit fähig. Der Endzweck ihres Daseins ist vielmehr in dem lebenden und empfindenden Teile der Schöpfung zu suchen: das Leblose dienet dem Lebendigen zu Werkzeugen der Empfindungen und gewähret ihm nicht nur sinnliches Gefühl von mannigfaltigen Dingen, sondern auch Begriffe von Schönheit, Ordnung, Ebenmaß, Mittel, Endzweck, Vollkommenheit oder wenigstens den Stoff zu allen diesen Begriffen, die sich das denkende Wesen hernach, vermöge seiner innern Tätigkeit, selbst bildet. Im Zusammengesetzten finden wir nichts für sich Bestehendes, nichts, das fortdauere und von einiger Beständigkeit sei, so daß man in dem zweiten Augenblick sagen könne, es sei noch das vorige. Indem ich euch hier ansehe, meine Freunde! so ist nicht nur das Licht der Sonne, das von eurem Antlitze widerstrahlt, in einem beständigen Strome, sondern eure Leiber haben unterdessen in ihrer innern Bildung und Zusammenfügung unendliche Veränderungen gelitten: alle Teile derselben haben aufgehört die vorigen zu sein, sie sind in stetem Wechsel und Flusse von Veränderungen, der sie unablässig mit sich fortreißt. Wie die glückseligen Weisen der vorigen Zeiten schon bemerket, daß die körperlichen Dinge nicht sind, sondern entstehen und vergehen: nichts ist in denselben von Dauer und Bestandheit, sondern alles folgt einem unaufhaltsamen Strome von Bewegungen, dadurch die zusammengesetzten Dinge ohne Unterlaß erzeugt und aufgelöset werden. Dieses hat auch Homer darunter verstanden, wenn er den Ozean den Vater und die Thetis die Mutter aller Dinge nennet: er hat damit anzeigen wollen, daß alle Dinge in der sichtbaren Welt durch den steten Wechsel entstehen und, wie in einem fortströmenden Weltmeer, nicht einen Augenblick an der vorigen Stelle bleiben.

Ist nun das Zusammengesetzte an sich selbst keines Fortdauerns fähig: wieviel weniger wird es ihre Vollkommenheit sein, die ihnen, wie wir gesehen, niemals an und für sich selbst, sondern nur in Beziehung auf das Empfindende und Denkende in der Schöpfung zugeschrieben werden kann? Dahero sehen wir in der leblosen Schöpfung das Schöne verwelken und aufblühen, das Vollkommene verderben und in einer andern Gestalt wieder zum Vorscheine kommen, scheinbare Unordnung und Regelmäßigkeit, Harmonie und Mißstimmung, Angenehmes und Widriges, Gutes und Böses in unendlicher Mannigfaltigkeit miteinander abwechseln, so wie es Gebrauch, Nutzen, Bequemlichkeit, Lust und Glückseligkeit der lebendigen Dinge erfordert, um deren Willen jene hervorgebracht worden.

Der lebendige Teil der Schöpfung enthält zwei Klassen, sinnlich empfindende und denkende Naturen. Beide haben dieses gemein, daß sie von fortdauerndem Wesen sind, eine immer für sich bestehende Vollkommenheit besitzen und genießen können. Wir finden bei allen Tieren, die diesen Erdboden bedecken, daß ihre Empfindungen, ihre Kenntnisse, ihre Begierden, ihre eingepflanzten Naturtriebe auf das wunderbarste mit ihren Bedürfnissen übereinstimmen und insgesamt auf ihre Erhaltung, Bequemlichkeit und Fortpflanzung, auch zum Teil auf das Wohlsein ihrer Nachkommen abzielen. Diese Harmonie wohnet ihnen innerlich bei; denn alle diese Fühlungen und Naturtriebe sind Beschaffenheiten des einfachen, unkörperlichen Wesens, das sich in ihnen seiner selbst und anderer Dinge bewußt ist: daher besitzen sie eine wahre Vollkommenheit, die nicht erst in Beziehung auf andere außer ihnen so genennet werden darf, sondern ihre Bestandheit und ihr Fortdaurendes für sich hat. Sind die leblosen Dinge zum Teil ihrentwegen da, damit sie Unterhaltung, Lust und Bequemlichkeit finden sollen: so sind sie ihrerseits auch fähig, diese Wohltaten zu genießen, Lust und Unlust, Angenehmes und Widriges, Verlangen und Abscheu, Wohlsein und Unglückseligkeit zu fühlen und dadurch innerlich vollkommen oder unvollkommen zu werden. Sind die leblosen Dinge die Mittel gewesen, derer sich der allerweiseste Schöpfer bedienet: so gehören die Tiere schon mit zu seinen Absichten; denn um ihrentwillen ist ein Teil des Leblosen hervorgebracht worden, und sie besitzen das Vermögen zu genießen und dadurch in ihrer innern Natur übereinstimmend und vollkommen zu werden. Hingegen bemerken wir bei ihnen, so wie wir sie auf dem Erdboden vor uns sehen, keinen beständigen Fortgang zu einer höhern Stufe der Vollkommenheit. Sie erhalten ohne Unterweisung, ohne Überlegung, ohne Übung, ohne Vorsatz und Wissensbegierde, gleichsam unmittelbar aus der Hand des Allmächtigen, diejenigen Gaben, Fertigkeiten und Triebe, die zu ihrer Erhaltung und Fortpflanzung nötig sind. Ein mehreres erwerben sie nicht, und wenn sie Jahrhunderte leben oder sich unendlich vermehren und fortpflanzen. Sie können auch das Erhaltene weder verbessern noch verschlimmern, auch keinen andern mitteilen, sondern üben es auf die ihnen eingepflanzte Weise aus, solange es ihren Umständen zuträglich ist, und hernach scheinen sie es wohl selber wieder zu vergessen. Durch menschlichen Unterricht können zwar einige Haustiere etwas weniges erlernen und zum Kriege oder zu häuslichen Verrichtungen gewöhnet und gezogen werden: sie zeigen aber durch die Art und Weise, wie sie diesen Unterricht annehmen, zur Gnüge, daß ihr Leben hienieden nicht bestimmt sei, ein beständiger Fortgang zur Vollkommenheit zu sein, sondern daß ein gewisser Grad der Fähigkeit, den sie erreichen, auch ihr letztes Ziel sei, und daß sie von selbst nie weiter streben, nie höhere Dinge zu beginnen von innen angetrieben werden. Nun ist zwar dieses Stillstehen, diese dumme Zufriedenheit mit dem Erreichten, ohne sich erheben und emporschwingen zu wollen, ein Zeichen, daß sie in dem großen Entwurfe der Schöpfung nicht das letzte Ziel gewesen, sondern als niedrigere Absichten zugleich Mittel abgeben und Dingen von würdigern und erhabenern Bestimmungen in Erfüllung der Endabsichten Gottes behülflich sein sollten. Allein die Quelle des Lebens und der Empfindungen in ihnen ist ein einfaches, für sich bestehendes Wesen, das unter allen Abänderungen, die es in dem Laufe der Dinge leidet, etwas Beständiges und Fortdaurendes hat; daher die Eigenschaften, die es einmal durch Erlernen oder als ein unmittelbares Geschenk von der Hand des Allgütigen erhalten, ihm eigentümlich zukommen, durch natürliche Wege nie wieder gänzlich verschwinden, sondern von unaufhörlichen Folgen sein müssen. Da diese empfindende Seele natürlicherweise nie aufhört zu sein, so hört sie auch nie auf, die Absichten Gottes in der Natur zu befördern, und sie wird mit jeder Dauer ihres Daseins immer tüchtiger und tüchtiger, ihres Urhebers großen Endzweck in Erfüllung bringen zu helfen. Dieses ist der unendlichen Weisheit gemäß, mit welcher der Plan dieses Weltalls in dem Rate der Götter ist entworfen worden. Alles ist in unaufhörlicher Arbeit und Bemühung, gewisse Absichten in diesem Plane zu erfüllen; einer jeden wahren Substanz ist eine unabsehbare Folge und Reihe von Verrichtungen vorgeschrieben, die sie nach und nach bewirken muß, und die wirkende Substanz wird allezeit durch die letzte Verrichtung tüchtiger, die nächstfolgende auszuführen. Nach diesen Grundsätzen ist das geistige Wesen, das die Tiere belebt, von unendlicher Dauer und fähret auch in Ewigkeit fort, die Absichten Gottes in der Reihe und Stufenfolge zu erfüllen, die ihm in dem allgemeinen Plane angewiesen worden.

Ob diese tierischen, bloß sinnlich empfindenden Naturen mit der Zeit ihre niedrige Stufe verlassen und, von einem Winke des Allmächtigen gelockt, sich in die Sphäre der Geister emporschwingen werden, läßt sich mit keiner Gewißheit ausmachen, wiewohl ich sehr geneigt bin, es zu glauben.

Die vernünftigen Naturen und Geister nehmen in dem großen Weltall, sowie insbesondere der Mensch auf diesem Erdboden, die vornehmste Stelle ein. Diesem Unterherrn der Schöpfung schmückt sich die Natur in ihrer jungfräulichen Schönheit. Ihm dienet das Leblose nicht nur zum Nutzen und zur Bequemlichkeit, nicht nur zur Nahrung, Kleidung, Wohnung und zum sichern Aufenthalt, sondern vornehmlich zur Ergetzung und zum Unterrichte; und die erhabensten Sphären, die entferntesten Gestirne, die kaum mit dem Auge entdeckt werden können, müssen ihm in dieser Absicht nützlich sein. Wollt ihr seine Bestimmung hienieden wissen: so sehet nur, was er hienieden verrichtet. Er bringet auf diesen Schauplatz weder Fertigkeit noch Naturtrieb, noch angebornes Geschick, weder Wehr noch Schutz mit und erscheinet bei seinem ersten Auftritte dürftiger und hülfloser als das unvernünftige Tier. Aber die Bestrebung und die Fähigkeit, sich vollkommener zu machen, diese erhabensten Geschenke, deren eine erschaffene Natur fähig ist, ersetzen vielfältig den Abgang jener viehischen Triebe und Fertigkeiten, die keiner Verbesserung, keines höhern Grades der Vollkommenheit je fähig werden können. Kaum genießt er das Licht der Sonnen, so arbeitet schon die gesamte Natur, ihn vollkommener zu machen: dieses schärfet seine Sinne, Einbildungskraft und Erinnerungsvermögen; jenes übet seine edlern Erkenntniskräfte, bearbeitet seinen Verstand, seine Vernunft, seinen Witz, seine Scharfsinnigkeit; das Schöne in der Natur bildet seinen Geschmack und verfeinert seine Empfindung; das Erhabene erregt seine Bewunderung und erhebt seine Begriffe gleichsam über die Sphäre dieser Vergänglichkeit hinweg. Ordnung, Übereinstimmung und Ebenmaß dienen ihm nicht nur zum vernünftigen Ergetzen, sondern beschäftigen seine Gemütskräfte alle in gehöriger und ihrer Vollkommenheit zuträglicher Harmonie. Bald tritt er mit seinesgleichen in Gesellschaft, um sich wechselweise die Mittel zur Glückseligkeit zu erleichtern: und siehe! es zeugen und bilden sich an ihm in dieser Gesellschaft höhere Vollkommenheiten, die bisher wie in einer Knospe eingewickelt gewesen. Er erlanget Pflichten, Rechte, Befugnisse und Obliegenheiten, die ihn in die Klasse moralischer Naturen erheben; es entstehen Begriffe von Gerechtigkeit, Billigkeit, Anständigkeit, Ehre, Ansehen, Nachruhm. Der eingeschränkte Trieb der Familienliebe wird in Liebe zum Vaterlande, zum ganzen menschlichen Geschlecht erweitert, und aus dem angebornen Keime des Mitleidens entsprossen Wohlwollen, Mildtätigkeit und Großmut.

Nach und nach bringet der Umgang, die Geselligkeit, das Gespräch, die Aufmunterung alle sittlichen Tugenden zur Reife, sie entzünden das Herz zur Freundschaft, die Brust zur Tapferkeit und den Geist zur Wahrheitsliebe, breiten einen Wetteifer von Dienst und Gegendienst, Liebe und Gegenliebe, eine Abwechselung von Ernst und Scherz, Tiefsinn und Munterkeit über das menschliche Leben aus, die alle einsamen und ungeselligen Wollüste an Süßigkeit übertreffen. Daher auch der

Besitz aller Güter dieser Erde, der Genuß der feurigsten
Wollüste uns nicht behagt, wenn wir sie in der Einsamkeit besitzen und genießen sollen; und die erhabensten und prächtigsten Gegenstände der Natur ergetzen das gesellige Tier, den
Menschen, nicht so sehr als ein Anblick von seinem Mitmenschen.

Erlanget nun dieses vernünftige Geschöpf erst wahre Begriffe von Gott und seinen Eigenschaften, oh, welch ein kühner
Schritt zu einer höhern Vollkommenheit! Aus der Gemeinschaft mit dem Nebengeschöpfe tritt er in eine Gemeinschaft
mit dem Schöpfer, erkennet das Verhältnis, in welchem er,
das ganze menschliche Geschlecht, alles Lebendige und alles
Leblose mit diesem Urheber und Erhalter des Ganzen stehen;
die große Ordnung von Ursachen und Wirkungen in der Natur
wird ihm nunmehr auch zu einer Ordnung von Mitteln und Absichten; was er bisher auf Erden genossen, ward ihm wie aus
den Wolken zugeworfen: nunmehr zerteilen sich diese Wolken,
und er siehet den freundlichen Geber, der ihm alle diese
Wohltaten hat zufließen lassen. Was er an Leib und an Gemüte
für Eigenschaften, Gaben und Geschicklichkeiten besitzet, erkennet er als Geschenke dieses gütigen Vaters; alle Schönheit,
alle Harmonie, alles Gute, alle Weisheit, Vorsicht, Mittel und
Endzwecke, die er bisher in der sichtbaren und unsichtbaren
Welt erkannt, betrachtet er als Gedanken des Allerweisesten,
die er ihm in dem Buche der Schöpfung zu lesen gegeben, um
ihn zur höhern Vollkommenheit zu erziehen. Diesem liebreichen Vater und Erzieher, diesem gnädigen Regenten der
Welt heiliget er zugleich alle Tugenden seines Herzens, und sie
gewinnen in seinen Augen einen göttlichen Glanz, da er weiß,
daß er durch sie, und durch sie allein, dem Allgütigen wohlgefallen kann. Die Tugend allein führet zur Glückseligkeit, und
wir können dem Schöpfer nicht anders wohlgefallen, als wenn
wir nach unserer wahren Glückseligkeit streben. Welch eine
Höhe hat der Mensch in dieser Verfassung auf Erden er-
reichet! Betrachtet ihn, meine Freunde! den wohlgesinnten
Bürger im Staate Gottes, wie alle seine Gedanken, Wünsche,
Neigungen und Leidenschaften unter sich harmonieren, wie
sie alle zum wahren Wohlsein des Geschöpfes und zur Ver-
herrlichung des Schöpfers abzielen! Oh, wenn die Welt nur
ein einziges Geschöpf von dieser Vollkommenheit aufzuweisen

hätte, wollten wir anstehen, in diesem Nachahmer der Gottheit, in diesem Gegenstande des göttlichen Wohlgefallens, den letzten Endzweck der Schöpfung zu suchen? Zwar treffen alle Züge dieses Gemäldes nicht den Menschen überhaupt, sondern nur wenige Edle, die eine Zierde des menschlichen Geschlechts sind; allein dieses mag allenfalls die Grenzlinie sein zwischen Menschen und höhern Geistern. Genug, daß sie alle zu derselben Klasse gehören und ihr Unterschied nur in dem Mehr und Weniger bestehet. Vom unwissendsten Menschen bis zum vollkommensten unter den erschaffenen Geistern haben alle die der Weisheit Gottes so anständige und ihren eigenen Kräften und Fähigkeiten so angemessene Bestimmung, sich und andere vollkommener zu machen. Dieser Pfad ist ihnen vorgezeichnet, und der verkehrteste Wille kann niemanden ganz davon abführen. Alles, was lebt und denkt, kann nicht unterlassen, seine Erkenntnis und seine Begehrungskräfte zu üben, auszubilden, in Fertigkeiten zu verwandeln, mithin mehr oder weniger mit stärkern oder schwächern Schritten sich der Vollkommenheit zu nähern. Und dieses Ziel, wann wird es erreicht? Wie es scheinet, niemals so völlig, daß der Weg zu einem fernern Fortgange versperrt sein sollte: indem erschaffene Naturen niemals eine Vollkommenheit, über welche sich nichts gedenken ließe, erreichen können. Je höher sie klimmen, desto mehr ungesehene Fernen entwölken sich ihren Augen, die ihre Schritte anspornen. Das Ziel dieses Bestrebens bestehet, wie das Wesen der Zeit, in der Fortschreitung. Durch die Nachahmung Gottes kann man sich allmählich seinen Vollkommenheiten nähern, und in dieser Näherung bestehet die Glückseligkeit der Geister; aber der Weg zu denselben ist unendlich, kann in Ewigkeit nicht ganz zurückgeleget werden. Daher kennet das Fortstreben in dem menschlichen Leben keine Grenzen. Eine jede menschliche Begierde zielet an und für sich selbst in die Unendlichkeit hinaus. Unsere Wissensbegierde ist unersättlich, unser Ehrgeiz unersättlich, ja der niedrige Geldgeiz selbst quälet und beunruhiget, ohne jemals befriediget werden zu können. Die Empfindung der Schönheit suchet das Unendliche; das Erhabene reizet uns bloß durch das Unergründliche, das ihm anhänget: die Wollust ekelt uns, sobald sie die Grenzen der Sättigung berühret. Wo wir Schranken sehen, die nicht zu übersteigen sind, da fühlet sich unsere Einbildungskraft wie in Fessel geschmiedet, und die Himmel selbst scheinen unser Dasein in gar zu enge Räume einzuschließen: daher wir unsrer Einbildungskraft so gern den freien Lauf lassen und die Grenzen des Raumes ins Unendliche hinaus setzen. Dieses endlose Bestreben, das sein Ziel immer weiter hinausstreckt, ist dem Wesen, den Eigenschaften und der Bestimmung der Geister angemessen, und die wundervollen Werke des Unendlichen enthalten Stoff und Nahrung genug, dieses Bestreben in Ewigkeit zu unterhalten: je mehr wir in ihre Geheimnisse eindringen, desto weitere Aussichten tun sich unsern gierigen Blicken auf; je mehr wir ergründen, desto mehr finden wir zu erforschen; je mehr wir genießen, desto unerschöpflicher ist die Quelle.

Wir können also, fuhr *Sokrates* fort, mit gutem Grunde annehmen, dieses Fortstreben zur Vollkommenheit, dieses Zunehmen, dieses Wachstum an innerer Vortrefflichkeit sei die Bestimmung vernünftiger Wesen, mithin auch der höchste Endzweck der Schöpfung. Wir können sagen, dieses unermeßliche Weltgebäude sei hervorgebracht worden, damit es vernünftige Wesen gebe, die von Stufe zu Stufe fortschreiten, an Vollkommenheit allmählich zunehmen und in dieser Zunahme ihre Glückseligkeit finden mögen. Daß diese nun sämtlich mitten auf dem Wege stillestehen, nicht nur stillestehen, sondern auf einmal in den Abgrund zurückgestoßen werden und alle Früchte ihres Bemühens verlieren sollten, dieses kann das allerhöchste Wesen unmöglich beliebet und in den Plan des Weltalls gebracht haben, der ihm vor allen wohlgefallen hat. Als einfache Wesen sind sie unvergänglich; als für sich bestehende Naturen sind auch ihre Vollkommenheiten fortdaurend und von unendlichen Folgen; als vernünftige Wesen streben sie nach einem unaufhörlichen Wachstum und Fortgang in der Vollkommenheit: die Natur bietet ihnen zu diesem endlosen Fortgange hinlänglichen Stoff dar; und als letzter Endzweck der Schöpfung können sie keiner andern Absicht nachgesetzt und deswegen im Fortgange oder Besitze ihrer Vollkommenheiten vorsätzlich gestört werden. Ist's der Weisheit anständig, eine Welt deswegen hervorzubringen, damit die Geister, die sie hineinsetzt, ihre Wunder betrachten und glückselig sein mögen, und einen Augenblick darauf diesen

Geistern selbst die Fähigkeit zur Betrachtung und Glückseligkeit auf ewig zu entziehen? Ist's der Weisheit anständig, ein
Schattenwerk der Glückseligkeit, das immer kömmt und
immer vergehet, zum letzten Ziel ihrer Wundertaten zu
machen? O nein, meine Freunde! nicht umsonst hat uns die
Vorsehung ein Verlangen nach ewiger Glückseligkeit eingegeben: es kann und wird befriediget werden. Das Ziel der
Schöpfung dauert so lange als die Schöpfung, die Bewunderer
göttlicher Vollkommenheiten so lange als das Werk, in
welchem diese Vollkommenheiten sichtbar sind. So wie wir
hienieden dem Regenten der Welt dienen, indem wir unsere
Fähigkeiten entwickeln: so werden wir auch in jenem Leben
unter seiner göttlichen Obhut fortfahren, uns in Tugend und
Weisheit zu üben, uns unaufhörlich vollkommener und tüchtiger zu machen, die Reihe der göttlichen Absichten zu erfüllen, die sich von uns hin in das Unendliche erstreckt.
Irgendwo auf diesem Wege stillestehen, streitet offenbar mit
der göttlichen Weisheit, Gütigkeit oder Allmacht, hat so wenig
als das allerhöchste Elend unschuldiger Geschöpfe von dem
vollkommensten Wesen bei dem Entwurfe des Weltplans beliebet werden können.

Wie beklagenswert ist das Schicksal eines Sterblichen, der
sich durch unglückliche Sophistereien um die tröstliche Erwartung einer Zukunft gebracht hat! Er muß über seinen Zustand nicht nachdenken und wie in einer Betäubung dahin-
leben oder verzweifeln. Was ist der menschlichen Seele
schrecklicher als die Zernichtung? und was elender als ein
Mensch, der sie mit starken Schritten auf sich zukommen
siehet und in der trostlosen Furcht, mit der er sie erwartet, sie
schon vorher zu empfinden glaubet? Im Glücke schleicht sich
der entsetzliche Gedanke vom Nichtsein zwischen die woll-
lüstigsten Vorstellungen, wie eine Schlange zwischen Blumen,
und vergiftet den Genuß des Lebens; und im Unglücke schlägt
er den Menschen ganz hoffnungslos zu Boden, indem er ihm
den einzigen Trost verkümmert, der das Elend versüßen kann,
die Hoffnung einer bessern Zukunft. Ja, der Begriff einer bevorstehenden Zernichtung streitet so sehr wider die Natur der
menschlichen Seele, daß wir ihn mit seinen nächsten Folgen
nicht zusammenreimen können und, wohin wir uns wenden,
auf tausend Ungereimtheiten und Widersprüche stoßen. Was

ist dieses Leben mit allen seinen Mühseligkeiten, besonders wenn die angenehmen Augenblicke desselben von der Angst für eine unvermeidliche Zernichtung vergällt werden? Was ist eine Dauer von gestern und heute, die morgen nicht mehr sein wird? Eine höchst verächtliche Kleinigkeit, die uns die Mühe, Arbeit, Sorgen und Beschwerlichkeiten, mit welchen sie erhalten wird, sehr schlecht belohnet. Und gleichwohl ist dem, der nichts Besseres zu hoffen hat, diese Kleinigkeit alles. Seiner Lehre zufolge müßte ihm das gegenwärtige Dasein das höchste Gut sein, dem nichts in der Welt die Waage halten kann, das schmerzlichste, das gequälteste Leben dem Tode, als der völligen Zernichtung seines Wesens, unendlich vorzuziehen sein: seine Liebe zum Leben müßte schlechterdings von nichts überwunden werden können. Welcher Bewegungsgrund, welche Betrachtung würde mächtig genug sein, ihn in die geringste Lebensgefahr zu führen? *Ehre und Nachruhm*? diese Schatten verschwinden, wenn von wirklichen Gütern die Rede ist, die mit ihnen in Vergleichung kommen sollen. *Es betrifft das Wohl seiner Kinder, seiner Freunde, seines Vaterlandes?*[35] – und wenn es das Wohl des ganzen menschlichen Geschlechts wäre, ihm ist der armseligste Genuß weniger Augenblicke alles, was er sich zu getrösten hat, und daher von unendlicher Wichtigkeit: wie kann er sie in die Schanze schlagen? Was er wagt, ist mit dem, was er zu erhalten hoffet, gar nicht in Vergleichung zu bringen; denn das Leben ist, nach den Gedanken dieser Sophisten, in Vergleichung mit allen andern Gütern unendlich groß.

Hat es aber keine Heldengeister gegeben, die, ohne von ihrer Unsterblichkeit überführt zu sein, für die Rechte der Menschlichkeit, Freiheit, Tugend und Wahrheit ihr Leben hingegeben? O ja! und auch solche, die es um weit minder löblicher Ursachen willen auf das Spiel gesetzt. Aber gewiß hat sie das Herz und nicht der Verstand dahin gebracht. Sie haben es aus Leidenschaften und nicht aus Grundsätzen getan. Wer ein künftiges Leben hoffet und das Ziel seines Daseins in der Fortschreitung der Vollkommenheit setzet, der kann zu sich selber sagen: Siehe! du bist hieher gesendet worden, durch Beförderung des Guten dich selbst vollkommener zu machen: du darfst also das Gute, wenn es nicht anders erhalten werden kann, selbst auf Unkosten deines Lebens befördern. Drohet die Tyrannei deinem Vaterlande den Untergang, ist die Gerechtigkeit in Gefahr unterdrückt, die Tugend gekränkt und Religion und Wahrheit verfolgt zu werden: − so mache von deinem Leben den Gebrauch, zu welchem es dir verliehen worden, stirb, um dem menschlichen Geschlechte diese teuren Mittel zur Glückseligkeit zu erhalten! Das Verdienst, mit so vieler Selbstverleugnung das Gute befördert zu haben, gibt deinem Wesen einen unaussprechlichen Wert, der zugleich von unendlicher Dauer sein wird. Sobald mir der Tod das gewähret, was das Leben nicht gewähren kann, so ist es meine Pflicht, mein Beruf, meiner Bestimmung gemäß zu sterben. Nur alsdann läßt sich der Wert dieses Lebens angeben und mit andern Gütern in Vergleichung bringen, wann wir es als ein Mittel zur Glückseligkeit betrachten; sobald wir aber mit dem Leben auch unser Dasein verlieren, so hört es auf, ein bloßes Mittel zu sein, es wird der Endzweck, das letzte Ziel unserer Wünsche, das höchste Gut, wornach wir streben können, das um sein selbst willen gesucht, geliebt und verlangt wird, und kein Gut in der Welt kann mit ihm in Vergleichung kommen, denn es übertrifft alle anderen Betrachtungen an Wichtigkeit. Ich kann daher unmöglich glauben, daß ein Mensch, dem mit diesem Leben alles aus ist, sich nach seinen Grundsätzen dem Wohl des Vaterlandes oder des ganzen menschlichen Geschlechts aufopfern könne. Ich bin vielmehr der Meinung, daß sooft die Erhaltung des Vaterlandes z. B. unumgänglich erfordert, daß ein Bürger das Leben verliere oder auch nur in Gefahr komme es zu verlieren, nach dieser Voraussetzung ein Krieg zwischen dem Vaterlande und diesem Bürger entstehen muß, und was das seltsamste ist, ein Krieg, der auf beiden Seiten gerecht ist. Denn hat das Vaterland nicht ein Recht, von jedem Bürger zu verlangen, daß er sich dem Wohl des Ganzen aufopfere? Wer wird dieses leugnen? Allein dieser Bürger hat das gerade entgegengesetzte Recht, sobald das Leben sein höchstes Gut ist. Er kann, er darf, ja er ist diesen seinen Grundsätzen nach verbunden es zu tun, den Untergang seines Vaterlandes zu suchen, um sein allerteuerstes Leben einige Tage zu verlängern. Jedem moralischen Wesen kömmt nach dieser Voraussetzung ein entschiedenes Recht zu, den Untergang der ganzen Welt zu verursachen, wenn es sein Leben, das heißt sein Dasein, nur fristen kann.

Ebendasselbe Recht haben alle seine Nebenwesen. Welch ein allgemeiner Aufstand! welche Zerrüttung, welche Verwirrung in der sittlichen Welt. Ein Krieg, der auf beiden Seiten gerecht ist, ein allgemeiner Krieg aller moralischen Wesen, wo jedes in Wahrheit das Recht auf seiner Seite hat, ein Streit, der an und für sich selbst, auch von dem allergerechtesten Richter der Welt, nicht nach Recht und Billigkeit entschieden werden kann: was kann ungereimter sein? Wenn alle Meinungen, worüber die Menschen jemals gestritten und in Zweifel gewesen, vor den Thron der Wahrheit gebracht werden sollten: was dünkt euch, meine Freunde! würde diese Gottheit nicht allsofort entscheiden und unwiderruflich festsetzen können, welcher Satz wahr und welcher irrig sei? Ganz unstreitig! denn in dem Reiche der Wahrheit gibt es keinen Zweifel, keinen Schein, kein Dünken und Meinen, sondern alles ist entschieden wahr oder entschieden irrig und falsch. Jedermann wird mir auch dieses einräumen, daß eine Lehre, die nicht bestehen kann, wenn wir nicht in dem Reiche der Wahrheiten selbst Widersprüche, unauflösliche Zweifel oder nicht zu entscheidende Ungewißheiten annehmen, notwendig falsch sein müsse: denn in diesem Reiche herrschet die allervollkommenste Harmonie, die durch nichts unterbrochen oder gestört werden kann. Nun aber hat es mit der Gerechtigkeit die nämliche Beschaffenheit: vor ihrem Throne werden alle Zwiste und Streitigkeiten über Recht und Unrecht durch ewige und unveränderliche Regeln entschieden. Da ist kein Rechtsfall streitig und ungewiß, da sind keine Gerechtsame zweifelhaft, da finden sich niemals zwei moralische Wesen, die auf eine und ebendieselbe Sache ein gleiches Recht hätten. Alle diese Schwachheiten sind ein Erbteil des kurzsichtigen Menschen, der die Gründe und Gegengründe nicht gehörig einsiehet oder nicht gegeneinander abwiegen kann; in dem Verstande des allerhöchsten Geistes stehen alle Pflichten und Rechte moralischer Wesen, so wie alle Wahrheiten, in der vollkommensten Harmonie. Aller Streit der Obliegenheiten, alle Kollision der Pflichten, die ein eingeschränktes Wesen in Zweifel und Ungewißheit setzen können, finden hier ihre unwiderrufliche Entscheidung, und ein gleiches Recht und Gegenrecht ist in den Augen Gottes nicht weniger ungereimt als ein Satz und Gegensatz, Sein und Nichtsein, welche beide in eben-

der Zeit dem Gegenstande zukommen sollen. Was sollen wir
also zu einer Meinung sagen, die uns durch die bindigsten Folgerungen auf so übel zusammenhängende und unstatthafte Begriffe führet? Kann sie vor dem Throne der Wahrheit ge-
nehmiget werden? Mein Freund *Kriton* war vor einigen Tagen
nicht geneigt, mir einzuräumen, daß ich es der Republik und
den Gesetzen schuldig sei, mich der Strafe zu unterwerfen, die
mir auferlegt worden. Wenn mir seine Denkungsart nicht ganz
unbekannt ist, so schien er nur deswegen Bedenken zu tragen,
weil er das Urteil, welches über mich ausgesprochen worden,
für ungerecht hielt. Wenn er wüßte, daß ich mich wirklich der
Verbrechen schuldig gemacht, die wider mich eingeklagt
worden sind, so würde er nicht zweifeln, daß die Republik berechtiget sei, mich am Leben zu strafen, und daß mir obliege,
diese Strafe zu leiden. Dem Rechte zu tun entspricht allezeit
eine Verbindlichkeit zu leiden. Hat die Republik, wie jede
andere sittliche Person, ein Recht, denjenigen zu strafen, der
sie beleidiget, und wenn es leichtere Strafen nicht tun, ihn
sogar am Leben zu strafen: so muß der Beleidiger auch nach
der Strenge der Gerechtigkeit verbunden sein, diese Strafe zu
dulden. Ohne diese leidende Verbindlichkeit wäre jenes Recht
ein leerer Ton, Worte ohne Sinn und Bedeutung. Sowenig es in
der physischen Welt ein Wirken ohne ein Leiden gibt: ebensowenig kann in der sittlichen Welt ein Recht auf eine Person
ohne Verbindlichkeit von seiten dieser Person gedacht werden.
Ich zweifle nicht, meine Freunde! daß *Kriton* und ihr alle
hierin mit mir einstimmet. Aber so könnten wir nicht denken,
wenn das Leben uns alles wäre. Dieser irrigen Meinung zufolge, käme dem abscheulichsten Verbrecher nicht die Obliegenheit zu, die wohlverdiente Strafe zu leiden; sondern
wenn er bei der Republik sein Leben verwirkt hat, so ist er befugt, das Vaterland, das seinen Untergang will, zugrunde zu
richten. Das Geschehene ist nicht mehr zu ändern, das Leben
ist sein höchstes Gut: wie kann er ihm das Wohl der Republik
vorziehen? Wie kann ihm die Natur eine Pflicht vorschreiben,
die nicht zu seinem höchsten Gute abzielet? Wie kann er verbunden sein, etwas zu tun oder zu leiden, das mit seiner
ganzen Glückseligkeit streitet? Es wird also ihm nicht unerlaubt sein, ja sogar obliegen, den Staat durch Feuer und
Schwert zu verwirren, wenn er sein Leben dadurch retten

kann. Wodurch aber hätte der Bösewicht diese Befugnis erlangt? Bevor er das zu bestrafende Verbrechen begangen, war
er, als Mensch, verbunden, das Wohl der Menschen, als
Bürger, das Wohl seiner Mitbürger zu befördern. Was kann
ihn nunmehr von dieser Verbindlichkeit befreiet und ihm
dagegen das entgegengesetzte Recht gegeben haben, alles
neben sich zu vernichten? Was hat diese Veränderung in
seinen Pflichten verursacht? Wer unterstehet sich zu antworten: *Das begangene Verbrechen selbst*!

Eine andre unglückselige Folge von dieser Meinung ist, daß
ihre Anhänger auch endlich genötiget sind, die Vorsehung
Gottes zu leugnen. Da, nach ihren Gedanken, das Leben der
Menschen zwischen die engen Grenzen von Geburt und Tod
eingeschränkt ist: so können sie den Lauf desselben mit ihren
Augen verfolgen und ganz übersehen. Sie haben also Kenntnis
der Sache genug, die Wege der Vorsehung, wenn es eine gibt,
zu beurteilen. Nun bemerken sie in den Begebenheiten dieser
Welt vieles, das offenbar mit dem Begriffe, den wir uns
von den Eigenschaften Gottes machen müssen, nicht übereinkömmt: Manches widerspricht seiner Güte, manches seiner
Gerechtigkeit, und bisweilen sollte man glauben, das Schicksal
der Menschen sei von einer Ursache angeordnet worden, die
am Bösen Vergnügen gefunden. In dem physischen Teile des
Menschen entdecken sie lauter Ordnung, Schönheit und
Harmonie, die allerweisesten Absichten und die vollkommenste
Übereinstimmung zwischen Mittel und Endzweck: lauter sichtbare Beweise der göttlichen Weisheit und Güte. Aber in dem
gesellschaftlichen und sittlichen Leben der Menschen, wenigstens soviel wir davon übersehen können, sind die Spuren
dieser göttlichen Eigenschaften ganz unkenntlich. Trium-
phierende Laster, gekrönte Übeltaten, verfolgte Unschuld,
unterdrückte Tugend sind wenigstens nicht selten; die Unschuldigen und Gerechten leiden nicht seltner als die Übel-
täter; Meuterei gelingt so oft als die weiseste Gesetzgebung
und ein ungerechter Krieg so gut als die Vertilgung der
Ungeheuer oder jede andere wohltätige Unternehmung, die
zum Besten des menschlichen Geschlechts gereicht; Glück und
Unglück trifft Gute und Böse ohne merklichen Unterschied und
müssen, in den Augen dieser Sophisten wenigstens, ganz ohne
Absicht auf Tugend und Verdienst unter die Menschen verteilt

zu sein scheinen. Wenn sich ein weises, gütiges und gerechtes Wesen um die Schicksale der Menschen bekümmerte und sie nach seinem Wohlgefallen ordnete: würde nicht in der sittlichen Welt ebendie weise Ordnung herrschen, die wir in der physischen bewundern?

Zwar dürfte mancher sagen: „Diese Klagen rühren bloß von unzufriedenen Gemütern her, denen es weder Götter noch Menschen jemals recht machen können. Erfüllet ihnen alle ihre Wünsche, setzet sie auf den Gipfel der Glückseligkeit: sie finden in den düstern Winkeln ihres Herzens noch allemal Eigensinn und üble Laune genug, sich über ihre Wohltäter selbst zu beklagen. In den Augen eines mäßigen und genügsamen Menschen sind die Güter dieser Welt so ungleich nicht ausgeteilt, als man glaubt. Die Tugend hat mehrenteils eine innere Selbstberuhigung zur Gefährtin, welche eine süßere Belohnung für sie ist als Glück, Ehre und Reichtum. Die unterliegende Unschuld würde sich vielleicht selten an die Stelle des Wütrichs wünschen, der ihr den Fuß in den Nacken setzet; sie würde das in die Augen fallende Glück nur allzu teuer durch innre Unruhen erkaufen müssen. Überhaupt, wer mehr auf die Empfindungen der Menschen Achtung gibt als auf ihre Urteile, der wird ihren Zustand lange so beklagenswert nicht finden, als sie ihn in ihren gemeinen Reden und Unterhaltungen machen." So dürfte mancher vorgeben, um die Wege einer weisen Vorsehung in der Natur zu retten. Allein alle diese Gründe haben nur alsdann ein Gewicht, wann mit diesem Leben nicht alles für uns aus ist, wann sich die Hoffnungen vor uns hin ins Unendliche erstrecken. In diesem Falle kann es, ja es muß für unsere Glückseligkeit weit wichtiger sein, wenn wir hienieden mit dem Unglück kämpfen, wenn wir Geduld, Standhaftigkeit und Ergebung in den göttlichen Willen lernen und üben, als wenn wir uns im Glück und Überfluß vergessen. Wenn ich auch das Leben unter tausend Martern endige, was tut dieses? Hat nur meine Seele dadurch die Schönheit der leidenden Unschuld erworben, so ist sie für alle ihre Pein mit Wucher bezahlt. Die Qual ist vergänglich und der Lohn von ewiger Dauer. Aber was hält den schadlos, der unter diesen Qualen sein ganzes Dasein aufgibt? und mit dem letzten Odem auch alle Schönheiten seines Geistes fahren läßt, die er durch diesen Kampf erworben? Ist das Schicksal eines solchen

Menschen nicht grausam? kann der gerecht und gütig sein, der es so geordnet? Und gesetzt, das Bewußtsein der Unschuld hielte allen schmerzhaften Empfindungen der Todesqual selbst, die der Unschuldige von den Händen seines Verfolgers leidet, das Gleichgewicht: soll jener Gewalttäter, jener Beleidiger der göttlichen und menschlichen Rechte so dahinfahren, ohne jemals aus der blinden Verstocktheit, in welcher er gelebt, gerissen zu werden und vom Guten und Bösen richtigere Begriffe zu erlangen? ohne jemals gewahr zu werden, daß diese Welt von einem Wesen regieret wird, welches an der Tugend Wohlgefallen findet? Wenn kein zukünftiges Leben zu hoffen ist, so ist die Vorsehung gegen den Verfolger so wenig zu rechtfertigen als gegen den Verfolgten.

Unglücklicherweise werden viele durch diese anscheinende Schwierigkeiten verführt, die Vorsehung zu leugnen. Das allerhöchste Wesen, wähnen sie, bekümmere sich um das Schicksal der Menschen gar nicht, so sehr es sich auch die Vollkommenheit seiner physischen Natur hat angelegen sein lassen. Tugend und Laster, Unschuld und Verbrechen, wer ihm dienet und wer ihn lästert, sprechen sie, sein dem allgemeinen Weltgeist vollkommen gleich, und was dergleichen so lächerlicher als strafbarer Meinung mehr sind, auf die man notwendig geraten muß, sobald man den Weg zur Wahrheit verfehlt. Ich halte es für überflüssig, meine Freunde! von dem Ungrunde dieser Meinungen viele Worte zu machen, da wir alle versichert sind, daß wir unter der göttlichen Obhut stehen und das Gute von seinen Händen, so wie das Böse nicht anders als mit seiner Zulassung empfangen.

Hingegen wissen wir einen sicherern und leichtern Weg, uns aus diesem Labyrinthe zu finden. In unsern Augen verleugnet das Sittliche so wenig als das Physische dieser Welt die Vollkommenheit ihres Urhebers. So wie sich in der physischen Welt Unordnungen in den Teilen, Stürme, Ungewitter, Erdbeben, Überschwemmung, Pest usw. in Vollkommenheiten des unermeßlichen Ganzen auflösen: ebenalso dienen in der sittlichen Welt, in dem Schicksale und den Begegnissen des geselligen Menschen alle zeitlichen Mängel zu ewigen Vollkommenheiten, vergängliches Leiden zu unaufhörlicher Seligkeit und kurze Prüfung zu dauerhaftem Wohlsein. Das Schicksal eines einzigen Menschen in seinem gehörigen Lichte zu

betrachten, müßten wir es in seiner ganzen Ewigkeit übersehen können. Alsdann erst könnten wir die Wege der Vorsehung untersuchen und beurteilen, wann wir die ewige Fortdauer eines vernünftigen Wesens unter einen einzigen,
unserer Schwachheit angemessenen Gesichtspunkt bringen
könnten: aber alsdann, seid versichert, meine Lieben! würden
wir weder tadeln noch murren, noch unzufrieden sein, sondern
voller Verwunderung die Weisheit und Güte des Weltbeherr-
schers verehren und anbeten.

Aus allen diesen Beweisgründen zusammengenommen,
meine Freunde! erwächst die zuverlässigste Versicherung von
einem zukünftigen Leben, die unser Gemüt vollkommen befriedigen kann. Das Vermögen zu empfinden ist keine Beschaffenheit des Körpers und seines feinen Baues, sondern hat
seine Bestandheit für sich. Das Wesen dieser Bestandheit ist
einfach und folglich unvergänglich. Auch die Vollkommenheit,
die diese einfache Substanz erworben, muß in Absicht auf sie
selbst von unaufhörlichen Folgen sein und sie immer tüchtiger
machen, die Absichten Gottes in der Natur zu erfüllen. Insbesondere gehört unsere Seele als ein vernünftiges und nach
der Vollkommenheit strebendes Wesen zu dem Geschlechte
der Geister, die den Endzweck der Schöpfung enthalten und
niemals aufhören, Beobachter und Bewunderer der göttlichen
Werke zu sein. Der Anfang ihres Daseins ist, wie wir sehen,
ein Bestreben und Fortgehen von einem Grade der Vollkommenheit zum andern; ihr Wesen ist des unaufhörlichen
Wachstums fähig; ihr Trieb hat die augenscheinlichste Anlage
zur Unendlichkeit, und die Natur beut ihrem nie zu löschen-
den Durst eine unerschöpfliche Quelle an. Ferner haben sie,
als moralische Wesen, ein System von Pflichten und Rechten,
das voller Ungereimtheiten und Widersprüche sein würde,
wenn sie auf dem Wege zur Vollkommenheit gehemmt und zurückgestoßen werden sollten. Und endlich verweiset uns die
anscheinende Unordnung und Ungerechtigkeit in dem Schicksale der Menschen auf eine lange Reihe von Folgen, in welcher
sich alles auflöset, was hier verschlungen scheinet. Wer hier
mit Standhaftigkeit, und gleichsam dem Unglücke zu Trotz,
seine Pflicht erfüllet und die Widerwärtigkeiten mit Ergebung
in den göttlichen Willen erduldet, muß den Lohn seiner
Tugenden endlich genießen; und der Lasterhafte kann nicht

dahinfahren, ohne auf eine oder die andere Weise zur Erkenntnis gebracht zu sein, daß die Übeltaten nicht der Weg zur Glückseligkeit sind. Mit einem Worte, allen Eigenschaften Gottes, seiner Weisheit, seiner Güte, seiner Gerechtigkeit würde es widersprechen, wenn er die vernünftigen und nach der Vollkommenheit strebenden Wesen nur zu einer zeitlichen Dauer geschaffen hätte.

Es dürfte jemand von euch sprechen: „Gut, *Sokrates*! Du hast uns gezeigt, daß wir uns eines künftigen Lebens zu getrösten haben: sage uns aber auch, wo werden sich unsere abgeschiedenen Geister aufhalten? Welche Gegend des Äthers werden sie bewohnen? womit werden sie sich beschäftigen? auf welche Art werden die Tugendhaften belohnt und die Lasterhaften zu besserer Erkenntnis gebracht werden?"

Wenn jemand mich dieses fragt, so antwortete ich: Freund, du forderst mehr, als meines Berufs ist. Ich habe dich durch alle Krümmungen des Labyrinths hindurchgeführt und zeige dir den Ausgang: hier endiget sich mein Beruf. Andere Wegweiser mögen dich weiterführen. Ob die Seelen der Gottlosen werden Frost oder Hitze, Hunger oder Durst zu leiden haben, ob sie in dem Acherusischen Moraste sich herumwälzen, in dem düstern Tartarus oder in den Flammen des Pyriphlegetons ihre Zeit hinbringen müssen, bis sie geläutert werden; ob die Seligen auf einer von lauter Gold oder Edelgestein blitzenden Erde die reinste Himmelsluft einsaugen und sich in dem Glanze der Morgenröte sonnen, oder ob sie in den Armen einer ewigen Jugend ruhen und sich mit Nektar und Ambrosia füttern lassen: alles dieses, mein Freund! weiß ich nicht. Wissen es unsere Dichter und Fabellehrer besser: so mögen sie andere davon versichern. Es schadet vielleicht nicht, wenn gewisser Leute Einbildungskraft auf eine solche Weise beschäftiget und angestrengt wird. Was mich betrifft, so begnüge ich mich mit der Überzeugung, daß ich ewig unter göttlicher Obhut stehen werde, daß seine heilige und gerechte Vorsehung in jenem Leben, so wie in diesem, über mich walte und daß meine wahre Glückseligkeit in den Schönheiten und Vollkommenheiten meines Geistes bestehe: diese sind Mäßigkeit, Gerechtigkeit, Freiheit, Liebe, Wohlwollen, Erkenntnis Gottes, Beförderung seiner Absichten und Ergebung in seinen heiligen Willen. Diese Seligkeiten erwarten meiner in jener Zukunft, dahin ich eile, und ein mehreres brauche ich nicht zu wissen, um mit getrostem Mute den Weg anzutreten, der mich dahin führet. Ihr, *Simmias, Cebes* und übrigen Freunde! ihr werdet mir folgen, ein jeder zu seiner Zeit. Mir winkt jetzt schon das unbewegliche Schicksal, wie etwa ein Trauerspieldichter sagen würde. Es ist Zeit, daß ich ins Bad gehe; denn ich halte es für anständiger, nach dem Bade erst den Gift zu mir zu nehmen, damit ich den Weibern die Mühe erspare, meinen Leichnam zu waschen.

Als *Sokrates* ausgeredet hatte, ergriff *Kriton* das Wort und sprach: Es sei! Was hast du aber diesen Freunden oder mir zu hinterlassen, das deine Kinder oder häuslichen Angelegenheiten angehet? womit können wir dir zu Gefallen leben? – Wenn ihr so lebt, *Kriton*! sprach er, wie ich euch längst empfohlen habe. Ich habe nichts Neues hinzuzutun. Wenn ihr für euch selbst Achtung habet, so werdet ihr mir, den Meinigen und euch selbst zu Gefallen leben, und wenn ihr es auch nicht versprechet; vernachlässiget ihr aber euch selbst und wollet der Spur nicht folgen, die euch heute und in vorigen Zeiten vorgezeichnet worden: so wird es nichts helfen, wenn ihr auch jetzt noch soviel zusaget. – *Kriton* versetzte: Wir werden mit allen Kräften streben, dir zu gehorchen, mein *Sokrates*! Wie sollen wir aber nach deinem Tode mit dir verfahren? – Wie ihr wollet, antwortete *Sokrates*, wenn ihr mich anders habet und ich euch nicht entwische? – Zu gleicher Zeit sahe er uns lächelnd an und sprach: Ich kann den *Kriton* nicht bereden, meine Freunde! daß derjenige eigentlich *Sokrates* sei, der jetzt redet und euch eine Zeitlang unterhalten hat; er glaubt immer noch, der Leichnam, den er bald wird zu sehen bekommen und der vorjetzo nur meine Hülle ist, das sei *Sokrates*, und fragt, wie er mich begraben soll. Alle die Gründe, die ich bisher angeführet, zu beweisen, daß ich, sobald der Gift gewirkt haben wird, nicht mehr bei euch bleiben, sondern in die Wohnungen der Glückseligen versetzt werde, scheinen ihm eine bloße Erfindung, um euch und mich zu trösten. Seid so gut, meine Freunde! und verbürget nun beim *Kriton* das Gegenteil dessen, was er bei den Richtern verbürgt hat. Er ist für mich gut gewesen, daß ich nicht entlaufen werde; ihr aber müsset ihm dafür stehen, daß ich mich, gleich nach meinem Tode, davonmache, damit er meinen Leichnam verbrennen oder in die Erde senken sehe und sich nicht so sehr betrübe, als wenn mir das größte Unglück widerführe. Er spreche auch bei meinem Leichenbegängnisse nicht: Man legt den *Sokrates* auf die Bahre, man trägt *Sokrates* hinweg, man beerdiget den *Sokrates*. Denn wisse, fuhr er fort, mein werter *Kriton*! dergleichen Reden sind nicht nur der Wahrheit zuwider, sondern auch eine Beleidigung für den abgeschiedenen Geist. Sei vielmehr getrosten Muts und sprich, mein Leichnam werde beerdiget. Im übrigen magst du ihn beerdigen, wie es dir gefällt und wie du glaubest, daß es die Gesetze mit sich bringen. Hierauf ging er in ein benachbartes Gemach, um sich zu waschen. *Kriton* folgte ihm, und uns hieß er warten. Wir blieben und unterhielten uns einesteils mit dem, was wir gehöret hatten, wiederholten, überdachten und erwogen einige Gründe, um uns davon gehörig zu überzeugen; andernteils aber beschäftigte uns die trostlose Erwartung des großen Unglücks, das uns bevorstund. Denn es kam uns nicht anders vor, als wenn wir unser Vater verlören und von nun an als Waisen in der Welt leben müßten. Als er sich gewaschen hatte, brachte man ihm seine Kinder (er hat ihrer drei: zwei kleine und ein erwachsenes), und seine Hausweiber traten zu ihm hinein. Er unterhielt sich mit ihnen in Gegenwart des *Kriton*, sagte ihnen, was er zu sagen hatte, ließ die Weiber und Kinder hierauf weggehen und kam wieder zu uns heraus. Es war gegen Sonnenuntergang; denn er hatte sich etwas lange in dem Nebengemache verweilet. Er setzte sich nieder, sprach aber sehr wenig; denn bald darauf kam der Trabante der Eilfmänner, stellte sich neben ihn und sprach: *O Sokrates*! ich werde an dir etwas ganz anders gewahr als an andern Verurteilten. Sie pflegen sich zu entrüsten und mir zu fluchen, wenn ich ihnen auf Befehl der Obrigkeit ankündige, daß es Zeit sei, den Gift zu trinken; du aber scheinest mir allezeit, und vornehmlich jetzt, der gelassenste und sanftmütigste Mann zu sein, der jemals diesen Ort betreten. Ich weiß gewiß, du bist auch jetzo über mich nicht ungehalten, sondern über die (du kennest sie!), die daran schuld sind. Du merkest nun wohl, *Sokrates*! was für eine Botschaft ich dir zu bringen habe. Gehab dich wohl und leide mit Geduld, was nicht zu ändern ist. Er sprach es, kehrte sich herum und weinte. *Sokrates* sahe sich nach ihm um und sprach: Lebe du wohl, Freund! wir werden

dir gehorchen. Zu uns aber sprach er: Was für ein rechtschaff-
ner Mann! er hat mich oft besucht, auch sich zuweilen mit mir
unterhalten. Es ist ein gar guter und ehrlicher Mensch: sehet,
wie aufrichtig er jetzt um mich weinet! Allein, *Kriton*! wir
müssen ihm in der Tat gehorchen: laß den Gift herbringen,
wenn er fertig ist, wo nicht, so mag ihn dieser zurechtemachen.

Warum so eilig, mein *Sokrates*? versetzte Kriton: Ich
glaube, daß die Sonne noch auf den Bergen scheinet und noch
nicht untergegangen ist. Andere pflegen nach der Ankündigung
noch lange zu warten, bevor sie den Gifttrank zu sich nehmen,
und vorher sich gütlich zu tun, zu essen, zu trinken, auch wohl
gar der Liebe zu pflegen. Wir können noch eine gute Weile
verziehen. – Das mögen die tun, *Kriton*! antwortete *Sokrates*,
welche jede Frist für Gewinn halten; ich aber habe meine
Gründe, das Gegenteil zu tun. Ich glaube nichts zu gewinnen,
wenn ich verzögere, und würde mir nur selbst lächerlich vorkommen, wenn ich mit dem Leben jetzt geizte und kargte, da
es nicht mehr mein ist. Tue mir immer meinen Willen und
halte mich nicht auf.

Hierauf winkte *Kriton* dem Knaben, der neben ihm stand.
Der Knabe ging heraus, verweilte einige Zeit mit Zubereitung
des Gifts und brachte hierauf den Mann herein, der den Gift-
becher in der Hand hatte, um ihn dem *Sokrates* zu reichen.
Sokrates sahe ihn kommen und sprach: Guter Mann, gib her!
Aber was muß ich dabei tun? du wirst es wissen. Nichts
anders, antwortete dieser, als nach dem Trinken auf und
nieder gehen, bis dir die Füße schwer werden; sodann legst du
dich nieder: dieses ist alles. Und hiermit reichte er ihm den
Becher. *Sokrates* nahm ihn, lieber *Echekrates*! mit solcher Gelassenheit, ohne Zittern, ohne Farbe oder Gesichtszüge im
geringsten zu verändern, sahe den Menschen mit seinen weit
offenen Augen an und sprach: Was meinest du? darf man den
Göttern davon einige Tropfen zum Dankopfer vergießen? Es
ist gerade soviel als nötig ist, versetzte dieser. So mag es
bleiben, erwiderte *Sokrates*; aber ein Gebet kann ich doch an
sie richten: *Die ihr mich rufet, ihr Götter! verleihet mir eine
glückliche Reise!* Mit diesen Worten setzte er den Becher an
und leerte ihn ruhig und gelassen aus.

Bisher konnten sich viele von uns noch der Tränen enthalten, als wir ihn aber ansetzen, trinken und ausleeren sahen,

da war es nicht möglich. Mir selbst tröpfelten die Tränen nicht, sondern ergossen sich wie in Strömen herunter, und ich mußte mir das Gesicht in den Mantel hüllen, um ungestört weinen zu können, nicht über ihn, sondern über mich selbst, daß ich das Unglück hatte, einen solchen Freund zu verlieren. *Kriton*, der sich noch vor mir der Tränen nicht enthalten konnte, stand auf und irrete im Gefängnisse umher; und *Apollodorus*, der die ganze Zeit mehrenteils geweinet, fing damals an, überlaut zu heulen und zu jammern, daß einem jeden das Herz davon brach. Nur *Sokrates* blieb unbewegt und rief uns zu: Was machet ihr, Kleinmütigen? Deswegen habe ich soeben die Weiber weggeschickt, damit sie hier nicht so klagen und winseln möchten; denn ich habe mir sagen lassen, man müsse suchen, unter Segen und guten Wünschen den Geist auf- zugeben. Seid ruhig und zeiget euch als Männer! – Als wir dieses vernommen, schämeten wir uns und hörten auf zu weinen. Er ging auf und nieder, bis ihm die Füße schwer wurden, und legte sich sodann auf den Rücken, wie der Sklave ihm geraten hatte. Bald darauf betastete ihn der Mann, welcher ihm den Gift gereicht, mit den Händen und beobach- tete seine Füße und seine Hüften. Er drückte ihm den Fuß und fragte, ob er es fühlte? Nein, sprach er. Er drückte ihm den Schenkel, ließ aber wieder los und gab uns zu verstehen, daß er kalt und steif sei. Er betastete ihn wieder und sprach: Sobald es ihm ans Herz kömmt, wird er verscheiden. Nun fing ihm der Unterleib schon an kalt zu werden. Er deckte sich auf, denn man hatte ihn zugedeckt, und sagte zum *Kriton* (dieses waren seine letzten Worte): *Freund! vergiß nicht, dem Gott der Genesung einen Hahn zu bringen, denn wir sind ihm einen schuldig.* – *Kriton* antwortete: Es soll geschehen: Hast du sonst nichts mehr zu hinterlassen? Hierauf erfolgte keine Antwort. Einige Zeit hernach bekam er Zuckungen. Der Mann deckte ihn vollends auf, und seine Blicke blieben starr. Als *Kriton* es sahe, drückte er ihm Mund und Augen zu.

Dieses war das Ende unseres Freundes, *o Echekrates*! eines Mannes, der unter allen Menschen, die wir kannten, unstreitig der rechtschaffenste, weiseste und gerechteste gewesen.

Anhang zur 3. Auflage des Phädon

1769

Anhang, einige Einwürfe betreffend,
die dem Verfasser gemacht worden sind

Verschiedene Freunde der Wahrheit haben die Gewogenheit gehabt, mir ihre Erinnerungen und Anmerkungen über obige Gespräche, teils in Privatbriefen und teils in öffentlichen Blättern[36], zu Gesichte kommen zu lassen. Nicht wenige derselben habe ich bei dieser zwoten Auflage mit Nutzen gebraucht. Ich habe hier und da verändert, an einigen Stellen mich deutlicher erklärt und andere durch Noten erläutert. Dieses ist der einzige Dank, den diese würdige Männer von mir erwarten. Aber alles habe ich nicht aus dem Wege räumen können, was meinen Richtern anstößig geschienen. Zum Teil haben mich ihre Gründe nicht überzeugt, und zum Teil gingen ihre Anforderungen über meine Kräfte. Man erlaube, daß ich mich hier über einige Erinnerungen von dieser Art erkläre.

Überhaupt muß ich bekennen, daß die Kunstrichter in Ansehung meiner eher nachsichtsvoll als strenge gewesen sind. Ich habe mich über keinen unbilligen Tadel zu beschweren, vielleicht eher über unbilliges Lob, davon mich die Selbsterkenntnis versichert, daß es übertrieben ist. Unmäßiges Lob pflegt mehr die Absicht zu haben, andere zu demütigen, als den Gegenstand desselben anzuspornen. Ich habe mir niemals in den Sinn kommen lassen, Epoche in der Weltweisheit zu machen oder durch ein eigenes System berühmt zu werden. Wo ich eine betretene Bahn vor mir sehe, da suche ich keine neue zu brechen. Haben meine Vorgänger die Bedeutung eines Worts festgesetzt, warum sollte ich davon abweichen? Haben sie eine Wahrheit ans Licht gebracht, warum sollte ich mich stellen, als wüßte ich es nicht? Der Vorwurf der Sektiererei[37] schreckt mich nicht ab, von andern mit dankbarem Herzen anzunehmen, was ich bei ihnen Brauchbares und Nützliches finde. Ich gestehe es, der Sektiergeist hat dem Fortgange der

Weltweisheit sehr geschadet, aber er kann meines Erachtens von Liebe zur Wahrheit eher im Zaume gehalten werden als die Neuerungssucht.

Jedoch ich soll, selbst in dem ersten Gespräche, allwo ich genauer beim Plato geblieben zu sein vorgebe, Sätze aus *Wolff* und *Baumgarten* ohne Beweise vorausgesetzt haben[38], die nicht jeder Leser so schlechterdings annimmt. – Welches sind denn diese Sätze? Etwa, *daß die Kräfte der Natur stets wirksam sind?* Ich glaube, dieser Satz sei so alt als die Weltweisheit selbst. Man hat von jeher gewußt, daß ein wirksames Ding, wenn es nicht gehemmet wird, die ihm angemessene Wirkung hervorbringt, und wenn es Widerstand findet, so wirkt es in diesen Widerstand zurück. Es ist also niemals in Ruhe. Das Wort *würklich* sein, wodurch man das *Dasein* andeutet, gibt nicht ohne Grund zu verstehen, daß alles, was da ist, auch *würklich* sein, d. i. etwas tun müsse. Eine Kraft, die nicht wirkt, ist eine Kraft, die nicht vorhanden ist, denn das *Können, Vermögen* usw. sind bloße Möglichkeiten, Begriffe, die nicht eher einen Gegenstand haben, als wenn von würklichen Kräften die Rede ist, die auf eine gewisse Art angewendet sind, insoweit sie ihrer Natur nach auch andern Anwendungen nicht widersprechen. Man sagt z. B. von einem Manne in Geschäften, er *könne* auch dichten, er besitze das *Vermögen* dazu in einem vorzüglichen Grade. Wenn in dieser Redensart Wahrheit sein soll, so muß sie folgende Bedeutung haben: Die Seelenkräfte dieses Mannes, die itzt mit der Verwaltung eines bürgerlichen Amts usw. beschäftiget sind, widersprechen auch einer Anwendung nicht, wodurch gute Gedichte hervorkommen würden. Wenn von einer Kraft gesagt wird, sie würke nur bei einer *gewissen Gelegenheit*, so ist die Frage: Und wenn diese Gelegenheit fehlet, was geschiehet? – Würkt die Kraft alsdann gar nichts? – So ist sie ja in Abwesenheit der Gelegenheit eine *bloße Möglichkeit* zu würken, und diese bloße Möglichkeit soll doch auch vorhanden sein? – Die Gelegenheit kann nur die Anwendung der Kräfte abändern, indem diese Anwendung nicht von der Kraft selbst, sondern von der Verbindung, in welcher sie mit andern Dingen stehet, abhänget, aber die Gelegenheit kann keine Kraft *erwecken*, die aufgehört hat zu wirken, auch keine Kraft vernichten, die einmal vorhanden ist. Wenn also gesagt wird:

eine jede Kraft müsse beständig wirksam sein, so verstehet es sich von selbst, daß bloß von ursprünglichen Kräften die Rede ist, nicht von ihrer Anwendung auf besondere Arten von Gegenständen, wodurch *Fähigkeiten* entstehen. Diese werden zuweilen, wiewohl etwas uneigentlich, auch Kräfte genennt; allein von ihnen ist es offenbar, daß sie nicht immer wirksam sein dürfen, und dieses geschiehet, wie vorhin schon berühret worden, sooft sich von der ursprünglichen Kraft begreifen läßt, daß sie ihrer Natur nach auf eine gewisse Art von Gegenständen zwar *anwendbar*, aber nicht immer *angewendet* sein müsse. So kann das Nachdenken bei einem Schlafenden, die Erfindungskraft bei einem sinnlich Beschäftigten und die Urteilskraft bei einem Betörten eine Zeitlang ganz untätig sein. Aber alsdann ist die ursprüngliche Kraft, von welcher diese Fähigkeiten, die zuweilen auch Kräfte heißen, bloße Ableitungen sind, nichts weniger als untätig. Diese Begriffe leuchten der gesunden Vernunft so sehr ein, daß sie keines Beweises bedürfen, und die Weltweisen aller Zeiten müssen sie gedacht, nur zuweilen in Worten anders ausgedrückt haben.

Ist etwa dieser Satz Wolffisch: *daß alles Veränderliche keinen Augenblick unverändert bleibe?* – Nicht doch, die Schriften des Plato sind voll davon. Alle vergängliche Dinge, sagt dieser Weltweise im Theätetus und an vielen andern Stellen, sind in beständigem Wechsel von Gestalten und bleiben keinen Augenblick sich selbst ähnlich. Er schreibt ihnen daher kein wirkliches Dasein, sondern ein Entstehen zu.* Sie sind nicht vorhanden, spricht er, sondern entstehen durch die Bewegung und Veränderung und vergehen. Dieses ist ein Hauptgrundsatz der platonischen Lehre, und hierauf gründet sich seine Theorie von dem wahren Dasein der allgemeinen unveränderlichen Begriffe, sein Unterschied zwischen

---

* Plotinus sagt: Iam vero neque[2] corpus omnia erit ullum, nisi animae vis exiterit. Nam *fluit semper et in motu ipsa corporis natura versatur*, citoque periturum est universum, si quae cumque sunt sint corpora. – Plotin, Enneaden, IV, Lib. VII, c. 3.

[2] *Plotinus sagt: Iam vero neque corpus*: Diese Stelle lautet in der Übersetzung von Richard Harder (Plotins Schriften, Felix Meiner Verlag, Leipzig 1930, Bd. I, S. 16): „Ja, es könnte überhaupt kein Körper existieren, wenn das Seelenvermögen nicht wäre. Denn der Körper fließet, sein Wesen ist Bewegung; und wenn alles Körper wäre, würde es bald zugrunde gehen . . ."

Wissenschaft und Meinung, seine Lehre von Gott und von der Glückseligkeit, seine ganze Philosophie.

Alle Schulen der Alten sind beschäftiget gewesen, diesen Satz zu bestätigen oder zu widerlegen. Man weiß das Gleichnis von einem Baume, der seinen Schatten auf ein vorbeifließendes Wasser wirft. Der Schatten scheinet immer derselbe zu sein, obgleich der Grund, auf welchem er gezeichnet ist, sich beständig fortbewegt. So, sagten die Anhänger des Plato, scheinen uns die Dinge Beständigkeit zu haben, ob sie gleich in stetem Wechsel sind. Daß diese Lehren auch im *Wolff* und *Baumgarten* vorkommen, ist kein Wunder, da sie seit den Zeiten des Heraklitus und Pythagoras von jedem Weltweisen haben untersucht werden müssen. Ich würde durchaus antik geblieben sein, wenn ich keine neueren Sätze hätte brauchen dürfen als diese.

Ich soll aber meine ganze Demonstration auf den Satz gegründet haben, daß *empfinden, denken und wollen die einzigen Wirkungen der Seele sind*, und dieser Satz soll außer der Schule, der ich anhänge, nicht angenommen werden. Ja, setzt ein Kunstrichter hinzu, wenn er auch von der Seele, *als Seele*, zugegeben wird, so kann er doch nicht von der Seele *als Substanz* gelten. Als Substanz muß sie auch noch eine bewegende und widerstehende Kraft haben, die mit der denkenden gar nichts gemein hat. Durch diese Unterscheidung soll einer von meinen Hauptbeweisen über den Haufen fallen, denn die Seele kann nach dem Tode *als Substanz* wirksam bleiben, ohne als Seele zu empfinden, zu denken und zu wollen.

Wir wollen sehen! Mein Beweis, sagt man, gründe sich auf einen Satz, der nicht wahr ist, und ich? Ich glaube, der Satz sei wahr, aber mein Beweis gründe sich nicht darauf. Ob eine Substanz nur *eine* Grundkraft oder mehrere haben könne, ob denken und wollen aus *einer* oder mehrern Grundtätigkeiten fließen, ob die Seele den Leib bewege oder nicht bewege, ob die Seele nach dem Tode ganz körperlos sein werde; diese und mehrere dahin einschlagende Untersuchungen kann ich als unausgemacht dahingestellt sein lassen. Für mich habe ich zwar Partei genommen; allein die Beweise für die Unsterblichkeit der Seele sollen mit sowenig andern Streitfragen als möglich verwickelt bleiben. Das Vermögen oder die Kraft zu denken und zu wollen nenne ich Seele, und mein ganzer Beweis gründet sich auf folgendes Dilemma: Denken und wollen sind entweder Eigenschaften des Zusammengesetzten oder des Einfachen. Jenes wird im zweiten Gespräche untersucht. In dem ersten betrachte ich sie als Eigenschaften des einfachen Wesens. Die Eigenschaften des einfachen Wesens sind entweder Grundtätigkeiten oder Modifikationen anderer Tätigkeiten. Man gestehet ein, daß denken und wollen nicht bloße Modifikationen anderer Kräfte, sondern ursprüngliche Tätigkeiten sein müssen. Eine oder mehrere, das tut nichts; die einfachen Wesen mögen auch außer dem Denken und Wollen noch andere Kräfte haben, bewegende, widerstehende, stoßende oder anziehende, soviel man nur will und Namen erdenken kann. Genug, daß denken und wollen nicht bloße Abänderungen dieser ungenannten Kräfte, sondern von ihnen unterschiedene Grundtätigkeiten sind. Nun können alle natürliche Kräfte nur Bestimmungen abändern, nur Modifikationen miteinander abwechselnd machen, niemals aber Grundeigenschaften und für sich bestehende Tätigkeiten der Dinge in Nichts verwandeln; daher kann die Kraft zu denken und zu wollen oder können die Kräfte zu denken und zu wollen niemals durch natürliche Veränderungen vernichtet werden, wenn sie auch noch soviel von ihnen verschiedene Kräfte zurücklassen. Eine wundertätige Allmacht gehört dazu, ein solches Vermögen hervorzubringen oder zu zernichten.

Daß durch alle Kräfte der Natur nichts wahrhaftig zernichtet werden könne, ist, soviel ich weiß, von keinem Weltweisen noch in Zweifel gezogen worden. Eine natürliche Handlung, hat man von jeher gesagt, muß Anfang, Mittel und Ende haben, das heißt, es muß ein Teil der Zeit verstreichen, bevor sie vollendet wird. Dieser Teil der Zeit mag so klein sein, als man will, er verleugnet doch niemals die Natur der Zeit und hat aufeinanderfolgende Augenblicke. Sollen die Kräfte der Natur eine Wirkung hervorbringen, so müssen sie sich dieser Wirkung allmählich nähern und sie vorbereiten, bevor sie erfolget. Eine Wirkung aber, die nicht vorbereitet werden kann, die in einem Nu erfolgen muß, hört auf natürlich zu sein, kann nicht von Kräften hervorgebracht werden, die alles in der Zeit tun müssen. Alle diese Sätze sind den Alten nicht unbekannt gewesen, und sie schienen mir in dem Räsonnement des Plato*

---

* Im Phädon.

von den entgegengesetzten Zuständen und den Übergangen von einem auf den andern nicht undeutlich zu liegen. Darum suchte ich sie meinen Lesern nach Platons Weise, aber mit der unsern Zeiten angemessenen Deutlichkeit, vorzutragen. Sie leuchten zwar der gesunden Vernunft ziemlich ein; allein durch die *Lehre von der Stetigkeit* erlangen sie meines Erachtens einen hohen Grad der Gewißheit. Ich ergriff auch nicht ungern die Gelegenheit, meine Leser mit dieser wichtigen Lehre bekannt zu machen, weil sie uns auf richtige Begriffe von den Veränderungen des Leibes und der Seele führet, ohne welche man Tod und Leben, Sterblichkeit und Unsterblichkeit nicht aus dem rechten Gesichtspunkte betrachten kann.

Wie aber, fragte man, kann wohl irgendeine Veränderung ohne alle Zernichtung vorgehen?[39] Muß nicht die Bestimmung einer Sache zernichtet werden, wenn die entgegengesetzte Bestimmung an ihr wirklich werden soll? Und wie ist dieses möglich, wenn die Kräfte der Natur nichts zernichten können? – Ich glaube, man mißbraucht hier das Wort *zernichten*. Wenn ein harter Körper weich oder ein trockener feuchte wird, so darf nicht etwa die Härte oder Trockenheit zernichtet und die Weichheit oder Feuchtigkeit dafür hervorgebracht werden. So kann auch ohne die geringste Zernichtung das Lange kurz, das Kurze lang, das Kalte warm und das Warme kalt, das Schöne häßlich und das Häßliche schön werden. Alle diese Modifikationen sind durch allmähliche Übergänge miteinander verbunden, und wir sehen gar deutlich, daß sie ohne die geringste Zernichtung oder Hervorbringung miteinander abwechseln können. Überhaupt sind die entgegengesetzten Bestimmungen, die durch natürliche Veränderungen an einer Sache möglich sind, alle von der Art, daß zwischen beiden äußersten auch ein Mittel stattfindet. Im Grunde sind sie nur durch das Mehr und Weniger voneinander unterschieden. Verändert gewisse Teile in ihrer Lage, bringet diese näher zusammen, jene weiter voneinander, so wird das Schöne häßlich, das Lange kurz usw. Verdunkelt diese Begriffe und heitert jene auf, schwächet diese Begierden, stärket jene Neigungen, so habet ihr die Einsichten und den Charakter eines Menschen verändert. Alles dieses kann durch einen allmählichen Übergang, ohne die geringste Zernichtung, geschehen, und solche Veränderungen sind der Natur allerdings möglich. Aber zwo entgegengesetzte

Bestimmungen, zwischen welchen es kein Mittel gibt, können niemals natürlicherweise aufeinanderfolgen, und ich kenne kein Gesetz der Bewegung, das diesem Satz zuwider sein sollte. Hierüber verdienet der Pater *Boscovich**[40] nachgelesen zu werden, welcher das Gesetz der Stetigkeit in ein vortreffliches Licht gesetzt hat.

Allein wozu alle diese stachelichten Untersuchungen in einem sokratischen Gespräche? Sind sie nicht für die einfältige Manier des atheniensischen Weltweisen viel zu spitzfündig?

Ich antworte: Man scheinet zu vergessen, daß ich dem Plato und nicht dem Xenophon nachahme. Dieser letztere vermied alle Spitzfündigkeiten der Dialektik und ließ seinen Lehrer und Freund dem gesunden ungekünstelten Menschenverstande folgen. In sittlichen Materien ist diese Methode unverbesserlich; allein in metaphysischen Untersuchungen führet sie nicht weit genug. Plato, der der Metaphysik hold war, machte seinen Lehrer zum pythagorischen Weltweisen und ließ ihn in den dunkelsten Geheimnissen dieser Schule eingeweihet sein. Wenn Xenophon auf ein Labyrinth stößt, so läßt er den Weisen lieber schüchtern ausweichen, als sich in Gefahr begeben. Plato hingegen führet ihn durch alle Krümmungen und Irrgänge der Dialektik und läßt ihn in Untersuchungen sich vertiefen, die weit über die Sphäre des gemeinen Menschenverstandes sind. Es kann sein, daß Xenophon dem Sinne des Weltweisen, der die Philosophie von dem Himmel heruntergeholt, treuer geblieben ist. Ich mußte nichtsdestoweniger der Methode des Plato folgen, weil diese Materie meines Erachtens keine andere Behandlung leidet und ich lieber subtil sein als von der Strenge des Beweises etwas vergeben wollte. Die Sophisterei hat sich in unsern Tagen unter gar verschiedenen Gestalten gezeigt. Bald mit Spitzfündigkeiten gewaffnet, bald unter der Larve der gesunden Vernunft, bald als Freundin der Religion, jetzt mit der Dreistigkeit eines vielwissenden Thrasymachus[41], dann wieder mit der unschuldigen Laune eines nichtswissenden Sokrates. Mit allen diesen Proteuskünsten hat sie gesucht, die Lehre von der Unsterblichkeit der Seele ungewiß zu machen und die Gründe jetzt zu verspotten, jetzt im Ernste zu widerlegen. Wie sollen die Freunde dieser

---

* In seiner Abhandlung De lege continui und in seinen Princ. phil. nat.

Wahrheit sie verteidigen? Durch sokratische Unwissenheit kann man den Dogmatiker rasend machen, aber nichts festsetzen. Durch Gegenspott wird niemand überzeugt. Ihnen bleibt also kein anderer Weg, als die Gaukeleien der Zweifelsüchtigen für das zu halten, was sie sind, und nach Vermögen zu beweisen.

Daß ich dem Sokrates Gründe in den Mund gelegt, die ihm zu seiner Zeit, nach dem damaligen Zustande der Weltweisheit, nicht haben bekannt sein können, gestehe ich in der Vorrede mit ausdrücklichen Worten. Ich nenne sogar die neueren Weltweisen namentlich, von denen ich das mehreste entlehnt habe. Es konnte also meine Absicht nicht gewesen sein, den Neuern etwas von ihren Verdiensten um die Lehre von der Unsterblichkeit zu entziehen und es den Alten zuzulegen. Überhaupt ist mein Sokrates nicht der Sokrates der Geschichte. Jener lebte in Athen, unter einem Volke, welches das erste, so sich um wahre Weltweisheit bekümmerte, und zwar damals noch seit nicht langer Zeit. Weder die Sprache noch die denkende Köpfe waren noch zur Philosophie gebildet. Er war ein Schüler von Weltweisen, die selten einen Blick auf ihre Seele zurückgeworfen, die alles eher als sich selbst zum Vorwurfe ihrer Betrachtungen gemacht haben. Daher mußte in der Lehre von der menschlichen Seele und ihren Bestimmungen noch die größte Dunkelheit herrschen. Die hellesten Wahrheiten sahe man nur in der Ferne schimmern, ohne die Wege zu kennen, die zu ihnen hinführen. Ein Sokrates selbst konnte in solchen Zeiten nicht mehr tun, als die Augen unverrückt auf diese einzelne Wahrheiten richten und sich in seinem Lebenswandel von ihnen leiten lassen. Die Evidenz philosophischer Begriffe und ihr vernünftiger Zusammenhang ist eine Wirkung der Zeit und der anhaltenden Bemühung vieler nachdenkenden Köpfe, die die Wahrheit aus verschiedenen Gesichtspunkten betrachten und dadurch von allen Seiten ins Licht setzen.

Nach so manchen barbarischen Jahrhunderten, die auf jenen schönen Morgen der Philosophie gefolgt sind, Jahrhunderte, in welchen die menschliche Vernunft dem Aberglauben und der Tyrannei hat frönen müssen, hat die Weltweisheit endlich bessere Tage erlebt. Alle Teile der menschlichen Erkenntnis haben durch eine glückliche Beobachtung der Natur ansehnliche Progressen gemacht. Unsere Seele selbst haben wir auf diesem Wege besser kennenlernen. Durch eine genauere Beobachtung ihrer Wirkungen und Leiden hat man mehrere Data festgesetzt, und daraus ließen sich, vermittelst einer bewährten Methode, auch richtigere Folgen ziehen. Die vornehmsten Wahrheiten der natürlichen Religion haben durch diese Verbesserung der Philosophie eine Evidenz erlangt, die alle Einsichten der Alten verdunkelt und wie in den Schatten zurückwirft. Noch hat zwar die Philosophie ihren hellen Mittag nicht erreicht, in welchem sie vielleicht unsere Enkel dereinst erblicken werden; allein man müßte auf die Verdienste seiner Zeitgenossen sehr neidisch sein, wenn man den Neuern nicht in Absicht auf die Philosophie große Vorzüge einräumen wollte. Ich habe niemals den Plato mit den Neuern und beide mit den düstern Köpfen der mittlern Zeiten vergleichen können, ohne der Vorsehung zu danken, daß sie mich in diesen glücklichern Tagen hat geboren werden lassen.

Als ich über die Unsterblichkeit der Seele nachzudenken hatte und es mir einige Mühe kostete, Glauben von Überzeugung zu unterscheiden, fiel mir der Gedanke ein: Durch welche Gründe würde ein Sokrates in unsern Tagen sich und seinen Freunden die Unsterblichkeit beweisen können? Ein Freund der Vernunft, wie er war, würde ganz gewiß von andern Weltweisen mit Dank angenommen haben, was in ihrer Lehre auf Vernunft gegründet ist, sie möchten übrigens einem Lande oder einer Religionspartei zugehören, welcher sie wollten. Man kann in Absicht auf Vernunftwahrheiten mit jemanden übereinstimmen und dennoch verschiedenes unglaubwürdig finden, das er auf Glauben annimmt. Da die brüderliche Duldung der politischen Welt so sehr empfohlen wird, so müssen sie Freunde der Wahrheit billig zuerst unter sich hegen. Was des Glaubens ist, wollen wir dem Gewissen und der Beruhigung eines jeden überlassen, ohne uns zu Richtern darüber aufzuwerfen. Aus wahrer Menschenliebe wollen wir da nicht streiten, wo das Herz lauter spricht als die Vernunft, und zu dem allgnädigen Gott das Zutrauen haben, daß er uns alle rechtfertigen wird, wenn uns unser Gewissen rechtfertiget. Aber die Vernunftwahrheiten wollen wir mehr als brüderlich teilen, wir wollen sie, wie das Licht der Sonne, gemeinschaftlich genießen. Hat es dich, Bruder! eher beleuchtet als mich; sei vergnügt, aber nicht stolz darauf und, was noch unmenschlicher wäre, suche mir es nicht gar zu verstellen. –

Der diese oder jene Wahrheit ins Licht gesetzt hat, war deines Vaterlandes, deines Glaubens? Gut! Es ist angenehm, mit den Wohltätern des menschlichen Geschlechts in einem engern Verhältnisse zu stehen. Aber deswegen ist das, was deine Landsleute, deine Glaubensgenossen herausgebracht, nicht minder eine Wohltat, die uns allen beschieden ist. Die griechische Weisheit hat auch Barbaren genützt, und euch, die ihr erst seit kurzer Zeit diesen Namen nicht mehr verdienet, euch selbst hat sie aus der Barbarei befreien helfen. Die Weisheit kennet ein allgemeines Vaterland, eine allgemeine Religion, und wenn sie gleich Abteilungen duldet, so billiget sie doch das Unholde, Menschenfeindliche derselben nicht, das ihr zum Grunde eurer politischen Einrichtungen gelegt habet. – So würde, dünkt mich, ein Mann wie Sokrates in unsern Tagen denken, und aus diesem Gesichtspunkte angesehen, dürfte ihm der Mantel der neuern Weltweisheit, den ich ihm umgehangen, so unschicklich nicht lassen.

Den Beweis, daß die Materie nicht denken könne, im zweiten Gespräche, haben folgende Betrachtungen veranlasset.[42] Cartesius hat gezeigt, daß Ausdehnung und Vorstellungen von ganz verschiedener Natur sind und daß die Eigenschaften des denkenden Wesens sich nicht durch Ausdehnung und Bewegung erklären lassen. Ihm war dieses Beweises genug, daß sie nicht ebenderselben Substanz zugeschrieben werden können, denn nach einem bekannten Grundsatze dieses Weltweisen kann eine Eigenschaft, die sich nicht durch die Idee einer Sache deutlich begreifen läßt, dieser Sache nicht zukommen. Allein dieser Grundsatz selbst hat vielfältigen Widerspruch gefunden und, was die Eigenschaften des ausgedehnten und denkenden Wesens betrifft, so hat man den Beweis gefordert, daß sie nicht nur von disparater Natur sind, sondern sich einander widersprechen. Von Eigenschaften, die sich einander schnurstracks widersprechen, sind wir versichert, daß sie nicht ebendem Subjekte zukommen können; allein von Eigenschaften, die nichts miteinander gemein haben, schien dieses so ausgemacht noch nicht.

Als ich die Immaterialität zu erweisen hatte, stieß ich auf diese Schwierigkeit; und ob ich gleich der Meinung bin, daß der Grundsatz des Cartesius, dessen ich vorhin erwähnt, gar wohl außer Zweifel gesetzt werden könnte, so sahe ich mich dennoch nach einer Beweisart um, die mit weniger Schwierigkeit nach der sokratischen Methode abgehandelt werden könnte. Ein Beweis des *Plotinus*, den einige Neuere weiter ausgeführt haben, schien mir diese Bequemlichkeit zu versprechen.*

„Einer jeden Seele", schließt *Plotinus*,[43] „wohnet ein Leben (ein inneres Bewußtsein) bei. Wenn nun die Seele ein körperliches Wesen sein sollte, so müßten die Teile, aus welche dieses körperliche Wesen bestehet, entweder ein jeder oder nur einige oder gar keine derselben ein Leben (inneres Bewußtsein) haben. Hat nur ein einziger Teil Leben, so ist dieser Teil die Seele. Mehrere sind überflüssig. Soll aber jeder Teil insbesondere des Lebens beraubt sein, so kann solches auch durch die Zusammensetzung nicht erhalten werden; denn viele leblose Dinge machen zusammen kein Leben aus, viele verstandlose Dinge keinen Verstand."

In der Folge wiederholet Plotinus denselben Schluß mit einiger Veränderung: „Ist die Seele körperlich, wie stehet es um die Teile dieses denkenden Körpers? Sind sie auch Seelen? Und die Teile dieser Teile? Gehet dieses anders immer so fort, so siehet man ja, daß die Größe zum Wesen der Seele nichts beiträgt, welches doch geschehen müßte, wenn die Seele eine körperliche Größe hätte. In unserm Fall würde jedem Teile die Seele ganz beiwohnen, da bei einer körperlichen Größe kein Teil dem Ganzen an Vermögen gleich sein kann. Sind aber die Teile keine Seelen, so wird auch aus Teilen, die keine Seelen sind, keine Seele zusammengesetzt werden können." – Diese Gründe haben allen Schein der Wahrheit; allein zur völligen Überzeugung fehlt ihnen noch vieles. Plotinus setzet als unzweifelhaft voraus, daß aus unlebenden Teilen kein lebendes Ganze, aus undenkenden Teilen kein denkendes Ganze zusammengesetzt werden könne. Warum aber kann aus unregelmäßigen Teilen ein regelmäßiges Ganze, aus harmonielosen Tönen ein harmonisches

---

* Ennead. 4, L. VII.

Konzert, aus unmächtigen Gliedern ein mächtiger Staat zusammengesetzt werden?

Ich wußte auch, daß nach dem System jener Schule, der ich
zu sehr anhängen soll, die Bewegung aus solchen Kräften, die
nicht Bewegung sind, und die Ausdehnung aus Eigenschaften
der Substanzen, die etwas ganz anders als Ausdehnung sind,
entspringen sollen. Diese Schule also kann den Satz des
Plotinus gewiß nicht in allen Fällen gelten lassen, und gleichwohl scheinet derselbe in Absicht auf das denkende Wesen
seine völlige Richtigkeit zu haben. Ein denkendes Ganze aus
undenkenden Teilen dünkt einem jeden der gesunden Vernunft zu widersprechen.

Um von diesem Satze also überzeugt zu sein, war noch zu
untersuchen, welche Eigenschaften dem Ganzen zukommen
können, ohne daß sie den Bestandteilen zukommen, und
welche nicht. Zuerst fiel in die Augen, daß solche Eigenschaften, welche von der Zusammensetzung und Anordnung der
Teile herrühren, den Bestandteilen nicht notwendig zukommen.
Von dieser Art ist Figur, Größe, Ordnung, Harmonie, die
elastische Kraft, die Kraft des Schießpulvers u. d. gl. – Sodann
fand sich auch, daß öfters Eigenschaften der Bestandteile Erscheinungen im Ganzen hervorbringen, die, unserer Vorstellung nach, von ihnen völlig unterschieden sind. Die zusammengesetzten Farben scheinen uns den einfachen unähnlich zu sein. Wir fühlen die zusammengesetzten Gemütsbewegungen ganz anders als die einfachen, aus welchen sie
bestehen. Wohlriechende Teile, die gehäuft werden, erzeugen
einen ganz verschieden scheinenden, zuweilen sehr unangenehmen Geruch, so wie im Gegenteil durch Vermischung
übelriechender Gummen ein angenehmer Geruch erhalten
werden kann (s. Halleri Physiol.[44] T. V, p. 169, 170). Der Drei-
klang in der Tonkunst, wenn er zugleich angestimmt wird, tut
eine ganz andere Wirkung als die einzelnen Töne, aus welchen
er bestehet.

Die Eigenschaften des Zusammengesetzten also, die den Bestandteilen nicht notwendig zukommen, fließen entweder aus
der Anordnung und Zusammensetzung dieser Teile selbst oder
sind bloße Erscheinungen, nämlich die Eigenschaften und
Wirkungen der Bestandteile, die unsere Sinne nicht auseinandersetzen und unterscheiden können, stellen sich uns im

Ganzen anders vor, als sie wirklich sind. Nunmehr machte ich die Anwendung von dieser Betrachtung auf den Satz des *Plotinus*.

Das Vermögen zu denken kann keine Eigenschaft von dieser Art sein; denn alle diese Eigenschaften sind offenbar Wirkungen des Denkungsvermögens oder setzen dasselbe zum voraus. Die Zusammensetzung und Anordnung der Teile erfordert ein Vergleichen und Gegeneinanderhalten dieser Teile, und die Erscheinungen sind nicht sowohl in den Sachen außer uns als in unserer Vorstellung anzutreffen. Beide Arten sind also Wirkungen der Seele und können das Wesen derselben nicht ausmachen. Daher kann aus undenkenden Teilen kein denkendes Ganze zusammengesetzt werden.

Auch der andere Teil des Beweises erforderte eine weitere Ausführung. Es hat Weltweise gegeben, die den Atomen der Körper dunkele Begriffe zugeschrieben, woraus denn, ihrer Meinung nach, im Ganzen klare und deutliche Begriffe entspringen. Hier war zu beweisen, daß dieses unmöglich sei und daß wenigstens einer von diesen Atomen so deutliche, so wahre, so lebendige usw. Begriffe haben müßte als der ganze Mensch. Ich bediente mir zu diesem Behufe den Satz, den Herr Ploquet[45] so schön ausgeführt, daß *viele geringere Grade zusammen keinen stärkern Grad ausmachen.* Es gibt nämlich eine Größe der Menge (quantitas extensiva), die in der Menge der Teile bestehet, aus welcher sie zusammengesetzt ist, und eine Größe der Kraft (quantitas intensiva), die auch *Grad* genennet wird. Wenn mehrere Teile hinzukommen, so nimmt die Größe von der ersten Art zu, aber der Grad erfordert eine innerliche Verstärkung, keine größere Ausbreitung. Man gieße lauliches Wasser zu laulichem Wasser; so wird die Menge des Wassers, aber nicht der Grad der Wärme vermehret. Viele Körper, die sich mit einer gleichen Geschwindigkeit bewegen, machen, wenn sie zusammenhangen, eine größere Masse, aber keine größere Geschwindigkeit aus. Der Grad ist in jedem Teile so groß als im Ganzen, daher kann die Menge der Teile den Grad nicht verändern. Wenn dieses geschehen soll, so müssen die Wirkungen der Menge in *eine* konzentriert werden, da denn an innerer Stärke soviel gewonnen werden kann, als die Ausdehnung abgenommen. So können viele schwache Lichter *eine* Stelle stärker beleuchten, viele Brennspiegel *einen* Körper stärker in Brand setzen. Je mehr Merkmale ein und ebendasselbe Subjekt an einem Gegenstande wahrnimmt, desto klarer wird die Vorstellung dieses Subjekts von diesem Gegenstande. Es folget hieraus sehr natürlich, daß alle dunkele Begriffe der nebeneinanderseienden Atomen zusammen keinen deutlichen, ja nicht einmal einen minder dunkeln Begriff ausmachen können, wenn sie nicht in einem Subjekte konzentriert, von ebendemselben einfachen Wesen gesammelt und gleichsam übersehen werden.

Die mehresten Gründe meines dritten Gesprächs sind aus *Baumgartens* Metaphysik und *Reimarus vornehmsten Wahrheiten der natürlichen Religion*[46] entlehnt. Von dem Beweise aus der Harmonie unserer Pflichten und Rechte habe ich bereits in dem Vorberichte erinnert, daß ich ihn noch nirgend gefunden habe. Ich setze dabei zum voraus, daß die Todesstrafen in gewissen Fällen rechtens sind. Nun scheinet aber der *Marquis Beccaria*[47] in seiner Abhandlung *von den Verbrechen und Strafen* diesen Satz in Zweifel zu ziehen. Da dieser Weltweise der Meinung ist, daß sich das Recht zu strafen einzig und allein auf den gesellschaftlichen Vertrag gründe, woraus denn die Unrechtmäßigkeit der Todesstrafen freilich folgt, so habe ich die Meinung selbst, in dieser zwoten Auflage, in einer Anmerkung zu widerlegen gesucht. Der Marquis selbst kann sich nicht entbrechen, die Todesstrafe in einigen Fällen für unvermeidlich zu halten. Er will zwar eine Art von Notrecht daraus machen; allein das Notrecht muß sich auf eine natürliche Befugnis gründen, sonst ist es bloße Gewalttätigkeit. Überhaupt ist wohl der Satz nicht in Zweifel zu ziehen, daß alle Verträge in der Welt kein neues Recht erzeugen, sondern unvollkommene Rechte in vollkommene verwandeln. Wenn also die Befugnis zu strafen nicht in dem Rechte der Natur gegründet wäre, so könnte solches durch keinen Vertrag hervorgebracht werden. Gesetzt aber, das Recht zu strafen sei, ohne Vertrag, ein unvollkommenes Recht, wiewohl ich dieses für ungereimt halte, so verlieret mein Beweis dennoch nichts von seiner Bindigkeit, denn vor dem Richterstuhle des Gewissens sind die unvollkommenen Rechte ebenso kräftig, die unvollkommenen Pflichten ebenso verbindlich als die vollkommenen. Ein unvollkommenes Recht, jemanden am Leben zu strafen, setzet wenigstens eine unvollkommene Obliegenheit voraus, diese Strafe zu leiden. Diese Obliegenheit wäre aber ungereimt, wenn unsere Seele nicht unsterblich wäre.

In der *Neuen Biblioth. der schönen Wissenschaften* (B. VI.)[48] findet sich eine ausführliche Anzeige und Beurteilung des Phädons, die vortreffliche Anmerkungen enthält. Die Gedanken über das philosophische Dialog, die der Rezensent vorausschickt, können zum Muster dienen, wie ein Kunstrichter sich als Sachverständigen rechtfertigen sollte, bevor er meistert. – Daselbst wird wider den Beweis von der Kollision der Pflichten erinnert, daß er einen Zirkel enthalte. „Daß es eine Pflicht sei", wird gesagt (S. 331), „für irgend jemanden der Erhaltung unsers Lebens zu entsagen, wissen wir ja nirgends anders her, als weil wir höhere Endzwecke als das Leben zu kennen glauben; würde dieses als ein Irrtum bewiesen, so fielen jene Pflichten weg, und mit ihnen zugleich der Widerspruch." Ich glaube hierdurch auf keinerlei Weise widerlegt zu sein. Der Beweis kann verschiedene Wege nehmen, die ohne Zirkel zum Ziele führen. Einmal gehe man von der Verbindlichkeit zum geselligen Leben aus. Diese kann unabhängig von der Unsterblichkeit der Seele erwiesen werden, gründet sich also, wie alle moralische Wahrheiten, auf metaphysische Sätze. Der Ausführung hiervon wird man mich hoffentlich überheben, da sie mich offenbar zu weit führen würde und diese Sätze von andern schon hinlänglich bearbeitet worden sind. Nun kann keine menschliche Gesellschaft bestehen, wenn das Ganze nicht in gewissen Vorfällen das Recht hat, das Leben eines ihrer Glieder dem gemeinen Besten aufzuopfern. Diesen Satz hat Epikur, Spinoza und Hobbes nicht leugnen können, ob sie gleich keine höhere Endzwecke als das Leben erkennen wollten. Sie sahen wohl ein, daß kein geselliges Leben unter den Menschen stattfinden könne, wenn dem Ganzen dieses Recht nicht eingeräumt würde. Allein da die Begriffe von Recht und Pflicht nicht entwickelt genug waren, so merkte man nicht, daß dieses Recht auch auf Seiten des Bürgers die Pflicht voraussetzet, sich dem Wohl des Ganzen aufzuopfern, und daß diese Pflicht der Natur nicht gemäß sei, wenn die Seele nicht unsterblich ist.

Ich kann auch, wie in dem letzten Gespräche geschehen, von der Gerechtigkeit, eine Beleidigung zu ahnden, ausgehen, die in der Tat auch im Stande der Natur dem Menschen zukommen muß, wie in der Note zu S. 195 ausgeführt worden. Der Rezensent macht zwar wider meine Gründe folgende Erinnerung: „Das Recht der Wiedervergeltung in dem natürlichen Zustande und das Recht zu strafen in der bürgerlichen Gesellschaft sind in der Tat zwei verschiedene Rechte. Das erste beziehet sich bloß auf die Person, die beleidiget hat, ihr das Vermögen und den Willen zu benehmen, uns künftig wieder zu beleidigen; das andere gehet auch auf alle übrige Personen der Gesellschaft, die uns nicht beleidiget haben, sie von dem Verbrechen, durch die Erfahrung der physischen Übel, die sie daraus zu erwarten haben, abzuschrecken; das erste gründet sich lediglich auf das Recht, sich zu verteidigen, oder ist vielmehr mit demselben einerlei, bei diesem aber bleibt dem Beleidiger selbst das Recht, sich auch unsrer Rache entgegenzusetzen; das andere gründet sich auf die freiwillige Übertragung aller seiner vollkommenen Rechte an die Gesellschaft, wodurch also auf Seiten des Beleidigers das Recht aufgehoben wird, sich gegen die Rache zu verteidigen, die von der ganzen Gesellschaft herkömmt usw." Allein ich sehe nicht ein, wie ihm diese Unterscheidungen eingeräumt werden können. Das Recht der Wiedervergeltung in dem natürlichen Zustande? Ich kenne kein Recht der bloßen Vergeltung oder der Rache in der menschlichen Natur, das Böses tut, weil Böses geschehen ist, wodurch das physische Übel vermehret wird, ohne moralisch Gutes zu befördern. Und warum soll der Mensch im Stande der Natur nicht die Absicht haben dürfen, andere von Beleidigungen abzuschrecken? Gehört etwa hiezu ein gesellschaftlicher Vertrag? Muß der Mensch erst einen Teil seiner Rechte an die Gesellschaft übertragen haben, bevor er andern zeiget, daß er eine Beleidigung zurückgeben kann? – Endlich hebet das Gegenrecht, das den Beleidigern zukommen soll, sich der Rache zu widersetzen, offenbar die Harmonie der moralischen Wahrheiten auf und setzet einen Fall fest, wo das Recht auf beiden Seiten gleich sein kann, wo die Stärke also notwendig entscheiden muß, einen *natürlichen Zweikampf*. Einen Satz, der in dem System der moralischen Wahrheiten Unordnung anrichtet, halte ich für nicht minder ungeräumt, als wenn die Harmonie metaphysischer Wahrheiten dadurch gestört werden sollte. Diese Dissonanz zu vermeiden, müssen wir auch im Stande der Natur von seiten des Beleidigers eine Pflicht annehmen, die Ahndung zu dulden. – Käme dem Beleidiger im Stande der Natur ein Recht der Verteidigung zu, so würde es auch in der Gesellschaft nicht ohne Wirkung bleiben können. Denn wenn der Beleidigte sein Recht der Vergeltung und der Beleidiger sein Recht der Verteidigung an die Gesellschaft übertrüge, so würden sie sich einander aufheben, und es könnte keine Strafe erfolgen. Es ist also nicht möglich, die moralische Welt von Widersprüchen zu befreien, wenn man kein zukünftiges Leben gestatten will.

Daß es aber Fälle gebe, wo die Todesstrafe das einzige Mittel ist, künftige Beleidigungen zu verhüten, hat Beccaria selbst nicht in Zweifel gezogen, wiewohl er mit Recht sie für so häufig nicht hält, als in den eingeführten peinlichen Rechten angenommen wird. Überhaupt hält die Strafe mit dem Verbrechen gleiche Schritte. Wie dieses keine Grenzen kennet, so auch jene, und es ist kein Grad so hoch, den sie nicht erreichen könne. Es gibt auch zwischen Marter und Tod keine bestimmte Schranken, die man der Strafgerechtigkeit anweisen konnte; daher wenn in einigen Fällen erlaubt ist, jemanden zur Strafe zu peinigen, so muß es auch Fälle geben, in welchen es erlaubt ist, zur Strafe zu töten, weil von Marter zum Tode ein allmählicher Übergang ist, der nirgend durch bestimmte Grenzen unterbrochen wird. – Was der Rezensent in der Folge noch erinnert, daß zwar aus der Natur der Dinge auf das Recht, nicht aber aus dem Rechte auf die Natur der Dinge geschlossen werden könne, scheinet mir so notwendig nicht. Wenn der Rückgang in einem Zirkel geschiehet, so ist er verboten. Wenn aber in der Einrichtung der Natur von meinem Gegner manches zugegeben und manches geleugnet wird, soll ich nicht von dem Zugegebenen auf das Recht und von dem Rechte auf den Teil der Natureinrichtung schließen können, der nicht hat zugegeben werden wollen?

Schreiben an den
Herrn Diakonus Lavater
zu Zürich

Verehrungswerter Menschenfreund!

Sie haben für gut befunden, des Herrn *Bonnets Untersuchung der Beweise für das Christentum*, die sie aus dem Französischen übersetzt, mir zuzueignen und in der Zuschrift mich vor den Augen des Publikums auf die allerfeierlichste Weise zu beschwören: „diese Schrift zu widerlegen, wofern ich die *wesentlichen* Argumentationen, womit die Tatsachen des Christentums unterstützt sind, nicht richtig finde; dafern ich aber dieselbe richtig finde, zu tun, was Klugheit, Wahrheitsliebe und Redlichkeit mich tun heißen – was ein Sokrates getan hätte, wenn er diese Schrift gelesen und unwiderleglich gefunden hätte"; d. i., die Religion meiner Väter zu verlassen und mich zu derjenigen zu bekennen, die Herr Bonnet verteidiget. Denn sicherlich, wenn ich auch sonst kriechend genug dächte, die *Klugheit* der Wahrheitsliebe und Redlichkeit das Gegengewicht halten zu lassen, so würde ich doch hier in diesem Falle alle drei in derselben Schale antreffen.

Ich bin völlig überzeugt, daß Ihre Handlungen aus einer reinen Quelle fließen, und *kann* Ihnen keine andere als liebreiche, menschenfreundliche Absichten zuschreiben. Ich würde keines rechtschaffenen Mannes Achtung würdig sein, wenn ich die freundschaftliche Zuneigung, die Sie mir in Ihrer Zuschrift zu erkennen geben, nicht mit dankbarem Herzen erwiderte. Aber leugnen kann ich es nicht, dieser Schritt von Ihrer Seite hat mich außerordentlich befremdet. Ich hätte alles eher erwartet als von einem *Lavater* eine *öffentliche* Aufforderung.

Da Sie sich der vertraulichen Unterredung noch erinnern, die ich das Vergnügen gehabt, mit Ihnen und Ihren würdigen Freunden auf meiner Stube zu halten, so können Sie unmöglich vergessen haben, wie oft ich das Gespräch von Religionssachen ab und auf gleichgültigere Materien zu lenken gesucht habe; wie sehr Sie und Ihre Freunde in mich dringen mußten, bevor ich es wagte, in einer Angelegenheit, die dem Herzen so wichtig ist, meine Gesinnung zu äußern. Wenn ich nicht irre, so sind Versicherungen vorhergegangen, daß von den Worten, die bei der Gelegenheit vorfallen würden, *niemals* öffentlich Gebrauch gemacht werden sollte. – Jedoch ich will mich lieber irren, als Ihnen eine Übertretung dieses Versprechens schuld geben. – Wenn ich aber auf meiner Stube, unter einer geringen Anzahl würdiger Männer, von deren guten Gesinnungen ich Ursach hatte versichert zu sein, einer Erklärung so sorgfältig auszuweichen suchte, so war leicht zu erachten, daß eine *öffentliche* meiner Gemütsart äußerst zuwider sein würde und daß ich in *Verlegenheit* geraten mußte, wenn die Stimme, die mich dazu *auffordert*, mir nicht verächtlich sein *kann*. Was hat Sie also bewegen können, mich wider meine Neigung, die Ihnen bekannt war, aus dem Haufen hervorzuziehen und auf einen öffentlichen Kampfplatz zu führen, den ich so sehr gewünscht, nie betreten zu dürfen? – Und wenn Sie auch meine Zurückhaltung einer bloßen Furchtsamkeit oder Schüchternheit zugeschrieben haben, verdienet eine solche Schwachheit nicht die Nachsicht und die Verschonung eines jeden liebreichen Herzens?

Allein die Bedenklichkeit, mich in Religionsstreitigkeiten einzulassen, ist von meiner Seite nie Furcht oder Blödigkeit gewesen. Ich darf sagen, daß ich meine Religion nicht erst seit gestern zu untersuchen angefangen. Die Pflicht, meine Meinungen und Handlungen zu prüfen, habe ich gar frühzeitig erkannt, und wenn ich, von früher Jugend an, meine Ruh- und Erholungsstunden der Weltweisheit und den schönen Wissenschaften gewidmet habe, so ist es einzig und allein in der Absicht geschehen, mich zu dieser so nötigen Prüfung vorzubereiten. Andere Bewegungsgründe kann ich hierzu nicht gehabt haben. In der Lage, in welcher ich mich befand, durfte ich von den Wissenschaften nicht den mindesten zeitlichen Vorteil erwarten. Ich wußte gar wohl, *daß für mich ein glückliches Fortkommen* in der Welt auf diesem Wege nicht zu finden sei. Und Vergnügungen? – O mein wertgeschätzter Menschenfreund! Der Stand, welcher meinen Glaubensbrüdern im bürgerlichen Leben angewiesen worden, ist so weit von aller *freien* Übung der Geisteskräfte entfernt, daß man seine Zufriedenheit gewiß nicht vermehret, wenn man die Rechte der Menschheit von ihrer wahren Seite kennenlernt. – Ich vermeide auch über diesen Punkt eine nähere Erklärung. Wer die Verfassung kennet, in welcher wir uns befinden, und ein menschliches Herz hat, wird hier mehr empfinden, als ich sagen kann.

Wäre nach diesem vieljährigen Forschen die Entscheidung nicht völlig zum Vorteile *meiner* Religion ausgefallen, so hätte sie notwendig durch eine öffentliche Handlung bekannt werden müssen. Ich begreife nicht, was mich an eine dem Ansehen nach so überstrenge, so allgemein verachtete Religion fesseln könnte, wenn ich nicht im Herzen von ihrer Wahrheit überzeugt wäre. Das Resultat meiner Untersuchungen mochte sein, welches man wollte, sobald ich die Religion meiner Väter nicht für die *wahre* erkannte, so mußte ich sie verlassen. Wäre ich im Herzen von einer andern überführet, so wäre es die verworfenste Niederträchtigkeit, der innerlichen Überzeugung zum Trotz die Wahrheit nicht bekennen zu *wollen*. Und was könnte mich zu dieser Niederträchtigkeit verführen? Ich habe schon bekannt, daß in diesem Falle Klugheit, Wahrheitsliebe und Redlichkeit mich denselben Weg führen würden.

Wäre ich gegen beide Religionen gleichgültig und verlachte oder verachtete in meinem Sinne alle Offenbarung, so wüßte ich gar wohl, was die Klugheit rät, wenn das Gewissen schweiget. Was könnte mich abhalten? – Furcht vor meinen Glaubensgenossen? – Ihre weltliche Macht ist allzu geringe, als daß sie mir fürchterlich sein könnte. – Eigensinn? Trägheit? Anhänglichkeit an gewohnte Begriffe? – Da ich den größten Teil meines Lebens der Untersuchung gewidmet, so wird man mir Überlegung genug zutrauen, solchen Schwachheiten nicht die Früchte meiner Untersuchungen aufzuopfern.

Sie sehen also, daß ohne aufrichtige Überzeugung von meiner Religion der Erfolg meiner Untersuchung sich in einer öffentlichen Tathandlung hätte zeigen müssen. Da sie mich aber in *dem* bestärkte, was meiner Väter ist, so konnte ich meinen Weg im stillen fortwandeln, ohne der Welt von meiner Überzeugung Rechenschaft ablegen zu dürfen. Ich werde es nicht leugnen, daß ich bei meiner Religion menschliche Zusätze und Mißbräuche wahrgenommen, die leider! ihren Glanz nur zu sehr verdunkeln. Welcher Freund der Wahrheit kann sich rühmen, seine Religion von schädlichen Menschensatzungen frei gefunden zu haben? Wir erkennen ihn alle, diesen vergifteten Hauch der Heuchelei und des Aberglaubens, soviel unserer sind, die wir die Wahrheit suchen, und wünschen, ihn ohne Nachteil des Wahren und Guten abwischen zu können. Allein von dem *Wesentlichen* meiner Religion bin ich so fest, so unwiderleglich versichert, als Sie oder Hr. Bonnet nur immer von der Ihrigen sein können, und ich bezeuge hiermit vor dem Gott der Wahrheit, Ihrem und meinem Schöpfer und Erhalter, bei dem Sie mich in Ihrer Zuschrift beschworen haben, daß ich bei meinen Grundsätzen bleiben werde, solange meine ganze Seele nicht eine andere Natur annimmt. Die Entferntheit von Ihrer Religion, die ich Ihnen und Ihren Freunden zu erkennen gegeben, hat seit der Zeit nichts abgenommen, und die Hochachtung für den moralischen Charakter des Stifters? – Sie hätten die Bedingung nicht verschweigen sollen, die ich ausdrücklich hinzugetan habe, so hätte ich auch diese noch jetzo einräumen können. Man muß gewisse Untersuchungen irgendeinmal in seinem Leben geendiget haben, um weiterzugehen. Ich darf sagen, daß dieses in Absicht auf die Religion schon seit etlichen Jahren von mir geschehen ist. Ich habe gelesen, verglichen, nachgedacht und Partei ergriffen.

Und gleichwohl hätte meinetwegen das Judentum in jedem polemischen Lehrbuche zu Boden gestürzt und in jeder Schulübung im Triumph aufgeführt werden mögen, ohne daß ich mich hierüber jemals in einen Streit eingelassen haben würde. Ohne den mindesten Widerspruch von meiner Seite hätte jeder Kenner oder Halbkenner des Rabbinischen aus Scharteken, die kein vernünftiger Jude liest noch kennet, sich und seinen Lesern den lächerlichsten Begriff vom Judentum machen mögen. Die verächtliche Meinung, die man von einem Juden hat, wünschte ich durch Tugend und nicht durch Streitschriften widerlegen zu können. Meine Religion, meine Philosophie und mein Stand im bürgerlichen Leben geben mir die wichtigsten Gründe an die Hand, alle Religionsstreitigkeiten zu vermeiden und in öffentlichen Schriften nur von denen Wahrheiten zu sprechen, die allen Religionen gleich wichtig sein müssen.

Nach den Grundsätzen meiner Religion *soll* ich niemand, der nicht nach unserm Gesetze geboren ist, zu bekehren suchen. Dieser Geist der Bekehrung, dessen Ursprung einige so gern der jüdischen Religion aufbürden möchten, ist derselben gleichwohl schnurstracks zuwider. Alle unsere Rabbinen lehren *einmütig*, daß die schriftlichen und mündlichen Gesetze, in welchen unsere geoffenbarte Religion bestehet, nur für unsere Nation verbindlich seien. *Mose hat uns das Gesetz geboten, es ist ein Erbteil der Gemeinde Jakob.** Alle übrigen Völker der Erde, glauben wir, seien von Gott angewiesen worden, sich an das Gesetz der Natur und an die Religion der Patriarchen zu halten.** Die ihren Lebenswandel nach den Gesetzen dieser Religion der Natur und der Vernunft einrichten, werden *tugendhafte Männer von andern Nationen**** genennet, und diese sind Kinder der ewigen Seligkeit.****

Unsere Rabbinen sind so weit von aller Bekehrungssucht entfernt, daß sie uns sogar vorschreiben, einen jeden, der sich von selbst anbietet, durch ernsthafte Gegenvorstellungen von seinem Vorsatze abzuführen. Wir sollen ihm zu bedenken

---

* S. Talmud von den Synedrien, fol. 59. Majemonides von den Königen, Kap 8, § 10.

** Die sieben Hauptgebote der Noachiden[3], welche ungefähr die wesentlichen Gesetze des Naturrechts in sich fassen: 1. Enthaltung vom Götzendienste, 2. von Gotteslästerung, 3. von Blutvergießen, 4. Blutschande und 5. fremdem Gute. Ferner 6. die Handhabung der Gerechtigkeit. Diese sollen schon dem Adam bekanntgemacht worden sein, und endlich 7. das dem Noa bekanntgemachte Verbot, von lebendigen Tieren zu essen. (Talmud vom Götzendienste, fol. 64. Majemonides von den Königen, Kap. 8, § 10).

[3] *Die sieben Hauptgebote der Noachiden*: Nach dem Bericht der Thora stammen alle Menschen von einem Vater ab, sind in Adam Brüder (b'ne Adam) oder, nach der Sintflut, Noahs Nachkommen (b'ne Noah): Noachiden. Diese sind Gesetzgeber noch vor Moses gewesen; ihre Gebote sind Zeugnisse für das Allgemeingültige, Allgemein-Menschliche im alten Judentum (nach Mendelssohns Interpretation).

*** חסידי אומות העולם. Majemonides[4] tut die Einschränkung hinzu, wenn sie diese nicht bloß als Gesetze der Natur, sondern als von Gott außerordentlich geoffenbarte Gesetze beobachten; allein dieser Zusatz hat keine Autorität in dem Talmud.

[4] *Majemonides*: Moses ben Maimon (Maimonides) (1135–1204), nach den Anfangsbuchstaben seines Namens Rabbi Moses ben Maimon auch als Rambam bezeichnet; einer der bedeutendsten jüdischen Gelehrten des Mittelalters, dessen Werk auch auf Albertus Magnus und Thomas von Aquino wirkte. Maimonides war Leibarzt am ägyptischen Hof und geistiges und politisches Oberhaupt der ägyptischen Juden. Er unternahm den Versuch, die Religion mit dem Stand der Wissenschaften in Übereinstimmung zu bringen, und knüpfte an die aristotelische Tradition an. In diesem Sinne modernisierte er den Talmud in Gestalt seines Hauptwerkes „Mischne Tora" (1180 abgeschlossen).

geben, daß er sich durch diesen Schritt, ohne Not, einer sehr beschwerlichen Last unterziehe, daß er in seinem jetzigen Zustande nur die Pflichten der Noachiden zu beobachten habe, um selig zu werden; sobald er aber die Religion der Israeliten annehme, so unterzöge er sich freiwillig allen strengen Gesetzen des Glaubens, und alsdenn müsse er sie beobachten oder der Strafen gewärtig sein, die der Gesetzgeber mit derselben Übertretung verbunden hat. Endlich sollen wir ihm auch das Elend, die Bedrängnis und die Verachtung getreulich vorstellen, in welcher die Nation gegenwärtig lebt, um ihn von einem vielleicht übereilten Schritte abzuhalten, den er in der Folge bedauern könnte.*

Die Religion meiner Väter *will* also nicht ausgebreitet sein. Wir sollen nicht Missionen nach beiden Indien oder nach Grönland senden, um diesen entfernten Völkern unsere Religion zu predigen. Das letztere insbesondere, das nach den Beschreibungen, die man von ihm hat, das Gesetz der Natur leider! besser beobachtet als wir, ist, nach unsern Religionslehren, ein beneidenswertes Volk. Wer nach unserm Gesetze nicht geboren ist, darf auch nicht nach unserm Gesetze leben. Uns allein halten wir für verbunden, diese Gesetze zu beobachten, und dieses kann unsern Nebenmenschen kein Ärgernis geben. Man findet unsere Meinungen ungereimt? Es ist

---

**** Majemonides von der Buße, Kap. 3, § 5, von den Königen, Kap. 8, § 11. In einem Schreiben an Rabbi Hasdai Halevi[5] bedient sich dieser Lehrer folgender Ausdrücke: Was die übrigen Völker betrifft, wisse, mein Lieber! daß Gott nur auf das Herz der Menschen siehet und die Handlungen der Menschen nach ihrem Gewissen richtet; daher lehren unsere Weisen, daß die Tugendhaften von anderen Nationen der ewigen Seligkeit teilhaft werden, insoweit sie sich der Erkenntnis Gottes und der Ausübung der Tugend befleißigen. Menasche Ben Israel[6], in seinem Traktate Nischmath Chajim, führet entscheidende Stellen aus dem Talmud, dem Sohar und andern Lehrbüchern an, die diese Lehre außer Zweifel setzen. *Wir wollen keinem menschlichen Geschöpfe*, sagt der Verfasser des Kosri, *seinen wohlverdienten Lohn entziehen.* Rabbi Jakob Hirschel[7], einer der gelehrtesten Rabbinen unserer Zeit, handelt hiervon ausführlich in verschiedenen von seinen Schriften.

[5] *Hasdai Halevi:* Jehuda Halevi (etwa 1086 bis etwa 1140). Mendelssohn läßt außer acht, daß Jehuda dennoch der jüdischen Religion den Vorrang gibt.

[6] *Menasche Ben Israel:* Manasseh ben Israel (1604–1657). Siehe dazu die Einführung zur Vorrede der Schrift Manassehs. S. 515–516.

[7] *Rabbi Jakob Hirschel:* Jakob Hirschel Emden (1696–1776), bekannter Rabbiner in Altona, stand mit Mendelssohn in Briefwechsel.

* Majemonides von verbotenen Ehen, Kap. 13, § 14, Kap. 14, § 4.

unnötig, darüber Streit zu erregen. Wir handeln nach unserer Überzeugung, und andere mögen die Gültigkeit der Gesetze immer in Zweifel ziehen, die ihnen, nach unserm eigenen Geständnisse, nicht obliegen. Ob jene billig, verträglich, menschenfreundlich handeln, daß sie unsere Gesetze und Gebräuche so sehr verspotten, können wir ihrem eigenen Gewissen anheimstellen. Sobald wir andere von unserer Meinung nicht überführen wollen, so ist das Streiten unnütz.

Wenn unter meinen Zeitgenossen ein Konfuzius[49] oder Solon[50] lebte, so könnte ich, nach den Grundsätzen meiner Religion, den großen Mann lieben und bewundern, ohne auf den lächerlichen Gedanken zu kommen, einen Konfuzius oder Solon *bekehren* zu wollen. Bekehren? Wozu? Da er nicht zu der *Gemeine Jakobs* gehöret, so verbinden ihn meine Religionsgesetze nicht, und über die Lehren wollten wir uns bald einverstehen. Ob ich glaubte, daß er selig werden könnte? – Oh! mich dünkt, wer in diesem Leben die Menschen zur Tugend anführet, kann in jenem nicht verdammt werden, und ich habe kein ehrwürdiges Kollegium zu fürchten, das mich dieser Meinung halber wie die *Sorbonne* den rechtschaffenen *Marmontel*[51] in Anspruch nehmen könnte.

Ich habe das Glück, so manchen vortrefflichen Mann, der nicht meines Glaubens ist, zum Freunde zu haben. Wir lieben uns aufrichtig, ob wir gleich vermuten und voraussetzen, daß wir in Glaubenssachen ganz verschiedener Meinung sind. Ich genieße die Wollust ihres Umgangs, der mich bessert und ergötzt. Niemals hat mir mein Herz heimlich zugerufen: *Schade für die schöne Seele!* Wer da glaubet, daß außerhalb seiner Kirche keine Seligkeit zu finden sei, dem müssen dergleichen Seufzer gar oft in der Brust aufsteigen.

Es ist zwar die natürliche Verbindlichkeit eines jeden Sterblichen, Erkenntnis und Tugend unter seinen Nebenmenschen auszubreiten und die Vorurteile und Irrtümer derselben nach Vermögen zu vertilgen. In dieser Betrachtung, könnte man glauben, sei es die Schuldigkeit eines jeden Menschen, die Religionsmeinungen, die er für irrig hält, öffentlich zu bestreiten. Allein, nicht alle Vorurteile sind von gleicher Schädlichkeit, und daher müssen auch nicht alle Vorurteile, die wir bei unsern Nebenmenschen wahrzunehmen glauben, auf einerlei Weise behandelt werden. Einige sind der Glückselig-

keit des menschlichen Geschlechts unmittelbar zuwider. Ihr
Einfluß auf die Sitten der Menschen ist offenbar verderblich, und man hat auch nicht einmal einen zufälligen Nutzen
von ihnen zu erwarten. Diese müssen von jedem Menschenfreunde geradezu angegriffen werden. Der gerade Weg, auf
sie loszugehen, ist unstreitig der beste, und jede Verzögerung
durch Umwege unverantwortlich. Von dieser Art sind alle
Irrtümer und Vorurteile der Menschen, die ihre eigene oder
ihrer Nebenmenschen Ruhe und Zufriedenheit stören und
jeden Keim des Wahren und Guten in dem Menschen töten,
bevor er zum Ausbruche kommen kann. Von der einen Seite
Fanatismus, Menschenhaß, Verfolgungsgeist und von der
andern Seite Leichtsinn, Üppigkeit und unsittliche Frei-
geisterei.

Zuweilen gehören aber die Meinungen meiner Nebenmenschen, die ich nach meiner Überzeugung für Irrtümer
halte, zu den höhern theoretischen Grundsätzen, die von dem
Praktischen zu weit entfernt sind, um unmittelbar schädlich zu
sein; sie machen aber, eben ihrer Allgemeinheit wegen, die
Grundlage aus, auf welchem das Volk, welches sie heget, das
System seiner Sittenlehre und Geselligkeit aufgeführt hat, und
sind also zufälligerweise diesem Teile des menschlichen Geschlechts von großer Wichtigkeit geworden. Solche Lehrsätze
öffentlich bestreiten, weil sie uns Vorurteile dünken, heißt,
ohne das Gebäude zu unterstützen, den Grund durchwühlen,
um zu untersuchen, ob er fest und sicher ist. Wer mehr für das
Wohl der Menschen als für seinen eigenen Ruhm sorget, wird
über Vorurteile von dieser Art seine Meinung zurückhalten,
sich hüten, sie geradezu und ohne die größte Behutsamkeit anzugreifen, um nicht ein ihm verdächtiges Prinzipium der Sittlichkeit umzustoßen, bevor seine Nebenmenschen das *Wahre
angenommen*, das er an die Stelle setzen will.

Ich kann also gar wohl bei meinen Mitbürgern National-
vorurteile und irrige Religionsmeinungen zu erkennen glauben
und dennoch *verbunden* sein zu schweigen, wenn diese
Irrtümer weder die *natürliche* Religion noch das *natürliche*
Gesetz *unmittelbar* zugrunde richten und vielmehr *zufälligerweise* mit der Beförderung des Guten verknüpft sind. Es ist
wahr, die Sittlichkeit unserer Handlungen verdienet diesen
Namen kaum, wenn sie auf Irrtum gegründet ist, und die Be-

förderung des Guten muß allezeit von der Wahrheit, *wenn sie erkannt wird*, weit besser und sicherer erhalten werden können als von dem Vorurteil. Allein, solange sie nicht erkannt wird, solange sie nicht national geworden ist, um auf den großen Haufen so mächtig wirken zu können als das eingewurzelte Vorurteil, muß dieses einem jeden Freunde der Tugend beinahe heilig sein.

Man ist zu dieser Bescheidenheit um soviel mehr verbunden, wenn die Nation, welche nach unsrer Meinung dergleichen Irrtümer heget, sich übrigens durch Tugend und Weisheit verehrenswert gemacht hat und eine Menge großer Männer unter sich zählet, die Wohltäter des menschlichen Geschlechts genennet zu werden verdienen. Ein so edler Teil der Menschheit muß auch da, wo ihm etwas Menschliches begegnet, mit Ehrfurcht verschont werden. Wer darf sich erkühnen, die Vortrefflichkeiten einer so erhabenen Nation aus den Augen zu setzen und sie da anzugreifen, wo er eine Schwäche bemerkt zu haben glaubet?

Dieses sind die Beweggründe, die mir meine Religion und meine Philosophie an die Hand geben, Religionsstreitigkeiten sorgfältig zu vermeiden. Setzen Sie die häusliche Verfassung hinzu, in welcher ich unter meinen Nebenmenschen lebe, so werden Sie mich vollkommen rechtfertigen. Ich bin ein Mitglied eines unterdrückten Volks, das von dem Wohlwollen der herrschenden Nation Schutz und Schirm erflehen muß und solchen nicht allenthalben und nirgend ohne gewisse Einschränkungen erhält. Freiheiten, die jedem andern Menschenkinde nachgelassen werden, versagen sich meine Glaubensgenossen gerne und sind zufrieden, wenn sie geduldet und geschützt werden. Sie müssen es der Nation, die sie unter erträglichen Bedingungen aufnimmt, für keine geringe Wohltat anrechnen, da ihnen in manchen Staaten sogar der *Aufenthalt* versagt wird. Ist es doch nach den Gesetzen Ihrer Vaterstadt Ihrem beschnittenen Freunde nicht einmal vergönnt, Sie in *Zürich* zu besuchen! Welche Erkenntlichkeit sind meine Glaubensbrüder also nicht der herrschenden Nation schuldig, die sie in der allgemeinen Menschenliebe mit einschließt und sie ungehindert den Allmächtigen nach ihrer Väter Weise anbeten läßt! Sie genießen in dem Staate, in welchem ich lebe, hierin die anständigste Freiheit, und ihre Mitglieder sollten sich nicht scheuen, die Religion des herrschenden Teils zu bestreiten, das heißt, ihre Beschützer von der Seite anzufallen, die tugendhaften Menschen die empfindlichste sein muß?

Nach diesen Grundsätzen war ich entschlossen, jederzeit zu handeln und ihnen zufolge Religionsstreitigkeiten mit der äußersten Sorgfalt zu vermeiden, wenn nicht eine außerordentliche Veranlassung mich nötigen würde, meinen Vorsatz zu ändern. Privataufforderungen von verehrungswürdigen Männern bin ich kühn genug gewesen, mit Stillschweigen zu übergehen, und die Zunötigung kleiner Geister, die geglaubt haben, mich meiner Religion halber öffentlich antasten zu dürfen, habe ich geglaubt verachten zu dürfen. Allein die feierliche Beschwörung eines *Lavaters* nötiget mich wenigstens, meine Gesinnungen öffentlich an den Tag zu legen, damit niemand ein zu weit getriebenes Stillschweigen für *Verachtung* oder *Geständnis* halten möge.

Ich habe die Bonnetsche, von Ihnen übersetzte Schrift mit Aufmerksamkeit gelesen. Ob ich überzeugt worden sei, ist nach dem, was ich vorhin erklärt habe, wohl die Frage nicht mehr. Aber ich muß gestehen, auch in ihrer Art, als Verteidigung der christlichen Religion, hat sie mir den Wert nicht zu haben geschienen, den Sie darauf setzen. Ich kenne Herrn Bonnet aus andern Werken als einen vortrefflichen Schriftsteller, aber ich habe so manche Verteidigung derselben Religion, ich will nicht sagen, von Engländern, von unsern deutschen Landsleuten gelesen, die mir weit gründlicher und philosophischer geschienen als diese Bonnetsche, die Sie mir zu meiner Bekehrung empfehlen. Wenn ich nicht irre, so sind sogar die mehresten philosophischen Hypothesen dieses Schriftstellers auf deutschem Grund und Boden gewachsen, und der Verfasser des *Essai de Psychologie* selbst, dem Herr B. so treulich nachfolget[52], hat deutschen Weltweisen beinahe alles zu verdanken. Wo es auf philosophische Grundsätze ankömmt, darf der Deutsche selten von seinen Nachbarn borgen.

Noch sind die allgemeinen Betrachtungen, die Hr. Bonnet vorausschicket, meiner Einsicht nach der gründlichste Teil dieses Werks. Denn die Anwendung und der Gebrauch, den er davon zur Verteidigung seiner Religion machet, hat mir so unstatthaft, so willkürlich geschienen, daß ich einen Bonnet beinahe ganz darinnen verkannt habe. Es ist mir unangenehm, daß mein Urteil von dem Ihrigen so sehr verschieden ausfallen muß. Mir kömmt es vor, als wenn die innere Überzeugung des Herrn Bonnet und ein löblicher Eifer für seine Religion den Beweisgründen Gewicht zugelegt hätte, das ein anderer nicht darin finden kann. Seine mehresten Schlußsätze scheinen mir so wenig aus den Vordersätzen zu folgen, daß ich mich getrauen wollte, *welche Religion man will*, mit denselben Gründen zu verteidigen. Dem Verfasser selbst ist dieses vielleicht nicht zur Last zu legen. Er kann nur für solche Leser geschrieben haben, die, wie er, überzeugt sind und nur lesen, um sich in ihrem Glauben zu *bestärken*. Wenn Schriftsteller und Leser erst über das Resultat einig sind, so vertragen sie sich gar bald über die Gründe. Aber auf Sie, mein Herr! fällt billig meine Verwunderung, daß Sie diese Schrift für hinlänglich halten, einen Menschen zu überführen, der, seinen Grundsätzen nach, vom Gegenteile eingenommen sein muß. Sie können sich unmöglich in die Gedanken eines solchen versetzt haben, der die Überzeugung nicht mitbringet, sondern in diesem Werke erst suchen soll. Haben Sie aber dieses getan und glauben dennoch, wie Sie zu verstehen geben, daß ein *Sokrates* selbst die Beweisgründe des Hr. Bonnet unwiderleglich finden müsse, so ist einer von uns sicherlich ein merkwürdiges Beispiel von der Gewalt der Vorurteile und der Erziehung, selbst über solche, die mit aufrichtigem Herzen die Wahrheit suchen.

Ich habe Ihnen nunmehr die Gründe angezeigt, warum ich so sehr wünsche, niemals über Religionssachen zu streiten; ich habe Ihnen aber auch zu erkennen gegeben, daß ich gar wohl glaube, der Bonnetschen Schrift etwas entgegensetzen zu können. Wenn darauf gedrungen wird, so *muß* ich die Bedenklichkeiten aus den Augen setzen und mich entschließen, in *Gegenbetrachtungen* meine Gedanken über des Hr. Bonnet Schrift und die von ihm verteidigte Sache öffentlich bekanntzumachen. Ich hoffe aber, daß Sie mich dieses unangenehmen Schrittes überheben und lieber zugeben werden, daß ich in die friedsame Lage zurückkehre, die mir so natürlich ist. Wenn Sie sich an meine Stelle setzen und die Umstände nicht aus Ihrem Gesichtspunkte, sondern aus dem meinigen betrachten, so werden Sie meiner Neigung Gerechtigkeit widerfahren lassen. Ich möchte nicht gerne in Versuchung kommen, aus den Schranken zu treten, die ich mir mit so gutem Vorbedachte selbst gesetzt habe.

Ich bin mit der vollkommensten Hochachtung

Berlin, den 12. Dezember 1769   Ihr aufrichtiger Verehrer
Moses Mendelssohn

Manasseh Ben Israel: Rettung der Juden

Vorrede
Aus dem Englischen übersetzt

Dank sei der allgütigen Vorsehung, daß sie mich am Ende meiner Tage noch diesen glücklichen Zeitpunkt hat erleben lassen, in welchem die Rechte der Menschheit in ihrem wahren Umfange beherziget zu werden anfangen. Wenn bisher von Duldung und Vertragsamkeit unter den Menschen gesprochen ward, so war es immer die schwächere, bedrückte Partei, die sich unter dem Schutze der Vernunft und der Menschlichkeit zu retten suchte. Der herrschende Teil hatte entweder für beide keinen Sinn oder stützte sich auf die leider allzu gemeine Erfahrung, daß der schwächere Teil, an allen Orten, wo er Macht und Gelegenheit dazu hat, es nicht besser machen würde, und gründete hierauf den Argwohn, daß man ihm nur das Heft aus den Händen zu winden suche, um die Spitze wider ihn selbst zu kehren. Man schien nicht zu überlegen, daß dieser Argwohn notwendig Haß und Zwiespalt unter den Menschen verewigen müsse und daß der Geist der Versöhnung sowohl als die Liebe vom starken Teile die ersten Schritte fordert. Dieser muß sich seiner Überlegenheit entäußern und anbieten, wenn der schwächere Teil Zutrauen gewinnen und erwidern soll. Ist es Zweck der Vorsehung, daß der Bruder den Bruder lieben soll, so ist es offenbar die Pflicht des Stärkern, den ersten Antrag zu tun, die Arme auszustrecken und wie August[53] zu rufen: *Laß uns Freunde sein!* – Was aber auch über Toleranz bisher geschrieben und gestritten ward[54], ging bloß auf die drei im römischen Reiche begünstigte Religionsparteien und höchstens auf einige Nebenzweige derselben. An Heiden, Juden, Mahomedaner und Anhänger der natürlichen Religion ward entweder gar nicht oder höchstens nur in der Absicht gedacht, um die Gründe für die Toleranz problematischer zu machen. Nach euern Grundsätzen, sprachen die Widersacher derselben, müßten wir auch Juden und Naturalisten nicht nur hegen und dulden, sondern auch an allen Rechten und Pflichten der Menschheit teilnehmen lassen; und mitleidig war es anzusehen, wie sich die Anhänger

derselben winden und krümmen mußten, um dieser Schwierigkeit aus dem Wege zu gehen. – Der Fragmentist[55] war, soviel
mir bekannt ist, in Deutschland der erste Schriftsteller, der die
Rechte der Duldung auch für Naturalisten forderte. Lessing
und Dohm, jener als philosophischer Dichter* und dieser als
philosophischer Staatskundiger**, haben den großen Zweck
der Vorsehung, die Bestimmung des Menschen und die Gerechtsame der Menschheit im Zusammenhange gedacht, und
ein bewundernswürdiger Monarch ist es, der nicht nur zu
ebender Zeit dieselben Grundsätze in ihrem ganzen Umfange
durchgedacht, sondern auch seinem weltumfassenden Wir-
kungskreise gemäß einen Plan entworfen hat, zu dessen Ausführung mehr als menschliche Kräfte zu gehören scheinen –
und nunmehr zu Werke schreitet.

Von den Kabinetten der Großen und von allem, was auf
dieselbe Einfluß hat, bin ich allzuweit entfernt, um an diesem
großen Geschäft auch nur den mindesten Teil nehmen und
mitwirken zu können. Ich lebe in einem Staate, in welchem
einer der weisesten Regenten, die je Menschen beherrscht
haben, Künste und Wissenschaften blühend und vernünftige
Freiheit zu denken so allgemein gemacht hat, daß sich
ihre Wirkung bis auf den geringsten Einwohner seiner Staaten
erstrecket. Unter seinem glorreichen Zepter habe ich Gelegenheit und Veranlassung gefunden, mich zu bilden, über meine
und meiner Mitbrüder Bestimmung nachzudenken und über
Menschen, Schicksal und Vorsehung nach Maßgabe meiner
Kräfte Betrachtungen anzustellen. Aber von allen Großen
und ihrem Umgange bin ich stets entfernt gewesen. Ich habe
jederzeit im Verborgenen gelebt, niemals Antrieb oder Beruf
gehabt, mich in die Händel der würksamen Welt einzumischen, und mein ganzer Umgang hat sich von jeher bloß
auf den Zirkel einiger Freunde eingeschränkt, die mit mir
ähnliche Wege gegangen sind. In dieser dunklen Ferne stehe
ich noch da und erwarte mit kindlicher Sehnsucht, was die
allweise und allgütige Vorsehung aus diesem allen will werden
lassen.

---

* Nathan der Weise.
** Über die bürgerliche Verbesserung der Juden.

Unterdessen mache ich mir das Vergnügen, mit Herrn Dohm über die Gründe nachzudenken, die der Menschenfreund hat, die bürgerliche Aufnahme meiner Mitbrüder zu begünstigen, über die mancherlei Schwierigkeiten, die sich dabei finden und vielleicht zum Teil von seiten der zu bildenden Nation selbst in den Weg gelegt werden dürften, und diese mit den Vorteilen zu vergleichen, die dem Staate zuwachsen werden, dem es zuerst gelingen wird, diese eingebornen Kolonisten zu seinen Bürgern zu machen und eine Menge von Händen und Köpfen, die zu seinem Dienste geboren sind, auch zu seinem Dienste anzustrengen. – Als philosophisch-politischer Schriftsteller, dünkt mich, hat Herr Dohm die Materie fast erschöpft und nur eine sehr geringe Nachlese zurückgelassen. Seine Absicht ist, weder für das Judentum noch für die Juden eine Apologie zu schreiben. Er führet bloß die Sache der Menschheit und verteidiget ihre Rechte. Ein Glück für uns, wenn diese Sache auch zugleich die unserige wird, wenn man auf die Rechte der Menschheit nicht dringen kann, ohne zugleich die unserigen zu reklamieren. Der Weltweise aus dem 18. Jahrhundert hat sich über den Unterschied der Lehren und Meinungen hinweggesetzt und in dem Menschen nur den Menschen betrachtet. Man vergleiche mit diesem, was ein Rabbiner des 17. Jahrhunderts, der die Sache seiner Nation vor den Augen des englischen Parlaments führet, zu ihrer Verteidigung vorbringet und durch welche Gründe er die Nation bewegt, seine Mitbrüder in England aufzunehmen. Man weiß, daß die Juden zu Eduards I. Zeiten aus England verjagt worden sind und nicht eher als unter Cromwell die Freiheit erhielten, wieder dahin zu kommen. R. Manasseh war es, der ihnen diese auswürkte. Er war ein Mann von vieler rabbinischer Gelehrsamkeit und auch andern Wissenschaften und von einem sehr brennenden Eifer für das Wohl seiner Mitbrüder. Er erhielt zu Amsterdam, allwo er als Chacam der portugiesischen Judenschaft lebte, die nötigen Reisepässe und ging in Begleitung einiger seiner Nation nach London, um die Sache seines Volks bei dem Protektor, bei dem er wohl gelitten war, und bei dem Parlamente zu unterstützen. Er fand aber mehr Schwierigkeit, als er sich vorstellte, und diesen Aufsatz schrieb er zu einer Zeit, da er die Hoffnung, in seinem Geschäfte glücklich zu sein, fast aufgegeben hatte. Endlich aber gelang es ihm dennoch, und die Juden wurden unter leidlichen Bedingungen wieder aufgenommen.[56] Dieser Brief des R. Manasseh findet sich in einer periodischen Sammlung verschiedener Aufsätze, die im Jahre 1708 unter dem Titel: *The Phenix, or Revival of scarce and valuable Pieces, no where to be found but in the Closets of the Courious,*[57] zu London in Oktav herausgekommen ist. Um ebendieselbe Zeit schrieb auch ein gewisser Edward Nicholas[58]: *Apologia por los Judios,* und Toland[59] soll auch zu ihrer Verteidigung geschrieben haben. Die Schrift des Rabbi hat mir jetzt, da so viel und mancherlei von und über die Juden gesprochen wird, der Übersetzung nicht unwert geschienen.

Merkwürdig ist es, zu sehen, wie das Vorurteil die Gestalten aller Jahrhunderte annimmt, uns zu unterdrücken und unserer bürgerlichen Aufnahme Schwierigkeiten entgegenzusetzen. In jenen abergläubischen Zeiten waren es Heiligtümer, die wir aus Mutwillen schänden; Kruzifixe, die wir durchstechen und bluten machen; Kinder, die wir heimlich beschneiden und zur Augenweide zerfetzen; Christenblut, das wir zur Osterfeier brauchen; Brunnen, die wir vergiften usw.; Unglaube, Verstocktheit, geheime Künste und Teufeleien, die uns vorgeworfen, um derentwillen wir gemartert, unseres Vermögens beraubt, ins Elend gejagt, wo nicht gar hingerichtet worden sind. – Itzt haben die Zeiten sich geändert; diese Verleumdungen machen den erwünschten Eindruck nicht mehr. Itzt ist es gerade Aberglaube und Dummheit, die uns vorgerückt werden, Mangel an moralischem Gefühle, Geschmack und feinen Sitten, Unfähigkeit zu Künsten, Wissenschaften und nützlichem Gewerbe, hauptsächlich zu Diensten des Krieges und des Staates, unüberwindliche Neigung zu Betrug, Wucher und Gesetzlosigkeit, die an die Stelle jener gröbern Beschuldigungen getreten sind, uns von der Anzahl nützlicher Bürger auszuschließen und aus dem mütterlichen Schoße des Staats zu verstoßen. Vormals gab man sich um uns alle ersinnliche Mühe und machte mancherlei Vorkehrungen, uns nicht zu nützlichen Bürgern, sondern zu Christen zu machen, und da wir so hartnäckig und verstockt waren, uns nicht bekehren zu lassen, so war dieses Grund genug, uns als eine unnütze Last der Erde zu betrachten und dem verworfenen Scheusale aller Greuel anzudichten, die ihn dem Hasse und der

Verachtung aller Menschen bloßstellen konnten. Itzt hat der Bekehrungseifer nachgelassen. Nun werden wir vollends vernachlässiget. Man fährt fort, uns von allen Künsten, Wissenschaften und andern nützlichen Gewerben und Beschäftigungen der Menschen zu entfernen, versperrt uns alle Wege zur nützlichen Verbesserung und macht den Mangel an Kultur zum Grunde unserer ferneren Unterdrückung. Man bindet uns die Hände und macht uns zum Vorwurfe, daß wir sie nicht gebrauchen.

Mit Recht hat Dohm jene unmenschlichen Anklagen der Juden, die die Merkmale der Zeiten und der Mönchszellen an sich tragen, in denen sie ausgeheckt worden, kaum einer flüchtigen Berührung gewürdigt. In den Augen der Leser, für die ein Dohm schreibt, können diese barbarischen Beschuldigungen keinen Glauben finden, keiner ernsthaften Widerlegung bedürfen. Er hat sich also bloß darauf eingeschränkt, diese der Kultur und verbesserungsreichen Zeiten angemessenere Beschuldigungen zu bestreiten und dem philosophischen Vorurteile philosophische Gründlichkeit entgegenzusetzen. Indessen hat doch die Vernunft und der Forschungsgeist unseres Jahrhunderts noch bei weitem nicht alle Spuren der Barbarei in der Geschichte vertreten. Manche Legende der damaligen Zeit hat sich erhalten, weil noch niemanden eingefallen ist, sie in Zweifel zu ziehen. Manche sind mit so gewichtigen Autoritäten belegt, daß nicht jeder die Stirn hat, sie geradezu für Legende und Verleumdung zu halten. Andere haben sich den Folgen nach noch immer erhalten, obgleich sie selbst schon lange nicht mehr geglaubt werden. Überhaupt ist die Verleumdung von so giftiger Art, daß sie immer einige Wirkung in den Gemütern zurückläßt, wenn auch ihre Unwahrheit entdeckt und allgemein anerkannt wird. In so mancher lieben Stadt Deutschlands wird noch itzt kein Beschnittener, wenn er auch seinen Glauben verzollt hat, am hellen Tage ohne Bewachung gelassen, aus Beisorge, er möchte einem Christenkinde nachstellen oder die Brunnen vergiften. Des Nachts hingegen wird ihm unter aller Bewachung nicht getrauet, wegen seines bekannten Umganges mit den bösen Geistern. Wem wohnet nicht aus der brandenburgischen Geschichte bei, daß der Kurfürst Joachim II. von seinem Leibarzte, dem Juden Lippold, vergiftet worden sei? – Dieses ward so oft gesagt und von

Chronikschreibern wiederholt, daß der vernünftigste Mann
die Authencität davon voraussetzen und die Geschichtssache
für wahr halten mußte. Dank sei es dem Untersuchungsgeiste
des Herrn Leibmedikus Möhsen's*[60], der der Legende dennoch
auf die Spur gekommen ist. An der ganzen Geschichte hat sich
weiter nichts wahr befunden, als daß Kurfürst Joachim II. gestorben und daß ein Jude damals Lippold geheißen. Übrigens
war Lippold kein Arzt, und der Kurfürst ist nichts weniger als
vergiftet worden, wie Herr Möhsen mit Beweisen belegt, die
über alle Bedenklichkeit hinweg sind. Lippold war des Kurfürsten Kammerdiener und Münzmeister, zwei Bedienungen
am Hofe, die einem Juden selten viel Freunde gewinnen. Der
Kurfürst starb, wie alle Urkunden und Originalprotokolle ein-
stimmig aussagen, an einem offenen Schaden am Fuße, davon
der Ausfluß durch eine plötzliche Erkältung gehemmt worden.
Der Kammerdiener und Münzmeister wurde der Untreue in
seinen Rechnungen beschuldigt und in Verhaft genommen. Als
die Untersuchung aber hierin seine Unschuld bewies und seine
Loslassung nicht länger aufgeschoben werden konnte, nahm
man zu ganz anderen Anklagen seine Zuflucht. Einige von der
Bürgerwache wollten gehört haben, wie die Frau des Lippold
in einem Zanke, den sie mit ihm gehabt, zu ihm in der Bosheit
gesagt: „Wenn der Kurfürst wüßte, was du für ein böser
Schelm bist und was du für Bubenstücke mit deinem Zauberbuche kannst, so würdest du schon längst kalt sein", und
Lippold wurde den Kriminalrichtern übergeben. Sehr richtig
ist, was Hr. M. bei dieser Gelegenheit zur Entschuldigung der
Regenten der damaligen Zeiten bemerkt: „Die Fürsten hielten
sich zu der Zeit gesichert, daß sie ihre Regentenpflicht ein Genüge geleistet, wenn sie die Anklagen und Untersuchungen
rechtsverständigen Räten überließen, und diese glaubten nach
den Gesetzen zu verfahren, wenn sie die Buchstaben des Gesetzes erfüllten"; auf solche Weise sind freilich barbarische
Gesetze weit schädlicher als gar keine Gesetze. Lippold ward,
nach Kaiser Karls V. Halsgerichtsordnung § 44, dem Henker
übergeben, der ihn peinlich verhören sollte, und Meister
Balzer, der Scharfrichter, machte seine Sache so gut, daß der
Delinquent alles eingestand, was man von ihm wissen wollte.

---

* Geschichte der Wissenschaften in der Mark Brandenburg, S. 513 u. f.

Er hatte durch Zauberei die Gunst des Fürsten zu gewinnen gewußt und ihn am Ende vergiftet. Er weigerte sich zwar, dieses Bekenntnis öffentlich zu wiederholen, allein auch dazu wußte ihn sein peinlicher Halsrichter zu bringen. „Er ward hierauf an verschiedenen Orten zehnmal mit glühenden Zangen gezwickt und auf dem Neuenmarkte zu Berlin, auf einem dazu erbauten Gerüste, an Armen und Beinen mit vier Stößen gerädert, in vier Stücke zerhauen und das Eingeweide nebst dem Zauberbuche verbrannt." Eine große Maus*, die unter dem Gerüste hervorkam und in welcher niemand den Zauberteufel verkennen konnte, benahm den Zuschauern allen Überrest des Zweifels, daß dem Verurteilten Recht geschehen. Diese Verbrechen des Lippolds hatten, wie Hr. M. weiter erzählt, auf das Schicksal der ganzen Judenschaft in der Mark einen großen Einfluß. Sie wurden angeklagt und nach Urteil und Recht verdammet. „Sie mußten ihre Güter verkaufen, den Gerichten die Inventarien, Untersuchungskosten und Abzugsgelder bezahlen und das Land räumen." – Und so war die Nachricht von Hand zu Hand überliefert und erhielt sich noch in unseren erleuchteten Tagen, die Juden haben den Kurfürsten Joachim II. vergiftet, seien dessen überführt und zur Strafe aus dem Lande gejagt worden.

Und selbst die Aufklärung unserer besseren Tage erstreckt sich noch lange so weit nicht, daß diese gröberen Anklagen gänzlich ohne Wirkung sein sollten. Es ist nicht lange her, daß die Judenschaft zu Posen beschuldigt wurde, sie hätte ein Christenkind zum Gebrauche der Osterfeier ermordet. Zwei fromme Rabbinen wurden als Häupter der Gemeine vor Gericht gezogen, eingekerkert, nach der dasigen Halsgerichtsordnung gemartert. Ich verschone das menschliche Gefühl meiner Leser mit der umständlichen Erzählung dieser Martern. Sie waren die schrecklichsten, die sich die Barbarei je erlaubt hat. Allein die Geplagten waren standhaft genug, kein Bekenntnis von sich erpressen zu lassen, ob sie gleich so lange gepeinigt wurden, bis sie unter den Händen der Furien den Geist aufgaben. – Barmherziger Gott! und die Männer waren so unschuldig an der Ermordung des Kindes, wenn ja eine Mordtat

---

* H. M. führt seine Gewährsmänner an, die diesen wichtigen Umstand der Nachwelt aufbehalten haben.

begangen worden, woran noch sehr zu zweifeln ist – so schuldlos, als ich und meine Leser es sind. – Die Gemeinde zu Posen hat noch itzt an den unerschwinglichen Summen zu bezahlen, die sie damals aufnehmen mußte, teils Gerichtskosten zu bezahlen, teils schrecklichere Übel von sich abzuwenden. Noch vor wenigen Jahren würde dieselbe Geschichte in der Gegend von Warschau wiederholt worden sein, hätten nicht der weise König von Polen und einige aufgeklärte Magnaten zum Glücke den Lauf der dasigen Gerechtigkeit noch so lange gehemmt, bis es den Juden gelang, die Verleumdung an den Tag zu bringen. – Ich habe so manche einsichtsvolle und sonst nicht unbillig denkende Christen aus Polen und andern katholischen Ländern gesprochen, die sich noch immer von diesem Vorurteile wider meine Mitbrüder nicht völlig losmachen konnten. Sie beriefen sich immer auf die gesetzmäßige Form, nach welcher Prozesse dieser Art so oft geführt worden sind, auf die Unbescholtenheit der Richter, die sie geführt haben, und auf das Bekenntnis der Verurteilten, das öfters den Umständen allzu angemessen sein und mit den übrigen Aussagen übereinstimmen soll, als daß es eine bloße Erdichtung, die ihnen die Marter eingegeben, gewesen sein könnte. Solche aufrichtige Gemüter können vielleicht durch die Gründe des Rabbi Manasseh und noch mehr durch den schrecklichen Reinigungseid, den er im Namen des ganzen Judentums ablegt und·den ich mit reinem Gewissen hier nachspreche, auf bessere Gedanken gebracht werden. Denn die wichtige Wahrheit kann nicht genug eingeschärft werden, daß barbarische Gesetze desto schrecklichere Folgen haben, je gesetzmäßiger das Verfahren ist und je strenger die Richter nach dem Buchstaben urteilen. Unweise Gesetze können nur durch Abweichungen, so wie Rechnungsfehler nur durch andere Rechnungsfehler, wiedergutgemacht werden. Calas und Waser[61] sind vielleicht von unbescholtenen Richtern, nach einer sehr gesetzlichen Form, hingerichtet worden.

Indessen sind alle Gründe und Eidschwüre fruchtlos, wenn der Gegner nicht hören will, wenn sich Nebenabsichten der Überführung widersetzen oder wenn das Gemüt so sehr von Vorurteilen befangen ist, daß man den Gegengründen nicht die erforderliche Aufmerksamkeit zuwenden mag. Man kann einem verjährten Vorurteile alle Wurzeln durchschneiden, ohne ihm die Nahrung gänzlich zu entziehen. Es saugt solche allenfalls aus der Luft. Hat nicht ein Rezensent in den Göttingschen Anzeigen[62], bei Gelegenheit der Dohmschen Schrift, Beschuldigungen wider uns wahrlich wie aus der Luft gegriffen, die man keinem Schriftsteller unseres Jahrhunderts, am wenigsten einem in diesem wahren Sitze der Musen lebenden Gelehrten, zutrauen sollte? – Er trägt sogar kein Bedenken, uns jetzt lebenden Israeliten die Unart vorzuwerfen und anzurechnen, deren sich unsere Vorfahren in der Wüste schuldig gemacht haben, ohne zu bedenken, daß, aller der gerügten Untugend ungeachtet, der gesetzgebende Gott unserer Väter oder, wie die Modesprache lieber will, der Gesetzgeber Moses es gleichwohl möglich gefunden, diesen rohen Haufen zu einer ordentlichen, blühenden Nation umzubilden, die erhabene Gesetze und Verfassung, weise Regenten, Feldherren, Richter und glückliche Bürger aufzuweisen hat; ja ohne in sich zu gehen und zu bedenken, was wohl seine eigene Vorfahren, in nördlichen Einöden, um ebendiese Zeit für Kultur gehabt haben mögen, aus denen doch heutiges Tages Rezensenten in Göttingschen Anzeigen entsprungen sind. – Mit einem Worte, Vernunft und Menschlichkeit erheben ihre Stimme umsonst, denn grau gewordenes Vorurteil hat kein Gehör.

Wenn aber auch alle Vernunftgründe sich vereinigen, den Juden an den Rechten der Menschheit gleichen Anteil zuzusprechen, so wird dadurch nicht eingeräumt, daß sie in ihrer jetzigen dürftigen Verfassung dem Staate nicht nützlich oder daß ihre Vermehrung demselben wohl gar schädlich werden könnte. Auch hierüber verdienen die Gründe des Manasseh in folgender Schrift in Erwägung gezogen zu werden, der doch zu seiner Zeit nichts anderes als eine sehr eingeschränkte Aufnahme in England für seine Mitbrüder suchen konnte. Holland allein gibt ein Beispiel, das hierüber allen Zweifel benehmen kann. Noch niemals hat man sich daselbst über die Vermehrung der Juden beklagt, obgleich die Erwerbungsmittel ihnen daselbst ebenso kärglich zugezählt und ihre Freiheiten fast so eingeschränkt sind als in mancher Provinz Deutschlands. – „Ja", spricht man, „Holland macht hier eine Ausnahme; denn es ist ein handelnder Staat, der also der handelnden Menschen nicht zuviel haben kann." – Gut! Ich möchte aber wissen, ob die Handlung daselbst die Menschen oder nicht vielmehr die Menschen die Handlung herbeigelockt haben? Wie gehet es zu, daß so manche Stadt in Brabant und den Niederlanden, bei ebenderselben und vielleicht noch vorzüglichern Gelegenheit zur Handlung, der Stadt Amsterdam dennoch so sehr nachstehet? Warum drängen sich hier auf einem unfruchtbaren Boden, ja in einem von Natur unbewohnbaren Moraste, die Menschen so zusammen, bilden den öden Sumpf, durch Fleiß und Kunst, in einen Garten Gottes um und erfinden sich Hülfsquellen zur glücklichen Subsistenz, über die wir erstaunen müssen? Nichts als Freiheit, Milde der Regierung, Billigkeit der Gesetze und die offenen Arme, mit welchen sie die Menschen aller Art und Kleidung, Meinung, Sitte, Gebrauch und Religion aufnehmen und schützen und machen lassen; nichts als diese Vorzüge sind es, die in Holland den fast überreichen Segen, die Fülle des Guten hervorgebracht, darum es so sehr beneidet wird.

Überhaupt, Menschen dem Staate unnützlich, Menschen, die in einem Lande nicht zu gebrauchen sind, dieses ist eine Sprache, die mir eines Staatsmannes unwürdig zu sein scheint. Die Menschen können mehr oder weniger nützlich sein, können so oder anders beschäftiget, die Glückseligkeit ihrer Nebenmenschen und ihre eigene mehr oder weniger befördern. Aber kein Staat kann die geringsten, nutzlos scheinendsten seiner Bewohner ohne empfindlichen Nachteil entbehren, und einer weisen Regierung ist kein Bettler zuviel, kein Krüppel völlig unbrauchbar. Hr. Dohm hat zwar im Eingange seiner Schrift versucht, den Punkt festzusetzen, den die Volksmenge in einem Lande nicht überschreiten darf, ohne das Land zu überfüllen und schädlich zu werden; mich dünkt aber, daß ein Gesetzgeber unter keinerlei Bedingung hierauf im mindesten Rücksicht zu nehmen habe; sicherlich gereicht jede Anstalt, die man dem Anwachs der Menschenmenge entgegensetzt, jede Maßregel, die man ergreift, der Vermehrung Einhalt zu tun, der Kultur der Einwohner, der Bestimmung der Menschen und ihrer Glückseligkeit zu weit größerem Nachteile als die zu besorgende Überfüllung. Man verlasse sich hierin auf die weise Einrichtung der Natur. Man lasse ihr ihren Lauf und lege ihr durch unzeitige Geschäftigkeit nur keine Hindernisse in den Weg. Die Menschen eilen dahin, wo sie ihr Auskommen finden; sie vermehren sich und drängen sich zusammen, wo ihre Tätigkeit freien Spielraum findet; die Bevölkerung nimmt zu, solange das Genie neue Erwerbungsmittel entdecken kann. Sobald die Quellen erschöpft sind, stehn sie von selbst stille, und wenn ihr das Gefäß von der einen Seite überfüllet, so läßt es von der andern Seite den Überfluß von selbst auslaufen. Ja, ich getraue mir zu behaupten, daß der Fall sich nie zuträgt und daß niemals eine Ausleerung oder Auswanderung des Volks geschehen, daran nicht die Gesetze oder ihre Handhabung schuld gewesen. Sooft Menschen in irgendeiner Verfassung Menschen schädlich werden, liegt es bloß an den Gesetzen oder an ihren Verwesern.

In einigen neuern Schriften findet man den Einwurf wiederholt[63], „die Juden bringen nichts hervor; sie sind in ihrer jetzigen Verfassung weder Landbauer noch Künstler und Handwerker, helfen also der Natur nicht in ihrem Hervorbringen und geben auch ihren Produkten keine andere Form, sondern tragen und versetzen bloß die rohen oder verbesserten Erzeugnisse der Länder von einem Orte an den andern. Sie sind also lediglich Verzehrer, die den Erzeugern zur Last fallen müssen." Ja, ein großer, sonst einsichtsvoller Kopf[64] hat letzthin* laut über den Mißbrauch geklagt, daß der Hervorbringer so viele Zwischenhände zu versorgen, so viele unnütze Mäuler zu ernähren habe! Der gesunde Menschenverstand, meint er, lehre schon, daß die Produkte der Natur und der Kunst verteuert werden müssen, je mehr Zwischenkäufer dazukommen, die solche nicht vermehren und doch erhalten werden, also an denselben Anteil nehmen wollen. Er erteilet also den Staaten den Rat und die wohlmeinende Warnung, entweder die Juden nicht zu dulden oder ihnen Landbau und Handwerke zu erlauben.

Das Resultat mag herzlich gut gemeint sein, aber die Gründe sind schwach, die dem Verf. so einleuchtend und unwiderlegbar scheinen. Was heißt denn nach seinen Begriffen eigentlich Hervorbringer und Verzehrer? Wenn nur derjenige hervorbringt, der etwas Greifbares erzeugen hilft oder durch seiner Hände Arbeit verbessert, so besteht ja der weit wichtigste und größte Teil des Staates aus bloßen Verzehrern. Der ganze Lehr- und Wehrstand bringet nach diesen Grundsätzen nichts hervor, wenn nicht etwa die Bücher, die von

---

* In den Ephemeriden der Menschheit.

jenem geschrieben werden, eine Ausnahme machen. Beim Nährstande selbst sind zuvörderst Kaufleute, Lastträger, Land- und Wasserfahrer abzurechnen, und am Ende wird die Klasse der sogenannten Hervorbringer größtenteils aus Ackerknechten und Handwerksgesellen bestehen; denn die Landeigentümer und Meister pflegen selten mehr selbst Hand ans Werk zu legen. Sonach bestünde der Staat, außer jenem zwar achtungswerten, aber doch geringern Teil des Volks, aus Leuten, die durch ihrer Hände Arbeit die Produkte der Natur weder befördern noch vervollkommnen; also aus bloßen Verzehrern, und wie? also auch aus unnützen Mäulern, die dem Hervorbringer zur Last werden?

Hier fällt die Ungereimtheit in die Augen, und da die Folgerung richtig ist, so muß der Fehler in den Vordersätzen liegen. Und so ist es auch! Nicht bloß Machen, sondern auch Tun heißt hervorbringen. Nicht nur wer mit Händen arbeitet, sondern überhaupt, wer nur etwas tut, befördert, veranlasset, erleichtert, das seinen Nebenmenschen zum Nutzen oder Vergnügen gereichen kann, verdient den Namen des Hervorbringers, und er verdient ihn zuweilen um desto mehr, je weniger Bewegung ihr an seinen Extremitäten gewahr werdet. Mancher Kaufmann, der an seinem Pulte Spekulationen macht oder auf seinem Ruhesessel Plane entwirft, bringt im Grunde mehr hervor als der Arbeiter und Handwerksmann, der das mehrste Geräusch macht. Der Kriegsmann bringt hervor, denn er verschafft dem Staate Ruhe und Sicherheit. Der Gelehrte bringt hervor, zwar selten etwas, das in die Sinne fällt, aber doch Güter, die wenigstens ebenso schätzbar sind: guten Rat, Unterricht, Zeitvertreib und Vergnügen. Nur in der Anwandlung einer üblen Laune kann einem weisen Manne, wie Rousseau, der Einfall entfahren, daß der Biskuitbäcker zu Paris mehr hervorbringe als die Akademie der Wissenschaften. Zur Glückseligkeit des Staates sowie der einzelnen Menschen gehören mancherlei sinnliche und übersinnliche Dinge, körperliche und geistige Güter, und wer zu deren Hervorbringung oder Vervollkommnung auf irgendeine mehr oder minder entfernte, mittelbare oder unmittelbare Weise etwas beiträgt, der ist kein bloßer Verzehrer zu nennen, der ißt sein Brot nicht umsonst, sondern hat dafür hervorgebracht.

Ich sollte glauben, dieses leuchte vielmehr dem gesunden Menschenverstande ein, und was insbesondere die Zwischenhände und ihr Verhältnis zum Hervorbringen und zum Verzehren betrifft, so getraue ich mir zu behaupten, daß sie für beide, für den Erzeuger sowohl als für den Verzehrer, nicht nur nicht nachteilig, sondern, wenn der Mißbrauch verhindert wird, höchst nützlich und fast unentbehrlich sind; ja, daß durch ihre Vermittelung die Produkte brauchbarer, gemeinnütziger und auch wohlfeiler werden und der Produzent dennoch mehr gewinne und also in den Stand gesetzt werde, ohne übermäßige Anstrengung seiner Kräfte bequemer und besser zu leben. Man stelle sich einen Arbeiter vor, der die rohe Materie zu seiner Kunstarbeit selbst von dem Landmanne abholen und, nachdem er sie veredelt hat, selbst dem Verzehrer zuführen muß, der dafür zu sorgen hat, daß er jene zu gewisser Zeit in hinlänglicher Menge anschaffe und diese, sooft sein Bedürfnis es erfordert, an denjenigen Mann bringe, der sie zu ebender Zeit braucht und ihm abzunehmen veranlasset wird. Man vergleiche mit ihm den Arbeiter, dem der Zwischenhändler die rohe Materie in das Haus bringet, nach Maßgabe seines Bedürfnisses und seiner Umstände verkauft, vertauscht oder auf Glauben darreicht, der ihm die verbesserten Produkte abnimmt und es seine Mühe und Sorge sein läßt, solche dem Verzehrer wiederum zur bequemen Zeit zuzuführen. Wieviel Zeit und Kräfte erspart dieser nicht, die er seiner Kunst widmen kann, jener hingegen durch unnützes Herumreisen und Herumtrödeln und tausend Abhaltungen und Zerstreuungen, zu denen er genötigt oder verführt wird, verschwenden muß. Wird dieser nicht ungleich mehr arbeiten, also mit ebender Anstrengung mehr hervorbringen und also bessere Preise bewilligen und dennoch bequemer leben können? Wird nicht dadurch die wahre Industrie befördert, und verdienet der Zwischenhändler noch ein nutzloser Verzehrer genennt zu werden? – Diese Gründe für den Zwischenhändler im kleinen sind noch weit einleuchtender, wenn sie auf die Zwischenhand im großen, auf den eigentlichen Kaufmann, der die Produkte der Natur und des Fleißes von Land in Land, Weltgegend in Weltgegend verführet und versetzt, angewendet werden. Dieser ist ein wahrer Wohltäter des Staats, des menschlichen Geschlechts überhaupt, und also nichts weniger als ein unnützes Maul, das von dem Hervorbringer umsonst unterhalten werden muß.

Ich habe vorausgesetzt, daß der Mißbrauch verhindert werde. Dieser besteht hauptsächlich darin, daß gewinnsüchtige Zwischenhändler das Schicksal der Erzeuger in ihre Gewalt zu bringen wissen; daß sie suchen, Herrn und Meister über die Preise der Waren zu werden, solche in den Händen der ersten Besitzer herabzusetzen und in den ihrigen in die Höhe zu bringen. Dieses sind große Übel, die den Fleiß des Hervorbringers sowie den Mut des Verzehrers zu Boden drücken und denen durch Gesetze und Polizei entgegengearbeitet werden muß; zwar nicht gerade durch Verbot, Ausschließung oder Hemmung, am wenigsten durch bewilligten oder begünstigten Allein- oder Vorkauf. Dergleichen Vorkehrungen befördern entweder die Übel noch, die man durch sie abzuwenden sucht, oder bringen welche hervor, die noch schädlicher sind. Man suche vielmehr alle Einschränkungen, soviel sich tun läßt, zu vermindern, die Monopolien, Vor- und Ausschließungsrechte aufzuheben, dem geringsten Aufkäufer mit dem größten Handlungshause gleiche Rechte und Freiheit zukommen zu lassen; mit einem Worte, die Konkurrenz unter den Zwischenhändlern auf alle Weise zu befördern, einen Wetteifer zwischen ihnen zu erregen, wodurch der Preis der Dinge im Gleichgewichte erhalten, der Kunstfleiß von der einen Seite aufgemuntert und von der andern Seite jeder Verzehrer in den Stand gesetzt wird, den Fleiß seiner Nebenmenschen ohne übermäßige Anstrengung zu genießen. Der Verzehrer kann ohne Üppigkeit bequem leben, und der Künstler findet dennoch sein anständiges Auskommen. Nur durch Konkurrenz, unbeschränkte Freiheit und Gleichheit in den Rechten des Kaufs sind diese Endzwecke zu erreichen, und sonach ist der gemeinste Trödler und Aufkäufer, der geringste herumwandernde Jude, der den rohen Stoff von dem Landmanne zum Künstler oder den bearbeiteten von diesem zu jenem bringet, zur Aufnahme des Landbaues, der Künste, Manufakturen und Handlung überhaupt von sehr beträchtlichem Nutzen. Zum Vorteil des Landmannes erhält er den rohen Stoff in seinem Werte, und zum Nutzen des Künstlers sowie zur Aufnahme der Kunst sucht er die Produkte der Industrie in alle Winkel zu verbreiten, die Bequemlichkeiten des menschlichen Lebens brauchbarer und allgemeiner zu machen. Der geringste Handelsjude ist in dieser Betrachtung kein bloßer Verzehrer, sondern ein nützlicher Einwohner (ich darf nicht sagen: Bürger) des Staats, ein wirklicher Hervorbringer.

Man sage nicht, ich sei ein parteiischer Sachwalter meiner Glaubensbrüder und suche alles zu vergrößern, was zu ihrem Vorteile oder zu ihrer Empfehlung gereichen kann. Ich berufe mich abermals auf Holland, und auf welches Land könnte man sich, wenn von Handlung und Industrie die Rede ist, füglicher berufen? Bloß durch Konkurrenz und Wetteifer, durch uneingeschränkte Freiheit und Gleichheit der Rechte aller Käufer und Verkäufer, wes Standes, Ansehens oder Glaubens sie auch sein mögen, bloß durch diese unschätzbaren Vorzüge haben daselbst alle Dinge ihren Wert, der zwischen Käufer und Verkäufer nur um ein Mäßiges unterschieden ist. Beide werden durch Mitwerber und Konkurrenten auf ein Verhältnis gestimmt, das ihnen zum gegenseitigen Vorteil gereicht. Ihr könnet nirgend so gut und so bequem, zu allen Zeiten des Jahres und des Tages, mit geringem Verluste alles kaufen und alles verkaufen als zu Amsterdam.

Über Verstattung der Autonomie und deren Verwaltung, davon Hr. Dohm S. 125 u. f. seiner Schrift redet, habe ich noch einige Anmerkungen zu machen, die man mir hieher zu setzen erlaube. Autonomie, die einer Kolonie verstattet werden soll, erstreckt sich entweder auf Zivilsachen oder geht die Religion und kirchliche Dinge an. Jene betreffen bloß das Mein und Dein unter den Gliedern der Kolonie. Hier kömmt alles auf Verträge an. Die Rechte des Eigentums und was davon abhängt, sind veräußerliche Rechte, können durch freiwilligen Entschluß und Verabredung andern abgetreten und zugeeignet werden, und sobald dieses unter erforderlichen Bedingungen geschehen, so werden sie zum Eigentume desjenigen, dem sie übertragen sind, und können ihm ohne Ungerechtigkeit nicht entzogen werden. Hier kann man es allerdings auf das Übereinkommen und die Verträge der Kolonie unter sich ankommen lassen. Hält sie es für einen Vorzug, die Streitsachen ihrer Glieder unter sich, nach eigenen Gesetzen und Rechtsregeln entscheiden zu lassen, so kann ihr von seiten der Regierung offenbar ohne Schaden nachgesehen werden. Da nun die Juden, wie Hr. Dohm gar richtig bemerkt, sowohl die schriftlichen Gesetze Moses, welche sich auf Judäa und die ehemalige gerichtliche und gottesdienstliche Verfassung beziehen, als die durch mündliche Überlieferung erhaltene oder durch richtige Argumentationen herausgebrachte Folgerungen, Erklärungen und Auslegungen derselben für göttliche Gebote halten: so kann ihnen vergönnt werden, ihre Glieder unter sich durch freiwillige Verträge zu verbinden, ihre Händel nach eigenen Gesetzen und Rechten auseinandersetzen und entscheiden zu lassen.

„Soll Entscheidung von jüdischen oder christlichen Richtern geschehen?" Ich antworte: von obrigkeitlichen Richtern, gleichviel, ob sie der jüdischen oder einer andern Religion anhängen. Sobald die Glieder des Staats, welcher Meinungen in Religionssachen sie auch zugetan sind, gleiche Rechte der Menschheit genießen, so kann auf diesen Unterschied nichts ankommen. Der Richter soll ein gewissenhafter Mann sein und die Rechte verstehen, nach welchen er seinen Nebenmenschen Recht sprechen soll. Denke er in Religionssachen, nach welcher Lehrmeinung er gut findet, wenn ihn die Obrigkeit zum Richteramte tüchtig findet und einsetzet, so müssen seine Rechtssprüche gültig sein. Trauen wir doch unsere Gesundheit, unser Leben einem Arzte an, ohne auf den Unterschied der Religion zu sehen; warum nicht auch unser Vermögen einem Richter? Der gewissenhafte Arzt, dem seine Kunst wert ist, wird einen Verbrecher, der morgen hingerichtet werden soll, heute nach allen Regeln seiner Kunst behandeln und von einem Übel zu befreien suchen. Ebenalso wird der Richter, wenn er ein Mensch ist, seinen Nebenmenschen in Absicht auf die Güter dieses Lebens Gerechtigkeit angedeihen lassen, sie mögen, seinen Grundsätzen nach, in jener Zukunft verdammt oder selig sein. Der angeführte Göttingsche Rezensent meint zwar, die Juden würden zu *keinem* christlichen Richter das Zutrauen haben, daß er ihre Gesetze verstehe. Herr Dohm hat aber Zeugnisse gelehrter Christen für sich und in Händen, die das Gegenteil nicht bloß vermuten, sondern öfters erfahren zu haben versichern. Und wenn irgendein Mißtrauen dieser Art obgewaltet hätte: Wäre es denn nicht natürlich gewesen, da sich bisher die Gelehrten unter den Christen so wenig um unsere Rechtslehren bekümmert haben?

Wie aber in kirchlichen Sachen, in Sachen, die die Religion der Kolonie angehen? Wie weit sollen sich die Rechte jeder Kolonie, und der Juden insbesondere, über ihre Glieder in Glaubenssachen erstrecken? Welche Macht darf sie anwenden, welche Gewalt ausüben, sie zur Einigkeit und Reinigkeit in Absicht auf Lehre und Leben zu zwingen? Wie weit darf sie ihren kirchlichen Arm ausstrecken, die Unwilligen zu züchtigen oder auszustoßen und die Irrenden oder Abweichenden in das Gleis zurückzuführen?

Kirchliche Rechte, kirchliche Gewalt und Macht. – Ich muß gestehen, daß ich mir von diesen Redensarten keinen deutlichen Begriff machen kann, und mein Adelung[65] will mich keines Bessern belehren. Ich weiß von keinem Rechte auf Personen und Dinge, das mit Lehrmeinungen zusammenhänge und auf denselben beruhe, das die Menschen erlangen, wenn sie in Absicht auf ewige Wahrheiten gewissen Sätzen beistimmen, und verlieren, wenn sie nicht einstimmen können oder wollen. Am wenigsten weiß ich von Rechten und Gewalt über Meinungen, die die Religion erteilen und der Kirche zukommen sollen. Die wahre, göttliche Religion maßt sich keine Gewalt über Meinungen und Urteile an, gibt und nimmt keinen Anspruch auf irdische Güter, kein Recht auf Genuß, Besitz und Eigentum, kennet keine andere Macht als die Macht, durch Gründe zu gewinnen, zu überzeugen und durch Überzeugung glückselig zu machen. Die wahre, göttliche Religion bedarf weder Arme noch Finger zu ihrem Gebrauche, sie ist lauter Geist und Herz.

Recht heißt die Befugnis, etwas zu tun oder zu lassen, das sittliche Vermögen zu handeln. Eine freiwillige Handlung nämlich ist gerecht und sittlich, wenn sie mit den Regeln der Weisheit und Güte übereinstimmt, und dasjenige, woraus diese Übereinstimmung erkannt wird, heißt ein Recht, ein möglicher Gebrauch unserer Kräfte, ein möglicher Genuß der Dinge, eine mögliche Äußerung unserer freiwilligen Tätigkeit, die der weisen Gütigkeit nicht widerspricht. Ich mag den Begriff wenden, von welcher Seite ich will, ich finde keinen Übergang zu Lehrmeinung und Urteil in Absicht auf ewige Wahrheiten. Wie kann mein Beistimmen oder Nichtbeistimmen in allgemeine Sätze und Lehren diese Befugnis erweitern oder einschränken, mir auf Personen und Dinge und deren Gebrauch und Genuß eine sittliche Gewalt verschaffen oder nehmen? Wie entspringt aus einer Meinung, aus dem Inbegriffe aller Meinungen zusammen genommen, ein *modus acquirendi*, eine Befugnis mehr, uns gewisse Dinge als Mittel zu unserer Glückseligkeit zu eigen zu machen und uns ihrer nach Willkür zu bedienen? Was für Merkmale haben diese disparate Dinge, Recht und Meinung, gemeinschaftlich, daß sie je sollten in einem Satze zusammenkommen und verbunden werden können? Sollten aber die Gesetze der Natur und Vernunft ein Recht einräumen, das sich auf das Annehmen oder Verwerfen einer Meinung gründet, so müssen unumgänglich diese beiden Begriffe in einem Satze verbunden und aus dem Beifall, den ich einer Lehre gebe oder verweigere, begreiflich gemacht werden können, warum mir diese oder jene Äußerung meiner Tätigkeit zukomme oder nicht zukomme, warum mir ein gewisser Gebrauch und Genuß der Güter dieser Welt nach den ewigen Gesetzen der Weisheit und der Güte vergönnt oder nicht vergönnt sei. Ich muß gestehen, daß ich die Möglichkeit dieser Verbindung nicht einsehe.

Vielleicht aber können die Menschen durch positive Gesetze und Verträge eine solche Verbindung möglich machen, durch ausdrückliches oder stillschweigendes Übereinkommen sich einander Rechte zueignen, die auf Lehr und Meinung beruhen sollen? Wenn auch der Stand der Natur hiervon nichts wissen sollte, vielleicht kann der Stand der Geselligkeit, der gesellschaftliche Vertrag eine solche Einrichtung treffen oder getroffen haben? Die Verträge haben ja so manches in der menschlichen Natur und in dem System ihrer Pflichten und Rechte verändert, warum nicht auch Rechte erzeugt, die im Stande der Natur nicht anzutreffen gewesen?

Mitnichten, sollte ich denken. Sowenig die Kultur eine Frucht erzielen kann, wozu die Natur nicht den Keim hergegeben, sowenig die Kunst durch Üben und Gewöhnen eine willkürliche Bewegung hervorbringen kann, wo die Natur keine Muskel hingelegt: ebensowenig können alle Verträge und Verabredungen unter den Menschen ein Recht erschaffen, davon der Grund nicht im Stande der Natur anzutreffen sein sollte. Durch Verträge können bloß unvollkommene Rechte in vollkommene, unbestimmte Pflichten in bestimmte verwandelt werden. Was ich dem menschlichen Geschlechte überhaupt zu leisten schuldig bin, kann durch einen Vertrag auf eine gewisse Person eingeschränkt und ebendadurch die unbestimmte innere Pflicht gegen die Menschheit in eine bestimmte äußere Pflicht gegen die Person umgeschaffen werden. Ebendiese Person, die vorhin nur ein unvollkommenes Recht hat, von dem menschlichen Geschlechte, oder von der Natur überhaupt, einen gewissen Beitrag zu ihrer Glückseligkeit zu erwarten, erlanget durch den Vertrag ein vollkommenes, äußeres Recht, diesen Beitrag von mir, oder meinen Sachen, zu fordern und zu erzwingen. Da im Stande der Natur alle positiven Pflichten der Menschen gegeneinander, alle Verbindlichkeiten zu tun und zu leisten bloß unvollkommene Pflichten und Verbindlichkeiten sind, so können und müssen im Stande der Geselligkeit viele derselben bestimmt, näher eingeschränkt und in vollkommene verwandelt werden. Wo aber ohne Vertrag sich weder Pflicht noch Recht denken läßt, da sind alle Verträge der Menschen und ihre Abkommnisse leerer Schall und Ton, Worte in den Wind gesprochen, wie man zu sagen pflegt, ohne Kraft und Wirkung. Ich sehe also nicht ab, wie der Gesellschaft der Menschen das Vermögen zukommen könne, Vorrechte mit Meinungen zu verbinden, das die Natur so sehr verkennet.

Und nun vollends ein Recht über Meinungen, über die Urteile unserer Nebenmenschen, in Absicht auf ewige, notwendige Wahrheiten; welcher Mensch, welche Gesellschaft von Menschen darf sich dieses anmaßen? Da sie nicht unmittelbar von unserm Willen abhängen, so kömmt uns selbst kein anderes Recht zu als das Recht, sie zu untersuchen, der strengen Prüfung der Vernunft zu unterwerfen, ohne ihre Einstimmung unser Urteil zu verschieben usw.

Aber dieses Recht ist untrennbar von der Person, kann, der Natur der Sache nach, ebensowenig verfremdet, veräußert und auf andere übertragen werden als das Recht, unsern Hunger zu stillen oder freien Odem zu ziehen. Verträge hierüber sind ungereimt, der Natur und dem Wesen des *Pacti* zuwider, und also ohne Erfolg und Wirkung. Wir können uns durch Verträge verbindlich machen, gewisse freiwillige Handlungen nicht von unserm eigenen Urteile und Gutachten abhängen zu lassen, sondern dem Gutachten eines andern zu unterwerfen, und also auf unser eigenes Urteil Verzicht zu tun, insoweit es in Handlungen übergehen und Einfluß haben kann; aber unser Urteil selbst ist ein untrennbares, unbewegliches und also unveräußerliches Eigentum. Auf diesen Unterschied, so fein er auch scheinet, kömmt hier alles an, wenn man nicht die Begriffe verwirren und in ungereimte Folgen und Widersprüche verwickelt werden will. Ein anders ist es, Verzicht auf seine Meinung in Absicht auf Handlung; ein anderes, Verzicht auf seine Meinung selbst. Die Handlung steht unmittelbar in unsrer Willkür, so nicht die Meinung.

Also hat die mütterliche Nation selbst keine Befugnis, mit einer ihr gefälligen Lehrmeinung den Genuß irgendeines irdischen Guts oder Vorzugs zu verbinden, das Annehmen oder Verwerfen derselben zu belohnen oder zu bestrafen; und was sie selbst nicht hat, wie sollte sie es der Kolonie einräumen und gewähren können?

Ich begreife kaum, wie ein so einsichtsvoller Schriftsteller wie Dohm S. 124 hat sagen können: „So wie jede kirchliche Gesellschaft müßte auch die jüdische das Recht der Ausschließung auf gewisse Zeiten oder immer haben und im Falle einer Widersetzung das Erkenntnis der Rabbinen durch obrigkeitliche Beihülfe unterstützt werden." – Jede Gesellschaft, dünkt mich, hat das Recht der Ausschließung, nur keine kirchliche; denn es ist ihrem Endzwecke schnurstracks zuwider. Die Absicht derselben ist gemeinschaftliche Erbauung, Teilnehmung an der Ergießung des Herzens, mit welcher wir unsere Danksagung gegen die Wohltaten Gottes und unser kindliches Vertrauen auf die Allgütigkeit desselben zu erkennen geben. Mit welchem Herzen wollen wir einem Dissidenten, Andersdenkenden, Irredenkenden oder Abweichenden den Zutritt verweigern, die Freiheit versagen, an dieser Erbauung Anteil zu nehmen? Wider Unruhemachen und Störungen sind Gesetze und Polizei. Dieser Unordnung muß und kann durch den weltlichen Arm gesteuert werden; aber ein stiller und ruhiger Zutritt zur Versammlung kann dem Verbrecher selbst nicht verwehrt werden, wenn wir ihm nicht geflissentlich alle Wege zur Rückkehr versperren wollen. Das Andachtshaus der Vernunft bedarf keiner verschlossenen Türen. Sie hat von innen nichts zu verwahren und von außen niemanden den Eingang zu verhindern. Wer einen ruhigen Zuschauer abgeben oder gar Anteil nehmen will, der ist dem Gottseligen in der Stunde seiner Erbauung höchst willkommen.

Herr Dohm hat vielleicht bei dieser Gelegenheit mehr die Dinge genommen, wie sie liegen, als wie sie liegen sollten. Die Menschen scheinen sich vereinigt zu haben, die äußerliche Form des Gottesdienstes, die Kirche, als eine moralische Person zu betrachten, die ihre eigenen Rechte und Pflichten hat, und ihr mehr oder weniger Gewalt einzuräumen, auf ihre Rechte zu halten und sie durch äußerlichen Zwang geltend zu machen. Man findet es nicht widersinnig, eine dieser Personen in jedem Staate die herrschende zu nennen, die ihre Schwestern nach ihrer Laune behandelt, bald sich der ihr anvertrauten Gewalt bedienet, sie zu drücken, bald großmütig genug ist, sie zu dulden und ihr von ihren Vorrechten, von ihren Ansprüchen und von ihrer Gewalt soviel einzuräumen, als sie gut findet. Da nun Bann- und Ausschließungsfreiheit allezeit das erste Recht ist, mit welcher die herrschende Religion die geduldete belehnet, so forderte Herr Dohm für die jüdische Religion dasselbe Recht, das man allen andern religiosen Gesellschaften zugestehet. Solange diese noch das Recht der Ausschließung haben, hielt er es für eine Inkonsequenz, wenn man die jüdische hierin mehr einschränken wollte. Wenn aber, wie es mir ausgemacht scheinet, gottesdienstliche Rechte auf irdische Dinge, gottesdienstliche Macht und gottesdienstliches Zwangsrecht Worte ohne Begriff sind und Ausschließung überhaupt ungottesdienstlich zu nennen ist, so lasset uns lieber inkonsequent bleiben, als Mißbräuche häufen.

Ich finde, daß die Weisesten unsrer Vorfahren auf keine Ausschließung von gottesdienstlichen Übungen Anspruch gemacht haben.

Als König Salomo den Bau des Tempels vollendet hatte, schloß er in seinem erhabenen Einweihungsgebete auch den Ausländer, also zu seiner Zeit den Götzendiener, mit ein, breitete seine Hände aus gegen Himmel und flehete: „Wenn auch ein Fremder, der nicht Deines Volkes Israel ist, kommt aus fernem Lande um Deines Namens willen (denn sie werden hören von Deinem großen Namen und von Deiner mächtigen Hand und von Deinem ausgereckten Arme) und kommt, daß er bete vor diesem Hause; so wollest Du hören im Himmel, im Sitze Deiner Wohnung, und tun alles, darum der Fremde Dich anruft, auf daß alle Völker auf Erden Deinen Namen erkennen, daß sie auch Dich fürchten wie Dein Volk Israel."*

So haben auch unsere Rabbinen vorgeschrieben, von Götzendienern freiwillige Opfer und Gelübde im Tempel anzunehmen, von der Nation selbst keinen Verbrecher, der nicht der Religion völlig entsagt hat, mit seinem Opfer abzuweisen, damit er Gelegenheit und Anlaß zur Besserung finde.** So dachte man zu einer Zeit, als man etwas mehr Recht und Autorität hatte, in gottesdienstlichen Sachen ausschließend zu sein; und wir wollten uns nicht entblöden, Dissidenten aus unseren kaum geduldeten kirchlichen Versammlungen auszuschließen?

Ich schweige vor der Gefahr, die mit dem Anvertrauen eines solchen Ausschließungsrechts verknüpft, von dem Mißbrauche, der bei einem solchen Bannrechte, so wie bei jeder Kirchenzucht und Kirchenmacht, unvermeidlich ist. Ach! das menschliche Geschlecht wird sich noch in Jahrhunderten nicht von den Geißelschlägen erholen, die ihm diese Ungeheuer beigebracht haben! Ich sehe keine Möglichkeit, den falschen Religionseifer im Zügel zu halten, sobald er diesen Weg vor sich offen findet, denn am Sporne wird es ihm niemals fehlen. Hr. Dohm glaubt uns wider allen Mißbrauch dieser Art sattsam zu schützen, indem er voraussetzet, das der Kolonie anvertraute Bannrecht müsse „nie über irgendeine religiöse Gesellschaft hinausgehen und in der politischen durchaus keine Wirkung haben, da das ausgestoßene Glied jeder Kirche ein sehr nützlicher und geachteter Bürger sein könne". „Ein Grundsatz des allgemeinen Kirchenrechtes", setzt Hr. Dohm hinzu, „der in unsern Zeiten nicht mehr bezweifelt werden sollte."***

Wenn aber das sogenannte allgemeine Kirchenrecht, wie ich herzlich gern zugebe, den wichtigen Grundsatz endlich einmal anerkennet, daß ein ausgestoßenes Glied jeder Kirche ein sehr nützlicher und geachteter Bürger sein könne, so ist dem Übel durch dieses schwache Verwahrungsmittel bei weitem nicht abgeholfen; denn fürs erste will dieser sehr nützliche und geachtete Bürger, der vielleicht auch schon sehr viel innere

---

* 1. Buch der Könige, Kap. 8, v. 41 u. f.
** Chullin, Bl. 5, S. 1.
*** S. 124.

Religion hat, doch auch nicht gern von allen gottesdienstlichen
Versammlungen und Religionsübungen ausgeschlossen, nicht
gern ohne äußerliche Religion sein. Hat er nun das Unglück,
von der Gemeine, zu welcher er gehört, für dissidentisch gehalten zu werden, und sein Gewissen verbietet ihm, einer
andern im Staate herrschenden oder geduldeten Religionspartei beizutreten, so ist der nützliche und geachtete Bürger ja
höchst unglücklich, wenn seiner Gemeine erlaubt wird, ihn
auszustoßen, und er bei ihren gottesdienstlichen Versammlungen verschlossene Türen findet. Und nach diesem Grundsatze würde er sie vielleicht allenthalben finden; denn jede
kirchliche Gemeine würde ihn vielleicht mit gleichem Rechte
abweisen. Wie kann aber der Staat zulassen, daß irgendeiner seiner nützlichen und geachteten Bürger durch die Gesetze unglücklich werde? – Zweitens, welche kirchliche Ausschließung, welcher Bann ist ohne alle bürgerliche Folgen,
ohne allen Einfluß auf die bürgerliche Achtung wenigstens, auf
den guten Leumund des Ausgestoßenen und das Zutrauen bei
seinen Mitbürgern, ohne welches doch niemand seines Berufs
warten und dem Staate nützlich sein kann? Da die Grenzlinien
dieser feinen Unterscheidung des Bürgerlichen und Kirchlichen
dem scharfsichtigsten Auge kaum bemerkbar sind, so ist es
eine wahre Unmöglichkeit, sie in irgendeinem Staate so fest
und so scharf zu zeichnen, daß sie jedem Bürger in die Augen
fallen und im gemeinen bürgerlichen Leben die gewünschte
Wirkung tun mögen. Sie werden immer unsicher und schwankend bleiben und sehr oft die Unschuld selbst dem Stachel der
Verfolgung des blinden Religionseifers bloßstellen.

Kirchenzucht einführen und die bürgerliche Glückseligkeit
ungekränkt erhalten, scheinet mir ein Problem zu sein, das in
der Politik noch aufgelöset werden soll. Es ist der Bescheid des
allerhöchsten Richters an den Ankläger: Er sei in deiner Hand,
doch schone seines Lebens! Zerbrich das Faß, wie die Ausleger hinzutun, und laß den Wein nicht auslaufen!

Ich will nicht untersuchen, inwieweit die Klagen gegründet
oder ungegründet sein mögen, die kürzlich über Mißbräuche
dieser Art, welche sich ein berühmter Rabbiner[66] erlaubt
haben soll, öffentlich geführt worden sind. Da der Bericht einseitig ist, so will ich gerne glauben, daß mancher Umstand
übertrieben, die Schuld des Angeklagten von der einen Seite

verringert sowie von der andern Seite die Härte des Verfahrens geflissentlich vergrößert worden sei. Die Sache ist, wie verlautet, vor die Landesobrigkeit gebracht worden. Diese wird untersuchen und Gerechtigkeit widerfahren lassen. Sie mag indessen ausfallen, wie sie wolle, so wünschte ich, daß der wahre Verlauf derselben, wie er aus den Akten erhellet; zur Beschämung des allzuraschen Richters oder seines öffentlichen Anklägers bekannt gemacht werde. Das Publikum hat die Anklage vernommen. Es höre auch Verteidigung und Urteil!

Dem sei aber, wie ihm wolle, noch ist es mit der Bruderliebe unter den Menschen nicht dahin gekommen, daß wir bei Einführung einer Kirchenzucht so ganz über alle Furcht und Besorgnisse dieser Art hinweg sein könnten. Noch ist keine Geistlichkeit so aufgeklärt, daß ihr ein solches Recht, wenn es eines gibt, ohne Gefahr anvertraut werden könnte. Ja, je aufgeklärter sie ist, desto weniger wird sie sich selbst hierin trauen und ein Racheschwert in die Hände nehmen, das nur der Wahnsinn sicher führen zu können glaubt. Zu den erleuchtetsten und frömmsten unter den Rabbinen und Ältesten meiner Nation habe ich das Zutrauen, daß sie sich eines so schädlichen Vorrechts gern entäußern, auf alle Religions- und Synagogenzucht gern Verzicht tun und ihre Mitbrüder von ihrer Seite dieselbe Liebe und Duldung genießen lassen werden, nach welcher sie selbst bisher so sehr geseufzt haben. Ach, meine Brüder! Ihr habt das drückende Joch der Intoleranz bisher allzu hart gefühlt und vielleicht eine Art von Genugtuung darin zu finden geglaubt, wenn Euch die Macht eingeräumt würde, Euern Untergebenen ein gleich hartes Joch aufzudrücken. Die Rache sucht ihren Gegenstand, und wenn sie andern nichts anhaben kann, so nagt sie ihr eigenes Fleisch. Vielleicht auch ließet ihr Euch durch das allgemeine Beispiel verführen. Alle Völker der Erde schienen bisher von dem Wahne betört zu sein, daß sich Religion nur durch eiserne Macht erhalten, Lehren und Seligkeit nur durch unseliges Verfolgen ausbreiten und wahre Begriffe von Gott, der, nach unser aller Geständnis, die Liebe ist, nur durch die Wirkung des Hasses mitteilen lassen. Ihr ließet Euch vielleicht verleiten, ebendasselbe zu glauben, und die Macht zu verfolgen war das Euch wichtigste Vorrecht, das Eure Verfolger Euch einräumen konnten. Danket dem Gotte Eurer Väter, danket dem

Gotte, der die Liebe und die Barmherzigkeit selbst ist, daß jener Wahn sich nach und nach zu verlieren scheinet. Die Nationen dulden und ertragen sich einander und lassen auch gegen Euch Liebe und Verschonung blicken, die unter dem Beistande desjenigen, der die Herzen der Menschen lenkt, bis zur wahren Bruderliebe anwachsen kann. Oh, meine Brüder, folget dem Beispiel der Liebe, so wie Ihr bisher dem Beispiele des Hasses gefolgt seid! Ahmet die Tugend der Nationen nach, deren Untugend Ihr bisher nachahmen zu müssen geglaubt. Wollet Ihr gehegt, geduldet und von andern verschonet sein, so heget und duldet und verschonet Euch untereinander! Liebet, so werdet ihr geliebet werden!

Berlin, den 19. März 1782 *Moses Mendelssohn*

Jerusalem
oder
über religiöse Macht
und Judentum

Erster Abschnitt

Staat und Religion – bürgerliche und geistliche Verfassung – weltliches und kirchliches Ansehen – diese Stützen des gesellschaftlichen Lebens so gegeneinander zu stellen, daß sie sich die Waage halten, daß sie nicht vielmehr Lasten des gesellschaftlichen Lebens werden und den Grund desselben stärker drücken, als was sie tragen helfen – dieses ist in der Politik eine der schwersten Aufgaben, die man seit Jahrhunderten schon aufzulösen bemühet ist und hie und da vielleicht glücklicher praktisch beigeleget als theoretisch aufgelöset hat. Man hat für gut befunden, diese verschiedene Verhältnisse des geselligen Menschen in moralische Wesen abzusondern und jedem derselben ein eignes Gebiet, besondere Rechte, Pflichten, Gewalt und Eigentum zuzuschreiben. Aber der Bezirk dieser verschiedenen Gebiete und die Grenzen, die sie trennen, sind noch bis itzt nicht genau bestimmt. Man siehet bald die Kirche das Markmal weit in das Gebiet des Staats hinübertragen, bald den Staat sich Eingriffe erlauben, die den angenommenen Begriffen zufolge ebenso gewaltsam scheinen. Und unermeßlich sind die Übel, die aus der Mißhelligkeit dieser moralischen Wesen bisher entstanden sind und noch zu entstehen drohen. Liegen sie gegeneinander zu Felde, so ist das menschliche Geschlecht das Opfer ihrer Zwietracht; und vertragen sie sich, ist es getan um das edelste Kleinod der menschlichen Glückseligkeit; denn sie vertragen sich selten anders, als um ein drittes moralisches Wesen, die *Freiheit des Gewissens*, die von ihrer Uneinigkeit einigen Vorteil zu ziehen weiß, aus ihrem Reiche zu verbannen.

Der Despotismus hat den Vorzug, daß er bündig ist. So lästig seine Forderungen auch dem gesunden Menschenverstande sind, so sind sie doch unter sich zusammenhängend und systematisch. Er hat auf jede Frage seine bestimmte Antwort. Ihr dürft euch weiter um die Grenzen nicht bekümmern; denn wer alles hat, fragt nicht weiter, wieviel? – So auch nach römisch-katholischen Grundsätzen die kirchliche Verfassung. Sie ist auf jeden Umstand ausführlich und gleichsam aus einem Stücke. Räumet ihr alle ihre Forderungen ein, so wisset ihr wenigstens, woran ihr euch zu halten habet. Euer Gebäude ist aufgeführt, und in allen Teilen desselben herrscht vollkommene Ruhe. Freilich nur jene fürchterliche Ruhe, wie Montesquieu sagt, die abends in einer Festung ist, welche des Nachts mit Sturm übergehen soll.[67] Wer aber Ruhe in Lehr und Leben für Glückseligkeit hält, findet sie dennoch nirgend gesicherter als unter einem römisch-katholischen Despoten oder, weil auch hier die Macht noch zu sehr verteilt ist, unter der despotischen Herrschaft der Kirche selbst.

Sobald aber die Freiheit an diesem systematischen Gebäude etwas zu verrücken wagt, so drohet Zerrüttung von allen Seiten, und man weiß am Ende nicht mehr, was davon stehenbleiben kann. Daher die außerordentliche Verwirrung, die bürgerlichen sowohl als kirchlichen Unruhen in den ersten Zeiten der Reformation und die auffallende Verlegenheit der Lehrer und Verbesserer selbst, sooft sie in dem Fall waren, in Absicht auf Gerechtsame, das *Wieweit?* festzusetzen. Nicht nur praktisch war es schwer, den großen, seiner Fessel entbundenen Haufen innerhalb geziemender Schranken zu halten, sondern auch in der Theorie selbst findet man die Schriften jener Zeiten voller unbestimmten und schwankenden Begriffe, sooft von Festsetzung der kirchlichen Gewalt die Rede ist. Der Despotismus der römischen Kirche war aufgehoben, aber – welche andre Form soll an ihrer Stelle eingeführt werden? – Noch itzt in unsern aufgeklärten Zeiten haben die Lehrbücher des Kirchenrechts von dieser Unbestimmtheit nicht befreit werden können. Allen Anspruch auf *Verfassung* will oder kann die Geistlichkeit nicht aufgeben, und gleichwohl weiß niemand recht, worin solche bestehe? Man will Streitigkeiten in der Lehre entscheiden, ohne einen obersten Richter zu erkennen. Man beruft sich noch immer auf eine unabhängige Kirche, ohne zu wissen, wo sie anzutreffen sei. Man macht Anspruch auf Macht und Recht und kann doch nicht angeben, wer sie handhaben soll?

Thomas Hobbes[68] lebte zu einer Zeit, da der Fanatismus, mit einem unordentlichen Gefühle von Freiheit verbunden, keine

Schranken mehr kannte und im Begriffe war, wie ihm auch am Ende gelang, die königliche Gewalt unter den Fuß zu bringen und die ganze Landesverfassung umzustürzen. Der bürgerlichen Unruhen überdrüssig und von Natur zum stillen, spekulativen Leben geneigt, setzte er die höchste Glückseligkeit in Ruhe und Sicherheit, sie mochte kommen, woher sie wollte; und diese fand er nirgend als in der Einheit und Unzertrennlichkeit der höchsten Gewalt im Staate. Der öffentlichen Wohlfahrt, glaubte er also, sei am besten geraten, wenn alles, sogar unser Urteil über Recht und Unrecht, der höchsten Gewalt der bürgerlichen Obrigkeit unterworfen würde. Um dieses desto füglicher tun zu können, setzte er zum voraus, der Mensch habe von Natur die *Befugnis* zu allem, wozu er von ihr das *Vermögen* erhalten hat. Stand der Natur sei Stand des allgemeinen Aufruhrs, des *Krieges aller wider alle*, in welchem jeder *mag*, was er *kann*; alles Recht ist, wozu man Macht hat. Dieser unglückselige Zustand habe so lange gedauert, bis die Menschen übereingekommen, ihrem Elende ein Ende zu machen, auf Recht und Macht, insoweit es die öffentliche Sicherheit betrifft, Verzicht zu tun, solche einer festgesetzten Obrigkeit in die Hände zu liefern, und nunmehr sei dasjenige Recht, was diese Obrigkeit befiehlt.

Für bürgerliche Freiheit hatte er entweder keinen Sinn, oder wollte er sie lieber vernichtet als so gemißbraucht sehen. Um sich aber die Freiheit zu denken auszusparen, davon er selbst mehr als irgend jemand Gebrauch machte, nahm er seine Zuflucht zu einer feinen Wendung. Alles *Recht* gründet sich, nach seinem System, auf *Macht* und alle *Verbindlichkeit* auf *Furcht*; da nun Gott der Obrigkeit an Macht unendlich überlegen ist, so sei auch das Recht Gottes unendlich über das Recht der Obrigkeit erhaben, und die Furcht vor Gott verbinde uns zu Pflichten, die keiner Furcht vor der Obrigkeit weichen dürfen. Jedoch sei dieses nur von der *innern Religion* zu verstehen, um die allein es dem Weltweisen zu tun war. Den äußern Gottesdienst unterwarf er völlig dem Befehle der bürgerlichen Obrigkeit, und jede Neuerung in kirchlichen Sachen, ohne derselben Autorität, sei nicht nur Hochverrat, sondern auch Lästerung. Die Kollisionen, die zwischen dem innern und äußern Gottesdienste entstehen müssen, sucht er durch die feinsten Unterscheidungen zu heben, und obgleich noch so manche Lücken zurückbleiben, die die Schwäche der Vereinigung sichtbar machen, so ist doch der Scharfsinn zu bewundern, mit welchem er sein System hat bündig zu machen gesucht.

Im Grunde liegt in allen Behauptungen des Hobbes viel Wahrheit, und die ungereimten Folgen, zu welchen sie führen, fließen bloß aus der Übertreibung, mit welcher er sie, aus Liebe zur Paradoxie oder den Bedürfnissen seiner Zeiten gemäß, vorgetragen hat. Zum Teil waren auch die Begriffe des Naturrechts zu seiner Zeit noch nicht aufgeklärt genug, und Hobbes hat das Verdienst um die Moralphilosophie, das Spinoza um die Metaphysik hat. Sein scharfsinniger Irrtum hat Untersuchung veranlasset. Man hat die Ideen von *Recht* und *Pflicht, Macht* und *Verbindlichkeit* besser entwickelt; man hat *physisches* Vermögen von *sittlichem* Vermögen, *Gewalt* von *Befugnis* richtiger unterscheiden gelernt und diese Unterscheidungen so innigst mit der Sprache verbunden, daß nunmehr die Widerlegung des hobbesischen Systems schon in dem gesunden Menschenverstande und sozusagen in der Sprache zu liegen scheinet. Dieses ist die Eigenschaft aller sittlichen Wahrheiten. Sobald sie ins Licht gesetzt sind, vereinigen sie sich so sehr mit der Sprache des Umgangs und verbinden sich mit den alltäglichen Begriffen der Menschen, daß sie dem gemeinen Menschenverstande einleuchten, und nunmehr wundern wir uns, wie man vormals auf einem so ebnen Wege habe straucheln können. Wir bedenken aber den Aufwand nicht, den es gekostet, diesen Steig durch die Wildnis so zu ebnen.

Hobbes selbst mußte die unstatthaften Folgen auf mehr als eine Weise empfinden, zu welchen seine übertriebenen Sätze unmittelbar führen. Sind die Menschen von Natur an keine Pflicht gebunden, so liegt ihnen auch nicht einmal die Pflicht ob, ihre Verträge zu halten. Findet im Stande der Natur keine andre Verbindlichkeit statt, als die sich auf Furcht und Ohnmacht gründet, so dauert die Gültigkeit der Verträge auch nur so lange, als sie von Furcht und Ohnmacht unterstützt wird; so haben die Menschen durch Verträge keinen Schritt näher zu ihrer Sicherheit getan und befinden sich noch immer in ihrem primitiven Zustande des allgemeinen Krieges. Sollten aber Verträge gültig sein, so muß der Mensch von Natur, ohne Vertrag und Verabredung, an und für sich selbst nicht befugt sein, wider ein Paktum zu handeln, das er gutwillig eingegangen; das heißt, es muß ihm nicht erlaubt sein, wenn er auch kann: er muß das *sittliche* Vermögen nicht haben, wenn er auch das *physische* dazu hätte. *Macht* und *Recht* sind also verschiedene Dinge und waren auch im Stande der Natur heterogene Begriffe. – Ferner, der höchsten Gewalt im Staate schreibt Hobbes strenge Gesetze vor, nichts zu befehlen, das der Wohlfahrt ihrer Untertanen zuwider sei. Wenn sie auch keinem Menschen Rechenschaft zu geben schuldig seien, so haben sie diese doch vor dem allerhöchsten Richter abzulegen; wenn sie auch nach seinen Grundsätzen keine Furcht vor irgendeiner *menschlichen Macht* binde, so binde sie doch die Furcht vor der *Allmacht*, die ihren Willen hierüber hinlänglich zu erkennen gegeben. Hobbes ist hierüber sehr ausführlich und hat im Grunde weit weniger Nachsicht für die Götter der Erde, als man seinem System zutrauen sollte. Allein ebendiese Furcht vor der Allmacht, welche die Könige und Fürsten an gewisse Pflichten gegen ihre Untertanen binden soll, kann doch auch im Stande der Natur für jeden einzelnen Menschen eine Quelle der Obliegenheiten werden, und so hätten wir abermals ein solennes Recht der Natur, das Hobbes doch nicht zugeben will. – Auf solche Weise kann sich in unsern Tagen jeder Schüler des Naturrechts einen Triumph über Thomas Hobbes erwerben, den er im Grunde doch ihm zu verdanken hat.

Locke, der in denselben verwirrungsvollen Zeitläuften lebte, suchte die Gewissensfreiheit auf eine andre Weise zu schirmen. In seinen Briefen *über die Toleranz*[69] legt er die Definition zum Grunde: Ein *Staat* sei eine Gesellschaft von Menschen, die sich vereinigen, um ihre *zeitliche* Wohlfahrt gemeinschaftlich zu befördern. Hieraus folgt alsdann ganz natürlich, daß der Staat sich um die Gesinnungen der Bürger, ihre ewige Glückseligkeit betreffend, gar nicht zu bekümmern, sondern jeden zu dulden habe, der sich bürgerlich gut aufführt, das heißt seinen Mitbürgern, in Absicht ihrer zeitlichen Glückseligkeit, nicht hinderlich ist. Der Staat, als Staat, hat auf keine Verschiedenheit der Religionen zu sehen; denn Religion hat an und für sich auf das Zeitliche keinen notwendigen Einfluß und stehet bloß durch die Willkür der Menschen mit demselben in Verbindung.

Sehr wohl! Ließe sich der Zwist durch eine Worterklärung entscheiden, so wüßte ich keine bequemere, und wenn sich die unruhigen Köpfe seiner Zeit hiemit hätten die Intoleranz ausreden lassen, so würde der gute Locke nicht nötig gehabt haben, so oft ins Elend zu wandern. Allein was hindert uns, fragen jene, daß wir nicht auch unsere ewige Wohlfahrt gemeinschaftlich zu befördern suchen sollten? Und in der Tat, was für Grund haben wir, die Absicht der Gesellschaft bloß auf das *Zeitliche* einzuschränken? Wenn die Menschen ihre ewige Seligkeit durch öffentliche Vorkehrungen befördern *können*, so ist es ja ihre natürliche Pflicht, es zu *tun*, ihre vernunftmäßige Schuldigkeit, daß sie sich auch in dieser Absicht zusammentun und in gesellschaftliche Verbindung treten. Ist aber dieses, und der Staat, als Staat, will sich bloß mit dem Zeitlichen abgeben, so entstehet die Frage: Wem sollen wir die Sorge für das Ewige antrauen? – Der Kirche? Nun sind wir auf einmal wieder da, wo wir ausgegangen waren. Staat und Kirche. – Sorge für das Zeitliche und Sorge für das Ewige – bürgerliche und kirchliche Autorität. Jene verhält sich zu dieser wie die Wichtigkeit des Zeitlichen zur Wichtigkeit des Ewigen. Der Staat ist also der Religion untergeordnet, muß weichen, wenn eine Kollision entstehet. Nun widerstehe, wer da kann, dem Kardinal Bellarmin[70] mit dem fürchterlichen Gefolge seiner Argumente, daß das Oberhaupt der Kirche zum Behuf des Ewigen, über alles Zeitliche zu befehlen und also wenigstens indirekte* ein Hoheitsrecht habe über alle Güter und Gemüter der Welt; daß alle weltliche Reiche indirekte unter der Botmäßigkeit des geistlichen Einzelherren stünden und von ihm Befehle annehmen müßten, wenn sie ihre Regierungsform verändern, ihre Könige absetzen und andere an ihrer Stelle einsetzen müßten, weil sehr oft das ewige Heil des Staats auf keine andere Weise erhalten werden könne – und wie die Maximen seines Ordens alle heißen, die Bellarmin in seinem Werke „De Romano Pontifice"[71] mit so vielem Scharfsinne festsetzet. Alles, was man den Trugschlüssen des Kardinals in sehr weitläuftigen Werken entgegengesetzt hat,

---

* Bellarmin selbst ward beinahe von dem Papste Sixtus V. verketzert, weil er ihm bloß eine indirekte Macht über das Zeitliche der Könige und Fürsten zuschrieb. Sein Werk ward in das Verzeichnis der Inquisition gesetzt.

scheint nicht zum Ziel zu treffen, sobald der Staat die Sorge für die Ewigkeit ganz aus den Händen gibt.

Von einer andern Seite ist es im genauesten Verstande weder der Wahrheit gemäß noch dem Besten der Menschen zuträglich, daß man das Zeitliche von dem Ewigen so scharf abschneide. Dem Menschen wird im Grunde nie eine Ewigkeit zuteile werden; sein Ewiges ist bloß ein *unaufhörliches Zeitliche*. Sein Zeitliches nimmt nie ein Ende, ist also ein wesentlicher Teil seiner Fortdauer und mit derselben aus einem Stücke. Man verwirret die Begriffe, wenn man seine zeitliche Wohlfahrt der ewigen Glückseligkeit entgegensetzet. Und diese Verwirrung der Begriffe bleibt nicht ohne praktische Folgen. Sie verrückt den Wirkungskreis der menschlichen Fähigkeiten und spannet seine Kräfte über das Ziel hinaus, das ihm von der Vorsehung mit so vieler Weisheit gesetzt worden. „Auf dem dunkeln Pfade", man erlaube, daß ich meine eigenen Worte* hier anführe, „auf dem dunkeln Pfade, den der Mensch hier zu wandeln hat, ist ihm gerade soviel Licht beschieden, als zu den nächsten Schritten, die er zu tun hat, nötig ist. Ein mehreres würde ihn nur blenden und jedes Seitenlicht nur verwirren." Es ist nötig, daß der Mensch unaufhörlich erinnert werde, mit diesem Leben sei nicht alles aus für ihn; es stehe ihm eine endlose Zukunft bevor, zu welcher sein Leben hienieden eine Vorbereitung sei, so wie in der ganzen Schöpfung jedes Gegenwärtige eine Vorbereitung aufs Künftige ist. Dieses Leben, sagen die Rabbinen, ist ein Vorgemach, in welchem man sich so anschicken muß, wie man im innern Zimmer erscheinen will. Aber nun hütet euch auch, dieses Leben mit der Zukunft weiter in Gegensatz zu bringen und die Menschen auf die Gedanken zu führen: ihre wahre Wohlfahrt in diesem Leben sei nicht einerlei mit ihrer ewigen Glückseligkeit in der Zukunft; ein anderes wäre es, für ihr zeitliches, ein anderes, für ihr ewiges Wohl sorgen, und es sei möglich, eines zu erhalten und das andre zu vernachlässigen. Dem Blödsichtigen, der auf schmalem Steige wandeln soll, werden durch dergleichen Vorspiegelungen Standpunkt und Gesichtskreis verrückt, und er ist in Gefahr, schwindlicht zu werden und auf ebenem Wege zu stolpern. So mancher getraut sich nicht, die

---

* S. Anm. zu Abbts freundschaftlicher Korrespondenz, S. 28.

gegenwärtigen Wohltaten der Vorsehung zu genießen, aus Besorgnis, ebensoviel von denselben dort zu verlieren, und mancher ist ein schlechter Bürger auf Erden geworden, in Hoffnung, dadurch ein desto besserer im Himmel zu werden.

Ich habe mir die Begriffe von Staat und Religion, von ihren Grenzen und wechselweisem Einfluß aufeinander sowohl als auf die Glückseligkeit des bürgerlichen Lebens, durch folgende Betrachtungen deutlich zu machen gesucht. Sobald der Mensch zur Erkenntnis kömmt, daß er, außerhalb der Gesellschaft, sowenig die Pflichten gegen sich selbst und gegen den Urheber seines Daseins als die Pflichten gegen seinen Nächsten erfüllen und also ohne Gefühl seines Elends nicht länger in seinem einsamen Zustande bleiben kann, so ist er verbunden, denselben zu verlassen, mit seinesgleichen in Gesellschaft zu treten, um durch gegenseitige Hülfe ihre Bedürfnisse zu befriedigen und durch gemeinsame Vorkehrungen ihr gemeinsames Beste zu befördern. Ihr gemeinsames Beste aber begreift das Gegenwärtige sowohl als das Zukünftige, das Geistliche sowohl als das Irdische in sich. Eins ist von dem andern unzertrennlich. Ohne Erfüllung unserer Obliegenheiten ist für uns weder hier noch da, weder auf Erden noch im Himmel ein Glück zu erwarten. Nun gehöret zur wahren Erfüllung unserer Pflichten *zweierlei: Handlung* und *Gesinnung.* Durch die Handlung geschieht das, was die Pflicht erfordert, und die Gesinnung macht, daß es aus der wahren Quelle komme, d. i. aus echten Bewegungsgründen geschehe.

Also Handlungen und Gesinnungen gehören zur Vollkommenheit des Menschen, und die Gesellschaft hat, soviel als möglich, durch gemeinschaftliche Bemühungen für *beides zu sorgen; d. i. die Handlungen* der Mitglieder zum gemeinschaftlichen Besten zu lenken und Gesinnungen zu veranlassen, die zu diesen Handlungen führen. Jenes ist die *Regierung,* dieses die *Erziehung* des geselligen Menschen. Zu beiden wird der Mensch durch *Gründe* geleitet, und zwar zu den Handlungen durch *Beweggründe* und zu den Gesinnungen durch *Wahrheitsgründe.* Die Gesellschaft hat also beide durch öffentliche Anstalten so einzurichten, daß sie zum allgemeinen Besten übereinstimmen.

Die Gründe, welche den Menschen zu vernünftigen Handlungen und Gesinnungen leiten, beruhen zum Teil auf Verhält-

nissen der Menschen gegeneinander, zum Teil auf Verhältnissen der Menschen gegen ihren Urheber und Erhalter. Jene
gehören für den *Staat*, diese für die *Religion*. Insoweit die
Handlungen und Gesinnungen der Menschen durch Gründe,
die aus ihren Verhältnissen gegeneinander fließen, gemeinnützig gemacht werden können, sind sie ein Gegenstand der
bürgerlichen Verfassung; insoweit aber die Verhältnisse der
Menschen gegen Gott als Quelle derselben angenommen
werden, gehören sie für die *Kirche*, *Synagoge* oder *Moschee*.
Man liest in so manchen Lehrbüchern des sogenannten
Kirchenrechts ernsthafte Untersuchungen: ob auch Juden,
Ketzer und Irrgläubige eine Kirche haben können. Nach den
unermeßlichen Vorrechten, die die sogenannte Kirche sich anzumaßen pflegt, ist die Frage so ungereimt nicht, als sie einem
unbefangenen Leser scheinen muß. Mir kömmt es aber, wie
leicht zu erachten, auf diesen Unterschied der Benennung
nicht an. Öffentliche Anstalten zur Bildung des Menschen, die
sich auf Verhältnisse des Menschen zu Gott beziehen, nenne
ich *Kirche* – zum Menschen, *Staat*. Unter Bildung des Menschen verstehe ich die Bemühung, beides, Gesinnungen und
Handlungen, so einzurichten, daß sie zur Glückseligkeit übereinstimmen, die Menschen *erziehen* und *regieren*.

Heil dem Staate, dem es gelinget, das Volk durch die Erziehung selbst zu regieren, das heißt, ihm solche Sitten und
Gesinnungen einzuflößen, die von selbst zu gemeinnützigen
Handlungen führen und nicht immer durch den Sporn der
Gesetze angetrieben zu werden brauchen. – Der Mensch im
gesellschaftlichen Leben muß auf manches von seinen Rechten
zum allgemeinen Besten Verzicht tun oder, wie man es nennen
kann, sehr oft seinen eigenen Nutzen dem Wohlwollen aufopfern. Nun ist er glücklich, wenn diese Aufopferung eigenes
Triebes geschiehet und er jedesmal wahrnimmt, daß sie bloß
zum Behuf des Wohlwollens von ihm geschehen sei. *Wohlwollen* macht im Grunde glücklicher als *Eigennutz*, aber wir
müssen uns selbst und die Äußerung unserer Kräfte dabei
empfinden. Nicht, wie einige Sophisten es auslegen, weil alles
am Menschen Eigenliebe ist, sondern weil Wohlwollen kein
Wohlwollen mehr ist, weder Wert noch Verdienst mit sich
führet, wenn es nicht aus freiem Triebe des Wohlwollenden
fließet.

Hierdurch kann man vielleicht auf die bekannte Frage: *Welche Regierungsform ist die beste?* eine befriedigende Antwort geben. Eine Frage, auf welche bisher sich widersprechende Antworten, mit gleichem Scheine der Wahrheit, gegeben worden sind. Im Grunde ist sie zu unbestimmt, fast so wie jene medizinische Frage von gleicher Art: Welche Speise ist die gesundeste? Jede Komplexion, jedes Klima, jedes Alter, Geschlecht, Lebensart usw. erfordert eine andere Antwort. Ebenso verhält es sich mit unserm politisch-philosophischen Problem. Für jedes Volk, auf jeder Stufe der Kultur, auf welcher es steht, ist eine andere Regierungsform die beste. Manche despotisch regierten Nationen würden höchst elend sein, wenn man sie sich selbst überließe, so elend als manche freigesinnten Republikaner, wenn man sie einem Einzelherrn unterwerfen wollte. Ja, manche Nation wird, so wie sich Kultur, Lebensart und Gesinnung abändert, auch mit der Regierungsform ändern und in einer Folge von Jahrhunderten den ganzen Zirkel der Regierungsformen, von Anarchie bis zum Despotismus, durch alle Schattierungen und Vermischungen durchwandern und doch immer die Form gewählt haben, die in solchen Umständen für sie die beste war.

Unter allen Umständen und Bedingungen aber halte ich es für einen untrüglichen Maßstab von der Güte der Regierungsform, je mehr in derselben durch Sitten und Gesinnungen gewürkt und also durch die Erziehungen selbst regiert wird. Mit andern Worten, je mehr dem Bürger Anlaß gegeben wird, anschauend zu erkennen, daß er auf einige seiner Rechte nur zum allgemeinen Besten Verzicht zu tun, von seinem Eigennutzen nur zum Behuf des Wohlwollens aufzuopfern hat und also von der einen Seite durch Äußerung des Wohlwollens ebensoviel gewinnet, als er durch die Aufopferung verliert. Ja, daß er durch die Aufopferung selbst noch an innerer Glückseligkeit wuchere, indem diese das Verdienst und die Würde der wohltätigen Handlung und also die wahre Vollkommenheit des Wohlwollenden vermehret. Es ist z. B. nicht ratsam, daß der Staat alle Pflichten der Menschenliebe, bis auf die *Almosenpflege*, übernehme und in öffentliche Anstalten verwandele. Der Mensch fühlt seinen Wert, wenn er Mildtätigkeit ausübt; wenn er anschauend wahrnimmt, wie er durch seine Gabe die

Not seines Nebenmenschen erleichtert; wenn er gibt, weil er will. Gibt er aber, weil er muß, so fühlt er nur seine Fesseln.

Eine Hauptbemühung des Staats muß es also sein, die Menschen durch Sitten und Gesinnungen zu regieren. Nun gibt es kein Mittel, die Gesinnungen und vermittelst derselben die Sitten der Menschen zu verbessern, als *Überzeugung*. Gesetze verändern keine Gesinnung, willkürliche Strafe und Belohnung erzeugen keine Grundsätze, veredeln keine Sitten. Furcht und Hoffnung sind keine Kriterien der Wahrheit. Erkenntnis, Vernunftgründe, Überzeugung, diese allein bringen Grundsätze hervor, die durch *Ansehen* und *Beispiel* in *Sitten* übergehen können. Und hier ist es, wo die Religion dem Staat zu Hülfe kommen und die Kirche eine Stütze der bürgerlichen Glückseligkeit werden soll. Ihr kömmt es zu, das Volk auf die nachdrücklichste Weise von der Wahrheit edler Grundsätze und Gesinnungen zu überführen; ihnen zu zeigen, daß die Pflichten gegen Menschen auch Pflichten gegen Gott seien, die zu übertreten schon an und für sich höchstes Elend sei; daß dem Staate dienen ein wahrer Gottesdienst, Recht und Gerechtigkeit der Befehl Gottes und Wohltun sein allerheiligster Wille sei und daß wahre Erkenntnis des Schöpfers keinen Menschenhaß in der Seele zurücklassen könne. Dieses zu lehren ist Amt und Pflicht und Beruf der Religion, dieses zu predigen Amt und Pflicht und Beruf ihrer Diener. Wie hat es den Menschen beikommen können, jene das Gegenteil lehren, diese das Gegenteil predigen zu lassen?

Wenn aber der Charakter der Nation, der Grad der Kultur, auf welchen sie gestiegen, die mit dem Wohlstande der Nation gewachsene Volksmenge, vervielfältigte Verhältnisse und Verbindungen, überhandgenommene Üppigkeit und andere Ursachen es unmöglich machen, die Nation bloß durch Gesinnungen zu regieren, so nimmt der Staat seine Zuflucht zu öffentlichen Anstalten, Zwangsgesetzen, Bestrafungen des Verbrechens und Belohnung des Verdienstes. Wenn der Bürger nicht aus innerm Gefühl seiner Schuldigkeit das Vaterland verteidigen will, so werde er durch Belohnung gelockt oder durch Gewalt gezwungen. Haben die Menschen keinen Sinn mehr für den innern Wert der Gerechtigkeit, erkennen sie nicht mehr, daß Redlichkeit in Handel und Wandel wahre Glückseligkeit sei, so werde die Ungerechtigkeit gezüchtiget, der Betrug bestraft. Freilich erhält der Staat auf diese Weise den Endzweck der Gesellschaft nur zur Hälfte. Äußere Bewegungsgründe machen den, auf welchen sie auch wirken, nicht glücklich. Wer aus Liebe zur Rechtschaffenheit den Betrug meidet, ist glücklicher, als der nur die willkürlichen Strafen fürchtet, die der Staat mit dem Betruge verbunden. Allein seinem Nebenmenschen kann es gleichviel gelten, aus welchen Bewegursachen das Unrecht unterbleibt, durch welche Mittel ihm sein Recht und Eigentum gesichert wird. Das Vaterland ist verteidiget, die Bürger mögen aus Liebe oder aus Furcht vor positiver Strafe für dasselbe fechten, obgleich die Verteidiger selbst in jenem Falle glücklich, in diesem aber unglücklich sind. Wenn *innere Glückseligkeit der Gesellschaft* nicht völlig zu erhalten stehet, so werde wenigstens *äußere Ruhe* und *Sicherheit* allenfalls erzwungen.

Der Staat also begnügt sich allenfalls mit toten Handlungen, mit Werken ohne Geist, mit Übereinstimmung im Tun, ohne Übereinstimmung in Gedanken. Auch wer nicht an Gesetze glaubt, muß nach dem Gesetze tun, sobald es Sanktion erhalten hat. Er kann dem einzelnen Bürger das Recht lassen, über die Gesetze zu urteilen, aber nicht, nach seinem Urteile zu handeln; denn hierauf hat er als Mitglied der Gesellschaft Verzicht tun müssen, weil ohne diese Verzicht eine bürgerliche Gesellschaft ein Unding ist. – Nicht also die Religion! Diese kennet keine Handlung ohne Gesinnung, kein Werk ohne Geist, keine Übereinstimmung im Tun ohne Übereinstimmung im Sinne. Religiöse Handlungen ohne religiöse Gedanken ist leeres Puppenspiel, kein Gottesdienst. Diese müssen also an und für sich selbst aus dem Geiste kommen, und können weder durch Belohnung erkauft noch durch Strafen erzwungen werden. Aber auch von bürgerlichen Handlungen ziehet die Religion ihre Hand ab, insoweit sie nicht durch Gesinnung, sondern durch Macht hervorgebracht werden. Der Staat hat sich auch keine Hülfe mehr von der Religion zu versprechen, sobald er bloß durch Belohnung und Bestrafung würken kann; denn insoweit dieses geschieht, kommen die Pflichten gegen Gott weiter in keine Betrachtung, sind die Verhältnisse zwischen den Menschen und seinem Schöpfer ohne Wirkung. Allen Beistand, den die Religion dem Staate leisten kann, ist *Belehren* und *Trösten*, durch ihre göttlichen Lehren dem

Bürger gemeinnützige Gesinnungen beibringen, und durch ihre überirdische Trostgründe den Elenden aufrichten, der als ein Opfer für das gemeine Beste zum Tode verurteilt worden.

Hier zeigt sich also schon ein wesentlicher Unterschied zwischen Staat und Religion. Der Staat gebietet und zwinget, die Religion belehrt und überredet; der Staat erteilt *Gesetze*, die Religion *Gebote*. Der Staat hat physische Gewalt und bedient sich derselben, wo es nötig ist; die Macht der Religion ist *Liebe* und *Wohltun*. Jener gibt den Ungehorsamen auf und stößt ihn aus; diese nimmt ihn in ihren Schoß und sucht ihn noch in dem letzten Augenblicke seines gegenwärtigen Lebens, nicht ganz ohne Nutzen, zu belehren oder doch wenigstens zu trösten. Mit einem Worte: Die bürgerliche Gesellschaft kann, als moralische Person, *Zwangsrechte* haben und hat diese auch durch den gesellschaftlichen Vertrag würklich erhalten. Die religiöse Gesellschaft macht keinen Anspruch auf *Zwangsrecht* und kann durch alle Verträge in der Welt kein Zwangsrecht erhalten. Der Staat besitzet *vollkommene*, die *Kirche* bloß *unvollkommene* Rechte. Um dieses gehörig ins Licht zu setzen, erlaube man mir, zu den ersten Begriffen hinaufzusteigen und den

*Ursprung der Zwangsrechte und Gültigkeit der Verträge
unter den Menschen*

etwas genauer zu untersuchen. Ich bin in Gefahr, für manche Leser zu spekulativ zu werden. Allein hat doch jeder die Freiheit, das zu überschlagen, was nicht nach seinem Geschmacke ist. Den Freunden des Naturrechts dürfte es nicht unangenehm sein, zu sehen, wie ich mir die ersten Grundsätze desselben zu erörtern gesucht habe. –

Die *Befugnis* (das sittliche Vermögen), sich eines Dinges als Mittel zu seiner Glückseligkeit zu bedienen, heißt ein *Recht*. Das Vermögen aber heißt sittlich, wenn es mit den Gesetzen der Weisheit und Güte bestehen kann, und die Dinge, die als Mittel zur Glückseligkeit dienen können, werden *Güter* genannt. Der Mensch hat also ein Recht auf gewisse Güter oder Mittel zur Glückseligkeit, insoweit solches den Gesetzen der Weisheit und Güte nicht widerspricht.

Was nach den Gesetzen der Weisheit und Güte geschehn muß oder, dessen Gegenteil den Gesetzen der Weisheit oder

der Güte widersprechen würde, *heißt sittlich notwendig*. Die sittliche Notwendigkeit (Schuldigkeit), etwas zu tun oder zu unterlassen, ist eine *Pflicht*.

Die Gesetze der Weisheit und Güte können sich nicht einander widersprechen. Wenn ich also ein Recht habe, etwas zu tun, so kann mein Nebenmensch kein Recht haben, mich daran zu verhindern; sonst wäre ebendieselbe Handlung zu einerlei Zeit sittlich möglich und sittlich unmöglich. Einem jeden Rechte entspricht also eine Pflicht; dem Rechte zu tun entspricht die Pflicht zu leiden; dem Rechte zu fordern die Pflicht zu leisten usw.*

Weisheit mit Güte verbunden heißt *Gerechtigkeit*. –

Das Gesetz der Gerechtigkeit, auf welches ein Recht sich gründet, ist entweder von der Beschaffenheit, daß alle Bedingungen, unter welchen das Prädikat dem Subjekte zukömmt, dem Rechthabenden *gegeben* sind oder nicht. In dem ersten Falle ist es ein *vollkommenes*, in dem andern ein *unvollkommenes Recht*. Bei dem unvollkommenen Rechte nämlich hängt ein Teil der Bedingungen, unter welchen das Recht zukömmt, von dem Wissen und Gewissen des Pflichtträgers ab. Dieser ist also auch in dem ersten Falle *vollkommen*, in dem andern aber nur *unvollkommen* zu der Pflicht verbunden, die jenem Rechte entspricht. – Es gibt *vollkommene* und *unvollkommene* sowohl *Pflichten* als *Rechte*. Jene heißen Zwangsrechte und Zwangspflichten, diese hingegen Ansprüche (Bitten) und Gewissenspflichten. Jene sind *äußerlich*, diese aber nur *innerlich*. Zwangsrechte dürfen mit Gewalt *erpreßt*, Bitten aber *verweigert* werden. Unterlassen der Zwangspflichten ist Beleidigung, Ungerechtigkeit, der Gewissenspflichten aber bloß *Unbilligkeit*.

---

* Man macht den Einwurf: der Kriegsmann habe in währendem Kriege die Befugnis, den Feind umzubringen, ohne daß diesem die Pflicht obliege, solches zu leiden.

Allein der Kriegsmann hat diese Befugnis nicht als *Mensch*, sondern als Mitglied oder Söldner des kriegführenden Staats. Der Staat nämlich ist entweder wirklich beleidigt oder gibt vor, beleidiget zu sein und seine Befriedigung nicht anders als durch die Gewalt erhalten zu können. Das Gefecht ist also eigentlich nicht zwischen Mensch und Mensch, sondern zwischen Staat und Staat; und unter den beiden kriegsführenden Staaten hat doch offenbar nur einer das Recht auf seiner Seite. Dem Beleidiger liegt allerdings die Pflicht ob, den Beleidigten zu befriedigen und alles zu leiden, ohne welches jener nicht zu seinem gekränkten Rechte gelangen kann.

Die Güter, auf welche der Mensch ein ausschließendes Recht hat, sind 1. seine eigenen Fähigkeiten; 2. was er durch dieselben hervorbringet oder dessen Fortkommen er befördert, was er anbauet, hegt, schützt usw. (Produkte seines Fleißes); 3. Güter der Natur, die er mit den Produkten seines Fleißes so verbunden, daß sie von denselben ohne Zerstörung nicht mehr getrennt werden können, die er sich also zu eigen gemacht. Hierin besteht also sein *natürliches Eigentum*, und diese Güter sind auch im Stande der Natur, bevor noch irgendein Vertrag unter den Menschen stattgefunden, von der *ursprünglichen Gemeinschaft der Güter* ausgeschlossen worden. Die Menschen besitzen nämlich ursprünglich nur diejenigen Güter *gemeinschaftlich*, die von der Natur, ohne eines Menschen Fleiß und Beförderung, hervorgebracht werden. — *Nicht alles Eigentum ist bloß konventionell.*

Der Mensch kann ohne *Wohltun* nicht glücklich sein, nicht ohne *leidendes*, aber ebensowenig ohne *tätiges* Wohltun. Er kann nicht anders als durch gegenseitigen Beistand, durch Wechsel von Dienst und Gegendienst, durch tätige und leidende Verbindung mit seinem Nebenmenschen vollkommen werden.

Wenn also der Mensch Güter besitzet oder Mittel zur Glückseligkeit in seinem Vermögen hat, die er entbehren kann, d. i., die nicht notwendig zu seinem *Dasein* erforderlich sind und zu seinem *Bessersein* dienen, so ist er verpflichtet, solche zum Teil zum Besten seines Nebenmenschen, zum *Wohlwollen* anzuwenden; denn *Bessersein* ist von *Wohlwollen* unzertrennlich.

Er hat aber auch aus ähnlichen Ursachen ein Recht auf seines Nebenmenschen Wohlwollen. Er kann erwarten und Anspruch darauf machen, daß ihm andere mit ihren entbehrlichen Gütern beistehen und zu seiner Vollkommenheit beförderlich sein werden. Man erinnere sich nur immer, was wir unter dem Worte *Güter* verstehen. Alles *innere* und *äußere* Vermögen des Menschen, insoweit es ihm oder andern ein Mittel zur Glückseligkeit werden kann. Was also der Mensch im Stande der Natur an Fleiß, Vermögen und Kräften besitzet, alles, was er sein nennen kann, ist teils zum *Selbstgebrauch* (eigenen Nutzen), teils zum *Wohlwollen* gewidmet.

Wie aber das Vermögen der Menschen eingeschränkt und also erschöpflich ist, so kann dasselbe Vermögen oder Gut zuweilen nicht mir und meinem Nebenmenschen zugleich dienen. So kann ich auch dasselbe Vermögen oder Gut nicht gegen alle meine Nebenmenschen, nicht zu allen Zeiten, auch nicht unter allen Umständen zum Besten anwenden; und da ich schuldig bin, von meinen Kräften den bestmöglichten Gebrauch zu machen, so kömmt es auf die Auswahl und nähere Bestimmung an, wieviel von dem Meinigen ich zum *Wohlwollen* bestimmen soll. Gegen wen, zu welcher Zeit und unter welchen Umständen?

Wer soll dieses entscheiden? Wer die Kollisionsfälle schlichten? – Nicht mein Nächster, denn ihm sind nicht alle Gründe gegeben, aus welchen der Streit der Pflichten entschieden werden muß. Zudem würde jeder andere ebendas Recht haben, und wenn von meinen Nebenmenschen jeder zu seinem Vorteile entscheiden sollte, wie wahrscheinlicherweise geschehen dürfte, so wäre die Verlegenheit nicht gehoben.

Mir, und mir allein, kömmt also im Stande der Natur das Entscheidungsrecht zu, *ob* und *wieviel, wenn, wem* und unter welchen Bedingungen ich zum Wohltun verbunden bin. Und ich kann im Stande der Natur durch keine Zwangsmittel, zu keinerlei Zeit, zum Wohltun angehalten werden. Meine Pflicht wohlzutun ist bloß *Gewissenspflicht*, davon ich äußerlich niemanden Rechenschaft zu geben habe, so wie mein Recht auf anderer Wohltun bloß ein Recht zu bitten ist, das abgewiesen werden kann. – Im Stande der Natur sind alle *positive* Pflichten der Menschen gegeneinander bloß *unvollkommene* Pflichten, so wie ihre positive Rechte aufeinander bloß *unvollkommene* Rechte, keine Pflichten, die erpreßt werden können, keine Rechte, die Zwang erlauben. – Bloß die Unterlassungspflichten und Rechte sind im Stande der Natur vollkommen. Ich bin vollkommen verpflichtet, niemanden zu *schaden*, und vollkommen berechtigt, zu verhindern, daß niemand mir *schade*. Schaden aber heißt, wie bekannt, *wider das vollkommene Recht eines andern handeln.*

Man könnte zwar glauben, die Pflicht zur Entschädigung sei eine positive Pflicht, zu der der Mensch auch im Stande der Natur verbunden ist. Wenn ich meinem Nächsten Schaden zugefügt habe, so bin ich ohne allen Vertrag, bloß nach den

Gesetzen der natürlichen Gerechtigkeit, auch äußerlich verpflichtet, ihm solchen zu ersetzen, und kann von ihm mit Gewalt dazu angehalten werden.

Allein die Entschädigung ist zwar eine positive Handlung, die Verbindlichkeit aber zu derselben fließt im Grunde aus der Unterlassungspflicht: *beleidige nicht*! denn der Schaden, den ich meinem Nächsten zugefügt habe, ist, solange er seiner Wirkung nach nicht aufgehoben wird, als eine *fortgesetzte Beleidigung* anzusehen. Ich handele also eigentlich wider eine negative Pflicht, solange ich die Entschädigung unterlasse, denn ich fahre fort zu beleidigen. Die Entschädigungspflicht macht also keine Ausnahme von der Regel, daß der Mensch im Stande der Natur *unabhängig*, d. i. niemanden positive verpflichtet sei. Niemand hat ein Zwangsrecht, mir vorzuschreiben, *wieviel* ich von meinen Kräften zum Besten anderer anwenden und *wem* ich die Wohltat davon angedeihen lassen soll. Auf mein Gutdünken allein muß es ankommen, nach welcher Regel ich die Kollisionsfälle entscheiden will.

Auch das natürliche Verhältnis zwischen Eltern und Kindern ist diesem allgemeinen Naturgesetze nicht zuwider. Es ist leicht zu erachten, daß nur diejenigen Personen im Stande der Natur unabhängig sind, denen man eine vernunftmäßige Entscheidung der Kollisionsfälle zutrauen kann. Bevor also die Kinder zu den Jahren gelangen, in welchen man ihnen den Gebrauch der Vernunft zutrauen kann, haben sie keinen Anspruch auf Unabhängigkeit, müssen sie von andern entscheiden lassen, wie und zu welchen Absichten sie ihre Kräfte und Fähigkeiten anwenden sollen. Die Eltern sind ihrerseits auch verbunden, ihre Kinder in der *Kunst, die Kollisionsfälle vernünftig zu entscheiden*, nach und nach zu üben und so, wie ihre Vernunft zunimmt, ihnen auch allmählich den freien, unabhängigen Gebrauch ihrer Kräfte zu überlassen.

Nun sind die Eltern zwar auch im Stande der Natur gegen ihre Kinder zu gewissen Dingen *äußerlich* verpflichtet, und könnte man glauben, daß dieses eine positive Pflicht sei, die ohne allen Vertrag, nach den ewigen Gesetzen der Weisheit und Güte erzwungen werden könnte. Allein mich dünkt, das Zwangsrecht zur Erziehung der Kinder komme im Stande der Natur bloß den Eltern selbst, einem gegen den andern, keinem Dritten aber zu, der sich etwa der Kinder annehmen und die

Erziehung von den Eltern erpressen wollte. Niemand ist im Stande der Natur befugt, die Eltern zur Erziehung ihrer Kinder mit Gewalt anzuhalten. Daß aber die Eltern selbst gegeneinander dieses Zwangsrecht haben, fließet aus der Verabredung, die sie, obschon nicht in Worten, doch durch die Handlung selbst, getroffen zu haben vorausgesetzt wird.

Wer ein zur Glückseligkeit fähiges Wesen hervorbringen hilft, ist nach dem Gesetze der Natur verbunden, die Glückseligkeit desselben zu befördern, solange es selbst noch in dem Stande nicht ist, für sein Fortkommen zu sorgen. Dieses ist die natürliche Pflicht der Erziehung, die zwar an und für sich bloß eine Gewissenspflicht ist; durch die Handlung selbst aber haben die Eltern sich verstanden, einander hierin beizustehen, d. i. dieser ihrer Gewissenspflicht gemeinschaftlich Genüge zu leisten. Mit einem Worte: Die Eltern sind durch die Beiwohnung selbst in den Stand der Ehe getreten, haben einen stillschweigenden Vertrag gemacht, das zur Glückseligkeit bestimmte Wesen, das sie gemeinschaftlich hervorbringen, auch gemeinschaftlich der Glückseligkeit fähig zu machen, d. i. zu *erziehen*.

Aus diesem Grundsatze fließen alle Pflichten und Rechte des Ehestandes ganz natürlich, und es ist nicht nötig, wie die Rechtslehrer zu tun pflegen, ein doppeltes Prinzipium anzunehmen, um alle Pflichten der Ehe und des Hausstandes aus demselben herzuleiten. Die Pflicht zur Erziehung folgt aus der Verabredung, Kinder zu erzeugen, und die Schuldigkeit, in einen gemeinschaftlichen Hausstand zu treten, aus der gemeinschaftlichen Pflicht zur Erziehung. Die Ehe ist also im Grunde nichts anders als eine *Verabredung* zwischen Personen verschiedenen Geschlechts, gemeinschaftlich Kinder zur Welt zu bringen; und hierauf beruhet das ganze System ihrer gegenseitigen Pflichten und Rechte.* Daß aber die Men-

---

* Wenn Subjekte von verschiedenen Religionen in ein Ehebündnis treten, so wird beim Kontrakte verabredet, nach welchen Grundsätzen der Hausstand geführt und die Kinder erzogen werden sollen. Wie aber, wenn Mann oder Weib nach vollzogener Heurat Grundsätze ändern und zu einer andern Religion übergehen? Gibt dieses der andern Partei ein Recht, auf die Scheidung zu dringen? In einer kleinen Schrift (Das Forschen nach Licht und Recht, Berlin, bei Friedrich Maurer, 1782), die zu Wien geschrieben sein will und deren ich in dem zweiten Abschnitte mit mehrerem zu erwähnen Gelegenheit haben

schen durch Verabredung den Stand der Natur verlassen und in den Stand der Gesellschaft treten, wird in der Folge gezeigt werden. Mithin ist auch die Erziehungspflicht der Eltern, ob sie schon in gewisser Betrachtung eine Zwangspflicht zu nennen ist, keine Ausnahme von dem angeführten *Naturgesetz*, daß der Mensch im Stande der Natur unabhängig sei und ihm allein das Recht zukomme, die Kollisionsfälle zwischen *Selbstgebrauch* und *Wohlwollen* zu entscheiden.

In diesem Rechte bestehet die *natürliche Freiheit* des Menschen, die einen großen Teil seiner Glückseligkeit ausmacht. Die Unabhängigkeit gehört also zu seinen *eigentümlichen Gütern*, deren er sich als Mittel zu seiner Glückseligkeit zu bedienen befugt ist, und wer ihn in dem Gebrauch derselben

---

werde, wird gesagt, daß der Fall itzt daselbst vorliege. Ein Jude, der zur christlichen Religion übergegangen, soll ausdrücklich begehren, seine bei der jüdischen Religion gebliebene Ehefrau zu behalten, und der Prozeß soll anhängig gemacht sein. Genannter Verfasser entscheidet nach dem System der Freiheit. „Man vermutet mit Recht", spricht er, „daß die Verschiedenheit der Religion für keine gültige Ursache zur Ehescheidung erkannt werden werde. Nach den Grundsätzen des weisen Josephs dürfte wohl Unterschied in kirchlichen Meinungen nicht gesellschaftlichen Banden entgegenstehen dürfen."
Sehr übereilt, wie mich dünkt. Ich hoffe, ein ebenso gerechter als weiser Imperator wird auch die Gegengründe anhören und nicht zugeben, daß das System der Freiheit zur Bedrückung und Gewalttätigkeit gemißbraucht werde. – Ist die Ehe bloß ein bürgerlicher Kontrakt, wie doch zwischen Jude und Jüdin, selbst nach katholischen Grundsätzen, die Ehe nichts anders sein kann, so müssen die Worte und Bedingungen des Kontrakts nach dem Sinne der Kontrahenten ausgelegt und erklärt werden, nicht nach dem Sinne des Gesetzgebers oder Richters. Wenn nach den Grundsätzen der Kontrahenten mit Zuverlässigkeit behauptet werden kann, daß sie gewisse Worte so und nicht anders verstanden und, wenn sie gefragt worden wären, so und nicht anders erklärt haben würden, so muß diese moralisch gewisse Erklärung, als eine stillschweigende, vorausgesetzte Bedingung des Kontrakts angenommen, vor Gericht ebenso gültig sein, als wenn sie ausdrücklich verabredet worden wäre. Nun ist offenbar, daß das Ehepaar bei Schließung des Kontrakts, da sie beiderseits, wenigstens äußerlich, noch der jüdischen Religion zugetan gewesen, keinen andern Sinn gehabt, als den gemeinschaftlichen Hausstand nach jüdischen Lebensregeln zu führen und die Kinder nach jüdischen Grundsätzen zu erziehen. Wenigstens hat die Partei, der es um die Religion ein Ernst war, nichts anders voraussetzen können, und wäre damals eine Veränderung von dieser Art besorglich gewesen und die Bedingung zur Sprache gekommen, sie würde sich sicherlich nicht anders erklärt haben. Sie wußte und erwartete nichts anders, als einen Hausstand nach väterlichen Lebensregeln anzutreten und Kinder zu erzeugen, die sie nach väterlichen Grundsätzen würde erziehen können. Wenn dieser Person der Unterschied wichtig ist, wenn es notorisch ist, daß ihr der Unterschied der Religion bei Schließung des Kontrakts hat wichtig sein müssen, so muß der Kontrakt nach ihren Begriffen und Ge-

störet, der *beleidiget ihn* und begehet eine äußerliche Ungerechtigkeit. Der Mensch im Stande der Natur ist Herr über
das *Seinige*, über den freien Gebrauch seiner Kräfte und
Fähigkeiten, über den freien Gebrauch alles dessen, so er
durch dieselben hervorgebracht (d. i. der Früchte seines
Fleißes) oder mit den Früchten seines Fleißes auf eine unzertrennliche Weise verbunden hat, und es hänget von ihm ab,
wieviel, wenn und zum Besten *wessen* von seinen Nebenmenschen er einiges von diesen Gütern, das ihm entbehrlich
ist, ablassen will. Alle seine Nebenmenschen haben bloß auf
seinen Überfluß ein unvollkommenes Recht, *ein Recht zu
bitten*, und er, der unumschränkte Herr, trägt die *Gewissenspflicht*, einen Teil seiner Güter dem *Wohlwollen* zu widmen; ja

---

sinnungen erklärt werden. Gesetzt, der ganze Staat habe hierin andre Gesinnungen, so hat dieses keinen Einfluß auf die Deutung des Vertrages. Der
Mann verändert Grundsätze und nimmt eine andre Religion an. Soll die Frau
gezwungen werden, in einen Hausstand zu treten, dem ihr Gewissen zuwider
ist, und ihre Kinder nach Grundsätzen zu erziehen, die nicht die ihrigen
sind; mit einem Worte, Bedingungen des Ehekontrakts anzunehmen und sich
aufdringen zu lassen, zu welchen sie sich niemals verstanden hat; so geschiehet
ihr offenbar Unrecht, so läßt man sich offenbar durch Vorspiegelung der Gewissensfreiheit zum widersinnigsten Gewissenszwange verleiten. Die Bedingungen des Kontrakts können nun nicht mehr erfüllt werden. Der Mann,
der Grundsätze verändert hat, ist, wo nicht *in dolo*, doch wenigstens *in
culpa*[8], daß solche nicht mehr in Erfüllung gebracht werden können. Muß die
Frau Gewissenszwang leiden, weil der Mann Gewissensfreiheit haben will?
Wo hat sie sich hierzu verstanden oder verstehen können? Ist nicht auch von
ihrer Seite das Gewissen ungebunden, und muß nicht die Partei, welche die Veränderung verursacht hat, nicht auch für die Folgen dieser Veränderung stehen,
den Gegenteil schadlos halten und, soviel es sich tun läßt, wieder in den
vorigen Stand setzen? Mich dünkt, nichts sei einfacher, und die Sache rede für
sich selber. Niemand kann gezwungen werden, Bedingungen eines Kontrakts
anzunehmen, zu welchen er sich, seinen Grundsätzen nach, nicht hat verstehen
können.
An Erziehung der gemeinschaftlichen Kinder haben beide Teile gleiches Recht.
Hätten wir unparteiische Erziehungsanstalten, so müßten in solchen streitigen
Fällen die Kinder so lange unparteiisch erzogen werden, bis sie zur Vernunft
kommen und selbst wählen. Solange aber dafür noch nicht gesorgt worden,
solange noch unsere Erziehungsanstalten mit der positiven Religion in Verbindung stehen, hat derjenige Teil ein offenbares Vorrecht, der bei den vorigen
Grundsätzen geblieben ist und solche nicht verändert hat. Auch dieses folgt
ganz natürlich aus obigen Grundsätzen, und es ist gewaltsame Anmaßung und
Religionsdruck, wenn irgendwo das Gegenteil geschiehet. Ein ebenso gerechter als weiser Joseph wird sicherlich diesen gewaltsamen Mißbrauch der
Kirchenmacht in seinen Staaten nicht zulassen.

[8] *nicht in dolo, doch wenigstens in culpa*: nicht betrügerisch, doch wenigstens schuldig.

bisweilen ist er verbunden, seinen *Eigengebrauch* sogar dem Wohlwollen aufzuopfern, insoweit die Ausübung des Wohlwollens glücklicher macht als Eigennutz. Nur muß diese Aufopferung eigenes Willens und aus freiem Triebe geschehen. Alles dieses scheinet keinen Zweifel mehr zu leiden. Allein ich tue einen Schritt weiter.

Sobald dieser Unabhängige einmal ein Urteil gefällt hat, so muß es gültig sein. Habe ich im Stande der Natur den Fall entschieden, *wem*, *wenn* und *wieviel* ich von dem Meinigen überlassen will; habe ich diesen meinen freien Entschluß hinlänglich zu erkennen gegeben, und mein Nächster, dem zum Besten der Ausspruch geschehen, hat das Gut in Empfang genommen; so muß die Handlung *Kraft* und *Würkung* haben, wenn mein Entscheidungsrecht etwas bedeuten soll. Wenn mein Ausspruch unkräftig ist und die Sachen so läßt, wie sie gewesen sind; wenn er nicht in Ansehung des Rechts diejenige Veränderung hervorbringet, die ich beschlossen; so enthält mein vermeintes Recht, den Ausspruch zu tun, einen offenbaren Widerspruch. Meine Entscheidung muß also wirken, muß den Zustand des Rechts verändern. Das Gut, wovon die Rede ist, muß aufhören, das *meine* zu sein und nunmehr wirklich meines Nächsten geworden sein. Das vorhin unvollkommen gewesene Recht meines Nächsten muß durch diese Handlung ein vollkommenes Recht geworden sowie mein vollkommen gewesenes Recht in ein unvollkommenes übergegangen sein; sonst wäre meine Entscheidung Null. Nach vollzogener Handlung also kann ich das abgetretene Gut ohne Ungerechtigkeit mir nicht mehr anmaßen, und wenn ich es tue, so *beleidige* ich, so handele ich wider das vollkommene Recht meines Nächsten.

Dieses gilt sowohl von körperlichen *beweglichen* Gütern, die von Hand in Hand gegeben und angenommen werden können, als von *unbeweglichen* oder auch *geistigen* Gütern, davon die Rechte bloß durch hinlängliche *Willenserklärung* abgetreten und angenommen werden können. Im Grunde kömmt alles bloß auf diese Willenserklärung an, und die wirkliche Einhändigung beweglicher Güter selbst kann nur gültig sein, insoweit sie für ein Zeichen der hinlänglichen Willenserklärung genommen wird. Die bloße Einhändigung, an und für sich betrachtet, gibt und nimmt kein Recht, sooft diese Absicht nicht damit verbunden ist. Was ich meinem Nächsten in die Hand gebe, habe ich ihm deswegen noch nicht *eingehändiget*, und was ich von ihm in die Hand nehme, habe ich damit noch nicht rechtskräftig angenommen, wenn ich nicht zu erkennen gegeben, daß die Handlung in dieser Absicht geschehen sei. Ist aber die Tradition selbst bloß als Zeichen gültig, so können bei solchen Gütern, wo die wirkliche Aushändigung nicht stattfindet, andere bedeutende Zeichen dafür genommen werden. Man kann also sein Recht auf unbewegliche oder auch unkörperliche Güter durch hinlänglich verständliche Zeichen andern abtreten und überlassen.

Auf diese Weise kann das Eigentum von Person zu Person wandern. Was ich durch meinen Fleiß zu dem Meinigen gemacht, wird durch Abtreten das Gut eines andern, das ich ihm nicht wieder nehmen kann, ohne eine *Ungerechtigkeit* zu begehen.

Und nun noch einen Schritt näher, so stehet die Gültigkeit der Verträge auf sicheren Füßen. – Das Recht, die Kollisionsfälle zu entscheiden, selbst ist, wie oben gezeigt worden, ein *unkörperliches Gut* des unabhängigen Menschen, insoweit es ein Mittel zu seiner Glückseligkeit werden kann. Jeder Mensch hat im Stande der Natur auf den Genuß dieses Mittels zur Glückseligkeit ein vollkommenes und sein Nebenmensch ein unvollkommenes Recht. Da aber der Genuß dieses Rechts wenigstens in vielen Fällen zur Erhaltung nicht unumgänglich notwendig ist, so ist es ein *entbehrliches* Gut, das, vermöge des Erwiesenen, abgetreten und vermittelst einer hinlänglichen Willenserklärung einem andern überlassen werden kann. Eine Handlung, wodurch dieses geschiehet, heißt ein *Versprechen*, und wenn von der andern Seite die *Annahme* hinzukömmt, d. i., die Einwilligung in dieses Übertragen der Rechte hinlänglich zu erkennen gegeben wird, so entsteht ein *Vertrag*. Demnach ist ein Vertrag nichts anders als von der einen Seite die *Überlassung* und von der andern Seite die *Annahme* des Rechts, in Absicht auf gewisse, dem Versprecher entbehrliche Güter die Kollisionsfälle zu entscheiden.

Ein solcher Vertrag muß, vermöge des vorhin Erwiesenen, gehalten werden. Das Entscheidungsrecht, welches vorhin einen Teil meiner Güter ausmachte, d. i. das Meine war, ist durch diese Abtretung das Gut meines Nächsten, das Seine geworden, und ich kann es ihm ohne Beleidigung nicht wieder entziehen. Den Anspruch, den er auf den Gebrauch dieser meiner Unabhängigkeit, insoweit sie nicht zu meiner Erhaltung notwendig ist, so wie jeder andere machen konnte, ist durch diese Handlung in ein vollkommenes Recht übergegangen, das er sich mit Gewalt zu erzwingen befugt ist. Dieser Erfolg ist unstreitig, sobald mein Entscheidungsrecht Kraft und Wirkung haben soll.* –

Ich verlasse meine spekulativen Betrachtungen und komme in mein voriges Geleis zurück, muß aber vorher die Bedingungen festsetzen, unter welchen nach obigen Grundsätzen ein Vertrag gültig sei und gehalten werden müsse.

1. Cajus[72] besitzt ein Gut (irgendein Mittel zur Glückseligkeit: den Gebrauch seiner natürlichen Fähigkeiten selbst oder das Recht auf die Früchte seines Fleißes und die damit verbundenen Güter der Natur oder was sonst auf eine gerechte Weise ihm zu eigen geworden; es sei solches ein körperliches oder unkörperliches Ding, als nämlich Gerechtsame, Freiheiten u. dgl.)

2. Dieses Gut aber gehört nicht unumgänglich zu seinem *Dasein* und kann also zum Besten des *Wohlwollens*, d. i. zum Nutzen anderer, angewendet werden.

---

* Auf diese sehr einleuchtende Auseinandersetzung der Begriffe bin ich von dem philosophischen Rechtsgelehrten, meinem sehr werten Freunde, dem Herrn Assistenzrate *Klein*[9], geführt worden, mit dem ich das Vergnügen gehabt, mich über diese Materie zu unterhalten. Mich dünkt, diese Theorie der Kontrakte sei einfach und fruchtbar. Ferguson[10] in seiner Moralphilosophie und sein vortrefflicher Übersetzer finden die Notwendigkeit, das Versprechen zu halten, in der bei dem Nebenmenschen erregten *Erwartung* und Unsittlichkeit der *Täuschung*. Allein hieraus scheint bloß eine Gewissenspflicht zu folgen. Was ich vorhin im Gewissen verbunden gewesen, von meinen Gütern zum Besten meiner Nebenmenschen überhaupt hinzugeben, bin ich durch die bei diesem Subjekte insbesondere erregte *Erwartung* im Gewissen verbunden, ihm zukommen zu lassen. Wodurch aber ist diese *Gewissenspflicht* in eine *Zwangspflicht* übergegangen? Mich dünkt, hierzu gehören unumgänglich die allhier ausgeführten Grundsätze der Abtretung überhaupt und insbesondere der Entscheidungsrechte in Kollisionsfällen.

[9] *dem Herrn Assistenzrate Klein*: Ernst Ferdinand Klein (1744–1810), Kammergerichtsrat, Professor der Rechtswissenschaft in Halle, mit Mendelssohn befreundeter Jurist.

[10] *Ferguson*: Adam Ferguson (1723–1816), schottischer Historiker und Moralphilosoph: Institutes of Moral Philosophy (1769, übersetzt von Garve 1772).

3. Sempronius hat auf dieses Gut ein *unvollkommenes Recht*. Er kann, so wie jeder andere Mensch, *verlangen*, aber nicht *zwingen*, daß dieses Gut itzt zu seinem Besten angewendet werde. Das Recht zu entscheiden gehört dem *Cajus*, ist das Seine, und darf ihm mit Gewalt nicht entzogen werden.

4. Nunmehr bedienet sich Cajus seines vollkommenen Rechts, entscheidet zum Vorteile des Sempronius und gibt seine Entscheidung durch hinlängliche Zeichen zu erkennen, d. i., *Cajus verspricht*.

5. Sempronius *nimmt* an und gibt seine Einwilligung gleichfalls auf eine bedeutende Weise zu verstehen.

So ist der Ausspruch des Cajus wirksam und von Kraft, d. i., jenes Gut, das ein Eigentum des Cajus, das Seine gewesen, ist durch diese Handlung zum Gute des Sempronius geworden. Das vollkommene Recht des Cajus ist in ein unvollkommenes übergegangen, so, wie das unvollkommene Recht des Sempronius in ein vollkommenes Zwangsrecht verwandelt worden ist.

Cajus muß sein rechtskräftiges Versprechen halten, und Sempronius kann ihn, im Verweigerungsfalle, mit Gewalt dazu zwingen.

Durch Verabredungen dieser Art verläßt der Mensch den Stand der Natur und tritt in den Stand der gesellschaftlichen Verbindung; und seine eigene Natur treibet ihn an, Verbindungen mancherlei Art einzugehen, um seine schwankenden Rechte und Pflichten in etwas Bestimmtes zu verwandeln. Nur der Wilde klebt, wie das Vieh, an dem Genusse des gegenwärtigen Augenblickes. Der gesittete Mensch lebt auch für die Zukunft und will auch für den nächsten Augenblick worauf Rechnung machen können. Schon der Vermehrungstrieb, wenn er nicht bloß viehischer Instinkt sein soll, zwinget die Menschen, wie wir oben gesehen, zu einem gesellschaftlichen Vertrage, davon man sogar bei vielen Tieren etwas Analogisches findet.

Laßt uns von dieser Theorie der Rechte, Pflichten und Verträge die Anwendung auf den Unterschied zwischen Staat und Kirche machen, davon wir ausgegangen sind. Beide, Staat und Kirche, haben sowohl Handlungen als Gesinnungen zu ihrem Gegenstande: jene, insoweit sie sich auf Verhältnisse zwischen

Mensch und Natur, diese, insoweit sie sich auf Verhältnisse zwischen Mensch und Gott gründen. Die Menschen bedürfen einander, hoffen und versprechen, erwarten und leisten einer dem andern Dienst und Gegendienst. Die Vermischung von Überfluß und Mangel, Kraft und Bedürfnis, Eigensucht und Wohlwollen, die ihnen die Natur gegeben, treibet sie an, in gesellschaftliche Verbindung zu treten, um ihren Fähigkeiten und Bedürfnissen weitern Spielraum zu verschaffen. Jedes Individuum ist verbunden, einen Teil seiner Fähigkeiten und der dadurch erworbenen Rechte zum Besten der verbundenen Gesellschaft anzuwenden, aber welchen? wenn? und zu welchem Endzwecke? – An und für sich sollte dieses nur der bestimmen, der leisten soll. Man kann aber auch für gut finden, auf dieses Recht der Unabhängigkeit durch einen *gesellschaftlichen Vertrag* Verzicht zu tun und durch *Positivgesetze* diese unvollkommene Pflichten in vollkommene zu verwandeln; d. i., man kann die nähere Bestimmungen verabreden und festsetzen, wieviel jedes Mitglied von seinen Rechten zum Nutzen der Gesellschaft zu verwenden soll gezwungen werden können. Der Staat, oder die den Staat vorstellen, werden als eine moralische Person betrachtet, die über diese Rechte zu schalten hat. Der Staat hat also Rechte und Gerechtsame auf Güter und Handlungen der Menschen. Er kann nach dem Gesetze geben und nehmen, vorschreiben und verbieten, und weil es ihm auch um Handlung als Handlung zu tun ist, *bestrafen* und *belohnen*. Der Pflicht gegen meinen Nächsten geschieht äußerlich Genüge, wenn ich ihm leiste, was ich soll; meine Handlung mag erzwungen oder freiwillig sein. Kann nun der Staat nicht durch *innere* Triebfedern wirken und dadurch für mich mitsorgen, so wirkt er wenigstens durch *äußere* und verhilft meinem Nächsten zu dem *Seinigen.*

Nicht also die Kirche! Sie beruhet auf dem Verhältnisse zwischen Gott und Menschen. Gott ist kein Wesen, das unsers Wohlwollens bedarf, unsern Beistand fordert, auf irgendeines von unseren Rechten zu seinem Gebrauch Anspruch macht, oder dessen Rechte mit den unserigen je in Streit und Verwirrung geraten können. Auf diese irrigen Begriffe hat die in mancher Betrachtung unbequeme Einteilung der Pflichten, in Pflichten gegen Gott und Pflichten gegen die Menschen, führen

müssen. Man hat die Parallele zu weit gezogen. Gegen Gott –
gegen Menschen – dachte man. So, wie wir aus Pflicht gegen
unsern Nächsten etwas von dem unsrigen aufopfern und hingeben, so auch aus Pflicht gegen Gott. Die Menschen fodern
Dienst; so auch Gott. Die Pflicht gegen mich selbst kann mit der
Pflicht gegen meinen Nächsten in Streit und Gegenstoß geraten;
ebenalso die Pflicht gegen mich selbst mit der Pflicht gegen
Gott. – Niemand wird sich ausdrücklich dazu verstehen, wenn
ihm diese ungereimten Sätze in trocknen Worten vorgehalten
werden, und gleichwohl hat jedermann mehr oder weniger
davon gleichsam eingesogen und seine innern Säfte damit an-
gesteckt. Aus dieser Quelle flossen alle ungerechte Anmaßungen, die sich sogenannte Diener der Religion, unter dem
Namen der Kirche, von jeher erlaubt. Alle Gewalttätigkeit und
Verfolgung, die sie ausgeübt, aller Zwist und Zwiespalt, Meuterei und Aufruhr, die sie angezettelt haben, und alle Übel, die von
jeher, unter dem Scheine der Religion, von ihren grimmigsten
Feinden, von Heuchelei und Menschenfeindschaft, ausgeübt
worden, sind einzig und allein Früchte dieser armseligen
Sophisterei, eines vorgespiegelten Konflikts zwischen Gott und
Menschen, Rechten der Gottheit und Rechten des Menschen.

Im Grunde machen in dem System der menschlichen Pflichten die gegen Gott keine besondere Abteilung, sondern alle
Pflichten des Menschen sind Obliegenheiten gegen Gott.
Einige derselben gehen uns selbst, andere unsere Nebenmenschen an. Wir sollen, aus Liebe zu Gott, uns selbst vernünftig lieben, seine Geschöpfe lieben, so, wie wir aus
vernünftiger Liebe zu uns selbst verbunden sind, unsere
Nebenmenschen zu lieben.

Das System unserer Pflichten hat ein doppeltes Prinzipium,
das Verhältnis zwischen Menschen und Natur und das Verhältnis zwischen Geschöpf und Schöpfer. Jenes ist Moralphilosophie, dieses *Religion*, und demjenigen, der von der Wahrheit überführt ist, daß die Naturverhältnisse nichts anders sind
als Äußerungen des göttlichen Willens, dem fallen auch diese
beiden Prinzipien ineinander, dem ist Sittenlehre der Vernunft
heilig wie Religion. Auch heischt die Religion, oder das Verhältnis zwischen Gott und Menschen, keine andere Pflichten,
sondern gibt jenen Pflichten und Obliegenheiten nur erhabnere *Sanktion*. Gott bedarf unseres Beistandes nicht, ver-

langet keinen *Dienst* von uns*, keine Aufopferung unserer Rechte zu seinem Besten, keine Verzicht auf unsere Unabhängigkeit zu seinem Vorteil. Seine Rechte können mit den unserigen nie in Streit und Irrung kommen. Er will nur unser Bestes, eines jeden Einzelnen Bestes, und dieses muß ja mit sich selbst bestehen, kann sich ja selbst n.cht widersprechen. –

Alle diese Gemeinwörter sind so trivial, daß der gesunde Menschenverstand sich wundert, wie man hat je anderer Meinung sein können; und gleichwohl haben die Menschen von jeher wider diese einleuchtenden Grundsätze gehandelt; und wohl ihnen! wenn sie im Jahre 2240[73] aufhören werden, dawider zu handeln.

Die nächste Folge aus diesen Maximen ist, wie mich dünkt, offenbar, daß die Kirche kein Recht habe auf Gut und Eigentum, keinen Anspruch auf Beitrag und Verzicht, daß ihre Gerechtsame mit den unserigen niemals in Irrung geraten, daß also zwischen Kirche und Bürger nie Kollisionsfälle vorkommen können. Ist aber dieses, so findet auch zwischen Kirche und Bürger kein Vertrag statt; denn alle Verträge setzen Kollisionsfälle voraus, die zu entscheiden sind. Wo keine unvollkommene Rechte statthaben, entstehen keine Kollisionen der Ansprüche, und wo nicht Ansprüche gegen Ansprüche entschieden werden sollen, da ist Vertrag ein Unding.

Alle menschliche Verträge haben also der Kirche kein Recht auf Gut und Eigentum beilegen können, da sie ihrem Wesen nach auf keins derselben Anspruch machen oder ein unvollkommenes Recht haben kann. Ihr kann also niemals ein Zwangsrecht zukommen, und den Mitgliedern kann keine Zwangspflicht gegen dieselbe aufgelegt werden. Alle Rechte der Kirche sind Vermahnen, Belehren, Stärken und Trösten, und die Pflichten der Bürger gegen die Kirche sind ein *geneigtes Ohr und ein williges Herz.*** So hat auch die Kirche

---

* Die Wörter *Dienst, Ehre* u. a. haben in Beziehung auf Gott eine ganz andere Bedeutung als in Beziehung auf Menschen. *Gottesdienst* ist nicht Dienst, den ich Gott erzeige, Ehre Gottes nicht Ehre, die ich Gott antue. Man hat, um die Worte zu retten, ihre Bedeutung geändert. Der gemeine Mann aber klebt noch immer an der ihm gewöhnlichen Bedeutung und hänget noch immer fest an seinem Sprachgebrauch, woraus in Religionssachen viele Verwirrungen entstanden sind.

** Der Psalmist singet:
Dir gefällt nicht Opfer, nicht Geschenk,
Ohren hast du mir gegraben! (Ps. 40, 7)

kein Recht, Handlungen zu belohnen oder zu bestrafen. Die
bürgerlichen Handlungen gehören dem Staat, und die eigentlichen religiösen Handlungen leiden, ihrer Natur nach, weder
Zwang noch Bestechung. Sie fließen entweder aus freiem An-
triebe der Seele oder sind ein leeres Spiel und dem wahren
Geiste der Religion zuwider.

Wenn aber die Kirche kein Eigentum hat, wer besoldet die
Lehrer der Religion? Wer lohnet die Prediger der Gottesfurcht? – Religion und Sold – Lehren der Tugend und Be-
zahlung – Predigten der Gottesfurcht und Lohn. Die Begriffe
scheinen sich einander zu fliehen. Was verspricht sich der
Lehrer der Weisheit und Tugend für Wirkung, sobald er bezahlt wird und den Meistbietenden feil ist? Was der Prediger
der Gottesfurcht für Eindruck, wenn er nach Lohne ausgehet?
– *Siehe, ich lehre euch Gesetze und Rechte, so, wie mich der
Ewige, mein Gott* usw. (V. B. M., K. 4,5). *So, wie mich mein
Gott, erklären die Rabbinen, wie er mich, ohne Entgelt, so ich
euch und so auch ihr die eurigen.* Bezahlen, Lohnen ist für
diese erhabene Beschäftigung so unnatürlich, mit der Lebensart, welche diese Beschäftigung erfordert, so unvereinbar, daß
die mindeste Anhänglichkeit an Gewinnen und Erwerben
diesen Stand zu erniedrigen scheinet. Das Verlangen nach
Reichtum, das man jedem andern Stande gern zugute hält,
scheinet uns bei diesem Geiz und Habsucht oder artet bei
Männern, die sich diesem edlen Geschäfte widmen, wirklich
gar bald in Geiz und Habsucht aus, weil es ihrem Berufe so
widernatürlich ist. Höchstens kann ihnen Entschädigung für
Zeitversäumnis eingeräumt werden, und diese auszumitteln
und zu erteilen ist ein Geschäft des Staats, nicht der Kirche.
Was hat die Kirche mit Dingen zu schaffen, die feil sind, be-
dungen und bezahlt werden? Die Zeit macht einen Teil von
unserm Vermögen aus, und wer sie zum gemeinen Besten anwendet, darf hoffen, aus dem gemeinen Schatze dafür ent-
schädiget zu werden. Die Kirche lohnet nicht, die Religion
kauft nichts, bezahlet nichts, gibt keinen Sold.

Dieses sind, meinem Bedünken nach, die Grenzen zwischen
Staat und Kirche, insoweit sie auf die Handlungen der Menschen Einfluß haben. In Absicht auf Gesinnungen treten sie
schon etwas näher zusammen; denn hier hat der Staat keine
andere Wirkungsmittel als die Kirche. Beide müssen unter-

richten, belehren, aufmuntern, veranlassen, aber weder belohnen noch bestrafen, weder zwingen noch bestechen; denn
auch der Staat hat durch keinen Vertrag das mindeste Zwangsrecht über Gesinnungen erlangen können. Überhaupt kennen
die Gesinnungen der Menschen kein Wohlwollen, leiden
keinen Zwang. Ich kann auf keine meiner Gesinnungen, als Gesinnung betrachtet, aus Liebe zu meinem Nächsten Verzicht
tun, kann ihm keinen Anteil an meiner Urteilskraft aus Wohlwollen überlassen und abtreten und ebensowenig ein Recht
auf seine Gesinnungen mir anmaßen oder auf irgendeine
Weise erwerben. Das Recht auf unsere eigene Gesinnungen ist
unveräußerlich, kann nicht von Person zu Person wandern;
denn es gibt und nimmt keinen Anspruch auf Vermögen, Gut
und Freiheit. Daher das mindeste Vorrecht, das ihr euern
Religions- und Gesinnungsverwandten öffentlich einräumet,
eine *indirekte Bestechung*, die mindeste Freiheit, die ihr den
Dissidenten entziehet, eine *indirekte Bestrafung* zu nennen ist
und im Grunde dieselbe Wirkung hat als eine direkte Belohnung des Einstimmens und Bestrafung des Widerspruchs.
Es ist armseliges Blendwerk, wenn in einigen Lehrbüchern des
Kirchenrechts so sehr auf den Unterschied zwischen *Belohnung* und *Vorrecht, Bestrafung* und *Einschränkung* gedrungen wird. Den Sprachforschern kann diese Bemerkung
nützlich sein; allein dem Elenden, der die Rechte der Menschheit entbehren muß, weil er nicht sagen kann: *ich glaube*, wo
er nicht glaubet, nicht mit dem Munde Muselmann und im
Herzen Christ sein will, dem bringet diese Distinktion nur
leidigen Trost. Und welches sind die Grenzen der Vorrechte
auf der einen und der Einschränkung auf der andern Seite?
Mit einer mäßigen Gabe von Dialektik erweitert man diese Begriffe und dehnt sie so lange aus, bis sie auf der einen Seite
bürgerliche Glückseligkeit, auf der andern Unterdrückung,
Verbannung und Elend werden.*

---

* Ein Kollegium von gelehrten und angesehenen Männern, in einem
übrigens ziemlich duldsamen Staate, ließ vor einiger Zeit gewisse Dissidenten
für die Approbation gedoppelte Gebühren bezahlen, und als sie von der Obrigkeit deswegen zur Rede gestellt wurden, war die Entschuldigung, jene wären
doch überall im bürgerlichen Leben *detorioris conditionis*[11]. Das Sonderbarste
ist, daß es bis auf den heutigen Tag bei der Erhöhung der Gebühren geblieben
sein soll.

[11] *detorioris conditionis*: von geringerem Rang.

Furcht und Hoffnung wirken auf den *Begehrungsbetrieb* der Menschen, Vernunftgründe auf sein *Erkenntnisvermögen*. Ihr ergreifet die unrechten Mittel, wenn ihr die Menschen durch Furcht und Hoffnung zur Annahme oder zur Verwerfung gewisser Lehrsätze führen wollt. Ja, wenn auch dieses gradezu eure Absicht nicht ist, so hindert ihr selbst doch eure bessern Absichten, wenn ihr Furcht und Hoffnung nicht so weit zu entfernen sucht, als nur immer möglich ist. Ihr bestechet und verführet euer eigenes Herz, oder euer Herz hat euch verführt, wenn ihr glaubet, Prüfung der Wahrheit könne bestehen, Freiheit der Untersuchung bleibe ungekränkt, wenn hier Stand und Würden, dort Verachtung und Dürftigkeit die Untersuchenden erwarten. Vorstellung des Guten und Bösen sind Werkzeug für den *Willen*, der Wahrheit und Unwahrheit für den *Verstand*. Wer auf den Verstand wirken will, lege jenes Werkzeug zuvörderst aus der Hand, sonst ist er in Gefahr, wider seinen eigenen Vorsatz, auszuglätten, wo er durchschneiden, zu befestigen, wo er einreißen soll.

Was wird also der Kirche für eine Regierungsform anzuraten sein? – Keine! – Wer soll entscheiden, wenn in Religionssachen Streitigkeiten entstehen? – Wem Gott die Fähigkeit gegeben, zu überzeugen. Was soll Regierungsform, wo nichts zu regieren ist; Obrigkeit, wo niemand Untertan sein darf; Richteramt, wo keine Rechte und Ansprüche zu entscheiden vorkommen? Weder Staat noch Kirche sind in Religionssachen befugte Richter; denn die Glieder der Gesellschaft haben ihnen durch keinen Vertrag dieses Recht einräumen können. Der Staat hat zwar von ferne darauf zu sehen, daß keine Lehren ausgebreitet werden, mit denen der öffentliche Wohlstand nicht bestehen kann, die wie Atheisterei und Epikurismus den Grund untergraben, auf welchem die Glückseligkeit des gesellschaftlichen Lebens beruhet. Plutarch und Bayle mögen immer untersuchen, ob ein Staat bei der Atheisterei nicht besser bestehen könne als beim Aberglauben, mögen immer die Plagen berechnen und vergleichen, die dem menschlichen Geschlechte aus diesen verschiedenen Quellen des Elends bisher entstanden sind und noch zu entstehen drohen. Im Grunde heißt dieses nichts anders als untersuchen, ob ein schleichendes oder ein hitziges Fieber tödlicher sei. Seinen Freunden wird man gleichwohl keines von beiden

anwünschen. So wird eine jede bürgerliche Gesellschaft wohltun, wenn sie keines von beiden, weder Fanatismus noch
Atheisterei, Wurzel schlagen und sich ausbreiten läßt. Der
Staatskörper siecht und ist elend, er mag vom Krebsschaden
aufgerieben oder von Fieberhitze verzehrt werden.

Aber nur von ferne her muß der Staat hierauf Rücksicht
nehmen und selbst die Lehren nur mit weiser Mäßigung begünstigen, auf welchen seine wahre Glückseligkeit beruhet,
ohne sich unmittelbar in irgendeine Streitigkeit zu mischen
und durch Autorität entscheiden zu wollen: denn er handelt
offenbar wider seinen eigenen Endzweck, wenn er geradezu
Untersuchung verbietet oder Streitigkeiten anders als durch
Vernunftgründe entscheiden läßt. Auch hat er sich nicht um
alle Grundsätze zu bekümmern, die eine herrschende oder be-
herrschte Dogmatik annimmt oder verwirft. Die Rede ist nur
von jenen Hauptgrundsätzen, in welchen alle Religionen übereinkommen und ohne welche die Glückseligkeit ein Traum und
die Tugend selbst keine Tugend mehr ist. Ohne Gott und Vorsehung und künftiges Leben ist Menschenliebe eine angeborne Schwachheit und Wohlwollen wenig mehr als eine
Geckerei, die wir uns einander einzuschwatzen suchen, damit
der Tor sich placke und der Kluge sich gütlich tun und auf jenes
Unkosten sich lustig machen könne.

Kaum wird es nötig sein, noch die Frage zu berühren: ob es
erlaubt sei, die Lehrer und Priester auf gewisse Glaubens-
lehren zu *beeidigen*. Auf welche sollte dieses geschehen?
Jene Grundartikel aller Religionen, davon vorhin gesprochen
worden, können durch keine Eidschwüre bekräftiget werden.
Ihr müsset dem Schwörenden auf sein Wort glauben, daß er
sie annimmt; oder sein Eid ist ein leerer Schall, Worte, die er
in die Luft stößt, ohne daß sie ihn mehr Überwindung kosten
als eine bloße Versicherung; denn alles Zutrauen zu Eid-
schwüren und das ganze Ansehen derselben beruhet ja bloß
auf diesen Grundlehren der Sittlichkeit. Sind es aber besondere
Artikel dieser oder jener Religion, die ich beschwören oder abschwören soll; sind es Grundsätze, ohne welche Tugend und
Wohlstand unter den Menschen bestehen können, und wenn
sie auch nach der Meinung des Staats oder der Personen, die
den Staat vorstellen, zu meinem ewigen Heile noch so notwendig sind; so frage ich: Was hat der Staat für Recht, in das

Innerste der Menschen so zu wühlen und sie zu Geständnissen zu zwingen, die der Gesellschaft weder Trost noch Frommen bringen? Eingeräumt hat ihm dieses nicht werden können; denn hier fehlen alle Bedingnisse des Vertrags, die im vorhergehenden ausgeführt worden. Es betrifft keines von meinen entbehrlichen Gütern, das ich meinem Nächsten überlassen soll; es betrifft keinen Gegenstand des Wohlwollens; und Kollisionsfälle können dabei zur Entscheidung nicht vorkommen. Wie kann sich aber der Staat eine Befugnis anmaßen, die durch keinen Vertrag eingeräumt, durch keine Willenserklärung von Person zu Person wandern und übertragen werden kann. Lasset uns indessen zum Überflusse untersuchen: ob überall Beeidigung über Glauben und Nichtglauben ein reeller Begriff sei, ob die Meinungen der Menschen überhaupt, ihr Beistimmen und Nichtbeistimmen in Absicht auf Vernunftsätze, ein Gegenstand sind, über welche sie beeidiget werden können.

Eidschwüre erzeugen keine neuen Pflichten. Die feierlichste Anrufung Gottes zum Zeugen der Wahrheit gibt und nimmt kein Recht, das nicht ohne dieselbe schon dagewesen; legt dem Anrufenden auch keine Verbindlichkeit auf, die ihm nicht auch ohne dieselbe obliegt. Sie dienen bloß, das Gewissen der Menschen, wenn es etwa eingeschläfert sein sollte, aufzuwecken und auf das aufmerksam zu machen, was der Wille des Weltrichters schon so von ihm fordert. Die Eidschwüre sind also eigentlich weder für den gewissenhaften Mann noch für den entschlossenen Taugenichts. Jener muß ohnehin wissen, muß ohne Eid und Fluch von der Wahrheit innigst durchdrungen sein, daß Gott Zeuge sei, nicht nur aller Worte und Aussagen, sondern aller Gedanken und geheimsten Regungen des Menschen, und daß er die Übertretung seines allerheiligsten Willens nicht ungeahndet lasse – und der entschlossene, gewissenlose Bösewicht?

> Der fürchtet keine Götter,
> der keines Menschen schont.

Also bloß für den gemeinen Mittelschlag von Menschen, oder im Grunde für jeden von uns, insoweit wir alle, soviel unserer sind, in so manchen Fällen zu dieser Klasse zu zählen sind; für die schwachen, unschlüssigen und schwankenden Menschen, die Grundsätze haben und sie nicht immer befolgen; die träge und lässig sind zum Guten, das sie erkennen und einsehen; die ihrer Laune nachgeben, einer Schwachheit zu gefallen, aufschieben, bemänteln, Entschuldigung suchen und mehrenteils zu finden glauben. Sie wollen, und haben die Festigkeit nicht, ihrem Willen treu zu bleiben. Diesen muß der Wille gestählt, das Gewissen rege gemacht werden. Der itzt vor Gericht leugnet, besitzet vielleicht fremdes Gut, ohne die entschlossene Bosheit, ungerecht sein zu wollen. Er kann solches verzehrt oder haben von Händen kommen lassen und will voritzt durch das Ableugnen nur Zeit gewinnen; und so wird vielleicht der gute Geist, der für die Gerechtigkeit in ihm kämpft, von Tag zu Tag abgewiesen, bis er ermüdet und unterliegt. Man muß ihm also zu Hülfe eilen und erstlich den Fall, der Aufschub leidet, in eine Handlung verwandeln, die itzt geschiehet, wo der Augenblick entscheidend ist und alle Entschuldigung wegfällt; sodann aber auch alle Feierlichkeit aufbieten, alle die Kraft und den Nachdruck zusammennehmen, mit welchen die Erinnerung an Gott, den allgerechten Rächer und Vergelter, auf das Gemüt wirken kann.

Dieses ist die Bestimmung des Eides, und hieraus, dünkt mich, sei offenbar, daß man die Menschen nur über Dinge beschwören müsse, die in die äußeren Sinne fallen; davon sie mit der Überzeugung, welche die Evidenz der äußern Sinne mit sich führet, die Wahrheit behaupten und aussagen können: Ich habe *gehört, gesehen, gesprochen, empfangen, gegeben* oder *nicht gehört* usw. Man bringet aber ihr Gewissen auf eine grausame Folter, wenn man sie über Dinge befragt, die bloß für den *innern Sinn* gehören. Glaubst du? Bist du überführt, überredet? Dünkt es dir? Ist irgend in einem Winkel deines Geistes oder deines Herzens noch einiger Zweifel zurück, so zeige an, oder Gott wird den Mißbrauch seines Namens rächen. – Um des Himmels willen, schonet der zarten, gewissenhaften Unschuld! Und wenn sie einen Satz aus dem ersten Buche des Euklides zu behaupten hätte, so müßte sie in diesem Augenblicke zagen und unaussprechliche Marter leiden.

Die Wahrnehmungen des innern Sinnes sind an und für sich selbst selten so handgreiflich, daß der Geist sie mit Sicherheit feste halten und, sooft es verlangt wird, von sich geben könne. Sie entschlüpfen ihm zuweilen, indem er sie zu fassen glaubt.

Wovon ich itzt versichert zu sein glaube, darüber schleichet oder stiehlt sich in dem nächsten Augenblicke ein kleiner Zweifel ein und lauert in einer Falte meiner Seele, ohne daß ich ihn gewahr worden. Viele Behauptungen, über die ich heute zum Märtyrer werden möchte, können mir morgen vielleicht problematisch vorkommen. Soll ich diese innern Wahrnehmungen gar durch Worte und Zeichen von mir geben oder auf Worte und Zeichen schwören, die andere Menschen mir vorlegen, so ist die Unsicherheit noch weit größer. Ich und mein Nächster, wir können unmöglich mit ebendenselben Worten ebendieselben innern Empfindungen verbinden; denn wir können diese nicht anders gegeneinander halten, miteinander vergleichen und berichtigen als wiederum durch Worte. Wir können die Worte nicht durch *Sachen* erläutern, sondern müssen wiederum zu Zeichen und Worten unsere Zuflucht nehmen, und am Ende zu Metaphern, weil wir, durch Hülfe dieses Kunstgriffs, die Begriffe des *innern* Sinnes auf äußere sinnliche Wahrnehmungen gleichsam zurückführen. Was für Verwirrung und Undeutlichkeit muß aber nicht auf solche Weise in der Bedeutung der Worte zurückbleiben, und wie sehr müssen die Ideen verschieden sein, die verschiedene Menschen, in verschiedenen Zeiten und Jahrhunderten, mit denselben äußerlichen Zeichen und Worten verbinden?

Wer du auch seiest, lieber Leser! so beschuldige mich hier nicht der Zweifelsucht oder der bösen List, dich zum Skeptizisten machen zu wollen. Ich bin vielleicht einer von denjenigen, die am weitesten von dieser Krankheit der Seele entfernt sind und sie an allen ihren Nebenmenschen kurieren zu können am sehnlichsten wünschen. Aber ebendeswegen, weil ich diese Kur so oft an mir selbst verrichtet und an andern versucht habe, bin ich gewahr worden, wie schwer sie sei und wie wenig man den Erfolg in Händen habe. Mit meinem besten Freunde, mit dem ich noch so einhellig zu denken glaubte, konnte ich mich sehr oft über Wahrheiten der Philosophie und Religion nicht vereinigen. Nach langem Streit und Wortwechsel ergab sich zuweilen, daß wir mit denselben Worten jeder andere Begriffe verbunden hatte. Nicht selten dachten wir einerlei und drückten uns nur verschiedentlich aus; aber ebensooft glaubten wir übereinzustimmen und waren in Gedanken noch weit voneinander entfernt. Gleich-

wohl waren wir beiderseits im Denken nicht ungeübt, gewohnt, mit abgesonderten Begriffen umzugehen, und beiden
schien es um die Wahrheit in Ernst, mehr um sie als ums
Rechthaben zu tun zu sein. Demohngeachtet mußten sich
unsere Begriffe lange Zeit aneinander reiben, bevor sie ineinander sich wollten fügen lassen, bevor wir mit einiger Zuverlässigkeit sagen konnten: Hierin kommen wir überein! Oh!
Wer diese Erfahrung in seinem Leben gehabt hat und noch in-
tolerant sein, noch seinen Nächsten hassen kann, weil dieser
in Religionssachen nicht denkt oder sich nicht so ausdrückt wie
er, den möchte ich nie zum Freunde haben; denn er hat alle
Menschheit ausgezogen.

Und ihr, Mitmenschen! Ihr nehmet einen Mann, mit dem ihr
euch vielleicht niemals über dergleichen Dinge besprochen
habet, ihr leget ihm die subtilsten Sätze der Metaphysik und
Religion, wie sie vor Jahrhunderten in Worte eingekleidet
worden sind, in sogenannten Symbolen vor; ihr lasset ihm bei
jenem allerheiligsten Namen beteuern, daß er bei diesen
Worten ebenso denket wie ihr und beide ebenso wie jener, der
sie vor Jahrhunderten niedergeschrieben hat; beteuern, daß
er diese Sätze von ganzem Herzen annehme und an keinem
derselben Zweifel hege; mit dieser beschwornen Übereinstimmung verbindet ihr Amt und Würden, Macht und Einfluß,
deren Reizung gar wohl fähig ist, so manchen Widerspruch zu
heben, so manchen Zweifel zu unterdrücken; und wenn sich
denn am Ende hervortut, daß es so nicht ist mit des Mannes
Überzeugung, wie er vorgegeben, so beschuldigt ihr ihn des
gräßlichsten aller Verbrechen, ihr klaget ihn des Meineides an
und lasset erfolgen, was auf diese Untat erfolgen soll. Ist hier
die Schuld nicht, am gelindesten davon zu urteilen, auf beiden
Seiten gleich?

„Ja!" sprechen die Billigsten unter euch, „wir beeidigen
nicht auf den Glauben. Wir lassen dem Gewissen seine Frei-
heit und beschwören den Mitbürger nur, den wir mit einem
Amte bekleiden, daß er dieses Amt, welches ihm unter der
Bedingung der Übereinstimmung anvertrauet wird, nicht ohne
Übereinstimmung annehme. Dieses ist ein Vertrag, den wir
mit ihm eingehen. Finden sich nachher Zweifel, die diese
Übereinstimmung aufheben, so stehet es ja bei ihm, seinem
Gewissen treu zu sein und das Amt niederzulegen. Welche

Gewissensfreiheit, welche Rechte der Menschheit erlauben, wider einen Vertrag zu handeln?"

Nun wohl! Ich will diesem Scheine von Gerechtigkeit nicht alle die Gründe entgegensetzen, die nach oben ausgeführten augenscheinlichen Grundsätzen entgegengesetzt werden können. Wozu unnötige Wiederholungen? Aber um der Menschlichkeit willen, bedenket den Erfolg, den diese Einrichtung bisher unter den gesittetsten Menschenkindern gehabt hat! Zählet die Männer alle, die eure Lehrstühle und eure Kanzeln besteigen und so manchen Satz, den sie bei der Übernehmung ihres Amts beschworen, in Zweifel ziehen; die Bischöfe alle, die im Oberhause sitzen; die wahrhaftig großen Männer alle, die in England Amt und Würden bekleiden und jene neununddreißig Artikel[74], die sie beschworen, nicht mehr so unbedingt annehmen, als sie ihnen vorgelegt worden; zählet sie und saget alsdenn noch, man könne meiner unterdrückten Nation keine bürgerliche Freiheit einräumen, weil so viele unter ihnen die Eide gering achteten! – Ach! Gott bewahre mein Herz vor menschenfeindlichen Gedanken! Sie könnten bei dieser traurigen Betrachtung gar leicht überhandnehmen.

Nein! Aus Achtung für die Menschheit bin ich vielmehr überredet, alle diese Männer erkennen das nicht für Meineid, was man ihnen unter diesem Namen schuld gibt. Die gesunde Vernunft sagt ihnen vielleicht, daß niemand, weder Staat noch Kirche, ein Recht gehabt, sie über Glaubenssachen zu beeidigen; weder Staat noch Kirche ein Recht gehabt, mit dem Glauben und Schwören auf gewisse Sätze Amt, Ehre und Würden zu verbinden oder den Glauben an gewisse Sätze zur Bedingung zu machen, unter welchen diese verliehen werden. Eine solche Bedingung, glauben sie vielleicht, sei an und für sich Null, weil sie niemanden zum Besten gereicht; weil keines Menschen Recht und Eigentum darunter leidet, wenn sie gebrochen wird.* Wenn also, wie sie nicht in Abrede sein können, Böses getan worden, so sei es damals geschehen,

---

* Eine Bedingung nämlich ist gültig und bindet den Vertrag, wenn eine Möglichkeit zu erdenken, unter welcher sie in Bestimmung der Kollisionsfälle hat Einfluß haben können. Meinungen aber können nicht anders als durch ein *irriges Gewissen* mit äußerlichen Vorteilen in Verbindung gebracht werden, und ich zweifele, ob sie je eine rechtskräftige Bedingung machen können.

als ihnen die versprochenen Vorteile einen so unzulässigen Eid abgelockt haben. Diesem Übel sei aber nunmehr nicht abzuhelfen, am wenigsten durch das Niederlegen ihres auf diese Weise erlangten Amtes abzuhelfen. Damals habe man, um erlaubte irdische Vorteile zu erhalten, freilich auf eine vor Gott unverantwortliche Weise, sich seines allerheiligsten Namens bedient; allein dieses Geschehene wird dadurch nicht ungeschehen, wenn sie itzt auf die Früchte Verzicht tun, die sie davon genießen; ja die Unordnung, das Ärgernis und andere böse Folgen, die das Aufgeben ihres Amts, verbunden mit einem öffentlichen Bekenntnis ihrer Abweichung, nach sich ziehen dürfte, könnte das Übel nur vermehren. Es sei also allen ihren Mitmenschen sowohl als ihnen selbst und den Ihrigen besser geraten, wenn sie es dabei bewenden lassen und fortfahren, den Staaten und der Kirche die Dienste zu leisten, zu welchen ihnen die Vorsehung Trieb und Fähigkeit verliehen. Hierin liege ihr Beruf zur öffentlichen Bedienung, nicht in ihrer Gesinnung in Absicht auf ewige Wahrheiten und Vernunftsätze, die im Grunde nur sie selbst und keinen ihrer Nebenmenschen angehet. – Wenngleich mancher zu gewissenhaft ist, sein Glück solchen überfeinen Entschuldigungsgründen zu verdanken zu haben, so sind doch auch diejenigen nicht völlig zu verdammen, die schwach genug sind, ihnen nachzugeben; wenigstens ist es nicht Meineid, sondern menschliche Schwachheit, die ich Männern von ihrem Werte möchte zuschulden kommen lassen.

Zum Beschlusse dieses Abschnitts will ich das Resultat wiederholen, auf das mich meine Betrachtungen geführt haben.

Staat und Kirche haben zur Pflicht, die menschliche Glückseligkeit in diesem und jenem Leben durch öffentliche Vorkehrungen zu befördern.

Beide wirken auf *Gesinnung* und *Handlung* der Menschen, auf Grundsätze und Anwendung: der Staat vermittelst solcher Gründe, die auf Verhältnissen zwischen Mensch und Mensch oder Mensch und Natur, und die Kirche, die Religion des Staats, vermittelst solcher Gründe, die auf Verhältnissen zwischen Mensch und Gott beruhen. Der Staat behandelt den Menschen als *unsterblichen Sohn der Erde*, die Religion als *Ebenbild seines Schöpfers*.

Grundsätze sind frei. Gesinnungen leiden ihrer Natur nach keinen Zwang, keine Bestechung. Sie gehören für das Erkenntnisvermögen des Menschen und müssen nach dem Richtmaß von Wahrheit und Unwahrheit entschieden werden. Gutes und Böses wirkt auf sein Billigungs- und Mißbilligungsvermögen. Furcht und Hoffnung lenken seine Triebe. Belohnung und Strafe richten seinen Willen, spornen seine Tatkraft, ermuntern, locken, schrecken ab.

Aber wenn Grundsätze glückselig machen sollen, so müssen sie weder eingeschreckt noch eingeschmeichelt, so muß bloß das Urteil der Verstandeskräfte für gültig angenommen werden. Ideen vom Guten und Bösen mit einmischen heißt die Sachen von einem unbefugten Richter entscheiden lassen.

Weder Kirche noch Staat haben also ein Recht, die Grundsätze und Gesinnungen der Menschen irgendeinem Zwange zu unterwerfen. Weder Kirche noch Staat sind berechtiget, mit Grundsätzen und Gesinnungen Vorzüge, Rechte und Ansprüche auf Pesonen und Dinge zu verbinden und den Einfluß, den die Wahrheitskraft auf das Erkenntnisvermögen hat, durch fremde Einmischung zu schwächen.

Selbst der gesellschaftliche Vertrag hat weder dem Staate noch der Kirche ein solches Recht einräumen können. Denn ein Vertrag über Dinge, die ihrer Natur nach *unveräußerlich* sind, ist an und für sich ungültig, hebt sich von selbst auf.

Auch die heiligsten Eidschwüre können hier die Natur der Sachen nicht verändern. Eidschwüre erzeugen keine neuen Pflichten, sind bloß feierliche Bekräftigungen desjenigen, wozu wir ohnehin, von Natur oder durch Vertrag, verpflichtet sind. Ohne Pflicht ist der Eidschwur eine leere Anrufung Gottes, die lästerlich sein kann, aber an und für sich zu nichts verbindet.

Zudem können die Menschen nur dasjenige beeidigen, was die Evidenz der äußern Sinne hat, was sie gesehen, gehört, betastet haben. Wahrnehmungen des innern Sinnes sind keine Gegenstände der Eidesbekräftigung.

Alles Beschwören und Abschwören in Absicht auf Grundsätze und Lehrmeinungen sind diesem nach unzulässig, und wenn sie geleistet worden, so verbinden sie zu nichts als zur Reue über den sträflich begangenen Leichtsinn. Wenn ich itzt eine Meinung beschwöre, so bin ich augenblicks darauf nichtsdestoweniger frei, sie zu verwerfen. Die Untat eines *ver-*

geblichen Eides ist begangen, wenn ich sie auch beibehalte, und *Meineid* ist nicht geschehen, wenn ich sie verwerfe.

Man vergesse nicht, daß nach meinen Grundsätzen der Staat nicht befugt sei, mit gewissen bestimmten Lehrmeinungen Besoldung, Ehrenamt und Vorzug zu verbinden. Was das Lehramt betrifft, so ist es seine Pflicht, Lehrer zu bestellen, die Fähigkeiten haben, Weisheit und Tugend zu lehren und solche nützliche Wahrheiten zu verbreiten, auf denen die Glückseligkeit der menschlichen Gesellschaft unmittelbar beruhet. Alle nähere Bestimmungen müssen ihrem besten Wissen und Gewissen überlassen werden, wo nicht unendliche Verwirrungen und Kollisionen der Pflichten entstehen sollen, die am Ende den Tugendhaften selbst oft zur Heuchelei oder Gewissenlosigkeit führen. Jede Vergehung wider die Vorschrift der Vernunft bleibet nicht ungerochen.

Wie aber, wenn das Übel nun einmal geschehen ist; der Staat bestellt und besoldet einen Lehrer auf gewisse bestimmte Lehrmeinungen? Der Mann findet nachher diese Lehrmeinungen ohne Grund; was hat er zu tun? Wie sich zu verhalten, um den Fuß aus der Schlinge herauszuwinden, in welche ihn ein irriges Gewissen verwickelt hat?

Drei verschiedene Wege stehen hier vor ihm offen. Er verschließt die Wahrheit in seinem Herzen und fähret fort, wider sein besseres Wissen, die Unwahrheit zu lehren; oder er legt sein Amt nieder, ohne die Ursachen anzugeben, warum dieses geschehe; oder endlich gibt er der Wahrheit ein lautes Zeugnis und läßt es auf den Staat ankommen, was mit seinem Amte und mit der ihm ausgesetzten Besoldung werden oder was er sonst für seine unüberwindliche Wahrheitsliebe leiden soll.

Mich dünkt, keiner von diesen Wegen sei unter allen Umständen schlechterdings zu verwerfen. Ich kann mir eine Verfassung denken, in welcher es vor dem Richterstuhle des allgerechten Richters zu entschuldigen ist, wenn man fortfährt, seinem sonst heilsamen Vortrage gemeinnütziger Wahrheiten eine Unwahrheit mit einzumischen, die der Staat vielleicht aus irrigem Gewissen geheiliget hat. Wenigstens würde ich mich hüten, einen übrigens rechtschaffenen Lehrer dieserhalb der Heuchelei oder des Jesuitismus zu beschuldigen, wenn mir nicht die Umstände und die Verfassung des Mannes sehr genau bekannt sind; so genau, als vielleicht die Verfassung eines Menschen niemals seinem Nächsten bekannt sein kann. Wer sich rühmt, nie in solchen Dingen anders gesprochen als gedacht zu haben, hat entweder überall nie gedacht oder findet vielleicht für gut, in diesem Augenblicke selbst, mit einer Unwahrheit zu prahlen, der sein Herz widerspricht.

Also in Absicht auf Gesinnungen und Grundsätze kommen Religion und Staat überein, müssen beide allen Schein des Zwanges und der Bestechung vermeiden und sich auf Lehren, Vermahnen, Bereden und Zurechtweisen einschränken. Nicht also in Absicht auf *Handlung*. Die Verhältnisse von Mensch zu Mensch erfordern Handlung als Handlung; die Verhältnisse zwischen Gott und Menschen bloß, insoweit sie zu Gesinnungen führen. Eine gemeinnützige Handlung hört nicht auf, gemeinnützig zu sein, wenn sie auch erzwungen wird; eine religiöse Handlung hingegen ist nur in dem Maße religiös, in welcher sie aus freier Willkür und in gehöriger Absicht geschiehet.

Daher kann der Staat zu gemeinnützigen Handlungen zwingen; belohnen, bestrafen, Amt und Ehren, Schande und Verweisung austeilen, um die Menschen zu Handlungen zu bewegen, deren innere Güte nicht kräftig genug auf ihre Gemüter wirken will. Daher hat dem Staate, durch den gesellschaftlichen Vertrag, auch das vollkommenste Recht und das Vermögen, dieses zu tun, eingeräumt werden *können* und *müssen*. Daher ist der Staat eine moralische Person, die ihre eigenen Güter und Gerechtsame hat und damit nach Gutfinden schalten kann.

Fern von allem diesen ist die göttliche Religion. Sie verhält sich gegen Handlung nicht anders als gegen Gesinnung, weil sie Handlung bloß als Zeichen der Gesinnung befiehlt. Sie ist eine moralische Person, aber ihre Rechte kennen keinen Zwang. Sie treibet nicht mit eisernem Stabe, sondern leitet am Seile der Liebe. Sie zückt kein Rachschwert, spendet kein zeitliches Gut aus, maßet sich auf kein irdisches Gut ein Recht, auf kein Gemüt äußerliche Gewalt an. Ihre Waffen sind Gründe und Überführung, ihre Macht die göttliche Kraft der Wahrheit; die Strafen, die sie androhet, sind, so wie die Belohnung, *Wirkungen der Liebe*, heilsam und wohltätig für die Person selbst, die sie leidet. An diesen Merkmalen erkenne ich dich, Tochter der Gottheit! Religion! die du in Wahrheit allein die Seligmachende bist, auf der Erde sowie im Himmel.

Bann und Verweisungsrecht, das sich der Staat zuweilen erlauben darf, sind dem Geiste der Religion schnurstracks zuwider. Verbannen, Ausschließen, den Bruder abweisen, der an meiner Erbauung teilnehmen und sein Herz in wohltätiger Mitteilung mit dem meinigen zugleich zu Gott erheben will! – Wenn sich die Religion keine willkürliche Strafen erlaubt, am wenigsten diese Seelenqual, die – ach! – nur dem empfindlich ist, der wirklich Religion hat. Gehet die Unglücklichen alle durch, die von jeher durch Bann und Verdammnis haben gebessert werden sollen; Leser – welcher äußerlichen Kirche, Synagoge oder Moschee du auch anhängest – untersuche, ob du nicht in dem Haufen der Verbannten mehr wahre Religion antreffen wirst als in dem ungleich größern Haufen ihrer Verbanner! – Nun hat die Verbannung entweder bürgerliche Folgen, oder sie hat keine. Ziehet sie bürgerliches Elend nach sich, so fällt sie nur dem Edelmütigen zur Last, der dieses Opfer der göttlichen Wahrheit schuldig zu sein glaubt. Wer keine Religion hat, ist ein Wahnwitziger, wenn er sich einer vermeinten Wahrheit zu Gefallen der mindesten Gefahr aussetzet. Soll sie aber, wie man sich bereden will, bloß geistige Folgen haben, so drücken sie abermals nur denjenigen, der für diese Art von Empfindnis noch Gefühl hat. Der Irreligiose lacht ihrer und bleibt verstockt.

Und wo ist die Möglichkeit, sie von allen bürgerlichen Folgen zu trennen? Kirchenzucht einführen, habe ich an einem andern Orte, wie mich dünkt, mit Recht gesagt, Kirchenzucht einführen und die bürgerliche Glückseligkeit ungekränkt erhalten gleichet dem Bescheide des allerhöchsten Richters an den Ankläger. *Er sei in deiner Hand, doch schone seines Lebens!* Zerbrich das Faß, wie die Ausleger hinzusetzen, doch laß den Wein nicht auslaufen! Welche kirchliche Ausschließung, welcher Bann ist ohne alle bürgerliche Folgen, ohne allen Einfluß auf die bürgerliche Achtung wenigstens, auf den guten Leumund des Ausgestoßenen und auf das Zutrauen bei seinen Mitbürgern, ohne welches doch niemand seines Berufs warten und seinen Mitmenschen nützlich, d. i. bürgerlich glückselig sein kann?

Man beruft sich immer noch auf das Naturgesetz. Jede Gesellschaft, spricht man, hat das Recht auszuschließen: Warum
nicht auch die religiose?

Allein ich erwidere: Grade hier macht die religiose Gesellschaft eine Ausnahme; vermöge eines höhern Gesetzes kann
keine Gesellschaft ein Recht ausüben, das der ersten Absicht der Gesellschaft selbst schnurstracks entgegengesetzt
ist. Einen Dissidenten ausschließen, sagt ein würdiger Geistlicher aus dieser Stadt, einen Dissidenten aus der Kirche
verweisen heißt einem Kranken die Apotheke verbieten. In
der Tat, die wesentlichste Absicht religioser Gesellschaften
ist *gemeinschaftliche Erbauung*. Man will durch die Zauberkraft der Sympathie die Wahrheit aus dem Geiste in das Herz
übertragen, die zuweilen tote Vernunfterkenntnis durch Teilnehmung zu hohen Empfindnissen beleben. Wenn das Herz
allzusehr an sinnlichen Lüsten klebt, um der Vernunft Gehör
zu geben; wenn es auf dem Punkte ist, die Vernunft selbst
mit ins Garn zu locken; so werde es hier vom Schauer
der Gottseligkeit ergriffen, vom Feuer der Andacht ent-
flammt und lerne Freuden höherer Art kennen, die auch
hienieden schon den sinnlichen Freuden die Waage halten.
Und ihr wollet den Kranken vor der Tür abweisen, der dieser
Arzenei am meisten bedarf; desto mehr bedarf, je weniger er
dieses Bedürfnis empfindet und in seinem Irrsinne sich gesund zu sein einbildet? Muß nicht vielmehr eure erste Bemühung sein, ihm diese Empfindung wiederzugeben und den
gleichsam vom kalten Brande bedrohten Teil seiner Seele
ins Leben zurückzurufen? Statt dessen verweigert ihr ihm
alle Hülfe und lasset den Ohnmächtigen den moralischen
Tod dahinsterben, dem ihr ihn vielleicht würdet entrissen
haben.

Weit edler und dem Zwecke seiner Schule gemäßer handelte
jener Weltweise zu Athen[75]. Ein Epikurer kam von seinem
Gelage, die Sinne von nächtlicher Wollust benebelt und das
Haupt von Rosen umwunden. Er trat in den Hörsaal der
Stoiker, um sich in der Frühstunde noch das letzte Vergnügen
entnervter Wollüstlinge zu verschaffen, das Vergnügen zu
spotten. Der Weltweise läßt ihn ungehindert, verdoppelt das
Feuer seiner Beredsamkeit wider die Verführung der Wollust
und schildert die Seligkeit der Tugend mit unwiderstehlicher

Gewalt. Der Schüler Epikurs hört, wird aufmerksam, schlägt die Augen nieder, reißt die Kränze von seinem Haupte und wird selbst ein Anhänger der Stoa.

Ende des ersten Abschnittes.

Zweiter Abschnitt

Das Wesentliche dieser Behauptung, das einem sonst allgemein herrschenden Grundsatze so schnurstracks entgegenstehet, habe ich bereits bei einer andern Gelegenheit auszuführen gesucht. Herrn Dohms vortreffliche Schrift *Über die bürgerliche Verbesserung der Juden* veranlaßte die Untersuchung, *inwieweit einer aufgenommenen Kolonie eigene Gesetzverwesung in kirchlichen und bürgerlichen Sachen überhaupt und insbesondre ein Bann- und Ausschließungsrecht nachzulassen sei.* – Gesetzliche Macht der Kirche – Bannrecht –, wenn die Kolonie diese haben soll, so muß sie von dem Staate oder von der Mutterkirche damit gleichsam belehnt werden. Jemand, der dieses Recht vermöge des gesellschaftlichen Vertrages besitzet, muß ihr einen Teil davon, insoweit es sie selbst angehet, abgetreten und überlassen haben. Wie aber, wenn niemand ein solches Recht besitzen kann? Wenn weder dem Staate noch der Mutterkirche selbst irgendein Zwangsrecht in Religionssachen zukäme? Wenn nach den Grundsätzen der gesunden Vernunft, deren Göttlichkeit wir alle anerkennen müssen, weder Staat noch Kirche befugt wäre, sich in Glaubenssachen ein anderes Recht anzumaßen als das Recht zu belehren; eine andere Macht als die Macht der Überführung, eine andere Zucht als die Zucht durch Vernunft und Grundsätze? Kann dieses erweislich und dem gesunden Menschenverstande einleuchtend gemacht werden, so ist kein ausdrücklicher Vertrag noch viel weniger Herkommen und Verjährung mächtig genug, ein Recht geltend zu machen, das ihm entgegengesetzt ist; so ist aller kirchliche Zwang widerrechtlich, alle äußere Macht in Religionssachen gewaltsame Anmaßung; und wenn dieses ist, so darf, so kann die Mutterkirche kein Recht verleihen, das ihr selbst nicht zukömmt, keine Macht vergeben, die sie sich mit Unrecht angemäßt hat. Es kann sein, daß der Mißbrauch, durch irgend-ein allgemeines Vorurteil, so um sich gegriffen, so sehr in den Gemütern der Menschen Wurzel gefaßt hat, daß es nicht tunlich oder nicht ratsam wäre, ihn mit einem Male, ohne weise Vorbereitung abzuschaffen; aber in diesem Falle ist es doch wenigstens unsere Schuldigkeit, ihm von ferne her ent-gegenzuarbeiten und vorerst seiner fernern Ausbreitung einen Damm entgegenzusetzen. Können wir ein Übel nicht völlig ausrotten, so müssen wir ihm wenigstens die Wurzel ab-stechen.

Dieses war das Resultat meiner Betrachtungen, und ich wagte es, meine Gedanken dem Publikum* zur Beurteilung vorzulegen, wiewohl ich meine Gründe damals nicht so aus-führlich angeben konnte, als hier in dem vorigen Abschnitte geschehen.

Ich habe das Glück, in einem Staate zu leben, in welchem diese meine Begriffe weder neu noch sonderlich auffallend

---

* In der Vorrede zu Manasseh Ben Israels *Rettung der Juden*.

** Worte meines verewigten Freundes, Herrn Iselin[12], in einem seiner letz-ten Aufsätze in den *Ephemeriden der Menschheit*. Das Andenken dieses wahren Weisen sollte jedem seiner Zeitgenossen, der Tugend und Wahrheit wertschätzt, unvergeßlich sein. Desto unbegreiflicher ist es mir selbst, wie ich ihn habe übergehen können, als ich die wohltätigen Männer nannte, die in Deutschland zuerst die Grundsätze der uneingeschränkten Toleranz auszubrei-ten suchten, ihn, der sie in unserer Sprache sicherlich früher und lauter als irgendeiner in ihrem weitesten Umfange lehrte. Mit Vergnügen schreibe ich hier die Stelle aus der Anzeige meiner Vorrede zu R. Manasseh in den Ephemeriden (Zehntes Stück, Oktober 1782, S. 429) ab, wo dieses erinnert wird, um einem Manne nach seinem Tode Gerechtigkeit widerfahren zu lassen, der in seinem Leben so allgemein gerecht gewesen. „Der Verfasser der Ephemeriden der Menschheit stimmt auch mit Herrn Mendelssohn gänzlich in demjenigen überein, was er von den gesetzgebenden Rechten der Obrigkeit über die Meinung der Bürger und von den Vorkommnissen sagt, welche ein-zelne Menschen untereinander über solche Meinungen eingehen können. Und diese Denkungsart hat er nicht erst seit Herrn Dohm und Herrn Lessing an-genommen, sondern er hat sich schon vor mehr als dreißig Jahren dazu be-kannt. Auf die gleiche Weise hat er auch schon lange anerkannt, daß dasjenige, was man Religionsduldung nennet, nicht eine Gnade, sondern eine Pflicht der Regierung sei." Deutlicher konnte man sich nicht ausdrücken als folgender-maßen (Träume eines Menschenfreundes, Bd. 2, S. 12 u. 13): „Wenn also eine oder mehrere Religionen in seinem Staate eingeführt sind, so erlaubt ein weiser und gerechter Landesherr sich nicht, die Rechte derselben zu dem Besten der seinigen anzugreifen. Jede Kirche, jede Vereinigung, welche den

[12] *Worte meines verewigten Freundes, Herrn Iselin*: gemeint ist dessen Rezension zu „Manasseh" in den Ephemeriden, 10. Stück, Oktober 1782, S. 417–431.

sind. Der weise Regent, von dem er beherrscht wird, hat es
seit Anfang seiner Regierung beständig sein Augenmerk sein
lassen, die Menschheit in Glaubenssachen in ihr volles Recht
einzusetzen. Er ist der erste unter den Regenten unsers Jahrhunderts, der die weise Maxime, in ihrem ganzen Umfange,
niemals aus den Augen gelassen: *Die Menschen sind für-
einander geschaffen; belehre deinen Nächsten oder ertrage
ihn!*** Mit weiser Mäßigung hat er zwar die Vorrechte der
äußern Religion geschont, in deren Besitz er sie gefunden.
Noch gehören vielleicht Jahrhunderte von Kultur und Vorbereitung dazu, bevor die Menschen begreifen werden, daß
Vorrechte um der Religion willen weder rechtlich noch im
Grunde nützlich seien und daß es also eine wahre Wohltat sein
würde, allen bürgerlichen Unterschied um der Religion willen
schlechterdings aufzuheben. Indessen hat sich die Nation unter
der Regierung dieses Weisen so sehr an Duldung und Vertragsamkeit in Glaubenssachen gewöhnt, daß Zwang, Bann und

---

Gottesdienst zur Absicht hat, ist eine Gesellschaft, der der Landesherr Schutz
und Gerechtigkeit schuldig ist. Ihnen diese versagen, um auch die beste
Religion zu begünstigen, wäre wider den Geist der wahren Gottseligkeit.
In Rücksicht auf die bürgerlichen Rechte sind alle Religionsgenossen einander
gleich, diejenigen allein ausgenommen, deren Meinungen den Grundsätzen
der menschlichen und der bürgerlichen Pflichten zuwiderlaufen. Eine solche
Religion kann in dem Staate auf keine Rechte Anspruch machen. Diejenigen,
welche das Unglück haben, ihr zugetan zu sein, können nur Duldung erwarten,
solange sie nicht durch ungerechte und schädliche Handlungen die gesellschaftliche Ordnung stören. Wenn sie dieses tun, müssen sie gestraft werden,
nicht für ihre Meinungen, sondern für ihre Taten." Was aber im vorhergehenden (S. 423) von einer falschen Meinung, in Absicht auf die Zwischenhände in
der Handlung, gesagt wird, die ich dem Verfasser der Ephemeriden mit
Unrecht zuschreiben soll, verhält sich in Wahrheit ganz anders. Nicht Hr.
Iselin[13], sondern ein anderer, sonst einsichtsvoller Schriftsteller hat in den
Ephemeriden einen Aufsatz einrücken lassen, in welchem er die Schädlichkeit
der Zwischenhände behauptet, und ward von dem Herausgeber vielmehr
widerlegt. – Die Erinnerungen, welche in derselben Anzeige wider meine
Glaubensgenossen gemacht werden, übergehe ich mit Stillschweigen. Es ist
hier der Ort nicht, sie zu verteidigen, und ich überlasse dieses Geschäft dem
Hrn. Dohm, der es mit weniger Parteilichkeit verrichten kann. Man vergibt
übrigens einem Baseler[14] sehr leicht ein Vorurteil wider ein Volk, das er nur
aus dem herumstreifenden Teile desselben oder aus den *Observations d'un
Alsacien*[15] zu kennen Gelegenheit haben kann.

[13] *nicht Herrn Iselin*: sondern Schlettwein.
[14] *einem Baseler*: Der Baseler ist Iselin.
[15] *Observations d'un Alsacien*: Der Verfasser dieser antisemitischen
Schrift, die Iselin ausdrücklich nannte, ist François Hell: Observations d'un
Alsacien sur l'affaire présente des Juifs d'Alsac.

Ausschließungsrecht wenigstens aufgehört haben, populäre Begriffe zu sein.

Was aber einem jeden Rechtschaffenen wahre Freude ins Herz bringen muß, ist der Ernst und Eifer, mit welchem einige würdige Glieder der hiesigen Geistlichkeit selbst diese Grundsätze der Vernunft, oder vielmehr der wahren Gottesfurcht, unter dem Volke auszubreiten suchen. Ja, einige derselben haben kein Bedenken getragen, meinen Gründen wider das allgemein angebetete Idol des Kirchenrechts überhaupt beizutreten und dem Resultate derselben öffentlich Beifall zu geben. Welche hohe Begriffe müssen diese Männer von ihrer Bestimmung haben, da sie so willig sind, alle Nebenabsicht davon zu entfernen; welch edles Zutrauen zu der Kraft der Wahrheit, da sie sich getrauen, sie ohne alle Stützen auf ihrem eigenen Postamente sicher zu stellen! Wenn wir übrigens in den Grundsätzen auch noch so verschieden wären, so könnte ich nicht umhin, ihnen, wegen dieser erhabenen Gesinnungen, meine ganze Bewunderung und Ehrerbietung zu bezeugen.

Manche andere Leser und Bücherrichter haben sich gar sonderbar dabei genommen. Meine Gründe haben sie zwar nicht bestritten, sondern vielmehr gelten lassen. Niemand hat es versucht, zwischen Lehrmeinung und Recht den mindesten Zusammenhang zu zeigen. Niemand hat einen Fehler in der Schlußfolge aufgedeckt, daß mein Beistimmen oder Nichtbeistimmen in gewisse *ewige Wahrheiten* mir kein Recht über Dinge, keine Befugnis erteilen, über Güter und Gemüter nach eigenem Belieben zu schalten. Und gleichwohl haben sie bei dem unmittelbaren Resultate derselben, wie bei einer unerwarteten Erscheinung, gestutzt. Wie? So gibt es überall kein Kirchenrecht? So beruhet alles, was so viele Schriftsteller, was wir selbst vielleicht über das Kirchenrecht geschrieben, gelesen, gehört und disputiert haben, auf grundlosem Boden? – Dieses schien ihnen zu weit zu gehen, und gleichwohl muß in der Schlußfolge ein verborgener Fehler liegen, wenn das Resultat nicht notwendig wahr sein soll.

In den „Göttingischen Anzeigen"[76] führt der Rezensent meine Behauptung an, daß es kein Recht auf Personen und Dinge gebe, welches mit Lehrmeinungen zusammenhänge, und daß alle Verträge und Abkommnisse der Menschen kein solches Recht möglich machen können, und setzet hinzu:

„Dieses alles ist neu und hart. Die ersten Grundsätze werden weggeleugnet, und aller Streit hat ein Ende."

Ja, wohl gehet es um die ersten Grundsätze, die nicht anerkannt werden wollen. – Soll aber deswegen aller Streit ein Ende haben? Sollen denn Grundsätze niemals in Zweifel gezogen werden? So können Männer aus der pythagoreischen Schule in Ewigkeit streiten, woher ihr Lehrer zur güldenen Hüfte gekommen, wenn es niemand wagen darf, zu untersuchen: ob auch Pythagoras überall eine güldene Hüfte[77] habe?

Jedes Spiel hat seine Gesetze, jeder Wettkampf seine Regeln, nach welchen der Kampfrichter urteilt. Willst du den Einsatz oder den Kampfpreis davontragen, so unterwirf dich den Grundsätzen. Wer aber über die Theorie der Spiele nachdenken will, kann allerdings die Grundbegriffe selbst in Anspruch nehmen. So auch vor Gericht. Jener Kriminalrichter, der einen Mörder zu richten hatte, brachte ihn zum Geständnisse seines Verbrechens. Allein der Ruchlose behauptete, er wisse keinen Grund, warum es nicht ebensogut erlaubt sei, einen Menschen zu ermorden, als ein Tier, um seines Vorteils willen, umzubringen. Diesem Unmenschen konnte der Richter mit Recht antworten: „Du leugnest die Grundsätze, Bursche! Mit dir hat aller Streit ein Ende. Du wirst wenigstens einsehen, daß es auch uns erlaubt sei, um unseres Vorteils willen, die Erde von einem solchen Ungeheuer zu befreien." So aber durfte ihm der Priester schon nicht antworten, der ihn zum Tode vorbereiten sollte. Dieser war verbunden, sich mit ihm über die Grundsätze selbst einzulassen und ihm, wenn sein Zweifel ihm ein Ernst war, solchen zu benehmen. Nicht anders verhält es sich in Künsten und Wissenschaften. Jede derselben setzet gewisse Grundbegriffe voraus, von denen sie weiter keine Rechenschaft gibt. Deswegen aber ist in dem ganzen Inbegriff der menschlichen Erkenntnisse kein Punkt über allen Anspruch hinwegzusetzen, kein Titel, der nicht zur Untersuchung gezogen werden darf. Liegt mein Zweifel außer den Schranken dieses Gerichtshofes, so muß ich vor einen andern verwiesen werden. Irgendwo muß ich gehört und zurechte gewiesen werden.

Der Fall, den der Rezensent zum Beispiel anführet, um mich zu widerlegen, trifft vollends nicht zum Ziele. Er spricht: „Wir wollen sie (die geleugneten Grundsätze) indessen auf einen bestimmten Fall anwenden. Die Judenschaft in Berlin bestellt eine Person, die nach den Gesetzen ihrer Religion die Kinder männlichen Geschlechts beschneiden soll; diese Person erhält durch ein Faktum gewisse Rechte auf soviel Einkünfte, auf diesen bestimmten Rang in der Gemeine etc. Nach einiger Zeit kommen ihr Bedenklichkeiten über die Lehrmeinung oder das Gesetz von der Beschneidung bei; sie weigert sich, den Vertrag zu erfüllen. Bleiben ihr denn nun auch die Rechte, die sie durch den Vertrag erhielt? So überall." –

Und wie überall? Ich will die Möglichkeit des Falls zugeben, der sich hoffentlich nie zutragen wird.* Was soll diese mir so nahegelegte Instanz beweisen? Doch wohl nicht, daß nach der Vernunft Rechte auf Personen und Güter mit Lehrmeinungen zusammenhängen und auf derselben beruhen? Oder daß positive Gesetze und Verträge ein solches Recht möglich machen können? Auf diese beiden Punkte kömmt es nach dem eigentlichen Anführen des Rezensenten hauptsächlich an, und beide finden in dem erdichteten Falle nicht statt; denn der Beschneider würde ja die Einkünfte und den Rang nicht für den Beifall zu genießen haben, den er der Lehrmeinung gibt, sondern für die Operation, die er an der Stelle der Hausväter verrichtet. Verhindert ihn nun sein Gewissen, diese Mühwaltung ferner zu übernehmen, so wird er allerdings auf die Belohnung Verzicht tun müssen, die er dafür sich ausbedungen. Was hat dieses aber mit den Vorrechten gemein, die man einer Person einräumt, weil sie dieser oder jener Lehre beistimmt, diese oder jene ewige Wahrheit annimmt oder verwirft? – Alles, womit die erdichtete Instanz einige Ähnlichkeit haben könnte, wäre etwa der Fall, da der Staat Lehrer bestellt und besoldet, die gewisse Lehren so und nicht anders ausbreiten sollen: diese aber nachher sich im Gewissen

---

* Man genießet unter den Juden für das Amt der Beschneidung weder Einkünfte noch einen bestimmten Rang in der Gemeine. Wer die Geschicklichkeit besitzet, verrichtet vielmehr dieses verdienstliche Werk mit Vergnügen. Ja, der Vater, dem eigentlich die Pflicht, seinen Sohn zu beschneiden, obliegt, hat mehrenteils unter verschiedenen Mitbewerbern, die darum anhalten, zu wählen. Alle Belohnung, die der Beschneider für seine Verrichtung zu erwarten hat, besteht etwa darin, daß er beim Beschneidungsmahle obenan sitzet und nach der Mahlzeit den Segen spricht. – So sollten nach meiner neu und hart scheinenden Theorie alle religiöse Ämter besetzt werden!

verbunden erachteten, von den ihnen vorgeschriebenen Lehren abzuweichen. Diesen Fall, der so oft zu lauten und hitzigen Streitigkeiten Gelegenheit gegeben, habe ich im vorigen Abschnitte umständlich berührt und nach meinen Grundsätzen zu erörtern gesucht. Auf das angeführte Gleichnis aber scheinet er mir ebensowenig zu passen. Man erinnere sich des Unterschiedes, den ich gemacht zwischen Handlungen, die als Handlungen verlangt werden, und solchen, die bloß als Zeichen der Gesinnungen gölten. Eine Vorhaut ist abgeschnitten, der Beschneider mag von dem Gebrauche selbst denken und glauben, was er will; so wie ein Schuldherr, dem die Gerichte zu seiner Befriedigung verholfen, bezahlt ist, der Schuldner mag von der Pflicht zu bezahlen denken, wie er will. Wie kann aber hiervon die Anwendung auf den Lehrer der Religionswahrheiten gemacht werden, dessen Lehren sicherlich wenig Frommen bringen, wenn nicht Geist und Herz damit übereinstimmen, wenn sie nicht aus innerer Überzeugung fließen? – Ich habe bereits an dem angeführten Orte zu erkennen gegeben, daß ich mich nicht getraue, einem auf diese Weise in die Enge getriebenen Lehrer vorzuschreiben, wie er sich als rechtschaffener Mann zu verhalten habe, oder Vorwürfe zu machen, wenn er sich anders verhält, und daß nach meinem Bedünken alles auf Zeit, Umstände und Verfassung ankomme, in welchen er sich befindet. Wer darf hier über die Gewissenhaftigkeit seines Nächsten den Stab brechen? Wer ihr zu einer so kritischen Entscheidung eine Waage aufdringen, die sie vielleicht nicht für die richtige erkennt?

Indessen liegt diese Untersuchung nicht so ganz auf meinem Wege und hat wenig mit den beiden Fragen gemein, auf welche alles ankömmt und die ich hier abermals wiederhole.

1. Gibt es, nach dem Gesetze der Vernunft, Rechte auf Personen und Dinge, die mit Lehrmeinungen zusammenhängen und durch das Einstimmen in dieselben erworben werden?

2. Können Verträge und Abkommnisse *vollkommene* Rechte erzeugen, Zwangspflichten hervorbringen, wo nicht, ohne allen Vertrag, schon unvollkommene Rechte und Gewissenspflichten dagewesen sind?

Einer von diesen Sätzen muß aus dem Naturrechte erwiesen werden, wenn ich eines Irrtums überführt werden soll. Daß man meine Behauptung neu und hart findet, tut nichts zur Sache, wenn ihr die Wahrheit nur nicht widerspricht. Noch ist mir kein Schriftsteller bekannt, der diese Fragen berührt und in Anwendung auf Kirchenmacht und Bannrecht untersucht hätte. Sie gehen alle von dem Punkte aus, daß es ein *Jus circa sacra*[78] gebe; nur modelt es ein jeder nach seiner Weise und belehnet damit bald eine unsichtbare, bald diese oder jene sichtbare Person. Selbst Hobbes[79], der hierin sich am weitesten von den eingeführten Begriffen zu entfernen wagt, hat sich von dieser Idee nicht völlig loswinden können. Er gibt ein solches Recht zu und sucht nur die Person auf, der man es mit dem geringsten Schaden zutrauen darf. Alle glauben, das Meteor sei sichtbar, und bemühen sich nur, nach verschiedenen Systemen die Höhe desselben zu bestimmen. Es wäre nichts Unerhörtes, wenn ein Unbefangener, der gerade auf den Ort hinschauete, wo es erscheinen soll, mit weit geringerer Fähigkeit, sich von der Wahrheit überführte: es sei überall kein solches Meteor zu sehen.

Ich komme zu einem weit wichtigern Einwurfe, der mir gemacht worden und der hauptsächlich diese Schrift veranlaßt hat. Abermals, ohne meine Gründe zu widerlegen, hat man ihnen die geheiligte Autorität der mosaischen Religion, zu welcher ich mich bekenne, entgegengesetzt. Was sind die Gesetze Moses anders als ein System von religiöser Regierung, von Macht und Recht der Religion? „Die Vernunft mag es gutheißen", drückt sich ein ungenannter Schriftsteller*[80] hierüber aus, „daß alles Kirchenrecht und die Macht eines geistlichen Gerichts, wodurch Meinungen erzwungen oder eingeschränkt werden, eine begrifflose Sache ist, daß kein Fall zu erdenken, wodurch so ein Gesetz gegründet sei, daß die Kunst nichts schaffen könne, wozu die Natur nicht den Keim hervorgebracht habe – aber so vernunftmäßig dieses alles sein mag, was Sie darüber sagen", redet er mich an, „so geradezu widerspricht es dem Glauben Ihrer Väter im engern Verstande, und den Grundsätzen der Kirche, welche nicht bloß von den Kommentaristen angenommen, sondern selbst in den Büchern Mose ausdrücklich festgesetzt sind. Nach der gesunden Ver-

---

* Das Forschen nach Licht und Recht, in einem Schreiben an Herrn M. Mendelssohn, Berlin 1782.

nunft findet gar kein Gottesdienst ohne Überzeugung statt, und jede erzwungene gottesdienstliche Handlung hört das auf zu sein. Befolgung göttlicher Gebote aus Furcht vor der darauf gesetzten Strafe ist Sklavendienst, der nach reinen Begriffen nimmermehr gottgefällig sein kann. Indessen ist es wahr, daß Moses Zwang und positive Strafen – an Nichtbeobachtung gottesdienstlicher Pflichten bindet. Sein statuarisches Kirchenrecht befiehlt, den Sabbatsübertreter, den Lästerer des göttlichen Namens und andere Abweichende von seinem Gesetze mit Steinigung und Tode zu bestrafen." – – „Das ganze Kirchensystem Mose", spricht er an einer andern Stelle, „war nicht nur Unterricht und Anweisung zu Pflichten, sondern es war zugleich mit dem strengsten Kirchenrechte verbunden. Der Arm der Kirche war mit dem Schwert des Fluchs bewaffnet. – Verflucht, heißt es, wer nicht hält alle Worte dieses Gesetzes, daß er darnach tue usw. – Und dieser Fluch war in den Händen der ersten Diener der Kirche. – Das bewaffnete Kirchenrecht ist immer eine der vorzüglichsten Grundsteine der jüdischen Religion selbst und ein Hauptartikel in dem Glaubenssystem Ihrer Väter. Inwiefern können Sie, mein teurer Herr Mendelssohn, bei dem Glauben Ihrer Väter beharren und durch Wegräumung seiner Grundsteine das ganze Gebäude erschüttern, wenn Sie das durch Mosen gegebene, auf göttliche Offenbarung sich berufende Kirchenrecht bestreiten?"

Dieser Einwurf dringet an das Herz. Ich muß gestehen, daß die Begriffe, die hier vom Judentume gegeben werden, bis auf einige Unbehutsamkeit im Ausdrucke, selbst von vielen meiner Religionsbrüder dafür angenommen werden. Wäre nun dem in Wahrheit also und ich davon überführet, so würde ich allerdings meine Sätze mit Beschämung zurücknehmen, und die Vernunft unter dem Joche des Glaubens – doch nein, was sollte ich heucheln? Autorität kann demütigen, aber nicht belehren; sie kann die Vernunft niederschlagen, aber nicht fesseln. Stünde das Wort Gottes mit meiner Vernunft in einem so offenbaren Widerspruche, so würde ich der letztern höchstens Stillschweigen gebieten können; aber meine nicht widerlegten Gründe würden im geheimsten Winkel meines Herzens nichtsdestoweniger wiederkehren, sich in beunruhigende Zweifel verwandeln und die Zweifel sich in kindliche Gebete, in inbrünstiges Flehen um Erleuchtung auflösen. Ich würde mit dem Psalmist anrufen:

> Herr, sende mir dein Licht, deine Wahrheit,
> daß sie mich leiten und bringen
> zu deinem heiligen Berge, zu deinem Ruhesitze!

Hart und kränkend aber ist es in allen Fällen, wenn man mit dem ungenannten Forscher nach Licht und Wahrheit und dem sich nennenden Herrn Mörschel, der die Schrift des Forschers mit einer Nachschrift begleitet hat, mir die gehässige Absicht zuschreibt, die Religion, zu welcher ich mich bekenne, umzustoßen und ihr, wo nicht ausdrücklich, doch gleichsam unter der Hand, zu entsagen. Dergleichen Konsequenzerei sollte aus dem Umgange der Gelehrten auf ewig verbannt sein. Nicht jeder, der sich zu einer Meinung verstehet, verstehet sich zugleich zu allen Folgen derselben, und wenn sie auch noch so richtig aus derselben hergeleitet werden. Aufbürdungen von dieser Art sind gehässig und führen nur zu Verbitterung und Streitsucht, dabei die Wahrheit selten gewinnet.

Ja, der Forscher gehet so weit, mich folgendergestalt anzureden: „Sollte der jetzt von Ihnen getane gar merkwürdige Schritt wohl wirklich ein Schritt zur Erfüllung der ehemals an Sie ergangenen Lavaterschen Wünsche sein? Unstreitig haben Sie nach jener Veranlassung der Sache des Christentums näher nachgedacht und den Wert der in mannigfaltigen Gestalten und Modifikationen vor ihren Augen liegenden christlichen Religionssysteme mit der Unparteilichkeit eines unbestechbaren Wahrheitsforschers genauer gewogen. Vielleicht sind Sie jetzt dem Glauben der Christen näher getreten, indem Sie der Knechtschaft eiserner Kirchenbande sich entreißen und das Freiheitssystem des vernünftigern Gottesdienstes nunmehr selbst lehren, welches das eigentliche Gepräge der christlichen Gottesverehrung ausmacht, nach welchem wir dem Zwange und lästigen Zeremonien entronnen sind, und den wahren Gottesdienst weder an Samaria noch an Jerusalem binden, sondern das Wesen der Religion darin setzen, daß nach den Worten unsers Lehrers die wahrhaftigen Anbeter Gott im Geist und in der Wahrheit anbeten."

Feierlich und pathetisch genug ist diese Ansinnung vorgebracht. – Allein, Lieber, soll ich diesen Schritt tun, ohne vorher zu überlegen, ob er mich auch wirklich aus der Verwirrung

ziehen wird, in welcher ich mich Ihrer Meinung nach befinde?
Wenn es wahr ist, daß die Ecksteine meines Hauses austreten
und das Gebäude einzustürzen drohet, ist es wohlgetan, wenn
ich meine Habseligkeit aus dem untersten Stockwerke in das
oberste rette? Bin ich da sicherer? Nun ist das Christentun,
wie Sie wissen, auf dem Judentume gebauet und muß notwendig, wenn dieses fällt, mit ihm über einen Haufen stürzen.
Sie sagen, meine Schlußfolge untergrabe den Grund des
Judentums, und bieten mir die Sicherheit Ihres obersten
Stockwerks an; muß ich nicht glauben, daß Sie meiner
spotten? Sicherlich! Der Christ, dem es um *Licht* und *Wahrheit* im Ernste zu tun ist, wird beim Anscheine eines Widerspruchs zwischen Wahrheit und Wahrheit, zwischen Schrift
und Vernunft, nicht den Juden zum Kampfe auffordern,
sondern mit ihm gemeinschaftlich den Ungrund des Widerspruchs zu entdecken suchen. Es gehet ihrer beiden Sache an.
Was sie unter sich auszumachen haben, mag auf eine andere
Zeit ausgesetzt bleiben. Voritzt müssen sie mit vereinigten
Kräften die Gefahr abwenden und entweder den Fehlschluß
der Vernunft entdecken oder zeigen, daß es bloß ein Schein-
widerspruch sei, der sie erschreckt hat.

So könnte ich nun der Schlinge ausweichen, ohne mich mit
dem Forscher in weitere Untersuchung einzulassen. Allein
was würde mir der Winkelzug helfen? Sein Gefährte, Herr
Mörschel, hat, ohne mich persönlich zu kennen, mir allzutief
ins Spiel gesehen. „Er hat“, wie er versichert, „in der gerügten
Vorrede bloß Merkmale entdeckt, um welcher willen er mich
ebensoweit entfernt von der Religion, in welcher ich geboren
worden, als von der, die er von seinen Vätern empfing, halten
zu können glaubt.“ Zum Beweise seiner Vermutung führt er
aus derselben, außer der Hinweisung auf S. 4, Z. 21 (wo ich
Heiden, Juden, Mahometaner und Anhänger der natürlichen
Religion in einer Zeile zusammen nenne und für alle Toleranz
fordere), S. 5, Z. 8 (in welcher ich abermals von Duldung der
Naturalisten rede) und endlich S. 37, Z. 13 (wo ich von *ewigen
Wahrheiten* rede, die die Religion lehren soll), folgende Stelle
wörtlich an: „Das Andachtshaus der Vernunft bedarf keiner
verschlossenen Türen. Sie hat von innen nichts zu verwahren
und von außen niemanden den Eingang zu verhindern. Wer
einen ruhigen Zuschauer abgeben oder gar Anteil nehmen will,

ist dem Gottseligen in der Stunde seiner Erbauung höchst willkommen." Man siehet, daß nach Hrn. M. Meinung kein Anhänger der Offenbarung so laut um Duldung der Naturalisten anhalte, so laut von *ewigen Wahrheiten* sprechen würde, die die Religion lehren soll, und daß ein wahrer Christ oder Jude Bedenken tragen müsse, sein Bethaus ein Andachtshaus der Vernunft zu nennen. Was ihn auf diese Gedanken gebracht haben könne, begreife ich nun zwar nicht; indessen enthalten sie doch den ganzen Grund zu seiner Vermutung und veranlassen ihn, wie er sich ausdrückt, nicht mich aufzufordern, mich zu „der Religion zu bekennen, die er bekennt, oder sie zu widerlegen, wofern ich ihr nicht beizutreten imstande bin, sondern mich im Namen aller, denen Wahrheit am Herzen liegt, zu bitten, mich in Ansehung dessen, was immer den Menschen das wichtigste sein muß, deutlich und bestimmt zu erklären". Er hat zwar, wie er versichert, die Absicht nicht, mich zu bekehren, möchte auch nicht gern Veranlassung zu Einwürfen gegen die Religion sein, von der er Zufriedenheit in diesem Leben und unbegrenztes Glück nach derselben erwartet, aber er möchte doch gern — Was weiß ich's, was der liebe Mann alles nicht möchte und indessen doch möchte. — Vorerst also zur Beruhigung dieses gutherzigen Briefschreibers: Ich habe die christliche Religion niemals öffentlich bestritten und werde mich auch mit wahren Anhängern derselben niemals in Streit einlassen. Und damit man mir nicht abermals schuld gebe, ich wolle durch dergleichen Erklärung gleichsam zu verstehen geben, ich hätte gar wohl siegreiche Waffen in Händen, diesen Glauben, wenn ich wollte, zu bestreiten; die Juden besäßen etwa geheime Nachrichten, unbekannt gewordene Aktenstücke, wodurch die Tatsachen in einem andern Lichte erscheinen, als sie von Christen vorgetragen werden, und dergleichen Vorspiegelungen, die man uns hat zutrauen oder andichten wollen; um allen Verdacht von dieser Art ein für allemal zu entfernen, so bezeuge ich hiermit vor den Augen des Publikums, daß ich wenigstens *nichts Neues* wider den Glauben der Christen vorzubringen habe; daß wir, soviel ich weiß, keine andere Nachrichten von der Geschichtssache wissen, keine andere Aktenstücke aufzuweisen haben, als die allgemein bekannt sind; daß ich also von meiner Seite nichts vorzubringen habe, das nicht schon unzählige Male von Juden und Naturalisten gesagt und wiederholt und von der Gegenpartei beantwortet und wiederholt worden sei. Mich dünkt, es sei in so vielen Jahrhunderten, und insbesondere in unserm schreibseligen Jahrhunderte genug in der Sache repliziert und dupliziert worden. Es ist einmal Zeit, da die Parteien nichts Neues mehr anzubringen haben, die Akten zu schließen. Wer Augen hat, der sehe; wer Vernunft hat, der prüfe und lebe nach seiner Überzeugung. Was nützt es, daß die Rüstigen am Wege stehen und jedem Vorübergehenden den Kampf anbieten? Allzu vieles Gerede von einer Sache kläret in derselben nichts auf und verdunkelt vielmehr noch den schwachen Schein der Wahrheit. Ihr dürft, von welchem Satze ihr wollet, nur oft und lange *dafür* und *dawider* reden und schreiben und streiten und könnet versichert sein, daß er von seiner etwanigen Evidenz immer mehr und mehr verlieren wird. Das allzu große Detail verhindert das Überschauen des Ganzen. Herr M. hat also nichts zu besorgen. Durch mich soll er sicherlich nicht die Veranlassung zu Einwürfen gegen eine Religion werden, von der so viele meiner Nebenmenschen Zufriedenheit in diesem Leben und unbegrenztes Glück nach demselben erwarten.

Ich muß aber auch seinem spähenden Blick Gerechtigkeit widerfahren lassen. Er hat zum Teil nicht unrecht gesehen. Es ist wahr: *Ich erkenne keine andere ewige Wahrheiten, als die der menschlichen Vernunft nicht nur begreiflich, sondern durch menschliche Kräfte dargetan und bewährt werden können.* Nur darin täuscht ihn ein unrichtiger Begriff vom Judentum, wenn er glaubt, ich könne dieses nicht behaupten, ohne von der Religion meiner Väter abzuweichen. Ich halte dieses vielmehr für einen wesentlichen Punkt der jüdischen Religion und glaube, daß diese Lehre einen charakteristischen Unterschied zwischen ihr und der christlichen Religion ausmache. Um es mit einem Worte zu sagen: Ich glaube, das Judentum wisse von keiner geoffenbarten Religion, in dem Verstande, in welchem dieses von den Christen genommen wird. Die Israeliten haben göttliche Gesetzgebung, Gesetze, Gebote, Befehle, Lebensregeln, Unterricht vom Willen Gottes, wie sie sich zu verhalten haben, um zur zeitlichen und ewigen Glückseligkeit zu gelangen; dergleichen Sätze und Vorschriften sind ihnen durch Mosen auf eine wunderbare und übernatürliche Weise geoffenbaret worden, aber keine Lehr-meinungen, keine Heilswahrheiten, keine allgemeinen Ver-nunftsätze. Diese offenbaret der Ewige uns, wie allen übrigen Menschen, allezeit durch *Natur* und *Sache*, nie durch *Wort* und *Schriftzeichen*.

Ich besorge, daß dieses auffallen und manchem Leser aber-mals neu und hart scheinen dürfte. Man hat auf diesen Unter-schied immer wenig achtgehabt; man hat *übernatürliche Gesetzgebung für übernatürliche Religionsoffenbarung* ge-nommen und vom Judentume so gesprochen, als sei es bloß eine frühere Offenbarung religiöser Sätze und Lehren, die zum Heile des Menschen notwendig sind. Ich werde mich also etwas weitläuftig zu erklären haben und, um nicht miß-verstanden zu werden, zu frühern Begriffen hinaufsteigen müssen, um mit meinem Leser aus demselben Standpunkte auszugehen und gleichen Schritt halten zu können.

Man nennet *ewige* Wahrheiten diejenigen Sätze, welche der Zeit nicht unterworfen sind und in Ewigkeit dieselben bleiben. Diese sind entweder *notwendig*, an und für sich selbst *un-veränderlich*, oder *zufällig*; das heißt, ihre Beständigkeit gründet sich entweder auf ihr *Wesen*, sie sind deswegen so und nicht anders wahr, weil sie so und nicht anders *denkbar* sind, oder auf ihre *Wirklichkeit*: Sie sind deswegen allgemein wahr, deswegen so und nicht anders, weil sie so und nicht anders *wirklich* geworden, weil sie, unter allen möglichen ihrer Art, so und nicht anders die *besten* sind. Mit andern Worten: Sowohl die notwendigen als die zufälligen Wahr-heiten fließen aus einer gemeinschaftlichen Quelle, aus der Quelle aller Wahrheit: jene aus dem *Verstande*, diese aus dem *Willen Gottes*. Die Sätze der notwendigen Wahrheit sind wahr, weil sie Gott so und nicht anders *sich vorstellet*; der zu-fälligen, weil sie Gott so und nicht anders gut gefunden und seiner Weisheit gemäß betrachtet hat. Beispiele der ersteren Gattung sind die Sätze der reinen Mathematik und der Ver-nunftkunst; Beispiele der letzteren die allgemeinen Sätze der Physik und der Geisterlehre, die Gesetze der Natur, nach welchen dieses Weltall, Körper und Geisterwelt regiert wird. Die ersten sind auch der Allmacht unveränderlich, weil Gott selbst seinen unendlichen Verstand nicht veränderlich machen kann; die letztern hingegen sind dem Willen Gottes unterworfen und nur insoweit unveränderlich, als es seinem heiligen Willen gefällt, das heißt, insoweit sie seinen Absichten entsprechen. Seine Allmacht konnte andere Gesetze an ihrer Stelle einführen und kann, sooft es nützlich ist, Ausnahmen stattfinden lassen.

Außer diesen ewigen Wahrheiten gibt es noch *zeitliche, Geschichtswahrheiten*; Dinge, die sich zu einer Zeit zugetragen und vielleicht niemals wiederkommen; Sätze, die durch einen Zusammenfluß von Ursachen und Wirkungen in einem Punkte der Zeit und des Raumes wahr geworden und also von diesem Punkte der Zeit und des Raumes nur als wahr gedacht werden können. Von dieser Art sind alle Wahrheiten der Geschichte in ihrem weitesten Umfange; Dinge der Vorwelt, die sich einst zugetragen und uns erzählt werden, die wir aber selbst nie wahrnehmen können.

So wie diese Klassen der Sätze und Wahrheiten ihrer Natur nach verschieden sind, so sind sie es auch in Ansehung ihrer Überzeugungsmittel oder in der Art und Weise, wie die Menschen sich und andere davon überführen. Die Lehren der ersten Gattung oder die notwendigen Wahrheiten gründen sich auf *Vernunft*, d. i. auf unveränderlichen Zusammenhang und wesentliche Verbindung zwischen den Begriffen, vermöge welcher sie sich einander entweder voraussetzen oder ausschließen. Von dieser Art sind alle mathematische und logische Beweise. Sie zeigen alle die Möglichkeit oder Unmöglichkeit, gewisse Begriffe in Verbindung zu denken. Wer seinen Nebenmenschen davon unterrichten will, muß sie nicht seinem Glauben empfehlen, sondern seiner Vernunft gleichsam aufdringen; nicht Autoritäten anführen und sich auf die Glaubwürdigkeit der Männer berufen, die ebendasselbe behauptet haben, sondern die Begriffe selbst in ihre Merkmale zerlegen und seinem Lehrling stückweise so lange vorhalten, bis sein innerer Sinn ihre Fugen und Verbindungen wahrnimmt. Der Unterricht, den wir hierin andern geben können, bestehet, wie Sokrates gar wohl gesagt, bloß in einer Art von Geburtshülfe. Wir können nichts in ihren Geist hineinlegen, das er nicht schon wirklich hat; aber wir können ihm die Anstrengung erleichtern, die es kostet, das Verborgene an das Licht zu bringen, das heißt, das Unbemerkte bemerkbar und anschaulich zu machen.

Zu den Wahrheiten der zwoten Klasse wird, außer der Vernunft, auch noch *Beobachtung* erfordert. Wollen wir wissen, welche Gesetze der Schöpfer seiner Schöpfung vorgeschrieben, nach welchen allgemeinen Regeln die Veränderungen in derselben vorgehen: so müssen wir einzelne Fälle erfahren, beobachten, versuchen, das heißt, zuvörderst die Evidenz der Sinne brauchen und hernach durch die Vernunft aus mehrern besondern Fällen dasjenige herausbringen, was sie gemein haben. Hier werden wir zwar manches schon auf Glauben und Ansehen von andern annehmen müssen. Unsere Lebenszeit reicht nicht hin, alles selbst zu erfahren, und wir müssen in vielen Fällen uns auf glaubhafte Nebenmenschen verlassen: die Beobachtungen und Versuche, die sie angestellt zu haben vorgeben, als wahr voraussetzen. Wir trauen ihnen aber nur, insoweit wir wissen und überführt sind, daß die Gegenstände noch immer vorhanden sind und die Versuche und Beobachtungen von uns oder von andern, die Gelegenheit und Fähigkeit dazu haben, wiederholt und geprüft werden können. Ja, wenn das Resultat wichtig wird und einen merklichen Einfluß auf unsere oder anderer Glückseligkeit hat, so beruhigen wir uns schon weit weniger bei der Aussage der glaubhaftesten Zeugen, die uns die Versuche und Beobachtungen erzählen, sondern suchen Gelegenheit, sie selbst zu wiederholen und uns durch ihre eigene Evidenz von denselben zu überführen. So können die Siameser z. B. allerdings dem Berichte der Europäer trauen, daß in ihrer Weltgegend das Wasser zu gewissen Zeiten hart werde und schwere Lasten trage. Sie können dieses auf Glauben annehmen und allenfalls in ihren Lehrbüchern der Physik als ausgemacht vortragen, in der Voraussetzung, daß die Beobachtung noch immer wiederholt und bewährt werden kann. Wenn es indessen zur Lebensgefahr käme, wenn sie itzt diesem hart gewordenen Elemente sich selbst oder die Ihrigen anvertrauen sollten, so würden sie sich bei dem Zeugnisse schon weit weniger beruhigen können, sondern durch mancherlei eigene Erfahrungen, Beobachtungen und Versuche von der Wahrheit zu überführen haben.

Hingegen die Geschichtswahrheiten, die Stellen, die gleichsam im Buche der Natur nur einmal vorkommen, müssen durch sich selbst erläutert werden oder bleiben unverständlich: das heißt, sie können nur von denenjenigen vermittelst der Sinne wahrgenommen werden, die zu der Zeit und an dem Orte zugegen gewesen, als sie sich in der Natur zugetragen haben. Von jedem andern müssen sie auf Autorität und Zeugnis angenommen werden, und zwar die zu einer andern Zeit leben, müssen sich schlechterdings auf die Glaubhaftigkeit des Zeugnisses verlassen. Denn das Bezeugte ist nicht mehr. Der Gegenstand und dessen unmittelbare Beobachtung, an der sie etwa appellieren wollen, sind in der Natur nicht mehr anzutreffen. Die Sinne können sich von der Wahrheit nicht überführen. Das Ansehen des Erzählers und seine Glaubhaftigkeit machen die einzige Evidenz in historischen Dingen. Ohne Zeugnis können wir von keiner Geschichtswahrheit überführt werden. Ohne Autorität verschwindet die Wahrheit der Geschichte mit dem Geschehenen selbst.

Sooft es nun den Absichten Gottes gemäß ist, daß die Menschen von irgendeiner Wahrheit überführt sein sollen, so verleihet ihnen seine Weisheit auch die schicklichsten Mittel, zu derselben zu gelangen. Ist es eine notwendige Wahrheit, so verleihet sie den dazu erforderlichen Grad der Vernunft. Soll ihnen ein Naturgesetz bekannt werden, so gibt sie ihnen den Geist der Beobachtung; und soll eine Geschichtswahrheit der Nachwelt aufbehalten werden, so bestätiget sie ihre historische Gewißheit und setzet die Glaubwürdigkeit der Erzähler über alle Zweifel hinweg. Bloß in Absicht auf Geschichtswahrheiten, dünkt mich, sei es der allerhöchsten Weisheit anständig, die Menschen auf menschliche Weise, d. i. durch Wort und Schrift, zu unterrichten, und wo es zur Bewährung des Ansehens und der Glaubwürdigkeit erforderlich war, außerordentliche Dinge und Wunder in der Natur geschehen zu lassen. Jene ewigen Wahrheiten hingegen, insoweit sie zum Heile und zur Glückseligkeit der Menschen nützlich sind, lehret Gott auf eine der Gottheit gemäßere Weise: nicht durch Laut und Schriftzeichen, die hier und da, diesem und jenem verständlich sind, sondern durch die Schöpfung selbst und ihre innerlichen Verhältnisse, die allen Menschen leserlich und verständlich sind. Er bestätiget sie auch nicht durch Wunder, die nur historischen Glauben bewirken, sondern erwecket den von ihm erschaffenen Geist und gibt ihm Gelegenheit, jene Verhältnisse der Dinge zu beobachten, sich selbst zu beobachten und von den Wahrheiten zu überzeugen, die er hienieden zu erkennen bestimmt ist.

Ich glaube also nicht, daß die Kräfte der menschlichen Vernunft nicht hinreichen, sie von den ewigen Wahrheiten zu überführen, die zur menschlichen Glückseligkeit unentbehrlich sind, und daß Gott ihnen solche auf eine übernatürliche Weise habe offenbaren müssen. Die dieses behaupten, sprechen der Allmacht oder der Güte Gottes auf der andern Seite ab, was sie auf der einen Seite seiner Güte zuzulegen glauben. Er war, nach ihrer Meinung, gütig genug, den Menschen diejenigen Wahrheiten zu offenbaren, von welchen ihre Glückseligkeit abhänget, aber nicht allmächtig, oder nicht gütig genug, ihnen selbst die Kräfte zu verleihen, solche zu entdecken. Zudem macht man durch diese Behauptung die Notwendigkeit einer übernatürlichen Offenbarung allgemeiner als die Offenbarung selbst. Wenn denn das menschliche Geschlecht ohne Offenbarung verderbt und elend sein müßte, warum hat denn der bei weitem größere Teil desselben von jeher ohne *wahre Offenbarung* gelebet, warum müssen beide Indien warten, bis es den Europäern gefällt, ihnen einige Tröster zuzusenden, die ihnen Botschaft bringen sollen, ohne welche sie, dieser Meinung nach, weder tugendhaft noch glückselig leben können? Ihnen Botschaft zu bringen, die sie ihren Umständen und der Lage ihrer Erkenntnis nach weder recht verstehen noch gehörig brauchen können?

Nach den Begriffen des wahren Judentums sind alle Bewohner der Erde zur Glückseligkeit berufen und die Mittel derselben so ausgebreitet als die Menschheit selbst, so milde ausgespendet als die Mittel, sich des Hungers und anderer Naturbedürfnisse zu erwehren. Hier der rohen Natur überlassen, die ihre Kraft innerlich empfindet und sich derselben bedienet, ohne sich in Wort und Vortrag anders als höchst mangelhaft, und gleichsam stammelnd, auslassen zu können; dort durch Wissenschaft und Kunst unterstützt, hellglänzend durch Worte, Bilder und Gleichnisse, durch welche die Wahrnehmungen des innern Sinnes in deutliche Zeichenerkenntnis verwandelt und aufgestellt werden. Sooft es nützlich war, hat die Vorsehung unter jeder Nation der Erde weise Männer aufstehen lassen und ihnen die Gabe verliehen, mit hellerem Auge in sich selbst und um sich her zu schauen, die Werke Gottes zu betrachten und ihre Erkenntnisse andern mitzuteilen. Aber nicht zu allen Zeiten ist dieses nötig oder nützlich. Sehr oft reichet, wie der Psalmist sagt, *das Lallen der Kinder und Säuglinge hin, den Feind zu beschämen.* Der einfältig lebende Mensch hat sich die Einwürfe noch nicht erkünstelt, die den Sophisten so sehr verwirren. Ihm ist das Wort *Natur*, der bloße Schall, noch nicht zu einem Wesen geworden, das die Gottheit verdrängen will. Er weiß sogar noch wenig von dem Unterschiede zwischen mittelbarer und unmittelbarer Wirkung und hört und siehet vielmehr die alles belebende Kraft der Gottheit überall: in jeder aufgehenden Sonne, in jedem Regen, der niederfällt, in jeder Blume, die aufblühet, und in jedem Lamme, das auf der Wiese weidet und sich seines Daseins freuet. Diese Vorstellungsart hat etwas Fehlerhaftes; allein sie führet unmittelbar zur Erkenntnis eines unsichtbaren allmächtigen Wesens, dem wir alles Gute, das wir genießen, zu verdanken haben. Sobald aber ein Epikur oder Lukrez, ein Helvetius oder Hume das Unvollständige in dieser Vorstellungsart rüget und (welches der menschlichen Schwachheit zugute zu halten ist) auf der andern Seite ausschweifet und mit dem Worte *Natur* ein täuschendes Spiel treiben will, so erweckt die Vorsehung wiederum andere Männer im Volke, die Vorurteil von Wahrheit trennen, das Übertriebene von beiden Seiten berichtigen und zeigen, daß die Wahrheit Bestand habe, wenn auch das Vorurteil verworfen wird. Im Grunde ist es immer noch derselbe Stoff; dort mit allen rohen, aber kraftvollen Säften, die ihm die Natur gibt; hier mit dem verfeinerten Wohlgeschmacke der Kunst, zur Verdauung leichter, aber auch nur für Schwächliche. Das Tun und Lassen der Menschen und die Sittlichkeit ihres Lebenswandels hat sich von jener rohen Vorstellungsart, im ganzen genommen, vielleicht ebenso gute Folgen zu versprechen als von diesen verfeinerten und gereinigten Begriffen. Manches Volk ist von der Vorsehung bestimmt, diesen Kreislauf der Begriffe durchzuwandern, ja zuweilen mehr als einmal durchzuwandern; aber vielleicht bleibt das Maß und Gewicht seiner Sittlichkeit in allen diesen mannigfaltigen Epochen, im ganzen genommen, ungefähr dasselbe.

Ich für meinen Teil habe keinen Begriff von der Erziehung des Menschengeschlechts[81], die sich mein verewigter Freund Lessing von, ich weiß nicht, welchem Geschichtsforscher der

Menschheit hat einbilden lassen. Man stellet sich das kollektive Ding, das menschliche Geschlecht, wie eine einzige Person vor und glaubt, die Vorsehung habe sie hieher gleichsam in die Schule geschickt, um aus einem Kinde zum Manne erzogen zu werden. Im Grunde ist das menschliche Geschlecht fast in allen Jahrhunderten, wenn die Metapher gelten soll, Kind und Mann und Greis zugleich, nur an verschiedenen Orten und Weltgegenden. Hier in der Wiege, saugt an der Brust oder lebt von Rahm und Milch; dort in männlicher Rüstung und verzehrt das Fleisch der Rinder; und an einem andern Orte am Stabe und schon wieder ohne Zähne. Der Fortgang ist für den einzelnen Menschen, dem die Vorsehung beschieden, einen Teil seiner Ewigkeit hier auf Erden zuzubringen. Jeder gehet das Leben hindurch seinen eigenen Weg; diesen führt der Weg über Blumen und Wiesen, jenen über wüste Ebenen oder über steile Berge und gefahrvolle Klüfte. Aber alle kommen auf der Reise weiter und gehen ihres Weges zur Glückseligkeit, zu welcher sie beschieden sind. Aber daß auch das Ganze, die Menschheit hienieden, in der Folge der Zeiten immer vorwärtsrücken und sich vervollkommnen soll, dieses scheinet mir der Zweck der Vorsehung nicht gewesen zu sein; wenigstens ist dieses so ausgemacht und zur Rettung der Vorsehung Gottes bei weitem so notwendig nicht, als man sich vorzustellen pflegt.

Daß wir doch immer wider alle Theorie und Hypothesen uns sträuben und von Tatsachen reden, nichts als von Tatsachen hören wollen und uns gerade da am wenigsten nach Tatsachen umsehen, wo es am meisten darauf ankommt. Ihr wollt erraten, was für Absichten die Vorsehung mit der Menschheit hat? Schmiedet keine Hypothesen; schauet nur umher auf das, was wirklich geschiehet, und, wenn Ihr einen Überblick auf die Geschichte aller Zeiten werfen könnet, auf das, was von jeher geschehen ist. Dieses ist Tatsache, dieses muß zur Absicht gehört haben, muß in dem Plane der Weisheit genehmigt oder wenigstens mit aufgenommen worden sein. Die Vorsehung verfehlt ihres Endzweckes nie. Was wirklich geschiehet, muß von jeher ihre Absicht gewesen sein oder dazu gehört haben. Nun findet ihr, in Absicht auf das gesamte Menschengeschlecht, keinen beständigen Fortschritt in der Ausbildung, der sich der Vollkommenheit immer näherte. Vielmehr sehen wir das

Menschengeschlecht im ganzen kleine Schwingungen machen, und es tat nie einige Schritte vorwärts, ohne bald nachher, mit doppelter Geschwindigkeit, in seinen vorigen Stand zurückzugleiten. Die mehresten Nationen der Erde leben viele Jahrhunderte auf derselben Stufe von Kultur, in demselben dämmernden Lichte, das unseren verwöhnten Augen viel zu schwach scheint. Je zuweilen entzündet sich ein Punkt in der großen Masse, wird zum glänzenden Gestirne und durchwandelt eine Laufbahn, die ihn nach einer bald kurzen, bald längern Periode zurückführet und wiederum an seinen Ort des Stillstandes, oder nicht weit davon, absetzet. Der Mensch gehet weiter; aber die Menschheit schwankt beständig zwischen festgesetzten Schranken auf und nieder, behält aber, im ganzen betrachtet, in allen Perioden der Zeit ungefähr dieselbe Stufe der Sittlichkeit, dasselbe Maß von Religion und Irreligion, von Tugend und Laster, von Glückseligkeit und Elend; dasselbe Resultat, wenn Gleiches mit Gleichem in Berechnung gebracht wird; von allen diesen Gütern und Übeln soviel, als zum Durchgange der einzelnen Menschen erforderlich war, damit diese hienieden erzogen werden und sich der Vollkommenheit soviel nähern mögen, als einem jeden beschieden und zugeteilt worden.

Ich komme wieder zu meiner vorigen Bemerkung. Das Judentum rühmet sich keiner *ausschließenden* Offenbarung ewiger Wahrheiten, die zur Seligkeit unentbehrlich sind; keiner geoffenbarten Religion, in dem Verstande, in welchem man dieses Wort zu nehmen gewohnt ist. Ein anderes ist geoffenbarte *Religion*, ein anderes geoffenbarte *Gesetzgebung*. Die Stimme, die sich an jenem großen Tage auf Sinai hören ließ, rief nicht: „Ich bin der Ewige, dein Gott! Das notwendige, selbständige Wesen, das allmächtig ist und allwissend, das den Menschen in einem zukünftigen Leben vergilt nach ihrem Tun." Dieses ist allgemeine *Menschenreligion*, nicht Judentum; und allgemeine Menschenreligion, ohne welche die Menschen weder tugendhaft sind noch glückselig werden können, sollte hier nicht geoffenbart werden. Konnte im Grunde nicht; denn wen sollte die Donnerstimme und der Posaunenklang von jenen ewigen Heilslehren überführen? Sicherlich den gedankenlosen Tiermenschen nicht, den seine eigene Betrachtung noch nicht auf das Dasein eines unsichtbaren Wesens geführt hat, das dieses Sichtbare regiert. Diesem würde die Wunderstimme keine Begriffe eingegeben, also nicht überzeugt haben. Den Sophisten noch weniger, dem so viele Zweifel und Grübeleien vor dem Gehöre sausen, daß er die Stimme des gesunden Menschenverstandes nicht mehr wahrnimmt. Dieser fordert *Vernunftgründe*, keine Wunderdinge. Und wenn der Religionslehrer alle Toten aus dem Staube erweckt, die jemals auf demselben gestanden haben, um eine *ewige Wahrheit* dadurch zu bestätigen, der Zweifler spricht: Der Lehrer hat viele Toten erweckt, aber von der ewigen Wahrheit weiß ich nicht mehr als vorhin. Ich weiß nunmehr, daß jemand außerordentliche Dinge tun und hören lassen kann, aber dergleichen Wesen kann es mehrere geben, die sich eben itzt zu offenbaren nicht für gut finden, und wie weit ist alles dieses noch von der unendlich erhabenen Idee einer *einzigen, ewigen* Gottheit, die dieses ganze Weltall nach ihrem unumschränkten Willen regiert und die geheimsten Gedanken der Menschen durchschauet, um ihre Handlungen, wo nicht hier, doch in jener Zukunft, nach Verdienst zu belohnen? – Wer dieses nicht wußte, wer von diesen zur menschlichen Glückseligkeit unentbehrlichen Wahrheiten nicht durchdrungen und so vorbereitet zum heiligen Berge hintrat, den konnten die großen wundervollen Anstalten betäuben und niederschlagen, aber nicht eines Bessern belehren. – Nein! Alles dieses ward vorausgesetzt, ward vielleicht in den Vorbereitungstagen gelehrt, erörtert und durch menschliche Gründe außer Zweifel gesetzt, und nun rief die göttliche Stimme: *„Ich bin der Ewige, dein Gott, der dich aus dem Lande Mizraim geführt, aus der Sklaverei befreit hat"* usw. Eine Geschichtswahrheit, auf die sich die Gesetzgebung dieses Volks gründen sollte, und Gesetze sollten hier geoffenbaret werden; Gebote, Verordnungen, keine ewigen Religionswahrheiten. „Ich bin der Ewige, dein Gott, der mit deinen Vätern Abraham, Isaak und Jakob einen Bund gemacht und ihnen zugeschworen hat, aus ihrem Samen eine mir eigene Nation zu bilden. Der Zeitpunkt ist endlich gekommen, da diese Verheißung in Erfüllung gehen soll. Ich habe euch zu dem Ende aus der Sklaverei der Ägypter erlöset, mit unerhörten Wundern und Zeichen erlöset. Ich bin euer Erretter, euer Oberhaupt und König, mache auch mit euch einen Bund und gebe euch Gesetze, nach welchen ihr in dem

Lande, das ich euch eingeben werde, leben und eine glückliche Nation sein sollet." Alles dieses sind Geschichtswahrheiten, die ihrer Natur nach auf historischer Evidenz beruhen, durch Autorität bewährt werden *müssen* und durch Wunder bekräftiget werden *können*.

Wunder und außerordentliche Zeichen sind nach dem Judentume keine Beweismittel für oder wider *ewige* Vernunftwahrheiten. Daher sind wir in der Schrift selbst angewiesen, wenn ein Prophet Dinge lehret oder anrät, die ausgemachten Wahrheiten zuwider sind, und wenn er seine Sendung auch durch Wunder bekräftiget, ihm nicht zu gehorchen; ja den Wundertäter zum Tode zu verurteilen, wenn er zur Abgötterei verleiten will. Denn Wunder können nur Zeugnisse bewähren. Autoritäten unterstützten, Glaubhaftigkeit der Zeugen und Überlieferer bekräftigen; aber alle Zeugnisse und Autoritäten können keine ausgemachte Vernunftwahrheit umstoßen, keine zweifelhafte über Zweifel und Bedenklichkeit hinwegsetzen.

Ob nun gleich dieses göttliche Buch, das wir durch Mosen empfangen haben, eigentlich ein Gesetzbuch sein und Verordnungen, Lebensregeln und Vorschriften enthalten soll, so schließt es gleichwohl, wie bekannt, einen unergründlichen Schatz von Vernunftwahrheiten und Religionslehren mit ein, die mit den Gesetzen so innigst verbunden sind, daß sie nur eins ausmachen. Alle Gesetze beziehen oder gründen sich auf ewige Vernunftwahrheiten oder erinnern und erwecken zum Nachdenken über dieselben, so daß unsere Rabbinen mit Recht sagen: Die Gesetze und Lehren verhalten sich gegeneinander wie Körper und Seele. Ich werde hiervon weiter unten ein mehreres zu sagen Gelegenheit haben und begnüge mich, dieses hier bloß als eine Tatsache vorauszusetzen, davon sich ein jeder überführen kann, der die Gesetze Moses auch nur in irgendeiner Übersetzung zu dieser Absicht in die Hand nimmt. Die Erfahrung vieler Jahrhunderte lehret auch, daß dieses göttliche Gesetzbuch einem großen Teil des menschlichen Geschlechts Quelle des Erkenntnisses geworden, aus welcher sie neue Begriffe schöpfen oder die alten berichtigen. Je mehr ihr in demselben forschet, desto mehr erstaunt ihr über die Tiefe der Erkenntnisse, die darin verborgen liegen. Die Wahrheit bietet sich zwar in demselben in der einfachsten Bekleidung, gleichsam ohne Anspruch, auf den ersten Anblick dar. Allein je näher ihr hinzudringet, je reiner, unschuldiger, liebe- und sehnsuchtsvoller der Blick ist, mit welchem ihr auf sie hinschauet, desto mehr entfaltet sie euch von ihrer göttlichen Schönheit, die sie mit leichtem Flor verhüllt, um nicht von gemeinen unheiligen Augen entweihet zu werden. Allein alle diese vortrefflichen Lehrsätze werden dem Erkenntnis dargestellt, der Betrachtung vorgelegt, ohne dem Glauben aufgedrungen zu werden. Unter allen Vorschriften und Verordnungen des mosaischen Gesetzes lautet kein einziges: *Du sollst glauben oder nicht glauben*, sondern alle heißen: *Du sollst tun oder nicht tun!* Dem Glauben wird nicht befohlen; denn der nimmt keine andere Befehle an, als die den Weg der Überzeugung zu ihm kommen. Alle Befehle des göttlichen Gesetzes sind an den Willen, an die Tatkraft der Menschen gerichtet. Ja, das Wort in der Grundsprache, das man durch den *Glauben* zu übersetzen pflegt, heißt an den mehresten Stellen eigentlich *Vertrauen, Zuversicht*, getroste Versicherung auf Zusage und Verheißung. *Abraham vertraute dem Ewigen, und es ward ihm zur Gottseligkeit gerechnet* (1. B. M. 15,6). Die Israeliten *sahen und hatten Zutrauen zu dem Ewigen und zu Mosen, seinem Diener* (2. B. M. 14,31). Wo von ewigen Vernunftwahrheiten die Rede ist, heißt es nicht glauben, sondern *erkennen und wissen. Damit du erkennest, daß der Ewige wahrer Gott und außer ihm keiner sei* (5. B. M. 4,39). *Erkenne also und nimm dir zu Sinne, daß der Herr allein Gott sei, oben im Himmel so wie unten auf der Erde, und sonst niemand* (daselbst). *Vernimm, Israel, der Ewige, unser Gott, ist ein einziges, ewiges Wesen!* (5. B. M. 6,4). Nirgend wird gesagt: *Glaube, Israel, so wirst du gesegnet sein; zweifle nicht, Israel, oder diese und jene Strafe wird dich verfolgen!* Gebot und Verbot, Belohnung und Strafen sind nur für Handlungen, für Tun und Lassen, die in des Menschen Willkür stehen und durch Begriffe vom Guten und Bösen, also auch von Hoffnung und Furcht, gelenkt werden. Glaube und Zweifel, Beifall und Widerspruch hingegen richten sich nicht nach unserem Begehrungsvermögen, nicht nach Wunsch und Verlangen, nicht nach Fürchten und Hoffen, sondern nach unserer Erkenntnis von Wahrheit und Unwahrheit.

Daher hat auch das alte Judentum keine symbolische Bücher, keine *Glaubensartikel*. Niemand durfte Symbola beschwören, niemand ward auf Glaubensartikel beeidiget; ja, wir haben von dem, was man *Glaubenseide* nennet, gar keinen Begriff und müssen sie, nach dem Geiste des echten Judentums, für unstatthaft halten. Majemonides kam zuerst auf den Gedanken, die Religion seiner Väter auf eine gewisse Anzahl von Grundsätzen einzuschränken, damit die Religion, wie er zu verstehen gibt, so wie alle Wissenschaften ihre Grundbegriffe habe, aus welchen alles übrige hergeleitet wird. Aus diesem bloß zufälligen Gedanken sind die *dreizehn Artikel* des jüdischen Katechismus entstanden, denen wir das Morgenlied *Jigdal*[82] und einige gute Schriften von Chisdai[83], Albo[84] und Abarbanell[85] zu verdanken haben. Dieses sind auch alle Folgen, die sie bisher gehabt haben. Zu Glaubensfesseln sind sie, gottlob! noch nicht geschmiedet worden. Chisdai bestreitet sie und schlägt Abänderungen vor, Albo schränkt ihre Anzahl ein und will nur von drei Grundartikeln wissen, die mit denen, welche Herbert von Cherbury[86] in spätern Zeiten zum Katechismus vorgeschlagen, ziemlich übereintreffen, und noch andere, hauptsächlich Lorja und seine Schüler, die neueren Kabbalisten[87], wollen gar keine bestimmte Anzahl von Fundamentallehren gelten lassen und sprechen: In unsrer Lehre ist alles fundamental. Indessen ward dieser Streit geführt, wie alle Streitigkeiten dieser Art geführt werden sollten: mit Ernst und Eifer, aber ohne Haß und Bitterkeit; und obschon die dreizehn Artikel des Majemonides von dem größten Teile der Nation angenommen worden sind, so hat doch meines Wissens noch niemand den Albo verketzert, daß er sie hat einschränken und auf weit allgemeinere Vernunftsätze zurückführen wollen. Hierin haben wir den wichtigen Ausspruch unserer Weisen noch nicht aus der Acht gelassen: „*Obgleich dieser löset, jener bindet, so lehren sie doch beide Worte des lebendigen Gottes.*"*

Im Grunde kömmt auch hier alles auf den Unterschied zwischen *Glauben* und *Wissen*, Religionslehren und Religions-

---

* Ich habe so manchen Pedanten diesen Spruch zum Beweise anführen sehen, daß die Rabbinen den Satz des Widerspruchs nicht glauben. Ich wünsche die Tage zu erleben, da alle Völker der Erde diese Ausnahme von dem allgemeinen Satze des Widerspruches werden gelten lassen: *Der Fasttag des vierten und der Fasttag des zehnten Monats mag in Wonne- und Freudentag verwandelt werden, nur liebet Wahrheit und Frieden.* (Zachar. 8, 19) geboten, an. Alles menschliche Wissen läßt sich allerdings auf wenige Fundamentalbegriffe einschränken, die zum Grunde gelegt werden. Je weniger, desto fester stehet das Gebäude. Aber Gesetze leiden keine Abkürzung. In ihnen ist alles fundamental, und insoweit können wir mit Grunde sagen: Uns sind alle Worte der Schrift, alle Gebote und Verbote Gottes fundamental. Wollt ihr gleichwohl die Quintessenz daraus haben, so höret, wie jener größere Lehrer der Nation, Hillel der Ältere[88], der vor der Zerstörung des zweiten Tempels lebte, sich dabei genommen. Ein Heide sprach: Rabbi, lehret mich das ganze Gesetz, indem ich auf einem Fuße stehe! Samai, an den er diese Zumutung vorher ergehen ließ, hatte ihn mit Verachtung abgewiesen; allein der durch seine unüberwindliche Gelassenheit und Sanftmut berühmte Hillel sprach: *Sohn, liebe deinen Nächsten wie dich selbst!* Dieses ist der Text des Gesetzes; alles übrige ist Kommentar. Nun gehe hin und lerne!

Ich habe nunmehr zum Grundrisse des alten, ursprünglichen Judentums, wie ich mir solches vorstelle, die Außenlinien entworfen, Lehrbegriffe und Gesetze, Gesinnungen und Handlungen. Jene waren nicht an Worte und Schriftzeichen gebunden, die für alle Menschen und Zeiten, unter allen Revolutionen der Sprachen, Sitten, Lebensart und Verhältnisse immer dieselben bleiben, uns immer dieselbe steife Formen darbieten sollen, in welche wir unsere Begriffe nicht einzwängen können, ohne sie zu zerstümmeln. Sie wurden dem lebendigen, geistigen Unterrichte anvertrauet, der mit allen Veränderungen der Zeiten und Umstände gleichen Schritt halten und nach dem Bedürfnisse, nach der Fähigkeit und Fassungskraft des Lehrlings abgeändert und gemodelt werden kann. Die Veranlassung zu diesem väterlichen Unterrichte fand man in dem geschriebenen Gesetzbuche und in den Zeremonialhandlungen, die der Bekenner des Judentums unaufhörlich zu beobachten hatte. Es war anfangs ausdrücklich verboten, über die Gesetze mehr zu schreiben, als Gott der Nation durch Mosen hat verzeichnen lassen. „Was mündlich überliefert worden", sagen die Rabbinen, „ist dir nicht erlaubt niederzuschreiben." Mit vielem Widerwillen entschlossen sich die Häupter der Synagoge in den folgenden Zeiten zu der notwendig gewordenen Erlaubnis, über die Gesetze schreiben zu dürfen. Sie nannten diese Erlaubnis eine Zerstörung des

Gesetzes und sagten mit dem Psalmisten: „Es ist eine Zeit, da man um des Ewigen willen das Gesetz zerstören muß." So sollte es aber, der ursprünglichen Verfassung nach, nicht sein. Das Zeremonialgesetz selbst ist eine lebendige, Geist und Herz erweckende Art von Schrift, die bedeutungsvoll ist und ohne Unterlaß zu Betrachtungen erweckt und zum mündlichen Unterrichte Anlaß und Gelegenheit gibt. Was der Schüler vom Morgen bis Abend tat und tun sahe, war ein Fingerzeig auf religiose Lehren und Gesinnungen, trieb ihn an, seinem Lehrer zu folgen, ihn zu beobachten, alle seine Handlungen zu bemerken, den Unterricht zu holen, dessen er durch seine Anlagen fähig war und sich durch sein Betragen würdig gemacht hatte. Die Ausbreitung der Schriften und Bücher, die durch die Erfindung der Druckerei in unsern Tagen ins Unendliche vermehrt worden sind, hat den Menschen ganz umgeschaffen. Die große Umwälzung des ganzen Systems der menschlichen Erkenntnisse und Gesinnungen, die sie hervorgebracht, hat von der einen Seite zwar ersprießliche Folgen für die Ausbildung der Menschheit, dafür wir der wohltätigen Vorsehung nicht genug danken können; indessen hat sie, wie alles Gute, das dem Menschen hienieden werden kann, so manches Übel nebenher zur Folge, das zum Teil dem Mißbrauche, zum Teil auch der notwendigen Bedingung der Menschlichkeit zuzuschreiben ist. Wir lehren und unterrichten einander nur in Schriften; lernen die Natur und die Menschen kennen nur aus Schriften; arbeiten und erholen, erbauen und ergötzen uns durch Schreiberei; der Prediger unterhält sich nicht mit seiner Gemeine, er liest oder deklamiert ihr eine aufgeschriebene Abhandlung vor. Der Lehrer auf dem Katheder liest seine geschriebenen Hefte ab. Alles ist toter Buchstabe, nirgends Geist der lebendigen Unterhaltung. Wir lieben und zürnen in Briefen, zanken und vertragen uns in Briefen, unser ganzer Umgang ist Briefwechsel, und wenn wir zusammenkommen, so kennen wir keine andere Unterhaltung als spielen oder *vorlesen*.

Daher ist es gekommen, daß der Mensch für den Menschen fast seinen Wert verloren hat. Der Umgang des Weisen wird nicht gesucht; denn wir finden seine Weisheit in Schriften. Alles, was wir tun, ist, ihn zum Schreiben aufzumuntern, wenn wir etwa glauben, daß er noch nicht genug hat drucken lassen. Das graue Alter hat seine Ehrwürdigkeit verloren; denn der unbärtige Jüngling weiß mehr aus Büchern als jenes aus der Erfahrung. Wohl verstanden oder übel verstanden, darauf kömmt es nicht an; genug, er weiß es, trägt es auf den Lippen und kann es dreister an den Mann bringen als der ehrliche Greis, dem vielleicht mehr die Begriffe als die Worte zu Gebote stehen. Wir begreifen nicht mehr, wie der Prophet es hat für ein so erschreckliches Übel halten können, *daß der Jüngling sich erhebe über den Greis;* oder wie jener Grieche dem Staate habe den Untergang prophezeien können, weil in einer öffentlichen Versammlung sich eine mutwillige Jugend über einen Alten lustig gemacht hatte. Wir brauchen des erfahrnen Mannes nicht, wir brauchen nur seine Schriften. Mit einem Worte, wir sind litterati, *Buchstabenmenschen.* Vom Buchstaben hängt unser ganzes Wesen ab, und wir können kaum begreifen, wie ein Erdensohn sich bilden und vervollkommnen kann ohne *Buch.*

So war es nicht in den grauen Tagen der Vorwelt. Kann man nun schon nicht sagen, es war besser, so war es doch sicherlich anders. Man schöpfte aus andern Quellen, sammlete und erhielt in andern Gefäßen und vereinzelte das Aufbewahrte durch ganz andere Mittel. Der Mensch war dem Menschen notwendiger; die Lehre war genauer mit dem Leben, Betrachtung inniger mit Handlung verbunden. Der Unerfahrene mußte dem Erfahrnen, der Schüler seinem Lehrer auf dem Fuße nachfolgen, seinen Umgang suchen, ihn beobachten und gleichsam ausholen, wenn er seine Wißbegierde befriedigen wollte. Um deutlicher zu zeigen, was dieser Umstand für Einfluß auf Religion und Sitten gehabt, muß ich mir abermals eine Abschweifung von meinem Wege erlauben, von der ich aber gar bald wieder einlenken werde. Meine Materie grenzet an so mannigfache andere Materien an, daß ich mich nicht immer auf demselben Gange erhalten kann, ohne in Nebenwege auszuweichen.

Mich dünkt, die Veränderung, die in den verschiedenen Zeiten der Kultur mit den Schriftzeichen vorgegangen, habe von jeher an den Revolutionen der menschlichen Erkenntnisse überhaupt und insbesondere an den mannigfaltigen Abänderungen ihrer Meinungen und Begriffe in Religionssachen sehr wichtigen Anteil und, wenn sie dieselben nicht völlig allein verursacht, doch wenigstens mit andern Neben[ur]sachen auf eine merkliche Weise mitgewirkt. Kaum höret der Mensch auf, sich mit den ersten Eindrücken der äußern Sinne zu begnügen, und welcher Mensch kann es lange dabei bewenden lassen? Kaum fühlet er den seiner Seele eingesenkten Sporn, aus diesen äußern Eindrücken sich Begriffe zu bilden, so wird er die Notwendigkeit gewahr, sie an sinnliche Zeichen zu binden; nicht nur, um sie andern mitteilen, sondern um sie für sich selbst festhalten und, sooft es nötig ist, wieder beachten zu können. Die ersten Schritte zur Absonderung allgemeiner Merkmale wird er zwar ohne Zeichen tun *können* und tun *müssen*; denn noch itzt müssen alle neue abstrakte Begriffe ohne Hülfe der Zeichen gebildet und sodann erst mit einem Namen belegt werden. Das gemeinsame Merkmal muß zuvörderst durch die Kraft der Aufmerksamkeit aus dem Gewebe, in welchem es verflochten ist, herausgehoben und hervorstechend gemacht werden. Hierzu verhilft von der einen Seite die objektive Gewalt des Eindrucks, den dieses Merkmal auf uns zu machen fähig ist, sowie von unserer Seite das subjektive Interesse, das wir an demselben haben. Aber dieses Herausheben und Beachten des gemeinsamen Merkmals kostet der Seele einige Anstrengung. Nicht lange, so verschwindet das Licht wieder, das die Aufmerksamkeit auf diesen Punkt des Gegenstandes gesammelt hatte, und er verlieret sich in den Schatten der ganzen Masse, mit welcher er vereinigt ist. Die Seele ist nicht imstande, viel weiter zu kommen, wenn diese Anstrengung eine Zeitlang anhalten und gar zu oft wiederholt werden muß. Sie hat angefangen abzusondern, aber sie kann nicht denken. Wie ist ihr zu raten? – Die weise Vorsehung hat ihr ein Mittel sehr nahe gelegt, dessen sie sich zu allen Zeiten bedienen kann. Sie heftet das abgezogene Merkmal entweder durch eine natürliche oder willkürliche Ideenverbindung an ein sinnliches Zeichen, das, sooft sein Eindruck erneuert wird, auch zugleich dieses Merkmal rein und unvermischt wieder hervorbringt und beleuchtet. So sind, wie bekannt, die aus natürlichen und willkürlichen Zeichen zusammengesetzten Sprachen der Menschen entstanden, ohne welche sie sich nur wenig vom unvernünftigen Tiere hätten unterscheiden können, weil der Mensch, ohne Hülfe der Zeichen, sich kaum um einen Schritt vom Sinnlichen entfernen kann.

So wie die ersten Schritte zur vernünftigen Erkenntnis getan werden mußten, auf ebendie Weise werden die Wissenschaften noch itzt erweitert und mit Erfindungen bereichert, und daher ist zuweilen die Erfindung eines Wortes in den Wissenschaften von großer Wichtigkeit. Der erste, der das Wort *Natur* erfunden, scheinet eben keine große Entdeckung gemacht zu haben. Gleichwohl hatten es seine Zeitgenossen ihm zu verdanken, daß sie den Gaukler, der sie eine Erscheinung in der Luft sehen ließ, beschämen und sagen konnten, sein Spiel sei nichts Übernatürliches, sondern eine *Wirkung der Natur*. Gesetzt, sie wußten noch nichts Deutliches von den Eigenschaften gebrochener Strahlen und wie durch dieselben ein Bild in der Luft hervorgebracht werden könne – und wie weit reichet denn noch itzt unsere Erkenntnis hierin? Kaum um einen Schritt weiter, denn von der Natur des Lichts selbst und von seinen innern Bestandteilen sind wir noch wenig unterrichtet –, so wußten sie doch wenigstens eine einzelne Erscheinung auf ein allgemeines Naturgesetz zurückzubringen und waren nicht genötiget, jedem Spiele eine besondere, freiwillige Ursache zuzuschreiben. So war es auch mit der neueren Entdeckung, daß die Luft eine Schwere habe. Wissen wir schon nicht die Schwere selbst zu erklären, so sind wir doch wenigstens imstande, die Beobachtung, daß die flüssigen Materien in luftleeren Röhren in die Höhe steigen, auf das allgemeine Gesetz der Schwere zu reduzieren, das dem ersten Anscheine nach vielmehr die Flüssigkeit sinken machen sollte. Wir können begreiflich machen, wie durch das allgemeine Sinken, das wir nicht erklären können, in diesem Falle hat ein Steigen hervorgebracht werden müssen; und auch dieses ist ein Schritt weiter in der Erkenntnis. Es ist also nicht jedes Wort in den Wissenschaften sogleich für leeren Schall zu erklären, wenn es nicht aus frühern Elementarbegriffen hergeleitet werden kann. Genug, wenn es eine allgemeine Eigenschaft der Dinge nur in ihrem wahren Umfange bezeichnet. Der Ausdruck *fuga vacui*[89] würde nicht zu tadeln gewesen sein, wenn er nicht allgemeiner gewesen wäre als die Beobachtung. Man fand, daß es Fälle gebe, wo die Natur nicht sogleich das Leere anzufüllen eile; daher die Redensart nicht als leer, sondern als falsch zu verwerfen gewesen. – So bleiben die Wörter: *Kohäsion der Körper* und *allgemeine Gravitation* in den Wissenschaften noch immer von großer Wichtigkeit, ob wir sie gleich noch nicht aus frühern Grundbegriffen abzuleiten wissen.

Bevor der Herr von Haller das Gesetz der *Reizbarkeit*[90] entdeckte, wird so mancher Beobachter die Erscheinung selbst in der organischen Natur lebendiger Geschöpfe wahrgenommen haben. Allein sie verschwand in dem ersten Augenblick wieder und zeichnete sich nicht genug von Nebenerscheinungen aus, um die Aufmerksamkeit des Beobachters festzuhalten. Sooft die Bemerkung wiederkam, war sie ihm eine einzelne Wirkung der Natur, die ihn an die Menge der Fälle nicht erinnern konnte, in welchen er dasselbe wahrgenommen hatte; sie verlor sich also gar bald wieder, so wie die vorhergegangenen, und ließ weiter kein merkliches Andenken in der Seele zurück. Nur Hallern gelang es, diesen Umstand aus der Verbindung herauszuheben, seine Allgemeinheit gewahr zu werden, ihn mit einem Worte zu bezeichnen, und nunmehr hat er unsere Aufmerksamkeit rege gemacht, und wir wissen jeden besondern Fall, in welchem wir etwas Ähnliches innewerden, auf ein allgemeines Naturgesetz hinzuleiten.

Die Bezeichnung der Begriffe ist also doppelt notwendig: einmal für uns selbst, gleichsam als ein Gefäß, worinnen sie verwahrt und zum Gebrauch bei der Hand bleiben mögen, und sodann, um unsere Gedanken andern mitteilen zu können. Nun haben die Laute, oder die hörbaren Zeichen, in letzterer Rücksicht einigen Vorzug; denn wenn wir unsere Gedanken andern mitteilen wollen, so sind die Begriffe schon in der Seele gegenwärtig, und wir können, nach Erfordern, die Laute hervorbringen, durch welche sie bezeichnet und unsern Nebenmenschen vernehmlich werden. So aber nicht in Absicht auf uns selbst. Wollen wir die abgesonderten Begriffe zu einer andern Zeit wieder in der Seele erwecken und vermittelst der Zeichen in Erinnerung bringen können, so müssen die Zeichen sich von selbst darbieten und nicht erst auf unsere Willkür warten, die sie hervorrufe, indem diese schon die Ideen voraussetzt, deren wir uns erinnern wollen. Diesen Vorteil verschaffen die sichtbaren Zeichen, weil sie fortdauernd sind und nicht immer wieder hervorgebracht werden müssen, um Eindruck zu machen.

Die ersten sichtbaren Zeichen, deren sich die Menschen zu Bezeichnung ihrer abgesonderten Begriffe bedient haben, werden vermutlich die Dinge selbst gewesen sein. Wie nämlich jedes Ding in der Natur einen eigenen Charakter hat, mit welchem es sich von allen übrigen Dingen auszeichnet, so wird der sinnliche Eindruck, den dieses Ding auf uns macht, unsere Aufmerksamkeit hauptsächlich auf dieses Unterscheidungszeichen lenken, die Idee desselben rege machen und also zur Bezeichnung desselben gar füglich dienen können. So kann der Löwe ein Zeichen der Tapferkeit, der Hund ein Zeichen der Treue, der Pfau ein Zeichen der stolzen Schönheit geworden sein, und so haben die ersten Ärzte lebendige Schlangen mit sich geführt, zum Zeichen, daß sie das Schädliche unschädlich zu machen wüßten.

Mit der Zeit kann man es bequemer gefunden haben, anstatt der Dinge selbst ihre Bildnisse in Körpern oder auf Flächen zu nehmen, endlich der Kürze halber sich der Umrisse zu bedienen, sodann einen Teil des Umrisses statt des Ganzen gelten zu lassen und endlich aus heterogenen Teilen ein unförmliches, aber *bedeutungsvolles* Ganze zusammenzusetzen; und diese Bezeichnungsart ist die *Hieroglyphik*.

Alles dieses hat, wie man siehet, sich ganz natürlich so entwickeln können; aber von der Hieroglyphik bis zu unserer alphabetischen Schrift – dieser Übergang scheinet einen Sprung und der Sprung mehr als gemeine Menschenkräfte zu erfordern.

Daß zwar, wie einige glauben, unsere alphabetische Schrift bloß Zeichen der Laute und nicht anders als vermittelst der Laute auf Sachen und Begriffe anzuwenden sein sollte, ist völlig ohne Grund. Uns, die wir von den hörbaren Zeichen lebhaftere Vorstellungen haben, bringet allerdings die Schrift auf die vernehmlichen Worte zuerst. Uns also gehet der Weg von Schrift auf Sache über und durch die Sprache; aber deswegen ist es nicht notwendig also. Dem Taubgebornen ist die Schrift unmittelbar Bezeichnung der Sachen, und wenn er sein Gehör erlangt, werden ihn in den ersten Zeiten sicherlich die Schriftzeichen zuerst auf die unmittelbar mit ihnen verbundenen Dinge und sodann erst vermittelst derselben auf die Laute bringen, die ihnen entsprechen. Die Schwierigkeit, die ich mir beim Übergange auf unsere Schrift vorstelle, ist eigentlich diese, daß man ohne Vorbereitung und Anlaß hat den überdachten Vorsatz fassen müssen, durch eine geringe Anzahl von

Elementarzeichen und ihre möglichen Versetzungen eine Menge von Begriffen zu bezeichnen, die weder zu übersehen noch dem ersten Anscheine nach in Klassen zu bringen und dadurch zu umfassen scheinen mußten.

Indessen ist auch hier der Gang des Verstandes nicht ganz ohne Leitung gewesen. Da man sehr oft Gelegenheit gehabt, Schrift in Rede und Rede in Schrift zu verwandeln und also die hörbaren Zeichen mit den sichtbaren zu vergleichen, so kann man gar bald bemerkt haben, daß sowohl in der Redesprache dieselben Laute als in verschiedenen hieroglyphischen Bildern dieselben Teile öfters wiederkommen, aber immer in anderer Verbindung, wodurch sie ihre Bedeutung vervielfältigen. Endlich wird man gewahr worden sein, daß die Laute, die der Mensch hervorbringen und vernehmlich machen kann, so unendlich an der Zahl nicht sind als die Dinge, welche durch sie bezeichnet werden; daß man den ganzen Umfang aller vernehmlichen Laute gar bald umfassen und in Klassen abteilen könne. Und sonach kann man diese Einteilung anfangs unvollständig versucht, mit der Zeit ergänzt und immer verbessert und jeder Klasse ein ihr entsprechendes Schriftzeichen aus der Hieroglyphik zugeeignet haben. Es bleibt zwar auch so noch eine der herrlichsten Entdeckungen des menschlichen Geistes; allein man siehet doch wenigstens, wie die Menschen haben allmählich, ohne Flug der Erfindungskraft, darauf geführt werden können, sich das Unermeßliche als meßbar zu denken, gleichsam den gestirnten Himmel in Figuren abzuteilen und so jedem Sterne seinen Ort anzuweisen, ohne die Anzahl der Sterne zu wissen. Ich glaube, bei den hörbaren Zeichen war die Spur leichter zu entdecken, der man nur nachgehen durfte, um die Figuren wahrzunehmen, in welche sich das unermeßliche Heer der menschlichen Begriffe bringen ließe; und sodann war es so schwer nicht mehr, die Anwendung davon auf die Schrift zu machen und auch diese zu schichten und in Klassen abzuteilen. Mich dünkt daher, ein Volk von Taubgebornen würde mehr Erfindungskraft anzustrengen haben, von der Hieroglyphik auf die alphabetische Schrift zu kommen; weil sich's bei den Schriftzeichen nicht so leicht einsehen läßt, daß sie einen faßlichen Umfang haben und in Klassen zu bringen seien.

Ich bediene mich des Wortes *Klassen*, sooft von den Elementen der lautbaren Sprachen die Rede ist; denn noch itzt in unsern lebendigen, ausgebildeten Sprachen ist die Schrift bei weitem so mannigfaltig nicht als die Rede und wird dasselbe Schriftzeichen in verschiedener Verbindung und Stellung verschiedentlich gelesen und ausgesprochen. Gleichwohl ist es offenbar, daß wir durch den häufigen Gebrauch der Schrift unsere Redesprache eintöniger und nach Anleitung und Bedürfnis der Schrift elementarischer gemacht haben. Daher die Nationen, die der Schrift nicht kundig sind, eine weit größere Mannigfaltigkeit in ihrer Redesprache haben und viele Laute in derselben so unbestimmt sind, daß wir sie durch unsere Schriftzeichen nur sehr unvollkommen anzudeuten imstande sind. Man wird also anfangs die Sachen haben im Ganzen nehmen und eine Menge ähnlicher Laute durch ein und ebendasselbe Schriftzeichen bezeichnen müssen. Mit der Zeit aber werden feinere Unterschiede wahrgenommen und zu ihrer Bezeichnung mehrere Buchstaben angenommen worden sein. Daß aber unser Alphabet aus einer Art von hieroglyphischer Schrift entlehnt worden, ist noch itzt an den mehresten Zügen und Namen des hebräischen Alphabets* zu erkennen, und aus diesen sind, wie aus der Geschichte offenbar ist, alle übrige uns bekannte Schriftarten entstanden. Ein Phönizier war es, der die Griechen in der Kunst zu schreiben unterrichtete.

Alle diese verschiedenen Modifikationen der Schrift und Bezeichnungsarten müssen auch auf den Fortgang und Verbesserung der Begriffe, Meinungen und Kenntnisse verschiedentlich gewirkt haben. Von der einen Seite zu ihrem Vorteil. Die Beobachtungen, Versuche und Betrachtungen in astronomischen, ökonomischen, moralischen und religiösen Dingen wurden vervielfältiget, ausgebreitet, erleichtert und den Nachkommen aufbehalten. Sie sind die Zellen, in welche die Bienen ihren Honig sammlen und zum Genusse für sich und andere aufbewahren. – Allein, wie es in menschlichen Dingen allezeit gehet; was die Weisheit hier bauet, suchet die Torheit dort schon wieder einzureißen, und mehrenteils bedient sie

---

* Als א Rind, ב Haus, ג Kamel, ד Türe, ו Haken, ז Schwert, כ Faust, Löffel, ל Stimulus, נ Fisch, ס Stütze, Unterlage, ע Auge פ Mund, צ Affe, ש Zähne.

sich derselben Mittel und Werkzeuge. Mißverstand von der einen und Mißbrauch von der andern Seite verwandelten das, was Verbesserung des menschlichen Zustandes sein sollte, in Verderben und Verschlimmerung. Was Einfalt und Unwissenheit war, ward nunmehr Verführung und Irrtum. Von der einen Seite Mißverstand: Der große Haufe war von den Begriffen, die mit diesen sinnlichen Zeichen verbunden sein sollten, gar nicht oder nur halb unterrichtet. Sie sahen die Zeichen nicht als bloße Zeichen an, sondern hielten sie für die Dinge selbst. Solange man sich noch der Dinge selbst oder ihrer Bildnisse und Umrisse statt der Zeichen bediente, war dieser Irrtum leicht möglich. Die Dinge hatten außer ihrer Bedeutung auch ihre eigene Realität. Die Münze war zugleich Ware, die ihren eigenen Gebrauch und Nutzen hat; daher der Unwissende desto leichter ihren Wert als Münze verkennen und unrichtig angeben konnte. Die hieroglyphische Schrift konnte zwar zum Teil diesen Irrtum benehmen oder begünstigte ihn wenigstens so sehr nicht als die Umrisse; denn diese waren aus heterogenen und übel passenden Teilen zusammengesetzt, unförmliche und widersinnige Gestalten, die kein eigenes Dasein in der Natur haben und also, wie man denken sollte, nicht für Schrift genommen werden konnten. Allein dieses Rätselhafte und Fremde in der Zusammensetzung selbst gab dem Aberglauben Stoff zu mancherlei Erdichtung und Fabel. Heuchelei und mutwilliger Mißbrauch waren von der andern Seite geschäftig und gaben ihm Märchen an die Hand, die er zu erfinden nicht sinnreich genug war. Wer einmal Gewicht und Ansehen sich erworben, möchte solches, wo nicht vermehren, doch wenigstens gern erhalten. Wer einmal auf eine Frage eine befriedigende Antwort gegeben, möchte solche gern niemals schuldig bleiben. Da ist keine Fratze so ungereimt, keine Posse so possenhaft, zu der man nicht seine Zuflucht nimmt, keine Fabel so vernunftlos, die man der Einfalt nicht einzubilden suchet, um nur auf jedes *Warum?* alsofort mit einem *Darum* zur Hand sein zu können. Unaussprechlich bitter wird das Wort: *Ich weiß nicht!*, wenn man sich erst als ein Vielwissender oder gar Alleswissender angekündiget hat, insbesondere, wenn Stand und Amt und Würde von uns zu fordern scheinet, daß wir wissen sollen. Ach! wie manchem mag das Herz schlagen, wenn er itzt auf dem Punkte ist, Ge-

wicht und Ansehen zu verlieren oder an der Wahrheit zum
Verräter zu werden; und wie wenige besitzen die Klugheit
des Sokrates, selbst in den Fällen, wo man etwas mehr weiß
als sein Nächster, immer noch die erste Antwort sein zu
lassen: *Ich weiß nichts!*, damit man sich selbst Verlegenheit
erspare und auf den Fall, da ein solches Bekenntnis nötig sein
würde, die Selbstdemütigung zum voraus leichter gemacht
habe.

Indessen siehet man, wie hieraus hat Tierdienst und Bilder-
dienst, Götzen- und Menschendienst, Fabeln und Märchen entstehen können; und wenn ich dieses schon nicht für die einzige
Quelle der Mythologie ausgebe, so glaube ich doch, daß es zur
Entstehung und Fortpflanzung aller dieser Albernheiten sehr
viel hat beitragen können. Insbesondere läßt sich hieraus eine
Bemerkung erklären, die Hr. Pr.-Meiners[91] irgendwo in seinen
Schriften gemacht hat. Er will durchgehends bemerkt haben,
daß bei den ursprünglichen Nationen, solchen nämlich, die
sich selbst gebildet und ihre Kultur keiner andern Nation zu
verdanken haben, mehr Tierdienst als Menschendienst im
Schwange gewesen, ja leblose Dinge weit eher als Menschen
göttlich verehrt und angebetet worden sein. Ich setze die Richtigkeit der Bemerkung voraus und lasse den philosophischen
Geschichtsforscher dafür die Gewähr leisten. Ich will versuchen, sie zu erklären!

Wenn die Menschen die Dinge selbst oder ihre Bildnisse und
Umrisse Zeichen der Begriffe sein lassen, so können sie zu Bezeichnung moralischer Eigenschaften keine Dinge bequemer
und bedeutender finden als die Tiere. Die Ursachen sind ebendieselben, die mein Freund Lessing in seiner Abhandlung von
der Fabel angibt, warum Äsop die Tiere zu seinen handelnden
Wesen in der Apologue gewählt hat. Jedes Tier hat seinen bestimmten, auszeichnenden Charakter und kündiget sich dem
ersten Anblicke gleich von dieser Seite an, indem die ganze
Bildung desselben mehrenteils auf dieses eigentümliche Unterscheidungszeichen hinweiset. Dieses Tier ist behende, jenes
scharfsichtig; dieses stark, jenes gelassen; dieses treu und den
Menschen ergeben, jenes falsch oder liebt die Freiheit usw. Ja,
die leblosen Dinge selbst haben in ihrem Äußern mehr Bestimmtheit als der Mensch dem Menschen. Dieser sagt, dem
ersten Anblicke nach, nichts oder vielmehr alles. Er besitzet

diese Eigenschaften alle, schließt keine derselben wenigstens völlig aus, und das Mehr oder Weniger davon zeigt er nicht sogleich an der Oberfläche. Sein unterscheidender Charakter fällt also nicht in die Augen, und er ist zu Bezeichnung moralischer Begriffe und Eigenschaften das unbequemste Ding in der Natur.

Noch itzt können in den bildenden Künsten die Personen der Götter und Helden nicht besser angedeutet werden als vermittelst der tierischen oder leblosen Bilder, die man ihnen zugesellt. Ist schon eine Minerva von einer Juno der Bildung nach unterschieden, so zeichnen sie sich gleichwohl durch die tierischen Merkmale, die ihnen zugegeben werden, weit besser aus. Auch der Dichter, wenn er von sittlichen Eigenschaften in Metaphern und Allegorien reden will, nimmt mehrenteils seine Zuflucht zu den Tieren. Löwe, Tiger, Adler, Stier, Fuchs, Hund, Bär, Wurm, Taube, alles dieses spricht, und die Bedeutung springet in die Augen. Daher wird man zuerst auch die Eigenschaften des Anbetungswürdigsten durch dergleichen Zeichen haben anzudeuten und sinnlich zu machen gesucht. In der Notwendigkeit, diese abgezogensten Begriffe an sinnliche Dinge zu heften, und an solche sinnliche Dinge, die am wenigsten vieldeutig sind, wird man tierische Bilder haben wählen oder aus ihnen welche zusammensetzen müssen. Und wir haben gesehen, wie ein so unschuldiges Ding, eine bloße Schriftart, in den Händen der Menschen gar bald ausarten und in Abgötterei übergehen kann. Natürlich also wird alle ursprüngliche Abgötterei mehr Tierdienst als Menschendienst sein. Menschen konnten zur Bezeichnung göttlicher Eigenschaften gar nicht gebraucht werden, und die Vergötterung derselben mußte von einer ganz andern Seite kommen. Es mußten etwan Helden und Eroberer oder Weise, Gesetzgeber und Propheten aus einer glücklichen und früher gebildeten Weltgegend herübergekommen sein und sich durch außerordentliche Talente so hervorgetan, so erhaben gezeigt haben, daß man sie als Boten der Gottheit oder als die Gottheit selbst verehrte. Daß dieses aber weit füglicher bei Nationen eintreffen kann, die ihre Kultur nicht sich selbst, sondern andern zu verdanken haben, läßt sich leicht begreifen, weil, wie das gemeine Sprichwort lautet, ein Prophet in seiner Heimat selten zu außerordentlichem Ansehen gelanget. – Und sonach wäre die Bemerkung des Herrn Meiners eine Art von Bestätigung für meine Hypothese, daß das Bedürfnis der Schriftzeichen die erste Veranlassung zur Abgötterei gewesen.

Bei Beurteilung der Religionsbegriffe einer sonst noch unbekannten Nation muß man sich, aus ebender Ursache, hüten, nicht alles mit eigenen *heimischen* Augen zu sehen, um nicht Götzendienst zu nennen, was im Grunde vielleicht nur *Schrift* ist. Man stelle sich vor, ein zweiter Omhya[92], der von dem Geheimnis der Schreibekunst nichts wüßte, würde plötzlich, ohne sich nach und nach an unsere Ideen zu gewöhnen, aus seinem Weltteile in irgendeinen der bilderfreiesten Tempel von Europa – um das Beispiel auffallender zu machen –, in den Tempel der Providenz[93] versetzt. Er fände alles leer von Bildern und Verzierung; nur dort auf der weißen Wand einige schwarze Züge*, die vielleicht das Ohngefähr dahin gestrichen. Doch nein, die ganze Gemeine schauet auf diese Züge mit Ehrfurcht, faltet die Hände zu ihnen, richtet zu ihnen die Anbetung. Nun führet ihn ebenso schnell und ebenso plötzlich nach Othaiti zurück und lasset ihn seinen neugierigen Landsleuten von den Religionsbegriffen des D. Philantropins Bericht abstatten. Werden sie den abgeschmackten Aberglauben ihrer Mitmenschen nicht zugleich belachen und bedauern, die so tief gesunken sind, schwarzen Zügen auf weißem Grunde göttliche Ehre zu erzeigen? – Ähnliche Fehler mögen unsere Reisenden sehr oft begehen, wenn sie uns von der Religion entfernter Völker Nachricht erteilen. Sie müssen sich die Gedanken und Meinungen einer Nation sehr genau bekannt machen, bevor sie mit Zuverlässigkeit sagen können, ob die Bilder bei ihr noch den Geist der Schrift haben oder schon in Abgötterei ausgeartet sind. Die Eroberer Jerusalems fanden bei Plünderung des Tempels die Cherubim auf der Lade des Bundes und hielten sie für die Götzenbilder der Juden. Sie sahen alles mit barbarischen Augen und aus ihrem Gesichtspunkte. Ein Bild der göttlichen Vorsehung und obwaltenden Gnade nahmen sie, ihrer Sitte nach, für Bild der Gottheit, für Gottheit selber, und freueten sich ihrer Entdeckung. So lachen die Leser noch itzt über die indianischen Weltweisen, die dieses Weltall von Elephanten tragen lassen, die Elephanten auf eine große

---

* Die Worte: Gott, allweise, allmächtig, allgütig, belohnt das Gute.

Schildkröte stellen, diese von einem ungeheuren Bären halten und den Bären auf einer unermeßlichen Schlange ruhen lassen. Die guten Leute haben wohl an die Frage nicht gedacht: Worauf ruhet denn die unermeßliche Schlange?

Nun leset in der *Schasta* der Gentoos[94] selbst die Stelle, in welcher ein Sinnbild dieser Art beschrieben wird, das wahrscheinlicherweise zu dieser Sage Gelegenheit gegeben hat. Ich entlehne sie aus dem zweiten Teil der *Nachrichten von Bengalen und dem Kaisertum Indostan* von J. Z. Hollwell, der sich in den heiligen Büchern der Gentoos hat unterrichten lassen und imstande war, mit den Augen eines eingebornen Braminen zu sehen. So lauten die Worte im achten Abschnitte:

Modu und *Kytu* (zwei Ungeheuer, *Zwietracht* und *Aufruhr*), waren überwunden, und nun trat der Ewige aus der Unsichtbarkeit hervor, und Glorie umgab ihn von allen Seiten.

Der Ewige sprach: Du, *Birma* (Schöpfungskraft), erschaffe und bilde alle Dinge der neuen Schöpfung mit dem Geiste, den ich dir einhauche! – Und du, *Bistnu* (Erhaltungskraft), beschütze und erhalte die erschaffenen Dinge und Formen nach meiner Vorschrift! – Und du, *Sieb* (Zerstörung, Umbildung), verwandele die Dinge der neuen Schöpfung und bilde sie um mit der Kraft, die ich dir verleihen werde!

Birma, Bistnu und *Sieb* vernahmen die Worte des Ewigen, bückten sich und bezeigten Gehorsam.

Alsofort schwamm *Birma* auf die Oberfläche des *Johala* (Meerestiefe), und die Kinder *Modu* und *Kytu* flohen und verschwanden, als er erschien.

Als durch den Geist des *Birma* die Bewegungen der Tiefen sich legten, verwandelte sich *Bistnu* in einen mächtigen Bär (Zeichen der Stärke bei den Gentoos, weil er im Verhältnis seiner Größe das stärkste Tier ist), stieg hinab in die Tiefen des *Johala* und zog mit seinen Hauern *Murto* (die Erde) ans Licht. – Sodann entsprangen aus ihm freiwillig eine mächtige *Schildkröte* (Zeichen der Beständigkeit bei den Gentoos) und eine mächtige *Schlange* (derselben Zeichen der Weisheit). Und *Bistnu* richtete die Erde auf dem Rücken der Schildkröte auf und setzte *Murto* auf das Haupt der Schlange usw.

Alles dieses findet man bei ihnen auch in Bildern vorgestellt, und man siehet, wie leicht solche Sinnbilder und Bilderschrift zu Irrtümern verleiten können.

Die Geschichte der Menschheit hat wirklich, wie bekannt, einen Zeitraum von vielen Jahrhunderten zurückgelegt, in welchen ein wirklicher Götzendienst fast auf dem ganzen Erdboden zur herrschenden Religion geworden. Die Bilder hatten ihren Wert als Zeichen verloren. Der Geist der Wahrheit, der in ihnen aufbewahrt werden sollte, war verduftet und das schale Vehikulum, das zurückblieb, in verderbliches Gift verwandelt. Die Begriffe von der Gottheit, die in den Volksreligionen sich noch erhielten, waren von Aberglauben so entstellt, von Heuchelei und Pfaffenlist so verderbt, daß man mit Grunde zweifeln konnte: ob nicht Ohngötterei der menschlichen Glückseligkeit weniger schädlich, ob sozusagen die Gottlosigkeit selbst nicht weniger gottlos sei als eine solche Religion. Menschen, Tiere, Pflanzen, die scheußlichsten und verächtlichsten Dinge in der Natur wurden angebetet und als Gottheiten verehrt oder vielmehr als Gottheiten gefürchtet. Denn von der Gottheit hatten die öffentlichen Volksreligionen der damaligen Zeiten keinen andern Begriff als von einem furchtbaren Wesen, das uns Erdbewohnern an Macht überlegen, leicht zum Zorne zu reizen und schwer zu versöhnen ist. Zur Schmach des menschlichen Verstandes und Herzens wußte der Aberglaube die unverträglichsten Begriffe miteinander zu verbinden, Menschenopfer und Tierdienst nebeneinander gelten zu lassen. In den prächtigsten, nach allen Regeln der Kunst erbaueten und ausgezierten Tempeln sahe man, wie Plutarch sich ausdrückt, zur Schande der Vernunft, sich nach der Gottheit um, die hier angebetet wurde, und fand auf dem Altare eine scheußliche Meerkatze; und diesem Untiere wurden blühende Jünglinge und Mädchen geschlachtet. So tief hatte die Abgötterei die menschliche Natur erniedrigt! *Man schlachtete Menschen*, wie der Prophet in einer emphatischen Antithese sich ausdrückt, *man schlachtete Menschen, um sie dem angebeteten Viehe zu opfern.*

Hier und da wagten es zuweilen die Philosophen, sich dem allgemeinen Verderbnis zu widersetzen und öffentlich oder durch geheime Anstalten die Begriffe zu reinigen und aufzuklären. Sie versuchten es, den Bildern ihre alte Bedeutung wiederzugeben oder auch neue unterzulegen und dadurch dem toten Leichnam gleichsam seinen Geist wieder einzuhauchen. Aber vergeblich! Auf die Religion des Volks hatten ihre vernünftigen Erklärungen keinen Einfluß. So gierig der ungebildete Mensch nach Erklärung zu sein scheint, so unzufrieden ist er, wenn sie ihm in ihrer wahren Einfalt gegeben wird. Was ihm verständlich ist, wird ihm gar bald zum Überdrusse und verächtlich, und er gehet immer nach neuen, geheimnisvollen, unerklärbaren Dingen aus, die er mit verdoppeltem Wohlgefallen beherziget. Seine Wißbegier will immer gespannt, niemals befriediget sein. Der öffentliche Vortrag fand also bei den größten Haufen kein Gehör, oder vielmehr von seiten des Aberglaubens und der Heuchelei den hartnäckigsten Widerstand, und empfing seinen gewöhnlichen Lohn, Verachtung oder Haß und Verfolgung. Die geheimen Anstalten und Vorkehrungen, in welchen die Rechte der Wahrheit einigermaßen aufrechterhalten werden sollten, gingen zum Teil selbst den Weg der Korruption und wurden zu Pflanzschulen alles Aberglaubens, aller Laster und aller Abscheulichkeiten. – Eine gewisse Schule der Weltweisen[95] faßte den kühnen Gedanken, die abgesonderten Begriffe der Menschen von allem Bildlichen und Bildähnlichen zu entfernen und an solche Schriftzeichen zu binden, die ihrer Natur nach für nichts anders genommen werden können: an *Zahlen.* Da die Zahlen an und für sich selbst nichts vorstellen, mit keinem sinnlichen Eindrucke in natürlicher Verbindung stehen, so sollte man glauben, sie wären keiner Mißdeutung fähig; man müßte sie für willkürliche *Schriftzeichen* der Begriffe nehmen oder als unverständlich dahingestellt sein lassen. Hier, sollte man meinen, kann der roheste Verstand nicht Zeichen mit Sachen verwechseln, und aller Mißbrauch wäre durch diesen feinen Kunstgriff verhütet. Wem die Zahlen nicht verständlich sind, dem sind sie leere Figuren. Wen sie nicht aufklären, den können sie wenigstens nicht verführen.

So konnte sich der große Stifter dieser Schule bereden. Allein gar bald ging in dieser Schule selbst der Unverstand seinen alten Gang. Unzufrieden mit dem, was man so verständlich, so begreiflich fand, suchte man in den Zahlen selbst eine geheime Kraft, in den Zeichen abermals eine unerklärbare Realität, wodurch abermals ihr Wert als Zeichen verlorenging. Man glaubte oder machte wenigstens andere glauben, daß in diesen Zahlen alle Geheimnisse der Natur und der Gottheit verborgen lägen, schrieb ihnen wundertätige Kraft zu und wollte durch und vermittelst derselben nicht nur die Neu- und Wißbegierde der Menschen, sondern ihre ganze Eitelkeit, ihr Streben nach hohen unerreichbaren Dingen, ihren Vorwitz und ihre Habsucht, ihren Geiz und ihren Wahnsinn befriedigen. Mit einem Worte, die Torheit hatte abermals die Anschläge der Weisheit vereitelt und das wieder vernichtet oder gar zu ihrem Gebrauche verwendet, was diese zu besserm Endzwecke angeschafft hatte.

Und nun bin ich imstande, meine Vermutung von der Bestimmung des Zeremonialgesetzes im Judentume deutlicher zu machen. – Die Stammväter unserer Nation, Abraham, Isaak und Jakob, sind dem Ewigen treu geblieben und haben lautere, von aller Abgötterei entfernte Religionsbegriffe bei ihren Familien und Nachkommen zu erhalten gesucht. Und nun waren diese ihre Nachkommen von der Vorsehung ausersehen, eine *priesterliche Nation* zu sein; das ist eine Nation, die durch ihre Einrichtung und Verfassung, durch ihre Gesetze, Handlungen, Schicksale und Veränderungen immer auf gesunde, unverfälschte Begriffe von Gott und seinen Eigenschaften hinweise, solche unter Nationen gleichsam durch ihr bloßes Dasein unaufhörlich lehre, rufe, predige und zu erhalten suche. Sie lebten unter Barbaren und Götzendienern im äußersten Druck, und das Elend hatte sie beinahe gegen die Wahrheit so fühllos gemacht als ihre Unterdrücker der Übermut. Gott befreiete sie aus diesem sklavischen Zustande durch außerordentliche Wundertaten, ward der Erretter, Anführer, König, Gesetzgeber und Gesetzverweser dieser von ihm gebildeten Nation und legte ihre ganze Verfassung so an, wie es die weisen Absichten seiner Vorsehung erforderten. Schwach und kurzsichtig ist des Menschen Auge! Wer kann sagen, ich bin in das Heiligtum Gottes gekommen, habe seinen Plan ganz übersehen, weiß seine Absichten, Maß und Ziel und Grenze zu bestimmen? Aber erlaubt ist dem bescheidenen Forscher, zu mutmaßen, aus dem Erfolge zu schließen, wenn er nur beständig eingedenk ist, daß er nichts als vermuten kann.

Wir haben gesehen, was für Schwierigkeiten es hat, die abgesonderten Begriffe der Religion unter den Menschen durch fortdauernde Zeichen zu erhalten. Bilder und Bilderschrift führen zu Aberglauben und Götzendienst, und unsere alphabetische Schreiberei macht den Menschen zu spekulativ.

Sie legt die symbolische Erkenntnis der Dinge und ihrer Verhältnisse gar zu offen auf der Oberfläche aus, überhebt uns der
Mühe des Eindringens und Forschens und macht zwischen
Lehr und Leben eine gar zu weite Trennung. Diesen Mängeln
abzuhelfen, gab der Gesetzgeber dieser Nation das *Zeremonialgesetz.* Mit dem alltäglichen Tun und Lassen der Menschen
sollten religiose und sittliche Erkenntnisse verbunden sein.
Das Gesetz trieb sie zwar nicht zum Nachdenken an, schrieb
ihnen bloß Handlungen, bloß Tun und Lassen vor. Die große
Maxime dieser Verfassung scheinet gewesen zu sein: *Die Menschen müssen zu Handlungen getrieben und zum Nachdenken
nur veranlasset werden.* Daher jede dieser vorgeschriebenen
Handlungen, jeder Gebrauch, jede Zeremonie ihre Bedeutung,
ihren gediegenen Sinn hatte, mit der spekulativen Erkenntnis
der Religion und der Sittenlehre in genauer Verbindung stand
und dem Wahrheitsforscher eine Veranlassung war, über jene
geheiligten Dinge selbst nachzudenken oder von weisen
Männern Unterricht einzuholen. Die zur Glückseligkeit der
Nation sowohl als der einzelnen Glieder derselben nützlichen
Wahrheiten sollten von allem Bildlichen äußerst entfernt sein;
denn dieses war Hauptzweck und Grundgesetz der Verfassung.
An Handlungen und Verrichtungen sollten sie gebunden sein
und diese ihnen statt der Zeichen dienen, ohne welche sie sich
nicht erhalten lassen. Die Handlungen der Menschen sind vor-
übergehend, haben nichts Bleibendes, nichts Fortdauerndes,
das, so wie die Bilderschrift, durch Mißbrauch oder Mißverstand zur Abgötterei führen kann. Sie haben aber auch den
Vorzug vor Buchstabenzeichen, daß sie den Menschen nicht
isolieren, nicht zum einsamen, über Schriften und Bücher
brütenden Geschöpfe machen. Sie treiben vielmehr zum Umgange, zur Nachahmung und zum mündlichen, lebendigen
Unterricht. Daher waren der geschriebenen Gesetze nur wenig
und auch diese ohne mündlichen Unterricht und Überlieferung
nicht ganz verständlich, und es war verboten, über dieselbe
mehr zu schreiben. Die ungeschriebenen Gesetze aber, die
mündliche Überlieferung, der lebendige Unterricht von
Mensch zu Mensch, von Mund ins Herz, sollte erklären, erweitern, einschränken und näher bestimmen, was in dem geschriebenen Gesetze, aus weisen Absichten und mit weiser
Mäßigung, unbestimmt geblieben ist. In allem, was der Jüng-

ling tun sahe, in allen öffentlichen sowohl als Privatverhand-
lungen, an allen Toren und an allen Türpfosten, wohin er die
Augen oder die Ohren wendete, fand er Veranlassung zum
Forschen und Nachdenken, Veranlassung, einem ältern und
weisern Manne auf allen seinen Tritten zu folgen, seine
kleinsten Handlungen und Verrichtungen mit kindlicher Sorgfalt zu beobachten, mit kindlicher Gelehrigkeit nachzuahmen,
nach dem Geiste und der Absicht dieser Verrichtungen zu
forschen und den Unterricht einzuholen, dessen sein Meister
ihn fähig und empfänglich hielt. So war Lehre und Leben,
Weisheit und Tätigkeit, Spekulation und Umgang auf das
innigste verbunden; oder so sollte es vielmehr, der ersten Einrichtung und Absicht des Gesetzgebers nach, sein; aber, un-
erforschlich sind die Wege Gottes! auch hier ging es, nach
einer kurzen Periode, den Weg des Verderbnisses. Nicht
lange, so war auch dieser glänzende Zirkel durchlaufen, und
die Sachen kamen wieder nicht weit von der Tiefe zurück, von
welcher sie ausgegangen waren, wie leider! seit vielen Jahrhunderten am Tage liegt.

Schon in den ersten Tagen der so wundervollen Gesetzgebung fiel die Nation in den sündlichen Wahn der Ägyptier
zurück und verlangte ein *Tierbild*; ihrem Vorgeben nach, wie
es scheinet, nicht eigentlich als eine Gottheit zum Anbeten;
hierin würde der Hohepriester und Bruder des Gesetzgebers
nicht gewillfahret haben, und wenn sein Leben noch so sehr in
Gefahr gewesen wäre. – Sie sprachen bloß von einem göttlichen Wesen, das sie anführen und die Stelle Moses vertreten
sollte, von dem sie glaubten, daß er seinen Posten verlassen
hätte. Aron vermochte dem Andringen des Volks nicht länger
zu widerstehen, goß ihnen ein Kalb, und um sie bei dem Vorsatze festzuhalten, dieses Bild nicht, sondern den Ewigen allein
göttlich zu verehren, rief er: *Morgen sei dem Ewigen zu Ehren
ein Fest!* Aber am Festtage, beim Tanz und Schmause, ließ der
Pöbel ganz andere Worte hören: *Dieses sind deine Götter,
Israel, die dich aus Ägypten geführt haben!* Nun war das
Fundamentalgesetz übertreten, das Band der Nation aufgelöset. Vernünftige Vorstellungen fruchten selten bei einem
aufgewiegelten Pöbel, wenn die Unordnung erst eingerissen,
und man weiß, zu welchen harten Maßregeln der göttliche
Gesetzgeber sich hat entschließen müssen, das aufrührische

Gesindel wieder zum Gehorsam zu bringen. Es verdienet indessen angemerkt und bewundert zu werden, was die Vorsehung Gottes aus diesem unglücklichen Vorfalle selbst für Vorteil zu ziehen, zu welcher erhabenen und ganz ihrer würdigen Absicht sie ihn anzuwenden gewußt hat.

Ich habe bereits oben angeführt, daß das Heidentum von der Macht der Gottheit noch erträglichere Begriffe gehabt als von ihrer Güte. Der gemeine Mann hält Güte und Leichtversöhnlichkeit für Schwachheit. Er beneidet jeden um den mindesten Vorzug an Macht, Reichtum, Schönheit, Ehre usw., nur nicht um den Vorzug an Gütigkeit. Und wie kann er auch dieses, da es doch größtenteils nur von ihm selbst abhängt, den Grad von Sanftmut zu erlangen, den er beneidenswert findet? Es gehört Nachsinnen dazu, wenn wir begreifen sollen, daß Haß und Rachsucht, Neid und Grausamkeit im Grunde nichts anders als *Schwachheit*, lediglich Wirkungen der Furcht sind. Furcht, mit zufälliger, unsicherer Überlegenheit verbunden, ist die Mutter aller dieser barbarischen Gesinnungen. Nur die Furcht macht grausam und unversöhnlich. Wer sich seiner Überlegenheit mit Sicherheit bewußt ist, findet weit größere Glückseligkeit in Nachsicht und Verzeihung.

Hat man erst dieses einsehen gelernt, so kann man nicht länger Anstand nehmen, Liebe für einen wenigstens ebenso erhabenen Vorzug zu halten als Macht und dem allerhöchsten Wesen, dem man Allmacht zuschreibt, auch Allgütigkeit zuzutrauen, den Gott der Stärke auch für den Gott der Liebe zu erkennen. Aber wie weit war das Heidentum von dieser Verfeinerung entfernt! Ihr findet in ihrer ganzen Götterlehre, in allen Gedichten und andern Überbleibseln der frühern Zeit keine Spur, daß sie irgendeiner ihrer Gottheiten auch Liebe und Barmherzigkeit gegen die Menschenkinder zugeschrieben hätten. „Sowohl das Volk", sagt Herr Meiners* von dem weisesten Staate der Griechen, „sowohl das Volk als der größte Teil seiner tapfersten Heerführer und weisesten Staatsmänner hielten die Götter, die sie anbeteten, zwar für Wesen, die mächtiger als Menschen wären, die aber mit ihnen einerlei Bedürfnisse, Leidenschaften, Schwachheiten und sogar Laster hätten. – Alle Götter schienen den Atheniensern sowie den

---

* Geschichte der Wissenschaften in Griechenland und Rom, 2. Bd., S. 77.

übrigen Griechen so bösartig, daß sie sich einbildeten: ein außerordentliches oder lange dauerndes Glück ziehe den Zorn und die Mißgunst der Götter auf sich und werde durch ihre Veranstaltungen über den Haufen geworfen. Sie dachten sich ferner ebendiese Götter so reizbar, daß sie alle Unglücksfälle für göttliche Strafen ansahen, die ihnen nicht um allgemeiner Sittenverderbnis oder einzelner großen Verbrechen willen, sondern wegen unbedeutender, meistens unwillkürlicher Nachlässigkeiten bei gewissen Gebräuchen und Feierlichkeiten zugeschickt wurden." Im Homer selbst, in dieser sanften, liebevollen Seele, war der Gedanke noch nicht aufgeblühet, daß die Götter aus Liebe verzeihen, daß sie ohne Wohlwollen in ihrem himmlischen Wohnsitze nicht selig sein würden.

Und nun sehe man, mit welcher Weisheit der Gesetzgeber der Israeln sich ihrer schrecklichen Vergehung gegen die Majestät bedienet, um eine so wichtige Lehre dem menschlichen Geschlecht bekanntzumachen und ihm eine Quelle des Trostes zu eröffnen, aus welcher wir noch itzt schöpfen und uns erquicken. – Welch erhabne und schauervolle Vorbereitung! Der Aufruhr war gedämpft, die Sünder zur Erkenntnis ihres sträflichen Vergehens gebracht, die Nation in Bestürzung, und der Gesandte Gottes, Moses selbst, ließ fast den Mut sinken: „Ach, Herr! Solange Dein Unwillen sich nicht legt, laß uns nicht von dannen ziehen! Wodurch sollte wohl erkannt werden, daß ich und Deine Nation Wohlgewogenheit in Deinen Augen gefunden? Ist es nicht, wenn Du mit uns gehest? Nur dadurch werden wir uns, ich und Deine Nation, von jeder andern unterscheiden, welche auf dem Erdboden ist."

Gott: „Auch darin will ich Dir willfahren; denn Du hast Gnade gefunden in meinen Augen, und ich habe Dich namentlich zu meinem Liebling ausersehen."

Moses: „Durch diese trostreichen Worte aufgerichtet, wage ich noch eine kühnere Bitte! Ach, Herr! Laß mich Deine *Herrlichkeit* schauen!"

Gott: „Ich will meine *Allgütigkeit* vor Dir vorüberziehen lassen* und mit dem Namen des Ewigen Dir bekanntmachen,

---

* Welch großer Sinn! Du willst meine ganze Herrlichkeit schauen; ich werde meine Güte vorüberziehen lassen. – *Du wirst sie hinten nach erkennen. Von vorne her ist sie sterblichen Augen nicht sichtbar.*

welchergestalt ich gewogen bin, dem ich gewogen bin, und mich erbarme, dessen ich mich erbarme. – Meine Erscheinung sollst Du von hinten nachschauen; denn mein Antlitz kann nicht gesehen werden." – Darauf zog die Erscheinung vor Mose vorüber und ließ eine Stimme hören: *„Der Herr (ist, war und wird sein), ewiges Wesen, allmächtig, allbarmherzig und allgnädig; langmütig, von großer Huld und Treue; der seine Huld dem tausendsten Geschlechte noch aufbehält; der Misse-tat, Sünde und Abfall verzeihet; aber nichts ohne Ahndung hingehen läßt!"** – Wer ist so abgehärtetes Sinnes, daß er dieses mit trockenen Augen lesen; wer so unmenschliches Herzens, daß er seinen Bruder noch hassen, gegen seinen Bruder unversöhnlich bleiben kann?

Zwar spricht der Ewige, daß er nichts *ohne Ahndung wolle hingehn lassen*, und es ist bekannt, daß diese Worte schon zu mancherlei Mißverstand und Mißdeutung Gelegenheit gegeben. Wenn sie aber das vorige nicht völlig wieder aufheben sollen, so führen sie unmittelbar auf den großen Gedanken, den unsere Rabbinen darin gefunden, daß *auch dieses eine Eigen-schaft der göttlichen Liebe sei, dem Menschen nichts ohne alle Ahndung hingehen zu lassen.*

Ein verehrungswürdiger Freund[96], mit dem ich mich einst in Religionssachen unterhielt, legte mir die Frage vor: *ob ich nicht wünschte, durch eine unmittelbare Offenbarung die Ver-sicherung zu haben, daß ich in der Zukunft nicht elend sein würde?* Wir stimmeten beide darin überein, daß ich keine ewige Höllenstrafe zu fürchten hätte; denn Gott kann keines seiner Geschöpfe unaufhörlich elend sein lassen. So kann auch kein Geschöpf durch seine Handlungen die Strafe verdienen, ewig elend zu sein. Daß die Strafe für die Sünde der beleidig-ten Majestät Gottes angemessen und also unendlich sein müsse, diese Hypothese hatte mein Freund, mit vielen großen Männern seiner Kirche, längst aufgegeben, und hierüber hatten wir uns nicht mehr zu streiten. Der nur zur Hälfte rich-tige Begriff von *Pflichten gegen Gott* hat den ebenso schwanken-den Begriff von *Beleidigung der Majestät Gottes* veranlasset und dieser, im buchstäblichen Verstande genommen, jene

---

* 2. B. M., Kap. 33, v. 15 u. f. nach meiner mit hebräischen Lettern er-schienenen Übersetzung.

unstatthafte Meinung von der Ewigkeit der Höllenstrafen zur Welt gebracht, deren fernerer Mißbrauch nicht viel weniger Menschen in diesem Leben wirklich elend gemacht als sie, der Theorie nach, in jener Zukunft unglückselig machet. Mein philosophischer Freund kam mit mir darin überein, daß Gott den Menschen erschaffen zu seiner, d. i. des Menschen, Glückseligkeit und daß er ihm Gesetze gegeben zu seiner, d. i. des Menschen, Glückseligkeit. Wenn die mindeste Übertretung dieser Gesetze nach Verhältnis der Majestät des Gesetzgebers bestraft werden und also ewiges Elend zur Folge haben soll, so hat Gott diese Gesetze dem Menschen zum Verderben gegeben. Ohne diese Gesetze eines so unendlich erhabenen Wesens würde der Mensch nicht haben ewig elend sein dürfen. Oh, wenn die Menschen ohne göttliche Gesetze weniger elend sein könnten, wer zweifelt daran, daß sie Gott mit dem Feuer seiner Gesetze verschont haben würde, da es sie so unwiederbringlich verzehren muß? – Dieses vorausgesetzt, wurde die Frage meines Freundes näher bestimmt: *ob ich nicht wünschen müßte, durch eine Offenbarung versichert zu sein, daß ich im zukünftigen Leben auch vom endlichen Elende befreiet sein werde?*

„Nein", antwortete ich, „dieses Elend kann nichts anders als eine wohlverdiente Züchtigung sein, und ich will in der väterlichen Haushaltung Gottes die Züchtigung gern leiden, die ich verdiene." –

„Wie aber, wenn der Allbarmherzige den Menschen auch die wohlverdiente Strafe erlassen wolle?"

„Er wird es sicherlich tun, sobald die Strafe zur Besserung des Menschen nicht mehr unentbehrlich sein wird. Hievon überführt zu sein, bedarf ich keiner unmittelbaren Offenbarung. Wenn ich die Gesetze Gottes übertrete, so macht das moralische Übel mich unglückselig, und die Gerechtigkeit Gottes, d. i. seine *allweise Liebe*, suchet mich durch physisches Elend zur sittlichen Besserung zu leiten. Sobald dieses physische Elend, die Strafe für die Sünde, zu meiner Sinnesänderung nicht mehr unentbehrlich ist, bin ich, ohne Offenbarung, so gewiß als von meinem eigenen Dasein überführet, daß mein Vater mir die Strafe erlassen werde. – Und im Gegenfalle, wenn diese Strafe zu meiner moralischen Besserung noch nützlich ist, wünsche ich auf keine Weise davon befreiet zu werden. In dem Staate dieses väterlichen Regenten leidet der Übertreter keine andere Strafe, als die er selbst zu leiden wünschen muß, wenn er die Wirkung und Folgen davon in ihrem wahren Lichte sehen könnte."

„Kann aber", versetzte mein Freund, „kann Gott nicht gut finden, den Menschen andern zum Beispiele leiden zu lassen, und ist die Befreiung von dieser exemplarischen Strafe nicht wünschenswert?"

„Nein", erwiderte ich. „In dem Staate Gottes leidet kein Individuum bloß andern zum Besten. Wenn dieses geschehen soll, so muß diese Aufopferung zum Besten andrer dem Leidenden selbst einen höhern sittlichen Wert geben; so muß es, in Absicht auf den innern Zuwachs seiner Vollkommenheit, ihm selbst wichtig sein, durch seine Leiden soviel Gutes befördert zu haben. Und wenn dieses ist, so kann ich einen solchen Zustand nicht *fürchten*; so kann ich keine Offenbarung *wünschen*, daß ich niemals in diesen Zustand des großmütigen, meine Mitgeschöpfe und mich selbst beglückenden Wohlwollens versetzt werden sollte. Was ich zu fürchten habe, ist die Sünde selbst. Habe ich die Sünde begangen, so ist die göttliche Strafe eine Wohltat für mich, eine Wirkung seiner väterlichen Allbarmherzigkeit. Sobald sie aufhört, Wohltat für mich zu sein, so bin ich versichert, sie wird mir erlassen. Kann ich wünschen, daß mein Vater seine züchtigende Hand von mir abwende, bevor sie gewirkt, was sie hat wirken sollen? Wenn ich bitte, daß mir Gott ein Vergehen soll ohne alle Ahndung hingehen lassen, weiß ich wohl selbst, was ich bitte? Ach! sicherlich, auch dieses ist eine Eigenschaft der unendlichen Liebe Gottes, daß er kein Vergehen der Menschen ohne alle Ahndung hingehen läßt! – Sicherlich!"

> Allmacht ist nur Gottes;
> und Dein ist auch die Liebe, Herr!
> wenn jedem Du nach seinem Tun vergöltest.
>
> (Ps. 62, 12, 13)

Daß die Lehre von der Barmherzigkeit Gottes bei dieser wichtigen Veranlassung zuerst der Nation durch Mosen bekanntgemacht worden sei, bezeuget der Psalmist ausdrücklich an einem andern Orte, wo er dieselben Worte aus der Schrift Moses anführt, von welchen hier die Rede ist:

Mosen zeigt er seine Wege,
den Israeln sein Tun.
Allbarmherzig ist der Herr, allgnädig,
langmütig und von großer Güte.
Er wird nicht unaufhörlich hadern,
nicht ewiglich nachtragen seinen Groll.
Er handelt nicht mit uns nach unsern Sünden,
vergilt uns nicht nach unsrer Missetat.
So hoch der Himmel ist über der Erde,
waltet seine Liebe über seine Verehrer.
So fern der Morgen ist vom Abend,
entfernt er von uns unsere Schuld.
Wie Väter ihrer Kinder sich erbarmen,
erbarmt der Herr sich seiner Verehrer.
Denn er kennet unsere Bildung,
ist eingedenk, daß wir nur Staub sind. usw.*

(Ps. 103)

Nunmehr kann ich meine Begriffe vom Judentume der vorigen Zeit kurz zusammenfassen und in einen Gesichtspunkt vereinigen. Das Judentum bestand oder sollte, der Absicht des Stifters nach, bestehen in

1. Religionslehren und Sätzen oder *ewigen Wahrheiten* von Gott und seiner Regierung und Vorsehung, ohne welche der Mensch nicht aufgeklärt und glücklich sein kann. Diese sind nicht dem Glauben der Nation, unter Androhung ewiger oder zeitlicher Strafen, aufgedrungen, sondern, der Natur und Evidenz ewiger Wahrheit gemäß, zur vernünftigen Erkenntnis empfohlen worden. Sie durften nicht durch unmittelbare Offenbarung eingegeben, durch *Wort* und *Schrift*, die nur itzt, nur *hier* verständlich sind, bekanntgemacht werden. Das

---

* Dieser ganze Psalm ist überhaupt von äußerst wichtigem Inhalte. Leser, denen daran gelegen ist, werden wohl tun, ihn ganz mit Aufmerksamkeit durchzulesen und mit obiger Betrachtung zu vergleichen. Er scheinet mir offenbar durch diese merkwürdige Stelle in der Schrift veranlasset und nichts anders zu sein als ein Ausbruch lebhafter Rührung, in welche der Sänger durch Betrachtung dieses außerordentlichen Vorfalls geraten ist. Er fordert daher im Eingange des Psalms seine Seele zur feierlichsten Danksagung wegen der göttlichen Verheißung seiner Gnade und so väterlichen Barmherzigkeit auf: Benedeie, meine Seele, den Herrn! Vergiß nicht aller seiner Wohltaten! Er vergibt dir alle deine Sünden; er heilet deine Krankheiten alle; er erlöset dein Leben vom Untergange; *er krönet dich mit Liebe und Barmherzigkeit usw.*

allerhöchste Wesen hat sie allen vernünftigen Geschöpfen durch *Sache* und *Begriff* geoffenbaret, mit einer Schrift in die Seele geschrieben, die zu allen Zeiten und an allen Orten leserlich und verständlich ist. Daher singt der öfters angeführte Sänger:

> Die Himmel erzählen die Majestät Gottes,
> und seiner Hände Werk verkündet die Veste.
> Ein Tag strömt diese Lehr dem andern zu,
> und Nacht gibt Unterricht der Nacht.
> Keine Lehre, keine Worte,
> deren Stimme nicht vernommen werde.
> Über den ganzen Erdball tönet ihre Saite:
> Ihr Vortrag dringet bis an der Erden Ende,
> dorthin, wo er der Sonn' ihr Zelt aufschlug, usw.

Ihre Wirkung ist so allgemein als der wohltätige Einfluß der Sonne, der, indem sie ihren Kreislauf durcheilt, Licht und Wärme über den ganzen Erdball verbreitet, wie derselbe Sänger sich an einem andern Orte noch deutlicher erklärt:

> Von Sonnenaufgang bis zum Niedergange
> preist man des Ew'gen Namen,

oder wie der Prophet im Namen des Herrn spricht: *Von Aufgang der Sonne bis zum Niedergange ist mein Name unter Heiden berühmt, und an allen Orten wird meinem Namen geräuchert, dargebracht auch reine Speisegabe; denn mein Name ist berühmt unter Heiden.*

2. Geschichtswahrheiten oder Nachrichten von dem Schicksale der Vorwelt, hauptsächlich von den Lebensumständen der Stammväter der Nation; von ihrer Erkenntnis des wahren Gottes, ihrem Wandel vor Gott; von ihren Vergehungen selbst und der väterlichen Züchtigung, die darauf gefolgt ist; von dem Bunde, den Gott mit ihnen errichtet, und von der Verheißung, die er ihnen so oft wiederholt: aus ihren Nachkommen dereinst eine ihm geweihete Nation zu machen. Diese historischen Nachrichten enthielten den Grund der Nationalverbindung, und als Geschichtswahrheiten können sie, ihrer Natur nach, nicht anders als auf *Glauben* angenommen werden. Autorität allein gibt ihnen die erforderliche Evidenz; auch wurden diese Nachrichten der Nation durch Wunder bestätiget und durch eine Autorität unterstützt, die hinreichend war, den *Glauben* über alle Zweifel und Bedenklichkeit hinwegzusetzen.

3. Gesetze, Vorschriften, Gebote, Lebensregeln, die dieser Nation eigen sein und durch deren Befolgung sie sowohl zur Nationalglückseligkeit als jedes Glied derselben zur persönlichen Glückseligkeit gelangen sollte. Der Gesetzgeber war Gott, und zwar Gott nicht in dem Verhältnisse als Schöpfer und Erhalter des Weltalls, sondern Gott als Schutzherr und Bundesfreund ihrer Vorfahren, als Befreier, Stifter und Anführer, als König und Oberhaupt dieses Volks; und er gab seinen Gesetzen die feierlichste Sanktion, öffentlich und auf eine nie erhörte, wundervolle Weise, wodurch sie der Nation und allen ihren Nachkommen als unabänderliche Pflicht und Schuldigkeit auferlegt worden sind.

Diese Gesetze wurden *geoffenbaret*, d. i. von Gott durch *Worte* und *Schrift* bekanntgemacht. Jedoch ist nur das Wesentlichste davon den Buchstaben anvertrauet worden; und auch diese niedergeschriebenen Gesetze sind ohne die ungeschriebenen, mündlich überlieferten und durch mündlichen, lebendigen Unterricht fortzupflânzenden Erläuterungen, Einschränkungen und näheren Bestimmungen größtenteils unverständlich oder mußten es mit der Zeit werden, weil alle Worte und Schriftzeichen kein Menschenalter hindurch ihren Sinn unverändert behalten.

Sowohl die geschriebenen als die ungeschriebenen Gesetze haben unmittelbar, als *Vorschriften der Handlungen und Lebensregeln*, die öffentliche und Privatglückseligkeit zum Endzwecke. Sie sind aber auch größtenteils als eine Schriftart zu betrachten und haben als *Zeremonialgesetze* Sinn und Bedeutung. Sie leiten den forschenden Verstand auf göttliche Wahrheiten, teils auf ewige, teils auf Geschichtswahrheiten, auf die sich die Religion dieses Volks gründete. Das Zeremonialgesetz war das Band, welches Handlung und Betrachtung, Leben mit Lehre verbinden sollte. Das Zeremonialgesetz sollte zwischen Schule und Lehrer, Forscher und Unterweiser persönlichen Umgang, gesellige Verbindung veranlassen, zu Wetteifer und Nachfolge reizen und ermuntern; und diese Bestimmung hat es in den ersten Zeiten wirklich erfüllt, bevor die Verfassung ausartete und die Torheit der Menschen sich abermals ins Spiel mischte, durch Mißverstand und Mißleitung das Gute in Böses, das Nützliche in Schädliches zu verwandeln.

Staat und Religion war in dieser ursprünglichen Verfassung nicht vereiniget, sondern *eins*, nicht verbunden, sondern ebendasselbe. Verhältnis des Menschen gegen die Gesellschaft und Verhältnis des Menschen gegen Gott trafen auf einen Punkt zusammen und konnten nie in Gegenstoß geraten. Gott, der Schöpfer und Erhalter der Welt, war zugleich der König und Verweser dieser Nation, und er ist ein *einiges Wesen*, das sowenig im Politischen als im Metaphysischen die mindeste Trennung oder *Vielheit* zuläßt. Auch hat dieser Regent keine Bedürfnisse und heischet nichts von der Nation, als was zu ihrem Besten dienet, die Glückseligkeit des Staates befördert; so wie von der andern Seite der Staat nichts fordern konnte, das den Pflichten gegen Gott zuwider, das nicht vielmehr von Gott, dem Gesetzgeber und Gesetzverweser der Nation, befohlen sei. Daher gewann das Bürgerliche bei dieser Nation ein heiliges und religioses Ansehen, und jeder Bürgerdienst ward zugleich ein wahrer Gottesdienst. Die Gemeine war eine Gemeine Gottes, ihre Angelegenheiten waren Gottes, öffentliche Steuern waren Hebe Gottes, und bis auf die geringste Polizeianstalt war alles *gottesdienstlich*. Die Leviten, die von den öffentlichen Einkünften lebten, hatten ihren Unterhalt von Gott. Sie sollten kein Eigentum im Lande haben, *denn Gott ist ihr Eigentum*. Wer außerhalb Landes herumtreiben muß, der dienet *fremden Göttern*. Dieses kann in verschiedenen Stellen der Schrift nicht im buchstäblichen Verstande genommen werden und bedeutet im Grunde nicht mehr, als er *ist fremden politischen Gesetzen unterworfen, die nicht, wie die vaterländischen, zugleich gottesdienstlich sind.*

Und nun auch die Verbrechen. Jeder Frevel wider das Ansehen Gottes, als des Gesetzgebers der Nation, war ein Verbrechen wider die Majestät, und also ein Staatsverbrechen. Wer Gott lästerte, war ein Majestätsschänder; wer den Sabbat freventlich entheiligte, hob, insoweit es an ihm lag, ein Grundgesetz der bürgerlichen Gesellschaft auf, denn auf der Einsetzung dieses Tages beruhete ein wesentlicher Teil der Verfassung. *„Der Sabbat sei ein ewiger Bund zwischen mir und den Kindern Israels"*, spricht der Herr, *„ein immerwährendes Zeichen, daß der Ewige in sechs Tagen"*, usw. Diese Verbrechen also konnten, ja sie mußten in dieser Verfassung bürgerlich bestraft werden, nicht als irrige Meinung, nicht als

Unglaube, sondern als *Untaten*, als freventliche Staatsverbrechen, die darauf abzielen, das Ansehen des Gesetzgebers aufzuheben oder zu schwächen und dadurch den Staat selbst zu untergraben. Und gleichwohl, mit welcher Gelindigkeit wurden diese Hauptverbrechen selbst bestraft! Mit welcher überschwenglichen Nachsicht gegen menschliche Schwachheit! Nach einem ungeschriebenen Gesetze konnte keine Leib- und Lebensstrafe verhängt werden, wenn *der Verbrecher nicht von zween unverdächtigen Zeugen mit Anführung des Gesetzes und unter Bedrohung der verordneten Strafe gewarnt worden; ja, bei Leib und Lebensstrafen mußte der Verbrecher mit ausdrücklichen Worten die Strafe anerkannt, übernommen und unmittelbar darauf, im Beisein derselben Zeugen, das Verbrechen begangen haben.* Wie selten mußten die Blutgerichte bei einer solchen Einrichtung sein, und wie mancherlei Gelegenheit hatten die Richter nicht, der traurigen Notwendigkeit auszuweichen, über ihr Mitgeschöpf und Mitebenbild Gottes den Stab zu brechen! *Ein Hingerichteter* ist, nach dem Ausdrucke der Schrift, *eine Geringschätzung Gottes.* Wie sehr mußten die Richter anstehen, untersuchen und auf Entschuldigung bedacht sein, bevor sie ein Halsgerichtsurteil unterzeichneten! Ja, wie die Rabbinen sagen, hat jedes Halsgericht, das für seinen guten Namen besorgt ist, darauf zu sehen, daß in einem Zeitraume von *siebzig* Jahren nicht mehr als eine Person am Leben gestraft werde.

Hieraus erhellet, wie wenig man die mosaischen Gesetze und die Verfassung des Judentums kennen muß, um zu glauben, daß nach derselben *Kirchenrecht* und *Kirchenmacht* autorisiert oder Unglaube und Irrglaube mit zeitlichen Strafen zu belegen sei. *Der Forscher nach Licht und Wahrheit* sowohl als Herr Mörschel sind also weit von der Wahrheit entfernt, wenn sie glauben, ich habe durch meine Vernunftgründe wider Kirchenrecht und Kirchenmacht das Judentum aufgehoben. Wahrheit kann nicht mit Wahrheit streiten. Was das göttliche Gesetz gebietet, kann die nicht minder göttliche Vernunft nicht aufheben.

Nicht Unglaube, nicht falsche Lehre und Irrtum, sondern freventliches Vergehen wider die Majestät des Gesetzgebers, freche Untaten wider die Grundgesetze des Staats und der bürgerlichen Verfassung wurden gezüchtiget, und nur alsdann gezüchtiget, wenn der Frevel in seiner Ausgelassenheit alles Maß überschritt und dem Aufruhr nahe kam; wenn sich der Verbrecher nicht scheuete, von zweien Mitbürgern sich das Gesetz vorhalten, die Strafen androhen zu lassen, ja die Strafe zu übernehmen und in ihrem Angesichte das Verbrechen zu begehen. Hier wird der religiose Bösewicht ein freventlicher Majestätsschänder, ein Staatsverbrecher. Auch haben, wie die Rabbinen ausdrücklich sagen, *mit Zerstörung des Tempels alle Leib- und Lebensstrafen, ja auch Geldbußen, insoweit sie bloß national sind, aufgehöret, Rechtens zu sein.* Vollkommen nach meinen Grundsätzen und ohne dieselben unerklärbar! Die bürgerlichen Bande der Nation waren aufgelöset, religiöse Vergehungen waren keine Staatsverbrechen mehr, und die Religion als Religion kennet keine Strafen, keine andere Buße, als die der reuevolle Sünder sich *freiwillig* auferlegt. Sie weiß von keinem Zwange, wirkt nur mit dem Stabe *gelinde*, wirkt nur auf Geist und Herz. Man versuche es, diese Behauptung der Rabbinen ohne meine Grundsätze vernünftig zu erklären!

„Wozu nun", höre ich manchen Leser fragen, „wozu diese Weitläuftigkeit, uns etwas sehr Bekanntes zu sagen? Das Judentum war eine Hierokratie, eine kirchliche Regierung, ein Priesterstaat, eine Theokratie, wenn ihr wollet. Wir kennen die Anmaßungen schon, die sich eine solche Verfassung erlaubt."

Nicht doch! Alle diese Kunstnamen werfen auf die Sache ein falsches Licht, das ich vermeiden mußte. Wir wollen immer nur klassifizieren, in Fächer abteilen. Wenn wir nur wissen, in welches Fach ein Ding einzutragen sei, so sind wir zufrieden, so unvollständig der Begriff auch übrigens sein mag, den wir davon haben. Warum suchet ihr ein Geschlechtswort für ein einzelnes Ding, das kein Geschlecht hat, das mit nichts schichtet, mit nichts unter eine Rubrik zu bringen ist? Diese Verfassung ist ein einziges Mal dagewesen: nennet sie die *mosaische Verfassung*, bei ihrem Einzelnamen. Sie ist verschwunden und ist dem Allwissenden allein bekannt, bei welchem Volke und in welchem Jahrhunderte sich etwas Ähnliches wieder wird sehen lassen.

So wie es, nach dem Plato, einen irdischen und auch einen himmlischen Amor geben soll[97], so gibt es auch, könnte man sagen, eine irdische und eine himmlische Politik. Nehmet einen flatterhaften Abenteurer, einen Gunsteroberer, wie ihn das Pflaster jeder Hauptstadt darbeut, und unterhaltet ihn von dem *Liede der Lieder* Salomons oder von der Liebe der ersten Unschuld im Paradiese, wie sie Milton beschreibt.[98] Er wird glauben, ihr schwärmet oder wollt euere Lektion aufsagen, wie ihr das Herz einer Spröden durch platonische Liebkosungen zu bestürmen verstehet. Ebensowenig wird euch ein Politiker nach der Mode verstehen, wenn ihr von der Einfalt und sittlichen Großheit jener ursprünglichen Verfassung redet. Wie jener in der Liebe nur die Befriedigung der gemeinen Lüsternheit kennet, so spricht dieser in der Staatsklugheit bloß von Macht, Geldumlauf, Handlung, Gleichgewicht, Volksmenge, und die Religion ist ihm ein Mittel, dessen sich der Gesetzgeber bedienet, den unbändigen Menschen im Zaume zu halten, und der Priester, um ihn auszusaugen und sein Mark zu verzehren.

Diesen falschen Gesichtspunkt, aus welchem wir das wahre Interesse der menschlichen Gesellschaft zu betrachten gewohnt sind, mußte ich meinem Leser aus den Augen rücken. Ich habe ihm dieserhalb den Gegenstand bei keinem Namen genennet, sondern selbst mit seinen Eigenschaften und Bestimmungen darzustellen gesucht. Wenn wir mit geradem Blick auf denselben hinschauen, werden wir, wie jener Weltweise von der Sonne sagte, in der echten Politik eine Gottheit erblicken, wo gemeine Augen einen Stein sehen.

Ich habe gesagt, daß die mosaische Verfassung nicht lange in ihrer ersten Lauterkeit bestanden. Schon zu den Zeiten des Propheten Samuel gewann das Gebäude einen Riß, der sich immer weiter auftat, bis die Teile völlig zerfielen. Die Nation verlangte einen sichtbaren, fleischlichen König zum Regenten. Es sei nun, daß die Priesterschaft, wie von den Söhnen des Hohenpriesters in der Schrift erzählt wird, schon angefangen, ihr Ansehen bei dem Volke zu mißbrauchen, oder daß der Glanz einer benachbarten Hofhaltung die Augen geblendet; genug, sie forderten *einen König, wie alle andere Völker haben.* Der Prophet, den dieses *kränkte,* stellte ihnen vor, was ein menschlicher König sei, der seine eigne Bedürfnisse hat und sie nach Wohlgefallen erweitern kann, und wie schwer ein schwacher Sterblicher zu befriedigen sei, dem man das Recht der Gottheit einräumet. Umsonst, das Volk bestand auf seinem Vorsatz, erhielt seinen Wunsch und erfuhr, was ihnen der Prophet angedrohet hatte. Nun war die Verfassung untergraben, die Einheit des Interesse aufgehoben, Staat und Religion nicht mehr ebendasselbe, und Kollision der Pflichten war schon nicht mehr unmöglich. Indessen mußte sie noch immer selten sein, solange der König selbst nicht nur von der Nation war, sondern auch den Gesetzen des Vaterlandes gehorchte. Aber nun verfolge man die Geschichte, durch mancherlei Schicksale und Veränderungen, durch manche gute und böse, gottesfürchtige und gottvergessene Regierung hindurch, bis auf jene traurigen Zeiten herunter, in welchen der Stifter der christlichen Religion den vorsichtigen Bescheid erteilte: *Gebet dem Kaiser, was des Kaisers, und Gotte, was Gottes ist.* Offenbarer Gegensatz, Kollision der Pflichten! Der Staat stund unter fremder Botmäßigkeit, empfing seine Befehle gleichsam von fremden Göttern, und die einheimische Religion mit einem Teile ihres Einflusses auf das bürgerliche Leben hatte sich noch erhalten. Hier ist Forderung gegen Forderung, Anspruch gegen Anspruch. „Wem sollen wir geben? Wem gehorchen?" – So ertraget denn beide Lasten, fiel der Bescheid aus, so gut ihr könnet; dienet zweien Herren in Geduld und Ergebenheit: Gebet dem Kaiser und gebet auch Gott! Jedem das Seine, nachdem die Einheit des Interesse nun zerstört ist!

Und noch itzt kann dem Hause Jakobs kein weiserer Rat erteilt werden als ebendieser. Schicket euch in die Sitten und in die Verfassung des Landes, in welches ihr versetzt seid; aber haltet auch standhaft bei der Religion eurer Väter. Traget beider Lasten, so gut ihr könnet! Man erschweret euch zwar von der einen Seite die Bürde des bürgerlichen Lebens, um der Religion willen, der ihr treu bleibet, und von der andern Seite macht das Klima und die Zeiten die Beobachtung eurer Religionsgesetze, in mancher Betrachtung, lästiger, als sie sind. Haltet nichtsdestoweniger aus, stehet unerschüttert auf dem Standorte, den euch die Vorsehung angewiesen, und lasset alles über euch ergehen, wie euch euer Gesetzgeber lange vorher verkündiget hat.

In der Tat sehe ich nicht, wie diejenigen, die in dem Hause Jakobs geboren sind, sich auf irgendeine gewissenhafte Weise vom Gesetze entledigen können. Es ist uns erlaubt, über das

Gesetz nachzudenken, seinen Geist zu erforschen, hier und da, wo der Gesetzgeber keinen Grund angegeben, einen Grund zu vermuten, der *vielleicht* an Zeit und Ort und Umstände gebunden gewesen, *vielleicht* mit Zeit und Ort und Umständen verändert werden kann — wenn es dem allerhöchsten Gesetzgeber gefallen wird, uns seinen Willen darüber zu erkennen zu geben; so laut, so öffentlich, so über alle Zweifel und Bedenklichkeit hinweg zu erkennen zu geben, als Er das Gesetz selbst gegeben hat. Solange dieses nicht geschiehet, solange wir keine so authentische Befreiung vom Gesetze aufzuweisen haben, kann uns unsere Vernünftelei nicht von dem strengen Gehorsam befreien, den wir dem Gesetze schuldig sind, und die Ehrfurcht vor Gott ziehet eine Grenze zwischen Spekulation und Ausübung, die kein Gewissenhafter überschreiten darf. Darum wiederhole ich meine vorausgeschickte Protestation: Schwach und kurzsichtig ist des Menschen Auge! Wer kann sagen: Ich bin in das Heiligtum Gottes gekommen, habe das System seiner Absichten ganz durchschauet und weiß ihnen Maß und Ziel und Grenze zu bestimmen? Ich kann vermuten, aber nicht entscheiden, aber nicht nach meiner Vermutung handeln. — Darf ich doch in menschlichen Dingen mich nicht erdreisten, aus eigener Vermutung und Gesetzdeutelei, ohne Autorität des Gesetzgebers oder Gesetzverwesers, dem Gesetze zuwider zu handeln; um wieviel weniger in göttlichen Dingen? Gesetze, die mit Landeigentum und Landeseinrichtung in notwendiger Verbindung stehen, führen ihre Befreiung mit sich. Ohne Tempel und Priestertum und außerhalb Judäa finden weder Opfer noch Reinigungsgesetz, noch priesterliche Abgabe statt, insoweit sie vom Landeigentume abhängen. Aber persönliche Gebote, Pflichten, die dem Sohne Israels, ohne Rücksicht auf Tempeldienst und Landeigentum in Palästina, auferlegt worden sind, müssen, soviel wir einsehen können, strenge nach den Worten des Gesetzes beobachtet werden, bis es dem Allerhöchsten gefallen wird, unser Gewissen zu beruhigen und die Abstellung derselben laut und öffentlich bekanntzumachen.

Hier heißt es offenbar: Was Gott gebunden hat, kann der Mensch nicht lösen. Wenn auch einer von uns zur christlichen Religion übergehet, so begreife ich nicht, wie er dadurch sein Gewissen zu befreien und sich von dem Joche des Gesetzes zu

entledigen glauben kann? Jesus von Nazareth hat sich nie verlauten lassen, daß er gekommen sei, das Haus Jakob von dem
Gesetze zu entbinden. Ja, er hat vielmehr mit ausdrücklichen
Worten das Gegenteil gesagt; und was noch mehr ist, hat
selbst das Gegenteil getan. Jesus von Nazareth hat selbst nicht
nur das Gesetz Moses, sondern auch die Satzungen der
Rabbinen beobachtet; und was in den von ihm aufgezeichneten
Reden und Handlungen dem zuwider zu sein scheinet, hat doch
in der Tat nur dem ersten Anblicke nach diesen Schein. Genau
untersuchet, stimmet alles nicht nur mit der Schrift, sondern
auch mit der Überlieferung völlig überein. Wenn er gekommen
ist, der eingerissenen Heuchelei und Scheinheiligkeit zu
steuern, so wird er sicherlich nicht das erste Beispiel zur
Scheinheiligkeit gegeben und ein Gesetz durch Beispiel autorisiert haben, das abgestellt und aufgehoben sein sollte. Aus
seinem ganzen Betragen sowie aus dem Betragen seiner Jünger
in der ersten Zeit leuchtet vielmehr der rabbinische Grundsatz
augenscheinlich hervor: *Wer nicht im Gesetze geboren ist,
darf sich an das Gesetz nicht binden; wer aber im Gesetze geboren ist, muß nach dem Gesetze leben und nach dem Gesetze
sterben.* Haben seine Nachfolger in spätern Zeiten anders gedacht und auch die Juden, die ihre Lehre annahmen, entbinden zu können geglaubt, so ist es sicherlich ohne seine
Autorität geschehen.

Und ihr, lieben Brüder und Mitmenschen! die ihr der Lehre
Jesu folget, solltet uns verargen, wenn wir das tun, was der
Stifter eurer Religion selbst getan und durch sein Ansehen bewährt hat? Ihr solltet glauben, uns nicht bürgerlich wieder
lieben, euch mit uns nicht brüderlich vereinigen zu können,
solange wir uns durch das Zeremonialgesetz äußerlich unterscheiden, nicht mit euch essen, nicht von euch heuraten, das,
soviel wir einsehen können, der Stifter eurer Religion selbst
weder getan, noch uns erlaubt haben würde? – Wenn dieses,
wie wir von christlich gesinnten Männern nicht vermuten
können, eure wahre Gesinnung sein und bleiben sollte; wenn
die bürgerliche Vereinigung unter keiner andern Bedingung zu
erhalten, als wenn wir von dem Gesetze abweichen, das wir
für uns noch für verbindlich halten; so tut es uns herzlich leid,
was wir zu erklären für nötig erachten: so müssen wir lieber
auf bürgerliche Vereinigung Verzicht tun; so mag der Men-

schenfreund Dohm vergebens geschrieben haben und alles in dem leidlichen Zustande bleiben, in welchem es itzt ist oder in welchen es eure Menschenliebe zu versetzen für gut findet. Es steht nicht bei uns, hierin nachzugeben; aber es steht bei uns, wenn wir rechtschaffen sind, euch dennoch brüderlich zu lieben und brüderlich zu flehen, unsere Lasten, soviel ihr könnet, erträglich zu machen. Betrachtet uns, wo nicht als Brüder und Mitbürger, doch wenigstens als Mitmenschen und Miteinwohner des Landes. Zeiget uns Wege und gebet uns Mittel an die Hand, wie wir bessere Menschen und bessere Miteinwohner werden können, und lasset uns, soviel es Zeit und Umstände erlauben, die Rechte der Menschheit mit genießen. Von dem Gesetze können wir mit gutem Gewissen nicht weichen, und was nützen euch Mitbürger ohne Gewissen?

„Wie kann aber auf diese Weise die Prophezeiung in Erfüllung kommen, daß dereinst nur ein Hirt und eine Herde sein soll?"

Lieben Brüder! die ihr es mit den Menschen wohlmeinet, lasset euch nicht betören! Um dieses allgegenwärtigen Hirten zu sein, braucht weder die ganze Herde auf *einer* Flur zu weiden, noch durch *eine* Tür in des Herrn Haus ein und aus zu gehen. Dieses ist weder dem Wunsche des Hirten gemäß noch dem Gedeihen der Herde zuträglich. Ob man die Begriffe vertauscht oder geflissentlich zu verwirren sucht? Man stellet euch vor, Glaubensvereinigung sei der nächste Weg zur Bruderliebe und Bruderduldung, die ihr Gutherzigen so sehnlich wünschet. Wenn wir alle nur *einen* Glauben haben, wollen verschiedene euch einbilden, so können wir uns einander des Glaubens, der Verschiedenheit der Meinungen halber nicht mehr hassen; so ist Religionshaß und Verfolgungssucht bei der Wurzel gefaßt und ausgerottet; so ist der Heuchelei die Geißel und dem Fanatismus das Schwert aus der Hand gewunden, und die glücklichen Tage treten ein, da es heißt: *Der Wolf wird mit dem Lamme wohnen und der Leopard neben der Ziege* usw. – Sie, die Sanftmütigen, die dieses in Vorschlag bringen, sind bereit, Hand ans Werk zu legen; sie wollen als Unterhändler zusammentreten und sich die menschenfreundliche Mühe geben, einen *Glaubensvergleich* zustande zu bringen, um *Wahrheiten* wie um *Rechte*, wie um feiles Kaufmannsgut, zu handeln; wollen fordern, bieten, dingen, abdrohen und abbitten, übereilen und überlisten, bis die Parteien sich einander in die Hände schlagen und der Vertrag zur Glückseligkeit des menschlichen Geschlechtes niedergeschrieben werden kann. Viele, die ein solches Vorhaben zwar als chimärisch und unausführbar verwerfen, sprechen doch von der Glaubenseinigkeit als von einem sehr wünschenswerten Zustande und bedauern das menschliche Geschlecht mit Leidwesen, daß dieser Gipfel der Glückseligkeit durch menschliche Kräfte nicht zu erreichen stehe. – Hütet euch, Menschenfreunde! solchen Gesinnungen ohne die genauste Prüfung Gehör zu geben. Es können Fallstricke sein, die der ohnmächtig gewordene Fanatismus der Gewissensfreiheit legen will. Ihr wisset, dieser Feind des Guten ist von mancherlei Gestalt und Form; Löwenwut und Lammesart, Taubeneinfalt und Schlangenlist, keine Eigenschaft ist ihm so fremd, daß er sie nicht entweder besitze oder anzunehmen verstehe, um seine blutdürstigen Absichten zu erreichen. Da ihm durch eure wohltätigen Bemühungen die offene Gewalt benommen ist, so nimmt er vielleicht die Maske der Sanftmut an, um euch zu hintergehen, heuchelt Bruderliebe, gleißet Menschenduldung und schmiedet heimlich die Ketten schon, die er der Vernunft anzulegen gedenkt, um sie unversehens wieder in den Pfuhl der Barbarei zu stürzen, aus der ihr sie zu ziehen angefangen.*

Man glaube nicht, daß dieses eine bloß eingebildete Furcht sei, die etwa Hypochondrie zur Mutter hat. Im Grunde kann eine Glaubensvereinigung, wenn sie je zustande kommen sollte, keine andere als die unseligsten Folgen für Vernunft und Gewissensfreiheit haben. Denn gesetzt, man vereinige sich über die Glaubensformel, die man einzuführen und fest-

---

* Auch die Ohngötterei hat, wie eine leidige Erfahrung lehrt, ihren Fanatismus. Zwar hat dieser vielleicht nie ohne eine Vermischung von *innerer* Ohngötterei wütend werden können. Daß aber auch *äußerer offenbarer* Atheismus fanatisch werden könne, ist so unleugbar als schwer zu begreifen. Sosehr der Atheist, wenn er bündig sein will, alles aus *Eigennutz* tun muß und sowenig es diesem gemäß zu sein scheinet, wenn der Atheist Partei zu machen und das Geheimnis nicht für sich zu behalten sucht: so hat man ihn doch seine Lehren mit dem hitzigsten Enthusiasmus predigen und wütend werden, ja verfolgen gesehen, wenn seine Predigt nicht Eingang finden wollte. Und schrecklich ist der Eifer, wenn er einen erklärten Atheisten beseelt; wenn die Unschuld einem Wüterich in die Hände fällt, *der alles fürchtet, nur keinen Gott.*

zusetzen denkt; man bringe Symbole zustande, wider welche keine von den itzt in Europa herrschenden Religionsparteien etwas einzuwenden findet. Was ist dadurch ausgerichtet? Etwa, daß ihr alle über Religionswahrheiten ebendasselbe denket? – Wer von der Natur des menschlichen Geistes nur einigen Begriff hat, kann sich dieses nicht beikommen lassen. Also bloß in den Worten, in der Formel läge die Übereinstimmung. Dazu wollen die Glaubensvereiniger sich zusammentun; sie wollen hier und da von den Begriffen etwas abzwacken, hier und da die Maschen der Worte so lange erweitern, sie so unbestimmt und weitschichtig machen, daß sich die Begriffe, ihrer inneren Verschiedenheit ungeachtet, noch zur Not hineinzwängen lassen. Ein jeder verbände alsdann im Grunde mit denselben Worten eine andere, ihm eigene Meinung; und ihr rühmtet euch, den Glauben der Menschen vereiniget, die Herde unter ihren *einigen* Hirten gebracht zu haben? Oh, wenn diese allgemeine Gleisnerei überall einen Endzweck haben soll, so fürchte ich, man will den frei gewordnen Geist der Menschen nur vorerst wieder in Schranken eingesperrt haben. Das scheue Wild wird sich alsdann schon fangen und den Kappzaum umwerfen lassen. Bindet den Glauben nur erst an Symbole, die Meinung an Worte, so bescheiden und nachgebend ihr immer wollet; setzet nur ein für allemal die Artikel fest: Wehe dem Elenden aldann, der einen Tag später kömmt und auch an diesen bescheidenen, geläuterten Worten etwas auszusetzen findet! Er ist ein Friedensstörer! Zum Scheiterhaufen mit ihm!

Brüder! Ist es euch um wahre Gottseligkeit zu tun, so lasset uns keine Übereinstimmung lügen, wo Mannigfaltigkeit offenbar Plan und Endzweck der Vorsehung ist. Keiner von uns denkt und empfindet vollkommen so wie sein Nebenmensch; warum wollen wir denn einander durch trügliche Worte hintergehen? Tun wir dieses schon leider! in unserm täglichen Umgange, in unsern Unterhaltungen, die von keiner sonderlichen Bedeutung sind; warum denn noch in solchen Dingen, die unser zeitliches und ewiges Wohl, unsere ganze Bestimmung angehen. Warum uns einander in den wichtigsten Angelegenheiten unseres Lebens durch Mummerei unkenntlich machen, da Gott einem jeden nicht umsonst seine eigenen Gesichtszüge eingeprägt hat? Heißt dieses nicht, soviel an uns liegt, sich der Vorsehung widersetzen, den Zweck der Schöpfung, wenn es möglich ist, vereiteln; unserm Beruf, unserer Bestimmung in diesem und jenem Leben geflissentlich zuwiderhandeln? – Regenten der Erde! Wenn es einem unbedeutenden Mitbewohner derselben vergönnt ist, seine Stimme bis zu euch zu erheben, trauet den Räten nicht, die euch mit glatten Worten zu einem so schädlichen Beginnen verleiten wollen. Sie sind entweder selbst verblendet und sehen den Feind der Menschheit nicht, der im Hinterhalte lauret, oder suchen euch zu verblenden. Es ist getan um unser edelstes Kleinod, um die Freiheit zu denken, wenn ihr ihnen Gehör gebet! Um eurer und unserer aller Glückseligkeit willen, *Glaubensvereinigung ist nicht Toleranz,* ist der wahren Duldung grade entgegen! Um eurer und unserer Glückseligkeit willen, gebet euer vielvermögendes Ansehen nicht her, irgendeine *ewige Wahrheit,* ohne welche die bürgerliche Glückseligkeit bestehen kann, in ein *Gesetz,* irgendeine dem Staate gleichgültige *Religionsmeinung in Landesverordnung* zu verwandeln! Haltet auf *Tun* und *Lassen* der Menschen; ziehet dieses vor den Richterstuhl weiser Gesetze und überlasset uns das *Denken* und *Reden,* wie es uns unser aller Vater zum unveräußerlichen Erbgute beschieden, als ein unwandelbares Recht eingegeben hat. Ist etwa die Verbindung zwischen *Recht* und *Meinung* zu *verjähret* und der Zeitpunkt noch nicht gekommen, daß sie, ohne besorglichen Schaden, völlig aufgehoben werden könne, so suchet wenigstens ihren verderblichen Einfluß, soviel an euch ist, zu mildern, dem zu grau gewordenen Vorurteile* weise Schranken zu setzen. Bahnet einer glücklichen Nachkommenschaft wenigstens den Weg zu jener Höhe der Kultur, zu jener allgemeinen Menschenduldung, nach welcher die Vernunft noch immer vergebens seufzet! Belohnet und bestrafet keine Lehre, locket und bestechet zu keiner Religionsmeinung! Wer die öffentliche Glückseligkeit nicht störet, wer gegen die bürgerlichen Gesetze, gegen euch

---

* Leider! hören wir auch schon den Kongreß in Amerika[16] das alte Lied anstimmen und von einer *herrschenden Religion* sprechen.

[16] *den Kongreß in Amerika*: 1783–1784 führte der Kongreß eine Debatte über eine Vorlage „General Assessment Bill of Christian denominations", wonach die christliche Religion als Staatsreligion (nicht, wie dann geschah, als Privatsache) erklärt werden sollte.

und seine Mitbürger rechtschaffen handelt, den lasset sprechen, wie er denkt, Gott anrufen nach seiner oder seiner Väter Weise und sein ewiges Heil suchen, wo er es zu finden glaubet. Lasset niemanden in euern Staaten Herzenskündiger und Gedankenrichter sein, niemanden ein Recht sich anmaßen, das der Allwissende sich allein vorbehalten hat! Wenn wir *dem Kaiser geben, was des Kaisers ist,* so gebet ihr selbst *Gotte, was Gottes ist! Liebet die Wahrheit! Liebet den Frieden!*

Über die Frage:
Was heißt aufklären?

Die Worte *Aufklärung, Kultur, Bildung* sind in unsrer Sprache noch neue Abkömmlinge. Sie gehören vorderhand bloß zur Büchersprache. Der gemeine Haufe verstehet sie kaum. Sollte dieses ein Beweis sein, daß auch die Sache bei uns noch neu sei? Ich glaube nicht. Man sagt von einem gewissen Volke, daß es kein bestimmtes Wort für *Tugend*, keines für *Aberglauben* habe, ob man ihm gleich ein nicht geringes Maß von beiden mit Recht zuschreiben darf.

Indessen hat der Sprachgebrauch, der zwischen diesen gleichbedeutenden Wörtern einen Unterschied angeben zu wollen scheint, noch nicht Zeit gehabt, die Grenzen derselben festzusetzen. Bildung, Kultur und Aufklärung sind Modifikationen des geselligen Lebens, Wirkungen des Fleißes und der Bemühungen der Menschen, ihren geselligen Zustand zu verbessern.

Je mehr der gesellige Zustand eines Volks durch Kunst und Fleiß mit der Bestimmung des Menschen in Harmonie gebracht worden, desto mehr *Bildung* hat dieses Volk.

Bildung zerfällt in *Kultur* und *Aufklärung*. Jene scheint mehr auf das *Praktische* zu gehen: auf Güte, Feinheit und Schönheit in Handwerken, Künsten und Geselligkeitssitten (objektive), auf Fertigkeit, Fleiß und Geschicklichkeit in jenen, Neigungen, Triebe und Gewohnheit in diesen (subjektive). Je mehr diese bei einem Volke der Bestimmung des Menschen entsprechen, desto mehr Kultur und Anbau zugeschrieben wird, je mehr es durch den Fleiß der Menschen in den Stand gesetzt worden, dem Menschen nützliche Dinge hervorzubringen. – *Aufklärung* hingegen scheinet sich mehr auf das *Theoretische* zu beziehen. Auf vernünftige Erkenntnis (objektive) und Fertigkeit (subjektive) zum vernünftigen Nachdenken über Dinge des menschlichen Lebens, nach Maßgebung ihrer Wichtigkeit und ihres Einflusses in die Bestimmung des Menschen.

Ich setze allezeit die Bestimmung des Menschen als Maß und Ziel aller unserer Bestrebungen und Bemühungen, als einen

Punkt, worauf wir unsere Augen richten müssen, wenn wir uns nicht verlieren wollen.

Eine Sprache erlanget *Aufklärung* durch die Wissenschaften und erlanget *Kultur* durch gesellschaftlichen Umgang, Poesie und Beredsamkeit. Durch jene wird sie geschickter zu theoretischem, durch diese zu praktischem Gebrauche. *Beides zusammen* gibt einer Sprache die Bildung.

Kultur im Äußerlichen heißt *Politur*. Heil. der Nation, deren Politur Wirkung der Kultur und Aufklärung ist, deren äußerliche Glanz und Geschliffenheit innerliche, gediegene Echtheit zum Grunde hat!

Aufklärung verhält sich zur Kultur wie überhaupt Theorie zur Praxis, wie Erkenntnis zur Sittlichkeit, wie Kritik zur Virtuosität. An und für sich betrachtet (objektiv), stehen sie in dem genauesten Zusammenhange, ob sie gleich subjektiv sehr oft getrennt sein können.

Man kann sagen: Die Nürnberger haben mehr Kultur, die Berliner mehr Aufklärung, die Franzosen mehr Kultur, die Engländer mehr Aufklärung, die Sineser viel Kultur und wenig Aufklärung. Die Griechen hatten beides, Kultur und Aufklärung. Sie waren eine *gebildete Nation*, so wie ihre Sprache eine *gebildete* Sprache ist. – Überhaupt ist die Sprache eines Volks die beste Anzeige seiner Bildung, der Kultur sowohl als der Aufklärung, der Ausdehnung sowohl als der Stärke nach.

Ferner läßt sich die Bestimmung des Menschen einteilen in: 1. Bestimmung des Menschen als *Mensch* und 2. Bestimmung des Menschen als *Bürger* betrachtet.

In Ansehung der Kultur fallen diese Betrachtungen zusammen, indem alle praktischen Vollkommenheiten bloß in Beziehung auf das gesellschaftliche Leben einen Wert haben, also einzig und allein der Bestimmung des Menschen, als Mitgliedes der Gesellschaft, entsprechen müssen. Der *Mensch* als *Mensch* bedarf *keiner Kultur*, aber er bedarf *Aufklärung*.

Stand und Beruf im bürgerlichen Leben bestimmen eines jeden Mitgliedes Pflichten und Rechte, erfordern nach Maßgebung derselben andere Geschicklichkeit und Fertigkeit, andere Neigungen, Triebe, Geselligkeitssitten und Gewohnheiten, eine andere *Kultur* und *Politur*. Je mehr diese durch alle Stände mit ihrem Berufe, d. i. mit ihren respektiven Bestimmungen als Glieder der Gesellschaft übereinstimmen, desto mehr Kultur hat die Nation.

Sie erfordern aber auch für jedes Individuum, nach Maßgebung seines Standes und Berufs, andere theoretische *Einsichten* und andere Fertigkeit, dieselbe zu erlangen, einen andern Grad der *Aufklärung*. Die *Aufklärung*, die den Menschen als Mensch interessiert, ist *allgemein* ohne Unterschied der Stände; die Aufklärung des Menschen als Bürger betrachtet, modifiziert sich nach *Stand* und *Beruf*. Die Bestimmung des Menschen setzt hier abermals seiner Bestrebung Maß und Ziel.

Diesemnach würde die Aufklärung einer Nation sich verhalten: 1. wie die Masse der Erkenntnis, 2. deren Wichtigkeit, d. i. Verhältnis zur Bestimmung a) des Menschen und b) des Bürgers, 3. deren Verbreitung durch alle Stände, 4. nach Maßgabe ihres Berufs; und also wäre der Grad der Volksaufklärung nach einem wenigstens vierfach zusammengesetzten Verhältnisse zu bestimmen, dessen Glieder zum Teile selbst wiederum aus einfachern Verhältnisgliedern zusammengesetzt sind.

Menschenaufklärung kann mit Bürgeraufklärung in Streit kommen. Gewisse Wahrheiten, die dem Menschen als Mensch nützlich sind, können ihm als Bürger zuweilen schaden. Hier ist folgendes in Erwägung zu ziehen. Die Kollision kann entstehen zwischen 1. wesentlichen oder 2. zufälligen Bestimmungen des Menschen mit 3. wesentlichen oder 4. mit außerwesentlichen, zufälligen Bestimmungen des Bürgers.

Ohne die wesentlichen Bestimmungen des Menschen sinkt der Mensch zum Vieh herab, ohne die außerwesentlichen ist er kein so gutes, herrliches Geschöpf. Ohne die wesentlichen Bestimmungen des Menschen als Bürgers hört die Staatsverfassung auf zu sein, ohne die außerwesentlichen bleibt sie in einigen Nebenverhältnissen nicht mehr dieselbe.

Unglückselig ist der Staat, der sich gestehen muß, daß ihm die wesentliche Bestimmung des Menschen mit der wesentlichen des Bürgers nicht harmonieren, daß die Aufklärung, die der Menschheit unentbehrlich ist, sich nicht über alle Stände des Reichs ausbreiten könne, ohne daß die Verfassung in Gefahr sei, zugrunde zu gehen. Hier lege die Philosophie die Hand auf den Mund! Die Notwendigkeit mag hier Gesetze vorschreiben oder vielmehr die Fesseln schmieden, die der Menschheit anzulegen sind, um sie niederzubeugen und beständig unterm Drucke zu halten!

Aber wenn die außerwesentlichen Bestimmungen des Menschen mit den wesentlichen oder außerwesentlichen des Bürgers in Streit kommen, so müssen Regeln festgesetzt werden, nach welchen die Ausnahmen geschehen und die Kollisionsfälle entschieden werden sollen.

Wenn die wesentlichen Bestimmungen des Menschen unglücklicherweise mit seinen außerwesentlichen Bestimmungen selbst in Gegenstreit gebracht worden sind, wenn man gewisse nützliche und den Menschen zierende Wahrheit nicht verbreiten darf, ohne die ihm nun einmal beiwohnenden Grundsätze der Religion und Sittlichkeit niederzureißen, so wird der tugendliebende Aufklärer mit Vorsicht und Behutsamkeit verfahren und lieber das Vorurteil dulden, als die mit ihm so fest verschlungene Wahrheit zugleich mit vertreiben. Freilich ist diese Maxime von jeher Schutzwehr der Heuchelei geworden, und wir haben ihr so manche Jahrhunderte von Barbarei und Aberglauben zu verdanken. Sooft man das Verbrechen greifen wollte, rettete es sich ins Heiligtum. Allein demungeachtet wird der Menschenfreund in den aufgeklärtesten Zeiten selbst noch immer auf diese Betrachtung Rücksicht nehmen müssen. Schwer, aber nicht unmöglich ist es, die Grenzlinie zu finden, die auch hier Gebrauch von Mißbrauch scheidet. –

Je edler ein Ding in seiner Vollkommenheit, sagt ein hebräischer Schriftsteller, *desto gräßlicher in seiner Verwesung.* Ein verfaultes Holz ist so scheußlich nicht als eine verweste Blume, diese nicht so ekelhaft als ein verfaultes Tier und dieses so gräßlich nicht als der Mensch in seiner Verwesung. So auch mit Kultur und Aufklärung. Je edler in ihrer Blüte, desto abscheulicher in ihrer Verwesung und Verderbtheit.

Mißbrauch der Aufklärung schwächt das moralische Gefühl, führt zu *Hartsinn, Egoismus, Irreligion* und *Anarchie.* Mißbrauch der Kultur erzeugt *Üppigkeit, Gleisnerei, Weichlichkeit, Aberglauben* und *Sklaverei.*

Wo Aufklärung und Kultur mit gleichen Schritten fortgehen, da sind sie sich einander die besten Verwahrungsmittel wider die Korruption. Ihre Art zu verderben ist sich einander schnurstracks entgegengesetzt.

Die Bildung einer Nation, welche nach obiger Worterklärung aus Kultur und Aufklärung zusammengesetzt ist, wird also weit weniger der Korruption unterworfen sein.

Eine gebildete Nation kennet in sich keine andere Gefahr als das *Übermaß* ihrer *Nationalglückseligkeit*, welches, wie die vollkommenste Gesundheit des menschlichen Körpers, schon an und für sich eine Krankheit, oder der Übergang zur Krankheit genennt werden kann. Eine Nation, die durch die Bildung auf den höchsten Gipfel der Nationalglückseligkeit gekommen, ist ebendadurch in Gefahr zu stürzen, weil sie nicht höher steigen kann. − Jedoch dieses führt zu weit ab von der vorliegenden Frage!

Morgenstunden oder Vorlesungen über das Dasein Gottes

Vorbericht

Folgende Diskurse *über das Dasein Gottes* enthalten das Resultat alles dessen, was ich über diesen wichtigen Gegenstand unsres Forschens vormals nachgelesen und selbst gedacht habe. Seit zwölf bis funfzehn Jahren befinde ich mich nämlich in dem äußersten Unvermögen, meine Kenntnisse zu erweitren. Eine sogenannte Nervenschwäche, der ich seitdem unterliege, verbietet mir jede Anstrengung des Geistes, und, welches den Ärzten selbst sonderbar vorkömmt, sie erschweret mir das Lesen fremder Gedanken fast noch mehr als eigenes Nachdenken. Ich kenne daher die Schriften der großen Männer, die sich unterdessen in der Metaphysik hervorgetan, die Werke *Lamberts, Tetens, Platners* und selbst des alles zermalmenden *Kants*, nur aus unzulänglichen Berichten meiner Freunde oder aus gelehrten Anzeigen, die selten viel belehrender sind. Für mich stehet also diese Wissenschaft noch itzt auf dem Punkte, auf welchem sie etwa um das fünfundsiebenzigste Jahr dieses Jahrhunderts gestanden hat; denn so lange ist es her, daß ich genötiget bin, mich von ihr zu entfernen, wiewohl ich es doch nie über mich habe erhalten können, der Philosophie völlig Abschied zu geben, sosehr ich auch mit mir selbst gekämpft habe. Ach! Sie war in bessern Jahren meine treueste Gefährtin, mein einziger Trost in allen Widerwärtigkeiten des Lebens, und itzt mußte ich ihr auf allen Wegen ausweichen wie einer Todfeindin: oder, welches noch härter ist, sie scheuen wie eine verpestete Freundin, die selbst mich warnet, allen Umgang mit ihr zu meiden. Ich hatte nicht Selbstverleugnung genug, ihr zu gehorchen. Es erfolgten von Zeit zu Zeit verstohlene Übertretungen, wiewohl nie ohne reuevolle Büßung.

Mittlerweile wuchs mein Sohn J. heran, und die gute Anlage, die er zeigte, machte es mir zur Pflicht, ihn frühzeitig zur vernünftigen Erkenntnis Gottes anzuführen. Zuvörderst ließ ich ihn nach eigenem Gefallen selbst lesen und Ideen sammeln. Ich bin der Meinung, daß man beim Studium der Philosophie, so wie bei Erlernung der Sprachen, mit dem Gebrauch den Anfang machen und mit der Regel endigen müsse. Das Studium der Form ist weder nützlich noch angenehm, wenn nicht die Anwendung beständig zur Seite gehen kann; und wie ist dieses möglich, wenn noch keine brauchbare Materialien angeschafft sind? Ich ließ ihn also erst Materie zusammentragen, und nun war es Zeit, Form und Regel hineinzubringen und ihm zum ordentlichen und methodischen Nachdenken über diese wichtige Materie die erforderliche Anleitung zu geben.

Ich entschloß mich, die wenigen Stunden des Tages, in welchen ich noch heiter zu sein pflege, die *Morgenstunden*, ihm zu diesem Behuf zu widmen, und hatte das Vergnügen, daß mein Schwiegersohn S. und auch W., der Sohn einer Familie, mit der ich seit vielen Jahren in freundschaftlicher Verbindung stehe, an unsren Bemühungen teilnehmen wollten. Diese drei Jünglinge von schätzbaren Geistesgaben und noch beßrem Herzen besuchten mich in den Morgenstunden; wir unterredeten uns von den Wahrheiten der natürlichen Religion, und wenn ich dazu aufgelegt war, hielt ich ihnen zusammenhangende Vorlesungen über einen und den andern Punkt aus derselben, aber, wie leicht zu erachten, ohne allen Schulzwang. Sie hatten die Freiheit, mich zu unterbrechen, Einwürfe vorzubringen, sie unter sich zu beantworten, und ich brach zuweilen meinen Diskurs ab, um sie unter sich streiten zu lassen. Auf solche Weise sind die Aufsätze entstanden, davon ich den ersten Teil hiemit dem Publikum vorlege.

Ich weiß, daß meine Philosophie nicht mehr die Philosophie der Zeiten ist. Die meinige hat noch allzusehr den Geruch jener Schule, in welcher ich mich gebildet habe und die in der ersten Hälfte des Jahrhunderts vielleicht allzu eigenmächtig herrschen wollte. Despotismus von jeder Art reizt zur Widersetzlichkeit. Das Ansehen dieser Schule ist seitdem gar sehr gesunken und hat das Ansehen der spekulativen Philosophie überhaupt mit in seinen Verfall gezogen. Die besten Köpfe Deutschlands sprechen seit kurzem von aller Spekulation mit schnöder Wegwerfung. Man dringet durchgehends auf Tatsachen, hält sich bloß an Evidenz der Sinne, sammelt Beobachtungen, häufet Erfahrungen und Versuche, vielleicht mit allzugroßer Vernachlässigung der allgemeinen Grundsätze. Am Ende gewöhnet sich der Geist so sehr ans Betasten und Begucken, daß er nichts für wirklich hält, als was sich auf diese Weise behandeln läßt. Daher der Hang zum *Materialismus*, der in unsren Tagen so allgemein zu werden drohet, und von der andern Seite die Begierde, zu sehen und zu betasten, was seiner Natur nach nicht unter die Sinne fallen kann, der Hang zur *Schwärmerei*.

Jedermann gestehet sich, daß das Übel zu sehr einreißt, daß es Zeit sei, dem Rade einen Schwung zu geben, um dasjenige wieder emporzubringen, was durch den Zirkellauf der Dinge zu lange ist unter die Füße gebracht worden. Allein, ich bin mir meiner Schwäche allzusehr bewußt, auch nur die Absicht zu haben, eine solche allgemeine Umwälzung zu bewirken. Das Geschäft sei beßren Kräften aufbehalten, dem Tiefsinn eines *Kants*, der hoffentlich mit demselben Geiste wiederaufbauen wird, mit dem er niedergerissen hat. Ich begnüge mich mit der eingeschränkten Absicht, meinen Freunden und Nachkommen Rechenschaft zu hinterlassen von dem, was ich in der Sache für wahr gehalten habe. Auch hatte ich eine besondre Veranlassung zur jetzigen Bekanntmachung dieser Schrift, die ich in dem folgenden Teile näher anzuzeigen Gelegenheit haben werde. Wie bald dieser erscheinen wird, kann ich für jetzt noch nicht bestimmen. Es wird hauptsächlich von dem Beifall abhängen, mit welchem das Publikum diesen ersten Teil aufnehmen wird.

An die Freunde Lessings

Ein Anhang
zu Herrn Jacobi Briefwechsel
über die Lehre des Spinoza

If a native of Ethiopia were on a Sudden transported into Europe, and plac'd either at Paris or Venice at a time of Carnival, when the general face of mankind was disguis'd and almost every Creature wore a Mask; t'is probable he woul'd for some time be at a stand, before he discover'd the Cheat: not imagining that a whole People cou'd be so fantastical, as upon agreement, at an appointed time, to transform themselves by a Variety of Habits, and make it a Solemn Practice to impose on one another, by this universal Confusion of Characters and Persons. Tho' he might at first perhaps have look'd on this with a serious eye, it wou'd be hardly possible for him to hold his Countenance, when he had perceiv'd what was carrying on. The Europeans, on their Side, might laugh perhaps at this Simplicity. But our Ethiopian would certainly laugh with better reason. T'is easy to see which of the two wou'd be ridiculous, bear a double share of Ridicule. However, shou'd it so happen, that in the Transport of ridicule, our Ethiopian, having his Head still running upon Masks, and knowing nothing of the fair Complexion and Common Dress of the Europeans, should upon the Sight of a natural face and Habit, laugh just as heartly as before: wou'd not he in his turn become ridiculous, by carrying the jest too faar; when by a silly presumption he took Nature for mere Art, and mistook perhaps a Man of Sobriety and Sense for one of those ridiculous Mummers.[99]

Essay on the freedom of Wit and Humour, Part. II, Sect. I

Die Anhänglichkeit unsers Freundes an den Spinozismus soll nicht bloß Hypothese sein, wie der Patriarch im *Nathan* sich ausdrückt, die man sich etwa so erdenkt, um *pro et contra* zu disputieren. Ein Mann von bewährtem Ansehen in der Republik der Gelehrten, Herr Jacobi, tritt öffentlich auf, behauptet, daß es ein wahres Faktum sei: *Lessing sei wirklich und in der Tat ein Spinozist gewesen.* Die Beweise hiervon sollen in einem Briefwechsel zwischen ihm, einer dritten Person und mir enthalten sein, den er dem Ketzergericht im Publiko vorlegt und der das Faktum außer allen Zweifel setzen soll.

Dieser Briefwechsel ist eigentlich die nähere Veranlassung, die ich gehabt, meine *Morgenstunden oder Vorlesungen über das Dasein Gottes,* die ich vor einigen Jahren entworfen hatte, schleuniger, als ich willens war, herauszugeben. Ich erwähnte dieser Veranlassung in der Vorrede zum ersten Teil der Morgenstunden; den Briefwechsel selbst wollte ich erst in dem zweiten Teile nachfolgen lassen. Anfangs war ich zwar willens, mit dem philosophischen Dispute sogleich herauszurücken, und erhielt auch des Herrn Jacobi Erlaubnis, von seinem Briefe den beliebigen Gebrauch zu machen. Allein es entstunden so manche Bedenklichkeiten. Die Materie schien mir zu delikat und die Leser zu unvorbereitet, als daß ich es wagen dürfte, eine so mißliche Untersuchung geradezu zu veranlassen. Ich wollte vorher die Sache selbst ins reine bringen und hernach das berühren, was die *Personen* angehet; zuvörderst meine Begriffe vom Spinozismus, vom Schädlichen und Unschädlichen dieses Systems, an den Tag legen und hernach untersuchen, ob diese oder jene Person dem Systeme anhänge und in welchem Verstande sie das System genommen habe.

Ist Lessing Spinozist gewesen? Hat Jacobi dieses von ihm selbst gehört? Wie und in welcher Laune waren sie beide, als diese Vertraulichkeit zwischen ihnen vorging? Diese Fragen konnten dahingestellt bleiben, bis wir mit unserm Leser uns über die Sache selbst, über das, was Spinozismus eigentlich sei oder nicht sei, verstanden hatten. Ich änderte daher meinen ersten Entschluß und wollte mir die gütige Erlaubnis meines Korrespondenten bis auf den folgenden Teil vorbehalten. Allein er hat, wie ich sehe, für gut befunden, mir zuvorzueilen. Über alle Bedenklichkeiten hinweg wirft er den Zankapfel in das Publikum und klagt unsern Freund, *Gotthold Ephraim Lessing,* den *Herausgeber der Fragmente, den Verfasser des Nathan,* den großen bewunderten Verteidiger des Theismus und der Vernunftreligion, bei der Nachwelt als Spinozisten, Atheisten und Gotteslästerer an. Was ist nun zu tun? Wollen wir die Verteidigung unsers Freundes übernehmen? Das

strengste Glaubensgericht pflegt diesen Beistand dem angeklagten Ketzer nicht zu mißgönnen. Allein ich dächte, wir
könnten getrost den Verfasser des Nathan seiner eigenen Verteidigung überlassen: und wenn ich Plato oder Xenophon
wäre, so würde ich mich wohl hüten, diesem Sokrates eine
Schutzrede zu halten. *Lessing* und *Heuchler*, der *Urheber
Nathans* und *Gotteslästerer*! – Wer dieses zusammen denken
kann, der allein vermag das Unmögliche, der kann ebenso
leicht *Lessing* und *Dummkopf* zusammen denken! Indessen,
da ich doch einmal in die Sache mit verwickelt worden und
Herr Jacobi mich zuerst in Privatbriefen und nunmehr öffentlich auffordert, die Sache unsers Freundes zu übernehmen, so
lassen Sie uns gemeinschaftlich den Grund der Beschuldigung
untersuchen! Ich werde die Klaganmeldung vor Ihren Augen
durchgehen, werde in der Geschichtserzählung ergänzen, was
von meiner Seite zu ergänzen ist, und Anmerkungen hin-
zufügen, wo ich solche für nötig halten werde.

Herr Jacobi hatte, wie er erzählt, von einer Freundin vernommen: Mendelssohn sei im Begriffe, über Lessings Charakter zu schreiben, und erkundigte sich bei ihr, wieviel oder
wenig Mendelssohn von Lessings religiösen Gesinnungen bekannt geworden wäre. – Er schrieb: *Lessing sei ein Spinozist
gewesen.*

„Meine Freundin", sagte er, „faßte meine Idee vollkommen;
die Sache schien ihr äußerst wichtig, und sie schrieb den
Augenblick an Mendelssohn, um demselben, was ich ihr
entdeckt hatte, zu offenbaren."

Er fährt fort: „Mendelssohn erstaunte, und seine erste Bewegung war, an der Richtigkeit meiner Aussage zu zweifeln."

Daß ich erstaunte, ist wohl nicht mehr Geschichtserzählung,
sondern Vermutung des Erzählers. Was Herr Jacobi der gemeinschaftlichen Freundin entdeckt und diese mir offenbart
hatte, konnte bei mir in Wahrheit keine Bewegungen von
dieser Art verursachen. In meiner Überzeugung von der Unwahrheit des Spinozismus kann mich weder Lessings noch
irgendeines Sterblichen Ansehen im mindesten irre machen;
auf meine Freundschaft für Lessing konnte diese Nachricht
auch keinen Einfluß haben, so, wie meine Begriffe von Lessings
Genie und Charakter durch dieselbe gleichfalls nicht leiden
konnten. *Lessing ist ein Anhänger des Spinoza?* Je nun! Was

haben die spekulativen Lehrsätze mit dem Menschen gemein? Wer würde sich nicht freuen, Spinozen selbst zum Freunde gehabt zu haben, sosehr er auch Spinozist gewesen? Wer sich weigern, Spinozens Genie und vortrefflichen Charakter Gerechtigkeit widerfahren zu lassen? – Solange man meinen Freund noch nicht als heimlichen Gotteslästerer, mithin auch als Heuchler, anklagte, war mir die Nachricht, Lessing sei ein Spinozist gewesen, so ziemlich gleichgültig. Ich wußte, daß es auch einen geläuterten Spinozismus gibt, der sich mit allem, was Religion und Sittenlehre Praktisches haben, gar wohl verträgt, wie ich selbst in den Morgenstunden weitläuftig gezeigt; wußte, daß sich dieser geläuterte Spinozismus hauptsächlich mit dem Judentume sehr gut vereinigen läßt und daß Spinoza, seiner spekulativen Lehre ungeachtet, ein orthodoxer Jude hätte bleiben können, wenn er nicht in andern Schriften das echte Judentum bestritten und sich dadurch dem Gesetze entzogen hätte. Die Lehre des Spinoza kömmt dem Judentume offenbar weit näher als die orthodoxe Lehre der Christen. Konnte ich also Lessingen lieben und von ihm geliebt werden, als er noch strenger Anhänger des Athanasius war oder ich ihn wenigstens dafür hielt; warum nicht vielmehr, wenn er sich dem Judentum näherte und ich ihn als Anhänger des Juden *Baruch Spinoza* erkannte? Der Name Jude und Spinozist konnte mir bei weitem weder so auffallend noch so ärgerlich sein, als er etwa dem Herrn Jacobi sein mag.

Endlich wußte ich auch sogar schon, daß unser Freund in seiner frühesten Jugend dem Pantheismus geneigt gewesen und solchen mit seinem Religionssystem nicht nur zu verbinden gewußt, sondern auch die Lehre des Athanasius[100] aus demselben zu demonstrieren gesucht hatte. Die Stelle aus einem jugendlichen Aufsatze dieses frühzeitigen Schriftstellers, die ich in den Morgenstunden* anführe, zeiget dieses gar deutlich, und ich hatte diesen Aufsatz von ihm gleich zu Anfange unserer Bekanntschaft zum Durchlesen bekommen.

Die Nachricht also, daß Lessing ein Spinozist sei, konnte für mich weder erstaunlich noch befremdend sein. Aber höchst unangenehm war mir der Antrag von seiten des Herrn Jacobi; dieses gestehe ich. Im Grunde hatte ich Herrn Jacobi nie ge-

---

* S. T. II, S. 369 ff.

kannt. Ich wußte von seinen Verdiensten als Schriftsteller; aber im metaphysischen Fache hatte ich nie etwas von ihm gesehen. Auch wußte ich nicht, daß er Lessings Freundschaft und persönlichen Umgang genossen habe. Ich hielt also diese Nachricht für eine bloße Anekdote, die ihm etwa ein Reisender möchte zugeführt haben. Man kennt diese Klasse der Reisenden in Deutschland, die ihre Stammbücher von Ort zu Ort herumtragen und, was sie bei einem Manne von Verdienst sehen oder erfragen, in größter Eil und Geschwindigkeit hier und da wieder anbringen oder gar zum öffentlichen Drucke befördern. Ein solcher, dachte ich, hat vielleicht ein halbverstandnes Wort von Lessing vernommen, oder Lessing hat ihm etwa das griechische Motto in sein Stammbuch geschrieben: „*Eins und Alles*"[101], und der Anekdotenkrämer macht alsofort Lessing zum Spinozisten. Indessen sahe ich wohl, daß man geneigt sei, Lessingen auf diese Weise den Prozeß zu machen. Die Deutschen haben sich durch die Naturgeschichte gewöhnt, alles zu klassifizieren. Wenn sie mit den Gesinnungen und Schriften eines Mannes nicht recht fertig werden können, so ergreifen sie den ersten den besten Umstand, bringen den Mann in eine Klasse und machen ihn zum -isten, als wenn damit alles übrige schon getan wäre. Da ich also würklich im Begriffe war, über Lessings Charakter zu schreiben, so sahe ich gar wohl, daß mich diese Anekdote weit von meinem Ziele abführen würde, daß sie Erörterungen und Untersuchungen erforderte, zu welchen ich nicht gestimmet war, und daß sie mich in dornigte Subtilitäten verleiten und einen Streit zu erneuern zwingen würde, der schon lange abgetan sein sollte. Sie war mir also höchst unwillkommen, die Äußerung des Herrn Jacobi, und ich drang auf nähere Erklärung, wie, bei welcher Gelegenheit und mit welchen Ausdrücken Lessing seinen Spinozismus zu erkennen gegeben? Die Fragen, die ich Herrn Jacobi vorlegte, sind vielleicht etwas zu lebhaft ausgedrückt, aber doch der Sache angemessen und ohne Empfindlichkeit.

Ich erhielt sie in vollem Maße, die nähere Erläuterung, die ich verlangt hatte. Ein an mich gerichtetes Sendschreiben des Herrn Jacobi gab mir genugsam zu erkennen, daß ich meinen Mann nicht gekannt hätte, daß Jacobi in die Subtilitäten der spinozistischen Lehre tiefer eingedrungen, als ich vermutete, daß er mit Lessing würklich persönlichen Umgang gehabt, öfters mit ihm vertrauliche Unterredungen gepflogen und daß also die Nachricht von Lessings Anhänglichkeit an Spinoza keine bloße Anekdotenkrämerei, sondern das Resultat dieser vertraulichen Unterredungen sein solle.

Wer sie kennet, diese vertrauliche Unterredungen, wer je das Glück gehabt, sie zu genießen, der wird in die Aufrichtigkeit und Treue der Resultate keinen Zweifel setzen. In diesem Heiligtum der Freundschaft eröffnet sich alsdenn nicht nur Kopf gegen Kopf, sondern auch Herz gegen Herz und läßt alle seine geheimen Winkel und Falten durchschauen. Der Freund deckt dem Freunde alle seine geheimsten Zweifel, Schwachheiten, Mängel und Gebrechen auf, um sie von freundschaftlicher Hand berühren und vielleicht auch heilen zu lassen. Wer die Wollust einer solchen Stunde der Herzensergießung nie gekostet, der ist seines Lebens nie froh geworden. Aber weh auch dem armen *Rousseau*[102], wenn er in der Fülle seines Herzens nach einer solchen Seelenlabung schmachtet und auf einen felsenharten Sinn trifft, der ihn mit gedoppelter Kraft zurückstößt!

Wäre sie also von dieser Art gewesen, die Unterredung, welche Jacobi mit Lessing gepflogen, so hätten wir freilich zur Entschuldigung unsers Freundes nichts vorzubringen und müßten uns gefallen lassen, Lessingen für den rätselhaftesten Charakter gelten zu lassen, der je gelebt; für eine sonderbare Vermischung von Heuchelei und starkem Geiste; von der einen Seite verschlossen, bis zum Eigensinne, und von der andern offen, bis zur kindischen Leichtsinnigkeit. Aber herzlich leid würde es mir sein, um mich, um meinen Freund Lessing und um Herrn Jacobi selbst, wenn dem also wäre.

Um mich; denn ich gestehe es, es würde mich sehr demütigen, wenn unser Freund Lessing mich, der ich dreißig und mehrere Jahre mit ihm in vertraulicher Freundschaft gelebt, mit ihm unaufhörlich nach Wahrheit geforscht und von diesen wichtigen Dingen mich beständig mündlich und schriftlich mit ihm unterhalten; mich, der ihn so liebte, so von ihm geliebt wurde, dieses Zutrauens nicht gewürdiget haben sollte, das ein andrer Sterblicher in wenigen Tagen des freundschaftlichen Umganges zu erhalten gewußt hätte. Ich gestehe meine Schwachheit. Ich kenne kein irdisches Geschöpf, dem ich diesen Vorzug nicht mißgönnen würde.

Um unsern Freund Lessing. Denn wie sehr müßte der in den letzten Tagen seines Lebens gesunken sein, wenn er alles das in vollem herzlichen Vertrauen gesagt hätte, was er in dieser Unterredung gesagt haben soll. So, wie er in dieser Unterredung erscheinet, ist er nicht der kühne, entschlossene Denker, der seiner Vernunft folgt und von ihr auf Irrwege geführt wird; er ist ein schaler Atheist, nicht aus der Schule eines Hobbes oder Spinoza, sondern irgendeines kindischen Witzlings, der sich eine Freude macht, das mit Füßen von sich zu stoßen, was seinem Nebenmenschen so wichtig und so teuer ist.

Herr Jacobi gestehet zwar, die Unterredungen abgekürzt und zusammengezogen zu haben. Allein, seiner bekannten Rechtschaffenheit nach kann man sicher voraussetzen, daß die Hauptsache, worauf es ankömmt, dadurch nicht gelitten und jeder Person das zugeschrieben worden, was sie würklich gesagt hat. Nun findet man in allem, was Lessing vorbringt, nicht *einen* gesunden Gedanken. Alle Vernunftgründe fallen auf das Anteil des Herrn Jacobi. Dieser verteidiget den Spinozismus mit allem Scharfsinne, dessen dieses System fähig ist. Lessing macht nicht die mindeste Gegenerinnerung von Belange; läßt auch solche Gründe als richtig und überführend gelten, die wir in frühern Unterredungen so oft in Überlegung genommen und nach ihrem wahren Werte gewürdiget haben, und unterbricht seinen Freund bloß hier und da durch einen gezwungenen Einfall, der mehrenteils auf eine Gotteslästerung hinausläuft. Konnte sich Lessing in einer aufrichtigen, freundschaftlichen Herzensergießung so sehr vergessen? – Und nun vollends sein Urteil über das Gedicht *Prometheus*,[103] das ihm Jacobi in die Hände gab; das er ihm sicherlich nicht seiner Güte, sondern seines abenteuerlichen Inhaltes wegen in die Hände gegeben haben kann, und das Lessing so gut fand. Armer Kunstrichter! Wie tief mußtest du gesunken sein, diese Armseligkeit im Ernste gut zu finden! – In bessern Tagen sah ich ihn öfters weit leidlichere Verse dem Dichter wieder in die Hände stecken, mit den Worten: „Recht gut, Freund, recht gut! Aber wozu Verse? Sehen Sie doch erst zu, ob Ihnen die Gedanken in Prosa gefallen würden!" Herr Jacobi hat Bedenken getragen, diese Verse ohne Verwahrungsmittel mit abdrucken zu lassen, und daher ein schuldloses Blättchen[104] mit

eingelegt, das Leser von zärtlichem Gewissen an die Stelle der
verführerischen Verse können einheften lassen. Meinem Geschmacke nach hätte Lessing die Warnung schädlicher finden
müssen als das Gift. Wer durch schlechte Verse um seine
Religion kommen kann, muß sicherlich wenig zu verlieren
haben. Mit einem Worte: In allem, was Lessing in diesem Gespräche vorbringet, verkenne ich seinen Charakter völlig,
wenn es ernsthafte, freundschaftliche Vertraulichkeit sein
sollte; verkenne seinen Scharfsinn und seine Laune, seine
Philosophie und seine Kritik.

Aber auch *um Herrn Jacobi* würde mir's herzlich leid sein,
wenn er selbst die Unterredung Lessings für eine Vertrau-
lichkeit genommen hätte, die ihm unser Freund machte. Alle
Freunde und Bekannte des Herrn Jacobi loben seine Rechtschaffenheit, erheben sein Herz noch über seine Geistesgaben.
Wie würde sich aber sein Betragen gegen Lessing mit dieser
Rechtschaffenheit vereinigen lassen? Sein Freund legt ein
Bekenntnis in seinem Schoße nieder, und er verrät es dem
Publikum; sein Freund macht ihn in den letzten Tagen seines
Lebens zum Vertrauten seiner Schwachheit, und er sucht
damit dessen Andenken bei der Nachwelt zu brandmarken. Er
klagt endlich diesen seinen Freund an, ohne von dem Vergehen desselben einen andern Zeugen anführen zu können als
seine eigene Person. Seine eigene Person, indem er gestehet,
Mitschuldiger gewesen zu sein, ja sogar den wichtigsten Anteil
gehabt und seinen Freund mehr verleitet als auf unrechtem
Wege gefunden zu haben. Er ist endlich vorsichtig genug, sich
selbst eine Hintertüre zum Rückzuge offenzuhalten, durch
welche er dem Atheismus entläuft und zur sichern Fahne des
Glaubens zurückkehrt. Warum schlägt er sie aber hinter sich
zu und läßt nicht auch den armen Mitschuldigen entschlüpfen?
Warum muß dieser so wehr- und waffenlos dastehen und
preisgegeben werden? Ich wiederhole es nochmals: Wenn
Jacobi selbst geglaubt hätte, Lessing habe ihm ein Geheimnis
anvertraut, das er verschwiegen wissen wollte, so wäre sein
Betragen unverantwortlich.

Aber noch weit unerklärbarer wäre mir sein Betragen in Absicht auf mich. Im Eingange zu seiner Schrift (S. 3) erzählet er,
Lessing habe ihm zu erkennen gegeben, daß er mich unter
seinen Freunden am höchsten schätze; nun habe er, Jacobi, in

einer mit Lessing gehabten philosophischen Unterredung seine Verwunderung darüber geäußert, daß ein Mann wie ich mich des Beweises von dem Dasein Gottes aus der Idee so eifrig, wie in der Abhandlung von der Evidenz geschehen, hätte annehmen können; und Lessings Entschuldigungen, fährt Jacobi fort, führten mich geradezu auf die Frage, „ob er sein eigenes Lehrgebäude nie gegen Mendelssohn behauptet hätte?" – „Nie", antwortete Lessing . . . „Einmal sagte ich ihm ungefähr das, was Ihnen in der Erziehung des Menschengeschlechts (§ 73) aufgefallen ist. Wir wurden nicht miteinander fertig, und ich ließ es dabei."

Lessing also hat Nachsicht für meine Schwachheit, entschuldiget meinen Eifer für die metaphysische Argumentation *a priori* und verheimlichet mir, seinem so hochgeschätzten Freunde, sein wahres System; wahrscheinlicherweise, um mir nicht eine Überzeugung zu rauben, mit der er mich so ruhig, so glücklich leben sahe. Dieses hört Herr Jacobi aus seinem eigenen Munde, zu ebender Zeit, da er ihn zum Vertrauten seines großen Geheimnisses macht; und gleichwohl bin ich der erste, den Herr Jacobi aufsucht, um mir dies gefährliche Geheimnis aufzudringen, mit welchem mich mein Freund so viele Jahre hindurch hat verschont wissen wollen. Wenn die Sachen sich völlig so verhalten, wie sie den Schein haben, so frage ich: Wer hat hier mehr tätige Religion, mehr wahre Frömmigkeit zu erkennen gegeben: der Atheist, der seinem geliebten Freunde die Überzeugung von der natürlichen Religion nicht entziehen will, mit welcher er ihn glücklich siehet; oder der rechtgläubige Christ, der gleichsam ohne Erbarmen dem Lahmen die Krücke aus den Händen schlägt, an welcher er sich noch so ziemlich fortschleppet?

Um alle diese Schwierigkeiten und anscheinende Widersprüche zu heben, weiß ich nur einen einzigen Weg, mir den Verlauf der Sache vorzustellen; und sosehr dieser Weg von meiner Seite bloß Hypothese sein kann, so scheinet er mir doch, wenn ich die Absicht sehe, die Herr Jacobi zu erkennen gibt, sehr natürlich und dem Charakter der interessierten Personen angemessen zu sein.

„Die Absicht des Werks", sagt Herr Jacobi in dem Vorberichte, „habe ich unter dem letzten Briefe kurz gesagt und hernach bis ans Ende deutlich genug, wie ich glaube, zu erkennen gegeben." Nichts kann in Wahrheit deutlicher sein, und sie ist ehrlich und gut gemeint, diese Absicht. Herr Jacobi geht offenbar darauf aus, seine Nebenmenschen, die sich in der Einöde der Spekulation verloren haben, auf den ebenen und sichern Pfad des Glaubens zurückzuführen. Dahin zielen alle seine Unterhaltungen mit Lessing; dahin auch sein Briefwechsel mit Hemsterhuis und der mit unsrer Freundin und mir.

Was zuvörderst Lessing betrifft: so glaubte er vielleicht selber nicht, daß ihm dieser ein sonderliches Geheimnis anvertrauet hätte, sondern hielt ihn vielmehr für einen Mann von unsteten Grundsätzen, der bald dieses, bald jenes, heute den Theismus, morgen Atheisterei und vielleicht Tages darauf Aberglauben mit gleichem Scharfsinne zu behaupten das Talent hat; der auch seine Behauptung niemals zu verheimlichen sucht, sondern so, wie sie ihm die Laune oder der Geist des Widerspruchs eingibt, auch öffentlich zu erkennen zu geben kein Bedenken trägt. Er hielt ihn für einen irrigen und in seinen Subtilitäten verlornen Sophisten, der Wahrheit und Irrtum in gleichem Lichte oder in gleicher Dunkelheit erblickt, dem am Ende Witz soviel als Philosophie gilt und dem, wenn er in der Stimmung ist, Gotteslästerung Stärke des Geistes zu sein scheint.

In dieser traurigen Verwirrung des Geistes glaubte Jacobi unsern Freund gefunden zu haben, und er faßte den edelmütigen Entschluß, ihn von seiner Krankheit zu heilen. Als geschickter Arzt wagte er es, das Übel anfangs in etwas zu verschlimmern, um es hernach desto sicherer kurieren zu können. Er führte Lessingen tiefer in die Irrgänge des Spinozismus hinein, verleitete ihn in die dornigten Hecken des Pantheismus, um ihm den einzigen Ausgang, den er ihm alsdann zeigen würde, desto angenehmer zu machen. Dieser ist, wie wir nun deutlich genug erkennen, ein Rückzug unter die Fahne des Glaubens. Er wollte ihn überzeugen, daß sich gewisse Dinge, wie er sich (S. 29) ausdrückt, nicht entwickeln lassen, vor denen man darum die Augen nicht zudrücken, sondern sie so, wie man sie findet, nehmen und sich aus seiner Philosophie, die den vollkommnen Skeptizismus notwendig mache, zurückziehen müsse. Auf Lessings neugierige Frage: *Und ziehen dann – wohin?* wird geantwortet: *Dem Lichte nach,* wovon Spinoza sagt, *daß es sich selbst und auch die Finsternis erleuchtet* – und also sollte Spinoza selbst Lessingen wieder auf den Weg zur Wahrheit bringen, von dem er ihn so weit abgeführet hatte.

Unser Freund, er die ehrliche Absicht des Herrn Jacobi gar bald mochte gewittert haben, war schalkhaft genug, ihn in der Meinung, die er von ihm gefaßt hatte, zu bestärken. Teils auch kann er an dem Scharfsinne Vergnügen gefunden haben, mit welchem Jacobi die Lehre des Spinoza vorzutragen und zu verteidigen wußte. Sie wissen, daß unser Freund mehr Vergnügen fand, einen ungereimten Satz mit Scharfsinn behaupten als die Wahrheit schlecht verteidigen zu hören. Er spielte daher vollkommen den aufmerksamen Schüler, widersprach nie, stimmte in alles mit ein und suchte nur den Diskurs, wenn er ausgehen wollte, durch Witzelei wieder in den Gang zu bringen. Daher mußte auch ich, ob ich gleich sein vertrautester Freund war, von diesem großen Geheimnisse nichts wissen; darum konnte auch Gleimen kein Anteil an dieser metaphysischen Komödie gegeben werden. Der offene jovialische Gastfreund, dem die Philosophie und die Laune seines Gastes nicht unbekannt war, würde der Schäkerei bald ein Ende gemacht haben. Daher auch endlich die gezwungenen Einfälle und Plattheiten, das Wohlgefallen an schlechten Versen, das einem Lessing so unnatürlich ist.

Dem sei, wie ihm wolle! – Ich fahre in meiner Hypothese fort; denn sie scheint mir immer natürlicher – so merkte Herr Jacobi nun zwar, daß ihm sein Versuch an Lessing mißlinge, glaubte aber, immer noch in derselben frommen Absicht, das Exempel Lessings allen andern Klüglingen zur erbaulichen Warnung aufstellen zu müssen, damit sie frühzeitig das Hülfsmittel ergriffen, das sie am Ende, ohne alle Rettung aufzugeben, doch nicht entbehren könnten. Wollen sie, mit Lessingen und Leibnizen und Wolffen und allen übrigen metaphysischen Demonstranten, nicht auch Deterministen und folglich nach Jacobis Begriffen (S. 172) Fatalisten und Spinozisten und also *Atheisten* werden oder sich dem äußersten Skeptizismus überlassen, so lernen sie frühzeitig dem Lichte nachgehen, das auch die Finsternis erleuchtet! Jeder Erweis, wie es ferner daselbst heißet, *setzet etwas schon Erwiesenes zum voraus, wovon das Prinzipium Offenbarung ist;* und ferner: *Das Element aller menschlichen Erkenntnis und Würksamkeit ist Glaube.**

Da Herr Jacobi mich nicht kennet, so mag auch ich ihm als ein solcher Vernünftling beschrieben worden sein, der der Vernunft zuviel und dem Glauben gar nichts einräumet; der in dem Wahne steht, daß er durch Hülfe metaphysischer Demonstrationen alles ausrichten, durch seine Quidditäten etwa Geister bannen oder der geheimen Gesellschaft entgegenarbeiten könne. Daher seine ernstliche Bemühung, auch mich, wo möglich, von dieser Krankheit zu heilen. Daher die Erlaubnis, mir das Geheimnis zu entdecken, das unser Freund mir so geflissentlich soll haben verbergen wollen. Die gute ehrliche Absicht, mich in den Schoß des Glaubens zu führen, wenn sie nicht alles rechtfertigt, so kann sie wenigstens vieles entschuldigen.

Ich hatte gleich anfangs so etwas vermutet, wie ich denn schon sehr oft dergleichen gutgemeinte Versuche von meinen Zeitgenossen erfahren habe. Ich gab daher dem Herrn Jacobi in meiner Antwort zu verstehen, daß die Kur an mir vergeblich angebracht sei und daß ich in Absicht auf Lehren und ewige Wahrheiten keine andre Überzeugung kenne als die Überzeugung durch Vernunftgründe. Das Judentum befiehlt Glauben an historische Wahrheiten, an *Tatsachen*, auf welche sich die Autorität unsers positiven Ritualgesetzes gründet. Das Dasein und die Autorität des höchsten Gesetzgebers aber muß durch die Vernunft erkannt werden, und hier findet nach den Grundsätzen des Judentums und den meinigen keine Offenbarung und kein Glaube statt. Auch ist das Judentum keine *geoffenbarte Religion*, sondern *geoffenbartes Gesetz*. Ich hätte also, sagte ich, als Jude einen Grund mehr, Überzeugung durch Vernunftgründe zu suchen.

Es sei mir erlaubt, hier über diese Äußerung, die gar leicht gemißdeutet werden könnte, mich etwas näher zu erklären. Was ich vom Judentume behaupte, daß es schlechterdings

---

* Dieser Satz wird in der Note mit einer Stelle aus *Lavater* belegt, in welcher erwiesen sein soll, daß *Wahrheitssinn* (anschauende Erkenntnis) *Element und Prinzipium des Glaubens sei.* Wenn dieses der *Glaube* und die *Offenbarung* ist, die man uns anbietet, so hat freilich aller weiterer Streit ein Ende; so hatte auch Aristoteles *Offenbarungen,* und Spinoza war ein *Glaubensheld.*

keinen Glauben an ewige Wahrheiten, sondern bloß historischen Glauben voraussetze, habe ich an einem schicklichern
Orte* deutlich gezeiget, worauf ich den Leser verweisen muß.
Die hebräische Sprache hat so gar kein eigentliches Wort für
das, was wir *Religion* nennen. Auch ist das Judentum keine
Offenbarung von Lehrsätzen und ewigen Wahrheiten, die zu
glauben befohlen werden. Es bestehet einzig und allein in geoffenbarten Gesetzen des Gottesdienstes und setzet natürliche
und vernunftmäßige Überzeugung von Religionswahrheiten
voraus, ohne welche keine göttliche Gesetzgebung statthaben
kann. Wenn ich aber von vernunftmäßiger Überzeugung rede
und solche im Judentum als unbezweifelt voraussetzen will, so
ist die Rede nicht von metaphysischer Argumentation, wie wir
sie in Büchern zu führen gewohnt sind; nicht von schulgerech-
ten Demonstrationen, die alle Proben des subtilsten Zweifel-
muts bestanden sind; sondern von den Aussprüchen und
Urteilen eines schlichten gesunden Menschenverstandes, der
die Dinge gerade ins Auge faßt und ruhig überlegt. Zwar bin
ich ein großer Verehrer der Demonstrationen in der Metaphysik und fest überzeugt, daß die Hauptwahrheiten der natürlichen Religion so apodiktisch erweislich sind als irgendein
Satz in der Größenlehre. Gleichwohl aber hängt selbst meine
Überzeugung von Religionswahrheiten nicht so schlechterdings von metaphysischen Argumentationen ab, daß sie mit
denselben stehen und fallen müßte. Man kann mir wider
meine Argumente Zweifel erregen, mir in denselben Schluß-
fehler zeigen, und meine Überzeugung bleibt dennoch un-
erschütterlich. *Petrus Ramus*[105], der wider die ersten Grund-
und Heischesätze des *Euklides* eine Menge von Zweifeln zu erregen wußte, blieb dennoch von der Wahrheit der euklidischen
Elemente völlig überzeugt. Mancher Mathematiker kann die
Evidenz des Euklidischen Grundsatzes von den Parallelen in
Zweifel ziehen und dennoch auf die Wahrheit und Unumstöß-
lichkeit der darauf gebauten Grundsätze sein Glück und sein
Leben hingeben. Nun dünkt mich, die Evidenz der natürlichen
Religion sei dem unverdorbenen, nicht gemißleiteten Menschenverstande ebenso hell einleuchtend, ebenso unumstöß-
lich gewiß als irgendein Satz in der Geometrie. In jeder Lage

---

* Jerusalem oder über religiöse Macht und Judentum.

des Lebens, in welcher der Mensch sich befindet, auf jeder
Stufe der Aufklärung, auf welcher er stehet, hat er Data und
Vermögen, Gelegenheit und Kräfte genug, sich von den Wahrheiten der Vernunftreligion zu überführen. Das Argument
jenes Grönländers, der mit dem Missionar an einem schönen
Morgen auf dem Eisspiegel herumging, die Morgenröte zwischen
den Eisgebirgen hervorblitzen sah und zum Herrenhuter
sprach: *Siehe, Bruder, den jungen Tag! Wie schön muß
der sein, der dieses gemacht hat!*, dieses Argument, welches
für den Grönländer, bevor der Herrenhuter seinen Verstand
gemißleitet hatte, so überzeugend war, ist es auch noch für
mich; hat für mich noch dieselbige Kraft: so wie das schlichte,
kunstlose Argument des Psalmisten:

Der das Ohr gepflanzt hat,
    muß doch wohl hören;
der das Auge gebildet hat,
    muß doch wohl sehen?
Der den Menschensohn Erkenntnis lehrt,
    der Ewige, erkennet auch des Menschen Gedanken.

Dieser natürliche, kinderleichte Schluß hat noch für mich
alle Evidenz eines geometrischen Grund- und Heischesatzes
und die siegreiche Gewalt einer unumstößlichen Demonstration. Meiner Spekulation weise ich bloß das Geschäfte an, die
Aussprüche des gesunden Menschenverstandes zu berichtigen
und soviel als möglich in Vernunfterkenntnis zu verwandeln.
Solange sie beide, gesunde Vernunft und Spekulation, noch in
gutem Vernehmen sind, so folge ich ihnen, wohin sie mich
leiten. Sobald sie sich entzweien: so suche ich mich zu orientieren und sie beide, wo möglich, auf den Punkt zurückzuführen, von welchem wir ausgegangen sind. Da Aberglaube,
Pfaffenlist, Geist des Widerspruchs und Sophisterei uns durch
so vielerlei Spitzfindigkeiten und Zauberkünste den Gesichtskreis verdrehet und den gesunden Menschenverstand in Verwirrung gebracht haben, so müssen wir freilich wieder Kunst-
mittel anwenden, ihm zu Hülfe zu kommen. Wir müssen die
metaphysischen Subtilitäten, deren man sich bedienet, um uns
zu mißleiten, gegen die Wahrheit halten, vergleichen, untersuchen und prüfen, und wenn sie die Probe nicht bestehen,
durch noch feinere Begriffe zu verdrängen suchen. Zur
wahren, echten Überzeugung von der natürlichen Religion, zur

Überzeugung, wie sie auf die Glückseligkeit des Menschen nur irgend Einfluß haben kann, sind diese gekünstelten Methoden von keiner Notwendigkeit. Der Mensch, dessen Vernunft durch Sophisterei noch nicht verdorben ist, darf nur seinem geraden Sinn folgen, und seine Glückseligkeit stehet feste. Ich werde hiervon weitläufiger in der Fortsetzung meiner Morgenstunden handeln und begnüge mich, hier bloß die Worte eines Weltweisen anzuführen, der in zwei kleinen, sehr lesenswerten Schriftchen*[106] viel gesunde Philosophie hat und doch mit der Philosophie so unzufrieden ist:

„Natürliche Religion ist zugleich die einfachste und faßlichste Religion; sie ist so leicht, so jedermanns Fähigkeiten angemessen, daß man erstaunen muß, wenn man Philosophen ernsthaft behaupten hört: sie sei nicht für den gemeinen Mann. – Vielfältig habe ich beim Landmann versucht, ihm die natürlichen Ideen vom obersten Wesen vorzulegen; jedesmal begriff er schnell, behielt fest, urteilte richtig; er fühlte ihre Kraft, sie erheiterten, sie beruhigten, sie stärkten seine Seele. Diese Ideen sind mit allem, was schön, gut und vollkommen unter den Menschen ist, verwandt; sie geben diesem Licht und erhalten von ihm; eins macht das andre anschaulich, eins verstärkt das andre."

„Halte ich die Leichtigkeit natürlicher und die Schwierigkeit geoffenbarter Begriffe gegen die Behauptung: der gemeine Mann könne die letzten nicht, aber die ersten verstehen, so stehet mein Verstand stille usw."

Ich kehre von meiner Abschweifung auf die Erklärung gegen Herrn *Jacobi* zurück, und hier sind die *Erinnerungen* über seine Unterredung mit Lessing, die ich ihm bei dieser Gelegenheit zuschickte und auf welche sich seine folgende Schreiben beziehen.

Erinnerungen an Herrn Jacobi[107]

Sie sagen: „Ein jedes Entstehen im Unendlichen, unter was für Bilder man es auch verkleide, durch einen jeden Wechsel in demselben werde ein Etwas aus dem Nichts gesetzt", und

---

* Der Dorfprediger und Die Dorfschule.

glauben, „Spinoza habe daher jeden Übergang des Unendlichen zum Endlichen, überhaupt alle *causas transitorias, secundarias* und *remotas*, verwiesen[108] und an die Stelle des emanierenden[109] ein nur immanentes Ensoph[110], eine inwohnende, ewig in sich unveränderliche Ursache der Welt gesetzt, welche, mit allen ihren Folgen zusammengenommen, ein und dasselbe wäre". Hier stoße ich auf Schwierigkeiten, die ich mir zu heben nicht imstande bin. 1. Wenn eine Reihe ohne Anfang dem Spinoza nichts Unmögliches schien, so führte ja das emanierte Entstehen der Dinge nicht notwendig auf ein *Werden aus Nichts*. 2. Sind diese sichtbaren Dinge dem Spinoza etwas Endliches: so kann ihr Inwohnen in dem Unendlichen ebensowenig, ja, wie mich dünkt, noch weniger begriffen werden als ihr Ausfluß aus demselben. Kann das Unendliche nichts Endliches würken, so kann es auch nichts Endliches denken.

Überhaupt scheint das System des Spinoza nicht geschickt zu sein, Schwierigkeiten dieser Art zu heben. Sie müssen in Absicht auf die Gedanken ebensowohl stattfinden als in Absicht auf ihre würklichen Gegenstände. Was objektive nicht würklich werden kann, das kann subjektive nicht gedacht werden. Dieselbe Schwierigkeit, die Spinoza findet, das Endliche außer Gott würklich sein zu lassen, dieselbe Schwierigkeit, sage ich, muß er wieder finden, wenn er es in das göttliche Wesen hineinverlegt und als Gedanken der Gottheit betrachtet.

In der Folge erklären Sie eine Stelle im Spinoza, deren Lessing als des Dunkelsten in demselben erwähnte, die auch Leibniz* so gefunden und nicht ganz verstanden hat, nämlich: *daß die unendliche Ursache, wie Sie sich ausdrücken, explizite weder Verstand noch Willen habe, weil sie ihrer transzendentalen Einheit und durchgängigen absoluten Unendlichkeit zufolge keinen Gegenstand des Denkens und des Wollens haben könne*. Sie erklären sich ferner, daß Ihre Meinung nur dahin ginge, der ersten Ursache, die unendlicher Natur ist, bloß einzelne Gedanken, einzelne Bestimmungen des Willens abzusprechen, und setzen den Grund hinzu, weil ein jeder einzelne Begriff aus einem andern einzelnen Begriffe entspringen und sich auf einen würklich vorhandenen Gegenstand un-

---

* Theod. § 173.

mittelbar beziehen muß. Daher Sie in der ersten Ursache bloß den innern ersten allgemeinen Urstoff des Verstandes und des Willens zugeben wollen. Ich muß bekennen, daß ich diese Erklärung ebensowenig verstehe als die Worte des Spinoza selbst. Die erste Ursache hat Gedanken, aber keinen Verstand. Sie hat Gedanken; denn die Gedanken sind, nach dem Spinoza, eine Haupteigenschaft der einzigen wahren Substanz. Gleichwohl hat sie keine einzelnen Gedanken, sondern nur den allgemeinen Urstoff derselben. Welches Allgemeine läßt sich ohne das Einzelne begreifen? Ist nicht dieses noch unverständlicher als eine formlose Materie, ein Urstoff ohne Bildung, ein Wesen, das nur allgemeine und keine besondern Merkmale hat? Sie sagen: Die absolute Unendlichkeit hat keinen Gegenstand des Denkens. Ist sie aber nicht selbst, sind ihre Eigenschaften und Modifikationen ihr nicht Gegenstand des Denkens? Und wenn sie keinen Gegenstand des Denkens, keinen Verstand hat, wie ist das Denken gleichwohl ihr Attributum; wie ist sie gleichwohl die einzig denkende Substanz? Ferner, ihre Modifikationen, oder die zufälligen Dinge, haben wirklich einzelne Bestimmungen des Willens; und sie selbst hätte bloß den allgemeinen Urstoff desselben? Beim Spinoza verstehe ich dieses wenigstens doch halb. Er setzt den freien Willen bloß in eine unbestimmte absichtlose Wahl des vollkommen Gleichgültigen. Diese schien ihm der Modifikation der Gottheit, insoweit sie ein endliches Wesen vorstellt, zukommen zu können; der Gottheit selbst aber, insoweit sie ein unendliches Wesen ist, sprach er eine solche absichtlose Willkür mit Recht ab. Die Erkenntnis des Guten, durch welche eine freie Wahl bewürkt wird, gehörte nach seiner Meinung mit zu den Eigenschaften des Verstandes und ist insoweit von der ausgemachtesten Notwendigkeit; daher alle Folgen, sie mögen aus der Erkenntnis des Wahren und Falschen oder aus der Erkenntnis des Guten und Bösen herkommen, nach seiner Theorie von gleicher Notwendigkeit sein müßten. Da Sie aber, mein Herr, das System der Deterministen annehmen und auch beim Menschen selbst keine andere Wahl, als die aus der letzten praktischen Erwägung aller Bewegungsgründe und Triebfedern entspringt, zulassen, so sehe ich keinen Grund, warum Sie eine solche ewig vorherdeterminierte Wahl der unendlichen Ursache absprechen? Insoweit freilich wohl, da Sie der Unendlichkeit die wahre Individualität absprechen, kann ihr auch kein Wille, keine Freiheit zukommen; denn diese setzen würkliche einzelne Substantialität voraus. Allein, dieses ist einmal der Grund nicht, den Sie anführen, und sodann scheint es mir auch dem System des Spinoza gerade entgegengesetzt zu sein, wie ich weiter unten auszuführen Gelegenheit haben werde.

Nach Spinozas Begriff ist alles, was in der sichtbaren Welt erfolgt, von der strengsten Notwendigkeit, weil es so und nicht anders in dem göttlichen Wesen und in den möglichen Modifikationen seiner Eigenschaften gegründet ist. Was nicht würklich erfolgt, ist ihm auch nicht möglich, nicht denkbar. Hätte also Spinoza zugegeben, daß nur der Satz des Widerspruches, wie Bayle, Leibniz und andere dafürhalten, der innern Möglichkeit Ziel setze, so hätte er allerdings, wie Leibniz von der angeführten Stelle richtig erinnert, alle Romane der Scudéry und alle Erdichtungen des Ariost für würkliche Begebenheiten halten müssen. Allein Spinoza hielt auch das für unmöglich, was zwar keinen Widerspruch enthält, aber doch in den göttlichen Modifikationen, als der notwendigen Ursache aller Dinge, nicht gegründet ist. Sie sehen hier den Weg, auf welchem auch Spinoza zum *perfectissimo* gelangt sein würde, wenn er sich mit den Deterministen über den Begriff von Freiheit hätte vertragen können. Nur nach dem System des *perfectissimi* läßt sich begreifen, warum diese und keine andere Reihe von Bestimmungen innerhalb des göttlichen Wesens würklich geworden oder, nach Spinozas Art sich auszudrücken, keine andere möglich gewesen.

Was Sie hierauf von Folge und Dauer sagen, hat völlig meinen Beifall, nur daß ich nicht sagen würde, sie sein *bloßer Wahn*. Sie sind notwendige Bestimmungen des eingeschränkten Denkens; also *Erscheinungen*, die man doch von bloßem Wahn unterscheiden muß.

Ihr *Salto mortale* ist ein heilsamer Weg der Natur. Wenn ich der Spekulation eine Zeitlang durch Dornen und Hecken nachgeklettert bin, so suche ich mich mit dem *bon sens* zu orientieren und sehe mich wenigstens nach dem Wege um, wo ich wieder mit ihm zusammenkommen kann. Da ich nicht in Abrede sein kann, daß es Absichten gibt, so ist Absicht haben eine mögliche Eigenschaft des Geistes; und insoweit es kein bloßes Unvermögen ist, so muß es auch irgendeinem Geiste in dem allerhöchsten Grade zukommen; mithin gibt es außer dem Denken auch noch ein Wollen und Tun, die Eigenschaften des Unendlichen sein können und also sein müssen.

Der Einfall, den Lessing hierauf vorgebracht, ist ganz in seiner Laune; einer von seinen Luftsprüngen, mit welchen er Miene machte, gleichsam über sich selbst hinauszuspringen, und ebendeswegen nicht von der Stelle kam. Zweifeln, ob es nicht etwas gibt, das nicht nur alle Begriffe übersteigt, sondern völlig außer dem Begriffe liegt – dieses nenne ich einen Sprung über sich selbst hinaus. Mein Credo ist: Was ich als wahr nicht denken kann, macht mich, als Zweifel, nicht unruhig. Eine Frage, die ich nicht begreife, kann ich auch nicht beantworten, ist für mich so gut als keine Frage. Es ist mir niemals eingefallen, auf meine eigne Schultern steigen zu wollen, um freiere Aussichten zu haben.

Lessing läßt in einem seiner Lustspiele[111] jemanden, der Zauberei zu sehen glaubt, von einem brennenden Lichte sagen: *Dieses Licht brennet nicht wirklich, es scheint nur zu brennen; es scheint nicht würklich, es scheint nur zu scheinen.* Der erste Zweifel hat einigen Grund; der zweite aber widerlegt sich selber. Was scheint, muß würklich scheinen. Ein jedes Phänomen ist, als Phänomen, von der höchsten Evidenz. Alle Gedanken sind, subjektive betrachtet, von der ausgemachtesten Wahrheit. Also ist auch die Kraft zu denken eine würklich primitive Kraft, die nicht in einer höhern ursprünglichen Kraft gegründet sein kann. Auch scheinen Sie selbst auf diesen wunderlichen Einfall unsers L. kein sonderliches Gewicht zu legen.

Wenn Sie aber S. 13 sagen: *die unendliche einzige Substanz des Sp. habe für sich allein und außer den einzelnen Dingen kein bestimmtes vollständiges Dasein*, so werfen Sie mich auf einmal aus dem ganzen Konzepte heraus, das ich mir vom Spinozismus gemacht habe. Also haben die einzelnen Dinge nach diesem System ihr würkliches bestimmtes Dasein, und ihr Zusammen ist auch nur *eins*, hat aber kein bestimmtes vollständiges Dasein? Wie soll ich dieses verstehen oder mit Ihren übrigen Äußerungen zusammenbringen?

Wenn Sp., wie Sie in der Folge anmerken, über die Freiheit so gedacht hat wie Leibniz, so hat er auch zugeben müssen, daß die Erkenntnis des Guten und Bösen ebensowenig als die Erkenntnis des Wahren und Falschen in Ansehung der vollkommensten Ursache ohne alle Folgen sein könne, daß also die vollkommenste Ursache am Guten Wohlgefallen, am Bösen Mißfallen, das heißt Absichten haben, und wenn sie würkt, nach Absichten würken müsse.

Hier ist abermals der Ort, wo der Philosoph nach der Schule dem Spinozisten begegnet und wo sie sich brüderlich umarmen.

S. 26 stoße ich auf eine Stelle, die mir schlechterdings unverständlich ist. *Das Denken*, sagen Sie, *ist nicht die Quelle der Substanz, sondern die Substanz ist die Quelle des Denkens. Also muß vor dem Denken etwas Nichtdenkendes als das erste angenommen werden; etwas, das, wenn schon nicht durchaus in der Möglichkeit, doch in der Vorstellung, dem Wesen, der inneren Natur nach, als das Vorderste gedacht werden muß.* Sie scheinen mir hier mit unsrem Freunde etwas denken zu wollen, das kein Gedanke ist, einen Sprung ins Leere zu tun, dahin uns die Vernunft nicht folgen kann. Sie wollen sich *etwas* denken, das vor allem Denken vorhergehet und also dem allervollkommensten Verstande selbst nicht denkbar sein kann.

Mich dünkt, die Quelle aller dieser Scheinbegriffe liegt darin, daß Sie Ausdehnung und Bewegung für die einzige Materie und Objekte der Gedanken halten, und auch diese nur, insoweit sie würklich existieren. Ich weiß nicht, mit welchem Grunde Sie dieses als ausgemacht voraussetzen. Kann das denkende Wesen sich nicht selbst Stoff und Gegenstand sein? Wir wissen, wie uns zumute ist, wenn wir Schmerz, Hunger, Durst, Frost oder Hitze leiden, wenn wir fürchten, hoffen, lieben, verabscheuen usw. Nennen Sie dieses Gedanken, Begriffe oder Empfindungen und Affektionen der Seele; genug, daß sie bei allen diesen Affektionen weder Ausdehnung noch Bewegung zum Gegenstande hat. Ja, bei den sinnlichen Empfindungen selbst, was hat der Schall, der Geruch, die Farbe, oder was hat der körperliche Geschmack mit Ausdehnung und Bewegung gemein? Ich weiß wohl, daß Locke[112] die Weltweisen gewöhnt hat, Ausdehnung, Undurchdringlichkeit und Bewegung für *Qualitates primitivas* zu halten und die Erscheinungen der übrigen Sinne, als *Qualitates secundarias*, auf diese zu reduzieren. Allein, was hat der Spinozist für Grund, dieses gelten zu lassen? Endlich, kann es denn nicht auch einen Geist geben, der sich Ausdehnung und Bewegung als bloß möglich denkt, wenn sie auch wirklich nicht vorhanden sind? Nach dem Spinoza, der die Ausdehnung für eine Eigenschaft der einzigen unendlichen Substanz hält, muß dieses um soviel eher angehen.

Ich übergehe eine Menge von witzigen Einfällen, mit welchen unser L*** Sie in der Folge unterhalten und von denen es schwer ist zu sagen, ob sie Schäkerei oder Philosophie sein sollen. Er war gewohnt, in seiner Laune die allerfremdesten Ideen zusammenzupaaren, um zu sehen, was für Geburten sie erzeugen würden. Durch dieses ohne Plan Hinundherwürfeln der Ideen entstanden zuweilen ganz sonderbare Betrachtungen, von denen er nachher guten Gebrauch zu machen wußte. Die mehresten aber waren denn freilich bloß sonderbare Grillen, die bei einer Tasse Kaffee[113] noch immer unterhaltend genug waren. Von der Art ist alles, was Sie ihn S. 33 sagen lassen: seine Begriffe von der Ökonomie der Weltseele, von den Entelechien des Leibniz, die bloß Effekt des Körpers sein sollen, seine Wettermacherei, seine *unendliche Langeweile* und dergleichen Gedankenschwärmer, die einen Augenblick leuchten, prasseln und dann verschwinden. So lasse ich auch den ehrlichen Rückzug unter die Fahne des Glaubens, den Sie auf Ihrer Seite in Vorschlag bringen, an seinen Ort gestellt sein. Er ist völlig in dem Geiste Ihrer Religion, die Ihnen die Pflicht auferlegt, die Zweifel durch den Glauben niederzuschlagen. Der christliche Philosoph darf sich den Zeitvertreib machen, den Naturalisten zu necken, ihm Zweifelsknoten vorzuschlagen, die ihn, wie die Irrlichter, aus einem Winkel in den andern locken und seinen sichersten Griffen immer entschlüpfen. Meine Religion kennt keine Pflicht, dergleichen Zweifel anders als durch Vernunftgründe zu heben, befiehlt keinen Glauben an ewige Wahrheiten. Ich habe also einen Grund mehr, *Überzeugung* zu suchen. –

Ich komme auf die Stelle, S. 41, wo Sie abermals das Prinzipium der Wirklichkeit nach Spinoza deutlich zu machen suchen. „Der Gott des Spinoza", sagen Sie, „ist das lautere Prinzipium der Würklichkeit in allem Würklichen, des Seins in allem *Dasein*, durchaus ohne Individualität und schlechterdings *unendlich*. Die Einheit dieses Gottes beruhet auf der Identität des Nichtzuunterscheidenden und schließt folglich eine Art der Mehrheit nicht aus. Bloß in dieser transzendentalen Einheit angesehen, muß die Gottheit aber schlechterdings der Würklichkeit entbehren, die nur im bestimmten Einzelnen sich ausgedrückt befinden kann." Wenn ich dieses recht verstehe, so sind bloß die bestimmten einzelnen Wesen würklich existierende Dinge; das Unendliche aber, oder das Prinzipium der Würklichkeit, beruhet nur in dem *Zusammen*, in dem *Inbegriffe* aller dieser Einzelheiten. Es ist also ein bloßes collectivum quid, das keine andere Substantialität hat als die Substantialität der Glieder, aus welchem es bestehet. Nun beruhet jedes Kollektivum auf dem Gedanken, der das Mannigfaltige zusammenfaßt; denn außerhalb der Gedanken, oder objektive betrachtet, ist jedes Einzelne isolieret, *ein* Ding für sich; nur die Beziehung macht es zum Teil des Ganzen, zum Gliede des *Zusammen*. Beziehung aber ist Operation des Denkens. Nun helfen Sie mir aus der Verwirrung, in welcher ich mich in Ansehung des Spinozismus befinde. Ich frage erstlich: Wo subsistiert dieser Gedanke, dieses Kollektivum, die Beziehung des Einzelnen zum Ganzen? Nicht im Einzelnen; denn dieses subsistiert jedes nur für seinen Teil. Wollten wir dieses nicht zugeben, so hätten wir nicht nur eine *Art* von Mehrheit in der Gottheit, sondern eine wahre zahllose Vielheit. Auch nicht wieder in einem Kollektiven; denn dieses führt auf offenbare Ungereimtheiten. Wenn also dieses *Pan*, dieses Zusammen, Wahrheit haben soll, so muß es in einer würklichen transzendentalen Einheit subsistieren, die alle Mehrheit ausschließt, und hiermit wären wir ja ganz unvermutet in dem gewöhnlichen Gleise der Schulphilosophie.

Ferner: Bisher glaubte ich immer, nach dem Spinoza habe bloß das einzige Unendliche eine wahre Substantialität; das mannigfaltige Endliche aber sei bloß Modifikation oder Gedanke des Unendlichen. Sie scheinen dieses umzukehren. Sie geben dem Einzelnen wahre Substantialität, und sonach müßte das Ganze bloß ein Gedanke des Einzelnen sein. Sie treiben mich also in einem Zirkel herum, aus welchem ich mich nicht finden kann. Denn bei andern Gelegenheiten scheinen Sie mir auch einzustimmen, daß nach dem Spinoza nur *eine* transzendentale unendliche Substanz möglich sei, deren Eigenschaften unendliche Ausdehnung und unendliche Gedanken sind.

Die größte Schwierigkeit aber, die ich in dem System des Spinoza finde, liegt mir darin, daß er aus dem Zusammennehmen des Eingeschränkten das Uneingeschränkte will entstehen lassen.

Wie kann durch das Hinzukommen der Grad verstärkt werden? Wie kann durch *Vermehrung* des Extensiven das Intensive verstärkt werden? Wenn in allen übrigen Systemen der Übergang vom Unendlichen schwer zu begreifen ist, so scheint mir nach diesem System der Rückweg vom Endlichen in das intensive Unendliche schlechterdings unmöglich zu sein. Durch bloße Vermehrung erhalten wir niemals Verstärkung, wenn wir sie auch ins Unendliche fortsetzen. Wenn wir dem Grade eine Quantität zuschreiben, so ist dieses eine intensive Quantität, die durch Hinzutun gleichartiger Dinge nicht vermehrt werden kann. Muß nicht hier der Spinozist offenbar die Begriffe verwechseln und Vielheit statt einer Stärke gelten lassen?

Diesen Einwurf hat bereits Wolff (im zweiten Teil seiner natürlichen Theologie) in etwas berührt; aber meines Wissens hat noch kein Verteidiger Spinozas darauf geantwortet.

———

Hierauf erhielt ich die Antwort des Herrn Jacobi vom 5. September 1784 (S. 53), die *Copie d'une Lettre à Monsieur Hemsterhuis* (S. 56) und endlich das deutsche an mich gerichtete Schreiben vom 21. April 1785 (S. 117) über die ihm zugeschickten Erinnerungen. In diesen Briefen ist nun von Lessingen weiter die Rede nicht mehr. Herr Jacobi in seinem eigenen Namen sucht den Herrn Hemsterhuis und mich zu überführen, daß die spekulative Vernunft, wenn sie konsequent ist, unvermeidlich zum Spinozismus leite und daß von den steilen Höhen der Metaphysik keine andere Rettung sei, als aller Philosophie den Rücken zu kehren und Kopf unten sich in die Tiefen des Glaubens zu werfen.

Über den Spinozismus selbst und was dazu leiten kann, habe ich mich bereits in meinen *Morgenstunden* erklärt, und was ich etwa insbesondere über Herrn Jacobis Verteidigungsart dieser Lehre anzumerken habe, verspare ich mir auf eine andere Gelegenheit. Hier hat das Publikum bloß zwischen Jacobi und Lessing, zum Teil auch zwischen Jacobi und mir zu entscheiden; und weil der Richter doch alles in Händen haben muß, was zur Streitsache gehört, so mag auch der Eingang zum Schreiben vom April 1785 hier stehen, den Herr Jacobi, wie er (S. 117) sagt, deswegen weglassen, weil er nur die Gründe enthält, „warum ich für gut fand, Mendelssohns Erinnerungen *bloß eine neue Darstellung* des Spinoza entgegenzusetzen und die Rechtfertigung meines Begriffes von diesem Lehrgebäude dabei zum Hauptaugenmerk zu nehmen".

An Herrn Moses Mendelssohn, über desselben
mir zugeschickte Erinnerungen

„Ehe man nach Blößen suchen darf, muß des Gegners Klinge erst gefunden und gehalten sein; Sie suchten die meinige und schwangen Ihr Gewehr im Kreise, ohne Widerstand zu finden, denn da gegenüber war ich nicht. Ich will in der geraden stillen Wehre, worin ich stand, vor Sie hinrücken und mit einem nur graden Stoße in Ihrem Kreis den Ausfall wagen. Fängt Ihr Kreis meinen Stoß auf, dann erst sind wir im Gefecht."

„Ohne Allegorie. Ihren Erinnerungen liegt von Anfang bis zu Ende eine Irrung zum Grunde, die Sie unerörtert lassen. Da Ihr Begriff von der Lehre des Spinoza mit dem meinigen nicht übereinkam, so mußte wenigstens einer von uns diese Lehre unrecht fassen. Wenn es nun auch nicht an sich der Mühe wert war, zu untersuchen, oder vielmehr, wenn es ja nicht die Frage sein konnte, wer von uns beiden der Irrende sei, so mußte die Frage doch geliehen werden, sobald mir die Ehre widerfahren sollte, daß Sie über diese Materie sich mit mir einließen. Diese Frage zu leihen wäre um so billiger und unverfänglicher gewesen, da Sie über dem Lesen des gegenwärtigen Aufsatzes sich gewiß erinnern werden, wie sehr Ihnen die Schriften des Spinoza aus dem Gedächtnisse gekommen sind, wovon einiges Bewußtsein Ihnen doch auch damals schon beiwohnen mußte. Genug, indem Sie unterließen, durch eine Vergleichung mit der Urkunde Ihren Begriff von dem Spinozismus gegen den meinigen zu wägen, umgingen Sie die Sache selbst. Alles mußte nun im Unbestimmten schwanken; an keiner Seite konnten Sie recht angreifen, viel weniger durchsetzen. Der Nachdruck fehlte, weil der rechte Widerstand gebrach. Und mit wie vielerlei auf einmal kommen Sie nicht ins Gemenge? Mit der innerlichen Unwahrheit Ihres eigenen Begriffes oder mit dem Falschen in der Sache selbst, nach Ihrer Vorstellung davon; mit der innerlichen und mit der angenommenen äußerlichen Unwahrheit des meinigen; hernach mit dem, was Lessing und mir besonders zugehörte oder so genommen werden mochte. So vielerlei und so Verschiedenes, und da es unaufhörlich ineinander sich verlieren mußte, konnte Ihre Streitschrift nicht anders als sehr verwickelt werden lassen. Darum je länger usw.", wie die Folge der Länge nach von S. 117 bis S. 166 mitgeteilet worden.

Abraham von Moivre[114] soll einst Newton um den Beweis eines mathematischen Lehrsatzes ersucht haben, den er selbst nicht finden konnte. Newton war willig, ihn zu geben; allein die Prämissen des Beweises waren dem von Moivre noch schwerer zu begreifen als der Lehrsatz selbst, und je mehr Erläuterung jener zu geben bemüht war, desto weniger konnte ihn dieser erreichen. Fast auf eine ähnliche Weise erging es mir mit Herrn Jacobi. Je mehr er sich angelegen sein ließ, mir über den wahren und echten Spinozismus Aufschluß zu geben, desto weniger verstand ich weder ihn noch seinen Spinoza. Ich verstand sie nicht, im genauesten Sinne der Worte. Man mag mich Halbkopf oder seichten Denker schelten, ich verstehe diese Sprache nicht, die bald zu transzendental, bald zu figürlich wird. Ich vermisse allenthalben deutliche Worterklärungen, Bestimmtheit der Begriffe; mir schwebt alles wie in der Dämmerung mit schwankenden Umrissen vor den Augen. Von manchen Sätzen, die ich den Worten nach zu verstehen glaubte, schien mir weder das Dafür noch das Dawider ausgemacht zu sein und vielmehr beides noch mit gleichen Gründen behauptet werden zu können, und von so mancher andern Behauptung schien mir die Unzulässigkeit in die Augen zu fallen, so daß ich unmöglich glauben konnte, den rechten Sinn derselben gehörig gefaßt zu haben. Ich mußte also noch völlig im Zweifel sein, ob ich, wie Hr. J. sich ausdrückt, die Waffen meines Gegners gefunden habe und festzuhalten imstande sei. Um nur einige Beispiele anzuführen. In dem Schreiben an

Hemsterhuis[115] läßt Hr. J. seinen Spinoza beweisen, daß der Wille keine Veränderung in der Natur hervorbringen könne, und legt ihm folgende Worte in den Mund: *„La pensée considérée dans son essence n'est que le sentiment de l'Etre. L'idée et le sentiment de l'Etre, en tant qu'il est déterminé, individuel et en relation avec d'autres individus. La volonté n'est que le sentiment de l'Etre déterminé agissant come individu."* (S. 72). Oder weil das Wort être im Französischen vieldeutig ist, lasset uns bei der Übersetzung bleiben, die Herr Jacobi selbst hinzugefüget hat: „Das Denken, in seinem Wesen betrachtet, ist nichts anders als das *Sein*, das *sich fühlet*." Ich muß gestehen, daß ich diese Worte schlechterdings nicht verstehe. Weit deutlicher ist mir das Wort Denken als die Worte: *das Sein, das sich fühlet.* Soll es heißen: *Denken, in seinem Wesen betrachtet, ist nichts anders als Selbstbewußtsein, daß man da sei?* So scheinet es, wenn ich S. 140 damit vergleiche, allwo Herr Jacobi in dem deutschen Schreiben an mich denselben Gedanken vorträgt: „Das absolute Denken", heißt es daselbst, „ist das reine, unmittelbare, absolute Bewußtsein in dem allgemeinen Sein, dem Sein Kατ' ἐξοχην, oder der Substanz"; wiewohl ich auch hier den Gedanken nur halb verstehe, denn was *allgemeines Sein, Sein per excellentiam, oder Substanz* bedeute, begreife ich dennoch nicht. In der Note sagt Herr Jacobi: „Der Ausdruck *le sentiment de l'Etre*, den mir in dem Briefe an Hemsterhuis die französische Sprache an die Hand gab, war reiner und besser; denn das Wort Bewußtsein scheint etwas von Vorstellung und Reflexion zu involvieren, welches hier gar nicht stattfindet", und führt zur Erläuterung seines Gedankens eine Stelle aus der *Kritik der reinen Vernunft* an. Allein nach *Kant* liegt ein Bewußtsein bloß allen Begriffen *zum Grunde*, und nach Jacobi soll das Denken *nichts anderes sein*; welches zwei ganz verschiedene Behauptungen sind. Zudem muß Spinoza, wie mich dünkt, Vorstellungen ohne Bewußtsein zugeben, wenn er konsequent sein will. Denn da nach seiner Lehre alles, was in dem Körper durch Bewegung geschiehet, in der Seele harmonisch durch Vorstellung ausgedrücket wird und da ferner nicht geleugnet werden kann, daß in dem Körper Bewegungen vorgehen, deren wir uns nicht bewußt sind, so muß es notwendig dunkle, schlafende Vorstellungen ohne alles Bewußtsein geben und müssen also, nach Spinoza, Begriffe ohne Bewußtsein oder *ein Denken ohne das Sein, das sich fühlt*, gar wohl möglich sein. Was vom Willen gesagt wird, ist mir vollends unbegreiflich. „Der Wille ist nichts als das Sein, das sich fühlt, insofern es bestimmt ist, und als ein einzelnes Wesen handelt." Ich verstehe hier schlechterdings den buchstäblichen Sinn der Worte ebensowenig als S. 98, wo die Erklärung des Denkens abermals vorkömmt. „Das Denken", heißt es daselbst, „ist das Sein, das sich fühlt; folglich muß alles das, was in der Ausdehnung vorgehet, gleichfalls in dem Denken vorgehen, und jedes *eigentliche* Individuum ist nach *Maßgabe seiner Mannigfaltigkeit und Einheit* oder nach dem Grade derjenigen Kraft beseelt, womit es das ist, was es ist." Was ist *das Wesen des Menschen selbst oder der Grund seines würklichen Vermögens oder der Kraft, mit welcher er das ist, was er ist?* Nimmermehr hätte ich hinter diesen transzendentalen Worten die *Freiheit des Willens* gesucht, die Spinoza (S. 96) dadurch erklären will, um sie nach seiner Art zu bestreiten. Ich konnte mich schlechterdings auf diese Gründe nicht einlassen; denn ich verstand den Sinn der Worte nicht.

Von dem System der Endursachen sagt Herr Jacobi (S. 60): Spinoza habe dasselbe als die größte Verrückung des menschlichen Verstandes angesehen, und S. 90 legt er ihm selbst die Worte in den Mund: die Lehre von den Endursachen sei wahrer Unsinn. Wenn dieses alles Ernstes gesagt sein soll, so scheint es mir die vermessenste Behauptung, die je aus eines Sterblichen Munde gekommen. So etwas sollte sich kein Erdensohn erlauben, der so wenig als wir andern von Ambrosia lebt, der so wie andere Menschenkinder hat Brot essen, schlafen und sterben müssen. Wenn der Weltweise in seiner Spekulation auf eine so ungeheure Behauptung stößt, so ist es, wie mich dünkt, hohe Zeit, daß er sich orientiere und nach dem schlichten Menschenverstande umsehe, von dem er zu weit abgekommen ist.

Zwar will Spinoza, nach Herrn Jacobi, durch keine Erfahrung widerlegt sein. „Wir sehen auch", spricht er (S. 79), „daß sich die Sonne um die Erde drehet. Lassen wir die Erscheinungen und bestreben uns, die Dinge zu erkennen, wie sie sind." Allein die Erscheinungen sind in dergleichen Fällen nicht so schlechterdings abzuweisen. Ihr Zeugnis ist vielmehr von der höchsten Gültigkeit; denn, als Erscheinungen betrachtet, reden sie lautere Wahrheit. Auch daß die Sonne sich um die Erde bewegt, ist wahr, wenn wir bloß auf die Erdbewohner sehen und nicht daraus die Folge ziehen, daß es auch den Einwohnern anderer Weltkörper so vorkommen müsse. Gibt es Absichten und Endursachen in der Natur? Wenn es im Menschen welche gibt, wenn der Mensch welche hat und ausführt und wenn durch seine Kräfte, Bestandteile und Gliedmaßen welche ausgeführt worden sind, so können auch die Endursachen in der Natur nicht geleugnet werden. Herr Jacobi will (S. 104) die Endursachen in dem Weltall durch folgendes Räsonnement verdrängen. „Man überdenke", spricht er, „die so verwickelte Einrichtung der Staatskörper und finde aus, was sie zu einem Ganzen machte; je mehr man darüber tief und immer tiefer nachdenkt, desto mehr wird man nur blinde Triebfedern und die ganze Handlungsweise einer Maschine wahrnehmen, aber freilich einer Maschine, ähnlich denen von der ersten Hand, wo die Kräfte sich selbst nach eigenen Bedürfnissen und dem Grade ihrer Energie zusammensetzen; wo alle Springfedern das Gefühl ihrer Würkung haben, welches sie durch gegenseitiges Bestreben einander mitteilen, in einer notwendig unendlichen Stufenfolge. Dasselbige gilt von den Sprachen, deren vollständiger Bau ein Wunder scheint und deren keine doch mit Hülfe der Grammatik wurde." – Dieses also ist die hohe Weisheit, welche Spinoza dem gemeinen schlichten System der Endursachen entgegensetzt; dieses sind die überzeugenden Gründe, mit welchen er uns alle des Wahnsinnes und der Verrückung zu zeihen sich herausnimmt. – Menschen, die ein gemeinschaftliches Bedürfnis haben, können ohne Verabredung einen vernünftigen Staatskörper ausmachen; Menschen, die sich einander zu verstehen geben wollen, können ohne Grammatik eine verständliche und noch so ziemlich ordentliche Sprache zustande bringen; also können auch Dinge ohne Kenntnis und Absicht zusammenstoßen und die Wunder des großen Weltalls so spielend hervorbringen, wie der Maler des La Mettrie den Schaum am Munde seines Streitrosses hervorgebracht hat. Wer dieses nicht einsiehet, der ist nicht bei Sinnen, und das ganze menschliche Geschlecht ist nicht bei Sinnen, wenn es dieses schlichte Räsonnement nicht begreifen will. Kann ein Mensch dieses im Ernste je behauptet haben?

Nichts, dünkt mich, kann unleugbarer sein, als daß in der sichtbaren Welt, die uns umgibt, sowie in uns selbst *Endursachen* erzielt und *Absichten* aufgeführet werden. Ich kann unmöglich glauben, daß je ein Philosoph im Ernste hieran gezweifelt habe. Man darf nur die Augen öffnen, nur irgendein Werk der Natur mit dem geringsten Grade von Aufmerksamkeit betrachten, um hiervon völlig überführt zu sein. Die Frage, die in der Metaphysik vorkömmt und der Untersuchung wert ist, bestehet eigentlich darin:

Ob das System der Endursachen apodiktisch zu erweisen sei oder nicht, d. i., ob ein einziges Faktum hinreichend sei, uns auf einem *wissenschaftlichen Wege* zum Resultate zu führen, daß eine Endursache zum Grunde liege, oder ob vielmehr eine Menge von einzelnen Fällen bis zur augenscheinlichen *Induktion* angehäuft werden müsse, um uns hiervon zu versichern?

Weder in die Religion noch in die Sittenlehre hat die Entscheidung dieser Frage sonderlichen Einfluß. In Absicht auf die Folgen kömmt darauf wenig an, ob wir von einer Wahrheit *apodiktisch* oder durch eine *augenscheinliche Induktion* überführt sind. Aber für den spekulativen Kopf hat die Untersuchung ihr Nützliches und ihr Angenehmes, und sie verdient mit aller Schärfe und Genauigkeit angestellt zu werden. Daß aber ein Mann wie Spinoza das System der Endursachen schlechterdings für Verrückung und Wahnwitz erkläret und folglich uns übrigen, die wir so fest an dieses System uns anschließen, alle zu den Unklugen verweiset; das ist eine ziemlich beleidigende Herausforderung, die der Defensor mit dem ritterlichen Brauch und Herkommen des philosophischen Zweikampfes entschuldigen mag.

Das Schreiben an Herrn Hemsterhuis, das mir Herr Jacobi mitteilte, blieb eine Zeitlang von meiner Seite ohne Antwort. Im Grunde hatte ich noch nichts zu beantworten. Der Brief war eigentlich nicht an mich gerichtet; ich verstand ihn nicht, schob die Schuld zum Teil auf meine geringe Kenntnis der französischen Sprache und wollte die deutsche Antwort auf meine Erinnerungen abwarten, die mir Herr Jacobi versprach. Als diese mir zu lange verweilte, beschloß ich, meine unterdessen völlig ausgearbeiteten *Morgenstunden* herauszugeben, und ließ Herrn Jacobi ersuchen, mit seinen Gegenerinnerungen zu warten, bis er den ersten Teil derselben in Händen haben würde. Ich meldete dabei ausdrücklich, daß in diesem ersten Teile meiner Schrift unsers Briefwechsels noch keine Erwähnung geschähe. Meine Absicht war, in diesem Teile bloß meine Gedanken über die *ersten Gründe der Erkenntnis*, über *Wahrheit, Schein* und *Irrtum* an den Tag zu legen und die Anwendung davon auf den Pantheismus zu versuchen. Hier findet Herr Jacobi, dachte ich, vielleicht den Punkt, wo wir zusammenkommen und von welchem wir ausgehen können, unsern Wettlauf zu vollenden. Dieses sollte alsdenn von meiner Seite in dem zweiten Teile geschehen.

Als ich aber unmittelbar darauf Herrn Jacobis Schreiben und seine deutsche *Darstellung des Spinozismus* erhielt, mußte ich alle Hoffnung aufgeben, mit diesem Weltweisen je in einem Punkte zusammenzukommen. War mir der französische Spinoza unerreichbar, so war mir der deutsche vollends wie in Nebel und Wolken verhüllt. Ich konnte keinen Gedanken festhalten: Kaum wagte ich es, einen zu erhaschen, so mußte ich ihn in der folgenden Periode schon wieder fahrenlassen. Bald schien es mir, als wären nach dem Spinoza des Herrn Jacobi alle veränderliche Dinge bloß Gedanken und Vorstellungen des Unveränderlichen; bald schien er doch auch dem Veränderlichen objektives Dasein zuzuschreiben; gleichwohl ward protestiert, daß das Unendliche kein Aggregat des Endlichen sei, daß überhaupt durch Zusammensetzung kleinerer Grade kein höherer Grad erhalten werde und also *unendlich Vieles nicht ein Unendliches ausmachen könne.* Diesem allen unbeschadet, sollte doch alles Veränderliche mit dem Unveränderlichen *eins* und dieselbe Substanz sein. Sodann verstand ich wieder an einem andern Orte aus seinen Worten, daß sein Unendliches ein bloßes *Abstractum quid*, ein allgemeiner Begriff sei, der nur deswegen ewig, unendlich und unveränderlich sei, weil er in allem Endlichen und Veränderlichen anzutreffen sein und ihm zum Grunde liegen muß. Auf solche Weise hätte bloß das Endliche ein konkretes Dasein: das Unendliche aber wäre ein Begriff, der vor dem Endlichen abgesondert werden kann. *Die absolute Einheit* selbst, die er seiner einzigen möglichen Substanz zuschreibt, schien an manchen Stellen eine bloße *Einheit der Abstraktion* zu sein; wie etwa die *Tierheit* in allen Tieren, die *Menschheit* in allen Menschen *eins* ist, dem Begriffe nach, der Sache nach aber jedem Einzelnen besonders zukömmt. Dieselbe Kraft der Schwere ist es, die dort die Himmelskörper und hier das Pendel an der Uhr bewegt. Dem Begriffe nach ist es also *ein und ebendieselbe Kraft*; allein der Sache nach muß diese Kraft in jedem konkreten Einzelnen wiederholt und vervielfältiget werden, wenn sie so mancherlei Veränderungen hervorbringen soll. So schien mir auch die *Einheit* des Spinoza bloß dem Begriffe nach genommen werden zu müssen, weil dasjenige, worin alles Veränderliche übereinkömmt, dem Begriffe nach *eins* und immer *dasselbe* ist, ob es gleich der Sache nach in jedem Einzelnen wiederholt wird. Mit diesem Begriffe konnte ich gleichwohl wiederum andere Stellen nicht in Übereinstimmung bringen. Mit einem Worte, ich war wie im Zirkel herumgetrieben und konnte nirgends festen Fuß fassen. Ich sah also die Notwendigkeit ein, mehrere Streiter und Schiedsrichter an unserer Kampfübung teilnehmen zu lassen, und schrieb den 24. Mai 1785 an unsere gemeinschaftliche Freundin[116] folgenden Brief.

———

„Sie erhalten hierbei . . . einen Teil meiner Handschrift, die ich drucken zu lassen entschlossen bin. Haben Sie die Freundschaft für mich, ihn dem ** zur Zensur zu überreichen. Ich habe keinen philosophischen Freund, dem ich mehr Freimütigkeit, Wahrheitsliebe und Beurteilungskraft, also bessern Willen und bessere Kräfte zutraute, mir hierüber die Wahrheit zu sagen. Bitten Sie ihn, teureste Freundin, mir einige seiner Nebenstunden zu schenken, und senden Sie mir das Manuskript, mit Spuren seiner verbessernden Hand bezeichnet, sobald es angehet, zurück. Die Fortsetzung soll nächstens folgen. Herrn Jacobi kann ich die Handschrift nicht sehen lassen; er muß die Schrift ganz, und zwar gedruckt, vor Augen haben; Sie sollen alsogleich hören, aus welcher Ursache.

Es gehet mir mit Herrn J. gar sonderbar. Je mehr Erläuterung er mir geben will, desto weniger verstehe ich ihn. Seinen Brief an H. habe ich schlechterdings in dem buchstäblichen Sinne nicht verstanden, und vor einigen Tagen habe ich einen ausführlichen Aufsatz von ihm erhalten, der zur Erläuterung jenes Briefes und zugleich zur Beantwortung meiner Erinnerungen gegen sein System dienen soll, und – ich schäme mich nicht, es zu gestehen – ich verstehe diesen Aufsatz noch weit weniger. Was ist nun anzufangen? Wenn wir in verschiedenen Idiomen sprechen und uns einander nicht verständlich sind, so kommen wir in Ewigkeit nicht auseinander. Dabei scheint H. J. zuweilen heftig zu werden und in eine Art von Hitze zu geraten; wiewohl dieses auch nur angenommen sein kann, um den Streit lebhafter zu machen. Im Grunde kann das Herz immer noch von Eigendünkel und Rechthaberei frei sein.

Dem sei, wie ihm wolle, so muß ich, um Verwirrung zu vermeiden, zuerst meine Grundsätze darlegen, bevor ich mich mit H. J. einlasse. Ich gebe also den ersten Teil meiner Morgenstunden heraus, *sage in demselben noch nichts von unserm ganzen Briefwechsel*, berühre aber gleichwohl den Spinozismus und suche ihn zu widerlegen. *Unsern Briefwechsel verspare ich mir bis auf den zweiten Teil, der ein Jahr später erscheinen mag.* Unterdessen lerne ich vielleicht Herrn J. besser verstehen oder bin so glücklich, mich mit ihm über einige Punkte zu vereinigen. Bevor wir wettlaufen, müssen wir an einem bestimmten Orte zusammenkommen.‟

––––––

Unparteiische Leser mögen urteilen, ob H. J. nach allem diesen, was zwischen uns vorgegangen, zu der Besorgnis berechtigt gewesen, die er S. 176 zu erkennen gibt, und was für Recht er gehabt, mit einer Privatkorrespondenz hervorzueilen, ohne diejenigen darum zu befragen, die Anteil daran hatten. „Ich konnte‟, spricht er, „es ihm doch allein und ganz einseitig nicht überlassen, den Streit gehörig einzuleiten und öffentlich zu zeigen, woran es liege, daß ihm manches (in meinen Aufsätzen) schlechterdings unverständlich sei und sich seinen Blicken immer mehr und mehr entziehe, je mehr Erläuterung ich ihm zu geben bemühet sei. Noch weniger‟, fährt er fort, „konnte ich zugeben, daß ein *status controversiae* festgesetzt würde, wo es mir anheimfällt, den *Advocatum diaboli* gewissermaßen vorzustellen, wenn man nicht zugleich die ganze Ver-

anlassung des Streits, welcher eingeleitet werden soll, be-
kanntmachte. Es war höchst wichtig für mich, daß man genau
erführe, in welchem Verstande ich die Partei des Spinoza genommen hatte und daß einzig und allein von spekulativer
Philosophie gegen spekulative Philosophie, oder richtiger, von
reiner Metaphysik gegen reine Metaphysik die Rede war." Daß
in dem ersten Teile meiner Schrift unsers Briefwechsels noch
gar nicht erwähnt werden und also von H. J. Aufsätzen und
ihrer Verständlichkeit oder Unverständlichkeit noch gar die
Rede nicht sein würde, davon hatte H. J., wie er S. 167 selbst
anführet, schon den 26. Mai meine Versicherung in Händen:
und wenn ihm unsere Freundin, wie zu vermuten, auch mein
Schreiben vom 24. Mai abschriftlich mitgeteilt, so hatte er
mein wiederholtes Versprechen, daß unser Streit erst in dem
zweiten Teile vorkommen sollte, und ich konnte diesem Versprechen ohne offenbare Falschheit nicht zuwiderhandeln.
Meine *Morgenstunden* sind nunmehr heraus, und man siehet,
daß nichts von dem geschehen, was H. J. befürchtet hat. Wo
habe ich gesagt, daß ich *öffentlich* zeigen wolle, woran es liege,
daß mir manches in seinen Schriften schlechterdings unverständlich sei usw.? Wie H. J. S. 175 selbst meine Worte
anführet, habe ich bloß geschrieben: *Wenigstens würde es
sich zeigen*, woran es liege usw., nämlich wenn ich den *statum
controversiae* mit dem Pantheismus überhaupt in dem ersten
Teile meiner Schrift nach meiner Art festgesetzt haben würde,
so würde es sich zwischen uns gar bald zeigen, woran es liege.
Wie richtig oder wie unrichtig ich aber diesen *statum controversiae* angeben würde, dieses konnte von H. J. Seite ganz
ohne Gefahr abgewartet werden. Noch ging es bloß den Pantheismus überhaupt, nicht H. J. insbesondere an, der noch
immer Zeit gehabt, mich und das Publikum eines Bessern zu
belehren, wenn er mich auf unrechten Wegen erwischt hätte,
ohne mit Bekanntmachung eines Privatbriefwechsels so vor-
schnell zu sein. Noch weniger konnte H. J. besorgen, ich
würde ihn als Anhänger des Atheismus aufstellen. Wenn ich
auch nicht versprochen hätte, unsers Streites noch gar nicht zu
erwähnen, so hatte ich doch zu diesem schmählichen Verdacht
noch keinen Anlaß gegeben. Was konnte mich bewegen, einen
Mann, der mich nie beleidigt hatte, bei der Welt oder Nachwelt um seinen guten Leumund zu bringen? Auf der Bahn, auf

welcher ich durch die Welt zu kommen suche und deren Ende ich nun beinahe erreicht habe, wird mir H. J. sicherlich nie im Wege stehen; und wenn er mir die Schadenfreude zutraute, daß ich einem Unschuldigen ein Bein unterschlagen könnte, um mich an seinem Falle zu belustigen, so mußte er meinen Umgang und meinen Briefwechsel nicht suchen.

Von einer andern Seite, wenn es denn, wie H. J. meint, so wichtig ist, ob und unter welcher Gestalt man die Partei des Spinoza übernehme und seine Lehren zu verteidigen suche, warum erlaubt er sich denn, unsern Freund Lessing so geradezu als *Advocatum diaboli*, wie er es nennt, aufzustellen, einen Verstorbenen zu verunglimpfen, der sich nicht mehr verteidigen kann und wider welchen er keine andre Beweise als mündliches Gespräch und keine andere Zeugen als seine eigene Person aufzubringen imstande ist?

Mit einem Worte, ich kann mich in die praktischen Grundsätze des Herrn J. ebensowenig als in seine theoretischen finden. Ich glaube, es sei bei so bewandten Umständen durch Disput wenig auszurichten und also wohl getan, daß wir auseinanderscheiden. Er kehre zu dem Glauben seiner Väter zurück, bringe durch die siegende Macht des Glaubens die schwermäulige Vernunft unter Gehorsam, schlage die aufsteigenden Zweifel, wie in dem Nachsatz seiner Schrift geschieht, durch Autoritäten und Machtsprüche nieder, *segne* und *versiegele* seine kindliche Wiederkehr (S. 213) mit Worten aus dem *frommen, engelreinen Munde* Lavaters.

Ich von meiner Seite bleibe bei meinem jüdischen Unglauben, traue keinem Sterblichen einen *engelreinen Mund* zu, möchte selbst von der Autorität eines *Erzengels* nicht abhängen, wenn von ewigen Wahrheiten die Rede ist, auf welche sich des Menschen Glückseligkeit gründet, und muß also schon hierin auf eigenen Füßen stehen oder fallen. – Oder vielmehr: Da wir alle, wie H. J. sagt, im Glauben geboren sind, so kehre auch ich zum Glauben meiner Väter zurück, welcher nach der ersten ursprünglichen Bedeutung des Worts nicht in Glauben an Lehre und Meinung, sondern in Vertrauen und Zuversicht auf die Eigenschaften Gottes bestehet. Ich setze das volle, uneingeschränkte Vertrauen in die Allmacht Gottes, daß sie dem Menschen die Kräfte habe verleihen *können*, die Wahrheiten, auf welche sich seine Glückseligkeit gründet, ohne Autorität zu

erkennen, und hege die kindliche Zuversicht zu seiner Allbarmherzigkeit, daß sie mir diese Kräfte habe verleihen
wollen. Von diesem unwankenden Glauben gestärkt, suche ich
Belehrung und Überzeugung, wo ich sie finde. Und, Preis sei
der seligmachenden Allgütigkeit meines Schöpfers! Ich *glaube*,
sie gefunden zu haben, und *glaube*, daß jeder sie finden könne,
der mit offenen Augen suchet und sich nicht selbst das Licht
verstellen will. – Soviel, was mich angeht. –

Was unsern Freund *Lessing* betrifft, so fällt sein Schicksal
am Ende auch nicht so hart aus, als man es anfangs hätte vermuten sollen. H. J. weiset ihm eine Gesellschaft an, in welcher
er sich nicht übel befinden mag. Nach einem Papiere, welches
er S. 170 mitteilet, erkläret er zwar, *Spinozismus sei Atheismus*; allein die Philosophie eines Leibniz und Wolff ist ihm
nicht minder fatalistisch als die spinozistische und führt, wie er
sagt, den unablässigen Forscher zu den Grundsätzen der letztern zurück. Endlich soll, wie er hinzutut, *jeder Weg der
Demonstration in dem Fatalismo* ausgehen. Schwerlich wird
der Geist Lessings, der sonst sich in dem Umgange mit jenen
Verworfnen so sehr gefiel, noch itzt in ihrer Gesellschaft
Langeweile befürchten. Er kehre also besänftiget in die stillen
Wohnungen des Friedens zurück, in die Arme der Männer, die
so wie er den Weg der Demonstration gegangen sind und so
wie er ihrer Vernunft auch etwas zugetrauet haben.

Erläuterungen zu den einzelnen Schriften

Sendschreiben an den Herrn Magister Lessing in Leipzig

Diesen Aufsatz schrieb Mendelssohn als Anhang zur Übersetzung von Jean Jaques Rousseaus (1712–1778) „Abhandlung über den Ursprung und die Grundlagen der Ungleichheit unter den Menschen" (Discours sur cette question proposée par L'Académie de Dijon: Quelle est l'origine de l'inégalité parmi les hommes, et si elle est autorisée par la loi naturelle), 1753. Gotthold Ephraim Lessing (1729–1781) selbst kündigte am 10. Juli 1755 in einer Anzeige die Discours-Übersetzung in der „Berlinischen Privilegierten Zeitung" an: „Es ist ein Mann von Einsicht und Geschmack, welcher sie unternommen hat, und wir sind gewiß, daß er beides bei einer Arbeit zeigen wird, bei welcher die meisten nur Kenntnis der Sprachen zu zeigen gewohnt sind." Das Sendschreiben wurde in den letzten Monaten des Jahres 1755 verfaßt und Anfang 1756 veröffentlicht.

Abhandlung über die Evidenz
in metaphysischen Wissenschaften

Damit beteiligte sich Mendelssohn an einem Preisausschreiben der Berliner Akademie der Wissenschaften für das Jahr 1763. Die Fragestellung lautete, „ob die metaphysischen Wahrheiten im allgemeinen, und im besonderen die ersten Prinzipien der natürlichen Theologie und der Moral, derselben Evidenz fähig sind wie die mathematischen Wahrheiten, und, falls sie deren nicht fähig sind, welches die Natur ihrer Gewißheit ist, bis zu welchem Grad sie gelangen kann, und ob dieser Grad zur Überzeugung genügt." – Mendelssohn beabsichtigte, sich grundsätzlich mit einer Unterschätzung der Metaphysik und ihrer Herabsetzung als Wissenschaft gegenüber der Mathematik und den Naturwissenschaften auseinanderzusetzen. Er argumentiert wesentlich vom Boden der rationalistischen

Philosophie Christian Wolffs (1679–1754) aus. Im Sommer 1762 wurden die ersten drei Abschnitte entworfen, der vierte Abschnitt „in den ersten Flitterwochen nach meiner Hochzeit verfertigt, unter tausend Zerstreuungen, die mich nie zu mir selber kommen ließen". (An Lessing im Mai 1763.) An dem Preisausschreiben beteiligten sich unter anderen auch Immanuel Kant (1724–1804) und Mendelssohns enger Freund Thomas Abbt (1738–1766), der seine Arbeit aber wohl nicht rechtzeitig einreichte. Nach einigen Schwankungen wurde in der Sitzung der Akademie am 26. Mai 1763 der erste Preis an Mendelssohn, der zweite an Kant gegeben und dieses Ergebnis am 2. Juni in einer Vollsitzung der Akademie öffentlich verkündigt. 1764 wurden die preisgekrönten Abhandlungen von der Akademie veröffentlicht. Mendelssohns Absicht, zu diesem Zweck noch einen Anhang beizufügen, wurde nicht realisiert. Die Schrift ist, weitgehend in der ursprünglichen Form, in die 2. Auflage der „Philosophischen Schriften" 1786 aufgenommen.

Phädon oder über die Unsterblichkeit der Seele
in drei Gesprächen

Der „Phädon" ist sowohl ein Ergebnis der Mendelssohnschen tiefen Verehrung der Platonschen Dialoge als auch seiner ständigen Bemühung, das Problem der Unsterblichkeit der menschlichen Seele auf rationalistischer Grundlage befriedigend positiv zu lösen. Als Autodidakt hatte Mendelssohn in der zweiten Hälfte des Jahres 1752 begonnen, Griechisch zu lernen, von vornherein mit der Absicht, den Plato (427–347 v. u. Z.) im Original lesen zu können. In den nachfolgenden Jahren las er alle Dialoge Platos. Sachkundig bespricht er im Sommer 1760 in den „Litteratur-Briefen" – Briefe, die neueste Literatur betreffend, herausgegeben mit Lessing und Christoph Friedrich Nicolai (1733–1811) – Johann Georg Hamanns (1730–1788) „Sokratische Denkwürdigkeiten", Wegelins „Letzte Gespräche des Sokrates und seiner Freunde" und Denis Diderots (1713–1784) Plan zu einem Trauerspiel über den Tod des Sokrates. Dieser Stoff, Gegenstand des Platonischen Dialogs „Phaidon", nimmt ihn mehr und mehr gefangen. Er übersetzt mehrere Stellen aus Platos Dialog „Phaidon" und aus dem „Kriton". Am 19. Dezember 1760 schreibt er an Lessing, sein „Phädon" liege ihm immer noch in den Gedanken; sobald die Litteratur-Briefe aufhörten, ihm zur Last zu liegen, werde er an die Ausarbeitung dieser Abhandlung schreiten. Diese Arbeit beschäftigt ihn mehrere Jahre. An Iselin schreibt er am 5. Juli 1763, er wolle von Plato eigentlich nichts als die Anlage borgen, welche allerdings in der Tat vortrefflich sei. Den ersten Teil schrieb er in den Jahren 1761–1763 nieder und schickte ihn am 16. November an den in Basel als Ratsschreiber tätigen Isaac Iselin, um ihn als Preisschrift einer Schweizer „Patriotischen Gesellschaft" zur Verfügung zu stellen, ebenso drei Bücher der „Politeia" Platos in eigener Übersetzung.

Der „Phädon" wurde im Sommer 1766 vollendet. Dabei verarbeitete er seine Überlegungen zu einer Kontroverse zwischen Thomas Abbt und Johann Joachim Spalding, zu dessen Buch „Betrachtungen über die Bestimmung des Menschen" (1748) Abbt eine Rezension (zur 7. Auflage) geschrieben hatte. Mendelssohn hatte bereits 1764 in den „Litteratur-Briefen" dazu Stellung genommen: „Orakel, die Bestimmung des Menschen betreffend". Die Schrift erschien 1767 im Verlag von Friedrich Nicolai und erregte großes Interesse; sie galt als *das* Buch des Jahres. Die Öffentlichkeit nannte Mendelssohn selbst „den weisen Sokrates". Nach vier Monaten war die erste Auflage vergriffen, die zweite und dritte erschienen je im Abstand eines Jahres. Übersetzungen: 1769 ins Holländische, 1772 ins Französische, 1773 ins Italienische, 1788 ins Russische, Ungarische, Polnische, Dänische, Schwedische und Englische.

Wir veröffentlichen hier den Text des „Phädon" und des Anhangs der dritten Auflage (der Anhang der zweiten Auflage wurde von Mendelssohn in der dritten eingearbeitet).

Schreiben an den Herrn Diakonus Lavater zu Zürich

Johann Kaspar Lavater (1741–1801), Schweizer Theologe, Dichter und philosophischer Schriftsteller, bekannt geworden durch seine Physiognomie-Lehre, kam als junger Mann 1763 in

Begleitung von Johann Georg Sulzer (1720–1779) nach Berlin und besuchte den damals schon vielgerühmten Moses Mendelssohn: „Den Juden Moses, den Verfasser der philosophischen Gespräche und Briefe über die Empfindungen, fanden wir in seinem Kontor mit Seide beschäftigt. Eine leutselige, leuchtende Seele im durchdringenden Auge und einer äsopischen Hülle." (Brief von Lavater an den Züricher Kanonikus Breitinger vom 18. 4. 1763.) Die Anspielung auf den Fabeldichter Äsop bezieht sich auf die diesem gleiche bucklige Gestalt. Mendelssohn empfing Lavater mehrmals als seinen Gast und führte mit ihm philosophische Gespräche, die Lavater allerdings oftmals auf Fragen der Beziehung zwischen der Religion der Christen und der Juden zu lenken wußte, ein Thema, welches der das Toleranzprinzip achtende Mendelssohn sicher gern in der von Lavater direkt angesprochenen Art vermieden hätte. Für Lavater war der „aufgeklärte Jude", der sich bei aller umfassenden modernen Bildung streng an die Zeremonialgesetze seines Glaubens hielt, zweifellos eine erstaunliche Erscheinung. So ist sein Verhalten in späteren Jahren, ganze sechs Jahre nach diesem Besuch, zu erklären. Er gab nämlich 1769 eine Übersetzung von Teilen eines Werkes von Charles Bonnet (1720–1793) heraus, versehen mit einer Widmung und Zuschrift an Moses Mendelssohn. Bonnets Werk lautet im Original: „Palingénésie philosophique, ou Idées sur l'Etat passé et sur l'Etat futur des êtres vivants" (1769). Lavaters Teilübersetzung erschien unter dem Titel: „Herrn Carl Bonnets, verschiedener Akademien Mitglieds, philosophische Untersuchung der Beweise für das Christentum. Samt desselben Ideen von der künftigen Glückseligkeit der Menschen". In der Zueignung nahm Lavater Bezug auf die früheren Berliner Gespräche, lobte zugleich die Bonnetsche Schrift als hervorragende Begründung der Lehre des Christentums und forderte auf, diese Beweise entweder zu widerlegen oder sich zugunsten des Christentums zu entscheiden, „zu tun, was Klugheit, Wahrheitsliebe, Redlichkeit Sie tun heißen: was *Sokrates* getan hätte, wenn er diese Schrift gelesen und unwiderleglich gefunden hätte". Mendelssohn erhielt von Lavater in aller Eile ein ungebundenes Exemplar zugeschickt (am 4. September 1769), noch ehe die Schrift in den Buchhandel gelangte. Die Öffentlichkeit dieser Aufforderung zwang Mendelssohn, nun

seinerseits öffentliche Stellungnahmen abzugeben, deren erste
das hier abgedruckte Schreiben (vom 12. Dezember 1769) ist.
Es erschien im Verlag von Friedrich Nicolai, Berlin und Stettin
1770. – Daran schlossen sich aus der Feder Lavaters und
Mendelssohns noch folgende Stellungnahmen an: Antwort an
den Herrn Moses Mendelssohn zu Berlin, von Johann Caspar
Lavater. Nebst einer Nacherinnerung von Moses Mendels-
sohn. Berlin und Stettin, bei Friedrich Nicolai 1770. Zürich,
den 14. des Februar 1770. – Mendelssohns Nacherinnerung.
Berlin, den 6. April 1770. – Anmerkungen über die von
HE Lavater eingeschickte Zusätze. Berlin, den 9. März 1770. –
Was ihn zu diesem Schritte bewogen? (ohne Datumsangabe) –
Gegenbetrachtung über Bonnets Palingenesie (ohne Jahres-
angabe). An dieser Auseinandersetzung nahmen die Berliner
Freunde lebhaften und beratenden Anteil. Bonnet selbst miß-
billigte Lavaters Schritt, so daß dieser, bevor er noch das
Gegenschreiben Mendelssohns erhalten hatte, in einem
Schreiben vom 24. Dezember 1769 an Mendelssohn seine
redlichsten Absichten versicherte und bedauerte, daß ihm
Indiskretion vorgeworfen werden könne. Wie sehr diese Auseinandersetzung die zeitgemäßen Themen Aufklärung, Toleranz
und bürgerliche Gleichstellung aller Menschen, gleich welcher
Konfession, betraf und die Gemüter bewegte, zeigt sich darin,
daß fast dreißig Schriften zu diesem Streit erschienen.

Manasseh Ben Israel: Rettung der Juden.
Aus dem Englischen übersetzt.
Vorrede

Im Oktober 1781 erließ Kaiser Joseph II. (1741–1790) das
sogenannte Toleranz-Edikt, welches den Juden Böhmens und
ab Januar 1782 auch den österreichischen Juden gesellschaftliche Gleichstellung mit Bürgern anderer Konfessionen ver-
bürgte. Im September 1781 erschien das Werk „Über die
bürgerliche Verbesserung der Juden" des preußischen Kriegs-
rates und Historikers Christian Wilhelm Dohm (1751–1820),
eines Mannes christlicher Konfession. Mendelssohn erblickte
in diesen Ereignissen Zeichen einer neuen Epoche in der
gesellschaftlichen Stellung der Juden; er wollte mit der Über-

setzung des Werkes von Manasseh seinen eignen Beitrag
leisten und zugleich auf feindselige Stellungnahmen in den
„Göttingischen Anzeigen" auf Dohms Schrift reagieren
(Göttingische Gelehrte Anzeigen vom 1. 12. 1781). Die Schrift
des berühmten Amsterdamer Rabbiners Manasseh Ben Israel
(1604–1657) war 1656 zum ersten Male in London erschienen
und 1708 wieder abgedruckt worden unter dem Titel „Vindiciae
Judaeorum" (Rettung der Juden). Manasseh beabsichtigte, mit
den Vorurteilen gegen die Juden aufzuräumen und einen
Widerruf der 1260 erfolgten Austreibung der Juden aus
England zu erreichen. – Am 8. 2. 1782 schickte Mendelssohn einen Teil des Manuskripts an Nicolai, und am 19. 3.
1782 war die Vorrede fertiggestellt, die wir hier zum Abdruck
bringen. Die Broschüre erschien Anfang April des gleichen
Jahres.

Jerusalem oder über religiöse Macht
und Judentum

Unmittelbare Ursache der Schrift war das Erscheinen eines
Oktav-Bändchens anläßlich der Manasseh-Schrift von Mendelssohn: Das Forschen nach Licht und Recht in einem Schreiben
an Mendelssohn auf Veranlassung seiner merkwürdigen Vorrede zu Manasseh Ben Israel. Dieses enthielt eine fünfseitige
Nachschrift im Stil eines offenen Briefes, unterzeichnet mit
„Ihr ergebenster Mörschel". Daniel Ernst Mörschel war Feld-
prediger. Der Verfasser der Schrift „Das Forschen nach Licht
und Recht" war August Friedrich Cranz (1737–1801), der eine
Vereinigung von Juden und Christen im Sinne aufgeklärten
Religionsverständnisses anstrebte und vermeinte, Mendelssohn habe sich mit seiner Vorrede stark dem Christentum genähert. Mendelssohn nimmt in „Jerusalem" daher in grund-
sätzlicher Weise Stellung: Im ersten Teil gibt er sein
politisches Bekenntnis zur bürgerlichen Stellung aller Menschen und zum Verhältnis Kirchen und Staat ab, und der
zweite Teil befaßt sich mit der confessia judaica, dem
jüdischen Glauben, welchen er als aufgeklärte, allgemein-
menschlich akzeptable Religiösität deutet. Die Schrift erschien
1783 bei Friedrich Maurer.

Über die Frage: Was heißt aufklären?

Mendelssohn wurde im Frühjahr 1783 Ehrenmitglied der kurz
vorher gegründeten Berliner Mittwochsgesellschaft, welche die
Berlinische Monatsschrift (1783–1796) herausgab. Herausgeber war Johann Erich Biester (1749–1816), gemeinsam mit
Nikolaus Dietrich Giseke (1724–1765). Im September 1784
wurde Mendelssohns Aufklärungsbeitrag in der Berlinischen
Monatsschrift veröffentlicht, und zwar als Abdruck eines überarbeiteten Vortrages, den er am 26. Dezember 1783 in der
Mittwochsgesellschaft gehalten hatte. An der Diskussion, die
bis Ende April 1784 geführt wurde, hatten sich 17 von 24 Mitgliedern der Mittwochsgesellschaft beteiligt. Nach einem Vorschlag des königlichen Leibarztes Johann Carl Wilhelm Möhsen
sollten folgende Fragen erörtert werden: Was ist Aufklärung
der Bestimmung des Begriffs nach? – Worin liegen die Gründe
für die herrschenden Gebrechen in der Denkungsart? – Welche
schädlichen Vorurteile gilt es als erstes anzugreifen? – Worin
liegen die Ursachen des bisherigen Mißlingens der Aufklärung
trotz Presse- und Denkfreiheit? – Prüfung der Vorwürfe Friedrichs II. gegen die deutsche Sprache. – Erörterung der von der
Akademie 1778 aufgegebenen Preisfrage: Ob es ratsam sei, das
Volk in seinen Irrtümern zu belassen oder zu neuen Irrtümern
zu leiten. Dies sollte unter den Aspekten der preisgekrönten
Arbeiten erneut geprüft werden.
   Der wohl berühmteste Beitrag zu dieser Debatte, und
zweifellos der tiefste, der von Immanuel Kant, „Beantwortung
der Frage: Was ist Aufklärung?", erschien im Dezemberheft
1784 der Berlinischen Zeitschrift und ist außerhalb der Mittwochsgesellschaft entstanden.

Morgenstunden oder Vorlesungen über das Dasein Gottes.
Vorbericht

Die „Morgenstunden" umfassen 17 Vorlesungen und entstanden etwa 1783 bis 1784. In dem hier abgedruckten Vorbericht schildert Mendelssohn selbst Umstände und Anliegen
seiner Vorlesungen, die er morgens von fünf bis neun Uhr
seinem ältesten Sohn Joseph (1770–1848), dem späteren
Leiter des Bankhauses Mendelssohn, seinem Schwiegersohn

Simon Veit, dem ersten Mann der Brendel (später Dorothea Schlegel), und dem Sohn seines Freundes Aaron Wessely, Bernhard Wessely (später Königlicher Kapellmeister), vortrug. Ihren Text diktierte er seinen jungen Schülern. Etwa September/Oktober 1785 veröffentlichte er die Vorlesungen auf Drängen der Geschwister Reimarus hin in einer überarbeiteten Fassung, die vor allem eine kritische Darlegung der Spinozistischen Philosophie und eine Erläuterung des Lessingschen angeblich „geläuterten" Pantheismus enthielt. Der tiefere Grund für diese Veröffentlichung ist nämlich in dem seit 1783 mit Jacobi geführten Streit um Spinoza und „über Lessings Charakter" (d. h. dessen Weltanschauung) zu sehen. Siehe dazu die Einleitung S. 23 und die Einführung zu „An die Freunde Lessings", S. 518–519

An die Freunde Lessings

Die Auseinandersetzung zwischen Mendelssohn und Friedrich Heinrich Jacobi (1743–1819) hat die Gemüter außerordentlich bewegt. Sie ist unter dem Thema „Pantheismus-Streit" in die Geschichte der Aufklärungsbewegung eingegangen, handelte es sich doch um eine Auseinandersetzung um die Frage, inwieweit Lessing Spinozist und Pantheist gewesen sei. Mendelssohn hatte schon längere Zeit, seit Lessings Tod 1781, die Absicht, „etwas über Lessings Charakter" zu schreiben; so jedenfalls äußerte er sich am 18. Mai 1781 brieflich gegenüber Herder. Lessing war für ihn nicht nur der enge Freund, sondern auch der exponierte Vertreter einer aufgeklärten Religiösität. Im „Nathan" besonders sah Mendelssohn diese Haltung, mit weltoffener Toleranz verbunden, ausgeprägt. Tief mußte es ihn betroffen machen, als er von Elise Reimarus (Tochter des Fragmentisten – 1735–1802) erfuhr, Lessing habe sich gegenüber Jacobi in einem Gespräch als Atheist und Spinozist erklärt (sie berief sich auf einen Brief Jacobis, am 21. Juli 1783 sicher mit der Absicht an sie gerichtet, daß auf diese Weise Mendelssohn davon erfahren sollte). Es schloß sich ein Briefwechsel zwischen Mendelssohn, Jacobi und die Geschwister Reimarus zu dieser strittigen Frage an. Obwohl Jacobi gegenüber Mendelssohn selbst geäußert hat, er halte eine öffentliche Darstellung der Lessingschen Meinung für nicht günstig, hielt er sich nicht daran und veröffentlichte im September 1785 seine Abhandlung mit sämtlichen Briefen und Dokumenten des Meinungsstreits unter dem Titel „Ueber die Lehre des Spinoza, in Briefen an den Herrn Moses Mendelssohn". Fast gleichzeitig hatte Mendelssohn die „Morgenstunden" veröffentlicht, in denen er ebenfalls zu Spinoza und Lessing Stellung nimmt, ohne allerdings die Auseinandersetzung mit Jacobi zu erwähnen. Am 1. Oktober schickte er ein Exemplar an Jacobi. Dessen Publikmachen des Gesprächs mit Lessing in den „Spinoza-Briefen" empfand Mendelssohn als grobe Indiskretion, und er erregte sich sehr darüber. Er ging sogleich an die Niederschrift seiner Gegenantwort „An die Freunde Lessings", in die er die bereits 1784 an Jacobi gerichteten „Erinnerungen" aufnahm. Er versuchte hier gleichermaßen wie in den „Morgenstunden" Lessing vom Vorwurf des Atheismus zu reinigen und ihm einen „geläuterten" Pantheismus zuzuschreiben. Dazu hatte Jacobi schon am 7. November 1785 sich gegenüber Elise Reimarus kritisch in einem Brief geäußert: „. . . Mendelssohn war gerade in dem gegenwärtigen Zeitpunkte eines leidenschaftlichen Spinozismus bedürftig, der zu einem noch mehr leidlichen Pantheismus geläutert und dann im Fall der Not Lessing zugeschrieben werden könnte . . . Mir ist Lessing, so wie er war, gut genug; ich schäme mich seiner nicht, sondern werde, solange ich lebe, ihm als Freund treu und stolz zur Seite stehen. Mit dem geläuterten Pantheismus, den er zu seiner Genesung einnehmen soll, wäre er, nach meinem Urteil, nur ein Halbkopf; und dazu will ich ihn nach seinem Tode nicht durch Mendelssohn erziehen lassen" (in: Die Hauptschriften zum Pantheismus-Streit; a. a. O., S. LXXXIX bis XC). In der Tat hat Mendelssohn sich in diesem Streit als weit kleinmütiger gezeigt, als der den Atheismus konsequent ablehnende, aber dennoch Lessing diese Denkfreiheit zugestehende Jacobi. – Mendelssohns Schrift erschien erst nach seinem Tode am 4. Januar 1786; Jacobi, dem indirekt die Schuld an dessen Tod von seiten einiger Zeitgenossen und Freunde Mendelssohns zugeschrieben wurde, erwiderte mit einer zweiten Schrift vor der Öffentlichkeit: Wider Mendelssohns Beschuldigung betreffend die Briefe über Spinoza, Leipzig 1786.

Sachanmerkungen

[1] *bevor Sie Berlin verließen*: Lessing war im Oktober 1755 nach Leipzig gegangen.

[2] *Verfasser der Fabel von den Bienen*: Der Londoner Arzt Bernard de Mandeville (1670–1733): „The Fable of the Bees: or Private Vices, Public Benefits" (Die Bienenfabel oder Private Laster als öffentliche Vorteile, 1714). Im Anschluß an Hobbes betrachtet Mandeville den Eigennutz der Menschen, ihr Streben nach Luxus, ihre Habgier und betrügerischen Praktiken als gewaltige Triebfeder des Fortschrittes, die man nicht moralisierend, sondern mit den Mitteln des Staates und Gesetzes einschränken müsse, um Entartungen zu verhindern. Rousseau bezieht sich in seinem Diskurs über die Ungleichheit auf diese Fabel, indem er in einer ihrer Passagen selbst hier das Eingeständnis zu finden glaubt, daß das Mitleid eine ursprüngliche Eigenschaft der Menschen, selbst der Tiere sei.

[3] *Verfasser der philosophischen und patriotischen Träume*: Verfasser der „Philosophischen Träume", 1755 anonym erschienen, ist Isaak Iselin (1728–1782), Schweizer Philosoph, Historiker und Verfasser pädagogischer Schriften, in denen er sich an Johann Bernhard Basedow (1723–1790) anlehnt, welcher ein Erziehungsideal im Sinne von Rousseaus „Émile" verwirklichen wollte und zu diesem Zwecke 1774 das Philanthropinum in Dessau gründete. Beeinflußt ist er ebenfalls von Johann Heinrich Pestalozzi (1746–1827), dem bekannten Schweizer Pädagogen mit demokratischen Ambitionen.

[4] *Hobbes hat bemerkt . . .*: Thomas Hobbes (1588–1679): De Cive (Vom Bürger), 1. Kapitel (1639).

[5] *Tod des Seneca*: Locius Annäus Seneca (etwa 4 v. u. Z. – 65) ging auf Befehl des Kaisers Nero durch Selbstmord in den Tod.

[6] *Anmerkungen . . . über dieses Trauerspiel . . .*: Jean Racine (1639–1699): Britannicus (1669). Es kann sich nur um eine mündliche Äußerung Lessings handeln.

[7] *Dubos*: Jean-Baptiste Du Bos (1670–1742): Réflexione critiques sur la poésie et sur la peinture (Kritische Bemerkungen über Dichtung und Malerei), 1717.

[8] *Man macht der Weltweisheit gemeiniglich den Vorwurf . . .*: François Marie Voltaire (Arouet le jeune), 1694–1778, äußerte sich in dieser Richtung: Die philosophischen Systeme seien für die Philosophen dasselbe wie die Romane für die Frauen . . . Mathematische Wahrheiten blieben ewig, aber die Phantome der Metaphysik vergingen wie Krankheitsträume. Vgl.: L'esprits de Monsieur Voltaire, Londres 1759, S. 211.

[9] *Man weiß aber, daß viele scharfsinnige Köpfe . . .*: Mendelssohn bezieht sich unter anderem auf den Präsidenten der Preußischen Akademie der Wissenschaften, Pierre Moreau de Maupertuit (1698–1759), der behauptete, daß sich in der Metaphysik keine solche Wahrheit und Evidenz auffinden lasse wie in den mathematischen Wissenschaften. In: Examen philosophique de la preuve de l'existence de Dieu employée dans l'Essai de Cosmologie, Berlin 1758.

[10] *Fluxionalrechnung*: eine Methode der Infinitesimalrechnung, von Isaac Newton (1642–1727) so benannt.

[11] *Plato erzählt . . .*: Plato (427–347 v. u. Z.) erzählt diese Begebenheit im Dialog „Menon".

[12] *Die Neuern . . .*: Gemeint ist vor allem Christian Wolff (1679–1754): „Vernünftige Gedanken von Gott, der Welt und der Seele des Menschen, auch allen Dingen überhaupt", 1719. (Vgl. besonders § 795.)

[13] *wie die Aristoteliker wollen*: Bezug auf Aristoteles (384–322 v. u. Z.): De Anima (Über die Seele), I, 4.

[14] *die erhabenen Lehren der neuern Weltweisen*: Gemeint ist u. a. Gottfried Wilhelm Leibniz (1646–1716): Système nouveau de la nature, § 14; Monadologie, § 60 und 62.

[15] *Reduktion*: Prinzip der Reduktion bei Christian Wolff: Psychologia empirica, 1732, § 472.

[16] *Auf diesen Grundsatz*: Ich denke, also bin ich. – Grundsatz des René Descartes (1596–1650): Abhandlung über die Methode (Discours de la méthode, 1637). In der Polemik mit Descartes folgt Mendelssohn den Einwänden des Leibniz.

[17] *Baco*: Francis Bacon, Baron von Verulam (1561–1626): Novum Organum scientarium (Das Neue Organum), 1620.

[18] *omnimoda determinatio individui*: eine jede einzelne Bestimmung.

[19] *ratio sufficiens existentiae, actualitatis entis*: zureichender Grund des Daseins, der Aktualität, des Seins (Dasein als Erscheinung, Sein als Wesen unterschieden, Aktualität mehr im Sinne des Wirkens).

[20] *dem allerhöchsten Wesen die vollkommenste Ausdehnung zuzueignen*: Baruch Spinoza (1632–1677) schrieb der Substanz (gleich Gott: Deus sive natura) die Attribute Ausdehnung und Denken zu. Vgl.: Ethik (1677), II, 2.

[21] *Haben wir Menschen . . .*: Zitiert aus: Marcus Aurelius Antonius (121–180): Selbstbetrachtung, Buch 4.

[22] *summum bonum, quo tendimus omnes*: Lucretius Carus: De rerum natura, IV, 26 (das höchste der Güter, das wir alle erstreben).

[23] *Cumberland*: Richard Cumberland (1631–1718), Bischof von Peterborough: De legibus naturae (Über das Naturrecht bzw. Vom Naturgesetz).

[24] *Raro peccatur . . .*: Descartes' Brief an die Prinzessin Elisabeth von der Pfalz (Egmond, 15. September 1645): „. . . denn tatsächlich begeht man einen Fehler kaum mangels theoretischer Erkenntnis dessen, was man tun soll, sondern allein mangels praktischer, das heißt, mangels einer festen Gewohnheit, es zu glauben." (In: René Descartes: Briefe 1629–1650, Köln und Krefeld 1949, S. 315).

[25] *meinem Freunde Abbt*: Thomas Abbt (1738–1766) war von Herbst 1761 bis Dezember 1765 Professor an der hessischen Universität Rintel. Hervorzuheben sind seine bürgerlich-politische, patriotische Haltung und sein Sinn für geschichtliche Studien. Mendelssohn war mit ihm befreundet. Abbt starb am 3. November 1766, kurz vor Vollendung des 28. Lebensjahres. „Vom Verdienste" erschien 1765. Johann Joachim Spalding (1714–1804) war lutherischer Geistlicher, ab 1764 Propst und Oberkonsistorialrat in Berlin.

[26] *in dem Geiste des Pythagoras*: Plato beruft sich im „Phaidon" auf das Argument des Pythagoreers Philolaos.

[27] *Coopers „Life of Socrates"*: John Gilbert Cooper (1723–1769): The Life of Socrates, collectet from the Memorabilia of Xenophon and the dialogues of Plato, and illustrated farther by Aristotle, Diodorus Siculus, Cicero . . . (etc.) – (1749; 2., von Mendelssohn benutzte Auflage 1750).

[28] *das heilige Schiff*: Nach der Theseus-Sage handelt es sich um ein Fest aus Anlaß der Aufhebung eines Tributs, den Athen jährlich dem König von Kreta, Minos, zu zahlen hatte: sieben Jünglinge und sieben Jungfrauen, die in das Labyrinth eingeschlossen und dem Minotaurus geopfert wurden. Theseus begleitete den dritten Tribut nach Kreta, tötete mit Hilfe der Königstochter Ariadne den Minotaurus und führte die sieben Jünglinge und sieben Jungfrauen wieder nach Athen zurück.

[29] *Denn die eilf Männer*: die mit der Aufsicht über die Gefängnisse und mit der Hinrichtung beauftragte Behörde.

[30] *Äsopische Fabeln poetisch aufgeführet*: Dafür gibt es kein verbürgtes Zeugnis.

[31] *in dem Vorsaale Jupiters liegen*: Homer, Ilias, XXIV, 527–532.

[32] *wiewohl kein Leichnam dahin kömmt*: Homer, Ilias, XXIII, 103 f.

[33] *Man saget von den Schwänen . . .*: Das Gleichnis von den Schwänen findet sich in Plato „Phaidon" (hier stark gekürzt).

[34] *Herkules seinen Jolaus . . .*: Jolaos, ein von Herkules sehr geliebter Neffe, wurde von diesem in einem Wahnsinnsanfall beinahe getötet. Er begleitete Herkules bei der Erfüllung der drei Aufgaben, welche der König Eurysteus von Tiryus diesem (als durch die Götter befohlene Sühne) auferlegte. So war er der Rosselenker bei der Erlegung der Hydra.

[35] *das Wohl . . . seines Vaterlandes*: offensichtlicher Bezug auf Thomas Abbts damals vielgelesene Abhandlung „Vom Tode fürs Vaterland" (1761).

[36] *teils in Privatbriefen und teils in öffentlichen Blättern*: Die Urteile, größtenteils äußerst lobend, finden sich in zahlreichen Briefen an Mendelssohn und auch an Nicolai, so u. a. von Johann Gottfried Herder (1744–1803), Iselin, Ernst Platner (1744–1818), Johann Joachim Winckelmann (1717 bis 1768). Rezensionen erschienen in: Allgemeine Deutsche Bibliothek, 2. Auflage, 1769, S. 128–138 (von Friedrich Gabriel Resewitz, 1729–1806); Deutsche Bibliothek der schönen Wissenschaften, 1769, S. 258–288. (Siehe auch die ausführliche Aufführung in den Anmerkungen zu: Moses Mendelssohn: Gesammelte Schriften, Jubiläumsausgabe, Stuttgart / Bad Cannstatt 1972, Bd. 3/1, S. 408–410.)

[37] *Vorwurf der Sektiererei*: Vgl. eine Rezension der 1. Auflage des „Phädon" in den „Jenaischen Zeitungen": „Ist er ein blinder Sektierer, oder denkt er selbst? Wenn ich nach der letzten Frage meinen Verfasser beurteile, so muß ich ihn ein Original und ein Muster nennen, nach welchem sich billig alle unsere Philosophen bilden sollten." – Vgl.: Klotzens „Deutsche Bibliothek", 1767, S. 159 – von Friedrich Justus Riedel (1742–1785).

[38] *Jedoch ich soll . . .*: Wahrscheinlich Bezug auf Riedels Kritik in Klotzens „Deutscher Bibliothek", 1767, S. 124, 161. Eine allzu enge Anlehnung an Wolff und Alexander Gottlieb Baumgarten (1714–1762) bemerkt auch der Rezensent in den „Göttingischen Anzeigen von gelehrten Sachen", 1767, S. 985–992.

[39] *Wie aber, fragt man . . .*: Riedel in seiner Rezension, a. a. O., S. 153.

[40] *Pater Boscovich*: Pater Roger Joseph Boscovich (1711–1787), Professor der Philosophie und Mathematiker in Rom: De continuitatis lege, et ejus consectariis. Diss., Rom 1754. – Philosophiae naturalis Theoria, Wien 1759. (Vgl. Mendelssohns Besprechung in den Litteratur-Briefen, 42. Brief, 7. Juni 1759.)

[41] *Trasymachus*: Vgl. Plato, Politeia, 1. Buch: Sokrates setzt sich hier mit dem Sophisten Trasymachos auseinander.

[42] *Den Beweis, daß die Materie nicht denken könne . . .*: Bezieht sich auf die „Meditationes Synopsis", VVI, 13. Der Descartessche Beweis ist jedoch hier nicht exakt dargestellt, denn Descartes stellt von vornherein die Körperwelt in Frage, nicht aber das Denken.

[43] *„Einer jeden Seele", schließt Plotinus*: Vgl.: Plotin 205–270: Enneaden, IV, 7, c. Mendelssohn gibt hier eine eigene, gestraffte Übersetzung.

[44] *Halleri Physiol.*: Albrecht von Haller (1708–1777), Schweizer Naturforscher, Dichter und Arzt: Elementa Physiologiae corporis humani.

[45] *Herr Ploquet*: Gottfried Plouquet (1716–1790), Mitglied der Berliner Akademie, seit 1750 Professor der Logik und Metaphysik in Tübingen: Animadversiones in principia, de natura mentis humanae, ab Helvetio in libra. De L'Esprit inscripto, exposita (1759, S. 79).

[46] *Reimarus vornehmsten Wahrheiten der natürlichen Religion*: Hermann Samuel Reimarus (1694–1768), Professor der orientalischen Sprachen am Hamburger Gymnasium: Die vornehmsten Wahrheiten der natürlichen Religion auf eine begreifliche Weise erkläret und gerettet (1754, bes. die 7. und 10. Abhandlung).

[47] *Marquis Beccaria*: Marchese Cesare Beccaria (1735–1793): Dei delitti e delle pene (1764). Mendelssohn besaß die deutsche Übersetzung von 1766.

[48] *In der Neuen Biblioth. der schönen Wissenschaften*: Der Verfasser war Christian Garve (1742–1798), Professor der Philosophie in Leipzig.

[49] *Konfuzius*: 551–478 v. u. Z., chinesischer Religionsbegründer und Philosoph.

[50] *Solon*: etwa 640–560 v. u. Z., Gesetzgeber in Athen, einer der sieben Weisen.

[51] *Marmontel*: Jean François Marmontel (1723–1799), französischer Schriftsteller, dessen philosophischer Roman „Bélisaire" 1767 seitens der Sorbonne verurteilt wurde.

[52] *der Verfasser des Essai . . ., dem Bonnet . . . nachfolget*: Wie fast alle Zeitgenossen wußte Mendelssohn damals noch nicht, daß Bonnet selbst der Verfasser der „Essai de Psychologie ou Considérations sur les Opérations de l'âme, sur l'Habitude et sur l'Education" war.

[53] *wie August zu rufen . . .*: Worte des Augustus in: Pierre Corneille (1606–1684): Cinna, V, 3.

[54] *Was aber auch über Toleranz . . .*: Bezieht sich auf die Toleranz-Bestimmung im Westfälischen Religionsfrieden (Instrumentum Pacis Westphalicae 1648), welche Toleranz nur für die drei Hauptkonfessionen (römisch-katholische, protestantische und reformierte) einräumte und Gleichheit in der bürgerlichen Stellung fixierte. Alle anderen Richtungen (Wiedertäufer, Mennoiten, Sozianer) galten als häretisch; ihnen war Religionsausübung nur privat, ohne „öffentliches Ärgernis" zu erregen, erlaubt. Juden und Mohammedaner waren als Ungläubige ausgeschlossen.

[55] *Der Fragmentist*: Hermann Samuel Reimarus (1694–1768). Lessing veröffentlichte 1774 in der Zeitschrift „Zur Geschichte und Literatur. Aus den Schätzen der Herzoglichen Bibliothek zu Wolfenbüttel" eine Abhandlung mit dem Titel „Von Duldung der Deisten: Fragment eines Ungenannten" aus Reimarus' geheimgehaltener „Apologie oder Schutzschrift für die vernünftige Verehrung Gottes". Mendelssohn gibt – wie auch Lessing – den Namen des Verfassers nicht preis.

[56] *die Juden wurden . . . wieder aufgenommen*: Die Bemühungen des Manasseh führten unter der Regierung Cromwell zwar zur Duldung der schon ansässigen Juden, und zwar aus wirtschaftlichen Rücksichten, aber nicht, wie Mendelssohn annimmt, zu einem Einwandererrecht.

[57] *The Phenix . . .*: eine Sammelschrift, welche fast vergessene seltene Schriften wieder veröffentlichte: De Phönix, oder die Wiederbelebung seltener und kostbarer Stücke, welche man nur in den Schränken der Merkwürdigkeiten (Kuriositäten) finden kann.

[58] *Edward Nicholas*: An Apology for the Honorable Nation of the Jews, and all the sons of Israel (Eine Verteidigung der ehrenwerten Nation der Juden und aller Söhne Israels), London 1648.

[59] *Toland*: John Toland (1670–1722) schrieb 1714 eine Schrift „Reasons for Naturalizing the Jews in Great Britain and Ireland, On the same foot with all other Nations. Containing also, A Defence of the Jews against All vulgare Prejudices in all Countries" (Gründe für die Einbürgerung der Juden in Großbritannien und Irland in gleicher Stellung mit allen anderen Nationen. Ebenfalls eine Verteidigung der Juden gegenüber allen vulgären Vorurteilen in allen Ländern enthaltend).

[60] *Mösen*: Johann Carl Wilhelm Moehsen (1722–1795), Königlicher Leibarzt und Historiker, gehörte der Berliner Mittwochsgesellschaft an. Sein Werk: Geschichte der Wissenschaften in der Mark Brandenburg von den ältesten Zeiten an bis zu Ende des sechzehnten Jahrhunderts (1781). .

[61] *Calas und Waser*: Beispiele für Justizmorde: Jean Calas (1698–1762), ein hugenottischer Tuchhändler aus Toulouse. Voltaires Bemühen um Rehabilitierung machte dies zu einem berühmten Fall. 1765 wurde die Unschuld Calas' anerkannt.

Johann Heinrich Waser (1742–1780), Züricher Theologe und volkswirtschaftlicher Schriftsteller, wegen angeblichen Hochverrats hingerichtet, galt als Märtyrer. Mendelssohn kannte diese Begebenheit aus den „Ephemeriden der Menschheit" (1781, 1. Stück, Brief von Hans Kaspar Hirzel, 1725–1803, Schweizer Arzt und philosophischer Schriftsteller, Ratsherr).

[62] *ein Rezensent in den Göttingischen Anzeigen*: Michael Hißmann, Professor in Göttingen, in den Göttingischen gelehrten Anzeigen (1781, 1. Bd., 48. Stück, 1. Dez. 1781, S. 753–763): Hißmann bezweifelte, daß die Juden von gleicher Sittlichkeit und Bildung wie die Christen und damit gleicher Rechte fähig seien. Er argumentierte unter anderem mit den von Mendelssohn hier zurückgewiesenen „Beweisen" aus der Geschichte des Judentums. Mendelssohns allzu positive Deutung der Geschichte des jüdischen Volkes stieß allerdings auch auf Kritik anderer Autoren, so u. a. bei Isaac Iselin (Ephemeriden . . ., 10. Stück, Oktober 1782). Darauf antwortete dann Mendelssohn in „Jerusalem".

[63] *In einigen neuern Schriften . . .*: Anschließend faßt Mendelssohn einige Einwände selbst zusammen; es handelt sich nur um indirekte Zitate.

[64] *ein großer, sonst einsichtsvoller Kopf*: Nicht, wie Mendelssohn in „Jerusalem" klarstellt, Iselin. Gemeint ist offenbar Johann August Schlettwein (1731–1802): Bitte an die Großen wegen der Juden zur Verhütung trauriger Folgen in den Staaten (Ephemeriden, 1776, 4. Bd., S. 41–47).

[65] *mein Adelung*: Johann Christoph Adelung: Grammatisch-kritisches Wörterbuch der hochdeutschen Mundart (1774).

[66] *Mißbräuche . . ., welche sich . . .*: Kritik an der Handhabung des Bannrechtes und anderer Eingriffe in das bürgerliche Leben der Juden von seiten fanatischer Rabbiner.

[67] *wie Montesquieu sagt . . .*: Charles de Seconda Baron de Montesquieu (1689–1755): De l'esprit de lois (Vom Geist der Gesetze), 1748, V, 14. – „Da der Terror das Prinzip der despotischen Regierung ist, ist die Ruhe ihr Ziel, aber dies ist kein Friede, sondern die Stille der Städte kurz vor feindlicher Besetzung" (übersetzt von Kurt Weigand in der Ausgabe Stuttgart 1965).

[68] *Thomas Hobbes*: 1588–1679. Mendelssohn benutzte die zweibändige lateinische Ausgabe, Amsterdam 1669, welche sowohl „De Cive" als auch den „Leviathan" enthielt.

[69] *In seinen Briefen über die Toleranz*: John Locke (1632–1704): Briefe über Toleranz (die ersten erschienen im Winter 1685/86).

[70] *Kardinal Bellarmin*: Robert Bellarmin (1542–1621), einer der bedeutendsten Vertreter der Gegenreformation, später Kardinal und Erzbischof von Capua. Mendelssohn bezieht sich auf „Disputationes de controversiis christianae fidei adversus hujus temporis haereticos" (1586–1592).

[71] *De Romano Pontifice*: Bellarmin faßte seine feindliche Stellung gegen den Protestantismus in scharfer Form 1610 nochmals zusammen: Tractatus de potestate summi pontificis in rebus temporalibus contra G. Barclaium, Rom 1610.

[72] *Cajus . . . Sempronius*: Diese Namen verwendet auch Wolff in Anlehnung an die römische Rechtsliteratur.

[73] *im Jahre 2240*: 6000 nach der jüdischen Zeitrechnung, der Weltuntergang.

[74] *jene neununddreißig Artikel*: Mit Elisabeth I. (1558–1603) wurde die anglikanische Hochkirche endgültig der Krone unterstellt. Neben anderen Dokumenten wurden in 39 Artikeln die Grundsätze der Lehre fixiert, auf die die kirchlichen Würdenträger zu schwören hatten (1563 Verfassung der Artikel). Vgl. auch Mendelssohns Artikel: Über die 39 Artikel der englischen Kirche und ihre Beschwörung (Berlinische Monatsschrift, Januar 1784).

[75] *jener Weltweise zu Athen*: Xenokrates (339–315 v. u. Z.), Leiter der Akademie (nicht der Stoa!), von dem diese Anekdote berichtet.

[76] *In den Göttingischen Anzeigen*: III. Stück, 14. September 1782, S. 889 bis 894.

[77] *eine güldene Hüfte*: eine Legende, daß Pythagoras eine goldene Hüfte hatte, u. a. bei Plutarch und Diogenes Laertius berichtet.

[78] *Jus circa sacra*: Rechte der weltlichen Obrigkeit in Kirchenfragen. Der Kollegialismus unterscheidet die Jura circa sacra majestatica (das Recht der weltlichen Macht gegenüber der Kirche) von der Jura circa sacra collegiala (der kirchlichen Macht).

[79] *Selbst Hobbes*: Vgl.: De Cive, XVII, 25. Hobbes unterscheidet zwischen Beurteilung der Strafwürdigkeit und Vollstreckung der Strafe.

[80] *ein ungenannter Schriftsteller*: siehe Einführung zu „Manasseh".

[81] *Erziehung des Menschengeschlechts*: Lessings anonym erschienene Schrift „Die Erziehung des Menschengeschlechts" (1780), deren erste 73 §§ schon 1777 in den Wolfenbüttler Beiträgen erschienen.

[82] *Majemonides . . . das Morgenlied Jigdal*: Siehe die Fußnoten zum Schreiben Lavater S. 315–316.
Die 13 Glaubensartikel des Majemonides umfassen: 1. das Dasein Gottes, 2. die Einzigkeit Gottes, 3. die Geistigkeit und Unkörperlichkeit Gottes, 4. die Ewigkeit Gottes, 5. die Pflicht der Verehrung und Anbetung Gottes, 6. den Glauben an die Prophetie, 7. den Glauben an die Einzigartigkeit der Prophetie Mosis, 8. den Glauben an die Göttlichkeit der Thora, einschließlich der mündlichen Überlieferung, 9. die Unveränderlichkeit der Thora, 10. Gottes Allwissenheit, 11. es gibt Lohn und Strafe für den Menschen, 12. die Gewißheit des Kommens des Messias, 13. die Wiederauferstehung der Toten;

[83] *Chisdai*: Chasdai Cresdai (etwa 1340–1410); Sefer Or Adonai; unterscheidet drei Kategorien von Glaubenswahrheiten: 1. Dasein, Einheit und Unkörperlichkeit Gottes; 2. sechs Grundsätze, deren Anerkennung den Sinn der Thora als göttlicher Offenbarung ausmacht: Gottes Allwissenheit, Vorsehung, Allmacht, Prophetie, Willensfreiheit, Liebe zu Gott, ewige Seligkeit; 3. acht Artikel, die für die Rechtgläubigkeit unerläßliche Richtschnur sind: Erschaffung der Welt durch Gott, Unsterblichkeit der Seele, Lohn und Strafe,

Auferstehung, Unveränderlichkeit der Thora, Einzigartigkeit der Prophetie Mosis, Göttlichkeit als hohepriesterliches Orakel.

[84] *Albo*: Joseph Albo (gest. 1414) verfaßte den Sefer Ha 'Iqqarim. Er fixierte drei Grundprinzipien: Existenz Gottes, göttlicher Ursprung der Thora, Lohn und Strafe.

[85] *Abarbanell*: Isaac Abravanell (1437–1509): Rosch Amana. Das Aufsuchen von Grundlehren sei nur in menschlichen Wissenschaften, nicht hinsichtlich göttlicher Offenbarung sinnvoll. Mendelssohn schreibt diese Auffassung Isaac Luria Aschkenasi (1534–1572) zu.

[86] *Herbert von Cherbury*: 1583–1648, englischer Staatsmann: De veritate (Paris 1624), De religione gentilium (London 1645). Seine Prinzipien: 1. Es gibt einen höchsten Gott. 2. Er muß verehrt werden. 3. Tugend und Frömmigkeit sind höchste Formen der Gottesverehrung. 4. Man müsse über Sünden Schmerz empfinden und durch Reue sühnen. 5. Glaube an göttliche Güte und Gerechtigkeit, an Lohn und Strafe diesseits und jenseits.

[87] *Loria und seine Schüler, die neueren Kabbalisten*: Isaac Luria Aschkenasi (siehe Anmerkung Nr. 85 zu Abravanell). Kabbala: die neben den schriftlichen Gesetzen der Juden mündlich überlieferten Auslegungen, später ebenfalls in Büchern fixiert. Besonders wichtig und nachwirkend das Buch Sohar („Glanz"), welches eine Schöpfungslehre enthält: Die Welt entsteht aus dem Ensoph, dem Ureinen. Aus ihm gehen die zehn Sephirot hervor (Zahlen, Formen, Lichtströme), Urbilder der irdischen Welt und des Adam Kadom (ersten Menschen). Die urbildliche Welt emaniert in die Welt der Formen, der Engel und der Menschen. Der Mensch gehört allen drei Welten an und soll danach streben, das Idealbild des ersten Menschen wieder zu erreichen. Die Kabbala lehrt die Seelenwanderung. – Gewisse Analogien zur Plotinschen Emanationslehre, wonach sich das göttlich-geistige Prinzip stufenweise in die Materie ergießt, sind deutlich. Mendelssohn bezieht sich daher auch oft auf Plotins Enneaden.

[88] *Hillel der Ältere, der vor der Zerstörung des zweiten Tempels lebte*: Die Zerstörung des zweiten Tempels erfolgte im Jahre 70 unter Titus. Damit wurde die Vernichtung des Reiches Israel und die Vertreibung der Juden bzw. die römische Gefangenschaft eingeleitet. – Hillel der Ältere (etwa 60 v. u. Z. bis 10 u. Z.), Präsident des Synedrions, führte eine Auseinandersetzung mit dem Rabbiner Schammai (Samai), aus der er „durch Entscheidung der Stimme Gottes" siegreich hervorging; gründete eine Schule.

[89] *fuga vacui*: Hinweis auf die Torricellische Röhre, Prinzip des Barometers, 1763 vom Evangelisten Torricelli entwickelt.

[90] *das Gesetz der Reizbarkeit*: Albrecht von Haller: Von den empfindlichen und reizbaren Teilen des menschlichen Körpers (1756).

[91] *Herr Pr. Meiners*: Christoph Meiners (1747–1810): Versuch über die Religionsgeschichte der ältesten Völker, besonders der Egypter, Göttingen 1775, S. 27.

[92] *ein zweiter Omhya*: Ein junger Ureinwohner der Südseeinseln, Omai, der nach England gebracht wurde und durch seine Intelligenz Aufsehen erregte; nach einiger Zeit wurde er wieder in seine Heimat geschickt. Erzählt bei: The Journals of Captain Cook on his Voyages of Discovery (1776–1780).

[93] *Tempel der Providenz*: der von Johann Bernhard Basedow im Dessauer Philanthropinum errichtete Betsaal.

[94] *Schasta der Gentoos*: Schöpfungsmythos aus Bengalen, bei: John Zephania Holwell: Nachrichten von Bengalen und dem Kaisertume Indostan (1. Ausgabe, London 1766/67: Interesting Historical Events Relativ to the Pro-

vinces of Bengal and the Empire of Industan). Mendelssohn benutzte diese englische Ausgabe und übersetzte die zitierten Stellen.

[95] *Eine gewisse Schule der Weltweisen*: die des Pythagoras aus Samos (etwa 580 v. u. Z.).

[96] *Ein verehrungswürdiger Freund*: wahrscheinlich Johann August Eberhard (1739–1809), Professor der Philosophie in Halle, der zur Zeit des Lavater-Streites in Berlin lebte. – Mendelssohn bringt hier eine Neufassung seiner „Gegenbetrachtungen über Bonnets Palingenesie" (Jubiläumsausgabe, Stuttgart / Bad Cannstatt, 1972, Bd. 7).

[97] *Plato*: Dialog „Das Gastmahl".

[98] *wie sie Milton beschreibt*: John Milton (1608–1674): Paradise lost (Das verlorene Paradies, 1667–1674).

[99] *If a native of Ethiopia . . .*: Eine ganz offensichtliche Anspielung auf Jacobi, der es angeblich nicht vermag, Lessings wahre Auffassung von einer gelegentlich hingeworfenen Äußerung (einer „Maske") zu unterscheiden.

Die Anekdote besagt: Wenn ein Eingeborener Äthiopiens plötzlich nach Europa transportiert würde und entweder in Paris oder Venedig zur Zeit des Karnevals ankäme, da alle Gesichter der Menschen unkenntlich sind und beinahe jede Kreatur maskiert erscheint, so würde er wahrscheinlich einige Zeit verblüfft sein, bevor er den Schwindel entdeckte; er kann sich nicht vorstellen, daß ein ganzes Volk so wunderlich sein kann, sich in Übereinstimmung, zu einer festgesetzten Zeit, durch Kleiderwechsel zu verwandeln und dies zu einer wichtigtuerischen Gepflogenheit zu machen, um durch eine universelle Konfusion der Charaktere und Personen einander zu täuschen. So mag er vielleicht zuerst darauf mit Ernsthaftigkeit sehen, aber es würde ihm schwer möglich sein, seine Fassung zu behalten, wenn er bemerkt hat, welches Geschäft betrieben wird. Die Europäer ihrerseits mögen vielleicht über diese Einfalt lachen. Aber unser Äthiopier würde sicher mit besserem Grund lachen. Es ist leicht festzustellen, wer von den zweien lächerlicher ist, wer eine doppelte Aktie an der Lächerlichkeit hat. Wie auch immer, es könnte sich ereignen, daß im Taumel der Belustigung unser Äthiopier, noch Masken im Sinne und in völliger Unkenntnis der hellen Gesichtsfarbe und der Tracht der Europäer, genau so herzlich lachen würde, wenn er ein natürliches Gesicht und die (natürliche) Kleidung erblickt: würde er nicht wirklich in seiner Verwechselung unvernünftig werden, indem er den Scherz zu weit treibt; da er durch diese alberne Voraussetzung Natur für bloße Kunst nahm und möglicherweise einen Mann von Besonnenheit und Verstand für einen dieser lächerlichen Vermummten hält.

Essay über die Freimütigkeit des Witzes und Humors (Übersetzung vom Herausgeber)

Mendelssohn zitierte aus: Antony Ashley Cooper, Earl of Shaftesbury (1671–1712): Common sense: Essay on the freedom of wit and humour.

[100] *die Lehre des Athanasius*: Athanasius (etwa 295–373), griechischer Kirchenvater, welcher die Lehre von der vollkommenen Göttlichkeit Christi vertrat. Lessing befaßte sich während seines Breslauer Aufenthaltes von 1760 bis 1765 mit dem Studium der Kirchenväter, aber auch mit Spinoza.

[101] *„Eins und Alles"*: Reimarus berichtet von einer solchen Stammbucheintragung in einem Brief an Lessing vom 19. 11. 1783.

[102] *Rousseau*: Sein Bericht über seine Beziehung zu Diderot im 9. und 10. Buch der „Confessiones" (Bekenntnisse) ist hier gemeint.

[103] *sein Urteil über das Gedicht „Prometheus"*: Jacobi hatte Lessing dieses Gedicht Goethes gegeben; dieser lobte es. – Mendelssohn hat sich früher weit positiver zu diesem Gedicht geäußert, und zwar im Brief vom 18. November 1783 an die Geschwister Reimarus.

[104] *ein schuldloses Blättchen*: Jacobi hatte in der Erstauflage der Spinoza-Briefe ein weiteres Gedicht Goethes vorangestellt: „Edel sey der Mensch / Hülfreich und gut . . ."

[105] *Petrus Ramus*: Peter Ramus (Pierre La Ramée, 1515–1572), bedeutender Logiker.

[106] *in zwei kleinen, sehr lesenswerten Schriftchen*: Es handelt sich um zwei anonym erschienene Schriften von Christoph Heinrich Müller (1740–1807), Professor der Geschichte und Philosophie am Joachimstalischen Gymnasium in Berlin, erster Herausgeber des Nibelungenliedes: Der Dorfpfarrer, der glücklichste Sterbliche; eine philosophische Abhandlung, Berlin 1785. – Die Dorfschule, ein Pendant zum Dorfpfarrer, Berlin 1785.

[107] *Erinnerungen an Herrn Jacobi*: waren am 1. August 1784 an Jacobi geschickt worden.

[108] *Spinoza habe . . . alle causas transitorias, secundarias und remotas verwiesen*: Spinoza habe . . . alle Übergangs-, Sekundär- und entlegenen Ursachen verworfen.

[109] *Emanation, emanieren*: ein stufenweises Übergehen.

[110] *Ensoph*: das Ureine, Wesenhafte.

[111] *Lessing läßt in einem seiner Lustspiele*: Die Matrone von Ephesus, 2. Auftritt:
„Ei ja doch! Wie spaßhaft die Gespenster sind! Das ist keine rechte Flamme; das sieht nur aus wie eine Flamme! Das brennt nicht; das scheint nur zu brennen; das scheint nicht, das scheint nur zu scheinen."

[112] *Locke*: Über den menschlichen Verstand, 2. Buch.

[113] *bei einer Tasse Kaffee*: bezieht sich auf die Wiedergabe einer Anekdote durch Jacobi über Leibniz: Hansch erzählt von Leibniz, er habe beim Kaffeetrinken gesagt, daß im heißen Kaffee wohl Monaden sein mögen, welche dereinst als vernünftige menschliche Seelen leben werden.
Nach: Michael Gottlieb Hansch (1683–1752): Principia philosophiae, § 16. Mendelssohn kannte diese Herausgabe des Leibnizschen Werkes mit Kommentaren durch Hansch.

[114] *Abraham von Moivre*: (1667–1754), Mitglied der Royal Society, Mathematiker (Moivrescher Lehrsatz).

[115] *Schreiben an Hemsterhuis*: François Hemsterhuis (1721–1790), holländischer Philosoph, welcher seine Werke in französischer Sprache verfaßte. Er war damals recht populär. Jacobi hat Hemsterhuis 1784 persönlich kennengelernt.

[116] *unsere gemeinschaftliche Freundin*: Elise Reimarus, Tochter des Wolfenbüttler Fragmentisten.